Management-Reihe Corporate Social Responsibility

Herausgegeben von
René Schmidpeter
Dr. Jürgen Meyer Stiftungsprofessur für
Internationale Wirtschaftsethik und CSR
Cologne Business School (CBS)
Köln, Deutschland

AF166756

Das Thema der gesellschaftlichen Verantwortung gewinnt in der Wirtschaft und Wissenschaft gleichermaßen an Bedeutung. Die Management-Reihe Corporate Social Responsibility geht davon aus, dass die Wettbewerbsfähigkeit eines jeden Unternehmens davon abhängen wird, wie es den gegenwärtigen ökonomischen, sozialen und ökologischen Herausforderungen in allen Geschäftsfeldern begegnet. Unternehmer und Manager sind im eigenen Interesse dazu aufgerufen, ihre Produkte und Märkte weiter zu entwickeln, die Wertschöpfung ihres Unternehmens den neuen Herausforderungen anzupassen sowie ihr Unternehmen strategisch in den neuen Themenfeldern CSR und Nachhaltigkeit zu positionieren. Dazu ist es notwendig, generelles Managementwissen zum Thema CSR mit einzelnen betriebswirtschaftlichen Spezialdisziplinen (z.B. Finanz, HR, PR, Marketing etc.) zu verknüpfen. Die CSR-Reihe möchte genau hier ansetzen und Unternehmenslenker, Manager der verschiedenen Bereiche sowie zukünftige Fach- und Führungskräfte dabei unterstützen, ihr Wissen und ihre Kompetenz im immer wichtiger werdenden Themenfeld CSR zu erweitern. Denn nur, wenn Unternehmen in ihrem gesamten Handeln und allen Bereichen gesellschaftlichen Mehrwert generieren, können sie auch in Zukunft erfolgreich Geschäfte machen. Die Verknüpfung dieser aktuellen Managementdiskussion mit dem breiten Managementwissen der Betriebswirtschaftslehre ist Ziel dieser Reihe. Die Reihe hat somit den Anspruch, die bestehenden Managementansätze durch neue Ideen und Konzepte zu ergänzen, um so durch das Paradigma eines nachhaltigen Managements einen neuen Standard in der Managementliteratur zu setzen.

Weitere Bände in der Reihe
http://www.springer.com/series/11764

Katrin Keller · Franz Lorenz
(Hrsg.)

CSR im Gesundheitswesen

Dynamik im Spannungsfeld von
individuellem und organisationalem
Anspruch und deren Auswirkungen auf die
Unternehmensstrategie

Herausgeber

Katrin Keller
Institut für Gesundheitswissenschaften
Vallendar, Deutschland
Berufsakademie für Gesundheits- und
Sozialwesen Saarland
Saarbrücken, Deutschland

Franz Lorenz
Berufsakademie für Gesundheit und
Sozialwesen
Saarland, Deutschland

ISSN 2197-4322   ISSN 2197-4330 (electronic)
Management-Reihe Corporate Social Responsibility
ISBN 978-3-662-55936-9   ISBN 978-3-662-55937-6 (eBook)
https://doi.org/10.1007/978-3-662-55937-6

Die Deutsche Nationalbibliothek verzeichnet diese Publikation in der Deutschen Nationalbibliografie; detaillierte bibliografische Daten sind im Internet über http://dnb.d-nb.de abrufbar.

Springer Gabler

Einbandabbildung: Michael Bursik

Gedruckt auf säurefreiem und chlorfrei gebleichtem Papier

Springer Gabler ist ein Imprint der eingetragenen Gesellschaft Springer-Verlag GmbH, DE und ist ein Teil von Springer Nature.
Die Anschrift der Gesellschaft ist: Heidelberger Platz 3, 14197 Berlin, Germany

Vorwort des Reihenherausgebers: Unternehmerische Verantwortung – ein noch ungeschliffener Diamant im Gesundheitswesen

Die Diskussion um die soziale Verantwortung von Unternehmen (Corporate Social Responsibility – CSR) nimmt aufgrund des gesellschaftlichen und wirtschaftlichen Wandels unserer Gesellschaft immer stärker zu. Ziel dieser Diskussion ist es, Organisationen aktiv in die Lösung von gesellschaftlichen Herausforderungen zu integrieren und dabei eine Entwicklung zu ermöglichen, die sowohl für das Unternehmen als auch die Gesellschaft vorteilhaft ist.

Gerade Organisationen im Gesundheitsbereich, die für eine ethische, am Menschen ausgerichtete Orientierung stehen, sind heute mehr denn je gefordert, ökonomische Notwendigkeiten mit ihren sozialen Zielen in Einklang zu bringen. Daher ist die Diskussion um die soziale Verantwortung von Gesundheitsorganisationen keine Sozialromantik, sondern für die Zukunft eines an menschlichen Bedürfnissen orientierten Gesundheitswesen überlebensnotwendig.

Die Diskussion um die Corporate Social Responsibility eröffnet den Akteuren im Gesundheitsbereich heute ganz neue Chancen, ihre gesundheitsorientierten Ziele mit ihren wirtschaftlichen Zielen in Einklang zu bringen. In der Vergangenheit waren es insbesondere defensive und complianceorientierte Modelle der Verantwortungsübernahme, die die Diskussion prägten. Das heißt es wurde lediglich versucht, bestehende Gesetze einzuhalten und Kosten zu minimieren. Insbesondere das Gesundheitswesen befindet sich mittlerweile in einer Situation, in der von allen Seiten immer mehr wirtschaftlicher und juristischer Druck aufgebaut wird. Lange setzte die Managementliteratur im Gesundheitsbereich bei der Lösung dieser Herausforderung auf Effizienzsteigerung und Prozessoptimierung.

Die Effektivität und Neuausrichtung in Bezug auf menschliche Bedürfnisse und Gesundheitsfragen rückte jedoch immer weiter in den Hintergrund. Die Entwicklungen in Krankenhäusern fokussierten vielmehr auf Beschleunigung, Shareholder-Value-Orientierung und technologischen Fortschritt, um den wirtschaftlichen Erfolg zu garantieren. Dabei wurden die Themen Eigenverantwortung und Verantwortung für die systemischen Auswirkungen des eigenen Handelns auf das Umfeld immer weiter in abstrakte Rahmenprozesse verschoben. Der Einzelne wurde meist dazu angehalten, nur mehr die für ihn maßgeblichen Indikatoren zu maximieren, ohne Rücksicht auf das Gesamtergebnis seiner Handlungen. Damit ging eine Diffusion von Verantwortung einher, die den Spielraum der einzelnen Entscheidungsträger immer weiter einengte.

So wurde der genuin positive Beitrag von Gesundheitsorganisationen für die Gesellschaft immer weiter vernachlässigt bzw. rein monetären Erfolgsgrößen untergeordnet. Daher braucht es mehr denn je ein neues Managementparadigma im Gesundheitswesen, welches die menschlichen Bedürfnisse wieder konsequent in alle Strukturen, Prozesse und somit in die Unternehmensentscheidungen (re)integriert.

Dieser bevorstehenden Neuausrichtung im Gesundheitswesen kommt es zugute, dass sich auch in anderen Wirtschaftsbereichen, das über die letzten Jahre ausschließlich auf monetäre Fragen verkürzte Verständnis von Unternehmen grundlegend wandelt. Aus der aktuellen CSR-Diskussion heraus entwickelt sich ein neuer progressiver Managementansatz, der den positiven Impact des eigenen Handelns als übergeordnetes unternehmerisches Ziel definiert. Und auch die Sustainable Development Goals der Vereinten Nationen definieren „Good Health" und „Wellbeing" (Ziel Nummer 3 einer nachhaltigen Entwicklung) als fundamental für eine zukunftsfähige Entwicklung unserer Gesellschaft. Somit gewinnt das Thema Gesundheit auch in anderen Nachhaltigkeitsdiskussionen in diversen Branchen und Industrien an Bedeutung. Als Konsequenz dieser Neubestimmung wirtschaftlichen Handelns und Wellbeing werden sich immer mehr Unternehmen aktiv für innovative Lösung gesundheitlicher Belange und Themen einsetzen.

Aufgrund dieses gewandelten Verständnisses von CSR und Gesundheit sowie den steigenden Anforderungen in der Arbeitswelt, wird die Bedeutung von innovativen Lösungen im Gesundheitsbereich immer größer. Gerade hier können klassische Gesundheitsanbieter verstärkt ihre originären Gesundheitskompetenzen einbringen und sich so als attraktiver Partner für andere Unternehmen als auch als guter Bürger (Corporate Citizen) in der Gesellschaft neu etablieren. Daher scheint es sinnvoll, Corporate Social Responsibility als neue Managementbasis für das gesamte organisatorische Handeln von Organisationen im Gesundheitsbereich zu erklären und darauf aufbauend, innovative wirtschaftliche und gesundheitsorientierte Geschäftsmodelle zu entwickeln.

Denkt man Nachhaltigkeit aus dieser neuen unternehmerischen Perspektive, geht es im Gesundheitswesen nicht mehr bloß darum, Gesetze einzuhalten bzw. die Kosten zu minimieren, sondern um die Steigerung der gesamten unternehmerischen Wertschöpfung im Bereich Gesundheit für die Gesellschaft. Anstelle des Paradigmas der reinen Schadensvermeidung und Kostenminimierung rückt daher das Paradigma der positiven Wertschöpfung in den Mittelpunkt – dieses neue CSR-Verständnis ist geradezu prädestiniert dafür, die Erneuerung des Managements in Gesundheitsorganisationen voranzutreiben.

In der Management Reihe Corporate Social Responsibility überwindet die nun vorliegende Publikation mit dem Titel „CSR im Gesundheitswesen" die alte, oft einseitig geführte Management-Diskussion im Gesundheitsbereich: Zum einem durch innovative Überlegungen zum Thema CSR-Management in Gesundheitsorganisationen, zum anderen durch konkrete nachhaltige Praxisbeispiele. Das Buch stellt damit eine Brücke zwischen den aktuellen Managementthemen im Gesundheitswesen und der aktuellen CSR-Diskussion da. Alle Leser sind nunmehr herzlich eingeladen, die in der Publikation dargelegten Gedanken aufzugreifen und für die eigenen beruflichen Herausforderungen zu nutzen. Ich möchte mich last, but not least sehr herzlich bei den Herausgebern Prof. Dr. Katrin Keller und Prof. Dr. Franz Lorenz für ihr großes Engagement, bei Janina Tschech und Eva-Maria Kretschmer vom Springer-Gabler-Verlag für die gute Zusammenarbeit sowie bei allen Unterstützern der Reihe aufrichtig bedanken und wünsche Ihnen, werter Leser, nun eine interessante Lektüre.[1]

Prof. Dr. René Schmidpeter

---

[1] Aus Gründen der besseren Lesbarkeit verwenden wir in diesem Buch überwiegend das generische Maskulinum. Dies impliziert immer beide Formen, schließt also die weibliche Form mit ein.

Vorwort

In meiner ersten Reflexion über das Buchprojekt stellte sich mir die Frage: „Brauchen wir neue Wörter, um das noch flackernde Feuer unter der Asche in Unternehmen des Gesundheitswesens in einer sich verändernden Welt zu entfachen?"

Corporate Social Responsibility (CRS) spricht mich an, weil der Begriff die unternehmerische Gesellschaftsverantwortung umschreibt und den freiwilligen Beitrag eines Unternehmens zu einer nachhaltigen Entwicklung thematisiert, der über die gesetzlichen Forderungen hinausgeht.

Die Autoren greifen die wichtigen Themen und vor allem Haltungen auf, die eine Nachhaltigkeit sichern.

Viele Jahre durfte ich an der Spitze eines Unternehmens im Gesundheitswesen Führung wahrnehmen, was mir auch Freude bereitet hat.

Nachdenklich stimmt mich bis heute die schwer erreichbare Verbindlichkeit in der Umsetzung gemeinsam vereinbarter Strategien und Ziele.

Corporate Social Responsibility kann der weit verbreiteten freundlichen Unverbindlichkeit wichtige Bausteine entgegensetzen.

Um eine nachhaltige Verantwortungsbereitschaft zu wecken, braucht es in Unternehmen, und darunter verstehe ich auch das Gesundheitswesen mit seiner inzwischen sehr differenzierten Ausprägung unternehmerischer Aktivitäten, eine Kultivierung der Aufmerksamkeit für Mitarbeitende.

Die Aufmerksamkeit beinhaltet die Achtung vor der Person, ihren Begabungen, ihrer Lerngeschichte und ihrer Lebensplanung.

Es sollte wahrgenommen werden, dass im Gesundheitswesen Ärzte und Pflegende unter der dominierenden Logik der Zahlen leiden.

Dass die Ökonomie wichtig ist, haben die meisten verstanden. Was nicht nachvollziehbar ist, ist die Wahrnehmung, dass der Zahl eine neue Aura verliehen wird.

Darin wird eine Verschiebung der Werte gesehen. Viele Ärzte fühlen sich als Opfer einer strukturellen Bevormundung. Darüber sollte gesprochen werden!

Dem Dialog über Befindlichkeiten sollte Zeit und Raum geschenkt werden, wenn die Achtung vor der einzelnen Person nicht nur eine Worthülse sein soll.

Vor diesem Hintergrund hat mich beeindruckt, in welchem Umfang Organisations- und Kulturentwicklung auf den Einzelnen setzt und welche Energien bei Mitarbeitenden freigesetzt werden, wenn sie ganzheitlich wahrgenommen werden.

Wenn Menschen eigene Vorstellungen in Prozessen der Unternehmensgestaltung ins Spiel bringen können, dass sie die Chance haben, auch zum Zuge zu kommen, wächst die Selbstverantwortung und Selbststeuerung.

Der Verantwortung für das Unternehmen und die Gesellschaft stellt sich ein Mitarbeiter überzeugter, wenn er bei den Strategien und Zielen mitdenken darf.

„Nachhaltiges Handeln und die Übernahme von Verantwortung in den Bereichen Gesundheit, Soziales, Kultur und Umwelt muss Teil der Unternehmensphilosophie sein und vorgelebt werden."

Wichtig sind dabei Workshops, die tatsächliche Folgen haben und Erfolgsgeschichte für uns mit Menschen schreiben.

Wenn das Buch dazu beiträgt, dass Menschen mit ihren Charismen zum Zuge kommen können und die Konkretisierung gesellschaftlicher Verantwortung einen Namen trägt wie

- Unternehmens- und Organisationsentwicklung,
  - Prozesse und Strukturen optimieren,
- der Demographie begegnen,
  - junge Menschen ausbilden und begleiten,
- Fachkräftebedarf sichern,
  - Weiterbildung mit Personalentwicklung fördern,
- Digitalisierung,
  - Vernetzung,
  - Nutzung von Instrumenten wie E-Learning/Blended Learning,
- Klimabewahrung,
  - kleine Schritte setzen mit Projekten,
- Verbesserung der Vereinbarkeit von Familie und Beruf fördern

und noch viele andere, dann hat das Netzwerk der Autoren einen wesentlichen Beitrag für Unternehmen im Gesundheitswesen und darüber hinaus geleistet.

Poetische Worte für einen Aufbruch findet Rose Ausländer:

> Es sind immer die Menschen,
> du weißt es.
> Ihr Herz ist ein kleiner Stern,
> der die Erde beleuchtet.

Sr. Dr. h.c. M. Basina Kloos

Vorwort

Als ich das erste Mal von Nachhaltigkeit als neue Unternehmensstrategie erfuhr, ging es mir ähnlich den Menschen, die zunächst skeptisch auf neue Managemententwicklungen schauen. Skeptisch deshalb, weil sich in den letzten Jahren eine instrumentelle Kultur – verschärft durch die Prämissen eines neoliberalen Zeitgeistes – im Management etabliert hat, die menschliche Begegnungen zu meiden versucht und stattdessen anonyme Kontrollinstanzen, Planbarkeit und Optimierungswahn betont. Ritzer et al. (2006) als Kulturwissenschaftler und Autoren in der Denkrichtung des Poststrukturalismus weisen seit Jahren auf die Gefahren hin, die sich aus diesen Prämissen ergeben.

Die Selbstausbeutung des Menschen durch Total-Quality-Management (TQM), die Selbstoptimierung des Menschen, in der der Mensch im täglichen Survival-of-the-Fittest-Kampf sein eigens Selbst verwirklichen will, jedoch im isolierten Ego landet, der Wahn nach Effizienzsteigerung, der uns vergessen lässt, ob wir im Streben die *Dinge richtig zu machen*, die Frage in den Hintergrund drängt, ob wir überhaupt noch die *richtigen Dinge tun.*

Gerade die Selbstisolierung und der Sicherheitsfanatismus in Unternehmen treiben ihre Blüten. Man verschickt E-Mails, mit möglichst vielen CC-Adressen, statt den Kollegen im Nachbarbüro zu besuchen und Probleme im unmittelbaren Kontakt zu klären.

So werden Konflikte in eine Scheinöffentlichkeit getragen, die eine Kultur des Misstrauens und der Missgunst sät, ohne dass auch nur ein Lösungsansatz in Augenschein genommen wird. Vielmehr werden durch Scheinsolidaritäten soziale Strukturen imaginiert, die zur gemeinsamen Bewältigung von Aufgaben sich als dysfunktional erweisen.

Eine weitere Beobachtung der Entmenschlichung von Unternehmen: Jede Emotionalität, die im positiven Sinne eine Identifikation mit einer Aufgabe bedeutet, muss in Sachargumente umgebogen werden, um jegliche Nähe in eine scheinbar sterile professionelle Distanz zu verwandeln, mit dem Ergebnis, dass Persönlichkeit auf dem Altar der Funktionalität unter Anleitung der Funktionärskaste geopfert werden.

Hinzu kommen Sicherheitssysteme von Verfahrensanweisungen und gelenkten Dokumenten, die Freigeister gerne zu dressierte Affen sozialisieren möchte.

All dies sind Ansatzpunkte kritisch mit einem Thema umzugehen, von dem man noch nicht genau weiß, wie es sich im Alltag ausgestalten wird.

Das Zusammenspiel von ökonomischem Handeln, ökologischen Denken, sozialer Verantwortung, die im regionalen Kontext gelebt wird, relativiert die ökonomische Handlungsmaxime und soll sie zumindest in ihrem Anspruch Handeln auf seine Folgen und Nebenfolgen hinterfragen, wie Ulrich Beck sie in seinem Buch *Risikogesellschaft* 1986 beschrieben hat. **Und das ist gut so!**

Wir benötigen in unseren Unternehmen im Gesundheitswesen ein Mehr an Menschlichkeit und Solidarität, sind wir doch in doppelter Hinsicht von der ökonomischen Handlungslogik, als alleiniges Deutungsmuster von gesellschaftlichem Erfolg, in doppelter Hinsicht betroffen.

Zum einen wurde das Gesundheitssystem durch betriebswirtschaftliche Handlungslogik tiefgreifend umgebaut, was die in diesem System agierten Gesundheitsprofessionen in ihrem Selbstverständnis nachhaltig erschüttert hat und immer noch erschüttert. Zum anderen sind die Patienten/Bewohner/Klienten des Systems aus dem Leistungsprozess einer Gesellschaft exkludiert und sollen durch die Leistungen des Systems in eine Leistungsgesellschaft wieder inkludiert werden.

Dass Exklusionsprozesse bzw. das Erodieren der sozialen Strukturen zugenommen haben, beweist der Anstieg der psychischen Erkrankungen, aber auch im somatischen Bereich gibt es möglicherweise Zusammenhänge zwischen der steigenden Zahl onkologischer Erkrankungen und den Kränkungen auf sozialer Ebene.

All dies vermittelt mir auch ein Gefühl der Hoffnung.

Vielleicht!

Meine Vision, die ich mit Nachhaltigkeit verbinde, ist diejenige, dass wir soziale Verantwortung nicht als Worthülse im Unternehmen propagieren, sondern mit (Lebens-)erfahrungen anfangen zu füllen. Dass wir im Gegenüber die Person erkennen, mit der es sich lohnt in Kontakt zu gehen, weil ich im DU mein ICH erkenne (Martin Buber). Weil ich aus dieser Erfahrung mit Selbstvertrauen den Mut schöpfe, um meine Um- und Mitwelt zu gestalten (statt zu verwalten).

Das Buch macht bei der ersten Durchsicht Mut. Mut zum Lesen, Mut zum Handeln.

Daher mein Dank an die Autoren.

Alfons Vogtel

Bei den Informationen zu den HerausgeberInnen in der Titelei des Bandes handelte es sich bedauerlicherweise nicht um die korrekte Wiedergabe der Biografie von Frau Prof. Dr. Keller. Diese wurde nun ausgetauscht.

Die HerausgeberInnen

Dr. Katrin Keller leitet als Professorin für Personal- und Organisationsentwicklung den Studiengang ‚Berufspädagogik im Gesundheitswesen' an der Berufsakademie für Gesundheits- und Sozialwesen Saarland und verantwortet für die Marienhaus Holding GmbH die unternehmensinterne Akademie für ärztliche Fort- und Weiterbildung im akademischen als auch nicht akademischen bildungswissenschaftlichen Bereich. Seit ihrem Studium und Doktorat im Bereich Erwachsenenbildung/-Weiterbildung arbeitet sie zusätzlich als Dozentin an Universitäten und Fachhochschulen. Ferner weist die Autorin langjährige Beratungs- und Trainingserfahrungen in den Bereichen Führung, Personalentwicklung und Unternehmens-/Organisationsentwicklung auf.

Prof. Dr. Franz Lorenz Rektor der Berufsakademie für Gesundheits- und Sozialwesen Saarland gGmbH und Professor für Sozialwissenschaften und Führung hat 2012 das Gründungsrektorat übernommen und die BAGSS zu einem hochschulischen Player weiterentwickelt. Im Rahmen des Aufbau wurde mit den Gesellschaftern die Bildungskonzeption dahingehend (weiter-)entwickelt, das Nachhaltigkeit in allen fünf Studiengängen curricular verankert werden konnte. Durch die Kooperation mit dem Umweltcampus Birkenfeld (Prof. Helling) werden relevante Handlungsfelder für den Gesundheits- und Sozialbereich identifiziert. Dabei werden die unterschiedlichen Schwerpunkte Umwelt und Soziale Verantwortung (Society) aufrechterhalten und für wechselseitige Lernprozesse genutzt.

Durch die langjährige Erfahrung im Rahmen von Krankenhausberatung und Begleitung von Organisationsentwicklungsprozessen im Gesundheits- und Sozialbereich sind ihm die Bedeutung von mentalen Modellen und deren Wirkmächtigkeit auf Teams im Rahmen von organisationalen Lernprozessen bekannt. Durch systemtheoretische und diskursanalytische Überlegungen und Theoriereflexionen werden seine derzeitigen Modelle von Führung und Steuerung in postmodernen Gesellschaftsstrukturen geprägt.

Inhaltsverzeichnis

Vereinfachte Ausbildung für Menschen mit Lernschwierigkeiten als Beispiel für Soziales Handeln mit Verantwortung im Gesundheitswesen
Roderich Dörner und Judith Vitek

Projekt Arbeitsplatznahe Qualifizierung langjähriger Mitarbeiter in der Altenpflege ohne formalen Bildungsabschluss
Franz Lorenz und Bettina Mutz-Lorenz

Autorenverzeichnis

Ruth Baumann-Hölzle Stiftung Dialog Ethik, Zürich, Schweiz

Frank Brust Klinikum Idar-Oberstein GmbH, Idar-Oberstein, Deutschland

Roderich Dörner IN VIA Kath. Verband für Mädchen- und Frauensozialarbeit Köln e.V., Köln, Deutschland

Sebastian Fell Saarland-Heilstätten GmbH, Saarbrücken, Deutschland

Andreas Feller Franziskus-Hospiz e.V. Hochdahl/FHH e.V., Erkrath, Deutschland

Oliver Fink fink different, Nufringen, Deutschland

Nils Fischer Projekt Interkulturalität und Interreligiosität im Gesundheitswesen, Pflegewissenschaftliche Fakultät, Philosophisch-Theologische Hochschule Vallendar (PTHV), Vallendar, Deutschland

Susanne Groß Verbundschule für Gesundheits- und Pflegeberufe, der Marienhaus Kliniken GmbH im Saarland, Lebach, Deutschland

Eva Hasske Waldbreitbacher Ärzteakademie, Marienhaus Holding GmbH, Waldbreitbach, Deutschland

Carl Heese Wilhelm Löhe Hochschule, Fürth, Deutschland

Olivier Hoffmann Universität der Künste, Berlin, Deutschland

Tsvetelina Ivanova Hôpitaux Robert Schuman, Luxemburg, Luxemburg

Heribert Jaklin Dir. Deutsche Bank AG i. R. z. Zt. freiberufl. Tätigkeit Unternehmensberatung, Coach, Erlangen, Deutschland

Benjamin Klenke brainLight GmbH, Goldbach, Deutschland

Ursula Lehnen Koordinatorin für Flüchtlingsfragen in der Marienhaus und Hildegard Stiftung, Neuwied, Deutschland

Josef Menzel Direktor der Medizinischen Klinik II, Ingolstadt, Deutschland

Martin Müller Waldbreitbacher Ärzteakademie, Marienhaus Holding GmbH, Waldbreitbach, Deutschland

Michaele Münch Marienhaus Kliniken GmbH, Zentrum für Arbeit und Gesundheit, Neuwied, Deutschland

Bettina Mutz-Lorenz Berufsakademie für Gesundheits- und Sozialwesen Saarland (BAGSS), Saarbrücken, Deutschland

Elisabeth Nöhammer UMIT Private Universität für Gesundheitswissenschaften, medizinische Informatik und Technik, Hall in Tirol, Österreich

Henning Pätzold Institut für Pädagogik, Universität Koblenz-Landau, Koblenz, Deutschland

Margit Raich UMIT Private Universität für Gesundheitswissenschaften, medizinische Informatik und Technik, Hall in Tirol, Österreich

Franz Schils Stabsstelle für Ökosoziales Wirtschaften im Bistum Gurk, St. Georgen am Längsee, Österreich

Isabella Schmidpeter Ingolstadt, Deutschland

Joachim Stöber Diözesan-Caritasverband Trier e.V., Trier, Deutschland

Harald Stummer UMIT Private Universität für Gesundheitswissenschaften, medizinische Informatik und Technik, Hall in Tirol, Österreich

Tilman Thaler Lehrstuhl für Sozialpädagogik, Katholische Universität Eichstätt-Ingolstadt, Eichstätt, Deutschland

Siegfried Thiel Franziskus-Hospiz e.V. Hochdahl/FHH e.V., Erkrath, Deutschland

Judith Vitek IN VIA Kath. Verband für Mädchen- und Frauensozialarbeit Köln e.V., Köln, Deutschland

Pia Wieteck Leitung der Abteilung Forschung und Entwicklung, RECOM GmbH, Baar-Ebenhausen, Deutschland

Jean-Pierre Wils Stiftung Dialog Ethik, Zürich, Schweiz

Konzeptionelle CSR Zugänge im Gesundheitswesen

Nachhaltigkeit – die sechste Disziplin

Kunst und Praxis der lernenden Organisation

Franz Lorenz

1   Ausgangslage als Versuch der kritischen Rekonstruktion

Dörner beschreibt in der *Logik des Misslingens* (1996) die Folgen direkter Steuerungsversuche in komplexen Systemen sowohl dadurch, dass er reale Entwicklungshilfeprojekte untersucht, aber auch, indem er Planspiele in seinem Buch beschreibt, wie beispielsweise Lohhausen und Tanaland, die durch komplexe Ausgangslagen gekennzeichnet sind und von Testpersonen durchgespielt werden.

> In diesem Tanaland-Versuch [. . .] wurde uns klar, wie Denken, Wertesysteme, Emotionen und Stimmungen bei der Handlungsorganisation interagieren. Und uns wurde klar, dass man dies alles zusammen erforschen müsste. Die Parallelen zu realen Ereignissen waren offenkundig:

- Handeln ohne vorherige Situationsanalyse
- Nichtberücksichtigung von Fern- und Nebenwirkungen
- Nichtberücksichtigung der Ablaufgestaltung von Prozessen
- Methodismus – man glaubt, über die richtigen Maßnahmen zu verfügen, weil sich keine negativen Effekte zeigen
- Flucht in die Projektmacherei
- Entwicklung von zynischen Reaktionen (Dörner 1996, S. 32).

Misslungene Steuerungsstrategien werden dabei unter den Stichworten des Staatsversagens abgehandelt. Staatsversagen oder Versagen der Akteure beruht überwiegend auf der Nichtwürdigung der Anforderungen, die überkomplexe Situationen an den Handelnden stellen.

F. Lorenz (✉)
Berufsakademie für Gesundheit und Sozialwesen
Konrad-Zuse-Straße 3a, 66115 Saarland, Deutschland
E-Mail: f.lorenz@bagss.de

© Springer-Verlag GmbH Deutschland, ein Teil von Springer Nature 2018
K. Keller und F. Lorenz (Hrsg.), *CSR im Gesundheitswesen*,
Management-Reihe Corporate Social Responsibility,
https://doi.org/10.1007/978-3-662-55937-6_1

Immer ging es um die Bewältigung von Problemen in komplexen, vernetzten, intransparenten und dynamischen Situationen oder Realitätsausschnitten. Die Systeme bestanden aus sehr vielen Variablen, die vernetzt sind [...], dies macht ihre Komplexität aus. Weiterhin sind die Systeme intransparent [...], man sieht nicht alles was man nicht sehen will. Und schließlich entwickeln sich die Systeme von selbst weiter; sie weisen Eigendynamik auf (Dörner 1996, S. 59).

Da die Akteure unter diesen Voraussetzungen ein System nie vollständig erfassen können, ist die Plan- und Steuerbarkeit von Systemen eine Illusion. Die Einsicht in diese Lage zwingt zum Umdenken. Neu an diesem Denken ist die Abkehr vom Planen und Steuern und die Hinwendung dazu, die entwickelten Beobachtungs- und Konstruktionsinstrumente der neueren Systemtheorie zu nutzen, um sie dann in ein Verhältnis mit praktisch relevanten Steuerungsproblemen zu bringen.

Bei aller Betonung der Eigenlogik und der operativen Geschlossenheit nicht-trivialer Systeme ist die moderne Systemtheorie eine System-Umwelt-Theorie. Je deutlicher sie die Eigensinnigkeit und Undurchdringlichkeit selbstreferentieller Systeme herausarbeitet, desto dringender stellt sich die Frage, wie denn unter dieser Bedingung die Umweltbeziehungen des Systems gestaltet sind (Luhmann 1993, S. 440; zitiert nach Willke 1992, S. 4).

Angesichts der herrschenden gesellschaftlichen und globalen Probleme wird in kommenden Jahren eine Auseinandersetzung über die Steuerbarkeit komplexer Systeme einsetzen, die derzeit unter dem Fokus gesellschaftlicher Koordinationsmodelle geführt werden. Zunehmend gibt es nach dem Zusammenbruch der planwirtschaftlichen Systeme im Osten in den westlichen Demokratien die Erfahrung, dass auch das offizielle Gegenprogramm des Durchwurstelns, der Deregulierung und des Pluralismus an deutliche Grenzen des Ertrags und der Erträglichkeit gestoßen ist (vgl. Willke 1992, S. 3 f.).

Das Sich-selbst-Überlassen gesellschaftlicher Entwicklung bzw. das Unterwerfen gesellschaftlicher Teilbereiche wie Bildung, Wissenschaft, Gesundheit und Soziales unter das Diktat des Wirtschaftssystems sowie die Engführung der gesellschaftlichen Diskurse auf neoliberales Denken gerät zumindest nach den Immobilien- bzw. Börsencrashs und Wirtschaftsskandalen der jüngeren Vergangenheit zunehmend in den Status des Fragwürdigen. Es wird unter dem entmythologisierten Zauber als bloßes Durchwursteln bis selbstschädigend eingeschätzt und macht den Raum frei für kontingente, alternative Diskurse. Eine Steuerungstheorie, die auf Veränderung der Steuerungsimpulse zielt, muss sich zunächst als Gegner der etablierten Modelle verstehen. Nach der paradoxen Logik des *Mehr von demselben* gilt dies insbesondere dann, wenn diese Konzeptionen offensichtlich Misserfolge produzieren. Die logische Konsequenz, die gescheiterte Steuerungstheoretiker ziehen, ist nicht die Einsicht, ihre Konzepte zu überprüfen und eventuell zu verwerfen, sondern vielmehr, die Konzeptionen unter dem Stichwort der Effizienz zu optimieren.

Diese Entwicklung hat im Wesentlichen dazu geführt, dass das Merkmal der Qualität (des Wesens) durch Quantität ersetzt wurde. Dieses folgenreiche Denkmodell – angefüllt mit Nebenfolgen (vgl. Beck 1986) – führt zu einer Fehlentwicklung über mentale Modelle von Qualität und Nachhaltigkeit.

1.1 McDonaldisierung der Kultur als kollektives Deutungsmuster der Umwelt

Der Zwang zur Einheitlichkeit resultiert aus dem Paradigma der Rationalität, welches die westliche Kultur prägt und von Max Weber in der Überlegung zur Bürokratie einer ausführlichen Analyse unterzogen worden ist (vgl. Weber 1972). Die Durchsetzungskraft des Rationalitätsprinzips beruht nach einer Interpretation Ritzers (2006, S. 49) im Wesentlichen auf vier Prinzipien: Effizienz, Vorhersagbarkeit, Berechenbarkeit und Kontrolle des Menschen durch nichtmenschliche Technologie.

Er beschreibt diese vier Dimensionen der Bürokratisierung im Übertrag auf die Wirtschaft mit ihren Dienstleistungs- und Produktionsbereichen und fasst es, abgeleitet aus dem Franchise-Fast-Food-Erfolgsmodells, in die griffige Formel der McDonaldisierung der Gesellschaft und Kultur (vgl. Junge 2006).

1.1.1 Effizienzsteigerung

Nach Ritzer beruht das Erfolgsmodell auf dem Rationalitätsprinzip der Effizienz:

> Effizienzsteigerung ist die Triebkraft für Just-in-time-Produktion, schnellere Dienstleistungen, stromlinienförmige Betriebsabläufe und enge Zeitpläne [...] Effizienz bedeutet, dass man die optimalen Mittel zum Erreichen eines Zweckes auswählt. Menschen und Unternehmen erreichen kaum einmal das Maximum, weil sie durch verschiedene Faktoren daran gehindert werden, seien es historische Beschränkungen [...] und die Grenzen der menschlichen Natur (Ritzer 2006, S. 73).

Mit jeder Effizienzsteigerung ist die Erschließung und Ausbeutung gesellschaftlicher Ressourcen verbunden. Entdeckte Ray Kroc in der Erfindung des McDonaldisierungsprinzips den wirtschaftlichen Vorteil stromlinienförmiger Abläufe, so sind zumindest der Ressourcenverbrauch im Sozialen wie in der Ausbeutung der Natur gegenzurechnen, die sich in der Entfremdung des Menschen und im gesteigerten Ausschuss der nicht dem Standard entsprechenden Produkte zeigt.

Die Vervollkommnung des Effizienzprinzips mündet im Mechanismus, „den Kunden" arbeiten zu lassen. In Fast-Food-Restaurants ist man als Kunde umfassend in den Betriebsablauf eingebunden: In der Schlange stehen, das Essen zum Tisch bringen, Abräumen. „Mit steigenden Arbeitskosten und weiterentwickelter Technik übernimmt der Verbraucher [...] einen immer größeren Teil der Arbeit" (Ritzer 2006, S. 99).

1.1.2 Berechenbarkeit

Als zweites Prinzip leitet sich die Berechenbarkeit aus dem Paradigma des Rationalen ab. Berechenbarkeit zielt auf die Messung von Quantitäten.

> Im mc-donaldisierten Systemen ist Quantität gleichbedeutend mit Qualität: Wenn etwas in großen Mengen vorhanden ist und wenn man es schnell bekommt, muss es gut sein [...] In unserer Kultur glauben wir zutiefst an das Prinzip größer ist besser (Ritzer 2006, S. 31 f.).

Wie sich die Quantitätsmessung im Fast-Food-Bereich in Big Macs und bestenfalls mäßigen Lebensmitteln mit starkem Geschmack (vgl. Ritzer 2006, S. 110) niederschlug, führt im Bildungsbereich zu einer Punkte-, Rating- und Rankinggläubigkeit, die ihren Höhepunkt in der PISAisierung des Bildungswesens erlebt. Pädagogische Qualität und die Leistungsfähigkeit nationaler Bildungssysteme werden in Punktwerten egalisiert und vergleichbar gemacht unter Ausblendung spezifischer Problemstellungen. Das Berechenbarkeitsprinzip fußt auf der Philosophie der Effizienzsteigerung. Daher werden zunehmend neben dem Bildungssystem auch Bereiche wie das Gesundheitswesen und auch die Kirchen dem Berechenbarkeitsprinzip unterworfen, die bisher als gesellschaftlich funktionale Teilsysteme nicht dem Steuerungsmedium Geld und der Handlungslogik des Wirtschaftssystems unterworfen waren.

> Nicht nur die gewinnorientierten ärztlichen Organisationen drängen die Medizin in Richtung größerer Berechenbarkeit, in der gleichen Richtung bewegt sich die gesamte medizinische Bürokratie (Ritzer 2006, S. 117).

Mitarbeiter von Unternehmen in dieser Handlungslogik betonen selbst den quantitativen Aspekt ihrer Arbeit. Da die Qualität der Arbeit durch die hohe Standardisierung weitestgehend egalisiert ist, konzentriert sich die Leistungsmessung auf die Schnelligkeit und Mengenproduktion der zu leistenden Arbeit.

1.1.3 Vorhersagbarkeit

> In einer rationalisierten Gesellschaft legen die Menschen Wert darauf, dass sie in nahezu jedem Umfeld und zu fast jedem Zeitpunkt wissen, was ihnen bevorsteht (Ritzer 2006, S. 133).

Das Bedürfnis nach Sicherheit, das Beck (1986) schon als Reaktion auf die zunehmende risikobehaftete Lebenslage des Individuums der Postmoderne identifiziert, mündet in Reduktion von Komplexität, z. B. durch Standardisierung und Ritualisierung von Lebensabläufen. Disziplin, Ordnung, Systematisierung etc. sind Dinge, die Vorhersagbarkeit ermöglichen. In diesem Zusammenhang sei auf die Werterenaissance verwiesen, wie sie aus der wertkonservativen Ecke (vgl. Bueb 2010) zur Wiederherstellung von gesellschaftlicher Ordnung gefordert wird.

Aus dem Prinzip der Berechenbarkeit ergibt sich als logische Konsequenz die Vorhersagbarkeit. Standardisierbarkeit und Effizienz schafft Berechenbarkeit im Sinne von Gleichheit.

> McDonald's bietet Vorhersagbarkeit. Man kann sicher sein, dass Produkte und Service an allen Orten und zu allen Zeiten die gleichen sind (Ritzer 2006, S. 33).

Alle Beschäftigten verhalten sich entsprechend dem „corporate behaviour" vorhersehbar gleich. Sie richten sich nach den entsprechenden firmeneigenen Vorschriften und den Anweisungen ihres Managements. Vielfach gibt es genaue Codizes wie Standardsätze, die Mitarbeiter im Kundenkontakt einsetzen müssen. Bei McDonald's werden mit dem schematisierten Standardsatz „Fritten dazu?" standardisierte Interaktionen erzeugt. Die Kunden halten sich zwar nicht immer an die erwarteten Muster, entwickeln aber meist einfache Kommunikationsmuster mit einem derart konditionierten Personal. Folge dieser Ritualisierung ist der Ausschluss von Entwicklung.

1.1.4 Kontrolle des Menschen durch nichtmenschliche Technologie

Hohe Standardisierung führt zu einer Kontrolle des Menschen mit nichtmenschlicher Technologie und als Nebenfolge zur Dequalifikation, was zirkular Abhängigkeit und Kontrolle wiederum verstärkt.

> Menschen, die in mc-donaldisierten Institutionen arbeiten, werden in hohem Maße kontrolliert [...] sie lernen eine begrenzte Zahl von Tätigkeiten genauso auszuführen, wie man es ihnen sagt. Technik und Organisation sind so beschaffen, dass sie Kontrolle verstärken. Manager und Inspektoren sorgen dafür, dass kein Mensch aus der Reihe tanzt (Ritzer 2006, S. 220).

Eine Form des Aus-der-Reihe-Tanzens könnte sein, wenn Mitarbeiter ihr Kreativitätspotenzial entfalten und eigene Lösungen von Problemstellungen anstellen.

Das dieses System irrational und unvernünftig ist liegt vor allem daran, dass es entmenschlichend wirkt. Es führt weg von dem eigenen Bestreben nach Entwicklung, aber auch von der Frage nach dem Sinn und dem eigenen Dasein. So berichtet Ritzer von Angestellten, die ihre Arbeit dahingehend vergleichen, dass jeder dressierte Affe sie leisten kann (vgl. Ritzer 2006, S. 220).

Zusammenfassen lassen sich die vier Dimensionen der McDonaldisierung in einer Zeitdiagnose, die Ritzer in enger Anlehnung an Max Weber trifft. Trotz aller Vorteile krankt die Bürokratie an der Irrationalität des Rationalen, da eine rationalisierte Kultur ein Ort ist, „an dem das *Ich* in Fesseln gelegt wird, an denen sein Gefühl kontrolliert und sein Geist unterworfen werde" (Ritzer 2006, S. 51).

1.2 Das Regime des Qualitätsmanagements als kollektives Deutungsmuster des Systems am Beispiel von Krankenhäusern

Der Überschuss an technischer Rationalität im klinischen Versorgungsangebot ist schon seit den 80iger Jahren verstärkt Gegenstand kritischer Auseinandersetzungen geworden. Sprunghafter Anstieg des medizinischen Leistungsspektrums, Intensivierung des Technikeinsatzes am Patienten steht einer zunehmenden Technikskepsis der Allgemeinbevölkerung gegenüber, und die mit dem diagnostischen Overkill verbunden Kostenintensivierung ist mit der von Politik und Kostenträger geforderten Selbstbeschränkung des Systems nicht zu vereinbaren (Badura und Feuerstein 1996, S. 14; vgl. auch Kahla-Witzsch und Gesinger 2004, S. 35–37).

Die Problemstellung resultiert unter systemtheoretischen Überlegungen nicht aus der Unfähigkeit der Akteure bzw. des Misserfolges des Systems, sondern gerade aus der

Erfolgsgeschichte des modernen Krankenhauses und seiner naturwissenschaftlichen Orientierung, das durch die zunehmende Binnenkomplexität und deren Nebenfolgen gekennzeichnet ist.

Die Entwicklung und die zunehmende selbstinduzierte Anwendung medizinischer Technik sind nicht so sehr aus der Logik der Technik, sondern aus Strukturen des Versorgungssystems heraus zu erklären. Es handelt sich um eine erfolgsinduzierte Fehlsteuerung des Systems (Badura und Feuerstein 1996, S. 17).

An der aufgezeigten Komplexität der Fragestellung wird deutlich, dass ein Qualitätssystem, das nur die Dimension der Effizienz (Werden die Dinge richtig gemacht?) im Blickfeld hat, zu kurz greift, sondern es muss auch immer auf die Frage nach der Effektivität (Frage nach den richtigen Dingen) im Qualitätsmanagement aufgegriffen werden. Die Korrektur dieser Verkürzung ist eines der zentralen Anliegen, das mit dem erweiterten Ansatz der Nachhaltigkeit tiefgreifend revidiert werden soll.

1.2.1 Qualitätssysteme im Krankenhaus

Qualität bedeutet in erste Linie eine Orientierung der eigenen Dienstleistung an den durch den Patienten vorgegebenen subjektiven Qualitätsmerkmalen. Qualität ist somit relativ und wird anhand der Einhaltung von vereinbarten oder lediglich vorausgesetzten Qualitätsanforderungen gemessen [...] Das US office of technology assessment definiert Qualität daher als den Grad der Wahrscheinlichkeit, dass die Behandlung zu den von den Patienten gewünschten Resultaten führen wird und unter Berücksichtigung des aktuellen medizinischen Wissens das Risiko der unerwünschten Nebenwirkungen minimiert (Göbel 1999, S. 4).

Auf Qualität übertragen bedeutet dies, wie man Qualitätsmanagement befähigen kann, sich einer kritischen Reflexion so zu unterziehen, dass die geplanten, aber unbeabsichtigten Nebenfolgen des eigenen Wirkens erfasst werden, ohne dessen operative Geschlossenheit zu gefährden. Bedeutet die Ökonomisierung des Sozialen dessen Tod (vgl. Bröckling et al. 2002, S. 89 ff.), so erlebt das Individuum die totale Mobilmachung unter dem umfassenden Qualitätsansatz des „total quality management" (TQM).

Im Unterschied zu älteren Konzepten der Qualitätssicherung, die sich auf Kontroll- und Prüfstrategien im Leistungserstellungsprozess beschränkten [...] erweitert TQM die Qualitätssteuerung auf alle Unternehmensaktivitäten und bezieht neben Produkt und Produktionsprozess auch die gesamte Kommunikation mit den Kunden ein, [...] Verbunden damit ist eine präventive Ausrichtung. [...] Qualität soll nicht nachträglich hineinkontrolliert, sondern von vornherein produziert werden. [...] Das Prinzip Vorbeugung erweist sich dabei zugleich als universelles Paradigma (Bröckling et al. 2002, S. 136).

Dieses Paradigma wirkt nicht nur auf alle zwischenmenschlichen Beziehungen, sondern wird zur beherrschenden Sicht der Selbstkonzeption eines jeden Einzelnen.

1.2.2 TQM und Technologie des Selbst

Nicht mehr die Sekundärtugenden wie Ordnung, Fleiß und Pünktlichkeit dienen als Disziplinierung, sondern der Dienst am Kunden avanciert zur obersten Tugend und Bewertungskategorie. Die Abrichtung der Produzenten wird identisch mit ihrer Ausrichtung am Konsumenten.

> Hatte der Disziplinardiskurs feste Gussformen bereitgestellt, die dem Einzelnen als Modell dienen und in die er sich selbst einpassen sollte, so erzeugt der Mobilisierungsdiskurs des TQM einen Sog, der den Einzelnen mitreißen soll, den Bewegungen der Kundenwünsche zu folgen (Bröckling et al. 2002, S. 137).

Daraus entstehen zwei permanente Lebensaufgaben. Bei der Arbeit der (Selbst-)Disziplinierung hatte man nie aufgehört, anzufangen. Beim generalisierten Wettbewerb um die Kundenzufriedenheit dagegen wird man nie mit etwas fertig. Der lohnabhängige Arbeiter wird beim TQM zum Unternehmer. Die Geschäftsleitung gestaltet die Rahmenbedingungen, in dem sie Leitsätze zur Qualitätspolitik und eine Unternehmensvision formuliert. Dabei ist auf kurze, prägnante Formulierungen zu achten, „mit denen sich jeder identifizieren kann, die einen gewissen sportlichen Ehrgeiz wecken und ein Wir-Gefühl erzeugen können" (Frehr 1994, S. 69).

Die Strategie der Motivierung des Einzelnen bedeutet eine Umwertung der Subjektivität der Arbeitenden. Galt sie in der tayloristischen Produktionsweise als Störgröße, die kontrolliert werden musste, so wird der Anspruch individueller Selbstverwirklichung aktiviert und gezielt zur Prozessoptimierung nutzbar gemacht. TQM etabliert damit im Foucault'schen Sinne eine Regierungstechnologie, die von Kontingenzbegrenzung auf Kontingenzsteigerung abstellt und den Markterfolg zum kategorischen Imperativ erhebt.

> In dem Maße, in dem es gelingt, dieses moralische Gesetz in jedem Einzelnen zu verankern, werden die traditionellen Mechanismen des Überwachens und Strafens entbehrlich. Unternehmerisch zu handeln bedeutet [...] innovativ zu sein. Dazu bedarf es einer Atmosphäre, die nicht das Festhalten am Gewohnten, sondern seine Infragestellung belohnt (Bröckling et al. 2002, S. 143).

Qualitätsmanagement erschöpft sich jedoch nicht in den Optimierungsdiskursen von Kundenorientierung und kontinuierlicher Verbesserung. Zum operational geschlossenen Modell wird es erst durch ihre Kopplung mit standardisierten Verfahren zur Qualitätsplanung, -lenkung und -kontrolle. Regelwerke wie die DIN ISO, die verbreitet auch in Dienstleistungsunternehmen und öffentlichen Verwaltungen Anwendung finden, schreiben ein einheitliches Aufbau- und Ablaufmodell für die Durchführung von Qualitätssicherungsmaßnahmen vor. Dessen Implementierung wird in regelmäßigen Abständen durch externe Auditoren überprüft und bildet die Voraussetzung für die Erteilung eines Zertifikats, das der entsprechenden Organisation bescheinigt, Vorkehrungen zur Sicherstellung gleichbleibender Qualität getroffen zu haben.

> [Organisationen; Anm. Verf], die Zertifikate [...] als zusätzliches Marketinginstrument nutzen, sind in vielen Bereichen inzwischen obligatorisch: So arbeiten zahlreiche Unternehmen

schon aus produkthaftungsrechtlichen Gründen nur noch mit Zulieferern zusammen, die das Gütesiegel vorweisen können … [Sie] dürfen nur dann in den Verkauf gelangen, wenn ihre Hersteller ein zertifiziertes Qualitätsmanagementsystem eingeführt haben (Bröckling et al. 2002, S. 146).

Damit hat sich das Qualitätsmanagement durch die operationale Schließung von Qualitätsplanung, -lenkung und -kontrolle, sowie permanenten Vergleich durch Benchmarking zu einem autopoietischen System entwickelt. Die erhobenen Daten werden quantifiziert und in ein Ranking mit Vergleichswerten gebracht, um daraus differenzierte Optimierungsschritte abzuleiten, die sich am eigenen Fehlerpotenzial orientiert und nicht am Kundenbedürfnis. Fundamentale Fehlannahmen sind:

- dass alle Prozesse zirkulär geschlossen und planbar sind, sofern sie nur präzise definiert und regelmäßig überprüft sowie kalkulierbar gemacht werden können und
- quantitative Messgrößen Aussagen über Qualität zulassen.

Feedbacksysteme und Benchmark sind die Schnittstelle zwischen Sozial- und Selbsttechnologien. Die Annahme des Fremdbildes wird zur Voraussetzung und zur Zielperspektive dafür, dass aus sich zu machen, was man sein will, aber noch nicht ist. Jeder Vergleich wird zum Entscheidungskampf, der über Auf- oder Abstieg entscheidet.

Um mithalten zu können ist es nötig, seine Ressourcen zu erkennen, zu nutzen und auszubauen, sich strategische Ziele zu setzen, diese zu operationalisieren und das Erreichte zu überprüfen […] – kurzum: Seinen gesamten Lebenszusammenhang im Sinne betriebswirtschaftlicher Effizienz zu rationalisieren. […] Sich selbst zu managen verlangt nicht nur die gleichen Tugenden wie die Führung eines Unternehmens, sondern besteht vor allem in der Fähigkeit, sich selbst als Unternehmen zu begreifen und entsprechend zu führen (Bröckling et al. 2002, S. 156; vgl. Lorenz 2010, S. 453 ff.).

1.2.3 Qualität als das Mehr von Vereinheitlichung

Alles was nicht messbar ist, ist auch nicht veränderbar, so die eingängige These der Qualitätsmanager. Messbarkeit wird als Kriterium benötigt, um einen Unterschied zu beschreiben, der einen Unterschied macht. Das Wesen einer Sache, das als Qualität bezeichnet wird, tritt in den Hintergrund. Ritzer (2006) führt dies auf die Prämisse des Rationalen in unserer Kultur zurück.

Der Rationalisierungsprozess führt definitionsgemäß zum Verlust einer Qualität – des zauberhaften – die den Menschen früher sehr wichtig war (Ritzer 2006, S. 213).

Wir haben zwar durch die Rationalisierung der Gesellschaft einerseits materiell viel gewonnen, aber ideell einiges verloren, wobei gerade durch die effiziente Gestaltung aller Prozesse und die fortschreitende Optimierung durch Kaizen in den Optimierungswahn geführt haben, in welchem die Frage nach Effizienz und nicht mehr nach Effektivität gestellt wird (vgl. Lorenz 2010, S. 458).

Zusammenfassend lässt der kritische Blick folgende Conclusio zu:

1.2.4 Qualität ist das Berechenbare

Die für die Entfaltung des Kreativitätspotenzials im Prozess notwendigen Freiräume sind Räume des Ineffizienten, des Unkontrollierbaren, Spielräume des anarchischen Chaos. Sie laufen damit allen Intentionen des totalen Qualitätsmanagements zuwider. Das unplanbare, Struktur auflösende Element des Kreativen entzieht sich der Kontrollier- und Vergleichbarkeit und findet sich weder in Handbüchern noch in Prozessbeschreibungen.

Gerade in Krankenhäusern entsteht durch die Einführung des Fallpauschalensystems und den ordnungspolitischen Forderungen nach qualitätssichernden Maßnahmen ein doppelter Druck. Da an jede DRG („diagnosis related group", diagnosebezogenes fallpauschaliertes Entgeltsystem) ein festes Entgelt gekoppelt ist, entsteht die Notwendigkeit, jedem Fall ein einheitliches Programm an medizinischen Leistungen zuzuweisen. Alle Abweichungen vom Standardbehandlungsplan müssen mit Zusatzdiagnosen ausgewiesen werden. Die Sicht des Klinikers verlagert sich dadurch weg von der Individualität des Patienten hin zur optimalen Eingruppierung des Falls, um seiner Berechenbarkeit Genüge zu tun (Manzeschke 2007).

> Indem das Unternehmen [...] die Zeit für den einzelnen Patienten begrenzt und die Zahl der täglich durchgeschleusten Patienten maximiert, kann es Kosten senken und den Gewinn steigern [...] Der Profit steigt, wenn man die Ärzte drängt, weniger Zeit für den Patienten aufzuwenden, mehr Patienten zu behandeln [...] und nur solche Personen zu behandeln, deren Erkrankung die höchsten Gewinne versprechen (Ritzer 2006, S. 117).

Die Forderung nach Qualität als berechenbare bzw. abrechenbare Größe zu erfassen, legt den Schluss nahe, dass Qualitätssicherung immer mit dem Faktor der Effizienzsteigerung verbunden ist.

1.2.5 Qualität ist das Effiziente

Aus der Forderung der Abrechenbarkeit bzw. der Berechenbarkeit ergibt sich die Dimension des effizienteren Wirtschaftens. Qualität erfüllt und bedient immer auch das ökonomische Interesse der Optimierung von betrieblichen Arbeitsabläufen und Ressourceneinsätzen. Effizienzsteigerung ist ein durchgängiges Thema der industriellen Produktion geworden. „Just in time" und „lean management" stehen als Begrifflichkeiten für bessere und schnellere Dienstleistungen und Fertigungsprozesse, die dem Kunden zum Nutzen gereichen, da sie das optimale Mittel zum Erreichen eines Ziels fokussieren. In einer ersten Phase erzeugen diese Rationalisierungen aus der Effizienzsteigerung hohe Nutzeneffekte, wie die wirtschaftliche Entwicklung Anfang der 1990er-Jahre unter dem Stichwort der Lopez-Effekte[1] belegen. In der Folge gab es aber enorme Qualitäts- und

---

[1] Fernando Lopez wurde als Rationalisierer der Automobilindustrie bekannt, der durch Druck auf Zulieferfirmen und die Straffung der Fließbandarbeit erst bei Opel, später bei VW eine enorme Kostenreduktion erzielte.

Produktivitätseinbrüche, weil durch die Verschlankung und Vereinfachung der Produktionsabläufe die Innovationspotenziale zerstört wurden.

1.2.6 Qualität ist das Kontrollierbare

Die größte Quelle von Unsicherheit und Nichtplanbarkeit ist der Mensch. Daher richtet sich Qualitätsmanagement auf die Eliminierung dieses Faktors oder aber auf eine umfassende Kontrolle der Prozesskomponente Mensch. Historisch gesehen sind die Aktivitäten der Unternehmen darauf ausgerichtet gewesen, eine immer effizientere Kontrolle über den Menschen im Unternehmen zu gewinnen. In der tayloristischen Produktion war das Bestreben, den Faktor Mensch optimiert in die Prozesskette Fließband einzubinden. Taylor trennte dabei Kopf- und Handarbeit, die bei qualifizierten Kräften bis zum Zeitpunkt der Fließbandarbeit miteinander verbunden waren. Er übersetzte die kognitiven Fähigkeiten der Arbeiter in einfache geistlose Richtlinien, die praktisch jeder lernen und befolgen sollte. Hinter Taylors (Frederick Winslow Taylor 1856–1915) wissenschaftlichem Ansatz der Unternehmensgestaltung und den Bemühungen, menschliche Fähigkeiten durch nicht menschliche Technologie zu ersetzen, stand nach Ritzer letztlich das Ziel, Menschen mit möglichst geringer Intelligenz und Begabung einzustellen. Taylor wollte eigentlich Arbeitskräfte, die niederen Tieren ähnelten.

> Eines der ersten Erfordernisse für einen Mann, der als Beruf regelmäßig mit Roheisen hantiert besteht darin, dass er dumm und so träge sein soll, dass er in seinem Geisteszustand einem Ochsen mehr ähneln soll als jeder andere Typ (Taylor zitiert nach Ritzer 2006, S170 f.).

Im Krankenhausbereich wird die Kontrolle durch Behandlungspfade erreicht, an denen sich die behandelnden Profis orientieren müssen. In diesen Behandlungspfaden sind die zu erbringenden Regelleistungen im Umfang beschrieben. Abweichungen von den Behandlungspfaden sind zu dokumentieren und zu begründen. Im amerikanischen DRG-System liegen diese Behandlungspfade den Krankenversicherungen vor, die während der Leistungserbringung in den Prozess kontrollierend intervenieren können, um Abweichungen vom Behandlungspfad direkt zu erfassen.

Dies führt dazu, dass aus situativen Bedarfslagen erforderliche Abweichungen ausgeblendet werden, da jede Abweichung mit einem zusätzlichen Aufwand verbunden ist, der einen unter Effizienzdruck stehenden Professionellen als ineffizient etikettiert.

> Ein zweiter und sehr viel gravierenderer Grund liegt meines Erachtens jedoch in der Nachrangigkeit weicher Faktoren im aktuellen Management gegenüber harten Outcomefaktoren. Gerade Qualitätsaspekte lassen sich nur schwer in operationalisierbare, für das Controlling aufbereitete Daten überführen. Psychosoziale Aspekte, die eine gelingende Kommunikation zwischen Personal und Patientinnen und Patienten bedingen und für den Heilungsprozess wichtig sind, lassen sich nur schwer messen und parametrisieren (Lorenz 2010, S. 460).

1.2.7 Qualität ist Quantität

Den eindrucksvollen Beweis für diese These liefern Fast-Food-Restaurants. Da in der industriellen Herstellung von Lebensmitteln alle vorhergehenden Thesen über Qualität und Vergleichbarkeit mit der Zielsetzung der *Wiedererkennbarkeit, Effizienz, Kostenminimierung* und *technologisch-instrumentellen Kontrolle der Mitarbeiter* umgesetzt sind, wird das entscheidende Merkmal zu anderen Konkurrenten die Größe des Produkts:

> Die Kunden erwarten von einem Fastfoodrestaurant bestenfalls mäßig gute Lebensmittel, aber mit kräftigem Geschmack [...] Bei derartig geringen Qualitätserwartungen stellen die Kunden größere Erwartungen an die Quantität. Sie wollen eine Menge zu essen haben, und sie erwarten, dass es relativ billig ist (Ritzer 2006, S. 110).

Die Formel des *Mehr ist besser* und *Besser ist Qualität* hat sich auf alle Lebensbereiche ausgedehnt. Im Bildungswesen, aber auch im Gesundheitswesen geht es um Rankings, Noten und Punkte, die einer Institution entweder von externen Experten oder durch Auswertung von Kundenbefragungen verliehen werden. Das ursprüngliche Anliegen, eine Qualitätsverbesserung zu erreichen, wird in quantitative Faktoren übersetzt, die dann als Bemessung herangezogen werden. Eine Rückübersetzung im Sinne von Deutung und Interpretation findet jedoch nicht statt, da diese Rückübersetzung Interpretationsspielräume schafft, die dem Anspruch der Kontrollierbarkeit und des Berechenbaren entgegenstehen.

Im Gesundheitsbereich führt dieses Ranking zu einer Patientenselektion. Die Veröffentlichungen von Komplikationsraten und Mortalitätsindexen führen dazu, Patienten mit hohem Komplikationsrisiko nicht mehr in einer Klinik aufzunehmen und zu operieren, um die Statistik nicht negativ zu beeinflussen. Qualitätsmanagement oder besser Quantitätsmanagement produziert damit im Gesundheitswesen Paradoxien, die an der Erzeugung von Qualität vorbei zielen, zum einen, weil in einer vernetzenden Welt ein linear kausales Ursache-Wirkung-Denken dysfunktional wird, zum anderen, weil komplexe Netzwerke nicht nur neue Qualitäten emergent hervorbringen, sondern auch neue Daseinsformen, die mit den gewohnten Beobachtungskategorien nicht mehr zu erfassen sind.

1.2.8 Qualität verdrängt Professionalität

Stand ursprünglich das Qualitätsmanagement und die von ihm erfassten Dimensionen als Prüfinstanz am Ende der Produktionskette, haben sich unter dem Ansatz von umfassendem Qualitätsmanagement die Prüfinstanzen auf die Prozesse und die Strukturen ausgedehnt. Durch das Konglomerat von Qualitäts- und Wirtschaftlichkeitsinteressen und die Ausdehnung der Erfassung und Prüfung von Prozessabläufen und Strukturen wird die situative Kompetenz des professionellen Akteurs durch verbindliche Vorschriften der Handbücher und Prozessbeschreibungen ersetzt, die auch den Vorteil der juristischen Sicherheit in sich bergen. Professionelle Intuition hat juristisch weniger Relevanz als eine Verhaltensvorschrift, die mit organisationaler Entscheidungsbefugnis in Gang gesetzt wurden.

> Für unseren Problemzusammenhang interessiert der komplexe Prozess der Professionalisierung vor allem, weil zur Rolle des Professionellen immer auch Regeln der Selbstkontrolle

und Selbststeuerung gehören [. . .]. Es funktioniert dort, wo Indifferenz [. . .] die Beziehungen zwischen Experten regiert. Schwieriger wird es, wenn diese Beziehungen konflikthaft sind, oder [. . .] professionsübergreifende, und mithin Funktionssystem übergreifende Kooperation erforderlich erscheint (Willke 1992, S. 99 ff.).

2 Dekonstruktion durch alternative Deutungsmodelle

Eine Alternative ist das beschreibende Beobachten und damit eine sinnvolle Intervention, die die Systeme irritiert. Es gilt, dem System Bedeutung und Sinn zu zuweisen, indem man über die Intentionalität, das *Wozu* des therapeutischen Miteinanders kommuniziert. Hilfreich ist eine Qualitätsdefinition auf unterschiedlichen Ebenen vorzunehmen. Meulmeester schlägt die Ich-Ebene, die Du-Ebene und die Es-Ebene als Beobachtungsstruktur vor, man könnte Prozessergebnis und Strukturebene dazunehmen, um anhand dieser Differenz zu informativen Beschreibungen zu kommen. Qualität ist für ihn ein interaktionelles Geschehen und damit de facto immer etwas Unvollendetes (vgl. Lorenz 2010, S. 463).

Qualitätsmanagement [. . .] heißt, dass (. . .) Mitarbeiter, Bewohner, Klienten mehr Lebensqualität erfahren und damit auch mehr sichtbar werden in ihren Qualitäten. Qualitätsmanagement ist das Fordern und Fördern der Personalität aller Beteiligten durch die Solidarität aller Beteiligten auf der Basis von Subsidiarität (Lorenz 2007, S. 6).

2.1 Unternehmenskultur anders denken

Der Begriff der Unternehmenskultur erlebt seit den 1980er-Jahren des letzten Jahrhunderts eine inflationäre Ausbreitung. Bedingt ist diese Entwicklung zum einen durch die in dieser Zeit spürbar gewordene Wertepluralität, die mit der Auflösung traditioneller Ligaturen der (Spät-)Moderne einherging (vgl. Beck 1986).

Ausgangspunkt der Überlegungen war [. . .] die Erkenntnis, dass sich das Menschenbild in der Nachkriegszeit gründlich gewandelt hat. Die demokratische Welt wirkte sich aus. Das Selbstbewusstsein der Menschen wurde gestärkt. Er taugte nicht mehr zum Untertan einer Obrigkeit, sondern war entschlossen, seine humane Identität, wie die Ethiker sagen, in jedem seiner gesellschaftlichen Wirkungskreise, also auch im Unternehmen und Betrieb, zu entdecken und zu verwirklichen. Der Mensch fragt heutzutage, ob bewusst oder intuitiv, nach dem Sinn einer Sache oder Handlung. Er sträubt sich innerlich gegen alles, was er für sinnlos hält, was ihn entwürdigt, ihn demütigt, und fühlt er sich gezwungen, etwas zu tun, was seiner Natur widerspricht, ist er verdrossen (Briam 2001, S. 25).

Zum anderen ist aber auch der Sachverhalt zu beachten, dass, mit der beginnenden Internationalität von Unternehmen, die Suche nach unternehmerischen Leitkulturen einsetzte und – darauf weist George Ritzer in seinem Buch *Die Mc Donaldisierung der Gesellschaft* hin – dass Unternehmenskultur durch das Franchise-System selbst zum Produkt geworden ist.

Ray Kroc (1902–1984), das Genie des Franchising-Konzepts von Mc Donalds [...] hätte [nicht] vorhersehen können, welch verblüffenden Einfluss sein Werk haben würde. Mc Donald's ist tatsächlich eine der einflussreichsten Entwicklungen in der Gesellschaft unserer Zeit (Ritzer 2006, S. 15).

Wie immer, wenn Begrifflichkeiten populär werden, entsteht in der Folge mehr Verwirrung als Klarheit darüber, welcher Sachverhalt damit genau gemeint ist. Daher bietet es sich an, bevor man in die Diskussion über Unternehmenskultur eintritt, zu sortieren und zu erörtern, was Unternehmenskultur überhaupt meint.

> Das neue und interessante an dieser Sichtweise ist zunächst einmal, dass sie die Unternehmung als Ganzes als eine Art Kultursystem begreift. In Unternehmen, so die Idee, entwickeln sich eigene, unverwechselbare Vorstellungs- und Orientierungsmuster, die das Verhalten der Mitglieder und der betrieblichen Funktionsbereiche nachhaltig prägen (Steinmann und Schreyögg 2005, S. 710).

Die Managementforschung nimmt dabei den aus der Ethnologie entwickelten Kulturbegriff auf und überträgt ihn auf Unternehmen mit der Vorstellung, dass jedes Unternehmen als sozio-technisches Gebilde eine spezifische Kultur ausbildet. Kultur wird so in eine enge Beziehung zur Ökonomie gesetzt und die allgemein gültigen Wertvorstellungen und Verhaltensweisen werden an die betriebliche Realität und Rationalität gebunden. In dieser Logik soll eine Unternehmenskultur ein Beitrag der betrieblichen Wertschöpfung sein, indem sie auf die Steigerung der Produktivität und die Beschleunigung von Innovation einwirkt (vgl. Briam 2001, S. 25).

Unternehmen entwickeln, so die Vorstellung, in einem Amalgam von Gemeinschaft und Produktion im Laufe der Zeit eigene unverwechselbare Vorstellungs- und Orientierungsmuster, die das Verhalten der Mitglieder nach innen und außen auf nachhaltige Weise prägen.

> Der Kulturansatz ist zugleich eine Kritik an dem herkömmlichen analytischen Rationalitätsbegriff. Organisatorische Rationalität (und damit Erfolg) wird nicht mehr länger als Ausfluss optimierter Entscheidungen (Theorie der rationalen Wahl) gesehen, sondern sehr viel breiter als Meisterung einer Vielzahl organisatorischer Prozesse, wozu auch die Pflege von Traditionen und Weckung von Emotionen gehört (Steinmann und Schreyögg 2005, S. 710).

Schein (2003, S. 44 ff.) definiert die Funktionen von Unternehmenskultur als Integration der Mitarbeiter, Identifikation mit dem Unternehmen sowie Reduktion von Unsicherheit der betrieblichen Komplexität und Ambiguität von Entscheidungslogiken:

> Die gemeinsam erlernten Werte, Überzeugungen und Annahmen, die für selbstverständlich gehalten werden, wenn das Unternehmen weiterhin erfolgreich ist, sind die Essenz der Unternehmenskultur. Man darf nicht vergessen, dass sie Ergebnis eines gemeinsamen Lernprozesses sind. [...] Übernommen und selbstverständlich wurden sie erst, als die neuen Mitarbeiter des Unternehmens begriffen, dass diese Überzeugungen, Werte und Annahmen der Gründer für den Erfolg des Unternehmens verantwortlich und deshalb richtig waren (Schein 2003, S. 35).

Im Unterschied dazu positioniert der symbolische Führungsansatz die Unternehmenskulturen als Weltbilder, als kollektive Orientierungsmuster von Unternehmen, um sich
die Welt verständlich zu machen. Kultur wird als Interpretationsmuster gesehen, mit dem
sich Unternehmensmitglieder die Umwelt erschließen und das anzeigt, wie erfolgreiche
Handlungen gebildet werden. Kultur stellt sich so als selbst entwickeltes Netz von Deutungsmustern dar (vgl. Lorenz 2010). Das Unternehmen wird als eine symbolische Konstruktion der Unternehmenskultur, somit als Sinngemeinschaft verstanden.

Somit ist Unternehmenskultur:

- ein implizites Phänomen, das sich nicht direkt beobachten lässt;
- ein gelebtes Phänomen, seine Orientierungsmuster finden im täglichen Handeln ihren
  Ausdruck;
- bezogen auf gemeinsame Orientierungen, Werte usw. Es handelt sich also um ein
  kollektives Phänomen, das das Handeln der Mitglieder einer Gemeinschaft prägt. Unternehmenskultur macht organisatorisches Denken, Deuten und Handeln einheitlich;
- das Ergebnis eines Lernprozesses im Umgang mit internen und externen Problemen.
  Bestimmte Handlungsweisen werden als erfolgreiche Problemlösungen anerkannt, andere nicht (vgl. Steinmann und Schreyögg 2005, S. 710 f.).

Unternehmenskultur stellt sich als komplexes Phänomen dar, das nicht nur geteilte Orientierungsmuster und Routinen, sondern auch ihre Vermittlungsmechanismen und Aus-
drucksformen umfasst. Um eine Kultur verstehen zu können, muss man – ausgehend von
den Oberflächenphänomenen – sukzessive den kulturellen Kern in einem Interpretations-
prozess erschließen.

2.1.1 Annahmen über die Natur zwischenmenschlicher Beziehungen

Kulturen enthalten Orientierungsmuster für die Beziehungen zwischen Individuen. Ob
diese in hierarchischen Strukturen im Unter- und Überordnungsverhältnis gedacht werden oder ob eher Gruppen-, Team- und Einzelleistungen gewünscht sind, resultiert aus
den oben beschriebenen Annahmen. Im Zuge der verstärkten Individualisierung als ge-
samtgesellschaftliches Phänomen, aber auch des individualistischen Selektionsprinzips
des „survival of the fittest" beispielsweise in der schulischen Sozialisation, entwickeln
sich im beruflichen und unternehmerischen Handlungsfeld zunehmend die Probleme dort,
wo koordinierte Gruppenleistungen erforderlich sind, um Zielsetzungen zu erfüllen. In
hierarchisch geprägten Strukturen ist die Implementierung von Gruppen- und Teamstruk-
turen besonders krisenhaft, weil es in den einzelnen Stellenpositionen ein individuelles
Belohnungs- und Feedbacksystem gibt.

> Im Allgemeinen ist der deutlichste Indikator für Individualismus die heilige Kuh individueller
> Verantwortlichkeit. Man kann Teamarbeit theoretisch noch so sehr befürworten, praktisch
> wird sie nur dort, wo das gesamte Team verantwortlich ist und insgesamt bezahlt und belohnt
> wird (Schein 2003, S. 64).

Ein ebenso wichtiger Aspekt ist der Umgang mit Emotionen in Organisationen. Sind beispielsweise Emotionen am Arbeitsplatz eher zulässig oder wird unter dem Deckmantel der Sachlichkeit angestrebt, die Emotionen zwischen den Organisationsmitgliedern zu unterbinden? Auch die Trennung zwischen Dienstlichem und Privatem wird häufig als professioneller Imperativ gesetzt mit der Folge, dass zwischenmenschliche Beziehungen als informelle Netzwerke agieren und der daraus abgeleitete kollegiale Umgang als Wettbewerb oder Kooperation ausgestaltet wird. Durch Personifizierung dieser Problemlage reduziert sich dann Zusammenarbeit auf die Frage: Muss man sich vor den anderen fortwährend in Acht nehmen oder kann man ihnen vertrauen (vgl. Steinmann und Schreyögg 2005, S. 715)?

Dies wirft die Frage auf inwieweit Unternehmens(kultur)beobachtungen mit der Differenz operieren:

- formale (Aufbau- und Ablauforganisation) versus informelle Organisation (als Gruppe von Gruppen),
- komplexe (z. B. situative) vs. unterkomplexe (mechanistische) Führungsmodelle,
- relationale, interdependente versus nicht-relationale triviale Bilder der Umwelt.

2.1.2 Vorstellungen über Wahrheit und Zeit

Ein zweiter universeller Themenkomplex von Kultur fokussiert auf Fragen nach der Wahrheitsfindung und der Deutungshoheit über Wahrheit im Unternehmen. Wenn sich in der Unternehmensphilosophie – als beschriebene Kultur – Begriffe gegeneinander abgrenzen, wie z. B. die Begrifflichkeit des Querdenkens (was erwünscht und gefördert wird) und des Quertreibens (was unterbunden und exkludiert wird), stellt sich die Frage, wer die Deutungshoheit oder gar das Deutungsmonopol über Begrifflichkeiten und Diskurssysteme in der Organisation besitzt. Es stellt sich aber auch die Frage, auf welche Legitimationsgrundlage sich Organisationsmitglieder beziehen sollen, wenn sie Arbeitsprämissen, Prognosen oder Entscheidungen als falsch oder richtig, als real oder fiktiv deklarieren. Gibt es für die Legitimation von Entscheidungen gewachsene wirksame Strukturen und Traditionen (im Sinne von Programmen) oder sind es die Autoritäten und Machtkonstellationen im Betrieb bzw. erweisen sich Referenzsysteme im Hintergrund als machtvolle Institutionen?

> In jeder Kultur lernen Heranwachsende Überzeugungen und Annahmen über das, was als wahr und real gilt [...] In vielen Kulturen legen Traditionen, moralische Prinzipien, religiöse Lehren und andere unangreifbare Autoritäten fest, was man als wirklich und wahr zu betrachten hat. Und selbst in westlichen Gesellschaften hat jeder die Erfahrung gemacht, dass religiöse und moralische Autoritäten in vielen Bereichen realer erscheinen als pragmatische Erfahrungen (Schein 2003, S. 65).

Als Referenzsysteme in funktional differenzierten Gesellschaften wirken Wissenschaft, Politik, Kirche oder Wirtschaft als gesellschaftliche Teilsysteme, die mit ihrer jeweiligen

Eigenlogik Denk- und Deutungsmuster prägen und damit Asymmetrie im Sinne herr-
schender Logik evozieren:

> Asymmetrie [...] soll besagen, dass ein System zur Ermöglichung seiner Operationen Be-
> zugspunkte erwählt, die in diesen Operationen nicht mehr in Frage gestellt werden, sondern
> als gegeben hingenommen werden müssen (Luhmann 1994, S. 631).

Ähnlich verhält es sich mit dem Verständnis von Zeit und der Dynamik zur Gestaltung von Betriebsabläufen. Entgegen der Alltagsmeinung, die Zeit als etwas Objektives,
Unhintergehbares begreift, zeigen Unternehmen, Behörden und Verbände, dass sie einen
Eigensinn in Bezug auf die Deutung der Zeit, aber auch von schnell und langsam besitzen.
Abgeleitet aus der Eigenlogik (man denke nur an behördliche Genehmigungsinstanzen)
entwickeln diese Unternehmen ein eigenes Raster, um Zeit thematisieren und disponieren
zu können (vgl. Steinmann und Schreyögg 2005, S. 714; ebenso Schein 2003).

2.1.3 Annahmen über die Umwelt

Die Frage, welches Bild der Umwelt, d. h. der Außenwelt, der Referenzsysteme (Verbände, Dachorganisationen) im Unternehmen besteht, wie das Selbstbild der eigenen Organisation ist, steuert den Selektionsprozess der Überkomplexität von Umweltinformatio-
nen. Daraus werden Deutungsmuster über die Umwelt konstruiert, die dann als Wirklichkeit angenommen werden (Thomas-Theorem). Die Frage nach dem Interpretationsmuster,
auf dem die Wahrnehmung von Umweltereignissen und den anschließenden Handlungen
liegt, resultiert im Wesentlichen aus dem Selbstverständnis, mit dem sich das Unternehmen in seiner Umwelt verankert sieht und wie es die Differenz zu anderen Unternehmen
konstruiert. Wie bereits angesprochen, wird z. B. die Entscheidung, welche Strategie ein
Unternehmen wählt, stark von dieser Grundauffassung über die Umwelt überformt. Dabei
ist zu beachten, dass diese Annahmen über die Umwelt stark von der kontextuellen Kultur
(national, glaubensorientiert) abhängig sind, die als referenzkulturlegitimierenden Charakter für die Deutungs- und Interpretationsmuster besitzt (vgl. Steinmann und Schreyögg
2005, S. 711; auch Schein 2003, S. 60).

> Diese meist unbewussten und ungeplant entstandenen Basisannahmen stehen nun allerdings
> nicht isoliert nebeneinander, sondern bilden zusammen ein Muster, eine mehr oder weni-
> ger stimmige Gestalt. Wenn man eine Unternehmenskultur verstehen will, muss man des-
> halb über die Basisannahmen hinaus versuchen, die Gesamtgestalt, das Weltbild, zu erfassen
> (Steinmann und Schreyögg 2005, S. 715)

Als James Burnham 1941 in seinem gleichnamigen Bestseller das heraufziehende *Re-
gime der Manager* prophezeite, „da stand ihm die technokratische Herrschaft einer Funk-
tionärselite vor Augen, welche die Ökonomie planwirtschaftlich organisieren und den
Platz des Souveräns vom Parlament in die Kanzleien verlagern würde." (Bröckling et al.
2002, S. 132) Bröckling ist der Überzeugung, dass mehr als 60 Jahre nach Erscheinen
des Buches eine Hegemonie managerialen Denkens sich in nahezu allen Lebensberei-

chen im Kapitalismus durchgesetzt hat. Management erscheint heute ebenso allgegenwärtig wie unvermeidlich. Es werden inzwischen nicht nur Wirtschaftsunternehmen *gemanagt*, sondern auch Karrieren, Zeiten, Familien und Beziehungsprobleme, Behörden ebenso wie Bürgerinitiativen. Keine Volkshochschule ohne Weiterbildungsmanagement, selbst die militärische Fortsetzung der Außenpolitik firmiert nicht als Krieg, sondern als Krisen- und Konfliktmanagement mit entsprechenden Kollateralschäden. Managementtheorien der postfordistischen Ära entwerfen andere Leitbilder. Es geht zwar noch darum, die Arbeitskraft optimal zu nutzen und Dienstleistungen möglichst gewinnbringend zu verkaufen, der Modus sozialer Steuerung hat sich aber grundlegend geändert. Das Marktmodell wird auf alle sozialen Beziehungen übertragen, indem sie das Geforderte zugleich als das bereits Gegebene voraussetzt.

> Die Omnipräsenz des Marktes, so die suggestive Botschaft, lässt nur die Alternative, entweder alle bürokratischen Fesseln abzuwerfen und sich rückhaltlos dem Wettbewerb zu stellen, oder als Ladenhüter zu verstauben. Wenn die Therapie immer schon feststeht, ist auch die Diagnose kein Problem (Bröckling et al. 2002, S. 135)

Die Frage bleibt, ob die Durchsetzung lebensweltlicher Bereiche mit manageriellem Denken in Übereinstimmung zu bringen ist, mit der Habermas-These von der *zunehmenden Ökonomisierung* und *Verrechtlichung* der Lebenswelt. Damit wäre dann die Verdrängung der Lebenswelt durch die Systemwelt auch ein Ergebnis poststrukturalen Denkens.

2.2 System-Umwelt-Bezug neu denken

Für die Beschreibung der komplexen Wirklichkeit – und hier speziell bezogen auf Unternehmen und ihre Organisationen – ist es auch bei der Implementierung von Beschreibungen der relevanten Umwelten von Bedeutung, sich bewusst zu machen, mit welcher Perspektive man diese komplexe Wirklichkeit eigentlich betrachtet.

> Die Frage nach der *richtigen Brille* und ihrer entsprechend benötigten *Natur*, Selektivität und *Konstruktion* ist daher von großer Wichtigkeit. Im nachfolgenden soll deshalb der Versuch unternommen werden, eine solche *Wahrnehmungsbrille* für Organisationen darzustellen, die sich im Bereich *Systemmanagement* praktisch bereits recht gut bewährt hat und vielleicht für den einen oder anderen eine nützliche *Sehhilfe* zu sein vermag (Rieckmann 1997, S. 39).

Ein theoretisches Modell, das Rieckmann zur Beobachtung von Organisationen vorschlägt, ist die Sichtweise des Modells des offenen sozio-techno-ökonomischen Systems (OSTO) genannt.

Diese Sicht geht dabei auf die systemtheoretische Sicht von Organisationen zurück. Organisationen sind Systeme, die aus operational verbunden Elementen und Subsystemen als Formen bestehen sowie durch eine Grenze sich von ihrer Umwelt abgrenzen und Input (Materie, Energie, Informationen) in Output (Produkte, Dienstleistungen, Know-how, Wachstum, Abfall etc.) transformieren.

Durch diese Input-Output-Transformations- und Austauschprozesse mit der Umwelt versuchen Systeme ihre Existenz- und Sinngrundlage zu sichern, sowie ihre Identität zu erhalten. Feedback- (und antizipatorische Feedforward-) Systeme dienen dabei zur Steuerung interner Transformations- und externer Anpassungsprozesse (Rieckmann 1997, S. 39).

Um den Input-Output-Transformationsprozess zu bewerkstelligen, gehen im sozialen System *Organisation* Menschen mit physischen, technischen Werkzeugen eine Quasisymbiosen ein, d. h. die lose gekoppelten Kommunikationen der verschiedenen Positionen, Meinungen und Managementorientierungen muss aufgehoben bzw. integriert werden. Systemdimension beinhaltet die Aspekte:

- Aufbau- und Ablauforganisation (= formale Organisation),
- die Systemmitglieder selbst mit ihren beobachtbaren (Arbeits-)Beziehungen, Interessen, Gefühlen, Verhaltensweisen, etc. (= informelle Organisation),
- Kultur (Werte, Einstellungen, Spielregeln, Normen, Tabus, Selbstverständlichkeiten, etc.),
- personalwirtschaftliche Systeme,
- Klima und Motivation.

Die technische Systemdimension beinhaltet Physisches wie:

- Maschinen, Geräte, Anlagen, Gebäude,
- Architektur (Innen- und Außenarchitektur),
- Konfigurationen, Layouts,
- Hilfsmittel, Verfahren usw.,
- Qualifikationen.

Als dritte Dimension des Modells – nach der formalen Organisation und technischen Dimension –, die den kommunikativen Diskurs prägt, ist die ökonomische Systemdimension, die als Referenzsystem an das gesellschaftliche Teilsystem Wirtschaft gekoppelt ist und legitimatorische Funktion hat.

Diese ökonomische Systemdimension umfasst alles, was im weitesten Sinne mit Geld und Wirtschaftlichkeit zu tun hat, wie:

- Aufrechterhaltung der Zahlungsfähigkeit,
- Rentabilität,
- Umsatz-Gewinn-Ziele,
- Lohn- und Gehaltssysteme,
- Kosten und Kostenkontrollsysteme.

Diese ökonomische Dimension beeinflusst die beiden anderen Subsysteme, wird ihrerseits selbst wiederum von den psychosozialen, organisatorischen und technologiebedingten Strukturen mitgesteuert.

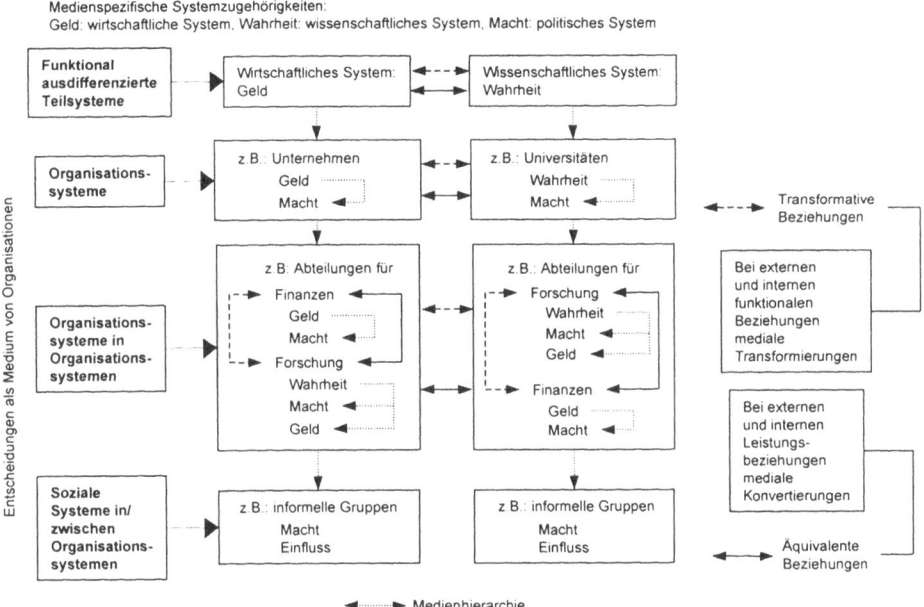

Abb. 1 Systembeziehungen. (Aus Krause 2001, S. 70)

In der vierten Systemdimension geht es um Sinn und Intentionalität. Im originär systemtheoretischen Verständnis ist Sinn das Medium (lose gekoppelte Elemente), aus dem Formen (feste Kopplung) gebildet werden, wie die Abb. 1 am Beispiel der Kopplungen zwischen Wirtschaftssystem, Wissenschaftssystem und politischem System zeigt. Die sinnhaft (lose) verbundenen gesellschaftlichen Teilsysteme werden über die generalisierten (Steuerungs-)Medien Geld, Macht und Wahrheit definiert. Geld als Steuerungsmedium (zunächst als Steuerungsmedium des Wirtschaftssystems) kann die gesellschaftlichen Teilsysteme Wissenschaft und Politik direkt beeinflussen, wobei die beeinflussten Teilsysteme sehr wohl die Deutungshoheit in ihrer Handlungslogik besitzen – sofern sie sich beeinflussen lassen. Gleiches gilt für das Steuerungsmedium Wahrheit. Sowohl Politik als auch Wirtschaft besitzen die Deutungs- und Entscheidungshoheit, inwieweit ihre Handlungslogik durch wissenschaftliche Wahrheiten beeinflussbar ist.

2.2.1 Die Produkt-Markt-Zukunfts-Dimension

Geht man von der systemtheoretischen These aus, dass Systeme durch ihre Umwelt konstituiert werden, so müssen diese ein hochselektives Beobachtungspotenzial entwickeln, mit dem sie ihr überkomplexes, hochdynamisches Umfeld beobachten, sowie die Fähigkeit, als Organisationen gegenüber Veränderungen der Umwelt offen zu sein, um sich den immer rascher wechselnden Umwelt- und Rahmenbedingungen – reaktiv oder proaktiv – anpassen zu können. Rieckmann nennt und identifiziert dafür ein eigenes spezialisiertes Aktivitätszentrum, das sich speziell um Produkt-, Markt- und Zukunftsfragen kümmert

Abb. 2 OSTO Modell. (Aus
Rieckmann 1997, S. 46)

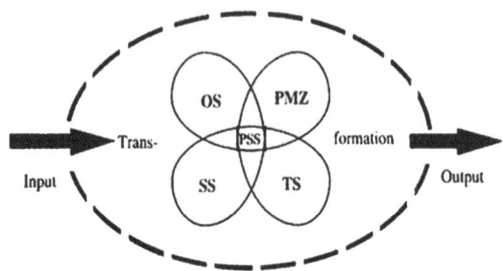

und Innovationen initiiert. Ohne die Einbeziehung der Umwelt und deren Veränderungen und die damit einhergehenden Irritationen bzw. Perturbationen im System ist ein Überleben des Systems nicht möglich. Insofern ist es wichtig, dieses Subsystem ebenfalls explizit mit in den ganzheitlichen Systemansatz aufzunehmen.

2.2.2 Das politische Steuerungssystem

Eine weitere unverzichtbare Modelldimension stellt die *politische Systemsteuerung* dar. Es beschreibt die formellen und informellen Prozesse, die in den unterschiedlichen Teilsystemen bestehen. Das politische Steuerungssystem beinhaltet jene Interessen, Machtansprüche, Zielvorstellungen, Werte und Gruppierungen, die die Basis und die Prämissen für die Steuerung und Strukturierung des Gesamtsystems abgeben (vgl. Rieckmann 1997, S. 46).

2.2.3 Die Systemumwelt

Eine weitere Dimension ist die Umwelt des Systems.

> Die Umwelt ist ein systeminternes Konstrukt, das mit der Unterscheidung von System und Umwelt im System entsteht. Umwelt lässt sich nur beschreiben, indem die Differenz von System und Umwelt ins System wieder eingeführt wird [...] sie können nicht als was eigenständiges beschrieben werden (Vogel et al. 1994, S. 262).

Der OSTO-Ansatz (Abb. 2) geht als offener Systemansatz davon aus, dass Systeme nicht existieren können, ohne vielfältige Austauschbeziehungen zur Umwelt zu unterhalten und die strukturelle Kopplung zu beobachten (vgl. Rieckmann 1997, S. 43).

Die Umwelt lässt sich unter Systematisierungsgesichtspunkten je nach Erkenntnis- oder Arbeitsinteresse in unterschiedliche Arten aufteilen:

- direkte und indirekte Umwelten,
- relevante und irrelevante Umwelten,
- soziale, politische, technologische, ökonomische, ökologische Umwelten,
- kulturelle, juridische, usw. Umwelten,
- statische, dynamische, turbulente, chaotische Umwelten,
- nahe und ferne Umwelten,

- nützliche und schädliche Umwelten,
- kontrollierbare und nicht kontrollierbare Umwelten, usw.

Die Umweltverwiesenheit des Systems führt dazu, dass das System ständig sowohl seine aktuelle Existenzgrundlage wie auch deren langfristige Sinnhaftigkeit angesichts der weiteren Entwicklung als Selektionsprozess überprüfen muss.

> Betont werden soll an dieser Stelle zunächst einmal nur, daß eine entsprechende Umwelt-Awareness für offene Systeme von absoluter (Über-) Lebensnotwendigkeit ist. Und dies gilt auch und trotz der Tendenz von Systemen, sich von der Umwelt abzuschotten, sich vornehmlich mit den Problemen ihrer eigenen Binnenkomplexität zu beschäftigen, ihre Identität zu erhalten und zu stabilisieren und dabei ihre eigene Betriebsblindheit als Ausdruck von bewährter Systemtradition zu interpretieren (Rieckmann 1997, S. 45).

Die dadurch bestehende Tendenz zur autopoietischen Reproduktion erzeugt eine Systemabwehr mit Widerständen gegen Neuerungen und Veränderungen. Die veränderungsfeindliche Selbstbezogenheit von (sozialen) Systemen muss durch einen bewussten Umgang mit den Grenzen des Systems, deren Offenheits- bzw. Geschlossenheitsgrad sowie deren Selektionskriterien, dahinter stehenden Programmen (und Paradigmen) sowie Interessen entgegengewirkt werden.

Frederic Vester beschreibt die Hemmnisse für innovatives Denken mit nachfolgenden Satz, der als kategorischer Imperativ für den paradigmatischen Wechsel von eher traditionellen Vorstellungen von Qualitätsmanagement im Gesundheitswesen hin zu effektiv-innovativer Nachhaltigkeit gilt:

> Einer Änderung unseres Denkens und Handelns [...] steht weniger der Mangel an geistigen und technischen Möglichkeiten entgegen als vielmehr ein ungeheurer Ballast an Traditionen und Tabus, an Lehrmeinungen und Dogmen. Obwohl keineswegs genetisch verankert, wurden sie doch von Generation zu Generation als unverrückbare Wahrheiten weitergegeben. Eine der wichtigsten Aufgaben in Richtung eines neuen Denkens wird es daher sein, die eigentliche Natur jener Normen zu analysieren (Vester, zitiert nach Watzlawick 1994, S. 2).

Die bestehende Wahrnehmung und Identifikation von organisationalen Entwicklungsmöglichkeiten und die Fähigkeit, ökonomische Handlungsprämissen mit ökologischem Handeln und sozialer Verantwortung – sprich die Vereinbarkeit von Ökonomie mit Erfordernissen der Um- und Mitwelt – in Einklang zu bringen, hängt wesentlich von der Bereitschaft ab, neoliberales Denken und die Fixierung auf ökonomisches Kapital zu überwinden und im Sinne Bourdieus neben dem Wachstum des ökonomischen Kapitals auf die Steigerung des Sozial- und Kulturkapitals Wert zu legen. Erst damit ist die Vereinbarkeit von wertorientiertem und werteorientiertem und damit letztendlich von ethisch-verantwortlichem Handeln Wirklichkeit:

> Ein Beobachter kann also identifizieren, wie ihm das zweckmäßig erscheint oder wie er die Welt, die er beobachtet am besten ordnen kann (Luhmann 2006, S. 258).

Wechselt man aber darüber hinaus zur Beobachtung zweiter Ordnung und verändert den Fokus von handlungstheoretischen Überlegungen hin zum sozialen System, dann rückt die Kommunikation in das Zentrum. In der oben beschriebenen Form der Beobachtung zweiter Ordnung geht es auch nicht um das *Was* der Kommunikation, sondern um das *Wie*, um die Kultur des Systems oder, im systemtheoretischen Verständnis Luhmanns, um die Semantik der Kommunikation, um die Wissensvorräte, die kommuniziert werden. Aus strukturalistischer Perspektive geht es um die (Zu-)Ordnung von Begriffen in einem Begriffssystem, um die Ordnung des Diskurses sowie um die Legitimation der Ein- und Ausschlüsse im Diskurs.

> Damit wird deutlich, dass im kommunikativen Akt Ordnung der Dinge durch Ordnung der Begriffe und die Operation der autopoietischen Reproduktion ineinander greifen. Die Ordnung ist ein Merkmal der Reduktion von Komplexität und der Negentropie für Umweltirritationen. Evolution ist nach Maturana ein Prozess, indem die Kompatibilität von Autopoiesis und Struktur als Bedingung und gleichzeitig als Katalysator für die Entwicklung eines komplexen Systems gesehen wird (Lorenz 2010, S. 548).

Den evolutionären Aspekt und die Form der strukturellen Kopplung überträgt Luhmann auf den Sozialisationsprozess, wo Kommunikation als autopoietischer Prozess unterschiedliche Formen als Struktur hervorbringt, die das Verstehen unterschiedlicher sozialer Systeme ermöglicht (vgl. Baecker 2004, S. 260 ff.).

Die Wechselseitigkeit von Autopoiesis und Struktur im Verstehen bzw. Nichtverstehen von Informationen zeigt Luhmann am Beispiel des Zusammenbruchs des planwirtschaftlichen Systems, wo die Teilsysteme Wirtschaft und Politik nicht in der Lage waren, wechselseitig Information zu transformieren.

> Die Planungszentralen waren in Wirklichkeit nicht über das informiert, was wirtschaftlich geschah, [...] sondern sie konnten nur sehen, ob ihre Pläne erfüllt waren oder nicht, und alle am Planprozess Beteiligten konnten wiederum sehen, dass die Zentrale sieht, ob die Pläne erfüllt sind oder nicht. Es ging um ein politisches Schema der Sollwerte [...] Man konnte weder die Information durch reale Angaben noch durch Fälschung oder fiktive Angaben leisten und so den ganzen Informationsverarbeitungsprozess in Gang halten, ohne dass in der Wirtschaft selbst eine andere Information als diese politische kursieren konnte (Luhmann 2006, S. 130).

Gegenwärtig erlebt der globalisierte Westen unter umgekehrten Vorzeichen den gleichen Prozess. Die Wirtschaft ist nicht informiert, was gesellschaftlich geschieht, sondern sie sieht nur die Bilanzen und DAX-Notierungen. Alle am gesellschaftlichen Entscheidungsprozess Beteiligten wissen, dass die Wirtschaft nur ihre eigene Logik und Erfolgsindikatoren wahrnimmt. Weder reale Angaben, wie Armutsbericht („social responsibility"), noch die Offenlegung von gigantischen Fehlsteuerungen (Ökonomie), wie die Bankenkrise infolge des US-Immobiliengeschäfts, noch die drohende Klimakatastrophe (Ökologie) schaffen derzeit die Möglichkeit eines alternativen gesellschaftlichen Diskurses. Vielmehr gewinnt man als zeitkritischer Beobachter den Eindruck, dass im Angesicht der zentralen Herausforderungen der Gegenwart „politische Gaukler und Fallensteller" wie Trump,

Gauland oder Wilders die Verwerfungen aus den Nebenfolgen des neoliberalen Denkens nutzen, um zentrale soziale Errungenschaften der letzten 1970er-Jahre wie Frieden,
(Meinungs-)Freiheit und Toleranz durch bewusste Desinformation und einfachen Scheinlösungen komplexer Zusammenhänge zu destruieren.

Die Diagnose Luhmanns als Reaktion auf die Selbstinszenierung des Westens 1992
(insbesondere angelsächsischer Prägung) bekommt somit prophetischen Charakter:

> Die Kapitalisten können nicht sehen, dass sie ihren eigenen Untergang hervorrufen, denn die
> ganze ökonomische Theorie ist so gebaut, dass sie nicht geeignet ist, soziale Reflexion auf
> die Folgen der eigenen Tätigkeit auszulösen. So arbeiten die Kapitalisten an ihrem eigenen
> Untergang, und man hat das Problem, ob man da ein bisschen nachhelfen soll oder ob man
> besser abwartet, bis es soweit ist (Luhmann 2006, S. 158).

Für Entscheidungsträger entstehen aus dieser Perspektive neue Fragen, die für eine
Unternehmenskultur inbesondere unter dem Fokus „Nachhaltigkeit" eine Reflexionsebene
bieten können: Fragen nach der Herrschaft des Diskurses, die Frage, welche Denkmodelle
den Diskurs bestimmen und in welchem semantischen Muster Argumente ausgetauscht
werden. Was wird von den Akteuren verstanden, was gilt als Information im Betrieb, wie
wird die Kommunikation gestaltet?

> Uns geht es um die Emergenz sozialer Systeme … das ist eine Methodologie, die eine
> Soziologie konstituiert, die sich auf soziale Kontexte beschränkt und zum Beispiel keine phy
> sikalischen oder psychologischen Determinanten in die Soziologie einbaut […] Es geht um
> die Verschiebung von Erklärungsschwerpunkten von einer Ebene auf eine andere (Luhmann
> 2006, S. 259).

In der Beobachtung dieser Phänomene liegt zum einen ein Analysepotenzial für die
Erfassung situativer Komplexität, zum anderen aber auch ein betriebliches wie pädagogisches Irritationspotenzial. Dann nämlich, wenn alternative Diskurse im Unternehmen
eröffnet werden und damit deutlich wird, dass Handeln nicht das Ergebnis von Sachzwängen ist, sondern kontingente Entscheidung zwischen verschiedenen (Entscheidungs-)Optionen darstellt. Diese Entscheidungen sind aber nicht auf den einzelnen Akteur, sondern
auf das System des Korporativen rückgerechnet.

Auf den Aspekt systemischer Steuerung von gesellschaftlichen Teilsystemen und deren
Kommunikation weist Amatai Etzioni hin.

> Die Fähigkeit korporativer Systeme zu kollektivem Handeln […] im Sinne gerichteter stra
> tegischer Kommunikation und der Verankerung im Stratifikationsmuster der Gesellschaft,
> verbietet es, eine Gesellschaft auf die Aggregation atomistischer Individuen zu reduzieren
> (zitiert nach Willke 1995, S. 24).

Dadurch stellt sich zwangsläufig die Frage, wie ein Diskurs über werteorientierte
„Nachhaltigkeit" gestaltet werden kann, dass er gesellschaftlich Wirksamkeit einfalten
kann. Richtigerweise stellt sich in der Nachhaltigkeitsdebatte nicht die Frage nach dem

Output (individuelle Betrachtung), sondern die Frage des Impact (systemische Wirkung) rückt in den Vordergrund. Ausgehend von Anthony Giddens im Ansatz des Neoinstitutionalismus als auch die Vertreter der Postmoderne Zygmut Baumann und Richard Rorty verweisen auf die (überlebensnotwendige) Fähigkeit zur Solidarität, um die zentralen Fragen einer vernetzten, komplexen Welt zu bearbeiten (vgl. Richter 2016, S. 255 ff.).

2.3 Kultur der Wirtschaft als Referenzsystem anders gedacht

2.3.1 Vorsorgende Wirtschaft

Um die selbstzerstörerischen Kräfte der neoklassischen Wirtschaft bzw. die die reproduktiven Ressourcen der das Soziale zerstörenden Dynamik des neoliberalen Wirtschaftsansatzes zu unterbinden, bedarf es einer paradigmatischen Veränderung des reinen Kosten-Nutzen-Denkens, mit welchem der neoliberale Zeitgeist wirtschaftliches Denken seit den 1990er-Jahren kontaminiert hat.

> Soziales und Ökonomisches werden folglich als Antagonismus gesehen. Das Soziale muss fragmentiert werden, um den moralischen und psychologischen Pflichtenkatalog des Wirtschaftsbürgers in Richtung auf ein selbstinitiiertes, persönliches Fortkommen umzuwandeln. Zugleich muss die Steuerung verschiedener Apparate, die zuvor am Sozialen orientiert waren, nach den Vorgaben eines speziellen Bildes des Ökonomischen, nach denen des Marktes, umstrukturiert werden (Bröckling et al. 2002, S. 94).

Das Konzept des vorsorgenden Wirtschaftens, erstmals von Jochimsen und Knobloch (1993) beschrieben, stützt sich auf drei Handlungsprinzipien:

- die Vorsorge,
- die Kooperation und
- die Orientierung am Lebensnotwendigen (vgl. Thiele 2004, S. 219).

Das Handlungsprinzip der Vorsorge basiert auf der Annahme, dass Menschen ihre Chancen und Risiken vorausschauend einschätzen können. Das Handlungsprinzip der Kooperation ist prozessorientiert unter der Maxime, dass nicht gegeneinander rivalisierend gewirtschaftet wird, sondern kooperativ-beratend gemeinsam Ziele und Wege entwickelt werden. Die Zielsetzung, über die Konsens angestrebt wird, ist orientiert am Lebensnotwendigen.

> Mit dem Notwendigen wird auf das gute Leben Bezug genommen, nicht auf das Leben am Existenzminimum [...] Die Prinzipien der Vorsorge und Kooperation bedeuten, dass die Menschen bei der Umsetzung dieser Bedürfnisse Rücksicht und Umsicht walten lassen. (Thiele 2004, S. 219).

Das vorsorgende Wirtschaften hat seine Wurzel im Institutionalismus, hinzu treten wirtschaftsethische, sozialökonomische und ökologische Überlegungen, die auf Reduktion des Risikos in komplexen Gesellschaften abzielen (vgl. Beck 1986). Die philosophischen Grundlagen sind eine Ethik des Sorgens. Bei dieser Ethik steht die Qualität der Sorgebeziehung im Mittelpunkt. Zusammenfassend ist festzuhalten, dass das Konzept des vorsorgenden Wirtschaftens, die Versorgungsökonomie, als Ergänzung zur Marktökonomie anzusehen ist.

> Das Prinzip der Vorsorge schließt die besondere Situation von Kranken und Pflegebedürftigen und die Rücksichtnahme auf sie ein. Die verantwortliche Kooperation in dieser Situation schließt als Koordinationsmittel das Mitgefühl und die Moral ein. Das Prinzip *der Orientierung am Lebensnotwendigen* stellt für das Pflegesystem sicher, dass entsprechende Ressourcen durch die Gesellschaft bereitgestellt werden, um auch den Kranken und Pflegebedürftigen ein *gutes* Leben zu ermöglichen (Thiele 2004, S. 219).

Wie schwierig sich dieser Diskurs gegen den herrschenden Diskurs neoliberalen Denkens durchsetzen lässt, beschrieb Galbraith bereits 1998 (vgl. Lorenz 2010). Das Soziale als unzeitgemäß zu etikettieren, hat insofern eine Berechtigung, da der Zeitgeist neoliberal geprägt ist. Dies stellt aber nicht die Berechtigung dieses Ansatzes in Frage. Insofern besteht Hoffnung.

> Die Wohlsituierten einschließlich ihrer Fürsprecher in den Medien und in der Politik sitzen fest an den Schalthebeln der Macht. Sie gestalten die politische Wirklichkeit, und daran wird sich auf absehbare Zeit nichts ändern. Vielleicht doch! Die sozial Engagierten, die Menschen guten Willens und diejenigen, die gegenwärtig keine politische Stimme haben, brauchen sich nur zu einer Koalition zusammenschließen, und schon rückt die solidarische Gesellschaft in greifbare Nähe (Galbraith 1998, S. 159 f., zitiert nach Thiele 2004).

3 Konstruktion von lernenden Organisationen als strukturelle Kopplung von System und Umwelt

Fasst man die bisherigen Überlegungen zu Organisation und Umwelt, zu Kultur und Kommunikation zusammen, ist ein Eckpunkt für organisationssoziologische Überlegungen, dass soziale Systeme operativ geschlossen sind und strukturell mit ihrer relevanten Umwelt über das Medium *Sinn* gekoppelt sind.

> Soziale Systeme können dann als operativ geschlossen angesehen werden, wenn sie semantische Strukturen (insbesondere Codes und Programme) ausbilden, welche die in ihnen ablaufenden kommunikativen Operationen auf selbstreferentielle, rekursive Umlaufbahnen zwingen [...] Für gesellschaftliche Teilsysteme und andere soziale Systeme, aber nur dann, wenn sie Spezialsemantiken ausbilden, die sowohl die präzise Bezeichnung einer systemspezifischen elementaren Operation als auch eine trennscharfe Differenz zwischen allgemeinen (gesellschaftlichen) Kommunikationen und systemischen Operationen erlauben (Willke 1992, S. 23).

Den Zusammenhang von Kultur und Semantik beschreibt nochmals Burkart (2006) in einer grundlegenden Auseinandersetzung mit Systemtheorie als Kulturtheorie und deren mögliche Verortung mit dem sozialwissenschaftlichen „cultural turn":

> Kultur, oder Semantik, ist eine Sinnfestlegung, eine Reduktion von Komplexität (gleichzeitig auch Erzeugung von Sinnüberschuß), gebündelt nach Themen, die für Anschlußfähigkeit sorgen. Kultur sind alle Themen, mit deren Hilfe Kommunikation strukturiert wird (Burkart 2006, S. 17).

Systeme bilden – zur Verarbeitung ihrer Komplexität – Semantiken als eine Art *Spezialsprachen* aus, die die interne Anschlussfähigkeit erhöhen und nach außen Grenzen konstituieren, die über Mitgliedschaft bzw. Nichtmitgliedschaft entscheiden. Systemgrenzen und operationale Geschlossenheit dienen komplexen Systemen dazu, die Operationen zur Reproduktion des Systems im System aufrecht zu erhalten, auch wenn eine turbulente Umwelt das System irritiert. Selektive Kopplung als Struktur ermöglicht die Beziehung zur Umwelt, die das System durch Verstörung zum internen Operieren anregt. Diese Überlegungen führen in Bezug auf eine pädagogische Disziplin in eine Paradoxie. Sie setzt an der Attribution der Akteure an und stellt nicht die Operation des Systems in den Mittelpunkt der Beobachtung. Durch die Beobachtung der Attribute der Akteure gerät die Operation des Systems zum mitlaufenden, blinden Fleck (vgl. Lorenz 2010, S. 565).

> *Lernen* ist die Bezeichnung dafür, dass man nicht beobachten kann, wie Informationen dadurch weitreichende Konsequenzen auslösen, daß sie in einem System partielle Strukturänderungen bewirken, ohne dadurch die Selbstidentifikation des Systems zu unterbrechen (Luhmann 1994, S. 159).

3.1 Lernkultur im Unternehmen

Anschließend an die systemtheoretische Problemstellung, wenn Menschen lernen, lernen noch keine Organisationen, ist der Frage nachzugehen, wie organisationales Lernen möglich wird und welche Bedingungen in Betracht zu ziehen sind.

Vergegenwärtig man sich das veränderte Anforderungsprofil von Unternehmen in einer komplexen dynamischen Umwelt, gewinnt das Lernen von Individuen in Unternehmen und das Lernen der Unternehmen eine zentrale Bedeutung für das Überleben (Systemwelt) von und für das Leben in Organisationen (Lebenswelt). Es wird deutlich,

> welchen veränderten Anforderungen an Denk-, Entscheidungs- und Dispositionsleistungen, Kooperation und Kommunikation die Mitarbeiter auf allen Hierarchieebenen genügen müssen. Diese veränderten Rahmenbedingungen [...] werden dann zum existentiellen Problem einer Organisation, wenn keine systematische, potentialorientierte Förderung der Mitarbeiter betrieben wird (Sonntag 1996, S. 41).

Die Form und die Gestaltung der *individuellen* Lernprozesse steht hier nicht im Fokus der Betrachtung, sondern der Schwerpunkt soll die Beobachtung organisationaler Lernprozesse und deren Zusammenhänge mit individuellen Lernprozessen sein. Die Frage, ob Bildung als ein Ausdruck von Defizitkompensation oder Entwicklung gesehen wird und wer sich daraufhin zu bilden hat, ebenso wie die Frage, wie organisationales Lernen geschieht, sind zentrale Themen, die dann die Lernkultur eines Unternehmens beschreiben. Argyris und Schön (2008) fordern in ihrem Buch *Organisationales Lernen*, von einem organisationalen Lernen nur dann zu sprechen, wenn individuelle Lernprozesse auch Konsequenzen für das Verhalten der Organisation haben.

Chris Argyris, ein Schüler Kurt Lewins, gilt als ein wichtiger Vertreter der amerikanischen Organisationsentwicklungs-Szene. Argyris zeigt die interdisziplinäre Bedeutung der Organisationsentwicklung auf. Er untersuchte das Lernen in Unternehmen und begründete es theoretisch. Lernen versteht er als Konstruktionsprozess gemeinsamer Annahmen und Wirklichkeiten. Dies weist auf die Bedeutung der Unternehmenskultur als Legitimation von Wahrheit und Zeit hin. In Gang gesetzt wird der Lernprozess dabei vor allem durch Fehlerkorrekturen. Genau diese geschehen nicht oder werden sogar oft zurückgehalten, wenn sich nicht eine bestimmte Form des Lernens entwickelt (Argyris und Schön 2008). „Das Single-Loop-Lernen entspricht weitgehend dem Lernen durch Anpassung" (Gairing 2002, S. 77). Argyris betont, dass Maßnahmen wie das TQM (total quality management) quantitative Daten erbringen, aber nicht die „tiefgreifenden und potentiell bedrohlichen oder peinlichen Einsichten, die erst zum Lernen motivieren und echte Veränderungen bewirken können" (Argyris 1995 in Gairing 2002, S. 9). Das Double-Loop-Lernen beinhaltet die Reflexion und kritische Betrachtung der Alltagstheorien. Unternehmen müssen daher als Voraussetzung für ihr Lernen, die „durch Single-Loop-Lernen entstandenen Ergebnisse in die durch Double-Loop-Lernen neu generierten kollektiven Alltagstheorien" (Argyris und Schön 2008, S. 77) integrieren. Widerstände weisen in diesem Zusammenhang auf die Notwendigkeit der Enttabuisierung der Fehlerkommunikation und der Entwicklung dazu notwendiger Fähigkeiten der Mitarbeiter hin. Daher werden die genannten Lernformen durch das Deutero-Lernen (Meta-Lernen) ergänzt, wie Abb. 3 zeigt. Lerninhalte, Lernprozesse und Lernergebnisse werden dabei kritisch überprüft. Die Entwicklung dieser Form des Lernens von Unternehmen setzt den Aufbau gemeinsamer mentaler Modelle voraus und benötigt Vorbilder, vor allem Führungspersönlichkeiten, die im Sinne des sozialen Lernens als Modell dienen. Verkrustete Machtstrukturen ebenso wie verfestigte Erfolge führen häufig zu Lernblockaden und somit zur Blockade von Veränderung (vgl. 4managers 2004).

Sonntag hebt in seinem 1996 erschienen Buch *Lernen im Unternehmen* (vgl. Lorenz 2010) dabei zwei Zielsetzungen besonders heraus:

- die Verbesserung interner Anpassungsprozesse innerhalb gegebener und nicht zu verändernder Normen und Standards („single loop learning") und
- die Re-Orientierung bzw. Anpassung an eine sich verändernde externe Umwelt („double loop learning").

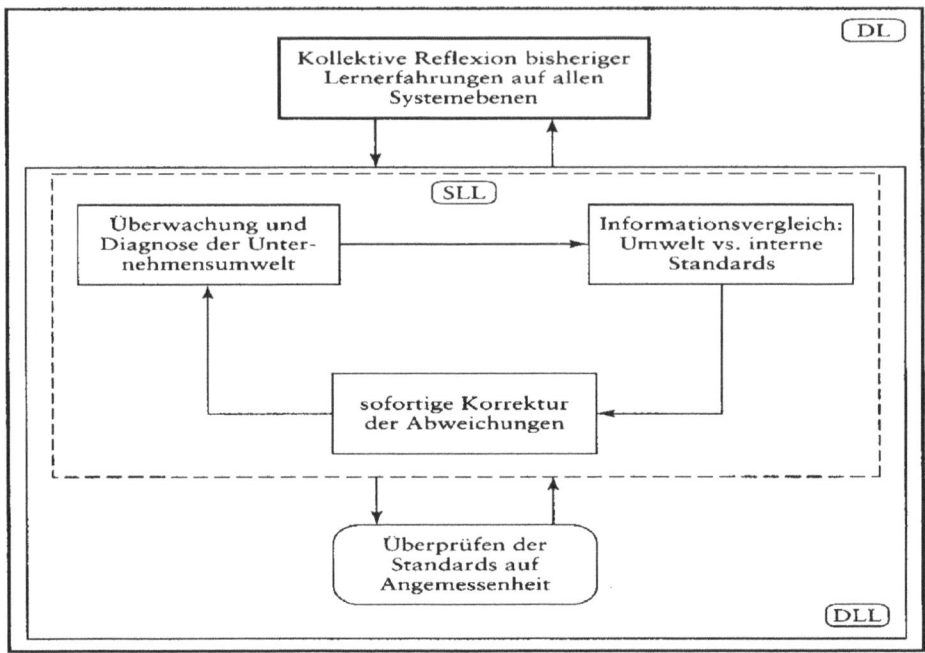

Abb. 3 Organisationales Lernen als ebenenspezifische Rückmeldeschleifen. (Aus Sonntag 1996, S. 68)

Zur Realisierung dieser Ziele ist eine dritte, übergeordnete Ebene von grundlegender Bedeutung:

> Das *deutero learning* als organisationales Lernen höherer Ordnung reflektiert die Lernprozesse auf den beiden unteren Ebenen und verändert sie gegebenenfalls (Baecker 1996, S. 67).

Der einfachste Regelkreis des organisationalen Lernens ist der Prozess des Fehlerentdeckens bzw. der -korrektur. Mit entsprechend formulierten Sollkriterien erfolgt die Beobachtung des Ist-Zustandes und durch Interventionen auf der Gebrauchsebene eine kontinuierliche Anpassung an die festgelegten Normen und Standards. Als Beispiele institutionalisierter „single-loop-learning"-Systeme (SLL-Systeme) können Qualitätszirkel, Fallbesprechungen, Leitungsbesprechungen, etc. angeführt werden, bei denen durch direktes Feedback mit der entsprechenden Handlungsanweisung Qualität und Arbeitsprozesse optimiert werden können.

Komplexer stellt sich die strukturelle Kopplung zur relevanten Umwelt dar. Um die Anpassung an eine dynamische plurale Umwelt zu gewährleisten, muss ein Unternehmen in der Lage sein, seine Standards und Normen an die Umweltveränderungen anzupassen. Durch einen erweiterten Regelkreis des „double loop learning" (DLL) werden bestehende betriebliche Standards und Normen vor dem Hintergrund konkreter Umweltveränderungen kritisch hinterfragt. Gegebenenfalls sind neue Prioritätensetzungen und

Gewichtungen vorzunehmen und neue Strategien zu implementieren, um eine günstige Übereinstimmung von System (Organisation) und Umwelt zu erreichen. „Double loop learning" ist Gegenstand in Planspielen, Szenariotechniken, die in Strategieworkshops als Möglichkeiten eingesetzt werden, um Erfahrungen über die relevante Umwelt zu sammeln. Alternative Methoden sind Kundenbefragungen, der Einsatz von Trendscouts oder regelmäßige Mitarbeiterbefragungen, Ideenmanagement und betriebliches Vorschlagswesen.

Die beiden beschriebenen Anpassungsprozesse, durch die die vorangehenden Lernsettings eingeleitet werden, sind selbst wiederum Gegenstand eines übergeordneten organisationalen Lernprozesses des „deutero learning" (DL). Analysiert und reflektiert werden im „deutero learning" die bisherigen (fördernden und hindernden) Lernprozesse, Erfolge und Misserfolge, auch in einer frühen Phase.

> Die bewußte und selbstkritische Auseinandersetzung die auch die Werte, Ziele und Verhaltensnormen betrifft, führt zu einem erhöhten Problemlösepotential der Organisation. Erst durch DLL und DL wird reines Anpassungslernen überwunden und entwicklungsbezogene Gestaltungsperspektiven ermöglicht (Sonntag 1996, S. 68).

In seinem Buch *Das Modell organisationaler Lernfähigkeit und die Gestaltung lernfähiger Organisationen* führte Rüdiger Reinhardt eine weitere Rückkopplungsschleife als Lernpotenzial an, die das Flexibilitäts- und Reflexionspotenzial einer Organisation erhöhen soll, wobei der Mitarbeiterbeteiligung zentrale Bedeutung zukommt.

> Als *triple loop learning* orientiert sich der Prozess zur Entwicklung und Aufrechterhaltung organisationaler Lernfähigkeit an den systemischen Kriterien der Autonomie und Selbstreferenz (Sonntag 1996, S. 70).

Dabei unterscheidet er vier Reflexionsebenen organisationaler Lernfähigkeit:

Stufe 1
Die erste Stufe organisationaler Lernfähigkeit liegt in der gemeinsamen Reflexion und Deutung von bisherigen oder neuen Symbolen und der Festlegung von Verhaltenskonsequenzen und Interpretationsspielräumen. Als Beispiel dient die Verabschiedung einer Strategie durch die Unternehmensführung, deren Konsequenzen für die einzelnen Mitarbeiter gemeinsam mit ihren Vorgesetzten im Sinne eines *Was bedeutet das für uns bzw. für mich?* erarbeitet wurden.

Stufe 2
Die zweite Stufe organisationaler Lernfähigkeit ist dann gegeben, wenn der Prozess der Symbolgenerierung, nämlich der Führungsprozess, einer gemeinsamen Reflexion unterzogen wird, d. h., Führungskräfte und Mitarbeiter einigen sich gemeinsam über die Bedeutung von Führung, hinterfragen Führungsverständnis und leiten daraus Konsequenzen ab. Führung ist in diesem Sinne kein einseitiger Prozess und setzt die gemeinsame Einigung über die Methoden zur Zielerreichung voraus.

Stufe 3

In der dritten Stufe organisationaler Lernfähigkeit zielt die gemeinsame Reflexion von
Führung auf die gemeinsame Gestaltung, Lenkung und Entwicklung des Unternehmens.
Wird in der zweiten Stufe noch die Akzeptanz von Organisationszweck und Zielen vorausgesetzt, wird in der dritten Stufe dieser Zweck zum Gegenstand eines gemeinsamen Refle-
xionsprozesses. Da der Zweck einer Organisation Ergebnis unterschiedlicher Interessenslagen ist (z. B. Gesellschaft, Aktionäre, Unternehmensleitung, Mitarbeiter, Gewerkschaft
usw.), lässt sich ein solcher Einigungsprozess nicht innerhalb der Organisation führen.
Die Realisierung von Stufe 3 ist also an ein lernfähiges, ökonomisches System gebunden.
Fehlen solche Lernfähigkeiten, verhalten sich Unternehmen weiterhin im autopoietischen
Sinne selbstreferenziell ohne zu bemerken, dass eine gesellschaftliche Bedarfslage bzw. Beauftragung (wie über Versorgungsverträge für Einrichtungen des Gesundheitswesens) sich
grundlegend verändert hat. Das Beispiel Gesundheitswesen zeigt aber auch, dass solche
Re-Definitionen des Unternehmenszwecks durch politischen Druck außerhalb des Unternehmens – und nicht durch Änderungen der Zielsetzung des Systems selbst – zu lösen
versucht werden.

Stufe 4

> Die vierte und letzte Stufe organisationaler Lernfähigkeit wird dadurch erreicht, dass ge-
> meinsam über die Vorannahmen reflektiert wird, die zur Festlegung des Zweckes und damit
> der Existenz von Organisationen führen. Das bedeutet, dass letztlich über die Prinzipien
> reflektiert wird, durch die Organisationen erzeugt werden: Kultur, Gesellschaft und – als *rea-
> litätserzeugende* Operation – Sprache (Sonntag 1996, S. 71).

Die Wirkungen von Sprache und Kommunikation (z. B. ausschließende Sprache, Re-
dewendungen, Kürzel) stellen Konsequenzen für gelebte Lernkultur in Organisationen dar
(vgl. Abb. 4).

Zusammenfassend lässt sich feststellen, dass organisationales Lernen aus der konstruk-
tiven, reflexiven und gemeinsamen Auseinandersetzung der jeweiligen Mitglieder eines
sozialen Systems entsteht. Um Lernpotenziale freizusetzen und eine beabsichtigte und
gewollte Veränderung von kollektiven Handlungsmustern zu erreichen, müssen eingefah-
rene Routinen, die Lernen verhindern und blockieren, abgebaut bzw. deblockiert werden.
„Solche *defensive routines* sind manifestiert in Macht-, Führungs- und Kommunikationsstrukturen" (Sonntag 1996, S. 73).

Neue Machtverteilungen müssen miteinander vereinbart und gelernt werden. In diesem
Sinne setzt organisationales Lernen zwar Lernen auf der individuellen und gruppenbezo-
genen Ebene voraus, es umfasst aber mehr als die bloße Veränderung von Verhaltensweisen einzelner Mitarbeiter. Organisationale Lernfähigkeit besteht in der bewussten und
selbstkritischen Auseinandersetzung mit Lernprozessen innerhalb der Organisation und
deren Gestaltung zur Optimierung des Problemlösungspotenzials ihrer Mitglieder.

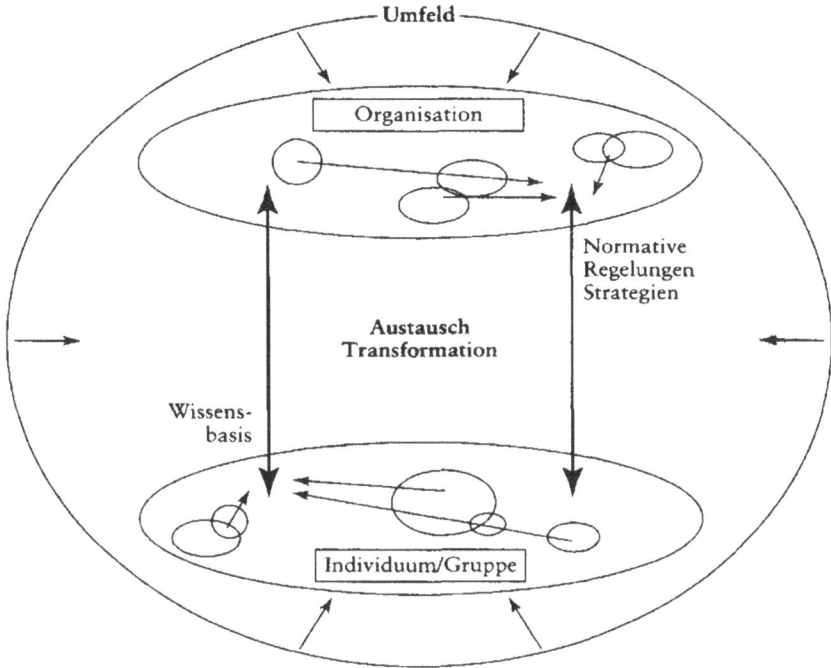

Abb. 4 Transformation von personalem zu organisationalem Wissen. (Aus Sonntag 1996, S. 68)

3.2   Von organisationalen Machtspielen zum herrschaftsfreien Diskurs

Wenn die Welt immer enger miteinander verbunden und organisationale Prozesse immer komplexer und dynamischer werden, müssen diese zunehmend so organisiert werden, dass man dabei lernen kann. Es reicht nicht mehr aus, dass eine einzige Person sich für die ganze Organisation weiterbildet, sondern es müssen – im Sinne der oben beschrieben Lernformen – sowohl Strukturen der Reflexion, aber auch Unternehmenskulturen im Sinne von Semantiken (Wie wird über organisationale Belange gesprochen?) implementiert werden, die sich im Ringen um das beste Argument auszeichnen.

Die Organisationen, die in Zukunft an der Spitze stehen werden, werden jene sein, denen es gelingt, bei Mitarbeitern aller Ebenen Bereitschaft und Fähigkeit zum Lernen anzuregen. Sie sollen darauf hinwirken,

- gegenüber neuen Ideen aufgeschlossen zu sein,
- offen miteinander zu kommunizieren,
- genau zu begreifen, wie das Unternehmen agiert,
- eine gemeinsame Vision zu entwerfen,
- zusammenzuarbeiten, um ihr Ziel zu erreichen (vgl. Allgeier et al. 2003, S. 1543).

Demgegenüber steht eine Arbeitswelt, die Sonntag wie folgt beschreibt:

> Bei Anglizismen hat sich inzwischen die Betriebswirtschaftslehre als besonders produktiv erwiesen. Deren Neuschöpfungen sind in hoher Umschlaggeschwindigkeit ausgestattet mit der Magie der Effizienz zu Zauberwörtern des Zeitgeistes geworden. Sie verdanken ihre Suggestivkraft vor allem der Tatsache, dass sie gar nicht erst eingedeutscht werden; Lean management, Total Quality Management, Simultaneous Engineering, Business Transformation, fachlich und sprachlich stünde einer Übersetzung nichts im Wege. Aber es geht gar nicht um Verständlichkeit, sondern um Exklusivität, um die Aura der internationalen Geschäftswelt. Gespräche unter Betriebswirtschaftlern erinnern denn auch mehr an Pitgin oder Kreolensprache (Sonntag 1996, S. 27).

Betrachtet man diese von Sonntag zitierte Feststellung, kann man unter systemtheoretischer Betrachtung zwei Überlegungen zur Klärung dieses empirischen Befunds anführen: Kommunikation bzw. Sprache dient nicht so sehr der Verständigung, sondern der Selektion und Identitätsstiftung. Über sprachliche Diskurse wird *Fremdsein* ausgeschlossen, um Einheit, Verständigung und Selbstvergewisserung im Binnenverhältnis herzustellen. Als Beteiligter im Kommunikationsprozess bewegt man sich jedoch nur auf einer Seite der Information. Entweder ist Information für den Beteiligten eine Information in dem Sinne, dass sie einen Unterschied macht, der einen Unterschied macht (zum Beispiel im Sinne von Neuem in Bezug zu Bekanntem) und damit an bestehendes Wissen oder Erfahrung anschlussfähig ist, oder aber die Mitteilung ist in dem Sinne keine Information, da sie weder Neues beinhaltet (z. B. bei Tautologien oder bei Pleonasmen, wenn z. B. ein Beobachter beobachtet) noch nicht anschlussfähig ist (z. B. eine neue Vokabel einer nicht beherrschten Sprache) und damit keinen Unterschied zur Nichtkommunikation erzeugt. Diese Überlegungen beruhen auf den differenztheoretischen Überlegungen von Spencer-Brown, dargelegt in seinem Buch *Laws of form*.

Das auf George Spencer-Brown zurückgehende Formkalkül setzt bereits auf der Informationsebene oder Sachebene mit einer Differenzbildung an, die in der in den klassischen Kommunikationstheorien ausformulierten Unterscheidung von Sach- und Beziehungsebene vorgelagert ist.

> Information wird, auf der Seite des *Senders* ebenso, wenn auch abweichend, wie auf der Seite des *Empfängers* verstanden, wenn sie als Selektion aus einem Auswahlbereich möglicher Nachrichten begriffen wird. Erst der Formbegriff Spencer Browns erlaubt es in aller Deutlichkeit zu unterstreichen, dass es auf das Lesen einer Nachricht im Kontext des Mitlesens ihres Auswahlbereiches ankommt, wenn man [...] von der Kommunikation dieser Information reden will (Baecker 2007, S. 11).

In der Formtheorie operiert die Kommunikation entweder auf der Innenseite der Form oder aber auf der Außenseite. Je nach Seite der Operation erhält der Informationsbegriff zwei unterschiedliche Qualitäten. „Zwei Begriffe erlauben es festzuhalten, was mit diesem Informationsbegriff für das Verständnis von Kommunikation gewonnen ist, der Selektionsbegriff und der Redundanzbegriff" (Baecker 2007, S. 21).

Die Selektion der Kommunikation liegt darin, dass eine Kommunikation erst dann zur Information wird, wenn sie als Auswahl aus einem Möglichkeitsbereich anderer Nachrichten betrachtet wird. Redundanz bedeutet, dass jede Information auf eine zugrundeliegende tiefere Ordnung des Auswahlbereiches und somit in ein kontextuelles Begriffssystem der Information abstellt (vgl. Baecker 2007, S. 21).

Redundanz der Information bedeutet die Selbstvergewisserung der Dazugehörigkeit und hat somit integrierende Funktion, während der Prozess der Selektion auf Ausgrenzung (Exklusion) zielt.

Gregory Bateson, auf den die Unterscheidung der Sach- und Beziehungsebene in der Kommunikation zurückgeht,[2] führt die Prozesse der sprachlichen Ein- und Ausschlüsse auf biologische, aber auch kulturelle Determinanten zurück (vgl. Reich 2002, S. 55). Er erklärt die Exklusion bzw. Inklusion über die Fähigkeit der Kodierung bzw. Dekodierung einer Information.

> … dass die Menschen nicht nur über die Inhalte, die in Daten erscheinen und als Information kodiert und dekodiert übermittelt werden kommunizieren, sondern dass es davon zwei unterschiedliche Kommunikationstypen gibt: einerseits […] eine von Bateson analoge Kommunikation genannte […] andererseits eine digitalisierte Kommunikation, in der inhaltlich und symbolische Daten übermittelt werden (Reich 2002, S. 57).

Aus dem Ausgeführten werden zwei Aspekte erkennbar. Kommunikation ist zum einen als permanenter Prozess von Kodierung und Dekodierung entgegen dem traditionellen Verständnis nicht auf Verständigung, sondern auf Missverstehen und auf den Prozess der Bearbeitung der im Missverstehen angelegten Differenz ausgerichtet. Zum anderen ist erkennbar, dass sich Inhalt und Beziehung im Prozess der Kommunikation ineinanderschieben. Auf der Grundlage dieser Feststellungen werden die systemtheoretischen Implikationen von Kommunikation verständlich. Kommunikation ist autopoietisch und grenzt sich durch das Operieren in einem spezifischen Operationsmodus von seiner Umwelt ab.

> Dann ist Kommunikation allgemein zu definieren als eine emergente (neu auftauchend) kontingent-selektive Einheit der Selektivität je von Information, Mitteilung und Verstehen. […] eine Einzelkommunikation ist zu beobachten als eine dreifach-selektive differenzielle Einheit. Die drei Differenzen sind: Information/Mitteilung, Mitteilung/Verstehen und Information/Verstehen. Kommunikation ist das konstitutive Element sozialer Systeme (Krause 2001, S. 152).

---

[2] Wobei Bateson im Rahmen des kybernetischen Grundverständnisses von Kommunikation die Unterscheidung der Begriffe Information und Energie als Übertragungsmedien vornimmt. Energie ist die Übertragung in der Psychodynamik und Information in der Sozialdynamik (vgl. Reich 2002, S. 56). Für Parsons sind beide Übertragungsmedien zentral für den Austausch der Subsysteme im strukturfunktionalistischen Modell der Gesellschaft (vgl. Esser 1999, S. 382).

Allein psychische Systeme verfügen über die Möglichkeit, selbstreferenzielle Kommunikation durch Beobachtung zu stören bzw. zu irritieren. Für Luhmann ist Kommunikation der Mechanismus, durch den sich soziale Systeme und die Gesellschaft insgesamt als Ensemble aller sozialen Systeme überhaupt erst konstituiert. Mit der Konstitution von Systemen fällt auch die Entscheidung über Systeminklusion und wer (relevante) Umwelt des Kommunikationssystems ist. Auf Organisationen und Unternehmen bezogen bedeutet dies, dass es kein ontologisches Sein von Unternehmen gibt, sondern dass sie sich kommunikativ mit ihren ein- und ausschließenden Funktionen ständig neu erfinden. Über diese Selektionsfunktionen werden in Unternehmen Macht und Abhängigkeiten konstruiert, die nur aus einer Beobachtung zweiter Ordnung identifiziert und dekonstruiert werden können.

> Luhmann bringt das kommunikative Problem der Organisation auf die Formel, dass man die *Verpackung*, in denen unsere Organisationen ihre Entscheidungen kommunizieren, also Hierarchie, Sachgründe …, nur aufzumachen braucht, um zu entdecken, dass *nichts als reine Willkür drin ist* (Baecker 2004, S. 104).

Auf der Grundlage dieser form- und kommunikationstheoretischen Erkenntnisse hat Habermas die idealtypische Konstruktion des herrschaftsfreien Diskurses vorgenommen. Aus einer metakommunikativen Ebene formuliert er den Idealtypus als Korrektiv für die kommunikative Wirklichkeit.

> Habermas unterscheidet vier Handlungsmodelle (vgl. Abb. 5), wobei die drei ersten sich auf die drei Geltungsansprüche von Sprechakten beziehen:
>
> 1. Das teleologische bzw. strategische Handeln
>   Dabei kann der Handelnde zwei Beziehungen zur objektiven Welt aufnehmen, indem er entweder existierende Sachverhalte erkennt oder erwünschte Sachverhalte zur Existenz bringt;

Handlungsart	Geltungsanspruch	Weltbezug
Teleologisches Handeln	Wahrheit	subjektive Welt
Normatives Handeln	Richtigkeit	soziale Welt
Dramaturgisches Handeln	Wahrhaftigkeit	subjektive Welt
Kommunikatives Handeln	Verständigung	reflexiver Bezug alle Welten

Abb. 5 Geltungsbereiche des kommunikativen Handelns. (Eigene Grafik in Anlehnung an Münch 2004)

2. Das normenregulierte Handeln

   Dabei nimmt der Handelnde auf die soziale Welt Bezug, das heißt, er richtet sich an existierenden Normen aus;

3. Das dramaturgische Handeln

   Dabei nehmen Akteure auf die subjektive Welt Bezug, das heißt, sie orientieren sich an der Glaubwürdigkeit des Auftretens und der Selbstpräsentation von anderen.

Das kommunikative Handeln hat für Habermas zentralen Stellenwert, es zeichnet sich gegenüber den drei anderen Handlungsmodellen dadurch aus, dass die jeweiligen Beziehungen von Handelnden gegenüber Welten als reflexive Beziehungen gefasst werden (Richter 2016, S. 104).

Dies bedeutet, dass sich die Akteure verständigungsorientiert über ihre Weltbezüge sprachlich aufeinander beziehen:

> Der Begriff des kommunikativen Handelns nötigt dazu, die Aktoren auch als Sprecher und Hörer zu betrachten, dass sie sich auf etwas in der objektiven, sozialen oder subjektiven Welt beziehen und dabei gegenseitig Geltungsansprüche erheben, die akzeptiert und bestritten werden können [...] Verständigung funktioniert als handlungskoordinierender Mechanismus in der Weise, dass sich die Interaktionsteilnehmer über die beanspruchte Gültigkeit ihrer Aussagen einigen, das heißt Geltungsansprüche, die sie reziprok erheben, intersubjektiv anerkennen (Habermas 1995, S. 588).

Habermas geht dabei immer von einer normalen Kommunikationssituation aus: Was passiert, wenn wir einen Satz an jemanden adressieren und damit eine Situation möglicher Verständigung herstellen? Was sind die konstitutiven Momente von Kommunikation? Umgangssprachliche Kommunikation ist durch eine *Doppelstruktur* gekennzeichnet: Wenn Sprecher und Hörer eine Verständigung erreichen wollen, müssen sie gleichzeitig auf der Ebene der Intersubjektivität (Beziehungsaspekt) und auf der Ebene der Sachverhalte, über die sie sich verständigen möchten (Inhaltsebene), kommunizieren. Habermas unterscheidet zwei Formen der Kommunikation: kommunikatives Handeln und Diskurs (vgl. Richter 2016, S. 105).

3.2.1 Verhältnis von Lebenswelt und Systemwelt nach Habermas

Die Gesellschaftsentwicklung (Sozialevolution) ist dadurch gekennzeichnet, dass sich System und Lebenswelt schrittweise ausdifferenzieren. Während in Stammesgesellschaften (stratifikatorische Differenzierung) beide Bereiche noch miteinander verbunden sind (zum Beispiel findet die Produktion von Gütern oder die Erziehung in familiären Zusammenhängen statt), sind moderne Gesellschaften (funktionale Differenzierung) durch die Entkoppelung von systemischen Bereichen aus lebensweltlichen gekennzeichnet. Wirtschaft und Staat haben sich als eigenständige Systeme herausgebildet, die über bestimmte Steuerungsmedien funktionieren (die Wirtschaft beruht auf dem Geldmedium, der Staat auf dem Machtmedium) und sich aus den normativen Kontexten der Lebenswelt gelöst haben. Dabei kommt es zu einer Umstellung der Handlungskoordinierung von Sprache auf Steuerungsmedien, zu einer Abkoppelung der Interaktion von lebensweltlichen Kontexten, die auf sprachlichen Konsensbildungsprozessen beruhen (vgl. Strecker und Schaal 2001, S. 96 f.).

Er möchte die *Pathologien* moderner Gesellschaften einer Analyse zugänglich machen, wobei für ihn nicht die Entkoppelung von System und Lebenswelt pathologisch ist, sondern das Übergreifen systemischer Imperative auf die Lebenswelt (vgl. Abb. 6). Kritische These ist, dass in modernen Gesellschaften die Konkurrenz zwischen Formen der System- und Sozialintegration sichtbarer als bisher hervortritt:

> Am Ende verdrängen systemische Mechanismen Formen der sozialen Integration auch in jenen Bereichen, wo die konsensabhängige Handlungskoordinierung nicht substituiert werden kann: also dort, wo die symbolische Reproduktion der Lebenswelt auf dem Spiel steht. Dann nimmt die Mediatisierung der Lebenswelt die Gestalt einer Kolonialisierung an (Habermas 1995, S. 293).

Die Lebenswelt, die auf kommunikatives Handeln angewiesen ist, kann krisenhaft werden, wenn systemische Prinzipien auf sie übergreifen. Habermas fragt sich, wie sich Entfremdung und Verdinglichung unter Bedingungen des Spätkapitalismus darstellen. Dabei sieht er moderne Gesellschaften durch zwei kritische Prozesse in ihren lebensweltlichen Strukturen bedroht (Kolonialisierung der Lebenswelt):

1. durch Monetarisierung, d. h. das ökonomische System mit seinem Geldmechanismus unterwirft die Lebenswelt monetären Imperativen; soziale Beziehungen werden dann von Verständigung auf Geld umgestellt;
2. durch Bürokratisierung, d. h. das administrative System bürokratisiert die Lebenswelt, die Menschen werden zu Klienten des Sozialstaats gemacht und dadurch ihrer Freiheit beraubt. Habermas spricht von Verdinglichung, geht aber über Marx hinaus, indem er die Verdinglichungsprozesse als klassenunabhängig ansieht, d. h., jedes Gesellschaftsmitglied ist potenziell von diesen Prozessen betroffen. Das heißt aber auch, dass die Arbeiterklasse kein bevorzugtes Subjekt der Geschichte mehr ist. *Revolutionäre* Akteure sind heute eher soziale Bewegungen und soziale Konflikte brechen an der Grenze

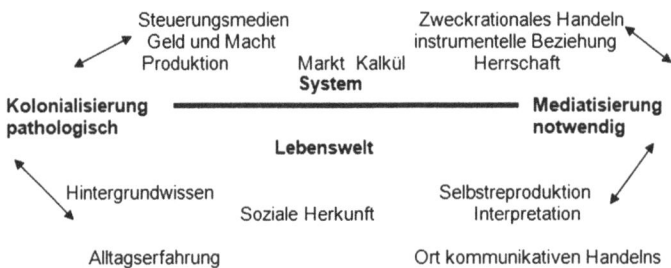

Abb. 6 Kolonialisierung der Lebenswelt durch die Systemwelt. (Eigene Grafik in Anlehnung an Münch 2004, S. 298)

zwischen System und Lebenswelt aus. Beispielhaft führt Habermas soziale Bewegungen an, die in selbst verwalteten Betrieben gegen die gewinnabhängige Instrumentalisierung der Berufsarbeit einwirken, oder zivilgesellschaftliche Bewegungen, die die Bedeutung von Eigenarbeit hervorheben. Beispielsweise geht es aus dieser Perspektive dann nicht darum, Hausarbeit oder Altenhilfe zu *verökonomisieren*, sondern als nicht bezahlte Eigenarbeit in die partnerschaftliche Kompetenz der Menschen zurückzuführen. Kritisch sieht Habermas auch die zunehmende *Verrechtlichung* vieler kommunikativ strukturierter Lebensbereiche (Familie, Schule), weil aus seiner Sicht hier bürokratische Eingriffe und gerichtliche Kontrollen auf Kosten der kommunikativen Aushandlung und Selbstorganisationsfähigkeit von Menschen gehen (vgl. Richter 2001, S. 105, ebenso Münch 2004, S. 297).

3.3 Die lernende Organisation im Sinne Peter Senge die fünfte Disziplin

Grundsätzlich gilt es, zwischen *lernfähigen* und *lernenden* Organisationen zu unterscheiden. Diese Unterscheidung resultiert daraus, dass Lernfähigkeit nicht zwangsläufig Innovationen oder die Bearbeitung von Fehlern zum Gegenstand hat. Lernen kann auch im Sinne von Initiierung von Machtspielen, Abschottung, Resignation oder Widerstand geschehen. Der Grad der Lernfähigkeit einer Organisation wird dabei als organisationale Intelligenz bezeichnet.

Eine lernende Organisation ist idealerweise ein System, das sich in einer von den relevanten inneren (Mitarbeiter) als auch äußeren Umwelten Entwicklungsdynamik befindet. Kommunikative Ereignisse werden als Irritation und damit als Anregung verstanden und für Entwicklungsprozesse genutzt, um die Reflexions- und Wissensbasis und strukturellen Kopplungen an die neuen Erfordernisse anzupassen. Dem liegt ein systemtheoretisches Bild von einer offenen, über strukturelle Kopplung mit der Umwelt in Austausch stehenden, operational geschlossenen Organisation zugrunde, die ein innovatives Lösen von Problemen ermöglicht und über autopoietische Operationen verfügt, die derartige Lernprozesse initiieren.

Im Zentrum steht der Anspruch des reflexiven Prozedierens zwischen praktisch-konzeptioneller Reflexion und organisationsrelevanten Theorieansätzen der Sozial- und Erziehungswissenschaft (vgl. Dewe und Schwarz 2011), was Göhlich treffend beschreibt: „Wichtig ist die Erkenntnis, dass die Akteure des organisationspädagogischen Diskurses eine Wahl haben. Sie können sich entscheiden, der Praxis ihre Theorie als Leitfaden anzubieten oder ihre Theorie forschend an der Praxis zu prüfen" (Göhlich 2010, S. 23). Berechtigt wird von Göhlich konstatiert, dass „der organisationspädagogische Diskurs [...] in den letzten Jahren an Umfang und Intensität gewonnen [hat]" (Göhlich 2010, S. 19).

In diesem Zusammenhang weisen Lorenz und Schwarz (2012) darauf hin, dass Organisationen im Rahmen ihrer Fähigkeit zur (Selbst-)Beobachtung und Prognose (gut funktionierende Informations- und Kommunikationssysteme – rascher und genauer Überblick

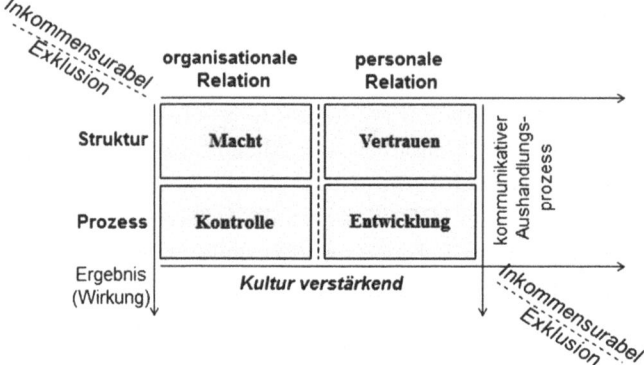

Abb. 7 Spannungsfeld von organisationalen Diskursen. (Aus Lorenz und Schwarz 2012)

über die Wirkung der wichtigsten Prozesse) verfügen und dass sich aus dem Spannungsfeld von Diskursen Organisationskulturen entwickeln (vgl. Abb. 7).

Diese Diskurssysteme sind nach Senge (2011) im Rahmen von Organisationsentwicklung grundlegend zu reflektieren und im Sinne der Selbstevaluation als Ausgangspunkt für Veränderungen zu sehen. Die Umwandlung von Unternehmen in lernende Organisationen hat sich nach seiner Einschätzung als äußerst problematisch erwiesen, vor allem, weil Manager, um dieses Ziel zu erreichen, ihre traditionellen Macht- und Kontrollsphären den lernenden Mitarbeitern überlassen müssen. Wenn Menschen lernen sollen, dann muss es ihnen auch erlaubt sein, zu experimentieren und zu scheitern. Entsprechend grundlegend muss die Kultur nachhaltig verändert werden. Die lernende Organisation fordert Vertrauen und Engagement. Aber diese Komponenten, als Soft Skills verschrien, glänzen in der Regel durch Abwesenheit. Echtes Engagement ist in den Unternehmen von heute selten. Die Erfahrung lehrt, dass das, was als Engagement gilt, in 90 % der Fälle lediglich Willfährigkeit ist.

Senge zitiert den Mitarbeiter eines Unternehmens mit der Bemerkung, er habe eine karriereschädliche Entscheidung getroffen, als er das Modell der lernenden Organisation übernommen habe. Womit er sagen wollte, er hätte die Karriereleiter im Unternehmen schneller emporklettern können, wenn er die Theorien über Bord geworfen und sich an die Linie seiner Firma gehalten hätte (Allgeier et al. 2003, S. 1542).

Auch wenn es so klingt, als sei die lernende Organisation ein Produkt, so handelt es sich doch um einen Prozess. Phil Hodgson kommentiert:

Prozesse sind nicht plötzlich allen sichtbar. Wie genau akademische Definitionen auch sein mögen, sie können nicht sofort auf die Realität übertragen werden. Manager müssen das Lernen fördern, damit es nach und nach zu einem der Schlüssel der Unternehmenskultur wird (zitiert nach Allgeier et al. 2003, S. 1543).

Die fünfte Disziplin hat sich als äußerst einflussreich erwiesen. Obwohl die lernende Organisation nur in Ausnahmefällen verwirklicht wurde, hat Senges Konzept die Diskussion um selbstgesteuerte Lernprozesse und ihre Anwendbarkeit angefacht.

Im nachfolgenden Abschnitt werden die *Fünf Disziplinen* kurz vorgestellt, um ihre Bedeutung für Nachhaltigkeit zu erläutern.

Ich bin fest davon überzeugt, dass die Menschheit in spiritueller Hinsicht einmal weiser war als heute. Was wir heute nur vermuten, hat man damals gewusst (Peter Senge 2011).

3.3.1 Personal Mastery

Personal Mastery bezeichnet die Disziplin der Selbstführung und Persönlichkeitsentwicklung.

Sie geht über Kompetenz und Fachwissen hinaus, auch wenn sie in Kompetenz und Fachwissen gründet. Sie reicht über geistige Entfaltung oder Öffnung hinaus, auch wenn sie geistiges Wachstum voraussetzt. Personal Mastery bedeutet, dass man an das Leben herangeht wie an ein schöpferisches Werk und dass man eine kreative im Gegensatz zu einer reaktiven Lebensauffassung vertritt.

Wenn Personal Mastery zu einer Disziplin wird, die wir in unser Leben integrieren, umfasst sie zwei grundsätzliche Verhaltensweisen. Erstens klärt man immer wieder, *was einem wirklich wichtig ist*. Häufig verwenden wir die Hauptenergie auf die Bewältigung von Problemen, die entlang des Weges auftauchen, dass wir ganz vergessen, warum wir überhaupt auf diesem Weg sind. Dadurch entwickeln sich falsche Vorstellungen, was wirklich wichtig ist.

Zweitens lernt man im Hier und Jetzt zu sein, die Gegenwart und ihre Wirklichkeit deutlich wahrzunehmen und sich dabei kontraproduktive Beziehungen zu befreien und nicht darin gefangen zu bleiben. In Adornos Sinn „Es gibt nichts Richtiges im Falschen" gilt es, den Verführungen der Mitwelt nicht zu erliegen. „Wer am Ziel seiner Wünsche ankommen möchte, muss wissen, wo er sich im Verhältnis zu diesem Ziel gerade befindet" (vgl. Senge 2011, S. 156).

Die Parallelität von Vision (was wir wollen) und klarem Bild der gegenwärtigen Wirklichkeit (wo wir sind) erzeugt das, was man als kreative Spannung bezeichnen kann: eine Kraft, die die beiden Positionen zusammenbringen will, weil jede Spannung von Natur aus nach Auflösung strebt. Personal Mastery bedeutet im Wesentlichen, dass wir lernen, wie wir diese kreative Spannung in unserem Leben schaffen und erhalten können.

Lernen heißt in diesem Zusammenhang nicht, dass man mehr Informationen aufnimmt, sondern dass man die Fähigkeiten erweitert, die nötig sind, um für das Leben wahrhaftig angestrebte Ziele zu erreichen … Lernen ist ein lebenslanger, schöpferischer Prozess, und erst wenn die Menschen auf allen Stufen einer Organisation diese Fähigkeit beherrschen, kann eine lernende Organisation entstehen (Senge 2011, S. 157).

Element dieser Disziplin ist die Bereitschaft, kontinuierlich zu lernen, das jeweils aktuelle Geschehen deutlicher zu erkennen. Daraus erwächst eine Kluft zwischen Vision und Realität, die genau die kreative Spannung erzeugt, die den Lerneffekt hervorruft.

Personal Mastery ist somit nichts, das man besitzt. Es ist ein Prozess. Es ist eine lebenslange Disziplin. Menschen mit einem hohen Grad an Personal Mastery sind sich ihrer eigenen Unwissenheit, Inkompetenz und Schwächen deutlich bewusst und sie verfügen über ein starkes Selbstvertrauen. Ein Paradox auf welches Luhmann in seinem Buch *Soziale Systeme* hinweist, da jedes Wissen ein Nichtwissen erzeugt.

> Bei Hanover Insurance strebt man nach „fortgeschrittener Reife", und Bill O'Brien hat beschrieben, wodurch sich wahrhaft reife Menschen auszeichnen: Sie schaffen und bewahren tiefe Werte, engagieren sich für Ziele, die größer sind als sie selbst, die offen, selbstbestimmt und immer um ein klares Bild von der Realität bemüht sind. Darüber hinaus verfügen sie über die Fähigkeit, auch verspätete Belohnungen geduldig abzuwarten. Deshalb können sie Ziele anstreben, die andere verwerfen würden, und sogar „die Wirkung ihrer Entscheidungen auf nachfolgende Generationen berücksichtigen" (Senge 2011, S. 157).

Prägend ist kontinuierliches Streben nach der Erweiterung, Entwicklung, aber auch wiederkehrende Reflexion der eigenen individuellen Fähigkeiten, welche wiederum einen Einfluss auf das Wirken des Individuums in der Organisation haben können. Für Senge steht dabei der Mensch im Vordergrund, während die Leistungssteigerung für die Organisation ein positiver Nebeneffekt ist. Personal Mastery muss dabei als lebenslanger Prozess verstanden werden.

Elemente von Personal Mastery sind:

- persönliche Vision,
- Halten von kreativer Spannung,
- Mitgefühl,
- Verpflichtung zur Wahrheit,
- Nutzen des Unterbewusstseins,
- Engagement für das größere Ganze,
- Offenheit für die Möglichkeiten,
- Integration von Intuition und Vernunft,
- Verbundenheit mit der Welt erkennen.

Die Umsetzung der Personal Mastery in der Organisation wird bestimmt durch den kulturellen Hintergrund, der in ihr verankert ist.

> Meiner Meinung nach liegt die bedeutendste Leistung der Kognitionswissenschaft in dem eindeutigen Beweis, dass zu Recht von einer Ebene geistiger Repräsentation ausgegangen werden kann, die sich auf die verschiedensten Aspekte des menschlichen Verhaltens auswirkt (Senge 2011, S. 194).

3.3.2 Mentale Modelle

Unsere mentalen Modelle, die noch näher erläutert werden und in den Sozialwissenschaften mit kollektiven Deutungsmustern gleichzusetzen sind, bestimmen nicht nur, wie wir die Welt interpretieren, sondern auch, wie wir handeln. Chris Argyris, der sich mit mentalen Modellen und dem Lernen in Organisationen beschäftigt, drückte das so aus:

> Auch wenn Menschen nicht [immer] in Übereinstimmung mit ihren verlautbarten Theorien handeln, handeln sie doch in Übereinstimmung mit ihren praktizierten Theorien [ihren mentalen Modellen] (Agyris, zitiert nach Senge 2011, S. 194).

Bei mentalen Modellen kann es sich um einfache Glaubenssätze handeln, wie zum Beispiel „Leistung lohnt sich", oder auch um komplexere Theorien, wie zum Beispiel die eigenen Annahmen über die lineare Ursachen-Wirkungs-Zusammenhänge oder rationale Entscheidungslogiken, die bestimmten Verhaltensweisen in der eigenen Organisation zugrunde liegen. Das Entscheidende bei all den Fehlschlüssen ist ein Verständnis von mentalen Modellen, dass sie zum einen aktiv sind – sie steuern unser Handeln – und zum zweiten, dass sie ultrastabil sind, d. h. auch wider besseres Wissen Entscheidungsprozesse prägen, wie Dörner (1996) in seinem Buch *Logik des Misslingens* eindrucksvoll darlegt. Wenn wir andere Menschen für nicht vertrauenswürdig halten, handeln wir anders, als wenn wir sie für vertrauenswürdig halten. Wenn ich glaube, dass Mitarbeiter von ihrem Wesen her faul sind, werden Unternehmen möglicherweise nichtmenschliche Kontrollinstanzen wie Zeiterfassung und Videoüberwachung etablieren. Sind sie jedoch davon überzeugt, dass Menschen sich begeistert einer tragfähigen Vision verpflichten, werden sie Möglichkeiten der Entwicklung und Selbstverwirklichung schaffen. Wie Harrison Owen in seinem Buch *Leadership* pointiert darlegt „Manager kontrollieren, Leader schaffen Freiräume" (Owen 2008).

Geht man der Frage nach „Warum haben mentale Modelle so starken Einfluss darauf, was wir tun?", ergeben sich vielerlei Antworten mit einer zentralen Aussage.

Man sieht, was man sieht und man sieht nicht, dass man nicht sieht, was man nicht sieht (Luhmann 1994 und 2006). Unsere mentalen Modelle schaffen Selektionen, um eine überkomplexe Welt durch Reduktion von Komplexität handhabbar zu machen. Zwei Menschen mit unterschiedlichen mentalen Modellen beobachten dasselbe Ereignis, beschreiben es jedoch völlig unterschiedlich, weil sie in ihrer Aufmerksamkeit auf andere Einzelheiten geachtet haben. Damit wird der Beobachter zum Konstituenten einer Situation, die, wie Willke es formuliert, die größte Erkenntnis des 20. Jahrhunderts ist.

> Die traditionelle kulturwissenschaftlich geprägte Organisationslehre geht von der Tatsache aus, dass der Unternehmen von einer Wertordnung geprägt ist, die dem betrieblichen Handeln jedes einzelnen Beschäftigten ihren Sinn verleiht. Träger dieser spezifischen Normen und Werte ist nach dieser Theorie die Lebenswelt Organisation. Sie hat sinnstiftenden Charakter, während die administrativen, wirtschaftlichen Seiten des Betriebes als Systemkomponenten das materielle Überleben des Unternehmens sichern. In dieser Sichtweise ist es die Aufgabe der Organisationsforschung, die mentale Prägung des Menschen (als Deutungsmuster) durch seine Mitgliedschaft in einem Betrieb zu erforschen (vgl. Dürr 2001, S. 193; Lorenz 2010, S. 125).

Auch im Management spielt die Art und Weise, wie mentale Modelle unsere Wahrnehmungen beeinflussen, eine große Rolle.

Grundlegend ist dabei, dass die Welt für den Menschen nur insofern existiert, als ihr auf der Grundlage von symbolischen Ordnungen Bedeutungen zugschrieben werden und sie damit erst sinnhaft produziert wird. Nicht über Zwecke oder Normen wird die Sozialwelt produziert und reproduziert, sondern über die kollektiv existierende, sinnhafte Ordnung der Dinge (Foucault), über Systeme von Unterscheidungen (Spencer-Brown) und Deutungsmuster (Oevermann), die als kollektive Wissensordnungen wirken.

> Diese Wissensordnungen fungieren nun allesamt als Sprachen im übertragenen Sinn, sie machen die Welt bedeutsam, geben an, „was und wie die Dinge sind", und ermöglichen es, zwingen aber auch dazu, entsprechend diesen Bedeutungen zu handeln, wahrzunehmen. [...] Die Kulturtheorien verarbeiten jene konzeptuellen Anregungen, die die Phänomenologie und Hermeneutik, Strukturalismus und Semiotik, die wittgensteinianische Philosophie [...] geboten haben; nur gelegentlich werden auch noch die Autoren der klassischen, postidealistischen Kultursoziologie rezipiert (Lorenz 2010, S. 155).

Zur Umschreibung des Kernbestandes der historisch-spezifischen Regeln, der die Produktion von *Sinn- und Bedeutungswelten* ermöglicht, führt Oevermann den Begriff des *sozialen Deutungsmusters* ein. Deutungsmuster erscheinen als jene kollektiv-spezifischen Sinnmuster, die in der jeweiligen Handlungssituation spezifische, handlungsanleitend wirkende Interpretationen des Akteurs hervorbringen. Als Weltinterpretationen mit generativem Status geben die sozialen Deutungsmuster einen allgemeinen Rahmen, einen Interpretationshorizont.

> Mit der Einführung des Begriffs des Deutungsmusters [...] unternimmt Oevermann [...] eine latente Transformation der strukturalistischen Kulturtheorie (Reckwitz 2006, S. 255).

In der Konzeptualisierung kultureller Dynamik über den Mechanismus der Neuinterpretation von Deutungsmustern: Die Sinnzusammenhänge, die Handeln zugrunde liegen, sind für Oevermann bedeutungsgenerierende, konstitutive Regeln unterschiedlicher Reichweite und umfassen damit zwei verschiedene Typen von Wissensordnungen. Während der Typus universaler kognitiver Regeln eindeutig definiert ist und die gattungsspezifischen Kompetenzen etwa der universalen Grammatik umfasst, wird der zweite Typus die historisch-spezifischen konstitutiven *Regeln* der *sozial-kulturellen Lebenswelt* umfassen. Die Deutungsmuster geben den Rahmen dafür, welche Deutungen den Akteuren möglich sind, wenn sie ihre Handlungsumwelt interpretieren. Umgekehrt heißt dies aber, Deutungsmuster können Handeln nicht hervorbringen, sondern sie werden nur dadurch handlungsrelevant, dass sie den Rahmen für subjektive Interpretationen bieten. Damit aber wird in den neostrukturalistischen Theorieentwurf Oevermanns der zentrale Gedanke, dass Handeln nur auf der Grundlage der Verstehensakte der Subjekte existieren kann, eingebaut.[3] Die Frage, unter welchen Bedingungen nicht nur kulturelle Reproduktion,

---

[3] Oevermann weist gelegentlich bezeichnenderweise auf einen Einfluss Max Webers auf seine Arbeiten hin (vgl. Lorenz 2010, S. 184).

sondern auch kulturelle Dynamik und damit eine Transformation von Deutungsmustern möglich ist, wird nur am Rande gestellt. Er weist darauf hin, dass es immanente Inkonsistenzen innerhalb von Systemen von Deutungsmustern sind, die für den Anwender der Sinnmuster Handlungsprobleme hervorrufen und die in Transformationen der Deutungsmuster münden können. „Innere Inkompatibilitäten werden [...] als treibende Kraft sozialer Veränderungen angesehen."[4]

Der Motor des historischen Wandels von Deutungsmustern ist in den Bemühungen des Handelnden zu suchen, derartige immanente Kompatibilitätsprobleme von Sinnmustern aufzulösen. Er unterscheidet drei mögliche Konstellationen:

- latente Inkonsistenzen,
- neue Inkonsistenzen,
- Explizierung von Deutungsmustern (vgl. Reckwitz 2006, S. 257).

Ausgangspunkt einer angemessenen Beschreibung des Wandels eines Sinnmusters muss die Krise der Lebenspraxis eines Akteurs – genauer die subjektive Wahrnehmung einer derartigen lebenspraktischen Krise durch den Handelnden selbst – sein. Dem Akteur erscheinen bisherige routinisierte Handlungsmuster auf der Grundlage problemlos angewandter und stabiler historisch-spezifischer Deutungsmuster in einer bestimmten Handlungssituation nicht mehr angemessen.

> Die Auflösung dieser krisenhaften Situation geht [...] nun von der Spontaneitätsinstanz des subjektiven in der Unmittelbarkeit des praktischen Handlungsvollzuges aus (Reckwitz 2006, S. 259).

Das sind die fundamentalen Werte und Prinzipien, welche das Unternehmen voranbringen. Senge warnt Manager vor der Macht von Denkmustern auf der Unternehmensebene und zeigt nachdrücklich, wie wichtig es ist, dass man diese Muster auf eine nicht-defensive Art immer wieder hinterfragt.

Mentale Modelle beziehen sich auf kritische Reflexionen, die unbewusst, unhinterfragt und oftmals stillschweigend vorausgesetzte Grundannahmen beinhalten. Individuelles Handeln wird aktiv durch die intendierten mentalen Modelle gesteuert. Die Funktion der mentalen Modelle ist es, die innere Vorstellung vom Wesen der Dinge an die Oberfläche zu bringen. Gleichzeitig bilden mentale Modelle eine unbewusste bzw. versteckte Lebensphilosophie. Im Bezug auf die lernende Organisation werden mentale Modelle vorwiegend dazu verwendet, um eine stetige Reflexion für Lernprozesse herbeizuführen. In

---

[4] Auch in seinen im engeren Sinne sozialisationstheoretischen Schriften deutet Oevermann die Überlagerung unterschiedlicher Deutungsmuster als Bedingung kultureller Dynamik an, hier innerhalb von Interaktionssystemen. Vgl. etwa die Analyse des Interaktionssystems Vater-Mutter-Kind als einer widersprüchlichen Einheit, die auf der Doppelmitgliedschaft der Mutter in zwei konkurrierenden Beziehungen basiert und damit die Akteure zu einer Transformation drängt (Lorenz 2010, S. 184).

der Praxis soll bei der Arbeit mit mentalen Modellen versucht werden, die Grundkrankheiten einer Hierarchie zu überwinden.

Eine zentrale Kompetenz von Fach- und Führungskräften stellt die Fähigkeit dar, das eigene Denken während des Handelns fortlaufend zu reflektieren. Dabei müssen Prinzipien ermittelt werden, wie beispielsweise Offenheit und Leistung, welche von den Mitarbeitern angenommen werden müssen. Diese sollen dazu dienen, Entscheidungsprozesse zu verändern, damit Mitarbeiter ihre Betrachtungsweisen diskutieren und produktiv besprechen können.

Eine wesentliche Grundlage des Lernens basiert auf dem Verständnis der eigenen mentalen Modelle. Daraus entsteht die Erkenntnis, dass die Welt durch die eigenen mentalen Modelle wahrgenommen wird, immer unvollständig und unsystematisch ist. Institutionalisiert werden sie in Organisationen durch Infrastrukturen, die die Planung und somit den Lernprozess der Managementarbeit begünstigen sollen. Der Kern der Disziplin der mentalen Modelle ist das Erkennen der Unterschiede und Abstraktionssprünge, das Offenlegen der linken Spalte sowie das Gleichgewicht von Erkunden und den eigenen Standpunkt vertreten. Die wichtigsten mentalen Modelle werden von den Entscheidungsträgern geteilt, um die Entwicklung einer Organisation zu ermöglichen.

> Wer engagiert ist, tut mehr, als sich nur an die „Spielregeln" zu halten. Er ist verantwortlich für das Spiel (Senge 2011, S. 241).

3.3.3 Shared Visioning

Senge betont die Bedeutung des gemeinsamen kreativen Vorgehens und stellt klar, dass die gemeinsame Vision nur auf einer persönlichen Vision aufgebaut werden kann. Die gemeinsame Vision stelle sich in genau dem Augenblick ein, wenn die Aufgabe, die sich aus der Vision ergibt, von den Teammitgliedern nicht mehr als etwas gesehen wird, das ihnen selbst fremd ist (vgl. Allgeier et al. 2003, S. 1542).

> Es gibt keine lernende Organisation ohne eine gemeinsame Vision. Ohne die Anziehungskraft eines Ziels, das die Menschen wahrhaft anstreben, werden die Kräfte, die auf eine Erhaltung des Status quo zielen, übermächtig. Die Vision begründet ein übergreifendes Ziel. Die hochgesteckten Ambitionen zwingen zu neuen Denk- und Handlungsweisen. Eine gemeinsame Vision ist gleichzeitig das Ruder, das den Lernprozess auf dem richtigen Kurs hält, wenn Belastungen auftreten. Lernen kann schwierig, sogar schmerzlich sein. Wenn wir eine gemeinsame Vision haben, sind wir eher bereit, unsere Denkweisen offenzulegen, tief verwurzelte Überzeugungen aufzugeben und persönliche und Organisationelle Fehler einzugestehen. Alle diese Probleme wirken banal, verglichen mit der Bedeutung des Ziels, das wir anstreben. Wie Robert Fritz es ausdrückt: „In Gegenwart von etwas Erhabenem verflüchtigt sich alles Kleinliche." Wenn ein großer Traum fehlt, überwiegt das Kleinliche (Senge 2011, S. 229 f.).

Die gemeinsame Vision bündelt sich in einem Bild, das es vermag, viele Personen intrinsisch zu motivieren und ein gemeinsames Ziel klar vor Augen zu führen. Durch die verschiedenen persönlichen Visionen können Synergieeffekte auftreten, die am Ende zu einem Gesamtbild führen, das von allen Mitgliedern einer Organisation voll und ganz getragen wird. Die Vision hüllt eine Organisation ein, sie „[…] ist gleichzeitig das Ruder, das den Lernprozess auf dem richtigen Kurs hält, wenn Belastungen auftreten" (Senge 2011, S. 229).

Nach Senge fördern Kreativität, Experimentierfreudigkeit und Mut eine gemeinsame Vision. Sie zwingt zu neuen Handlungs- und Denkweisen, ist sinnstiftend und kann nicht eingeimpft, sondern muss vorgelebt werden.

> Eine gemeinsame Vision fördert die Risikobereitschaft und Experimentierfreudigkeit. Wenn Menschen von einer Vision erfüllt sind, wissen sie häufig nicht, wie es umzusetzen ist. Sie probieren etwas aus. Sie ändern die Richtung und beginnen einen neuen Versuch (Senge 2011, S. 230).

In diesem Zusammenhang merkt Senge kritisch an, dass Visionen in einer Managementkultur weniger zu Optionen der Zukunft und chancenorientiert ausgerichtet sind, sondern sich an Problemen der Gegenwart abarbeiten.

> Die strategische Planung wird zwar offiziell als zukunftsorientiertes Programm ausgewiesen, aber wenn man nachbohrt, räumen die meisten Manager ein, dass ihre strategischen Pläne mehr über heutige Probleme als über künftige Möglichkeiten aussagen (Senge 2011, S. 231).

Eine gemeinsame Vision entsteht aus mehreren persönlichen Visionen. Der genaue Ursprung innerhalb der Organisation ist dabei irrelevant und muss nicht Top-down erfolgen. „Die Kunst einer visionären Führung besteht darin, persönliche Visionen zu gemeinsamen zu machen" (Senge 2011, S. 232).

Er unterscheidet verschiedene Formen der Identifikation mit der Unternehmensvision. Einwilligung, Teilnahme, Engagement sind unterschiedliche Grade der Identifikation einer Person und dürfen nicht miteinander verwechselt werden. Während Einwilligung nur die Befolgung von Arbeitsanweisungen bedeutet („[Der Mitarbeitende] tut was erwartet wird" (Senge 2011, S. 239)), eine Teilnehmerschaft die Vision unterstützt und Teil ihrer ist, ist Engagement das Verfolgen der Vision mit der Schaffung aller notwendigen Strukturen zur Verwirklichung („Wer engagiert ist, tut mehr, als sich nur an die ‚Spielregeln' zu halten. Er ist verantwortlich für das Spiel" (Senge 2011, S. 241)).

> Trotz seiner großen Bedeutung ist Team-Lernen immer noch ein weitgehend unerforschtes Terrain. Bevor wir das Phänomen nicht besser beschreiben können, wird es ein Rätsel bleiben (Senge 2011, S. 259).

3.3.4 Teamlernen

Teamlernen ist der Prozess, durch welchen Teams ihre Fähigkeit erweitern, angestrebte Ziele zu erreichen. Es stützt sich zum einen auf die Disziplin vom Aufbau gemeinsamer Visionen. Es stützt sich zum anderen auch auf die Disziplin der Personal Mastery,

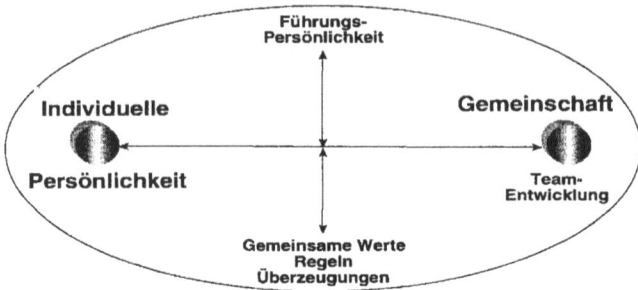

Abb. 8 Teamlernen und Persönlichkeitsentwicklung im Spannungsfeld. (Aus Lorenz 2010, S. 123)

weil talentierte Teams aus talentierten Einzelpersonen (siehe Abb. 8) bestehen, die systemtheoretischen Überlegungen folgend als Beobachter Kommunikation beobachten und diese durch Beobachtung irritieren. Daher reichen eine gemeinsame Vision und Talent nicht aus, sondern eine entsprechende operative Verknüpfung der einzelnen Kommunikaten ist für Teamlernen fundamental: „Die Welt ist voll von begabten Menschen, die eine Zeit lang eine gemeinsame Vision verfolgen und trotzdem nichts lernen…" (Senge 2011, S. 257).

Innerhalb von Organisationen umfasst das Teamlernen drei wichtige Bereiche:

Erstens ist es notwendig, dass das Team gründlich über komplexe Fragen nachdenkt und neue Einsichten gewinnt. Teams müssen lernen, wie sie es sich zunutze machen können, dass viele Köpfe potenziell mehr wissen als einer. Das ist leichter gesagt als getan, denn in Organisationen sind viele starke Kräfte am Werk, die die Intelligenz von Teams kleiner und nicht größer machen als die Intelligenz der einzelnen Teammitglieder. Viele dieser Kräfte können von den Teammitgliedern direkt beeinflusst werden.

Zweitens besteht die Notwendigkeit zu innovativem, koordiniertem Handeln. Spitzenmannschaften im Sport und erstklassige Jazzbands geben ein gutes Bild für ein spontanes und doch koordiniertes Handeln. Herausragende Teams in Organisationen entwickeln dieselbe Art von Beziehung – ein *Arbeitsvertrauen*: Jedes Teammitglied ist sich der anderen bewusst und kann sich darauf verlassen, dass alle sich gegenseitig in ihrem Handeln ergänzen.

Drittens spielen Teams eine große Rolle für andere Teams. So werden zum Beispiel die meisten Handlungen höhergestellter Teams in Wirklichkeit von anderen Teams ausgeführt. Ein lernendes Team fördert also kontinuierlich andere lernende Teams, indem es die Praktiken und Fertigkeiten des Team-Lernens verbreitet.

Die Notwendigkeit des Teamlernens ist in Organisationen noch nie so groß gewesen wie heute. Das hängt damit zusammen, dass fast alle wichtigen Entscheidungen heute von Teams getroffen werden, entweder direkt oder weil man Teams braucht, um individuelle Entscheidungen praktisch umzusetzen. Das individuelle Lernen ist in gewisser Weise irrelevant für das organisationale Lernen. Der Einzelne kann unter Umständen unentwegt lernen, ohne dass das Unternehmen etwas lernt. Aber wenn Teams lernen, werden sie zu einem Mikrokosmos für das Lernen in der ganzen Organisation. Gewonnene Einsichten werden in die Tat umgesetzt. Entwickelte Fertigkeiten können an andere Einzelpersonen oder Teams weitergegeben werden. Die Leistungen des Teams können zum Vorbild und zum Maßstab für das gemeinsame Lernen in der Gesamtorganisation werden.

Die Kunst des Lernens im Team ist durch zwei Tätigkeiten bestimmt: Dialog und Diskussion. Das Besondere des Dialogs ist der Versuch, etwas zu erkunden. Die Diskussion wird charakterisiert durch den entgegengesetzten Prozess: das Spektrum einzugrenzen, um die beste Alternative zu finden, wenn es um Entscheidungen geht. Dialog und Diskussion ergänzen einander, sie zu kombinieren lohnt sich jedoch nur, wenn man sie zuvor getrennt praktiziert hat.

Beim Team Learning kann das Phänomen des sog. *Ausrichtens* beobachtet werden. Darunter versteht man den Zusammenschluss von Individuen zu einer Gruppe oder Organisation. Die Funktion als Einheit wird im Wesentlichen durch die Ausrichtung der unterschiedlichen Kräfte innerhalb der Gruppe bestimmt. Treten die Kräfte synergetisch auf, kann die Leistungsbereitschaft der Gruppe größer sein als die Summe der einzelnen Teile. Das Team verfolgt auf diese Weise einen gemeinsamen Zweck und eine gemeinsame Vision.

> Das bedeutet, dass die Systeme keine kommunikativen Beziehungen zu anderen Systemen (eines anderen Menschen) aufnehmen können. So gibt es keinen unmittelbaren Kontakt zwischen zwei Bewusstseinssystemen.[...] kein Bewusstsein kann außerhalb seiner Grenzen operieren (Kneer und Nassehi 1993, S. 67).

3.3.5 System Thinking

Durch eine ganzheitliche Betrachtung des Systems, also das Denken in Systemen, werden die Wirkmechanismen und das zu erwartende Verhalten in einer symbolischen, formalen Sprache beschrieben. Dadurch können Kommunikationen im System beobachtet, erkannt, besprechbar und bearbeitet werden. Wie Systeme operieren ist abhängig von den herrschenden Diskursen, den Deutungsmustern der Mitarbeiter und den Reflexionen und organisationalen Lernprozessen. Sie sind damit erwartbar, aber nicht vorsagbar. Sie sind kontingent.

Kontingenz bedeutet, dass Systeme weder unmöglich sind noch notwendigerweise so, wie sie sind, noch frei im Sinne von beliebig. Systeme sind, wie sie sind. Sie verdanken ihre Existenz ihrer Operationsweise – „Operieren heißt existieren" –, mit der sie auf ihre spezifische Weise Weltkomplexität reduzieren, und zwar mithilfe von Selektionen, deren Auswahl und Beschaffenheit ausschließlich an eigenen Relevanzkriterien orientiert wird. Hier wird die Verbindung zu dem im Abschnitt „Mentale Modelle" beschriebenen Theorieansatz von Oevermann deutlich. Die Selektionen eines Systems sind in diesem Sinn arbiträr und können daher auch immer anders ausfallen.

> Wichtige Kontingenzformeln sind: Knappheit für das wirtschaftliche System, Gerechtigkeit für das rechtliche System, Legitimität für das politische System, Lernfähigkeit für das Erziehungssystem (Krause 2001, S. 160).

Systeme sind, wie sie sind, aber nicht notwendigerweise – sie können im Sinne der Kontingenz immer auch anders sein. Es ist wichtig festzuhalten, dass hierin nicht nur ein gesellschaftskritisches Veränderungspotenzial liegt, sondern geradezu die Aufforderung an Systeme, ihre Weiterentwicklung aktiv zu betreiben. In diesem Sinne haben sich auch in den Organisationswissenschaften, insbesondere in der konkreten Praxis der systemischen Organisationsberatung, ganze Methodensettings entwickelt, wie Systeme – Personen, Organisationen, Regionen und sogar Funktionssysteme wie Politik – ihre eigene Veränderung betreiben können (vgl. Allgeier et al. 2003; König und Vollmer 1994; Willke 1995).

Die Selektion dessen, was aus der Umwelt im System relevant ist, und die Selektion der internen Verarbeitungsweisen des Systems können in sozialen Systemen auf unterschiedliche Weise erfolgen. Eine Möglichkeit stützt sich auf die Ausbildung von Traditionen. Selektionen vollziehen sich darin als Wiederholung von Vergangenheit. Systemereignisse und Prozesse erscheinen dann im System nicht als selbst erzeugt, sondern als naturwüchsig. Traditionen sind im Grunde nur besonders stabile soziale Erwartungen. Soziale Erwartungen reduzieren die Komplexität möglicher Umwelt und möglicher Handlungen und schränken vor allem auch das Systembewusstsein der eigenen Kontingenz ein, denn mithilfe von sozialen Erwartungen, insbesondere in der Ausprägung von Traditionen, täuschen sich Systeme selbst vor, weniger Handlungsspielraum und mehr Bindung zu haben als faktisch gegeben. Soziale Erwartungen und Traditionen wirken dem Dauerdruck und der Dauerirritation entgegen, dass alles immer auch anders sein könnte und daher permanent alles im Hinblick auf Veränderung zur Disposition steht.

Die Kontingenzproblematik äußert sich in vielen Lebenskontexten aus der Sicht von Individuen in Fragen nach dem Sinn und Zweck bestimmter Realitäten.

> In dem Maße, in dem Systeme ihre Kontingenz entdecken und thematisieren, dass das, was sie tun, von eigenen systeminternen Prozessen abhängt, erodieren Traditionen. Und in dem Maße müssen Selektionen in der Form der Entscheidung ermittelt werden (Richter 2001, S. 153).

Moderne Gesellschaften zeichnen sich gerade dadurch aus, dass immer mehr soziale Vorgänge ihrer Naturwüchsigkeit entzogen und Entscheidungen (z. B. in Organisationen – siehe Abb. 9) zugeführt werden, um die kontrollierte Sicherheit zu erzielen. Das wiederum stellt enorme Anforderungen an den Aufbau interner Komplexität. Und es führt irgendwann dazu, dass sich die Gesellschaft als Ganzes, ihre Funktionssysteme und Organisationen in einer Situation wiederfinden, von der sie wissen, dass sie sie selbst erzeugt haben, dass sie sich alles, was ihnen darin als Problem erscheint, selbst zuschreiben müssen.

Senge benennt in seinem Grundlagenwerk die 11 „Gesetze der fünften Disziplin" anhand von 11 eher metaphorischen Formeln, wie z. B. „Je mehr man sich anstrengt, desto schlimmer wird es", „Der bequemste Ausweg erweist sich zumeist als Drehtür", „Schneller ist langsamer" oder „Sie können den Kuchen essen und behalten – nur nicht gleichzeitig". Ferner zieht er Kausalitätskreise und Feedbackmechanismen als Erläuterung der

Systemtheoretisches Modell	Soziol. Begriff	Reduktion durch	Legitimation durch	Beobachtung durch
Psychische S	Person	Typologisierung	Gruppe	Kommunikation
Soziale S	Gruppe	Deutungsmuster	Organisationen	Entscheidungen
Entscheidung S	Organisation	Programme	Institutionen	Verfahren
Verfahren S	Institution	Codierung	Gesellschaft	Diskurs

Abb. 9 Die Systeme und Formen der Komplexitätsreduktion. (Eigene Darstellung 2008)

systemischen Mechanismen heran und benennt zwei Archetypen als Grundstrukturen der Natur, die Mechanismen in (lernenden) Organisationen beschreiben:

- Archetypus 1: Die Grenzen des Wachstums und
- Archetypus 2: Die Problemverschiebung.

Es bedarf aller fünf Disziplinen, um eine lernende Organisation zu entwickeln. Die Disziplinen unterstützten sich wechselseitig, und in einem Entwicklungsprozess werden die Fähigkeiten der Organisation schrittweise angehoben.

Ein Beobachter kann nicht sehen, was er nicht sehen kann. Er kann auch nicht sehen, daß er nicht sehen kann, was er nicht sehen kann (Gripp-Hagelstange 1995).

4 Die sechste Disziplin Nachhaltigkeit

4.1 Perspektivwechsel: Beobachtung als Systemkonstruktion

Soziale Systeme sind, wie andere Systeme auch, beobachtende Systeme. Und zwar definiert Luhmann Beobachtung nach Spencer-Browns Aufforderung „draw a distinction" als „Bezeichnung-anhand-einer-Unterscheidung" (Kneer und Nassehi 1993, S. 96).

Eine Unterscheidung (etwa Frau oder Mann) wird gewählt und eine der beiden Seiten der Unterscheidung wird bezeichnet (also Frau). Die entsprechenden Anweisungen der Logik von Spencer-Brown lauten „distinction" und „indication". Es ist wichtig zu betonen, dass bei einer Beobachtung die beiden Komponenten *Unterscheiden* und *Bezeichnen* stets gemeinsam auftreten. Diese Einsicht wird dadurch verdeckt, dass zumeist nur eine der beiden Komponenten, nämlich die Bezeichnung, explizit genannt wird. Etwas kann aber nur bezeichnet und damit beobachtet werden, wenn es von etwas anderem unterschieden wird. Im Rahmen einer Beobachtung ist es unmöglich, beide Seiten der Unterscheidung gleichzeitig zu bezeichnen. Es kann also zu einem bestimmten Zeitpunkt jeweils nur die eine oder die andere Seite bezeichnet werden.

Ein Hinüberwechseln (Spencer-Brown: crossing) ist also durchaus möglich, aber jeder Wechsel von einer Seite der Unterscheidung zur anderen Seite erfordert eine wietere Operation und erfordert somit Zeit. Die beiden Seiten der Unterscheidung sind gleichzeitig gegeben, aber sie können nicht zugleich bezeichnet werden. Gerade deshalb ist es wichtig, Unterscheiden und Bezeichnen als die beiden Komponenten der Beobachtung sorgfältig auseinanderzuhalten (Kneer und Nassehi 1993, S. 97).

Der auf diese Weise – nämlich als Bezeichnung anhand einer Unterscheidung – definierte Beobachtungsbegriff ist mit einer Reihe von Konsequenzen verbunden, von denen die wichtigsten dargelegt werden.

Soziale Systeme, die ihre Umwelt bzw. etwas in ihrer Umwelt beobachten, gewinnen keinen unmittelbaren Kontakt zu ihrer Umwelt. Beobachtung wird dabei als eine systeminterne Operation verstanden, Beobachtung ist somit immer eine Konstruktion eines Systems, genauer eine operativ hergestellte Konstruktion eines Systems.

> Eine Beobachtung ist also immer eine systeminterne Operation. Zwischen beiden Phänomenen existiert somit ein Verhältnis der Komplementarität … Weder lassen sich beide Phänomene trennen, noch besteht ein Verhältnis der Kausalität in dem Sinne, dass die Operation Ursache und die Beobachtung deren Wirkung ist (Luhmann 1991, S. 77).

Dennoch legt Luhmann Wert darauf, die beiden komplementären Ebenen sorgfältig auseinanderzuhalten, weil ein Unterschied zwischen der Beobachtung einer Operation (Beobachtung erster Ordnung) und der Beobachtung einer Beobachtung (Beobachtung zweiter Ordnung) besteht.

> Dieser Sichtweise zufolge ist Wissenschaft also ein Beobachten von Beobachten bzw. ein „Beobachten 2. Ordnung", sofern sie sich an organisierte Regeln hält. Und Wissenschaftstheorie ist ein „Beobachten 3. Ordnung", weil sie die Regeln, nach denen Wissenschaft funktioniert, beobachtet. Dabei sind „Objektivität" und „Wahrheit" Kategorien, mit denen das Beobachten funktioniert, aber keine wie auch immer gearteten Feststellungen über eine Übereinstimmung von Vorstellungen und Realität (Schülein und Reitze 2005, S. 195).

Jede Beobachtung ist an die *gewählte* Unterscheidung gebunden. Die Beobachtung kann also nur sehen, was sie mithilfe der Unterscheidung sehen kann, sie kann nicht sehen, was sie mit dieser Unterscheidung nicht sehen kann. Beobachtet man beispielsweise mit der Unterscheidung Recht/Unrecht, so gibt es nur diese beiden Möglichkeiten, etwas zu bezeichnen, entweder liegt Recht vor oder aber Unrecht (vgl. Neuberger 2002, S. 601).

Daher kann auch keine Beobachtung im Moment der Beobachtung sich selbst beobachten. Die Beobachtung der Beobachtung nennt Luhmann Beobachtung zweiter Ordnung. Unabhängig davon, wer die Beobachtung der Beobachtung hervorbringt, gilt immer, dass auch die Beobachtung zweiter Ordnung an die eigene Unterscheidung gebunden ist und somit ihre eigene Unterscheidung nicht beobachten und nicht mithilfe der Unterscheidung bezeichnen kann (vgl. Münch 2004, S. 201). Auch die Beobachtung zweiter Ordnung kann sich nicht selbst beobachten. Aber die Beobachtung der Beobachtung ermöglicht reflexive Einsichten für die eigene Beobachtung.

Ein Beobachter kann nicht sehen, was er nicht sehen kann. Er kann auch nicht sehen, daß er nicht sehen kann, was er nicht sehen kann. Zwar ist auch der Beobachter zweiter Ordnung an den eigenen blinden Fleck gebunden, sonst könnte er nicht beobachten. Wenn er aber einen anderen Beobachter beobachtet, kann er dessen blinden Fleck, dessen latente Strukturen beobachten (Gripp-Hagelstange 1995, S. 98).

Begibt man sich von der Beobachtung erster Ordnung zur Beobachtung zweiter Ordnung, beobachtet man folglich, wie andere Beobachter beobachten. Dies führt zu einem radikal gewandelten Welt- und Realitätsverständnis. Auf der Ebene der Beobachtung erster Ordnung erscheint die Welt monokontextural. Die Kontexte sind also das, was mit der zugrundeliegenden Unterscheidung beobachtet werden kann. Eine monokontexturale Welt ist stets zweiwertig, es liegen also entweder der positive Wert oder der negative Wert vor, eine dritte Möglichkeit ist ausgeschlossen.

Der Code ist ein binäres Schema, wie die Differenzierungen zwischen wahr/unwahr, richtig/falsch, recht/unrecht, schön/hässlich und zuverlässig/unzuverlässig (Münch 2004, S. 208).

Durch die Beobachtung zweiter Ordnung gelangt man zu einer polykontexturalen Welt. Polykontexturalität meint, dass es eine Vielzahl von Unterscheidungen, eine Vielzahl von unterschiedlichen Kontexturen gibt, die von keinem archimedischen Beobachtungspunkt ineinander überführt und verglichen werden können. Daher ist jede Beobachtung auch eine kontingente Konstruktion, also eine Konstruktion, die bei einer anders gewählten Unterscheidung auch anders hätte ausfallen können (vgl. Kneer und Nassehi 1993, S. 102).

4.2   Umdenken

Wie muss beobachtet werden, um eine Kultur der Nachhaltigkeit zu etablieren und kann dieser Diskurs so in Organisationen verankert werden, dass der bisher herrschende neoliberale Diskurs abgelöst bzw. irritiert wird? Der neoliberale Diskurs hat in Ablösung des Diskurses *Alles ist technisch machbar* zu einer weitgehenden und tiefgreifenden Veränderung des Sozialsystems und des Sozialen Miteinanders geführt, sodass nicht nur die Zerstörung der Umwelt, sondern auch die Erodieren der Sozialstrukturen zu diagnostizieren ist (vgl. Bröckling et al. 2002), die tiefgreifende Veränderung der Selbstkonzeption des Individuums und seiner sozialen Mitwelt zur Folge hat. Niklas Luhmann hat gewissermaßen in den 1970er-Jahren des letzten Jahrhunderts eine Blaupause geliefert, die operationale Geschlossenheit bei gleichzeitig geringer Kopplung an die Umwelt am Beispiel der Verwaltung thematisiert.

Das allererste Buch das Luhmann veröffentlichte trägt den Titel *Verwaltungsfehler und Vertrauensschutz. Möglichkeiten der Regelung der Rücknehmbarkeit von Verwaltungsakten (1963)* Hier wird am Phänomen des Verwaltungsfehlers aufgezeigt, welche Folgen es hat, dass eine Verwaltung nicht nur bestimmte Aufgaben zu erfüllen hat, sondern zum Zwecke dieser Ausdifferenzierung als eine eigene Einrichtung ausdifferenziert wird, wie es später heißen wird: Sie wird verselbstständigt und einer eigenen Logik unterworfen. Die paradoxe, typisch luhmanneskesche Frage lautet: *Wie kann man, wenn man die Verwaltung befähigt hat, bestimmte Aufgaben zu erfüllen, noch in sie eingreifen, um sicherzustellen, dass sie diese Aufgaben erfüllt? Oder anders, wie kann man die Fehler korrigieren, die die Verwaltung nur machen kann, weil man sie befähigt hat, richtig zu handeln?* (Baecker 2004, S. 85).

Auf Qualität übertragen bedeutet dies, wie kann man Qualitätsmanagement befähigen, sich einer kritischen Reflexion zu unterziehen, das die geplanten aber unbeabsichtigten Nebenfolgen des eigenen Wirkens erfasst werden, ohne dessen operative Geschlossenheit zu gefährden. Bedeutet die Ökonomisierung des Sozialen dessen Tod (vgl. Bröckling et al. 2002, S. 89 ff.), so erlebt das Individuum die totale Mobilmachung unter dem umfassenden Qualitätsansatz des „total quality management" (TQM).

Im Unterschied zu älteren Konzepten der Qualitätssicherung, die sich auf Kontroll- und Prüfstrategien im Leistungserstellungsprozess beschränkten und ausschließlich die technisch-funktionale Produktqualität erfassten, erweitert TQM die Qualitätssteuerung auf alle Unternehmensaktivitäten und bezieht neben Produkt und Produktionsprozess auch die gesamte Kommunikation mit den Kunden ein. [...] Verbunden damit ist eine präventive Ausrichtung. [...] Qualität soll nicht nachträglich hineinkontrolliert, sondern von vornherein produziert werden. [...] Das Prinzip Vorbeugung erweist sich dabei zugleich als universelles Paradigma (Bröckling et al. 2002, S. 136).

Dieses Paradigma wirkt nicht nur auf alle zwischenmenschlichen Beziehungen, sondern wird zur beherrschenden Sicht der Selbstkonzeption eines jeden Einzelnen. Die Verantwortung für die Qualität von Produkten und Dienstleistungen ist nicht mehr nur zu beschränken auf die eigene Organisation, sondern muss in den Zusammenhang mit Um- und Mitwelt gestellt werden. Dies führt zum Ansatz der Nachhaltigkeit, wie sie durch supranationale Strukturen forciert werden, um nationale Initiativen zu unterstützen. Dass dieser Weg in gewisser Weise als Königsweg des Paradigmenwechsel betrachtet werden muss, kann einerseits als ein Indiz gewertet werden, dass Internationale Player des Wirtschaftssystems die Macht haben, nationale Politiken zu dominieren und im Sinne ihrer Interessenlagen zu beeinflussen. Die Diskussionen im Bereich der ökologischen und sozialen Nebenfolgen stehen in Gleichzeitigkeit zu den individuellen Erfolgsgeschichten, um Anstieg der Lebenserwartung und Wohlstand. Diese Ambivalenzen, nach Zygmund Baumann und Richard Rorty sozialphilosophische Vertreter der Postmoderne, fordern eine aufgeklärten Umgang mit dem Phänomen der permanenten Ambivalenz. Rorty zitiert diesem Zusammenhang Josef Schumpeter:

Die Einsicht, dass die Geltung der eigenen Überzeugung nur relativ ist, und dennoch unerschrocken für sie einzustehen, unterscheidet den zivilisierten Menschen vom Barbaren (Schumpeter, zitiert nach Rorty in Richter 2016, S. 267).

Nachhaltigkeit ist vereinbar mit ökonomischen Prinzipien, stellt aber einen Gegenentwurf zu reduktionistischen neoliberalen Denkmodellen dar, dadurch dass es die re-

Abb. 10 Drei Dimensionen der Nachhaltigkeit mit den 17 SDGs (Gerber 2017)

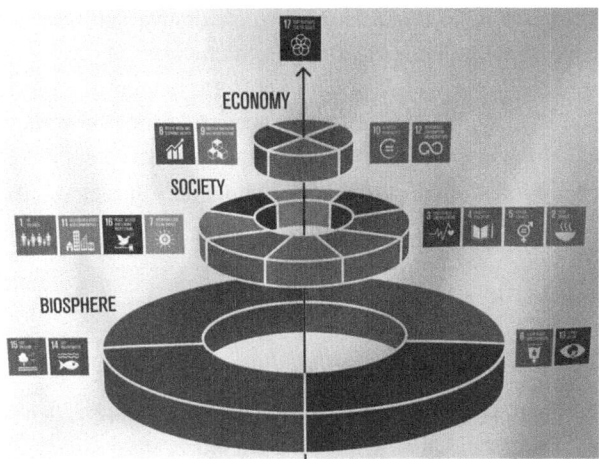

levanten Umwelten wie Soziales, Ökologisches und gesellschaftsrelevante Prozesse miteinschließt.

> De-differenzierung bedeutet aber nicht das Auflösen und Zusammenfallen, – viel eher ein bewusstes neues Zusammenfügen [...] Das heißt es wird nicht eigenständig Neues geschaffen, sondern altes neu zusammengefügt (Richter 2016, S. 268).

Insofern ist Nachhaltigkeit die Erweiterung von bisherigen Konzepten (siehe Abb. 10). Qualitätskonzepte, die auf Effizienzsteigerung ausgerichtet waren, müssen neu justiert werden mit einem Fokus auf Effektivität, in dem die Wirksamkeit ein Outputdenken ablöst bzw. ergänzt. Ökonomische Optimierungen müssen auf ihre Auswirkungen in Bezug auf Umweltverträglichkeit und die sozialen Nebenfolgen hin bewertet werden.

Die Idee der Nachhaltigkeit („sustainability") forciert seit 2001 durch die Europäische Union ein Leitbild für politisches, wirtschaftliches und ökologisches Handeln. Eine der meistgebrauchten Definitionen des Nachhaltigkeitsbegriffes ist die Definition des Brundtland-Berichtes der Vereinten Nationen von 1987. In dieser heißt es: „Humanity has the ability to make development sustainable – to ensure that it meets the needs of the present without compromising the ability of future generations to meet their own needs" (Hardtke und Prehn 2001, S. 58). Frei übersetzt bedeutet dies: „Nachhaltige Entwicklung ist eine Entwicklung, die gewährt, dass künftige Generationen nicht schlechter gestellt sind, ihre Bedürfnisse zu befriedigen als gegenwärtig lebende" (Hauff 1987, S. 46). Nachhaltigkeit wird laut dieser Definition als eine Art Entwicklung beschrieben, die sowohl auf die Gegenwart als auch die Zukunft ausgerichtet ist.

> Trotz rasanter Entwicklungen und hohem Reformdruck werden die Prioritäten nicht miteinander abgestimmt und Reformvorhaben scheitern vielfach an Partikularinteressen und mangelnder Reformbereitschaft der unterschiedlichen Akteursgruppen (u. a. WHO Europa 2012; SVR-G 2012; Sottas et al. 2013, S. 9).

Die aktuelle Diskussion um (quantitative und qualitative) Mangelsituationen bei den patientenbezogenen Funktionen (Stichworte: Mangel an Ärzten und Pflegefachpersonen) sowie globale und regionale Fehlverteilungen der Gesundheitsarbeiter verstellen dabei den Blick auf das gesamte Aufgabenspektrum. Sie verdeutlichen, dass das Gesamtsystem kaum Fürsprecher hat, sondern stets von neuem auf die Definitionsmacht der einflussreichen Professionen zurückgeworfen wird (Sottas et al. 2013, S. 10).

Literatur

Allgeier et al (2003) Management Bd. 2. Campus, Frankfurt

Argyris C, Schön DA (2008) Die lernende Organisation, 3. Aufl. Schäffer-Poeschel, Stuttgart

Badura B, Feuerstein G (1996) Systemgestaltung im Gesundheitswesen. Zur Versorgungskrise der hochtechnisierten Medizin und den Möglichkeiten ihrer Bewältigung. Juventa, Weinheim

Baecker D (1996) Kybernetik 2. Ordnung. In: Von Förster H Wissen und Gewissen. Carl Auer, Heidelberg

Baecker D (2004) Wozu Soziologie? Kadmos Kulturverlag, Berlin

Baecker D (2007) Form und Formen der Kommunikation. Suhrkamp, Frankfurt

Beck U (1986) Risikogesellschaft. Auf dem Weg in eine andere Moderne. Suhrkamp, Frankfurt am Main

Briam KH (2001) Die Genese der Initiative in Hans Böckler Stiftung Erfolgsfaktor Unternehmenskultur. Bertelsmann, Gütersloh

Bröckling U et al (2002) Gouvernementalität der Gegenwart, Studien zur Ökonomisierung des Sozialen. Suhrkamp, Frankfurt am Main

Bueb B (2010) Ein Lob der Disziplin, 5. Aufl. Ullstein, Berlin

Burkart G (2006) Niklas Luhmann: ein Theoretiker der Kultur. In: Moebius S, Quadflieg D (Hrsg) Kultur. Theorien der Gegenwart. VS, Wiesbaden

Dewe B, Schwarz M (2011) Zum Stand der Forschung – eine Einleitung. In: Dewe B, Schwarz M (Hrsg) Beruf – Betrieb – Organisation. Perspektiven der Betriebspädagogik und beruflichen Weiterbildung. Klinkhardt, Bad Heilbrunn, S 11–23

Dörner D (1996) Logik des Misslingens. Rowohlt, Reinbek

Dürr W (2001) Betriebspädagogik. In: Lenzen D Pädagogische Grundbegriffe. Ernst Klett, Stuttgart

Esser H (1999) Soziologie Allgemeine Grundlagen. Campus, Frankfurt am Main

Frehr H (1994) Total quality management, 2. Aufl. Hanser, München

Gairing F (2002) Organisationsentwicklung, Geschichte – Konzepte – Praxis. Kohlhammer, Stuttgart

Galbraith JK (1998) Die solidarische Gesellschaft, Plädoyer für eine moderne soziale Marktwirtschaft. Hoffmann & Campe, Hamburg

Gerber M (2017) Agenda2030: Gespräch mit Botschafter Michael Gerber. https://www.xing.com/news/insiders/articles/agenda2030-gesprach-mit-botschafter-michael-gerber-655612. Zugegriffen: 18. März 2018

Goebel D (1999) Qualitätsmanagement im Krankenhaus. Springer, Berlin

Göhlich M (2010) Pädagogische Organisationsforschung in der Erwachsenen- und Weiterbildung. Probleme, Trends und Bedarfe. In: Dollhausen K, Feld TC, Seitter W (Hrsg) Erwachsenenpädagogische Organisationsforschung. VS, Wiesbaden, S 277–291

Gripp-Hagelstange H (1995) Niklas Luhmann. Eine Einführung. Fink, München

Habermas J (1995) Theorie kommunikativen Handelns, 4. Aufl. Bd. 2. Suhrkamp, Frankfurt am Main

Hardtke A, Prehn M (2001) Perspektiven der Nachhaltigkeit – Vom Leitbild zur Erfolgsstrategie. Gabler, Wiesbaden

Hauff V (1987) Unsere gemeinsame Zukunft – Der Brundtland-Bericht der Weltkommission für Umwelt und Entwicklung. Eggenkamp, Greven

Jochimsen M, Knobloch U (1993) Towards a caring economy. www.worldcat.org/oclc/320875526. Zugegriffen: 18. März 2018

Junge M (2006) George Ritzer: Die McDonaldisierung von Gesellschaft und Kultur. In: Moebius S, Quadflieg D (Hrsg) Kultur. Theorien der Gegenwart. VS, Wiesbaden, S 371–378

Kahla-Witzsch H, Gesinger T (2004) Clinical Pathways in der Krankenhauspraxis. Kohlhammer, Stuttgart

Kneer G, Nassehi A (1993) Niklas Luhmann Theorie Sozialer Systeme. Fink, München

König E, Vollmer G (1994) Systemische Organisationsberatung Grundlagen und Methoden. System und Organisation; Bd. 1. 2. Auflage. Deutscher Studienverlag, Weinheim

Krause D (2001) Luhmann Lexikon. Lucius & Lucius, Stuttgart

Lorenz F (2007) Der Faktor Mensch. In: Caritas und Pflege 4/07. Mitgliederzeitschrift der Caritas-gemeinschaft für Pflege- und Sozialberufe e. V., Freiburg

Lorenz F (2010) Führungskultur im Krankenhaus. Dr. Kovac, Hamburg

Lorenz F, Schwarz MP (2012) Führen als organisationales Erfordernis und personale Haltung. Dr. Kovac, Hamburg

Luhmann N (1991) Soziologische Aufklärung. Band 1. 6. Aufl. Westdeutscher Verlag, Opladen

Luhmann N (1993) Gesellschaftsstruktur und Semantik. Band I+II. Suhrkamp, Frankfurt am Main

Luhmann N (1994) Soziale Systeme, 5. Aufl. Suhrkamp, Frankfurt am Main

Luhmann N (2006) Einführung in die Systemtheorie. Carl Auer, Heidelberg

4managers (2004) Lerntheorien. http://www.vordenker.de/gerald/Lernphaeno.html. Zugegriffen: 20. Mai 2017

Manzeschke A (2007) Diakonie und Ökonomie. In: Krankendienst 12/07, 80. Jahrgang. Lambertus, Freiburg

Münch R (2004) Soziologische Theorien Bd. 3. Campus, Köln

Neuberger O (2002) Führen und Führen lassen. 8. Aufl. Lucius & Lucius, Stuttgart

Owen H (2008) The Spirit of Leadership Führen heisst Freiräume schaffen. Carl Auer, Heidelberg

Reckwitz A (2006) Die Transformation der Kulturtheorien, Studienausgabe. Velbrück Wissen-schaftsverlag, Weilerwist

Reich K (2002) Systemisch-konstruktivistische Pädagogik, 4. Aufl. Luchterhand, Neuwied

Richter R (2001) Soziologische Paradigmen. WUV, Wien

Richter R (2016) Soziologische Paradigmen. Facultas UTB, Stuttgart

Rieckmann H (1997) Managen und Führen am Rand des 3. Jahrtausends. Peter Lang, Frankfurt am Main

Ritzer G (2006) Die Mc Donaldisierung der Gesellschaft, 4. Aufl. UVK, Konstanz

Schein E (2003) Organisationskultur. EHP, Bergisch Gladbach

Schülein, Reitze (2005) Wissenschaftstheorie für Einsteiger. Facultas, Wien

Senge P (2011) Die fünfte Disziplin. Klett-Cotta, Stuttgart

Sonntag KH (1996) Lernen im Unternehmen. C.H. Beck, München

Sottas B et al (2013) Umrisse einer neuen Gesundheitsbildungspolitik. Careum Working Paper 7. Careum, Zürich

Steinmann H, Schreyögg G (2005) Management. Grundlagen der Unternehmensführung, 6. Aufl. Gabler, Wiesbaden

Strecker D, Schaal G (2001) Die politische Theorie der Deliberation: Jürgen Habermas In: Brodocz A, Schaal G Politische Theorien der Gegenwart II. Leske Budrich, Opladen

SVR-G Sachverständigenrat zur Begutachtung der Entwicklung im Gesundheitswesen (2012) Wettbewerb an der Schnittstelle zwischen ambulanter und stationärer Gesundheitsversorgung. Sondergutachten. Huber, Bern

Thiele G (2004) Ökonomik des Pflegesystems. Economica, Heidelberg

Vogel et al (1994) Werkbuch der Organisationsberatung. IBS Institut für Beratung und Supervision, Aachen

Watzlawick P (1994) Wie wirklich ist die Wirklichkeit. Piper, München

Weber M (1972) Wirtschaft und Gesellschaft. Mohr-Siebeck, Tübingen

WHO Regionalbüro Europa (2012) Strategie und Aktionsplan für gesundes Altern in der Europäischen Region (2012–2010)

Willke H (1992) Beobachtung, Beratung und Steuerung von Organisationen in systemtheoretischer Sicht. In: Wimmer R (Hrsg) Organisationsberatung. Gabler, Wiesbaden, S 17–42

Willke H (1995) Systemtheorie III, Steuerungstheorie. Fischer, Stuttgart

Weiterführende Literatur

Baecker D (2002) Wozu Systeme? Kadmos Kulturverlag, Berlin

Baecker D (2003) Organisation und Management. Suhrkamp, Frankfurt

Baecker D (2006) Wozu Kultur? Kadmos Kulturverlag, Berlin

Baecker D (2008) Zur Krankenbehandlung ins Krankenhaus in Vogd /Saake. Mythen der der Medizin. VS, Wiesbaden

Esser H (2000) Institutionen. Soziologie Spezielle Grundlagen, Bd. 5. Campus, Frankfurt, New York

Hessel S, Kogon M (2011) Empört Euch! 17. Aufl. Ullstein Streitschrift. Ullstein, Berlin (Rezension online unter http://www.socialnet.de/rezensionen/isbn.php?isbn=978-3-550-08883-4)

Lorenz F (2011) Betriebspädagogik als Wissenschaft. In: Dewe B, Schwarz M (Hrsg) Beruf – Betrieb – Organisation. Perspektiven der Betriebspädagogik und beruflichen Weiterbildung. Julius Klinkhardt, Bad Heilbrunn, S 241–258

Luhmann N (1998) Soziale Systeme, 6. Aufl. Suhrkamp, Frankfurt am Main

Moebius S, Quadflieg D (2006) Kultur. Theorien der Gegenwart. VS, Wiesbaden

Reinhard R (1995) Das Modell organisationaler Lernfähigkeit und die Gestaltung lernfähiger Organisationen. Peter Lang, Frankfurt am Main (Bildung und Organisation 2)

Willke H (1987) Systembeobachtung, Systemdiagnose, Systemintervention. In: Schiepek G (Hrsg) Systeme erkennen Systeme. PVU, München

Willke H (1996) Systemtheorie I, Grundlagen, 5. Aufl. Lucius & Lucius, Stuttgart

Willke H (1999) Systemtheorie II, Interventionstheorien, 3. Aufl. Lucius & Lucius, Stuttgart

Prof. Dr. Franz Lorenz, Rektor der Berufsakademie für Gesundheits- und Sozialwesen Saarland gGmbH und Professor für Sozialwissenschaften und Führung, hat 2012 das Gründungsrektorat übernommen und die BAGSS zu einem hochschulischen Player weiterentwickelt. Im Rahmen des Aufbaus wurde mit den Gesellschaftern die Bildungskonzeption dahingehend (weiter-)entwickelt, das Nachhaltigkeit in allen fünf Studiengängen curricular verankert werden konnte. Durch die Kooperation mit dem Umweltcampus Birkenfeld (Prof. Helling) werden relevante Handlungsfelder für den Gesundheits- und Sozialbereich identifiziert. Dabei werden die unterschiedlichen Schwerpunkte Umwelt und Soziale Verantwortung (Society) aufrechterhalten und für wechselseitige Lernprozesse genutzt.

Durch die langjährige Erfahrung im Rahmen von Krankenhausberatung und Begleitung von Organisationsentwicklungsprozessen im Gesundheits- und Sozialbereich sind ihm die Bedeutung von mentalen Modellen und deren Wirkmächtigkeit auf Teams im Rahmen von organisationalen Lernprozessen bekannt. Durch systemtheoretische und diskursanalytische Überlegungen und Theoriereflexionen werden seine derzeitigen Modelle von Führung und Steuerung in postmodernen Gesellschaftsstrukturen geprägt.

Wert(e)orientierte Führung

Beziehungskultur schafft nachhaltige Lernkultur – Eine Leitbildanalyse

Martin Müller, Henning Pätzold, Katrin Keller und Eva Hasske

1 Hinführung

Wie manche andere professionelle Handlungsfelder muss sich auch das Gesundheitswesen in der Vergangenheit zunehmend dem Vergleich mit „normalen" wirtschaftlichen Akteuren stellen. Zum einen bedeutet das, dass Einrichtungen des Gesundheitswesens als Unternehmen in den Blick geraten, also unternehmerisch und mit der Absicht der Erwirtschaftung von Gewinnen geführt werden. Weiterhin bedeutet es, dass auf diese Weise wirtschaftliches und wettbewerbliches Denken auch dort Raum greifen, wo möglicherweise gar keine unmittelbare Gewinnabsicht besteht. Unternehmerisches Handeln wird dann jenseits des Gewinnkalküls zum allgemeinen Maßstab der Organisation[1] (vgl. Göhlich et al. 2014). Dies wird schließlich auch dadurch befördert, dass hier, wie in

---

[1] Der Begriff Organisation beschreibt ein Sozialgebilde, das bestimmte Ziele verfolgt und über beständige Grenzen sowie eine eigene Kultur verfügt. Mitglieder eines solchen Sozialgebildes kooperieren planvoll und arbeitsteilig (vgl. Göhlich et al. 2014).

M. Müller (✉) · E. Hasske
Waldbreitbacher Ärzteakademie, Marienhaus Holding GmbH
Margaretha-Flesch-Str. 5, 56588 Waldbreitbach, Deutschland
E-Mail: martinf.mueller@gmx.de

E. Hasske
E-Mail: eva.hasske@marienhaus.de

H. Pätzold
Institut für Pädagogik, Universität Koblenz-Landau
Universitätsstraße 1, 56070 Koblenz, Deutschland
E-Mail: paetzold@uni-koblenz.de

K. Keller
Institut für Gesundheitswissenschaften
Pallottistraße 3, 56179 Vallendar, Deutschland
E-Mail: k.keller@bagss.de

© Springer-Verlag GmbH Deutschland, ein Teil von Springer Nature 2018   61
K. Keller und F. Lorenz (Hrsg.), *CSR im Gesundheitswesen*,
Management-Reihe Corporate Social Responsibility,
https://doi.org/10.1007/978-3-662-55937-6_2

anderen öffentlich mitfinanzierten Bereichen, die allgemeinen Vorstellungen von „sparsamer Haushaltsführung" entsprechende Formen der ökonomischen Kontrolle nach sich ziehen. Diese Entwicklungen haben vielfältige Folgen. Vielleicht am augenfälligsten für medizinisches Personal ist die Beobachtung, dass manche Fragen medizinischer Natur zunehmend mit Antworten versehen werden, die eher einer ökonomischen Logik zu entsprechen scheinen. Faktisch bedeutet das eine Verringerung professioneller Autonomie. Für die USA, bei denen diese Entwicklung bereits in der zweiten Hälfte des vergangenen Jahrhunderts an Fahrt gewonnen hat, lässt sich zeigen, dass die Bedeutung nicht-medizinischer Leistungen (und hier insbesondere solcher des Managements) im Gesundheitswesen massiv zugenommen haben (vgl. Scott 2005, S. 131 ff.). Allgemeiner gesprochen wird – je nach Standpunkt – gefordert, beobachtet oder davor gewarnt, dass Managementhandeln Einfluss auf grundlegende Merkmale von Organisationen hat (vgl. zum Überblick Langer und Schröer 2011). Sicher hat diese Entwicklung mehrere Seiten. Ein ökonomisches Handeln im wörtlichen Sinne, also das „Haus-Halten" mit begrenzten Ressourcen, trägt dazu bei, dass Patienten und Klienten des Gesundheitswesens Leistungen zielgerecht zukommen, ohne die (Solidar-)Gemeinschaft mehr als notwendig zu belasten. Ein zunehmender „Managerialismus" (Meyer et al. 2013) kann aber auch zur schematischen Durchsetzung von ökonomisch begründeten Verfahren führen, die den Raum für notwendige medizinische Einzelfallentscheidungen beschneiden. Unabhängig davon ist aber offenkundig, dass derartige Entwicklungen nicht ohne Auswirkungen auf die Organisationskultur (Schein 1984, 2004; Schreyögg und Geiger 2016, S. 317 ff.) bleiben. Sie verändern unmittelbar sichtbare Symbolsysteme (so haben Krankenhäuser heute häufig Logos als Markenzeichen, vor dreißig Jahren wäre das noch eher ungewöhnlich) ebenso wie Normen und Standards (etwa Verfahren der Auswahl unter verschiedenen Behandlungsoptionen), aber auch die mitunter nicht hinterfragten Basisannahmen (z. B. über grundlegende ethische Normen bei der Entscheidung über Behandlungen).

Die hier beschriebenen Veränderungen fordern von Organisationen im Gesundheitswesen vielfältige und tief greifende Anpassungsleistungen. Organisationen müssen lernen, mit neuen Steuerungslogiken interner wie externer Art zu Recht zu kommen und gleichzeitig ihr Leistungspotenzial aufrecht zu erhalten und möglichst weiter zu entwickeln. Damit wird die Veränderung von Organisationskultur zum Lerngegenstand, während sie gleichzeitig selbst eine Rahmenbedingung organisationalen Lernens darstellt. Einen stabilen Fixpunkt kann unter diesen Umständen die Werteorientierung einer Organisation liefern, wenn sie nicht selbst Gegenstand derartiger Veränderungsprozesse ist.

Werteorientierte Unternehmen (insbesondere im Non-Profit-Bereich, vgl. Pätzold 2017) gründen in der Regel auf ein Wertefundament, was, ungeachtet notwendiger Flexibilität, auch bei Veränderungsprozessen einer Organisation im Kern erhalten bleibt. Derartige Werte sollten auch dort auffindbar sein, wo managementorientierte Praxen besonders leicht Zugang finden (beispielsweise im Führungsverhalten). Weiterhin darf erwartet werden, dass sie die Modi organisationaler Veränderung beeinflussen. Insbesondere bedeutet das, dass sie Einfluss auf die Art und Weise haben, wie Individuen und Kollektive in Organisationen Veränderungen verarbeiten, reflektieren und selbst realisieren. Im Falle von Einrichtungen des Gesundheitswesens wäre also anzunehmen, dass sich eine solche Orientierung (etwa auf christliche oder humanistische Werte im Kontext von Pflege und Heilung) einerseits in einem spezifischen Führungsverhalten niederschlägt, andererseits auch einen positiven und leitenden Einfluss auf die Lernkultur in der Einrichtung hat.

Dieser Artikel verfolgt das Ziel, anhand einer inhaltsanalytisch-vergleichenden Betrachtung (Mayring 2015) von Leitbildern werteorientierter Unternehmen im Gesundheitswesen, Formen von Anerkennungssystemen aufzuzeigen, die im alltäglichen Führungsverhalten erlebbar werden und zu einer wirksamen Lernkultur beitragen. Darüber hinaus soll geklärt werden, inwieweit sich profitorientierte Anbieter hinsichtlich ihrer, im Leitbild festgelegten, Anerkennungssysteme von Non-Profit-Organisationen des Gesundheitswesens unterscheiden. Leitbilder wurden ausgewählt, weil sie das Selbstverständnis, grundlegende Überzeugungen und Ziele einer Organisation formulieren, Verantwortung sowie Verhaltensweisen definieren und somit ein Modell entwerfen, das von Mitarbeitenden und insbesondere Führungskräften (vor-)gelebt werden muss. Inhalte und Themen eines Leitbildes im Gesundheitswesen können vielfältig und umfangreich sein und orientieren sich in der Regel an den verschiedenen Anspruchsgruppen eines Krankenhauses, einer Pflege- oder Alteneinrichtung, ihrer Mission und Philosophie (vgl. Pöppel 2008, S. 52 ff.). Leitbilder sind also nicht nur Ausdruck einer theoretischen Wertvorstellung und damit Selbstzweck, sondern bieten Orientierung für Handlungsprämissen im Alltag und lassen im Umkehrsinne idealerweise auf diese schließen (vgl. Pöppel 2008, S. 55 f.; Pätzold 2015).

Im vorliegenden Beitrag wird zunächst ein Definitionsversuch von Lernkultur sowie von einigen ihrer bedingenden Faktoren, wie Führung, Motivation und Nachhaltigkeit, unternommen. Es folgt ein Überblick zu der Methode der Inhaltsanalyse und der konkreten Herangehensweise beziehungsweise dem Umgang mit den vorliegenden Leitbildern. Die Ergebnisdarstellung dieser Analyse dient der Verdeutlichung einer etwaigen Lernkultur und ihrer Ausprägung in der jeweiligen Einrichtung. Daran anschließend werden Implikationen und Auswirkungen für Führung von Unternehmen im Gesundheitswesen diskutiert.

2 Begriffserläuterungen

Im Folgenden wird zunächst der Begriff Lernkultur erläutert. Hierbei wird vor allem auf die motivationale Grundlage von Lernprozessen eingegangen. Daran anschließend werden Gemeinsamkeiten und Unterschiede von Führung und Management beschrieben und deren Bedeutung sowie Einflussmöglichkeiten auf eine Lernkultur in Organisationen dargestellt. Ein Überblick über die Dimension sozialer Nachhaltigkeit, die ein Kriterium wirksamer Lernvorgänge ist, bildet den Abschluss dieses Kapitels.

2.1 Lernkultur

Im heutigen Verständnis von Lernkultur dominieren systemisch-konstruktivistische Vorstellungen davon, wie und wo Menschen lernen und imstande sind, sich (neues) Wissen anzueignen. Demnach ist der Mensch aktiv an der Konstruktion seiner Wirklichkeit beteiligt, die nicht objektiv gegeben ist, sondern auf seinen individuellen Erfahrungen und Dingen, die ihm bedeutsam erscheinen, beruht und in der täglichen Interaktion und Kommunikation immer wieder ausgehandelt wird (vgl. Schüßler und Thurnes 2005, S. 35). Das heißt, dass das kognitive Vorwissen, die emotionale Verfasstheit der Lernenden sowie die Motivation im Aneignungsprozess also das Lernen steuern. Lernen kann somit nicht erzeugt, sondern lediglich ermöglicht werden, was einer förderlichen Grundstimmung innerhalb einer Organisation bedarf, die vielfältige Erschließungszugänge in handlungs- und problembezogenen Lernumgebungen bereithält und die Eigenaktivität des Lernenden unterstützt (vgl. Schüßler und Thurnes 2005, S. 37 f.). Auch die Lernkultur ist damit kein statisch vorfindbares Phänomen, sondern selbst vom Kontext abhängig und sozial konstruiert.

Angesichts seiner kontextuellen Bedingtheit erscheint es nachvollziehbar, dass der Terminus Lernkultur nach wie vor nicht einheitlich definiert ist. Während zahlreiche Autoren vor allem auf Modalitäten und Kennzeichen des Lernens in einem institutionellen Rahmen verweisen (vgl. Pätzold und Lang 1999; Weinberg 1999; Zimmer 2001) oder Lernkultur als sozial konstruierte Rahmung der Personal- und Persönlichkeitsentwicklung betrachten (vgl. Arnold und Schüßler 1998, S. 4 f.), wird in Bezug auf Unternehmen auch ein offeneres und funktionales Verständnis von (organisationaler) Lernkultur durchgesetzt.

> Eine Lernkultur ist Ausdruck des Stellenwertes, der Lernen im Unternehmen zukommt. Lernkultur zielt auf Kompetenzentwicklung, Steigerung von Flexibilität und Innovationsfähigkeit im Unternehmen. Auf normativer Ebene findet sie Ausdruck in lernbezogenen Werten, Normen und Einstellungen. Auf strategischer Ebene manifestiert sich Lernkultur in Rahmenbedingungen und Support, die Lernen längerfristig und nachhaltig unterstützen und fördern (Sonntag et al. 2004, S. 107).

Vor allem im wissenschaftlichen Diskurs um veränderte Lernkulturen im betrieblichen Kontext lassen sich konkrete Kennzeichen identifizieren. Wirksame Lernkulturen sollen sämtliche Organisationsmitglieder in die Lage versetzen, kontinuierlich Lernchancen zu ermöglichen und zu nutzen. Lernen vollzieht sich zunehmend im Arbeitsprozess und orientiert sich an betrieblichen Herausforderungen. Für Unternehmen bedeutet dies, Mitarbeitenden eine angemessene Eigenverantwortlichkeit und Selbstorganisation zuzugestehen und eine „offene Fehlerkultur" zu etablieren, um Lernen aus Erfolgen, aber auch Fehlern zu ermöglichen (vgl. Leuschner und Reuther 1999, S. 78).

Lernkultur steht in einem Zusammenhang mit Unternehmenskultur und wird oftmals als Bestandteil von ihr aufgefasst (vgl. Dehnbostel 2001, S. 87). Erpenbeck und Sauer (2001) zufolge lässt sich Lernkultur von der ihr übergeordneten Unternehmenskultur abgrenzen, indem unter ihr sämtliche auf Lernprozesse bezogene kognitive, kommunikative und sozial-strukturelle Ausführungsprogramme subsumiert werden. Unternehmenskultur umfasst dagegen die Menge gemeinsam geteilter Werte, Normen, Zielvorstellungen, Riten, Zeremonien und Einstellungen, die das Verhalten der Organisationsmitglieder bestimmt und damit auch einen Einfluss auf die gelebte Lernkultur in einem Unternehmen nimmt (vgl. Schüßler und Thurnes 2005, S. 77; Sonntag et al. 2004, S. 107). Normative Rahmenbedingungen, wie beispielsweise das Leitbild eines Unternehmens, sind Ausdruck einer Unternehmenskultur und liefern somit Einsichten über die Gestalt und den Stellenwert einer vorherrschenden Lernkultur. Leitbilder sind insofern geeignet, gemeinsame Vorstellungen über Lernen zu schaffen und zu transportieren (vgl. Seufert 2013, S. 56). Sie erleichtern lernbezogene Kommunikation zwischen verschiedenen Akteuren innerhalb eines Unternehmens wie auch nach außen. Damit tragen sie sowohl zur internen Identifikation, Anregung und Motivation von Mitarbeitenden als auch zur externen Legitimation des Unternehmens bei (vgl. Seufert 2013, S. 56). Die (Lern-)Motivation von Mitarbeitenden ist zweifellos von zentraler Bedeutung, gleichzeitig ist das Feld der Motivationsforschung und ihrer Befunde zu vielfältig, um im Rahmen dieses Beitrags umfassend gewürdigt zu werden. Der Fokus liegt daher bei den weiteren Überlegungen auf der Selbstbestimmungstheorie der Motivation, wie sie in den 1990er-Jahren von Deci und Ryan entwickelt worden ist (Deci und Ryan 1993). Sie bietet zum einen ein recht gut validiertes Modell relevanter Einflüsse für Lernmotivation, zum anderen schließt sie in besonderer Weise das soziale Moment mit ein, wie es sich in Organisationen gerade auch im Führungshandeln manifestiert. Mit ihrer Theorie der Selbstbestimmung entwerfen sie eine organismische und zugleich dialektische Theorie der menschlichen Motivation, in dessen Zentrum die eigenverantwortliche Konstruktion des *Selbst* steht. Das Selbst lässt sich begreifen als Prozess und Ergebnis menschlicher Entwicklung, die sich im dialektischen Verhältnis, das heißt in einer permanenten interaktiven Beziehung, mit den Einflüssen der sozialen Umwelt befindet (vgl. Deci und Ryan 1993, S. 223). Motiviert gilt eine Verhaltensweise, wenn ihr eine Intention zugrunde liegt, die auf einen zukünftigen Zustand, also einen bestimmten Zweck gerichtet ist. Im Gegensatz zu zahlreichen anderen Autoren, die dem „Entweder-oder-Prinzip" intrinsischer und extrinsischer Motivation folgen, differenzieren Deci und Ryan zwischen verschiedenen Graden der Selbstbestimmung beziehungsweise der Kontrolliertheit einer Handlung.

Entscheidend ist, dass extrinsisch motivierte Verhaltensweisen durch Prozesse der *Internalisation* und *Integration* in selbstbestimmte Handlungen überführt werden können, die eine ähnliche Qualität wie intrinsisch motiviertes Verhalten aufweisen. Während Internalisation den Prozess beschreibt, bei dem externale Werte in internale Regulationsprozesse einer Person überführt werden, meint die Integration den darüber hinaus gehenden Prozess, bei dem die internalisierten Werte und Regulationsprinzipien in das individuelle Selbst eingegliedert werden. Diese Integration führt dazu, dass Menschen ihr eigenes Handeln als selbstbestimmt erfahren (vgl. Deci und Ryan 1993, S. 227).

Nur wenn sich Menschen autonom beziehungsweise selbstbestimmt erfahren und darin unterstützt werden, können sie ihre Bedürfnisse nach Kompetenz und sozialer Zugehörigkeit befriedigen.

2.2 Führung

Eine zentrale Rolle bei der Gestaltung von Unternehmenskultur und somit letztlich auch
von Lernkultur spielen Führungskräfte und Management. Management lässt sich Ulrich
(1984) zufolge beschreiben, als Gestaltung, Steuerung und Weiterentwicklung zweckori-
entierter, sozio-technischer Organisationen. Heute setzt sich vor allem eine Differenzierung zwischen einem institutionellen und funktionalen Managementverständnis durch.
Während institutionelles Management alle Personen, die in einer Organisation leitende
Aufgaben erfüllen, umfasst, werden unter funktionalen Management sämtliche Aufgaben
subsumiert, die die Leitung einer Organisation in allen Bereichen mit sich bringen (vgl.
Seufert 2013, S. 11 f.).

Führung entspricht eher einem institutionellen Verständnis von Management, da damit in der Regel ihre personenbezogenen Aspekte angesprochen werden (vgl. Glatz und
Graf-Götz 2011, S. 115). Gemeint ist damit ein komplexer sozialer Prozess, bei dem Individuen und Gruppen ihr Handeln auf die Verwirklichung vorgegebener Ziele ausrichten
(vgl. Alisch et al. 2004, S. 1121). Unter Führungskräften versteht man in einem solchen
Prozess ernannte, qualifizierte und weisungsberechtigte Personen, die eine bestimmte Position haben und mit spezifischen Aufgaben der Unternehmensführung betraut sind (vgl.
Becker 2013, S. 338). Am deutlichsten lassen sich Management und Führung abgrenzen,
wenn man Management als eher technisch orientiertes Instrument zur Steuerung von Aufgaben und Prozessen versteht, wohingegen Führung sich stets auf Menschen bezieht (vgl.
McNeil 1987, S. 29 ff.).

Aufgabe von Führungskräften und Management ist es einerseits, als eine Art Multiplikator lernbezogene Werte, Erwartungen und Einstellungen zu vermitteln und andererseits
durch eine aktive Unterstützung die Lernbereitschaft der Mitarbeitenden zu fördern (vgl.
Sonntag et al. 2004, S. 119). Diese Unterstützungsleistung hat nur dann einen lernförderlichen Charakter, wenn Mitarbeitende in ausreichendem Maß motiviert werden und in
ihrem auf die Zukunft ausgerichteten Bestreben zu lernen, einen *Sinn* sehen und dabei,
wie oben beschrieben, ein Gefühl individueller Selbstbestimmung erleben. Sinnstiftende
Motivation, die die Eigenverantwortlichkeit des Lernenden berücksichtigt, ist eine grundlegende Aufgabe guter Führung und notwendiges Element einer wirksamen Lernkultur.

2.3 Soziale Nachhaltigkeit von Unternehmen
(Corporate Social Responsibility)

Corporate Social Responsibility (CSR) wird als ein Unternehmenskonzept verstanden, das
alle sozialen, ökologischen und ökonomischen Beiträge eines Unternehmens zur freiwilligen Übernahme gesellschaftlicher Verantwortung beinhaltet, das über die gesetzlichen
Bestimmungen hinausgeht und die Wechselbeziehungen mit den Stakeholdern berücksichtigt und einbezieht. Zuvorderst ist sie also ein Beitrag zur Nachhaltigkeit in einem
ökonomischen Umfeld. Sie stellt das Ziel eines Unternehmens, Gewinn zu erwirtschaften,

nicht grundsätzlich in Frage. Aber sie zielt darauf ab, dieses mit anderen, legitimen gesell-schaftlichen Ansprüchen in Einklang zu bringen. Der Begriff der Nachhaltigkeit passt hier womöglich besser, als in manchen anderen Kontexten, in denen er verwendet wird. Denn er stand bereits vor mehreren hundert Jahren für die Verbindung wirtschaftlicher Aktivität mit dem Anspruch, die Grundlagen dieser Aktivität über die eigene Generation dauerhaft hinaus zu erhalten (vgl. Rödel 2013, S. 118 f.). Heute bezieht er seine Prägung besonders aus der „Agenda 21", einem Dokument, das aus der Konferenz für Umwelt und Entwick-lung der Vereinten Nationen 1992 in Rio hervorging. Ziel war es, durch die Umsetzung umfangreicher Maßnahmenkataloge „die wirtschaftliche Entwicklung mit dem Schutz der natürlichen Lebensgrundlagen vereinbar zu machen und umwelt- und entwicklungspoliti-sche Ziele weltweit zusammenzuführen" (Bauer 2005, S. 16). Immer stärker gerät seitdem neben ökologischen und ökonomischen Aspekten auch die soziale Dimension (vgl. Bauer 2005, S. 18) in den Blick.

Im Diskussionspapier des Instituts für sozial-ökologische Forschung, das im Jahr 1999 veröffentlicht wurde, werden vier Kernelemente sozialer Nachhaltigkeit benannt und er-läutert. Unter dem Kernelement *Existenzsicherung aller Gesellschaftsmitglieder* fassen die Autoren ein weitgefasstes Verständnis von Grundbedürfnissen zusammen, zu denen beispielsweise auch Bildung zählt. Bei der *Erhaltung und Weiterentwicklung der Sozi-alressourcen* handelt es sich um ein Teilstück sozialer Nachhaltigkeit, das unter anderem auch eine Weitergabe kultureller Traditionen und gesellschaftlichen Erfahrungswisssens umfasst. Eine besondere Bedeutung kommt der Verteilungsgerechtigkeit zu, beispielswei-se im Hinblick auf Einkommen, gesundheitliche Versorgung oder den Zugang zu Bildung. Diese Aspekte charakterisieren den Baustein der *Chancengleichheit im Zugang zu Res-sourcen*. Das Konzept sozialer Nachhaltigkeit wird durch den Faktor *Partizipation an gesellschaftlichen Entscheidungsprozessen* komplettiert (Empacher und Wehling 1999, S. 9). Die Aspekte von Führung und von Lernkultur sind auch hier implizit adressiert. Es gilt, diese Aspekte in einem Gesamtzusammenhang mit dem „General Management" – Strategie, Struktur, Kultur – zu vernetzen.

3 Methodische Herangehensweise

Einleitend werden in diesem Kapitel die drei exemplarisch gewählten Leitbilder als Un-tersuchungsgegenstand beschrieben. Dabei sollen die Besonderheiten und Charakteristika von Leitbildern im Gesundheitswesen herausgestellt werden. Im Anschluss daran erfolgt eine Ergebnisdarstellung ihrer Auswertung.

3.1 Leiterbilder als Untersuchungsgegenstand

Mithilfe der qualitativen Inhaltanalyse nach Mayring (2015) wurden Leitbilder von drei großen Organisationen des Gesundheitswesens systematisch analysiert. Untersucht wurde das Leitbild der Marienhaus Unternehmensgruppe, der Cusanus Trägerschaft Trier und der HELIOS-Klinik Bad Ems[2] . Ziel der Untersuchung ist es, relevante Aussagen zu extrahieren, die Hinweise auf lernfördernde Anerkennungssysteme bei profitorientierten und Non-Profit-Einrichtungen des Gesundheitswesens in Rheinland-Pfalz geben. Aufgrund ihrer Unternehmensgröße eigenen sich die Marienhaus Unternehmensgruppe und Cusanus Trägerschaft Trier, die sich in christlicher Trägerschaft befinden, und die HELIOS Klinik Bad Ems, als Beispiel für ein privatwirtschaftlich geführtes Krankenhaus, um Aussagen darüber zu generieren. Leitbilder erweisen sich insbesondere bei Organisationen, die in einem Spannungsverhältnis von ökonomischen Marktstrategien und humanistischen Grundwerten agieren, als ergiebig, um organisationsinterne Sinn- und Wertestrukturen aufzudecken (vgl. Pätzold 2015; Pätzold und Ulitzsch 2016). Ein solches Spannungsverhältnis ist auch für das Gesundheitswesen konstitutiv. Kategorien, nach denen sich die Leitbilder analysieren lassen, ergeben sich aus diesem Spannungsverhältnis, den vorherrschenden Rahmenbedingungen, dem Aufgabenbereich und dem konfessionellen sowie traditionalen Hintergrund einer Organisation.

Krankenhäuser in christlicher Trägerschaft orientieren sich, sowohl hinsichtlich der Grundausrichtung der Organisation als auch im Umgang mit Mitarbeitenden, an christlichen Grundwerten.

> Als christliches Unternehmen orientieren wir uns am Leben und an der Botschaft Jesu. … Gottes Ja zum Leben ist die Grundlage unseres gemeinsamen Auftrages. … Damit die Mitarbeiter/innen ihren Teil unseres gemeinsamen Auftrages erfüllen können, muss für sie das Selbstverständnis der christlichen Zielsetzung innerhalb dieser Dienstgemeinschaft erfahrbar werden (Marienhaus GmbH 2008).

Privatwirtschaftliche Einrichtungen des Gesundheitswesens, wie die HELIOS Klink Bad Ems, weisen eine solche christliche Orientierung nicht auf.

Oftmals wird in Leitbildern von christlichen Anbietern des Gesundheitswesens eine betriebswirtschaftliche Semantik genutzt. Die Marienhaus Unternehmensgruppe bezeichnet sich beispielsweise selbst als christliches Unternehmen, das auf effiziente Arbeit und ökonomische Ablauforganisation zielt. Unternehmerisches Denken und Handeln erfüllt jedoch bei Non-Profit-Einrichtungen eine instrumentelle Funktion, um eine kontinuierliche Erfüllung des Auftrags bzw. der Mission zu gewährleisten.

> Ein wesentliches Ziel des Unternehmens ist deshalb die langfristige Sicherung und Stabilität der Einrichtung im Interesse unserer Kranken, Kinder und Jugendlichen, alten und behinderten Menschen und unserer Mitarbeiter/innen. Um dieses Ziel erreichen zu können, verpflichtet sich das Unternehmen in besonderer Weise der Wirtschaftlichkeit (Marienhaus GmbH 2008).

Der Umgang mit Patienten ist durch ein humanistisches Selbstverständnis geprägt, dass die Würde des Menschen ins Zentrum aller pflegerischen und unterstützenden Maßnah-

---

[2] Das Leitbild der HELIOS Klink Bad Ems wird exemplarisch herangezogen, da es kein einrichtungsübergreifendes Leitbild bei der Klinik HELIOS GmbH gibt.

men stellt. Akzeptanz, Respekt, Geduld, Förderung und Wertschätzung in jeder Situation und jedem Menschen gegenüber, der Hilfe und Beistand bedarf, ungeachtet seiner Stellung, seines Geschlechts, seiner Religion oder seines Alters, sind handlungsleitende Aspekte.

> Wichtig ist uns eine ganzheitliche Betreuung, die dem Bedürfnis der uns Anvertrauten nach Zuwendung, Akzeptanz und Geborgenheit gerecht wird. … Wir nehmen uns Zeit, um die Fähigkeiten und Fertigkeiten unserer Patienten und Bewohner wiederherzustellen, zu fördern und zu erhalten. … Niemanden weisen wir ab, der unserer Hilfe bedarf (Cusanus Trägerschaft Trier 2010).

Die HELIOS AOK-Klinik Bad Ems tritt als privatwirtschaftliches Unternehmen ergebnisorientierter auf, indem sie das Ziel der Reintegration von Patienten, also die Wiederherstellung ihrer gesellschaftlichen Teilhabe, zur Grundlage einer ganzheitlichen Betreuung macht.

> Die gemeinsame Handlungsmaxime aller Mitarbeiter der HELIOS AOK-Klinik Bad Ems ist im Sinne der Teilhabeorientierung eine bestmögliche Reintegration unserer Patienten in ihren vertrauten Lebensbereich zu erreichen (HELIOS AOK-Klinik Bad Ems 2014).

Sowohl gemeinnützige als auch profitorientierte Unternehmen des Gesundheitswesens betonen in ihrem Leitbild die gesellschaftliche Verantwortung, die sie aktiv wahrnehmen. Dazu gehört die Einflussnahme auf politische Entscheidungen und wirtschaftliche Veränderungen sowie ein Eintreten für die Interessen und Belange ihrer Klienten oder Mitarbeitenden gegenüber dem Gesetzgeber, Kostenträgern oder Kommunen.

Verantwortung gegenüber Menschen und Gesellschaft umfasst auch einen nachhaltigen Umgang mit natürlichen Ressourcen, der im Leitbild der HELIOS AOK-Klink Bad Ems in größerem Umfang Erwähnung findet als in den anderen beiden.

> Natur und Landschaft sind wichtige Gesundheitsfaktoren. Wir setzen uns dafür ein, dass sie erhalten bleiben. Unseren Patienten wollen wir vermitteln, dass ein naturverbundenes Leben ein gesundes Leben ist und die Gesundheit fördert. … Wir fördern einen sparsamen Umgang mit den natürlichen Ressourcen Wasser und Energie (HELIOS AOK-Klinik Bad Ems 2014).

Alle Leitbilder haben gemeinsam, dass sie ihre Verbindlichkeit zum Ausdruck bringen und Handlungsmaxime aufstellen, die von den Mitarbeitenden, aber auch insbesondere von Führungskräften, berücksichtigt und befolgt werden sollen. Im Folgenden werden anhand der drei zuvor skizzierten Leitbilder relevante Aspekte in Bezug auf die Zielsetzung herausgestellt.

3.2   Leitbildauswertung

Führung zeichnet sich gemäß den Leitbildern bei allen drei Einrichtungen durch eine wertschätzende und akzeptierende Haltung gegenüber den Mitarbeitenden aus. Vor allem

Wertschätzung und Akzeptanz ihrer individuellen Persönlichkeit und ihrer Fähigkeiten wird als Anerkennungssystem von Führung betont.

> Wertschätzung, Fürsorge und Gerechtigkeit gegenüber den Mitarbeitenden prägen das Handeln der Führungs- und Leitungspersonen in unseren Einrichtungen. ... Die Fähigkeiten und Eigenverantwortung anderer respektieren und unterstützen wir (Cusanus Trägerschaft Trier 2010).

Selbstbestimmung und Eigenverantwortlichkeit sind damit die Grundlage eines wertschätzenden und kompetenzfördernden Umgangs mit Mitarbeitenden. Die Entwicklung von Kompetenzen über Weiterbildung wird von den Unternehmen mit einem entsprechenden Führungsverhalten/-stil gefördert und gefordert.

> Wir garantieren eine klare Stellen- und Aufgabenbeschreibung mit Delegation von Kompetenzen und Verantwortung und räumen den Mitarbeiter/innen damit Selbstständigkeit und Eigenverantwortung ein (Marienhaus GmbH 2008).

Der Grad der Freiwilligkeit variiert dabei. In den Leitbildern der Marienhaus Unternehmensgruppe und Cusanus Trägerschaft Trier wird Weiterbildung als Notwendigkeit und Selbstanspruch eines jeden Mitarbeitenden klar artikuliert.

> Wir bilden uns für unsere Tätigkeit kontinuierlich weiter, um die Qualität unserer Arbeit sicherzustellen (Marienhaus GmbH 2008).

> Um die Qualität unserer Arbeit nachhaltig sicherzustellen, bilden wir uns kontinuierlich weiter und nehmen bei Bedarf professionelle Angebote der Beratung und Förderung in Anspruch (Cusanus Trägerschaft Trier 2010).

Lebenslanges Lernen ist bei den untersuchten christlichen Trägern des Gesundheitswesens ein klarer Anspruch und Auftrag an sich selbst und eine Voraussetzung, um die Arbeitsqualität dauerhaft zu gewährleisten. Die HELIOS AOK-Klinik Bad Ems nimmt dahingegen eher eine unterstützende Funktion ein und unterstützt bzw. fördert gezielte Fort- und Weiterbildungsmaßnahmen, die Rolle von Mitarbeitenden ist hierbei partizipativer.

Führungskräfte von christlichen Krankenhäusern, Alten- und Pflegeeinrichtungen bekommen über das Leitbild den Auftrag, als Vorbild christliche Werte, wie Nächstenliebe, erlebbar zu machen. Ihre Aufgabe besteht darin, individuelle Interessen von Mitarbeitenden mit organisationalen Zielen zu vereinbaren und die Arbeit sinnstiftend zu gestalten.

> Von ihnen (den Führungs- und Leitungspersonen) erwarten wir, dass sie die christlichen Werte in ihrem beruflichen Alltag leben und darin den anderen Mitarbeitenden Vorbild sind (Cusanus Trägerschaft Trier).

Eine offene und transparente Kommunikation sowie der regelmäßige, umfassende Austausch von Informationen werden in allen drei Leitbildern hervorgehoben. Dabei dient sie der Mitarbeiterbindung und einer erfolgreichen Zusammenarbeit. Dazu gehören regelmäßige Gespräche über die aktuelle Arbeitsplatzsituation, berufliche Perspektiven und Wünsche aber auch Informationen über Veränderungen, die den eigenen Arbeitsbereich und die Organisationen im Gesamten betreffen. Darüber dient ein solcher Austausch dem Erkennen eigener Defizite und einer Erweiterung vorhandener Wissensbestände.

> Wir wissen um die Grenzen der eigenen Erfahrungen und Einsichten. Deshalb lassen wir uns durch den regelmäßigen kollegialen und interdisziplinären Austausch anregen und korrigieren (Cusanus Trägerschaft Trier 2010).

Eine funktionale Kommunikation ermöglicht die Partizipation von Mitarbeitenden. Die Beteiligung bei Entscheidungsprozessen und bei der Gestaltung eines beruflichen Alltags findet sich nur in den Leitbildern der christlich-gemeinnützigen Einrichtungen des Gesundheitswesens wieder. Führungskräfte der Marienhaus Unternehmensgruppe haben dazu, gemäß ihres Leitbildes, einen kooperativen Führungsstil zu praktizieren, der die mitunter heterogenen Interessen verschiedener Bezugsgruppen und Aufgabenbereiche mitberücksichtigt. Im Sinne der Selbstbestimmung von Individuen und Akzeptanz von Diversität heißt Partizipation auch, dass Mitarbeitende ihre Persönlichkeit und Fähigkeiten in die gemeinsame Arbeit und Zielerreichung einbringen können.

Organisationskulturell sind die Leitbilder der beiden christlichen Träger durch ein hohes Maß an Emotionalität und Fürsorge geprägt. Wohlbefinden, Ängste und Sorgen der Mitarbeitenden müssen von der Führung antizipiert, berücksichtigt und kommuniziert werden. Darüber hinaus sind Führungskräfte dazu angehalten, eine leistungsgerechte Aufgabenverteilung zu verwirklichen und die persönliche Work-Life-Balance eines jeden Mitarbeitenden zu achten. Die Leitbilder entsprechen damit der Vorstellung von christlicher Nächstenliebe.

> Wir verpflichten uns, bei beruflichen und privaten Problemen unserer Mitarbeiter/innen an Lösungsmöglichkeiten mitzuarbeiten (Marienhaus GmbH 2008).

> Führungs- und Leitungspersonen tragen Verantwortung dafür, dass Mitarbeitende Beruf und Privatleben in Einklang bringen können und dass durch Krankheit und Alter leistungsgeminderte Mitarbeitende ihren Platz im Unternehmen behalten können (Cusanus Trägerschaft Trier 2010).

Neben der Sicherheit des Arbeitsplatzes im Krankheitsfall oder anderweitigen Ausfällen, verweisen die Leitbilder der christlichen Träger auf die Rücksichtnahme von Frauen am Arbeitsplatz und familienfreundliche Arbeitszeiten und Arbeitsstrukturen.

Beide Leitbilder erwähnen, wenn auch eher knapp gehalten, eine offene Konflikt- und Fehlerkultur. Während die Marienhaus Unternehmensgruppe eine akzeptierende Haltung gegenüber Konflikten einnimmt, möchte die Cusanus Trägerschaft Trier intervenierend eingreifen und auftretende Probleme oder Konflikte kompensieren und aus der Welt schaffen.

Wir sehen Konflikte als berechtigten Ausdruck gegensätzlicher Interessen, die zur Entwicklung einer positiven Streitkultur beitragen können (Marienhaus GmbH 2008).

Bestehende Konflikte werden angesprochen und ausgeglichen (Cusanus Trägerschaft Trier 2010).

Zusammenfassend ist Führung, insbesondere in Einrichtungen des Gesundheitswesens unter christlicher Trägerschaft, gekennzeichnet von Wertschätzung, einer transparenten Kommunikation, einer sinnstiftenden, christlich orientierten Vorbildfunktion, Fürsorge sowie Emotionalität und ermöglicht Eigenverantwortlichkeit, Selbstbestimmung und Partizipation von Mitarbeitenden.

4   Fazit

Der inhaltsanalytische Vergleich von Leitbildern belegt, dass Einrichtungen im Gesundheitswesen sich zunehmend als Unternehmen verstehen, die bestrebt sind, wirtschaftlich zu handeln und anfallende Gewinne zu nutzen, um ihrem Auftrag der christlich sowie humanistisch geprägten Pflege und Heilung von Menschen nachzukommen. Ökonomisches Denken und Handeln meint im Sinne der Leitbilder damit durchweg ein zweckgebundenes „Haus-Halten" mit begrenzten Ressourcen. Vorstellungen eines effizienten und effektiven Managements sind sowohl dem Selbstverständnis von gemeinnützigen Einrichtungen in christlicher Trägerschaft als auch privatwirtschaftlichen Einrichtungen des Gesundheitswesens immanent. Führung vollzieht sich demzufolge im Dualismus von Ökonomie und christlicher Nächstenliebe, die in einem dialektischen Verhältnis aufeinander bezogen sind.

Für Führungsverhalten gewinnt die Vermittlung von Sinn große Bedeutung. Vor allem eine wertschätzende Haltung gegenüber Mitarbeitenden und die Berücksichtigung ihrer Anlagen sowie Entwicklungspotenziale scheint Grundlage einer wirksamen Lernkultur und damit einer funktionalen Organisation zu sein. Kontinuierliche Weiterentwicklung und Lernbereitschaft prägen ihr Selbstverständnis – Lebenslanges Lernen wird zum Selbstanspruch. Führungskräfte verpflichten sich dazu, Bedingungen zu schaffen, die den Mitarbeitenden eigenverantwortliches und selbstbestimmtes Handeln ermöglichen. Ein erkennbarer Sinn im Arbeitsalltag schafft nicht nur ein Gemeinschaftsgefühl unter der Belegschaft und fördert das Vertrauen zwischen Führung und Personal, sondern öffnet auch einen Raum für Kreativität und Innovation (vgl. Frey 2015, S. 14).

Voraussetzung einer sinnorientierten Führung ist eine gemeinsame Zielsetzung, die den ganzheitlichen Dienst am Menschen und ein erstrebenswertes Zukunftsbild umfasst, und die in einem partizipativen Prozess erarbeitet und stetig ausgehandelt wird (vgl. Bruch und Berenbold 2017, S. 6). Partizipation ist Kennzeichen gegenwärtiger Organisationskultur im Gesundheitswesen und soll durch eine transparente, offene Kommunikation sowie einen regelmäßigen Austausch von Informationen ermöglicht werden. Vor allem an der eigenen beruflichen Entwicklung, in Form von Zielvereinbarungs- und Zufriedenheitsgesprächen, werden Mitarbeitende beteiligt. Führungskräfte müssen, um wirksam, sinnstiftend und inspirierend führen zu können, die Rolle eines Vorbildes einnehmen und als „Leuchtturm der Sinnstiftung" (Bruch und Berenbold 2017, S. 10) fungieren. In ihrer Funktion als Vorbild sind sie dazu angehalten, die eigene Arbeit deutlich stärker als sinnvoll zu empfinden, eine Vertrauenskultur vorzuleben, in der Fehler und Probleme als Chance betrachtet werden, sich zu verbessern und das Selbstverständnis sowie die Vision des Unternehmens in ihrem täglichen Verhalten für Mitarbeitende erlebbar wird. Darüber hinaus gilt es, Gestaltungsspielräume zu schaffen und Mitarbeitende dazu anzuregen, diese wahrzunehmen, um kontinuierlich zu ihrer Autonomie, Selbstbestimmung und Kompetenzentwicklung beizutragen. Sinnorientierte Führung verlangt nicht, dass Führungskräfte keine Fehler machen dürfen, sondern appelliert an die Menschlichkeit unternehmerischen Handelns. Franken (2010, S. 15) postuliert somit treffend, dass Führung einer Kunst gleicht, die keinen starren Regeln folgt, sondern permanentes Lernen und endloses Suchen bedeutet.

Der Möglichkeit aus Fehlern zu lernen, wird organisationskulturell im Gesundheitswesen bisher noch wenig Beachtung geschenkt. Scheint diese Vorstellung im Umgang mit Patienten schnell an ihre Grenzen zu stoßen, steckt in einer offenen Fehlerkultur gerade für den Umgang der Belegschaft untereinander viel Potenzial.

Neben Sinnhaftigkeit bilden insbesondere Werte einen tragenden Grundpfeiler gemeinnütziger, christlicher Träger des Gesundheitswesens. Werteorientierte Führung beschreibt die intentionale Auswahl, Steuerung und Kontrolle bestimmter Werte (vgl. Daxner et al. 2005, S. 11 ff.), die einen messbaren, positiven Effekt auf materielle und immaterielle Aspekte eines Unternehmens haben (vgl. Stadler 2009, S. 54 f.). Die Auswahl und Implementierung solcher Werte erfordert eine ausgeprägte Führungsqualität und setzt einen breiten Konsens hinsichtlich der gewählten Unternehmenswerte voraus, da sonst die Beziehung zwischen Führungsspitze und Mitarbeitenden leidet. Werteorientierte Führungskräfte sind dazu angehalten, sowohl die Rolle eines Zielvermittlers und -vereinbarers als auch die Rolle eines freundschaftlichen Begleiters oder vielmehr Coaches, der sich um individuelle Stärken und Schwächen von Mitarbeitenden kümmert und sie auf ihrem Weg begleitet, einnehmen zu können (vgl. Frey 2015, S. 17). Dazu müssen Führungskräfte in der Lage sein, die mitunter heterogenen und einander widersprechenden Bedürfnisse, Interessen und Erwartungen von sämtlichen, relevanten Zielgruppen zu berücksichtigen.

Werte orientieren sich bei den Leitbildern vor allem an der christlichen und humanistischen Grundausrichtung. Nicht nur gegenüber ihren Patienten postulieren sie einen Umgang im Sinne des Evangeliums beziehungsweise menschlicher Würde, sondern auch Mitarbeitenden muss ein solches Verständnis zuteilwerden. Erst dadurch erlangt eine Organisation und ihre Führung Authentizität, die das Fundament der Glaubwürdigkeit und Reputation eines Unternehmens bildet und für ein gesteigertes Commitment der Belegschaft sorgt und somit die Leistung(-sbereitschaft) der gesamten Organisation verbessert (vgl. Frohwein et al. 2017, S. 47).

Führung in Organisationen des Gesundheitswesens, insbesondere bei gemeinnützigen Unternehmen in christlicher Trägerschaft, muss zunehmend Sinn vermitteln und sich an Werten orientieren, die Aspekte eines fairen Umgangs miteinander und gesellschaftliche, ethische Grundfragen berücksichtigen, aber auch ökonomische Voraussetzungen mitdenken. Leistungs- und Leitungsprofile im Gesundheitswesen haben sich im Sinne einer Exzellenz zu entwickeln, die von Menschenwürde und Moral getragen werden.

Literatur

Alisch K, Arentzen U, Winter E (2004) Gabler Wirtschaftslexikon. Springer, Wiesbaden

Arnold R, Schüßler I (1998) Wandel der Lernkulturen: Ideen und Bausteine für ein lebendiges Lernen. Wissenschaftliche Buchgesellschaft, Darmstadt

Bauer S (2005) Leitbild der Nachhaltigen Entwicklung. Informationen Zur Polit Bild 287/2005:16–21

Becker M (2013) Personalentwicklung. Bildung, Förderung und Organisationsentwicklung in Theorie und Praxis. Schäffer-Poeschel, Stuttgart

Bruch H, Berenbold S (2017) Zurück zum Kern. Sinnstiftende Führung in der Arbeitswelt 4.0. Organisationsentwicklung 1/2017:4–11

Cusanus Trägerschaft Trier (2010) Unser Leitbild. http://www.cusanus-traegergesellschaft-trier.de/fileadmin/ctt/ctt-Zentrale/ctt-Leitbild_final.pdf. Zugegriffen: 25. Apr. 2017

Daxner F, Gruber T, Riesinger D (2005) Wertorientierte Unternehmensführung – Das Konzept. In: Auinger F, Böhnisch WR, Stummer H (Hrsg) Unternehmensführung durch Werte: Konzept – Methoden – Anwendungen. Deutscher Universitätsverlag, Wiesbaden, S 3–34

Deci EL, Ryan RM (1993) Die Selbstbestimmungstheorie der Motivation und ihre Bedeutung für die Pädagogik. Z Padagog 39(2):223–239

Dehnbostel P (2001) Essentials einer zukunftsorientierten Lernkultur aus betrieblicher Sicht. QUEM-report 67/2001:81–90

Empacher C, Wehling P (1999) Indikatoren sozialer Nachhaltigkeit. Grundlagen und Konkretisierungen. ISOE-Diskussionspapier, Nr. 13, S 3–32

Erpenbeck J, Sauer J (2001) Das Forschungs- und Entwicklungsprogramm „Lernkultur Kompetenzentwicklung". QUEM-report 67/2001:9–65

Franken S (2010) Verhaltensorientierte Führung. Handeln, Lernen und Diversity in Unternehmen. Springer, Wiesbaden

Frey D (2015) Ethische Grundlagen guter Führung. Warum gute Führung einfach und schwierig zugleich ist. RHI-Buch, München

Frohwein T, Paust R, Reisewitz P (2017) Das Aschenputtel-Problem. Zur Bedeutung der Authentizität von Organisationen. Organisationsentwicklung 1/2017:41–47

Glatz H, Graf-Götz F (2011) Handbuch Organisation gestalten. Beltz, Weinheim, Basel

Göhlich M, Weber SM, Schröer A et al (2014) Forschungsmemorandum der Organisationspädagogik. Erziehungswissenschaft Mitteilungen Dgfe 25:94–105

HELIOS AOK-Klinik Bad Ems (2014) Leitbild. http://www.helios-kliniken.de/fileadmin/user_upload/Helios-Klinken.de/Bad_Ems/Downloads/Leitbild_HELIOS_AOK_Klinik_BadEms.pdf. Zugegriffen: 25. Apr. 2017

Langer A, Schröer A (2011) Professionalisierung im Nonprofit Management. In: Langer A, Schröer A (Hrsg) Professionalisierung im Nonprofit Management. VS, Wiesbaden, S 9–31 (http://www.springerlink.com/content/jr513833t0633373/abstract/. Zugegriffen: 25. April 2017)

Leuschner H, Reuther U (1999) Lernen am Arbeitsplatz – neue Lernkulturen. Report Lit Forschungsreport Weiterbildung 44/1999:77–95

Marienhaus (2008) Unser Leitbild. https://www.marienhaus.de/marienhaus-unternehmensgruppe/marienhaus/unser-leitbild/. Zugegriffen: 25. Apr. 2017

Mayring P (2015) Qualitative Inhaltsanalyse. Grundlagen und Techniken. Beltz, Weinheim, Basel

McNeil A (1987) Die Kraft im Zentrum. Vision und Werte als Energiequellen im Unternehmen. Springer, Wiesbaden

Meyer M, Buber R, Aghamanoukjan A (2013) In search of legitimacy: managerialism and legitimation in civil society organizations. Volunt Int J Volunt Nonprofit Organ 24(1):167–193. https://doi.org/10.1007/s11266-012-9306-9

Pätzold G, Lang L (1999) Lernkulturen im Wandel. Didaktische Konzepte für eine wissensbasierte Organisation. Bertelsmann, Bielefeld

Pätzold H (2015) Organisationale Übergänge zwischen Weiterbildung und Wirtschaft. In: Schmidt-Lauff S, von Felden H, Pätzold H (Hrsg) Transitionen in der Erwachsenenbildung. Gesellschaftliche, institutionelle und individuelle Übergänge. Budrich, Opladen, S 265–277

Pätzold H (2017) Bausteine einer Theorie der lernenden Non-Profit-Organisation. In: Schröer A, Göhlich M, Weber SM (Hrsg) Organisation und dritter Sektor. Springer VS, Wiesbaden

Pätzold H, Ulitzsch A (2016) Zweck und Mittel: Werteorientierungen in Leitbildern von Volkshochschulen zwischen Bildung und Wirtschaft. *DIE Zeitschrift für Erwachsenenbildung 2/2016.* https://www.die-bonn.de/zeitschrift/22016/volkshochschule-01.pdf. Zugegriffen: 25. Apr. 2017

Pöppel K (2008) Wertwandel beim sozialen Dienstleister Krankenhaus: Eine Analyse zum Patientenbild. Peter Lang, Frankfurt am Main

Rödel M (2013) Die Invasion der „Nachhaltigkeit". Eine linguistische Analyse eines politischen und ökonomischen Modeworts. Dtsch Sprache Zeitschrift Für Theor Prax Dokumentation 41(2):115–141

Schein EH (1984) Coming to a new awareness of organizational culture. Sloan Manage Rev 25(2):3–16

Schein EH (2004) Organizational culture and leadership Bd. 3. Jossey-Bass, San Francisco

Schreyögg G, Geiger D (2016) Organisation. Grundlagen moderner Organisationsgestaltung. Springer, Wiesbaden

Schüßler I, Thurnes CM (2005) Lernkulturen in der Weiterbildung. Bertelsmann, Bielefeld

Scott WR (2005) Evolving Professions. An Institutional Field Approach. In: Klatetzki T, Tacke V (Hrsg) Organisation und Profession. VS, Wiesbaden, S 119–141

Seufert S (2013) Bildungsmanagement: Einführung für Studium und Praxis. Schäffer-Poeschel, Stuttgart

Sonntag K, Stegmaier R, Schaper N, Friebe J (2004) Dem Lernen im Unternehmen auf der Spur: Operationalisierung von Lernkultur. Unterrichtswissenschaft 32(2):104–128

Stadler K (2009) Die Kultur des Veränderns – Führen in Zeiten des Umbruchs. Deutscher Taschenbuch Verlag, München

Ulrich H (1984) Management. Gesammelte Aufsätze. Haupt, Bern

Weinberg J (1999) Lernkultur: Begriff, Geschichte, Perspektiven. In: Arbeitsgemeinschaft Qualifikations-Entwicklungs-Management (Hrsg) Führung von Mitarbeitern. Schäffer-Poeschel, Stuttgart, S 879–888

Zimmer G (2001) Ausblick: Perspektiven der Entwicklung der telematischen Lernkultur. In: Arnold P (Hrsg) Didaktik und Methodik telematischen Lehrens und Lernens. Waxmann, Münster, S 126–146

Martin Müller, Bachelor-Pädagoge, studiert zurzeit im vierten Semester den Master Erziehungswissenschaft mit dem Schwerpunkt Forschung und Entwicklung in Organisationen an der Universität Koblenz-Landau und ist seit 2 Jahren als wissenschaftliche Hilfskraft für das Institut Pädagogik beschäftigt. Darüber hinaus arbeitet er bei der unternehmensinternen Akademie für ärztliche Fort- und Weiterbildung (Waldbreitbacher Ärzteakademie) der Marienhaus Unternehmensgruppe.

Prof. Dr. Henning Pätzold, Professor für Pädagogik mit dem Schwerpunkt Forschung und Entwicklung in Organisationen, ist Prodekan des Fachbereichs Bildungswissenschaften der Universität Koblenz-Landau. Neben der organisationspädagogischen Forschung, beschäftigt sich Prof. Pätzold schwerpunktmäßig mit Theorien und Empirie des Lernens Erwachsener sowie dem Verhältnis von Pädagogik und Verantwortung.

Prof. Dr. Katrin Keller leitet als Professorin für Personal- und Organisationsentwicklung den Studiengang ‚Berufspädagogik im Gesundheitswesen' an der Berufsakademie für Gesundheits- und Sozialwesen Saarland und verantwortet für die Marienhaus Holding GmbH die unternehmensinterne Akademie für ärztliche Fort- und Weiterbildung im akademischen als auch nicht akademischen bildungswissenschaftlichen Bereich. Seit ihrem Studium und Doktorat im Bereich Erwachsenenbildung/-Weiterbildung arbeitet sie zusätzlich als Dozentin an Universitäten und Fachhochschulen. Ferner weist die Autorin langjährige Beratungs- und Trainingserfahrungen in den Bereichen Führung, Personalentwicklung und Unternehmens-/Organisationsentwicklung auf.

Eva Hasske, Diplom Pädagogin, unterstützt als Referentin der Waldbreitbacher Ärzteakademie die übergreifende Kompetenzentwicklung von ärztlichen Fachkräften der Marienhaus Unternehmensgruppe. Als Doktorandin der Akademie beschäftigt sie sich mit der Frage, über welche Kompetenzen ärztliche Fachkräfte im klinischen Bereich verfügen sollten, um aktuellen Herausforderungen *kompetent* begegnen zu können. Des Weiteren ist Frau Hasske als Lehrbeauftragte/Dozentin an Hochschulen und Universitäten tätig.

Werteorientierte Führung

Sebastian Fell

1 Einleitung

Der vorliegende Band beschäftigt sich mit CSR (Corporate Social Responsibility) im Gesundheitswesen. Das Forschungsfeld CSR zeichnet sich durch heterogene Definitionen aus, auf die an dieser Stelle nicht näher eingegangen wird. Statt vieler, sich teilweise überschneidender Begriffsbestimmungen sei hier die Definition des Brundtlandt-Reports genannt. Nachhaltigkeit wird hier als Entwicklung begriffen und ist danach „development that meets the needs of the present without compromising the ability of future generations to meet their own needs" (Brundtlandt 1987, Kap. 2, IV, 1). Nachhaltiges Handeln zeichnet sich also dadurch aus, dass es neben der Gegenwart auch zukünftige Entwicklungen bzw. Auswirkungen gegenwärtigen Handelns auf die Zukunft abzuschätzen versucht.

Elkingtons Triple-Bottom-Line-Ansatz illustriert die drei Dimensionen der Nachhaltigkeit, in die sich das Unternehmenshandeln einordnen lässt. Unabhängig davon, welche Dimension in konkreten Situationen im Vordergrund steht, wird klar, dass alle drei Dimensionen miteinander in Beziehung gesetzt werden müssen, um langfristig überlebensfähig zu sein (Abb. 1; vgl. Elkington 1999, S. 72 f.).

Werteorientierte Führung könnte zunächst in der sozialen Dimension gut aufgehoben sein. Schließlich geht es hier um die Interaktion von Führungskraft und Mitarbeitern innerhalb des Unternehmens als soziales System. Diese Einordnung greift allerdings zu kurz – Führungsverhalten in Unternehmen wird regelmäßig auf ökonomischen Erfolg gerichtet sein, sodass hier davon ausgegangen wird, dass werteorientierte Führung in der Schnittmenge der ökonomischen mit der sozialen Dimension verortet ist.

S. Fell (✉)
Saarland-Heilstätten GmbH
Auf dem Sonnenberg 10, 66119 Saarbrücken, Deutschland
E-Mail: s.fell@sb.shg-kliniken.de

© Springer-Verlag GmbH Deutschland, ein Teil von Springer Nature 2018
K. Keller und F. Lorenz (Hrsg.), *CSR im Gesundheitswesen*,
Management-Reihe Corporate Social Responsibility,
https://doi.org/10.1007/978-3-662-55937-6_3

Abb. 1 Triple Bottom Line
Approach. (Nach Elkington
1999, S. 72 f.)

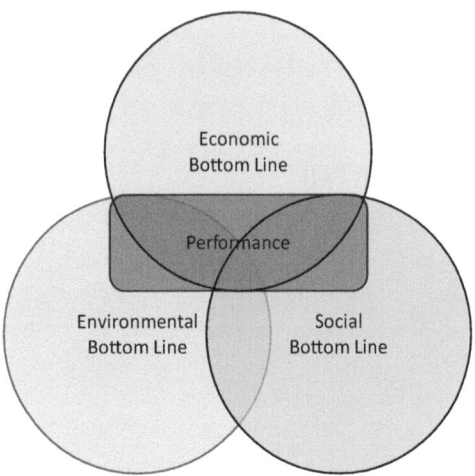

Was sind die Leitlinien der unternehmerischen Tätigkeit meines Arbeitgebers? Wofür
stehen wir eigentlich? So oder ähnlich könnten Fragen im Vorfeld eines Führungskräfte-
workshops zur künftigen Strategie eines Unternehmens aussehen.

Einem ersten Impuls folgend, wird die Unternehmensleitung darauf antworten, dass
man doch bitte das Leitbild heranziehen möge. Doch was steckt hinter diesem Leitbild?
Von welchen Werthaltungen geht es aus? Und wann ist werteorientierte Führung glaubwürdig?

Dies dürfte jedenfalls dann der Fall sein, wenn sie zur unternehmerischen Gesamtstrategie passt. Diese wird hier dahingehend verstanden, dass Leitbild, Werte und Expertise
des Unternehmens ein sinnvolles Gesamtbild ergeben müssen.

2 Was sind Werte?

Schmidt zufolge reagieren Unternehmen zum einen auf Werte, die in ihrem jeweiligen
Umfeld geteilten werden, zum anderen verleihen sie durch ihr konkretes Handeln Werten Ausdruck. Dies geschieht vor dem Hintergrund unterschiedlichster Wertehaltungen
der Umwelt, in die das Unternehmen einerseits eingebunden ist und andererseits seine
(Über-)Lebens- und Zukunftsfähigkeit sichern muss (vgl. Schmidt 2016, S. 7). Aber welche Werte sind nun im Rahmen werteorientierter Mitarbeiterführung konkret gemeint?

Während Werte im materiellen Sinne sich durch Begriffe wie Preis, Tauschwert oder
Anlagegut beschreiben lassen, mithin Positionen in der Bilanz und der GuV darstellen,
existieren daneben auch immaterielle Werte. Diese lassen sich nicht eindeutig fassen und
fixieren, obwohl sie prägend für unser Verständnis von uns selbst und der Welt im Allgemeinen sind (vgl. Glauner 2016, S. 18). Beispielhaft nennt Glauner hier die Werte Würde,
Pflicht, Reichtum sowie Fairness, Ehrlichkeit und Verantwortung (vgl. Glauner 2016,

S. 18). Kinne verwendet in diesem Zusammenhang den Begriff der „intangibles" und meint damit Wissen, Informations- und Interaktionssysteme sowie Beziehungen, welche aufgrund fehlender direkter Messbarkeit und damit einhergehender direkter Bewertbarkeit regelmäßig nicht im Rechnungswesen eines Unternehmens ausgewiesen werden (vgl. Kinne 2009, S. 21).

Schmidt definiert Werte als „diejenigen Elemente, die über das bloße, sich zufällig ereignende Geschehen hinausweisen und unseren Aktivitäten eine Richtung geben" (Schmidt 2016, S. 96).

Nach Glauner entziehen sich eben diese Werte der „objektiven Berechenbarkeit ökonomischer Modellierung – also der Welt der harten Zahlen, Daten und Fakten" (Glauner 2016, S. 23). Dies heißt für ihn jedoch nicht, dass Werte in ihrer Wirkungsweise dem menschlichen Verständnis nicht zugänglich wären. Vielmehr geschehe das Verstehen von Werten analog eines Spieles, dessen Verständnis sich aus der Spielpraxis heraus ergebe, sodass Spielzüge und Strategien antizipiert, mithin gesteuert werden könnten (Glauner 2016, S. 23). Wie könnten nun entsprechende Steuerungssysteme aussehen?

Ein werteorientiertes Führungssystem schlagen Weber et al. (2017, S. 15 f.) vor, welches einerseits zwar maßgeblich am Shareholder-Value ausgerichtet ist, andererseits aber die herausgehobene Rolle von Zielen für Mitarbeiter und Führungskräfte herausstellt. Damit ist von diesem System der hier vertretene Wertebegriff, des über das sich „zufällig ereignende Geschehen hinaus[zu]weisen und unseren Aktivitäten eine Richtung geben" (Schmidt 2016, S. 96), lediglich im Sinne der Zielorientierung erfüllt. Dies spricht für die ebenfalls kritisierte mangelnde inhaltliche Spezifität des Themenfeldes (vgl. Weber et al. 2017, S. 2). Ein werteorientiertes Steuerungsmodell, das die Widersprüche zwischen den bereits erwähnten „intangibles" – also immateriellen Werten – und den klassischen, im Rechnungswesen induzierten Kennzahlen im Sinne einer 360°-Betrachtung mit begleitenden Wertehierarchien aufzulösen versucht, schlägt Kinne vor (vgl. Kinne 2009, S. 123 ff.).

Die Frage, ob ein solches Steuerungssystem valide eingesetzt werden kann, muss hier offen bleiben, auch wenn Kinne die Anwendbarkeit u. a. anhand eines Fallbeispiels aus dem Gesundheitswesen grundsätzlich bejaht (vgl. Kinne 2009, S. 187 ff.). Dass Kinnes (2009) Untersuchung mittelständische Unternehmen in den Mittelpunkt rückt, könnte dem Umstand geschuldet sein, dass die Komplexität entsprechender Systeme mit Zunahme der Variablen überproportional zunehmen könnte. Die Anwendbarkeit auf Großunternehmen ist daher fraglich.

3   Werte und Führung

Unterstellt man nun, dass Führung grundsätzlich auf Erfolg ausgerichtet ist, so fasst Kres (2017) das Zusammenspiel von Führungserfolg und Werten prägnant zusammen: „Wer Erfolg haben will, folgt generell gültigen Werten und Normen, die von der Mehrheit der Bevölkerung als richtig empfunden werden. Wer also querdenkt oder Bestehendes kritisiert, der hat es schwer mit dem Erfolg" (Kres 2017, S. 19). Ersetzen wir nun die

Bevölkerung in Kres (2017) Gedanken durch die unternehmensinterne Öffentlichkeit, so ergeben sich neue Fragestellungen: Was ist, wenn die unternehmensinternen Werte auf Konformismus, Erhaltung von Hierarchie und Statusdenken zielen? Würde sich ein solches – sicherlich ungeschriebenes – Wertegerüst nicht auf das Handeln in der Praxis auswirken?

Biesel (2012, S. 98) macht in diesen ungeschriebenen Unternehmenskulturen beispielhaft folgende Probleme wiederkehrenden Verhaltens aus:

- Einstellung von Mitarbeitern, die zum Unternehmen „passen",
- hohes Augenmerk auf dem Erhalt hierarchischer Strukturen,
- Unterbindungstendenz bei Störungen bestehender Abläufe und Prozesse,
- Fokus auf der Prozess- und Ablaufoptimierung,
- Festigen gewohnter Vorgehensweisen durch Rituale.

Während diese Entwicklungen einerseits Stabilität und Ordnung befördern, behindern sie andererseits die Weiterentwicklung von Unternehmen u. a. im Sinne disruptiver Innovationsprozesse (Biesel 2012, S. 98). Fraglich ist, ob dadurch die Anpassungsfähigkeit eines Unternehmens auf veränderte Umfeldfaktoren Schaden nehmen und damit die Fähigkeit zu überleben negativ beeinflusst werden könnte.

4   Manageriale Führung

„Management ist eine der wichtigsten, vielleicht überhaupt die wichtigste Funktion einer modernen Gesellschaft und ihrer Institutionen, seien diese wirtschaftlicher oder nichtwirtschaftlicher Natur. ... Wo immer die Funktion von Management entstanden ist und systematisch gefördert wurde, ist gesellschaftlicher Fortschritt zu verzeichnen. Wo dies nicht gelang, gab es trotz finanzieller Entwicklungshilfe Stagnation oder Rückschritt" (Steinmann und Schreyögg 2005, S. 9).

Biesel sieht entgegen dieser Definition Management als reines Verwaltungsmodell an, welches durch das Vorhandensein folgender Elementen gekennzeichnet ist (vgl. Biesel 2012, S. 96):

- **Effizienz** (die **Dinge** werden **richtig gemacht**),
- **Fakten** (Steuerung des Unternehmens über **Erfolgskennzahlen**),
- **Kontrolle** (zunehmender **Ausbau der Kennzahlensysteme**).

Daraus zieht er Rückschlüsse auf die unternehmensinterne Führungskultur. Als Beispiel für eine kritische Unternehmenskultur gibt er Unternehmen an, die ihre Mitarbeiter managen, indem sie neben engen Vorgaben auch auf der Etablierung umfassender Kontrollfunktionen beharren und der Einbindung von Mitarbeitern in Weiterentwicklungsprozesse wenig Aufmerksamkeit schenken. Dies hat zur Folge, dass das unternehmensinterne,

mitarbeitergebundene Know-how nicht optimal abgerufen wird, wodurch folglich das Engagement in concreto sinkt, was schließlich sinkende Marktchancen nach sich ziehen
müsse (vgl. Biesel 2012, S. 97). Barrett (2016, S. 193) kritisiert am traditionellen managerialen Handeln das Verständnis des Managers als Kopf des Unternehmens, dem es
alleine erlaubt ist, kreativ zu sein und der Entscheidungen trifft, welche vom Unterneh-
menskörper – den Mitarbeitern – ausschließlich exekutiert werden.

Management baut laut Biesel auf Stabilität, was den Gegenwartsbezug begünstigt.
Gleichzeitig betont er die mit diesem Selbstverständnis nicht abgedeckte Notwendigkeit,
zukünftige Entwicklungen zu antizipieren und rechtzeitig aufzugreifen (vgl. Biesel 2012,
S. 71).

Insgesamt soll nicht in Abrede gestellt werden, dass eine manageriale Führung nicht
grundsätzlich mit Werten führen könnte. Allerdings ist, wie eben dargestellt, der Gegenwartsbezug hoch, was eine latente Gefahr für zukunftsgerichtete strategische Überlegungen darstellen dürfte.

5 Leadership

Owen (1999, S. 29 f.) kritisiert die traditionelle Mess- und Zahlengläubigkeit. Er stellt
fest, dass traditionelle Untersuchungen von Organisationen oftmals an der Oberfläche des
quantifizierbaren Unternehmenshandelns verhaftet bleiben, während informelles Handeln
der Organisation regelmäßig im Dunkeln bleibt.

Wenn Leadership nun als Führungsmodell begriffen wird, das sich durch folgende
Kernelemente auszeichnet (vgl. Biesel 2012, S. 97):

- **Effektivität** (die **richtigen Dinge** werden **getan**),
- **Menschen** (**Steuerung** der Mitarbeiterschaft **über Ziele**),
- **Befähigung** (**Weiterentwicklung** der Mitarbeiter auf Zielbasis),

so ist erkennbar, dass sich Leadership maßgeblich auf der informellen, zwischenmenschlichen Ebene eines Unternehmens abspielen dürfte.

Leadership als Führungsmodell bedingt daher andere Führungseigenschaften als ein
manageriales Verwaltungshandeln. Nach Hinterhuber und Krauthammer (2015, S. 13) ist
„Leadership ... die natürliche und spontane Fähigkeit, Mitarbeiter anzuregen, zu inspirieren und sie in die Lage zu versetzen, neue Möglichkeiten zu erschließen und umzusetzen
sowie sich freiwillig und begeistert für die Verwirklichung gemeinsamer Ziele einzuset-
zen.“

Für Kinne (2009, S. 43) ist die Führung des Unternehmens durch die oberste Unternehmensleitung Teil des immateriellen Kapitals, da diese maßgeblichen Einfluss ausübe
und so – ohne das Unternehmen im Sinne eines Eigentümers besitzen zu müssen – die
Unternehmenskultur über die Jahre ihrer Amtszeit entscheidend präge.

Barrett (2016, S. 41) weist nach, dass zwischen Mitarbeiterengagement, kultureller Entropie und Leistung ein wesentlicher Zusammenhang besteht. Kulturelle Entropie versteht er dabei als „die Dysfunktionalität, die innerhalb einer Organisation oder jeder anderen menschlichen Gruppenstruktur … in dem Maße herrscht, wie sie durch die eigennützigen, auf Angst gegründeten Handlungen ihrer Führungsfiguren erzeugt wird" (Barrett 2016, S. 4). Daraus folgert er, dass bei Zunahme kultureller Entropie Vertrauen und Zusammenhalt im Unternehmen abnimmt. Dagegen helfe nur von Authentizität und Integrität geprägtes Führungshandeln (Barrett 2016, S. 4). Dies dürfte – wie oben gezeigt – tendenziell manageriales Handeln ausschließen.

Wenn nun dagegen durch Leadership „Reibungsverlusten" in Form kultureller Entropie weitgehend vorgebeugt werden kann, wirkt Leadership zumindest als Wirkverstärker werteorientierter Führung. Oder, um es mit Barrett zu sagen, „[nimmt] das Maß an kultureller Entropie ab-, das Engagement der Mitarbeiter hingegen zu …, wenn Führungskräfte sich vertrauensvoll und sozial verhalten und die Organisation ihre Mitarbeiter ermutigt, Verantwortung für ihre Arbeit zu tragen und Rechenschaft darüber abzulegen, weil ihnen freie Hand gelassen wird, leistungssteigernde Initiativen zu ergreifen" (Barrett 2016, S. 37).

6   Fazit

Derzeit herrscht in vielen in der Vergangenheit dynamisch gewachsenen Unternehmen eine Absicherungsmentalität vor, in welcher Sicherheitsaspekte und Worst-Case-Szenarien rasch eine vorherrschende Stellung gegenüber wegweisenden strategischen Entscheidungen annehmen können. Vertrauen wird abgelöst durch Misstrauen, Dokumentation und Kennzahlen werden immer feiner, die Suche nach Verantwortlichen steht im Vordergrund (vgl. Barrett 2016, S. 21 ff.). Während Mitarbeiter in der Freizeit gerne bereit sind, z. B. im Verein, Verantwortung zu übernehmen, kommt der betrieblichen Motivation und Identifikation mit dem Unternehmen vor diesem Hintergrund wenig Bedeutung zu (vgl. Barrett 2016, S. 43). Unternehmen wiegen sich in trügerischer Sicherheit von Zahlen und Kennzahlensystemen, was eine Tendenz zum immer weiteren Ausbau mächtiger Reportingsysteme befördert, deren „Fütterung" einen immer größeren Teil der produktiven Arbeitszeit verschlingt (vgl. Kres 2017, S. 13).

Zusammenfassend lässt sich feststellen, dass das von Mitarbeitern eingebrachte Engagement davon abhängt, inwieweit sie die im Unternehmen vorherrschenden Werte teilen und ihre Arbeit als sinnstiftend empfinden.

Dabei werden diese Faktoren dadurch verstärkt, dass Führungskräfte sich eines modernen Führungsverhaltens bedienen, ihre Mitarbeiter einbinden und sie weiterentwickeln, um das Wohl ihrer Mitarbeiter, des Unternehmens und des Unternehmensumfelds besorgt sind und die Mitarbeiter darauf vertrauen können, dass die Führungskräfte sich ehrlich bemühen, (moralisch) richtig und (gesetzlich) korrekt zu handeln (vgl. Barrett 2016, S. 217). Kurz gefasst heißt dies nichts anderes, als unter Zurücknahme von Partikularinteressen das Gesamtbild im Auge zu behalten und in einem wertschätzenden Umgang miteinander

Mitarbeiter so zu behandeln, wie man selbst behandelt werden möchte. Werteorientierte Mitarbeiterführung muss daher – wenn sie glaubwürdig gelingen soll – als Teil der unternehmerischen Gesamtstrategie begriffen werden und darf nicht losgelöst vom Gegenstand des Unternehmens betrachtet werden.

Beispielhaft genannt sei in diesem Fall die Präventionsstrategie der SHG-Kliniken Sonnenberg, Saarbrücken, eines Krankenhauses mit deutlichem psychiatrischem Schwerpunkt. Hier wird die unternehmerische Expertise im Bereich der Prävention ganzheitlich angewandt. Das heißt, dass neben Betriebssportangeboten (z. B. Rückenschule) ein Schwerpunkt auf der Vorbeugung psychischer Erkrankungen gelegt wird (z. B. Resilienzseminare).

Als weiteres Beispiel anführen lassen sich die Herzseminare der Kardiologie der SHG-Kliniken Völklingen in Zusammenarbeit mit dem Förderverein des Herzzentrums Saar, die Patienten und Mitarbeitern gleichermaßen offenstehen. Die SHG-Kliniken Völklingen nutzen hier die Exzellenz ihres Herzzentrums, um neben innerbetrieblicher Präventionsarbeit die interessierte Öffentlichkeit über Herz-Kreislauf-Erkrankungen und deren Vorbeugung zu informieren. Als Multiplikator dient der von Mitarbeitern und Patienten sowie deren Angehörigen getragene Förderverein.

In beiden Fällen passen die gewählten Instrumente der betrieblichen Vorsorge zur Expertise und damit zum Unternehmensgegenstand der Kliniken. Mitarbeiter bringen freiwilliges Engagement in Form von Übungsleiter- oder Referententätigkeiten (insbesondere an Wochenenden) ein, da sie die Aufgaben als sinnstiftend empfinden und Gesundheitspräventionsmaßnahmen zum Wertekanon eines Krankenhausträgers passen.

Aufgrund der oben aufgezeigten Schwächen eines managerial organisierten bzw. verwalteten Unternehmens wird es in Zukunft weniger darauf ankommen, mit traditionellem Verständnis von Rollen und Hierarchie althergebrachte Handlungsweisen zu tradieren. Vielmehr muss man sich in einem dynamisch ändernden Umfeld, das sich grundsätzlich planerischen Erwägungen im Sinne mündelsicherer Businesspläne widersetzt, flexibel auf wechselnde Lagen reagieren. Hier ist bereits jetzt Leadership als Führungsvoraussetzung unabdingbar. Aufgrund der Eigenschaften dieses Steuerungsmodells wird die Unternehmensleitung gemeinsam mit der Mitarbeiterschaft zum Veränderungsmotor und kann Veränderungsprozesse proaktiv gestalten, statt im Nachgang auf unausweichliche Entwicklungen zu reagieren. Dies wurde bereits in der eingangs erwähnten Definition von Schmidt deutlich, der die Umsetzungen von und die Reaktion auf Wertvorstellungen mit der konkreten (Über-)Lebens- und Zukunftsfähigkeit eines Unternehmens in Bezug setzt (vgl. Schmidt 2016, S. 7).

Werteorientierte Mitarbeiterführung und Leadership bedingen sich also gegenseitig. Oder anders ausgedrückt: Gegen Lippenbekenntnisse in Form von propagierten Leitbildern, die mit dem internen Wertekanon eines Unternehmens nicht in Zusammenhang stehen, hilft nur Führen durch Vorbild.

Literatur

Barrett R (2016) Wertorientierte Unternehmensführung – Cultural Transformation Tools für Performance und Profit. Springer Gabler, Berlin, Heidelberg (im Original: The Values-Driven-Organization: Unleashing Human Potential for Performance and Profit. Routledge, London, 2013)

Biesel H (2012) Abschied vom Management – 101 Ideen für eine ziel- und werteorientierte Führung. Springer Gabler, Wiesbaden

Brundtlandt (1987) Report of the world commission on environment and development – our common future. http://www.un-documents.net/our-common-future.pdf. Zugegriffen: 17. Mai 2017

Elkington J (1999) Cannibals with forks – the triple bottom line of 21st century business. Capstone, Oxford

Glauner F (2016) CSR und Wertecockpits – Mess- und Steuerungssysteme der Unternehmenskultur, 2. Aufl. Springer Gabler, Berlin, Heidelberg

Hinterhuber HH, Krauthammer E (2015) Leadership – mehr als Management – Was Führungskräfte nicht delegieren dürfen, 5. Aufl. Springer Gabler, Wiesbaden

Kinne P (2009) Integratives Wertemanagement – eine Methodik zur Steuerungsoptimierung immaterieller Ressourcen in mittelständischen Unternehmen, zugleich Dissertation Universität Leiden 2009. Gabler, Wiesbaden

Kres M (2017) Unternehmen stärken durch mutige Führung, 3. Aufl. Springer Gabler, Wiesbaden

Owen H (1999) The spirit of leadership – liberating the leader in each of us. Berrett-Koehler, San Francisco

Schmidt M (2016) Reichweite und Grenzen unternehmerischer Verantwortung – Perspektiven für eine werteorientierte Organisationsentwicklung und Führung. Springer Gabler, Wiesbaden

Steinmann H, Schreyögg G (2005) Management – Grundlagen der Unternehmensführung – Konzepte, Funktionen, Fallstudien, 6. Aufl. Gabler, Wiesbaden

Weber J, Bramsemann U, Heineke K, Hirsch B (2017) Wertorientierte Unternehmenssteuerung – Konzepte – Implementierung – Praxis-Statement, 2. Aufl. Springer Gabler, Wiesbaden

Sebastian Fell, ist Prokurist der SHG Gruppe Saarbrücken und langjähriger Mitarbeiter in der zentralen Unternehmenssteuerung. Seit 2016 ist der Autor auch Prokurist der Berufsakademie für Gesundheits- und Sozialwesen Saarland gGmbH. Seine Aufgabenschwerpunkte sind neben klassischen Controllingaufgaben, die Initiierung von OE-Prozessen im Unternehmen sowie deren Begleitung und Evaluation.

Ethik und CSR – Yin und Yang der Unternehmenskultur?

Franz Schils

1 Ausgangslage

Als Ausgangspunkt der folgenden Überlegungen wird Corporate Social Responsibility (CSR) als ein Werkzeug gesehen, aus Anforderungen einer angewandten Ethik/Philosophie (näherhin der Wirtschaftsethik) und verschiedenen anderen Grundlagen den größtmöglichen gemeinsamen Nenner herauszuarbeiten, der sich im Bereich der Wirtschaft und ihrer Teilorganisationen implementieren und operationalisieren lässt. Die Zugänge aus der Ethik sind so unterschiedlich wie es verschiedene Denkschulen und Darstellungen gibt (von Aristoteles bis Sandel (2012), von Kant bis Precht (2010), zwischen amerikanischer „businessethics" und integrativer Wirtschaftsethik, Tugendethik – Verantwortungsethik – Verfahrensethik – ökonomischer Ethik usw.).

Weitere Grundlagen und Rahmenbedingungen liefern die UNO, OECD, ILO, SDGs (Sustainable Developement Goals) mit ihren verschiedenen Erklärungen, Abkommen, internationalen Vereinbarungen, verschiedenen politischen Strömungen, NGOs, Grundrechtskataloge, Menschenrechte, Betriebswirtschaft, Ökologie u. v. a. m. Darüber lassen sich umfangreiche Untersuchungen durchführen und Abhandlungen verfassen.

Es macht Sinn, sich mit dem auseinanderzusetzen, das sich in den letzten 15–20 Jahren in Mitteleuropa entwickelt hat und damit praktisch auf dem Tisch liegt. Anhand der einen oder anderen „Tiefenbohrung" wird exemplarisch auf die ethischen Implikationen und die Operationalisierungen eines Managementtools CSR eingegangen. Den Blickwinkel der Vorgangsweise, des Blicks auf den „Sitz im Leben", runden am Ende dann auch Praxisbeispiele ab.

F. Schils (✉)
Stabsstelle für Ökosoziales Wirtschaften im Bistum Gurk
Schlossallee 6, 9313 St. Georgen am Längsee, Österreich
E-Mail: franz.schils@bistum-gurk.at

© Springer-Verlag GmbH Deutschland, ein Teil von Springer Nature 2018   85
K. Keller und F. Lorenz (Hrsg.), *CSR im Gesundheitswesen*,
Management-Reihe Corporate Social Responsibility,
https://doi.org/10.1007/978-3-662-55937-6_4

1.1 Zuschreibungen und Funktionen

Inhaltlich wähle ich den Weg, den vorwiegend anzutreffenden ökonomischen und strategischen Ansatz von CSR im positiven Sinn als ein zukunftsträchtiges Investment ins Vertrauen auf den verschiedenen Ebenen (Suchanek 2015) einzubinden. Dazu wird ein besonderer Fokus auf den Bereich der normativen Ebene im Unternehmen notwendig sein. Eine Ebene, die gerne im Zuge der strategischen, operativen und ökonomischen Ausrichtung von CSR unterbelichtet bleibt. Damit stellt sich eine grundsätzliche Frage im Verhältnis von Norm (Ethik) und Werkzeug, Tool (z. B. CSR). „Wird CSR rein strategisch oder wirtschaftlich motiviert angegangen, fehlt ein wichtiger Teil: die normative Dimension des Sollens, die Beantwortung der Frage: ‚Wie soll ich in meiner Geschäftstätigkeit handeln?' Diese kommt erst durch die Unternehmensethik ins Spiel" (Coudenhove 2014).

Wenn es in einer Wirtschaftszeitschrift heißt „CSR [sei] ein Weg, um ethische Verantwortung zu nutzen, zu implementieren und fruchtbar [gewinnbringend] zu machen" (Müller 2015), zeigt das die Gefahr der Ökonomisierung von Ethik an. Dass natürlich der ökonomische Erfolg Voraussetzung für das Überleben des Unternehmens ist, sollte aber nicht den Blick auf die anderen Säulen im Sinne einer nachhaltigen Wirtschaft verstellen.

Analog zum Begriff „strategische CSR" vs. „echte CSR" (Maurer 2016) kann man einen ökonomisch begründeten Begriff von „strategischer Ethik" vs. „echter Ethik" abgrenzen. Eine freiwillige echte CSR/echte Ethik sei nur im Rahmen von allgemein gültigen allgemeinverbindlichen Gesetzen möglich, weil ansonsten die Gesetze des Marktes den notwendigen wirtschaftlichen Erfolg des Unternehmens gefährdeten (Maurer 2016).

Auch die Moraltheologie misst der Frage des Vertrauens im und in das Unternehmen eine zentrale Bedeutung zu und kommt zu einem vergleichbaren Schluss: „Nur eine verlässliche Koppelung von Moral und Unternehmensführung, von Ethik und Ökonomie, schafft Vertrauen. Eine ‚Vertrauenskultur' entsteht nur da, wo sich Moral und Ethik, das Reflektieren über das, was gut und gerecht ist, strukturell verlässlich in das Kerngeschäft implementiert hat" (Jünemann 2008).

Der Medienethiker aus dem Bereich der Wirtschaft schreibt der angewandten Ethik eine ausgleichende Funktion zu: „Die angewandte Ethik soll dazu beitragen, dass ideale Normen eine praktikable Angleichung an die faktischen Verhältnisse erfahren, um Kompromisse zu finden, bei denen ideale Leitbilder zwar nicht aufgegeben werden, jedoch soweit operationalisierbar gestaltet werden können, dass sie als Handlungsoptionen in der Praxis Entscheidungshilfen bei der ethischen Urteilsbildung bilden können" (Schicha 2011). Es wird in einigen exemplarisch gewählten Punkten anklingen, ob CSR den Anforderungen als Grundlage einer Vertrauenskultur, als stabilisierender Faktor und als relevant, also das Kerngeschäft betreffend, Ethik ins Unternehmen zu implementieren, gerecht wird.

Papst Benedikt hält den Begriff der Wirtschaftsethik unter dem Hinweis auf die Gefahr der Abnutzung des Begriffs in Richtung Korrektiv offen. Für ihn geht es um eine menschenfreundliche Ethik, die auf die Würde des Menschen (Gottebenbildlichkeit) und den „transzendenten Wert der natürlichen moralischen Normen" (Benedikt XVI. 2009) als Säulen gründet.

1.2 Normierung und Management von Ethik mittels ISO und CSR?

Dazu ist es angebracht, sich einen Überblick über die dafür entwickelte CSR-ISO-Norm zu verschaffen, zumal diese Norm ja der internationalen Vergleichbarkeit, Überprüfbarkeit, Evaluierbarkeit dienen soll und damit Implementierungen, Entwicklungen, Korrekturen und Verbesserungen begleitet.

Seit 2010 steht „der Leitfaden zur gesellschaftlichen Verantwortung von Organisationen – ‚Guidance on Social Responsibility' (ISO 26000:2010)" zur Verfügung. „Bei der ‚Definition von Social Responsibility' wird deutlich, dass sich die gesellschaftliche Verantwortung auf alle Tätigkeiten – Produkte, Dienstleistungen und Prozesse – von Organisationen bezieht, somit in der gesamten Organisation verankert ist bzw. sein sollte und in den Beziehungen mit den Interessengruppen gelebt wird bzw. gelebt werden soll" (Schmiedeknecht und Wieland 2015).

Sieben Kernthemen und sieben Prinzipien fassen eine große Anzahl von Themen, Inhalten, Fragestellungen und Grundsätzen zusammen, die eine bestimmte, im weitesten Sinne ethische Ausrichtung eines Unternehmens intendieren können. Eines der Prinzipien lautet expressis verbis „ethisches Verhalten".

Da diese Kernthemen und Prinzipien in der Praxis das Einfallstor für normative Entscheidungen und Reflexionen in das jeweilige Unternehmen bilden können, werden sie hier angeführt (Bundesministerium für Arbeit und Soziales 2011).

Die Grundsätze sind: Rechenschaftspflicht, Transparenz, ethisches Verhalten, Achtung der Interessen von Anspruchsgruppen, Achtung der Rechtsstaatlichkeit, Achtung internationaler Verhaltensstandards, Achtung der Menschenrechte. „Die Achtung dieser allgemeingültigen Grundsätze ist Basis und Voraussetzung für eine glaubwürdige Auseinandersetzung mit gesellschaftlicher Verantwortung. Im Sinne der DIN ISO 26000 sollte sich eine Organisation – auch in schwierigen Situationen – stets übereinstimmend mit diesen Grundsätzen verhalten" (Bundesministerium für Arbeit und Soziales 2011). Analog zu Ethik und Werten als intrinsischer Motivation, wird hier dieser Norm auch das Potenzial zugeschrieben, in Situationen in denen es einmal nicht so läuft, positiv wirksam zu werden.

Die sieben Kernthemen umfassen: Organisationsführung, Menschenrechte, Arbeitspraktiken, Umwelt, faire Betriebs- und Geschäftspraktiken, Konsumentenanliegen, Einbindung und Entwicklung der Gemeinschaft. Diese Kernthemen sind in 37 Handlungsfelder aufgefächert, mit den entsprechenden „Handlungserwartungen, die an gesellschaftlich verantwortliches Verhalten von Organisationen gerichtet werden" (Bundesministerium für Arbeit und Soziales 2011).

2 Auf dem Weg ins Unternehmen – Ethik als Koordinatensystem für eine CSR-Map?

Der Blick auf das Thema CSR in Unternehmen und Organisationen trifft auf ein weites Feld der betrieblichen und organisationalen Praxis. Dazu gibt es eine Fülle von Anleitungen und Modellen, die z. B. von den unterschiedlichen Interessensgruppen erarbeitet, verbreitet und forciert werden. Es ist ein eigener Markt entstanden, der den Bedarf der Unternehmen, der teilweise durch anstehende gesetzliche Vorschriften und Verpflichtungen, teilweise durch anders motivierte gesellschaftliche Unternehmensverantwortung entstanden ist, abdeckt.

Die Beschreibung des einen oder anderen Instrumentes rundet den Blick auf dieses Feld ab.

2.1 Werte als Antrieb und Ziel und Unternehmenskultur

Je nach Zugang, tun sich verschiedene Spannungsfelder auf: Zwischen einer Individualethik und einer Sozialethik, zwischen der normativen Ebene und den anderen Unternehmensebenen, die unterschiedliche Funktionen haben, zwischen Tugend- und Verantwortungsethik, u. a. m. Diese gilt es auszubalancieren bzw. sie auf Rahmenbedingungen und Notwendigkeiten abzustimmen. Das sieht man auch im notwendigen Ausmaß und Verhältnis von betrieblicher Compliance und individueller Authentizität (Integrität). Dass dabei der Vollzug entsprechender Vorschriften, die einzelne Handlungsfelder betreffen, nicht zwingenderweise den persönlichen, integren ethischen Hintergrund einer Person abbildet, sei festgehalten.

Die normative Ebene in einem Unternehmen, durch wen auch immer sie dargestellt wird, ist der Bereich, der vor der strategischen Ausrichtung und Operationalisierung von Bedeutung ist. Die Werte, die es zu verwirklichen gilt, kommen in der Regel aus dieser Ebene. „Sie *(die normative Ebene)* zielt damit auf das Sinnsystem der Organisation, die Interessen, Werte und Bedeutungszusammenhänge, die in ihr gelten" (Schuster 2008).

Das Signal nach außen bzw. die Orientierungsfunktion von Werten beschreibt auch Suchanek (2015): „Zugleich ist ein Bekenntnis zu eigenen Werten der Idee nach ein Ausdruck des eigenen Wollens, nämlich der bekundeten Bereitschaft, sein eigenes Verhalten nach diesen Werten zu orientieren."

Dass dabei oft, bedingt durch die allgemeine, generalisierbare Formulierung ähnliche Werte genannt werden, bzw. ähnliche/gleiche Begriffe verwendet werden, zeigt folgendes Beispiel bei Suchanek (2015): „lassen sich die vielfältigen Werte auf einige wenige reduzieren, die für Fragen der Unternehmensethik den Kernbestand ausmachen. Diese Werte sind: 1. Solidarität, 2. Respekt, 3. Fairness, 4. Nachhaltigkeit." Diese und andere Werte stehen oft (unbewusst?) vor jeder Managemententscheidung (Coudenhove 2014).

Die zentrale Bedeutung von gelebten Werten kann nicht oft genug betont werden und ist nachweislich ein Erfolgsfaktor. „Betrachtet man die CR-Champions der Stichprobe, so scheint eine lebendige Wertekultur eine der zentralen Voraussetzungen zu sein für eine erfolgreiche Implementierung von CSR im Unternehmen. Dies zeigt sich auch bei der Analyse der Wirkungsstärke der Erfolgsfaktoren" (Fries et al. 2015).

2.2   CSR und Ethik als Anker in bewegten (dynamischen) Zeiten

Anknüpfend an die beschriebene Aufgabe der ISO 26000, die mit ihren Inhalten (Werten) auch in bewegten Zeiten stabilisierend wirken soll, finden wir ähnliche Erwartungen und Erfahrungen schon in biblischer Zeit festgehalten.

Die Geschichten mancher Codes of Conduct, Standesregeln, Verhaltenskodizes, CSR-Strategiepapiere oder auch mancher Leitbilder erinnern – unterstrichen durch persönliche Erfahrungen – frappant an die Vorgänge am Berg Sinai, wo das Volk Israel in bewegter, belasteter, stürmischer Zeit innehält, ungeduldig wird und vom Weg/Ziel abweicht. Die Grundwerte, die in der Einsamkeit des Berges erarbeitet wurden, überlebten den ersten Abstieg des Moses in die Niederungen der Praxis (Tanz ums goldene Kalb, 2. Mose 32) nicht, ja sie wurden zertrümmert. Es brauchte einen zweiten Anlauf um sie zu implementieren bzw. in das Herz des Volkes einzupflanzen und sie haben die Jahrtausende überdauert. Differenzierter als diese „vulgärexegetische" Interpretation befassen sich Jünemann und Leuwer (2010) mit dem Phänomen der 10 Gebote als 10 Freiheitsräume. Ihre Aufbereitung umfasst „Weisungen zur Freiheit aus jüdisch-christlicher Überzeugungsgeschichte" und beschreibt die bewährte Balance zwischen Vorschrift und Anreiz. Sie sind ein passendes Beispiel für die Anwendung jüdisch-christlicher Erfahrung im Bereich der Unternehmens-/Organisationsverantwortung. Die Gebote umfassen als 10 Freiheitsräume einen Grundwertekatalog, wie er nicht nur christlich motivierten Unternehmen gut zu Gesicht steht. Es geht um ein Risiko- oder Compliancemanagement, aufbauend auf uralten biblischen Erfahrungen und Heilszusagen. Von dieser normativen Gesetzgebung ausgehend, gab es eine Operationalisierung, die selbst die kleinsten privaten, persönlichen Bereiche regelte, ohne jetzt die damit erfolgte Gesetzgebung bewerten zu wollen.

2.3   Managementtools und normative Werturteile

Bei der Beurteilung des Verhältnisses von Ethik und CSR, von den Anteilen von Ethik in den verschiedenen Managementtools geht es also um die grundlegenden Fragen wie: Welche normativen Werturteile fließen im Rahmen der Anwendung solcher Managementtools wie CSR, Ethik-Map, Code of Conduct etc. in das Unternehmen ein? Welches Menschen- und Weltbild bildet das Koordinatensystem dieses ethischen Ansatzes? Wie sieht der praktische/praktizierbare Niederschlag aus? Mit diesem Ansatz kann auch der Gefahr des Greenwashings und der bloßen Symptombekämpfung entgegengewirkt werden, d. h. dass Tools wie CSR ohne diese normative Komponente mehr dieser Gefahr ausgesetzt sind.

Es wird wohl ein breites Spektrum sein, in das alle möglichen Formatierungen und Formen der Weltaneignung und -beziehung (Rosa 2016) der Beteiligten, des Umfeldes und der Ziele einfließen – obwohl es den Rahmen eines internationalen Standards gibt. Das heißt, dass die Unternehmen u. U. schon durch die Beteiligung an diesen Normierungsprozessen richtungsweisend entscheiden, welche normativen Grundlagen für die Umsetzung der Detailziele, z. B. in der ISO 26 000 oder in den verschiedenen anderen internationalen Empfehlungen, usf. zum Tragen kommen.

So kann man CSR als einen Teilaspekt eines ethisch und zukunftsfähig aufgestellten Unternehmens sehen. Dazu wurde die Formel:

Ethische Haltung + Compliance + Wertemanagement inkl. CSR = zukunftsfähiges Unternehmen (Coudenhove 2014)

entwickelt. Damit wird auch eine der Klammern aus der Einleitung geschlossen. Für das Wertemanagement stehen verschiedene Wege zur Verfügung, die ihre eigenen Reportingsysteme haben und von daher unterschiedliche Ansätze für die Messbarkeit von praktizierbarer Ethik im Unternehmen anbieten.

Am Beispiel der Nachhaltigkeitsberichterstattung präsentiert Alfred Strigl (2015) die acht wichtigsten Standards: UN Global Compact, OECD-Leitsätze, ISO 26000 (ONR192500) GRI G4, ILO-Norm (SAS 8000), DNK, Gemeinwohlbilanz, Benefit Corporation. Er schreibt auch: „Wer meint, Nachhaltigkeit im Unternehmen solide einführen, gut managen und transparent berichten zu können sei ein Sonntagsspaziergang irrt gewaltig. National und international tummeln sich Richtlinien, Codizes, Standards, Siegel und Normen und alle hegen hehre Ziele. Da verliert man leicht den Überblick" (Strigl 2015).

2.4   Messbar, zertifizierbar und evaluierbar – steuerbar?

Sind diese ethischen Implikationen messbar? Wenn ja, dann kann man sie auch steuern und managen. Sind sie ethikadäquat darstellbar?

Die Messung erfolgt in der Regel nach bestimmten Standards, die sich an verschiedenen Schwerpunkten, Normen und den dazugehörigen Berichtssystemen orientieren und dazu die passende Berichterstattung wählen. Für die Bereiche der Nachhaltigkeit, des sozialen Engagements und andere gibt es eine Vielzahl von Systemen. Mitbestimmend scheint auch die gewünschte Außenwirkung bzw. intendierte Selbstdarstellung im Bereich einer bestimmten Zielgruppe zu sein, was – wie bereits beschrieben – zeitweise auch den Vorwurf des Greenwashings evoziert. Dafür wurden unterschiedliche Tools entwickelt, sind hier verbreitet und werden je nach Ebene und Zielgruppe angewendet (Karmasin und Weder 2011).

Jenseits aller Statistiken, Erhebungen, Evaluierungen und Zertifizierungen scheint mir eine Anmerkung von Bedeutung. Es geht darum, das System, das untersucht wird, in der realen Aktion kennenzulernen. Und dafür braucht es andere Methoden der Untersuchung.

„Wenn es um die reale (also gelebte) Moral (Verantwortung, Integrität) geht, dann ist dieser nur der (teilnehmenden) Beobachtung zugänglich. Wenn es um die dahinterliegenden Einstellungen (Tugenden) geht, dann können diese per Befragung ermittelt werden, ohne jedoch Gewissheit darüber zu gewinnen, ob diese Werthaltungen dann auch de facto handlungsrelevant werden" (Karmasin und Weder 2011).

In den letzten Jahren sind einige Instrumentarien aufgetaucht, welche den Fokus nicht nur auf Input und Output richten, sondern auf die tatsächliche Wirksamkeit im Bereich der sogenannten Wirkungsziele. Dabei geht es um den Impact, den Ansatz zur Messung der tatsächlichen gesellschaftlichen Veränderungen, wie sie z. B. von der Bertelsmann Stiftung gefördert wird (Phineo 2014). Damit wird ein Weg beschritten, der im besten Fall tatsächlich die durch ethische Reflexion und operationalisierte Werte verursachte Veränderung misst. Dazu hat die Stiftung 2010 schon selbst einen Ratgeber für die „iooi-Methode" vorgestellt. Das Corporate-Citizenship-Engagement „wird anhand der Kategorien input, output, outcome und impact – kurz iooi" gemessen (Bertelsmann 2010).

3   Zwei Wege und ein Ergebnis als Beispiel

3.1   Leitbild „Erfolg mit Verantwortung"

Das Leitbild „Erfolgreich wirtschaften. Verantwortungsvoll handeln" wurde 2003 unter der Federführung der Industriellenvereinigung in Österreich in Zusammenarbeit mit anderen Partnern veröffentlicht. Die Umsetzung dieser Vorgaben wurde in weiterer Folge durch „Erfolg mit Verantwortung – Ein Leitbild für zukunftsfähiges Wirtschaften" ab 2009 unterstützt. Eine hochkarätige Expertengruppe erarbeitete es unter entsprechender Einbeziehung von Expertisen und Stakeholdern. Es wurde von respACT (austrian business council for sustainable developement) veröffentlicht und beschreibt die Zielsetzung: „Das Leitbild ‚Erfolg mit Verantwortung' unterstützt Unternehmen dabei, ihre gesellschaftliche Verantwortung wahrzunehmen. Es richtet sich an alle österreichischen Unternehmen und bietet ihnen einen Katalog von Zielen für verantwortungsvolles Wirtschaften anhand von fünf Handlungsfeldern: Führung und Gestaltung, Markt, Mitarbeiter ..., Umwelt, Gesellschaft. Unternehmen können das Leitbild für sich übernehmen und es zur schrittweisen Umsetzung ebenso nützen wie für die systematische Dokumentation ihres Engagements" (respACT 2009). Damit sind Handlungsfelder umrissen, die sich durchaus in der ISO 26000 finden, bzw. in der Bearbeitung und Berichterstattung weitgehend kompatibel sind.

In der Umsetzung dieser Leitlinien sind die Unternehmen, die Unternehmer, die Organisationen gefordert, die Begrifflichkeiten der Handlungsfelder mit konkreten Werten zu füllen bzw. diese zu reflektieren und zu begründen. Vielfach ist es möglich, die Werte, z. B. Verantwortung, Gerechtigkeit, Fairness und Ehrlichkeit, Chancengleichheit, Bildung, Wohlstand usw. anhand der angebotenen Fragestellungen zu operationalisieren oder auch zu ergänzen. Das wären auch die Punkte, an denen sich die unterschiedlichen Systeme der

Wirtschaft und der Unternehmensethik annähern und berühren. Die entsprechende Einbindung der Stakeholder eröffnet hier oft neue Perspektiven. Als Beispiel für eine konkrete Anwendung dieses Leitbildes wird nachgeordnet der CSR- und Nachhaltigkeitsbericht des Stifts St. Georgen aus dem Jahr 2013 in Grundzügen vorgestellt.

3.2 Ethik-Check des Wirtschaftsethikinstitutes WEISS

Das Wirtschaftsethikinstitut WEISS (www.ethik.eu) hat nach dem Motto „Fit für den nachhaltigen Erfolg" einen integrativen Ethik- und CSR-Check und ein Gütesiegel entwickelt, das den Titel trägt „zukunftsfähig und enkeltauglich". Mittels einer 360°-Analyse findet auch so etwas wie die vorher beschriebene teilnehmende Beobachtung (Karmasin und Weder 2011) statt. Dazu gibt es einen 1/2-tägigen Workshop der Auditoren mit der Führungsmannschaft des Unternehmens. Das Ziel ist neben der Analyse und Expertise auch eine Unterstützung der Verantwortlichen, „Ethik- und CSR-Themen verantwortungsvoll zu analysieren und Handlungsmöglichkeiten aufzuzeigen" (WEISS o. J.). Die Prinzipien orientieren sich teilweise an den schon erwähnten internationalen Leitdokumenten und wurden gemeinsam mit Ethikprofessoren entwickelt. „Ethik soll Fragen erzeugen, Möglichkeiten eröffnen und Zusammenhänge erkennen, um neue Perspektiven zu finden" (WEISS 2017) gibt das Verständnis der ethischen Fragestellungen im Rahmen dieses Tools wieder. Die Vorerhebung orientiert sich am Drei-Säulen-Modell für Nachhaltigkeit, während sich die Arbeit im Workshop und der abschließende Bericht nach der ISO 26000 ausrichten. Werden die Kernkriterien zufriedenstellend erreicht, werden das Gütesiegel „Ethically Certified" oder „zukunftsfähig und enkeltauglich" in verschiedenen Abstufungen verliehen. Dazu gibt es auch einen Auditbericht.

3.3 „Zukunftsfähig & Enkeltauglich" – Nachhaltigkeitsbericht 2012 Stift St. Georgen a. L.

Das Stift St. Georgen am Längsee führte mit diesem Bericht und der damit verbundenen Strategie seinen Weg konsequent weiter. Basierend auf einer Tradition, die ihre Wurzeln in den 1980er-Jahren des vorigen Jahrhunderts hat, setzte sich das Bildungshaus intensiv mit Themen der Schöpfungsverantwortung, Nachhaltigkeit sowie mit Management- und Wirtschaftsfragen auseinander. Diverse Zertifizierungen (z. B. ISO 14000, Klimabündnis, Bio-Ernte usw.) und CSR-Auszeichnungen (TRIGOS Österreich 2007 für das Projekt „Sustainable Church – glaubwürdig nachhaltig wirtschaften") bestätigten diesen Weg (Stift St. Georgen am Längsee 2013). Es ging darum, den Gesamtbetrieb so auszurichten, dass diese Inhalte auch in den täglichen Abläufen, den Prozessen und der Organisation ihre Berücksichtigung fänden. Die besondere Herausforderung zeigte sich im Bereich der ethischen Implikationen, welche durch die sog. Kirchlichkeitskriterien im Bistum Gurk einen Werterahmen vorfanden. Das Stift ist ein Teilbetrieb des Bistums Gurk, welches als eine Stiftung die Wirtschaftsbetriebe des Kärntner Bischofs bildet und von der Diözesanverwaltung und den Zentralstellen zu unterscheiden ist. Diese Kirchlichkeitskriterien spiegeln in einem Dreischritt (Zeichen – Werkzeug – Zukunft) etwas vom sakramentalen Kirchenverständnis des Zweiten Vatikanischen Konzils nach Lumen gentium 1. Sie waren auch in eine sogenannte Balanced Scorecard RIO (Religion in der Organisation) eingebettet. Mittels dieses Instrumentes wurde das Stift gesteuert.

Die Grundlage für die Strategie und den Bericht bildete das o. a. Leitbild für „Erfolg mit Verantwortung" mit seinen Handlungsfeldern und die Zertifizierung nach der ISO 14000 (Umweltmanagement). Diese Handlungsfelder wurden aufgrund des kirchlichen Hintergrundes um das Feld Spiritualität, Ethik und Kirchlichkeit erweitert. Das heißt, dass mittels dieses Tools ganz allgemeine religiöse und ethische Implikationen auf die Ebene konkreter Ziele, Maßnahmen und Kennzahlen heruntergebrochen wurden. Ganz nebenbei hat es sich auch ergeben, dass durch die von respACT erarbeiteten Raster im Leitbild auch wesentliche Felder und Anforderungen der Global Reporting Initiative (GRI) abgedeckt wurden.

4 Resümee

Bei der Dynamik, die dieses Thema derzeit aus verschiedenen Gründen entwickelt, geht es zum Abschluss eher um einen Befund, einen Zwischenstand.

Zusammengefasst ist festzuhalten, dass es bei CSR und Ethik darum geht, nicht nur die Dinge richtig zu tun. Ethische Reflexionen, Begründungen und Beurteilungen können auch helfen, die richtigen Dinge zu tun. Insofern geht es um eine vielschichtige (ganzheitliche im Sinne des Titels) Unternehmenskultur. Vor allem im Bereich der Frage der Werte und der daraus resultierenden Programme im Unternehmen finden sich die Anknüpfungspunkte der Bereiche Wirtschaft/Unternehmen und Ethik und werden durchaus auch als möglicher Erfolgsfaktor gesehen.

Ansätze aus dem Bereich der eher prinzipienbasierten Kath. Soziallehre findet man in diesen Konzepten weniger. Am ehesten ergeben sich noch Berührungspunkte zu einem System der ökosozialen Marktwirtschaft, die ja eine ihrer Wurzeln in der Soziallehre hat und in Österreich als Programm 2017 ihr 30-jähriges Jubiläum gefeiert hat.

Literatur

Benedikt XVI (2009) Caritas IN VERITATE. Sekretariat der Deutschen Bischofskonferenz, Bonn
Bertelsmann Stiftung (2010) Corporate Citizenship planen und messen mit der iooi-Methode. Ein Leitfaden für das gesellschaftliche Engagement von Unternehmen. Bertelsmann Stiftung, Gütersloh
Bundesministerium für Arbeit und Soziales (2011) Die DIN ISO 26000 „Leitfaden zur gesellschaftlichen Verantwortung von Organisationen" – Ein Überblick. Grafischer Bereich des BMAS, Bonn

Coudenhove B (2014) Unternehmensethik. Was bringt das? In: BUSINESSART (4/2014) Was bringt Ethik? Das Magazin für nachhaltiges Wirtschaften. Lebensart Verlag, St. Pölten, S 6–11

Fries A, Riess B, Brink A (2015) CRI Corporate Responsibility Index 2013. Erfolgsfaktoren unternehmerischer Verantwortung. In: Schneider A, Schmidpeter R (Hrsg) Corporate SocialResponsibility. Verantwortungsvolle Unternehmensführung in Theorie und Praxis. Springer Gabler, Berlin Heidelberg

Jünemann E (2008) Führungskompetenz & Professionsethik. Werte-Kultur und unternehmerischer Erfolg. In: Schuster (Hrsg) Kursbuch Management und Theologie. Führen und Leiten als spirituelle und theologische Kompetenz. Lambertus-Verlag, Freiburg i.B, S 315–330

Jünemann E, Leuwer P (2010) Vergewissern … Führungsleitlinien nach dem Dekalog. Altius, Erkelenz

Karmasin M, Weder F (2011) CSR nachgefragt: Kann man Ethik messen?. Die Befragung als Methode der Rekonstruktion von CSR. In: Raup J, Jarolimek S, Schultz F (Hrsg) Handbuch CSR. Kommunikationswissenschaftliche Grundlagen, disziplinäre Zugänge und methodische Herausforderungen. Springer VS, Wiesbaden, S 463–479

Maurer R (2016) Unternehmerische Verantwortung für nachhaltige Entwicklung – eine sinnvolle Forderung? Zeitschrift Für Marktwirtschaft Ethik 4(01):1–27

Müller M (2015) Ethik im Unternehmen- Vor- und Nachteile der Corporate Responsibility. trend (online) 17.5.2015. https://www.trend.at/branchen/werbung-marketing-pr/ethik-unternehmen-vor-nachteile-corporate-responsibility-5645491. Zugegriffen: 27. Nov. 2017

Phineo (2014) Kursbuch Wirkung. Das Praxishandbuch für alle, die Gutes noch besser tun wollen. PhineoAG, Berlin

Precht RD (2010) Die Kunst kein Egoist zu sein: Warum wir gerne gut sein wollen und was uns davon abhält. Goldmann, München

respACT (austrian business council for sustananable developement) (2009) Erfolg mit Verantwortung. Ein Leitbild für zukunftsfähiges Wirtschaften. respACT, Wien

Rosa H (2016) Resonanz. Eine Soziologie der Weltbeziehung. Suhrkamp, Berlin

Sandel MJ (2012) Was man für Geld nicht kaufen kann. Die moralischen Grenzen des Marktes. Ullstein, New York, Berlin

Schicha C (2011) Ethische Grundlagen der Verantwortungskommunikation. In: Raup J et al (Hrsg) Handbuch CSR. Kommunikationswissenschaftliche Grundlagen, disziplinäre Zugänge und methodische Herausforderungen. Mit Glossar, Bd. 2016. Springer, Wiesbaden, S 115–128

Schmiedeknecht MH, Wieland J (2015) ISO 26000 7 Grundsätze, 6 Kernthemen. Springer Gabler, Berlin Heidelberg

Schuster N (2008) Wovon die Rede ist, wenn von Leitung die Rede ist. Die vier Leitungsebenen einer Organisation. In: Schuster N (Hrsg) Kursbuch Management und Theologie. Führen und Leiten als spirituelle und theologische Kompetenz, Bd. 2008. Lambertus, Freiburg i. B.

Stift St. Georgen am Längsee (2013) Zukunftsfähig & enkeltauglich. Nachhaltigkeitsbericht 2012. St. Georgen a. L. http://www.stift-stgeorgen.at/site/de/dasstift/stift/csrprojekt. Zugegriffen: 25. Apr. 2017

Strigl A (2015) Berichterstattung quo vadis? Ein Vergleich der acht wichtigsten Nachhaltigkeitsstandards. In: Businessart (3/2015) Gründerzeit 2.0. Das Magazin für nachhaltiges Wirtschaften. Lebensart Verlag, St. Pölten, S 33–35

Suchanek A (2015) Unternehmensethik. In: Vertrauen investieren. Mohr Siebeck, Tübingen

WEISS Wirtschaftsethikinstitut (o. J.) Integrativer Ethik & CSR Check – 360° Analyse mit Gütesiegel. Folder, Eigenverlag

WEISS Wirtschaftsethikinstitut (2017) Wirtschaftsethikinstitut. www.ethik.eu. Zugegriffen: 25. Apr. 2017

Weiterführende Literatur

Glauner F (2013) CSR und Wertecockpits. Mess- und Steuerungssysteme der Unternehmenskultur. Springer Gabler, Berlin, Heidelberg

Glauner F (2015) Dilemmata der Unternehmensethik – Von der Unternehmensethik zur Unternehmenskultur, Berlin, Heidelberg. In: Schneider A, Schmidpeter R (Hrsg) Corporate Social Responsibility. Verantwortungsvolle Unternehmensführung in Theorie und Praxis. Springer Gabler, Berlin Heidelberg, S 237–252

Dr. Franz Schils hat seit 2014 die Stabsstelle für Ökosoziales Wirtschaften (vormals: Kirchlichkeitskriterien, Ethik und Nachhaltigkeit) im Bistum Gurk inne. Er ist promovierter Pastoraltheologe, diplomierte am Institut für Ethik und Gesellschaftslehre in Graz, absolvierte eine Ausbildung zum Akademischen Businessmanager in Klagenfurt und verschiedene andere in den Bereichen Organisation, Implementierung und Begleitung von Bildungsprozessen und der ganzheitlichen Projektentwicklung. Der berufliche Werdegang entspricht dem: Pfarrei-Pastoralassistent/Schule, Seelsorgeamt, Stiftsdirektor, Vorstand des Wirtschaftsethikinstitutes, Stabsstelle beim Bistum. Ökosoziales Wirtschaften, Nachhaltigkeit, Wertemanagement, CSR, Spiritualität und Management sind die aktuellen Schwerpunkte.

Selbstbestimmtes Lernen im Prozess der Arbeit

Lernen im Arbeitsprozess – das wichtigste lernt man im Job?

Katrin Keller

1   Lernen im Prozess der Arbeit – ein Modethema?

Lernen ist in der heutigen Gesellschaft zu einem ubiquitären Begriff geworden, welcher – in einer Welt stetigen Wandels – einer permanenten Beschleunigungs- und Veränderungsdynamik unterliegt. Wohingegen sich zu Beginn der 2000er-Jahre, die Gemüter in Organisationen aufgrund dienstrechtlicher und organisatorischer Details zu erhitzen schienen, wird der Wert von in den Arbeitsalltag integrierter Lernprozesse heutzutage als unweigerlicher Erfolgskatalysator betrachtet. Was damals nur dann als erfolgsversprechend gelernt galt, indem ein Zertifikat dies anschließend bestätigte, wird von einem Verständnis abgelöst, dass Lernen am Arbeitsplatz prozesshaft erfolgt. Gelerntes damit in die Arbeitsabläufe umgehend integriert wird und zugleich erprobt werden kann. Gefördert wird dies insbesondere durch die sich stetig weiterentwickelnden Digitalisierungsbestrebungen unserer Gesellschaft, die zur Förderung und Entwicklung einer Beschäftigungsfähigkeit des Einzelnen, gleichsam aber auch der Handlungsfähigkeit einer Organisation, beitragen (können). So gilt es, Phasen der Aus- und Weiterbildung, der Erwerbstätigkeit und Arbeitslosigkeit, aber auch Umschulungs- und Anpassungsbestrebung wie auch Selbstständigkeit zu berücksichtigen.

Bildung gilt in all diesen Bereichen als „Schlüssel" für eine erfolgreiche und sich an wandelnde Herausforderungen anpassende Gesellschaft. Einhergehend mit dem anhaltenden Paradigmenwechsel von einem qualifikations- zu einem zunehmend kompetenzorientierten Lernprofil, lässt sich die Notwendigkeit tiefgreifender Veränderungen in Aus- und Weiterbildung ableiten. Die Unternehmenswelt wird durch eine konstante Zugänglich-

K. Keller (✉)
Institut für Gesundheitswissenschaften
Pallottistraße 3, 56179 Vallendar, Deutschland
Berufsakademie für Gesundheits- und Sozialwesen Saarland
Konrad-Zuse-Straße 3a, 66115 Saarbrücken, Deutschland
E-Mail: k.keller@bagss.de

© Springer-Verlag GmbH Deutschland, ein Teil von Springer Nature 2018   97
K. Keller und F. Lorenz (Hrsg.), *CSR im Gesundheitswesen*,
Management-Reihe Corporate Social Responsibility,
https://doi.org/10.1007/978-3-662-55937-6_5

keit zur digitalen Welt vor die Herausforderung gestellt, Weiterbildung nicht mehr nur als ein dyadisches Lehr-Lern-Verhältnis zu betrachten, sondern vielmehr deren ganzheitlichen Charakter als informelles und formelles „Lehr-Lernkonstrukt" zu begreifen. Wobei nicht mehr nur der Einzelne als lernender Akteur verstanden wird, sondern auch die gesamte Unternehmung ihre Kompetenzen erweitert. Weiterbildung ist damit als Inbegriff organisatorischer Wandlungsprozesse und Indikator zur Sicherung von Unternehmensproduktivität und -attraktivität zu verstehen.

Für Organisationen bedeuten „gut" ausgebildete, kompetente Mitarbeiter ein sicheres Mittel, wenn nicht sogar *die* wichtigste Ressource, um im Wettbewerb bestehen zu können. Der hohe Innovationsdruck und die zunehmende Komplexität von Veränderungen in der Arbeitswelt, fordern jeden Einzelnen heraus, nicht nur *aktuell* „kompetent zu sein", sondern auch flexibel und zur stetigen Weiterentwicklung bereit zu sein.

In diesem Zusammenhang ist es unvermeidlich und drängend, Lernen an Prozessen und an den Möglichkeiten neuer Informations- und Kommunikationstechnologien zu orientieren. Die überkommene Trennung zwischen Arbeiten und Lernen löst sich zunehmend auf und die Prozesshaftigkeit rückt in den Vordergrund moderner Arbeitsverständnisse. Bislang etablierte Dynamiken, Inhalte und Formen von Lernen unterliegen einer Neuformatierung. Wo das Internet schon nahezu selbstverständlich als „Ratgeber" und „Experte" bei (plötzlich) auftretenden Herausforderungen genutzt wird und damit als zentrales Distributionsmedium unterschiedlicher Lernressourcen der heutigen Zeit angesehen werden kann (vgl. Lermen und Pätzold 2010, S. 73), verlieren formal organisierte Lernformate dennoch nicht an Bedeutung. Der Trend verdeutlicht eine Verschiebung dahingehend, dass theoretische Lerninhalte digital vermittelt werden, wohingegen deren kompetenzorientierter Transfer in die Praxis weiterhin von Präsenzveranstaltungen gefördert wird.

Da Lernen meist von der Motivation des Einzelnen abhängig ist und damit auch der Erfolg von autodidaktischen Lernprozessen im Arbeitsalltag, bedarf es einer lernförderlichen Kultur in Form von Akzeptanz und Förderung. Was den Einsatz und die Kombination neuer/veränderter Lernformen betrifft, unterscheiden sich die Interessenslagen von Führungskräften, Tarif- und Sozialpartnern sowie Beschäftigten in Unternehmen meist deutlich. Eben dieses Spannungsfeld zwischen Wissenschaft und Praxis gilt es weiterhin auszuloten. Neben aktuellen wissenschaftlichen Erkenntnissen der Lehr-/Lernforschung, insbesondere in dem Bereich neuer Medien, sollen die normativen Aussagen dieses Beitrages durch die im Rahmen einer quantitativen sowie qualitativen Studie, die in einem führenden deutschen Telekommunikationsunternehmen im Bereich der Weiterbildung im Jahr 2007 erhoben wurde, gestützt werden.

2 Zum Wert digitalen Lernens

Wie jeder Arbeitsprozess stellt auch jeder Lernprozess einen individuellen und komplexen Vorgang dar, der durch Emotionen und Motivationen angetrieben wird. Aber auch stetig wachsende Anforderungen und Interessenslagen verschiedener Akteure unterstützen den erwachsenenbildnerischen Auftrag zum lebenslangen Lernen positiv und fordern das Individuum zur stetigen Weiterentwicklung heraus. Auch ein Unternehmen das zukunftsfähig bleiben will, muss lernen, um (neues) Wissen generieren zu können, Stichwort Wissensmanagement. Nahezu täglich konfrontiert uns der Arbeitsalltag mit Herausforderungen, die durch Innovation und Komplexität regelrecht zum Lernen auffordern. Viele Unternehmungen betrachten daher arbeitsprozessorientiertes Lernen als Alternative zu Präsenzveranstaltungen. Der formelle und zentral ausgerichtete Gegenstand betrieblichen Lernens in Seminaren („learning-of-the-job", Keller 2008, S. 61) wird folglich zunehmend entgrenzt – hingehend zu einem dezentralen Lernen am Arbeitsplatz („learning-on-the-job", Keller 2008, S. 61) und einem arbeitsplatznahen Lernen („learning-near-the-job", Keller 2008, S. 61). Besticht das formelle Lernen zwar durch seinen hohen Grad an Strukturiertheit, seiner Nähe zu Qualitätsprozessen und Vergleichbarkeit von Leistungen/Qualifikationen, überzeugen informelle Lernprozesse insbesondere durch ihre individuell situativen und sinnerfüllten Handlungsmaximen, aus denen sie hervorgehen. Womit informelles Lernen am Arbeitsplatz keineswegs eine Neuentdeckung darstellt. Gelernt wurde „schon immer" durch neugieriges Beobachten und Adaptieren wirksamer Arbeitsprozesse/-techniken/-methoden (vgl. Ritzenhoff und Ortmeyer 2017, S. 48 f.).

Verbunden mit der Bedeutungszunahme informellen Lernens, sich wandelnden Kompetenzanforderungen und forcierenden Entwicklungen im digitalen Bereich, tendiert die „neue Art" des Lernens zu einer stärkeren Medienorientierung in der Umsetzung von Lehr-/Lernprozessen. So wurde dem Einsatz multimedialer und interaktiver Medien schon zu Beginn des 21. Jahrhunderts ein besonders hohes Potenzial zugesprochen (vgl. Schiersmann und Remmele 2002, S. 39; vgl. auch Lermen und Pätzold 2010, S. 71). Der aktuellen Prognose des MMB-Instituts in Essen, welches einen Wachstumsumsatz in der E-Learning-Branche in Deutschland von 116 % in den kommenden fünf Jahren erwartet (vgl. Pichler 2017, S. 43), kann demnach positiv entgegengeblickt werden (vgl. Pichler 2017, S. 42).[1] Der Arbeitsprozess erhält ein „didaktisches Korsett", das die Kombination verschiedener Lernorte und -methoden ermöglicht, sodass beispielsweise das in einem Seminar erlernte Fachwissen, durch transferorientierte Maßnahmen am Arbeitsplatz ergänzt wird. Einhergehend mit der Zunahme autodidaktischen Lernens ist es Mitarbeitenden dank Internet möglich, punktuell aufkeimende Wissenslücke umgehend zu bearbeiten und zu schließen, was wiederum eine direkte Integration und Erprobung erlernter Inhalte in den Arbeitsprozess ermöglicht und die individuelle Handlungskompetenz fördert. Wohingegen Arbeitsaufgaben delegiert werden können, sind Lernprozesse stets an das Individuum gebunden. Für den Lernenden wird jedoch durch elektronische Lernarrangements in der Arbeit die Möglichkeit erschaffen, selbstbestimmt den Lernprozess zu organisieren. Das heißt, das Lernen in der eigenen Lerngeschwindigkeit, das Anknüpfen an vorhandenes Vorwissen, die Berücksichtigung der eigenen Lerngewohnheiten (Methodik,

---

[1] Als Grundlage des prognostizierten Umsatzwachstums wurde der Mittelwert aller Experteneinschätzungen, die im Rahmen der Studie „Digitale Bildung auf dem Weg ins Jahr 2025" befragt wurden, angenommen.

Ort, Zeit), wie auch die Entscheidung ob alleine oder in einer Lernpartnerschaft gelernt wird. Aufgrund ihrer hohen Affinität zum Arbeitsprozess kommt insbesondere kommunikativen Lernarrangements, z. B. „E-Mail, Computer- und Videokonferenzen, Chat- und Diskussionsforen [oder] Newsgroup[s]" (Wiater 2007, S. 30) eine erhöhte Bedeutung zu. Sie ermöglichen Mitarbeitenden einen zeit- und ortsunabhängigen Austausch von Wissen und Daten bzw. die Bereitstellung und deren Abruf auf digitalen Plattformen. Netzwerke solcher Art sind nahezu unerschöpflich, was jedoch ein wirkungsvolles Management unabdingbar werden lässt, um Qualität und Aktualität der Inhalte (beispielsweise in einem unternehmenseigenen Wiki) zu gewährleisten.

Auch für Unternehmen/Organisationen halten E-Learning Lösungen viele Vorteile bereit. Ermöglichen sie doch kostengünstig und (möglicherweise) in einem abgesteckten Zeitfenster die Anpassungsqualifizierung und Kompetenzerweiterung einer hohen Mitarbeiterzahl (vgl. Ritzenhoff und Ortmeyer 2017, S. 50). Einen weiteren Vorteil sieht Professor Fitz Breithaupt – Professor und Leiter des Department of Germanic Studies an der Indiana University Bloomington (USA) – in einer „Demokratisierung" von Lernprozessen, indem jeder Mitarbeitende, der ein bestimmtes Lernniveau durch E-Learning Systeme erreicht hat, dazu in der Lage ist, Qualifikationen in Form von Zertifikaten zu erreichen (vgl. Hornung 2016, S. 57). Der Erwerb überfachlicher Kompetenzen und auch die Möglichkeit, Quereinsteiger für eine Berufsposition zu mobilisieren, eröffnen somit in vielen Berufsfelder neue Perspektiven. Sowohl für die Unternehmung als auch für das Individuum.

Bei allen Vorteilen die elektronische Lernformen mit sich bringen, ist dennoch kritisch anzumerken, dass Lernen auch ein emotionaler Prozess ist. Nonverbale und verbale Interaktionsmuster, wie beispielsweise Feedback, lenken und bestätigen fortwährend unser Handeln. Auch im Sinne von Kompetenzentwicklung stellen soziale Lernprozesse natürliche Katalysatoren dar, indem durch Erfahrungswissen gespeiste Werte und Handlungsmotive Dritter vom Lernenden selbst reflektiert, bewertet und in zukünftige Handlungsüberlegungen/-schritte einbezogen werden. Als hybrides Lernkonzept, welches die didaktisch vorteilhaften Komponenten elektronischen Lernens mit einem Präsenzlernen in Gruppen und Trainings kombiniert, ist Blended Learning hervorgegangen. Durch die Kombination traditioneller und mediengestützter Lernformen werden einerseits das Gemeinschaftsgefühl und die Vorteile sozialen Lernens und andererseits ein weitestgehend zeit- und ortunabhängiges Lernen gewahrt. Einen sich bewährten Ablauf im Bereich Blended Learning repräsentiert die „Sandwich-Struktur" (Lermen und Pätzold 2010, S. 73), welche Phasen des Onlinelernens durch Präsenzveranstaltungen einrahmt und die Entwicklung selbstständiger Problemlösungsstrategien im Arbeitsprozess betont (vgl. Keller 2008, S. 256). Neben inhaltlichen, formalen, partizipativen und organisatorischen Aspekten, umfassen Blended-Learning-Lösungen auch technisch-technologische, wirtschaftliche und soziale Aspekte. Ausschlaggebend für deren Gewichtung ist jedoch das jeweilige Lernziel der Maßnahme. Reine E-Learning-Arrangements (bspw. Drill-and-Practice-Programme, tutorielle Programme etc.) werden häufig nur noch dann als sinnvolles Medium angesehen, wenn es um die Vermittlung von Informationen vordergründig ist (vgl. Keller 2008, S. 256). Durch die gebotene Flexibilität und Mobilität können die Vorteile des E-Learnings, z. B.

- die bereits erwähnte zeitliche und örtliche Unabhängigkeit,
- inhaltliche und methodische Aktualität,
- wirtschaftlicher und schneller Einsatz für unterschiedliche Zielgruppen und
- Vernetzung von Personen und Organisationen,

zielorientiert verfolgt werden.

Die steigende Geschwindigkeit technologischer Innovationskraft und die zunehmende Verdichtung von Arbeitsprozessen verstärken die Bedeutung lebenslangen Lernens und machen umfangreichere und anspruchsvollere Weiterbildungsmaßnahmen notwendig. Schwächen traditioneller Aus- und Weiterbildung gilt es daher, durch eine intelligente, zukunftsorientierte und integrierte Personalentwicklung aufzulösen. Dabei setzt Lernen im Arbeitsumfeld eine Arbeitsorganisation und -motivation voraus, die es ermöglicht, Herausforderungen selbstständig mit Hilfe bereitgestellter Medien zu lösen (z. B. Wikis, Cue Cards, Expertenverzeichnisse, E-Learning-Module etc.).

Im Rahmen der 2008 durchgeführten Studie hat sich beobachten lassen, dass durch in den Arbeitsprozess integriertes Lernen ein kontinuierlicher, unaufhörlicher Entwicklungsprozess von Mitarbeitern und Unternehmern stattfindet. Mit dem Ergebnis eines wechselseitig korrelierenden Wissensmanagements, dass sowohl auf Subjekt- und Gruppenebene, aber auch auf organisationaler und normativer Ebene (neue) Handlungsmöglichkeiten aufzeigt und damit sowohl personelle, operative als auch strategische Managementbereiche abdeckt (vgl. Wiater 2007, S. 108). E-Learning bietet die Möglichkeit, sich individuell und bedarfsorientiert weiterzubilden und damit ein zukunfts- und marktsicheres Niveau zu halten. Die Einheitslösung oder gar den einzigen erfolgreichen Weg gibt es nicht, deshalb könnte ein Ausweichen auf modulartige E-Learning-Lösungen ein Weg sein. Während sich einzelne Experten gegen ein „Schubladen-Modul-Denken" (vgl. Keller 2008, S. 256) aussprechen, befürworten andere die sich durch den modulartigen Einsatz von Lerneinheiten ergebende Flexibilität und Wiederholbarkeit.

Unumstritten ist die wahrnehmbare Herausforderung, für die heterogene Gruppe Lernender ein Umfeld zu schaffen, welches Lernen am Arbeitsplatz ermöglicht und gleichzeitig die Interessenslagen und strategischen Entwicklungsziele des Individuums und der Unternehmung berücksichtigt. Als Voraussetzung für die Wirksamkeit betrieblicher Weiterbildungen, insbesondere unter dem Einsatz modularer E-Learning-Arrangements, sollen folgende Punkte genannt sein:

- die Motivation, Bereitschaft und Befähigung des Lernenden selbstständig und konsequent zu lernen,
- die Bereitschaft, Wissen und Lernerfahrungen zu teilen,
- die Anerkennung und Berücksichtigung Mitarbeiter-/Expertenwissens durch Vorgesetzte (vgl. Schiersmann und Remmele 2002, S. 78), aber auch

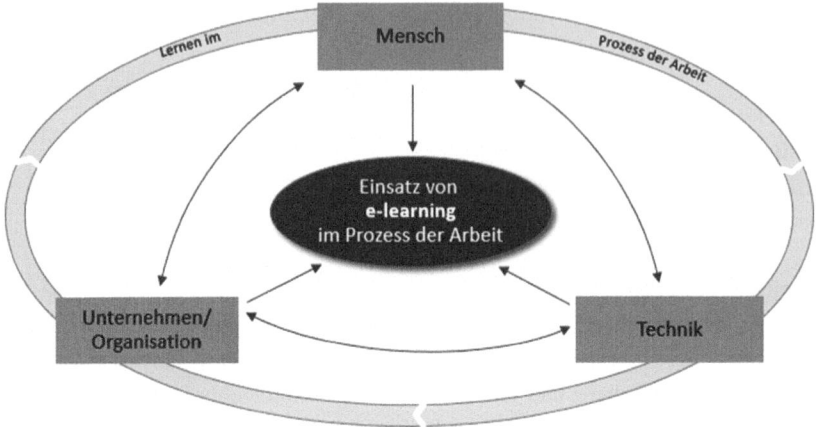

Abb. 1 Kreislauf zwischen Mensch, Unternehmen und Technik

- der Abbau von Lernbarrieren und die Etablierung einer wertschätzenden, offenen und zielorientierten Lernkultur, die sowohl individuelle als auch partizipative Lernprozesse im Arbeitsprozess ermöglichen (vgl. Schiersmann und Remmele 2002, S. 78).

Weiterbildung gilt es stets als einen dynamischen und ganzheitlichen Prozess an dem Dreiecksverhältnis zwischen Mensch, Unternehmen/Organisationen und Technik auszurichten. Dabei ist es irrelevant, an welcher Stelle eine Veränderungsnotwendigkeit erforderlich ist, da die Bereiche sich gegenseitigen bedingen. Um Weiterbildung zukünftig weiter zu festigen und Lernen und Arbeiten noch enger miteinander zu verzahnen, bedient sich die Praxis weiterer kompetenzförderlicher Maßnahmen:

- Lerninseln,
- Werkstattzirkel,
- Lernfabriken,
- Planspiele,
- Open-Space-Konferenzen,
- Coaching sowie
- alternative Methoden zum Arbeitsalltag (vgl. Schiersmann und Remmele 2002).

Neben pädagogischen Erkenntnissen stellt Lernen auch aus Sicht neurologischer Erkenntnisse eine feste Dimension menschlichen Lebens dar (vgl. Ritzenhoff und Ortmeyer 2017, S. 48) und schwingt somit auch im Arbeitsprozess unweigerlich und permanent mit. Fokussiert auf das vordergründige Ziel, die Handlungskompetenz von Mitarbeitenden und dadurch auch die sich kollaborativ zusammensetzende Handlungskompetenz der Unternehmung aufrecht und aktuell zu halten, sollte Lernen und Arbeiten eng miteinander verzahnt sein. Denn durch seinen hohen emotional besetzten Charakter entwickelt sich die Handlungskompetenz Lernender erst dann, wenn reale Problemsituationen und Entscheidungsprozesse bewältigt werden müssen (vgl. Erpenbeck und Sauter 2015, S. 15). Lernorte und -inhalte demzufolge am Arbeitsplatz oder an den dortigen Aufgaben und Herausforderungen auszurichten, ermöglicht eine Sensibilisierung, Übung und Verinnerlichung wirksamer Methoden und Vorgehensweisen (vgl. Erpenbeck und Sauter 2015, S. 23).

3 Mein Arbeitsplatz – mein Selbstlernzentrum

Lernen im Arbeitsprozess stellt grundsätzlich eine notwendige Herausforderung dar, um dem alltäglichen Wettbewerbsgeschehen standhalten zu können. Dabei hat sich nahezu unbemerkt in der Entwicklung elektronischen Lernens eine Revolution vollzogen. Wo sich zunächst die reine Fokussierung auf die Vermittlung von Wissen stützte, nimmt heute aus lerntheoretischer Perspektive der soziale Aspekt eine immer wichtigere Rolle ein. Einhergehend mit dem sich zunehmend parallel entwickelnden Kompetenzdiskurses, ist auch eine methodische Revolution zu verzeichnen, die E-Learning so aufbereitet, dass soziale und kompetenzförderliche Aspekte berücksichtigt werden (vgl. Erpenbeck und Sauter 2015, S. 30 f.). Dazu zählen insbesondere kommunikative Austauschmöglichkeiten wertvollen Erfahrungswissens.

Ob Ihr Unternehmen die Voraussetzungen zum Lernen im Arbeitsprozess erfüllt? Auch in der heutigen Zeit fällt auf, dass Lernen gerne in den meisten Unternehmen ein rhetorisches Thema zu bleiben scheint und oftmals lediglich Eingang in die Selbstbeschreibung der Unternehmenskultur, Leitbilder und Visionen findet. Im Sinne eines wirksamen und nachhaltigen Wissensmanagements ist es daher wichtig zu überlegen, ob das Unternehmen Beschäftigte möchte, die motiviert und bereit dazu sind, sich Wissen selbstständig anzueignen als auch ihr Wissen mit Kollegen zu teilen. Trifft dies zu, um Produktivitätsgewinne und Effizienzvorteile nachhaltig sicherstellen zu wollen, so muss die Bereitschaft und Möglichkeit im Arbeitsprozess zu lernen konsequent ermöglicht und anerkannt werden. Damit einher geht die Investition von Lernorten und -möglichkeiten im Sinne von Raum, Zeit und Vertrauen in die Autonomie des Lernenden. Mögliche Fehlschläge gilt es dabei einzukalkulieren und in Kauf zu nehmen. Lernen und Arbeiten wachsen in diesem Prozess am Arbeitsplatz und mittels elektronischer Unterstützungsformate fortwährend enger zusammen.

Literatur

Erpenbeck J, Sauter W (2015) Wissen, Werte und Kompetenzen in der Mitarbeiterentwicklung. Ohne Gefühl geht in der Bildung gar nichts. Springer Gabler, Wiesbaden

Hornung S (2016) Wenn der Computer schon bald den Lehrer ersetzt. wirtschaft+weiterbildung 9/2016:54–57

Keller K (2008) Netzbasiertes Lehren und Lernen in der betrieblichen Weiterbildung. Eine Fallstudie am Beispiel der Telekom. Gabler, Wiesbaden

Lermen M, Pätzold H (2010) E-Learning. In: Arnold R, Nolda S, Nuissl E (Hrsg) Wörterbuch Erwachsenenbildung. Julius Klinkhardt, Regensburg, S 71–74

Pichler M (2017) E-Learning-Branche erwartet exorbitante Wachstumsphase. wirtschaft+weiterbildung 1/2017:42–45

Ritzenhoff S, Ortmeyer H (2017) Informelles Lernen mit E-Learning. wirtschaft+weiterbildung 1/2017:48–51

Schiersmann C, Remmele H (2002) Neue Lernarrangements in Betrieben. Theoretische Fundierung. Einsatzfelder. Verbreitung. In: Arbeitsgemeinschaft Betriebliche Weiterbildungsforschung e. V. (Hrsg) QUEM-report. Heft 75/2002

Wiater W (2007) Wissensmanagement. Eine Einführung für Pädagogen. VS, Wiesbaden

Prof. Dr. Katrin Keller leitet als Professorin für Personal- und Organisationsentwicklung den Studiengang ‚Berufspädagogik im Gesundheitswesen' an der Berufsakademie für Gesundheits- und Sozialwesen Saarland und verantwortet für die Marienhaus Holding GmbH die unternehmensinterne Akademie für ärztliche Fort- und Weiterbildung im akademischen als auch nicht akademischen bildungswissenschaftlichen Bereich. Seit ihrem Studium und Doktorat im Bereich Erwachsenenbildung/-Weiterbildung arbeitet sie zusätzlich als Dozentin an Universitäten und Fachhochschulen. Ferner weist die Autorin langjährige Beratungs- und Trainingserfahrungen in den Bereichen Führung, Personalentwicklung und Unternehmens-/Organisationsentwicklung auf.

Integration der CSR in die Praxis – oder: Wie befähigen wir Menschen einer Organisation zu dauerhaftem sozialverantwortlichem Denken und Handeln?

Oliver Fink

1 Ein Stückchen aus der Wirklichkeit

Steigen wir gleich in ein fiktives Szenario ein, dessen Ähnlichkeit mit wirklichen Abläufen und real existierenden Personen kein Zufall sein dürfte. Es ist so weit: Die Arbeit des Ausschusses ist getan, die finale Formulierung der neuen Corporate-Social-Responsibility(CSR)-Ausrichtung gefunden, das handliche Booklet in hochwertiger Veredlung den Führungskräften und leitenden Angestellten der Organisation überreicht. Über 18 Monate hat es gedauert vom ersten Kick-off-Workshop bis zur Freigabe des Papiers. Das Lenkungsgremium ist zufrieden, irgendwie fällt eine Last von allen Beteiligten ab.

Circa neun Monate später nimmt ein Mitglied der Geschäftsleitung, nennen wir ihn Dr. Grossmann, das damalige Begleitschreiben zum CSR-Booklet in die Hand. Er liest es aufmerksam, nimmt anschließend einen tiefen Atemzug und fragt sich:

- Was hat sich wirklich getan in der Organisation? Konnte sich die soziale Perspektive im internen und externen Einflussbereich bereits zu einer festen und flächendeckenden Gewohnheit in Entscheidungsprozessen verankern, wie das die ursprüngliche Absicht war?
- Haben die angesprochenen Führungskräfte ihren Job gut gemacht und Impulse zur ökonomischen, ökologischen und sozialen Verantwortung im Hause und im Kerngeschäft auslösen können?
- Wurden die ehrbaren, schriftlich festgehaltenen Bemühungen zum „Gutes tun" von allen Angesprochenen 1. gehört/gesehen, 2. verstanden, 3. angenommen und 4. umgesetzt?

O. Fink (✉)
fink different
Am Frauenhofgut 38, 71154 Nufringen, Deutschland
E-Mail: oliver.fink@finkdifferent.de

© Springer-Verlag GmbH Deutschland, ein Teil von Springer Nature 2018   105
K. Keller und F. Lorenz (Hrsg.), *CSR im Gesundheitswesen*,
Management-Reihe Corporate Social Responsibility,
https://doi.org/10.1007/978-3-662-55937-6_6

Diese entscheidenden Fragen lassen Grossmann keine Ruhe. Er geht einige Wochen persönlich durch seine Organisation, befragt das Personal (Führungskräfte, Ärzte, Pflegepersonal, Auszubildende etc.) in aufwendigen Einzelinterviews und zieht ein ernüchterndes 4-Punkte-Fazit:

1. 36 von 48 persönlich Befragten wussten nicht genau, was mit dem CSR-Ansatz, den er aus dem CSR-Booklet wörtlich zitierte, gemeint ist.
2. 28 Personen konnten nicht sagen, was der Begriff Corporate Social Responsibility für die eigene Organisation konkret bedeutet.
3. Nur 8 Personen konnten sich spontan erinnern, dass vor einiger Zeit darüber intensiver gesprochen wurde.
4. Lediglich 4 Personen kannten die Inhalte und Kernbotschaften einigermaßen gut – sie hatten allesamt selbst daran mitgearbeitet.

Hier ist ein fiktives Szenario beschrieben, das eine gewisse allgemeingültige Tendenz zugegebenermaßen dramatisiert. Es bringt uns jedoch der Frage der Erfolgskriterien für die Umsetzung bereits ein wenig näher. Die 48 befragten Personen sind natürlich nicht repräsentativ für eine Organisation mit vielleicht über 1000 Angestellten, mag nun mancher einwenden. Unser erdachter Dr. Grossmann weiß das und will noch mehr Gewissheit über die tatsächliche Situation. Er wartet bis zum nächsten Treffen des Lenkungskreises und setzt das CSR-Thema weit oben auf die Agenda. Ein Kollege startet nach anfänglichen eindringlichen und klaren Worten von Dr. Grossmann die Diskussion: „CSR? Hatten wir das Thema nicht monatelang auf der Agenda und vor fast einem Jahr schon verabschiedet?" Was für ein tragisches Wortspiel mit dem „Verabschieden", denkt Grossmann und hört sich weitere Meinungen gespannt an und wirft nun ein wenig emotional engagierter in die Runde, was getan werden muss, damit die mit viel Mühe formulierten Inhalte, merkfähigen Kurzbotschaften und detaillierten Beschreibungen des stufenweisen „Rollouts" ihre gedachte Wirkung entfalten. Einige hören gespannt zu, andere sitzen mit verschränkten Armen am Tisch und lehnen sich distanziert zurück. Grossmanns Stimme verrät Entschlossenheit, als er einzelne Aussagen aus dem Booklet zitiert. „Der Pressebericht über die Energieeinsparungsmaßnahmen war fast eine halbe Seite groß" wirft ein Kollege erwartungsvoll in die Diskussion ein. Ein anderer erinnert sich: „Als wir alle hier im Lenkungskreis gemeinsam das Seniorenheim kurz vor Weihnachten gestrichen haben, war ein toller Teamspirit spürbar." Alle nicken mehr oder weniger sichtbar und sind sich irgendwie erleichtert darüber einig, dass doch einiges in Richtung CSR geleistet wurde.

Grossman gibt jedoch zu bedenken: „Diese Aktionen sind ein erster Erfolg, keine Frage. Sie haben Leuchtturmcharakter und können als nachahmenswertes Beispiel dienen. Wir wollten jedoch ein neues Verständnis von Verantwortung initiieren und integrieren. Wir wollten eine Haltung für Fairness, für soziale Verantwortung bei allen Mitarbeitern der Organisation, in unseren Abteilungen und angeschlossenen Häusern verankern. Und zwar überall, vom Arbeitsschutz über den Gesundheitsschutz aller Mitarbeiter. Ist das schon Status quo bei uns? Hat das schon jeder verstanden? Außerdem: Wir wollten unsere Angestellten ermuntern, dass sie sich persönlich einsetzen, sich nützlich machen und eigene Ideen entwickeln. Aber irgendwie kommt es mir so vor, als sei die Luft schon wieder raus." Wieder nicken alle, dieses Mal etwas verhaltener. „Schließlich haben wir alle auch noch andere Dinge zu tun" wird schnell und so realitätsnah aus dem Betriebsrat eingeworfen. „Wir sind froh, wenn wir die Überlastung in Grenzen halten können. Es gibt bei uns keine Freiräume für kühne Überlegungen zu mehr CSR im Daily Business. Bei allem anzustrebenden Gutmenschentum, wir müssen auch betriebswirtschaftliche Ziele erreichen – und das bei knappem Budget und viel zu wenig Personal" knirscht es leicht zynisch aus dem Controlling-Vertreter.

Einige Tage später sitzt Grossmann an seinem Schreibtisch, reflektiert und wertschätzt die Kommentare seiner Kollegen und blättert nochmals kritisch das CSR-Booklet mit seinen vielen emotionalen, austauschbaren Bildern aus den gängigen Digitalarchiven durch und fragt sich: „Wie befähigen wir unter diesen Umständen und verschärften Randbedingungen unsere Leute dauerhaft zum konkreten sozialverantwortlichen Denken und Handeln?" Womit wir wieder beim Titel der Geschichte angelangt sind und aus der Fiktion in die Realität übergehen wollen.

2   Die angestrebte Flughöhe der CSR

Corporate Social Responsibility ist ja nicht nur eine wünschenswerte Diskussion über ethische, ökologische, menschenfreundliche oder auch gesetzliche Themen in hoher und rein kognitiver Betrachtungsflughöhe. Corporate Social Responsibility versteht sich in der Folge der Implementierung viel mehr als eine gestaltete Initiative in die Unternehmens-/Organisationskultur mit teilweise noch recht wackelig anmutenden Starts und Landungen, um bei dieser Metapher zu bleiben. Bis aus einem CSR-Konzept eine Alltagsgewohnheit geworden ist, kann es lange dauern. Denn dabei werden Denkweisen und Einstellungen verändert. Das ist alles andere als eine psychologische, gruppendynamische oder auch organisationale Kleinigkeit. Es ist vielmehr ein mächtiges Change-Management-Projekt, wenn es nicht als bloße Alibi-Übung verstanden werden soll. Diese hoffentlich normativ und strategisch abgeleitete Richtungslenkung verändert langfristig die Kultur einer Organisation, schafft neue Entscheidungsgrundlagen und offenbart sich durch neu gelernte und real verankerte Annahmen, die nach einiger Zeit zu gewohnheitsmäßigen Handlungsmaximen führen.

Wie ausgeprägt und umfangreich solch eine Veränderung sein soll, hängt letztlich von der gewünschten Funktion und Ernsthaftigkeit des Vorhabens ab.

CSR-Szenario A, B und C:

A. Soll „unser Verständnis von CSR" als angesagter schicker Sozialmantel die Reputation der Organisation in ein öffentlichkeitswirksames, modernes Licht rücken?
B. Soll „unser Verständnis von CSR" einen differenzierenden Wettbewerbsfaktor generieren, um z. B. die immer knapper werdende Ressource qualifizierter Fachkräfte anzulocken (= > Employer Branding)?
C. Soll „unser Verständnis von CSR" das Primat der Wirtschaftlichkeit ergänzen oder ihr zumindest ebenbürtig werden?

Ich wage an dieser Stelle kein Urteil, vielleicht ist die Realität in vielen Organisationen irgendwo zwischen diesen Fragen zu suchen. Eines ist jedoch unbestritten: CSR bietet eine Vielzahl an Möglichkeiten, innerhalb und außerhalb der Organisation Gutes zu tun und über das Getane imagefördernd zu berichten. Nun ist CSR in Reinform keine losgelöste Einzelmaßnahme, wie z. B. die Ausweitung flexibler Arbeitszeiten. Es ist primär eine innere Haltung, die internes und externes Handeln zukünftig und maßgeblich für alle Aktivitäten in der Organisation dirigiert und ausrichtet. Das Ergebnis ist eine neue, sich immer stärker ausprägende und vor allem wahrzunehmende Organisationskultur. Und genau damit beginnt die Komplexität und Trägheit. Denn: Kultur kann nicht einfach angeordnet werden wie ein schnell wirkendes Arzneimittel – sie braucht Zeit für Entwicklung und Veränderung. Vielleicht ist das der wesentliche Punkt, den manche zu Beginn der Arbeit an der CSR ein wenig unterschätzen.

Bereits Anfang der 1950er-Jahre schrieb Howard R. Bowen (1953) über das Konzept der CSR (Buchtitel *Social Responsibilities of the Businessman*). Er umschreibt CSR als ein verantwortliches, unternehmerisches Handeln innerhalb des Wertekanons mit der Gesellschaft und dem Umfeld – als ethisch verankertes Handeln. An der Stimmigkeit dieser Aussagen gibt es bis heute nichts auszusetzen. Was bei dieser Formulierung besonders heraussticht, ist das Wort „Handeln". Handeln betrifft eben nicht nur den engagierten Kreis verantwortlich Denkender oder den verabschiedeten Maßnahmenkatalog und die anschließende Verteilung desselben, sondern vor allem das konkrete, proaktive Erzeugen des neuen „Mindsets", die konsequente Umsetzung der neuen Strategie und der daraus abzuleitenden Maßnahmen.

Es gibt fast keine unternehmerische Tätigkeit, die man beim CSR-Fokus außen vorlassen könnte, besonders wenn wir das Idealszenario C (siehe oben) betrachten. Es ist ein tiefgreifender Prozess, der alle Gestaltungs- und Steuerungsprozesse wie durch einen Filter laufen lässt: den Filter namens CSR. Das ist der Punkt der Ernsthaftigkeit, er mündet in das Phänomen der Komplexität. Wir sollten bei CSR realistischerweise in Jahren rechnen, wenn es um die Frage des Zeitrahmens geht. Doch nicht nur die Zeit gilt es zu „managen", sondern auch die Kaskadierung definierter und zu kommunizierender Überzeugungen.

Denn vom Topmanagement bis zur in der Organisation tätigen Reinigungskraft sollte allen bekannt gemacht werden, was CSR konkret heißen soll. Da ist das verteilte Hochglanzrelikt namens CSR-Booklet eines erdachten Herrn Dr. Grossmann einfach zu wenig. Es braucht vielmehr einen gut geplanten und strategisch verankerten Gesamtkommunikationsprozess, mit integrierten Kernbotschaften und mit allen zur Verfügung stehenden Kommunikationsmitteln (Print, Online, Live etc.). Hoffentlich professionell und zur Organisation passend gestaltet, in empathischer Anmutung und konsequentem Rollout. Corporate Social Responsibility ist eben genau nicht nur eine einzelne Sponsoringmaßnahme im jeweiligen Organisationsumfeld, sondern ein komplexer Mix verschiedener, strategisch verknüpfter Disziplinen von Denk- und Handlungsfeldern aus dem Gesamtkontext der Organisation, wie z. B. Materialfluss, Energie, Sicherheit, Regelkonformität, Diversity, Weiterbildung etc.

3 Corporate Social Responsibility ist überall gleich, bloß ganz anders

Klar ist: Ein ganzheitlicher, komplexer Ansatz verlangsamt die Geschwindigkeit der Umsetzung, es entsteht eine zu erwartende Trägheit. Das kostet persönlich und organisational Kraft und Zeit, viel mehr als in der Regel angenommen wird. Ich plädiere für realitätsnahe Betrachtungsgrundlagen, langfristige Planungshorizonte, viel, viel Ausdauer in der Führung und ein hohes Maß an „Emotional Involvement" aller Beteiligten, damit die entworfene CSR-Identität eine attraktive und positiv-stimulierende Identifikation bei allen Beteiligten ermöglicht. Durch Wertschätzung und eine zu diskutierende Werteübereinkunft können Führungskräfte motivieren. Ansonsten siegt der Frust und leidet die Lust.

Bei aller guten Absicht solcher CSR-Vorhaben muss der Anspruch an die Verantwortung für gesellschaftspolitische Belange immer in ausgewogener Balance zu den ökonomischen Erfordernissen und Voraussetzungen sowie den marktbedingten Effizienzbestrebungen stehen. Dies gilt in besonderer Weise für den Gesundheitsmarkt. In einem Krankenhaus bedeutet das, Bedürfnisse und Ansprüche der Patienten, aber auch der Zuweiser und vor allem der Kostenträger, unter Berücksichtigung der rechtlichen, ökonomischen und gesellschaftlichen Rahmenbedingungen, passend aufeinander abzustimmen. Was CSR im Einzelnen und unter der Berücksichtigung der ethischen und wohltätigen Aspekte im Gesundheitsmarkt überhaupt bedeutet, ist allerdings nicht Gegenstand dieser Betrachtung. Dieser Beitrag richtet den Blick vielmehr auf die Problematik der Umsetzung, und zwar ab dem Moment, an dem ein CSR-Konzept in Form eines Strategiepapiers, einer Mission/Vision oder eines wie auch immer genannten Leitbildes erstellt und verabschiedet wurde.

Was dann zu tun ist, ähnelt den Mechanismen in nahezu jeder Organisation, ob im Gesundheitsmarkt, in der freien Wirtschaft oder im Public Sector (Städte, Kommunen, politische Organisationen etc.). Es drängte sich die Frage auf, ob nicht gerade im Gesundheitsmarkt der Begriff CSR nicht bereits längst realisiert und umgesetzt ist; es geht schließlich, ein wenig salopp formuliert, um das Sozialwesen Mensch und seinen umfassenden Erhalt. Ja, es mag sein, dass hier CSR einige thematisch bedingte Vorsprünge aufweisen kann.

Folgendes Zitat aus „Management der sozialen Verantwortung in Unternehmen" (Winistörfer et al. 2012, S. 344) unterstreicht diesen Vorsprung. Im Rahmen eines Forschungsprojekts des Instituts für Nachhaltige Entwicklung und der Zürcher Hochschule für Angewandte Wissenschaften (ZHAW) ist über das Spital Zofingen zu lesen: „Als regionales Gesundheitszentrum ist eine soziale Verantwortung des Unternehmens bereits eng mit dem Leistungsauftrag verknüpft. Die Wahrnehmung der sozialen Verantwortung gegenüber der Gesellschaft gehört zu einem tragenden Element in der Unternehmensphilosophie und ist entsprechend im Unternehmensleitbild verankert." Einige Zeilen weiter wird deutlich, dass an CSR hohe Erwartungen gestellt werden: „Getragen wird diese Ausrichtung von der Überzeugung der Spitalführung, dass die Wahrnehmung der sozialen Dimension sowie die Kommunikation der sozialen Leistungen für den guten Ruf des Spitals, das Vertrauen der Bevölkerung und das ökonomische Gedeihen heute und in Zukunft von ausschlaggebender Bedeutung sein werden. Wurden soziale Leistungen in der Vergangenheit mit Mehrkosten für eine Unternehmung in Verbindung gebracht, zeigen betriebswirtschaftliche Überlegungen mehr und mehr, dass sich soziale Leistungen auszahlen."

Ist das nicht äußerst bemerkenswert und ein deutlicher, wenn auch subjektiver Hinweis darauf, dass CSR sich längst in der betriebswirtschaftlichen Ecke einen festen Platz erobern konnte? Es dürfte kein Einzelfall sein.

Aber ist nicht gerade im Gesundheitsmarkt eine groteske Realität beobachtbar, die durch immer knapper werdende Ressourcen (Personal, Finanzmittel etc.) einen sozial verantwortlichen Ablauf im Sinne einer optimalen Patientenversorgung gefährdet? Anders gesagt: Soziale Berufe (Medizin, Pflege, Therapie etc.) werden aus verschiedensten Gründen zunehmend ihres sozialen Selbstverständnisses beraubt. Also ist das Ansinnen, genau in diesem sich dramatisch verändernden Bereich über CSR nachzudenken, sehr, sehr angebracht. Der Spielraum dafür wird vielleicht durch angespannte Budgetsituationen eher kleiner als größer. Aber diese Verknappungssituation braucht erst recht kreative Ansätze und innovative Lösungen.

4 Wie kann Kreativität freigesetzt und Gruppendynamik genutzt werden?

Wir sollten uns zuerst vor Augen halten, dass die Entwicklung oder Integration hin zu einer sozialverantwortlichen Organisation meist auf breitem Konsens gestartet werden kann – was in vielen anderen Changeprozessen weniger der Fall ist. Eine organisationale Umstrukturierung, z. B. eine Firmenübernahme oder ein Zusammenschluss zweier oder mehrerer Einheiten, löst in der Regel weit mehr Angst, Trägheit, Verweigerung oder einfach eine allgemeine Unsicherheit aus, als der allgemein manifestierte Wille zum Guten, zur nachhaltigen Unternehmensführung, zu ressourcenschonenden Prozessabläufen etc. Zumindest bis es an das konkrete Tun geht. Corporate Social Responsibility stößt also zu Beginn i. d. R. auf breiten Konsens und Unterstützung. Corporate Social Responsibility schafft erfahrungsgemäß eine hohe organisationale Identifikation (OI), hat also eine tiefgehende, integrative und zumeist positive Wirkung nach innen. Ausnahmen gibt es, wie überall, auch hier. Der Zeitpunkt für den Start von CSR sollte strategisch gut gewählt sein. Die Ankündigung der Entlassung von über 800 Mitarbeitern sollte mit der Verlautbarung einer CSR-Initiative nicht unbedingt zusammenfallen. Corporate Social Responsibility wird genau dann zur unglaubwürdigen Alibi-Veranstaltung, wenn die Organisation außerhalb des angekündigten Engagements wenig soziale Verantwortung zeigt, dies wahrgenommen wird und deswegen früher oder später eine entsprechend negative Reputation entsteht.

Doch CSR hat noch mehr „drauf". Corporate Social Responsibility besitzt eine vereinigende, identitätsstiftende und identifikationsfördernde Funktion und beeinflusst das individuelle Bewusstsein für das eigene Handeln, für die Umwelt, für die Position in der Gesellschaft, für mehr Verantwortung und letztendlich für die zahlreichen Möglichkeiten, verantwortlich zu denken und zu handeln. Corporate-Social-Responsibility-basierte Engagements erzeugen bei den Beteiligten ein Gefühl des Stolzes, der Zugehörigkeit, der erlebten Entitativität und bewirken in der Regel viel Positives. Corporate-Social-Responsibility-Maßnahmen sind meist zu 100 % medientauglich, also nützlich für alle Formen von Public Relations (PR), Investor Relations (IR) oder auch – immer aktueller – als Content für kurzfristige und regelmäßige Social-Media-Strategien.

Das sind gute Voraussetzungen für die Erfolgsaussichten von CSR-Vorhaben. Effizienzprogramme haben es da ungleich schwerer. Sie erzeugen durch die drohenden Einsparungen und deren Folgen meist viel mehr Gegenwind.

5 Corporate Social Responsibility stellt wichtige Fragen an die Organisation

- Wie können wir selbst unserer sozialen Verantwortung noch stärker gerecht werden?
- Wie können wir uns durch unser internes und externes soziales Engagement positiv bemerkbar machen?
- Wie können wir uns dadurch von anderen Marktteilnehmern unterscheiden?

Corporate Social Responsibility ist bisher nur in wenigen großen Organisationen ein selbstverständlich verankertes Kulturgut. Viele Organisationen starten jedoch erste Aktionen. Eine einzelne kleine Spende alle 3 Jahre an eine Hilfsorganisation – „einsam" beschlossen in der Geschäftsleitungsebene – ist jedoch nicht wirklich ein Zeugnis eines integrativen CSR-Konzepts. Auch eine einzelne neu geschaffene Teilzeitstelle in einem Großbetrieb lässt noch keinen konzeptionellen Ansatz erkennen. Woran liegt das? Kann man sich ein konsequentes CSR nur leisten, wenn die betriebswirtschaftlichen Hausaufgaben gemacht sind und das Unternehmen über „soziales Spielgeld" verfügt?

Es gibt Gestaltungsspielräume, die auch mit „kleinem Geld" auszufüllen sind. Denn mit Geld alleine kann man sich keinen Ruf als Organisation mit hohem CSR-Bewusstsein erwerben. Vielmehr sollte mit den alltäglichen Kleinigkeiten eine CSR-Kultur aufgebaut werden, von jedem Einzelnen, durch viele Engagements und mit einer sozialverantwortlichen Grundhaltung, die im Menschen selbst zu suchen ist. Auf jeden Fall braucht CSR eine individuelle und unbedingt moralisch-ethische Reflexion, die in der Geschäftsleitungsebene stattfinden sollte.

Aus all diesen notwendigen Ausgangsüberlegungen kommen wir zur generellen Frage dieses Artikels:

▶   Wie kann eine CSR-Ausrichtung erfolgreich geführt und umgesetzt werden, damit sie sich als Selbstverständnis im Organisationsgefüge verankert?

6 Wege zur Transformation

6.1 Leitfragen zur Transformation

• Was treibt die Treiber von CSR und wie können sie ihre Begeisterung weitergeben?
• Wie sieht die Kommunikation aus, damit ein positiver Flächenbrand auf der definierten Handlungslandkarte aus einzelnen Funken erzeugt werden kann?
• Wie erreichen wir, dass sozialverantwortliches Handeln nicht als losgelöste PR-Maßnahme gesehen wird, sondern als integrativer, nachhaltiger und wesentlicher Bestandteil für alle Beteiligten innerhalb einer Organisationskultur?
• Wozu braucht es eine Steuerung und eine Kontrolle?

In diesen zielführenden Fragen zur erfolgreichen CSR-Integration, verstanden als Veränderungsphänomen mit bekannten passiven und aktiven Verweigerungstendenzen, stecken bereits vier wichtige Doppelbegriffe des gesamten Integrationsprozesses:

Erfolgsrelevante Kriterien

1) Treiber und Begeisterung
2) Kommunikation und Flächenbrand
3) Beteiligte und Organisationskultur
4) Steuerung und Kontrolle

6.2   Treiber und Begeisterung

Was treibt die Treiber von CSR und wie können sie ihre Begeisterung weitergeben?

Jede Veränderung braucht Treiber, also kompetente Verantwortliche und Akteure. Sie initiieren, konzipieren und agieren für den Erfolg der Strategie. Sie übernehmen persönlich die Verantwortung dafür. Sie sind selbst überzeugt und inspiriert. Nur intrinsisch motivierte Treiber halten den Prozess durch und können durch ihre authentische Wirkung positiv lenken und beeinflussen. Sie kommunizieren professionell und das nicht nur einmal. Wenn sie als nachhaltige Fackelträger ihrer Vision, ihres Traums, ihrer Vorstellungen keine klaren Ziele formulieren könnten, würden andere nicht folgen. Ohne verantwortliche, greifbare und von der Sache überzeugte, vorbildlich handelnde Führungskräfte – manchmal auch „nur" in einer idealerweise charismatischen Person abgebildet – ist eine Führung zum Erfolg des CSR-Konzeptes kaum möglich. Als trendorientierte und distanzierte Absichtserklärung wäre CSR auf Dauer zu schwach, um wirksam Denkweisen und Einstellungen zu verändern. Sie würde auf das Niveau einer „betrieblichen Vereinbarung zur verpflichtenden Nutzung des Handlaufes im Treppenhausbereich" herabsinken. Corporate Social Responsibility verlangt jedoch Fantasie und Kreativität, ja, sie muss Kreativitätspotenziale geradezu provozierend öffnen, für Ideen und für persönliches Engagement aller Beteiligten.

- Was können wir miteinander in unserer Organisation im Sinne einer CSR tun?
- Wie können wir uns dabei von anderen positiv und sinnvoll inspirieren lassen bzw. unterscheiden?
- Als was wollen wir in Zukunft wahrgenommen und erlebt werden?

Die neue CSR-Charta braucht handelnde und agile Akteure, identifikationsstiftende Vertreter, echte Botschafter und vor allem Macher. Solch eine glaubwürdige Personalisierung der CSR gehört mit zu den erfolgversprechendsten Maßnahmen. Das ist kein Geheimnis und kann Erfahrungen aus dem Changemanagement entnommen werden, wird aber oft vergessen.

Die Verantwortung für das Gelingen der CSR liegt also zuallererst bei deren Treibern. Sie initiieren den Wandel. Sie müssen Antworten finden auf Fragen wie z. B.:

- Was liefert die Organisation zur Nachhaltigkeit bereits schon heute?
- Was genau muss 1. verändert, 2. geschaffen oder 3. beseitigt werden, damit die soziale Verantwortung von jedem Beteiligten besser gelebt werden kann?
- Wie groß ist der Spielraum der Organisation, um umwelt- und umfeldgerecht sozialverantwortlich zu wirtschaften?
- Welche Rahmenbedingungen (politische, gesetzliche, gesellschaftliche, betriebswirtschaftliche, strategische, hierarchische, nationale, internationale etc.) sind dabei zusätzlich zu berücksichtigen?

Diese Vorgänge erinnern nicht zur zufällig an schmerzliche Erfahrungen zum Thema Leitbildintegration. Das Prozedere dort fördert ähnliche Mechanismen zutage, wenn es um konsequente Kommunikationsarbeit, viel Geduld und das Auflösen von Widerständen oder die Vermeidung von Ermüdungserscheinungen geht. Wir könnten sagen: CSR als Thema des Wandels braucht permanente Kommunikation mit wahrnehmbaren und wohl dosierten Highlights, sonst verpufft die Wirkung bei den Rezipienten – ungeachtet der Thematik hinter der Veränderung.

Kurzum: Die CSR-Treiber sind die verantwortlichen Entwickler und Träger der Vision, der Mission und der Strategie. Inwiefern sie für den Entwicklungsprozess und die konzeptionelle Ausarbeitung Vertreter der gesamten Organisationsebenen heranziehen, bleibt davon unbenommen. Corporate Social Responsibility braucht eine klare Lobby mit entsprechenden Entscheidungsvollmachten und muss sichtbare und merkbare Akzente setzen. Ohne Rückenwind von Betreiberseite/Inhaberseite oder/und vom Topmanagement wird es schwer. Corporate Social Responsibility sollte kein losgelöstes Abteilungsengagement sein. Die wichtige und notwendige Investition in Zeit, Budget und Personal ist dabei erfolgsentscheidend, von externer Beratungs- oder Entwicklungsunterstützung einmal abgesehen.

6.3   Kommunikation und Flächenbrand

Wie sieht die Kommunikation aus, damit ein positiver Flächenbrand auf der definierten Handlungslandkarte aus wenigen Funken erzeugt werden kann?

Die Treiber sind also die „Funkenschläger". Ihre Rolle ist im Abschn. 6.2 ein wenig beschrieben. Wie kommen wir nun in den nächstgrößeren Kreis, wie kann das Projekt ausgeweitet werden? Die nunmehr gefundene und kommunizierte CSR-Strategie ist (hoffentlich) klar, einprägsam und merkfähig formuliert, denn sie soll fester Kulturbestandteil werden. Schwache Absichtserklärungen gehören besser in die Schublade zum großen Archiv der „Wir-sollten-auch-mal-dringend. . . -Projekte". Die Erfahrung zeigt: Prägnante CSR-Leitbilder sind gar nicht so einfach zu erstellen. Mit dem Abschauen, was andere so machen, ist es nicht getan; es passt meist nicht und klingt oft zu allgemein. Was gibt es da nicht alles für wirklichkeitsfremde Schachtelsatzverordnungen, verfasst in bestem „Beamtendeutsch". Oder austauschbare Verlautbarungen, die alle ähnlich klingen, egal von welcher Organisation. Von real existierenden Beispielen möchten wir hier lieber absehen.

▶   **7 Tipps für die Ausgestaltung einer CSR-Strategie:**

1. Verständliche Sprache, statt genus grande (Fachsprache, Beamtendeutsch etc.)
2. Kurz und prägnant, statt langatmig und umfassend
3. Sich beschränken auf wenige Punkte, statt alles sagen zu wollen
4. Sympathisch und einladend, statt direktiv und oberlehrerhaft

5. Kreativ in der Visualisierung (Illustrationen, emotionale Fotos, Informationsgrafiken)
6. Nicht zu umfangreich werden lassen, eventuell eine Kurzversion (auf Plakaten als Aushang, als CSR-Card im Scheckkartenformat zum Mitnehmen) und eine Langversion (Broschüre) erwägen
7. Klar und ansprechend formulieren, dass der Erfolg von jedem einzelnen abhängt (Involvement)

Statt „Gegenüber unserer primären, wertschöpfungsrelevanten Zielgruppe streben wir ein integres Höchstmaß mit größtmöglicher Transparenz in allen kontaktrelevanten Handlungsfeldern an" besser: „Unsere Patienten sind die Nr. 1. Wir behandeln sie in allen Situationen offen und ehrlich."

Wenn der große Rahmen abgesteckt ist und die Inhalte und Ansätze gefunden sind, geht es um das Ausrollen der Kommunikation im Veränderungsprojekt. Damit ist eben nicht nur das Erstellen eines schicken Booklets gemeint, um unsere Metapher des Dr. Grossmann nochmals kurz zu bemühen. Das Ziel ist eine integrierte, interne Kommunikationsarbeit, die verschiedene Maßnahmen miteinander verbindet und nutzt. Das erstreckt sich von der persönlichen Überzeugungsarbeit durch zahlreiche persönliche Gespräche bis hin zu konkreten Mitarbeiter-Workshops unter der Überschrift: „Was bedeutet CSR für mich, für mein Verhalten, für meinen Umgang mit Ressourcen, mit Aufmerksamkeit, mit meiner Zeit etc.?" Damit dies funktioniert, sind die verantwortlichen Akteure des Prozesses aufgerufen, in enger Abstimmung mit Geschäftsführung und Kommunikationsabteilungen/-beauftragten/-agenturen/-beratern zu agieren. Auch hier ist Ausdauer der Schlüssel zum Erfolg. Eine einzige Kampagne verpufft, ein Hochglanzdruckwerk allein kann keine Veränderung bewirken. Aber ständige, sich wiederholende Erinnerungen und emotionale Appelle an das Bewusstsein durch nachhaltige Kommunikationsarbeit, ob persönlich, ob mittelbar, ob auf Facebook oder bei Betriebsversammlungen, bei Events, auf Messen etc. zeigen auf Dauer Erfolg. Auch eine Workshopreihe (die Betonung liegt auf Reihe, nicht nur ein einzelner Workshop!), deren Besuch für alle verpflichtend ist, verfehlt ihre Wirkung nicht, wenn sie in die gesamte Kommunikationsstrategie integriert ist. Wenn es dann endlich innen greift, kann auch über die Kommunikation nach außen nachgedacht werden. Eine reine CSR-Absichtserklärung einer breiten Öffentlichkeit kundzutun, ohne es vom größten Teil intern akzeptiert und gelebt zu wissen, kann zum „ungünstigen" Bumerang mutieren. Hier gilt eine alte Weisheit: Erst machen, dann drüber sprechen – nicht umgekehrt.

Der „Flächenbrand", wie er hier plastisch bezeichnet wird, kann dann entstehen, wenn CSR nicht als sozialromantisches Lieblingsthema einiger Vorstände betrachtet wird, sondern als ein tiefgreifendes, strukturelles Unterfangen für die gesamte Organisation. Das schreit nach Vernetzung. Es ist klar, dass alle wichtigen und relevanten Bereiche integriert und aufeinander abgestimmt sein müssen. Ob die HR/Personalabteilung, ob PR/Unternehmenskommunikation/Öffentlichkeitsarbeit, ob Controlling, ob Forschungs- und Entwicklungseinrichtungen, ob Außendienst/Vertrieb/Repräsentanz – alle sitzen je nach Thema mit im Boot der Veränderung. Diese Aufgabe der rechtzeitigen und wechselseitigen Vernetzung gehört mit zur dialogorientierten Bringschuld der Treiber bzw. des Leitungsgremiums. Corporate Social Responsibility ist, und es kann nicht oft genug betont werden, ein Bestandteil der Unternehmenskultur. Dieses Korrektiv der sozialen Verantwortung greift in die Führung, in die Kommunikation und auch in alle Innovationsgeschehnisse aktiv mit ein, es hat gestaltenden und normativen Charakter und fordert hohe Aufnahmebereitschaft und Involvement. Also verlangt es eine komplexe Veränderungsmaschinerie mit engagierten und ideenreichen Beteiligten. Nur so wird es ein von allen gewünschter und positiv wahrnehmbarer „Flächenbrand einer neuen Verantwortlichkeit."

6.4   Beteiligte und Organisationskultur

Wie erreichen wir, dass sozialverantwortliches Handeln nicht als losgelöste PR-Maßnahme gesehen wird, sondern als integrativer, nachhaltiger und wesentlicher Bestandteil für alle Beteiligten innerhalb einer Organisationskultur?

Im Changemanagement gibt es die schöne Maxime: Betroffene zu Beteiligten machen. Damit ist nicht gemeint, dass für die Neuausrichtung ein wuchtiges Organisationsreferendum für die gesamte Organisation auf die Beine gestellt werden muss. Die Hoheit über das Projekt haben immer die Treiber. Aber mit Empathie und einer Portion gesunden Menschenverstandes sollten wir entscheiden, wann wer über was zu informieren oder zu befragen ist. In diesen Momenten gewünschter Mitarbeit in Gremien oder Arbeitsgruppen liegen manchmal Welten zwischen Annahme und Wirklichkeit. Ein offener Austausch, eine authentische Diskussion und eine Klärung der verschiedenen Perspektiven, Meinungen und Prognosen ist eine wichtige und später nie mehr nachzuholende Voraussetzung für ein realistisches und förderliches CSR-Konzept. Darum sollte ein wechselseitiges Zuhören von Gedanken und Bedenken in Ruhe und ohne Nachteile für die Gesprächspartner möglich sein.

Wir kennen wahrscheinlich alle das asiatische Gleichnis der Blinden und des Elefanten. Eine Variante geht so: Ein König beauftragt eine Gruppe blinder Mönche, zu erkunden, was ein Elefant sei und wie er wohl aussähe. Jeder beschäftigt sich mit einem anderen Teil des einen großen Tieres. So kommt es, dass jeder der Mönche anschließend vor dem König eine andere Geschichte über das Aussehen des Elefanten vertritt, denn jeder hatte nur ein Teil des Ganzen abgetastet und erfühlt. Fazit: Jeder erlebt seine Wirklichkeit, seine subjektiven Erfahrungen. Erst der Austausch miteinander ergibt ein Gesamtbild, das dem tatsächlichen Sachverhalt wesentlich näher kommt. Klingt einfach und einleuchtend, aber auch hier stellen wir fest, dass in der Praxis und unter Zeitdruck oft über Köpfe hinweg bestimmt und kommuniziert wird.

Erst die Integration der Beteiligten bildet die Grundlage für eine daraus erwachsende Organisationskultur. Diese sich entwickelnde sozialverantwortliche Kultur ist ein großartiges Gesamtkunstwerk aller gestaltenden Regeln und daraus abgeleiteten Annahmen. Wie gesagt, nicht als basisdemokratischer Gesamtprozess, wohl aber durch gezielte

Einzel- oder Gruppengespräche mit den Stakeholdern. Dazu gehören Mitarbeiter, Patienten, Leistungsträger, Kostenträger, Lieferanten, Partner u. a.

Schon die pure Tatsache einer stattfindenden Befragung bildet eine Form der Wertschätzung und schürt zugleich Erwartungen. Die wertschätzende Funktion schafft Identifikation und ein gutes, offenes Klima. Die erwartungsgenerierende Funktion erzeugt Ansprüche – schließlich wurde man ja gefragt und impliziert damit automatisch Haltungen für eine Berücksichtigung des Gesagten. Hier sollte geschickt und mit Feingefühl kommuniziert werden und das Engagement und die Offenheit der Befragten auf sympathische Weise wertgeschätzt werden.

Im wechselseitigen Austausch der Stakeholder kommt während des Prozesses noch eine weitere, gewaltige Dimension ins Spiel: die Psychodynamik. Das Erlebte (Befragungen, Interviews, Fragebogen, Surveys etc.) erzeugt im Erlebenden viele positive/negative Emotionen, die er wiederum anderen mitteilt, was ein wahrnehmbares Klima des konkreten Verhaltens und Kommunizierens zur Folge hat.

Deswegen sollte der Korridor der Antwort- und Gestaltungmöglichkeiten eher zu klein als zu groß gehalten werden. Es ist sinnvoll, konkrete Alternativen vorzulegen. Es ist ratsam, Multiple-Choice-Formate zu nutzen. Offene Fragen in der organisationalen Fläche wie „Was würden Sie denn mal so in Sachen sozialer Verantwortung furchtbar gerne tun?" bergen viele Ideen, aber auch viel Zündstoff in sich. Erfahrungsaustausch ja. Zustandsbeschreibungen aus den einzelnen Abteilungen und Bereichen ja. Offene Diskussionen okay. Aber Vorsicht bei interdisziplinären Wunschkonzerten. Die Praxiserfahrung hat es gezeigt: Es geht nur schleppend vorwärts und die zielorientierte Steuerung des Prozesses wird extrem erschwert.

Aus dem Changemanagement könnten wir uns für diese Vorgänge folgenden idealtypischen Ablauf zu Rate ziehen: Wenn der „eingefrorene" Zustand A verändert werden soll, muss er „aufgetaut" werden. Dies geschieht durch Beachtung, Reflexion, Ankündigung, Befragung etc. Dann wird dieser Zustand als „Polaroid der Situation" beweglich, dynamisch, formbar, aber auch recht instabil. Es gilt mit dem CSR-Konzept nun einen neuen, stabilen Zustand zu entwerfen und in der Umsetzung zu erzeugen, sodass der angestrebte Zustand B wiederum „eingefroren" werden kann, z. B. als gesetzter Organisationskodex im Sinne der neu gelebten Sozialverantwortlichkeit.

6.5 Steuerung und Kontrolle

Wozu braucht es eine Steuerung und eine Kontrolle?

Corporate-Social-Responsibility-Konzepte dürfen nicht nur vorgestellt werden. Sie erfordern mehr als ein schickes Format und emotionale Bilder aus den gängigen Digital-Stock-Anbietern (denken wir an Herrn Dr. Grossmann). Sie leben von verantwortlicher Steuerung. Hier kommen zum einen bewährte Tools des Projektmanagements und der Führung zum Zuge. Sicherlich der Situation und der Organisation angepasst und vielleicht auch ein wenig agiler und flexibler. Und vor allem gründlich und ausdauernd, wenn es ein Erfolg werden soll. Eine CSR-Steuerung benötigt einfach mehr als eindrückliche Appelle an die individuelle Compliancebereitschaft.

▶ *Geeignete Führungspersönlichkeiten für die CSR-Transformation gesucht!* Damit soll klarwerden, dass

- nicht der „Ranghöchste", sondern der Geeignetste steuern sollte,
- Dialoge den Monologen vorzuziehen sind (teamorientierte Steuerung),
- Vorbilder durch Integrität und authentisches Verhalten überzeugen,
- mehr Führung (menschenorientiert) als Management (aufgabenorientiert) gefragt ist und
- Konsequenz in der CSR-Anwendung eingefordert werden muss.

Steuerung geschieht eben nicht nur durch betriebliche Vereinbarungen, die anonym und distanziert über E-Mail verschickt werden. Persönliche Führung funktioniert auch in einem 5000-Mann-Betrieb, denn die Verantwortlichen werden in ihrem Verhalten beobachtet und es wird über sie (hoffentlich positiv) geurteilt (Multiplikationseffekt).

Die Steuerung obliegt also den Treibern bzw. einem Steuerungskomitee, das aus verantwortlichen Akteuren und geeigneten Mitarbeitern zusammengesetzt ist. So wichtig das persönliche Momentum im Steuerungsprozess ist, so wichtig sind aber auch passende Tools und Handlungsrahmen.

Moderne technische Steuerungssysteme, die in vielen Automobilen zu finden sind, benutzen Sensoren, um Situationen zu erkennen und entsprechende Maßnahmen einzuleiten. Auch organisationale Veränderungsprozesse brauchen im übertragenen Sinne solche Art von Sensoren. Je klarer die Zielsetzung definiert ist, desto eleganter die Steuerung. Mithilfe quantitativer und qualitativer Messgrößen sollten Zielkorridore definiert werden, die erreichbar, beobachtbar und bewertbar sind.

Ob das CSR-Konzept greift, kann auf verschiedene Weise und am besten an definierten Projektmeilensteinen gemessen werden:

1. Check der Treiber zum Grad der Zielerreichung
2. Bewertungen/Befragungen (Patienten, Umfeld, Stakeholder)
3. Medienecho, Clippings, Veröffentlichungen
4. Zugriffszahlen auf Website, Blogs, SoMe's (Facebook, Youtube etc.)

Es können auch eigene Prinzipien und Tools eingesetzt werden, die motivierend und steuernd unterstützen. Ein von mir entwickeltes Prinzip, das sogenannte Schneeglöckchenprinzip, ist ein Tool zur Aktivierung, Steuerung und Kontrolle fairen und sozialverantwortlichen Verhaltens. Das Prinzip ist schnell und stark vereinfacht erklärt: Ein Schneeglöckchen erzeugt in der Zwiebel von sich aus Wärme, weicht sein gefrorenes, kaltes Umfeld damit auf, gewinnt dadurch Wasser und erhält die Kraft, auch bei ungünstigen äußeren Bedingungen aus der Erde zu treiben. Ein bekannter Anblick im Winter in unseren Breitengraden und ein schönes Bild, was die Natur uns da schenkt. Das ist eine vielsagende Metapher für die intrinsische Motivation, die unabhängig vom „ungünstigen" Umfeld agiert und sich, übertragen auf den Menschen, willentlich entfaltet. Dieses Eigenverantwortungs-Prinzip macht Mut, bei sich selbst mit der Veränderung anzufangen. Wer so handelt, ohne lange abzuwarten, bis sich da „von oben" etwas tut oder bis alle anderen so weit sind, sollte dafür belohnt werden. Gelenkte Eigeninitiative ist die beste Energie für Veränderungsprozesse. Dazu habe ich eine Art „Wertschätzungs-Währung", die sogenannten „Snowdrop-Dollars" erfunden, die von anderen für andere vergeben werden. Wenn z. B. eine Kollegin ein besonders faires oder uneigennütziges Handeln eines Kollegen beobachtet, kann sie ihn damit anonym belohnen. Diese vergebenen Snowdrop-Dollars werden, computergestützt, in einer Liste gesammelt und am Jahresende ausgewertet. Die Verleihung der Snowdrop-Dollar-Urkunden für besonders verdiente Mitarbeiter, verbunden mit einem kleinen Geschenk, bildet den alljährlichen Höhepunkt innerhalb dieses Motivations- und Steuerungssystems. Damit wird sozialverantwortliches Handeln gefördert und zur stärkeren sozialen Achtsamkeit aufgerufen. Der unschätzbare Vorteil dieses Schneeglöckchenprinzips: Der Ansatz verzichtet komplett auf Sanktionen jeglicher Art und ist nach dem Prinzip des Appreciative Inquiry (AI, Begriff aus der Organisationsentwicklung, wörtlich übersetzt etwa „wertschätzende Erkundung") gestaltet. Appreciative Inquiry belohnt die vorhandenen Stärken und Potenziale einer Person oder einer Organisation und provoziert und lenkt Wünsche zur Veränderung.

Davon unbenommen gibt es sicherlich Situationen, in denen grobem Fehlverhalten oder gar destruktivem Widerstand nur mit stärkeren Mitteln zu begegnen ist. Das sind jedoch in der Regel Einzelfälle. Hier empfiehlt es sich, konsequent durchzugreifen, damit die Ernsthaftigkeit und Alternativlosigkeit eines beschlossenen CSR-Ansatzes für alle deutlich wird. Wir sollten uns bei 95 Stimmen und 5 Gegenstimmen nicht beeinflussen lassen, auch wenn diese 5 gerne und gewöhnlich am lautesten wahrgenommen werden.

7 Die größten Herausforderungen bei der CSR-Implementierung

Um die beschriebenen Hürden der CSR-Implementierung nochmals zu bekräftigen, möchte ich auf eine relevante Publikation hinweisen, die die IBM Corporation erstellt hat. In einer PDF-Veröffentlichung aus dem Jahr 2014 mit dem Titel „Bewältigung von Veränderung in einem sich ständig ändernden Umfeld" (IBM 2014) ist folgendes Diagramm abgebildet (Abb. 1).

Die IBM befragte dazu Projektexperten, die in Changeprozessen involviert waren. Die Unterstützung der obersten Führungsebene, eine gemeinsame Vision und eine motivierende, veränderungsbereite Unternehmenskultur stehen dabei ganz oben, gefolgt von der Kommunikation, der Verantwortungsbereitschaft des mittleren Managements, der Mitarbeiterbeteiligung und notwendiger Changeagents (in diesem Artikel Treiber genannt). Das unterstreicht anschaulich, dass der Faktor Mensch zwar ein weicher, aber zugleich der wichtigste Faktor bei der CSR-Implementierung als zu bewältigender Veränderungsprozess darstellt.

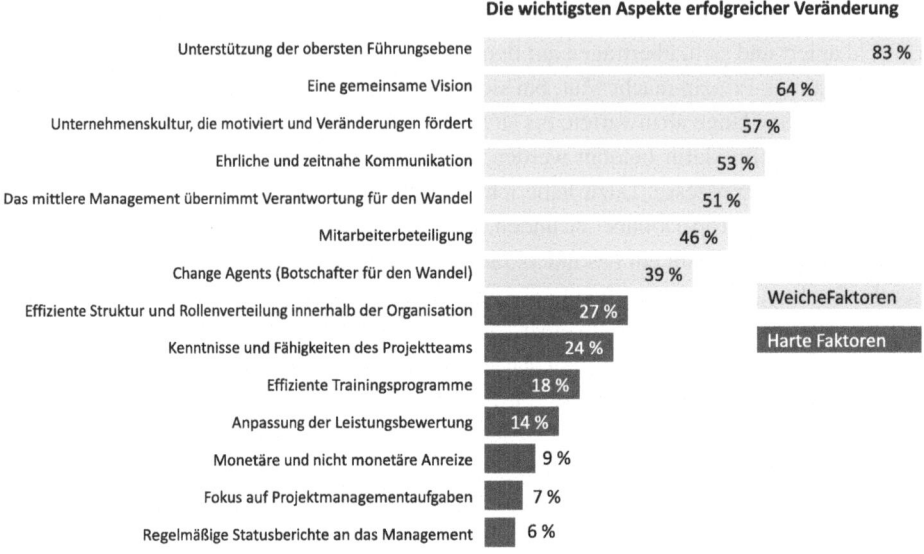

Die wichtigsten Aspekte erfolgreicher Veränderung

Unterstützung der obersten Führungsebene	83 %
Eine gemeinsame Vision	64 %
Unternehmenskultur, die motiviert und Veränderungen fördert	57 %
Ehrliche und zeitnahe Kommunikation	53 %
Das mittlere Management übernimmt Verantwortung für den Wandel	51 %
Mitarbeiterbeteiligung	46 %
Change Agents (Botschafter für den Wandel)	39 %
Effiziente Struktur und Rollenverteilung innerhalb der Organisation	27 %
Kenntnisse und Fähigkeiten des Projektteams	24 %
Effiziente Trainingsprogramme	18 %
Anpassung der Leistungsbewertung	14 %
Monetäre und nicht monetäre Anreize	9 %
Fokus auf Projektmanagementaufgaben	7 %
Regelmäßige Statusberichte an das Management	6 %

WeicheFaktoren

Harte Faktoren

Abbildung mit freundlicher Genehmigung der IBM Organization Change Management,
aus „Bewältigung von Veränderung in einem sich ständig ändernden Umfeld", Seite 6, Abbildung 4, GBE03618DEDE.pdf, erschienen 2014

Abb. 1 Eine funktionierende CSR-Implementierung unterliegt den gleichen erfolgskritischen Faktoren wie jeder andere Veränderungsprozess

Die Liste der größten Herausforderungen kann abschließend mit diesen möglichen Gefahren ergänzt werden:

1. Planloses Vorgehen
   Corporate Social Responsibility muss als von ganz oben gesetztes Projekt klar aufgebaut, initiiert und stets nachvollziehbar sein, um dem Einflussbereich und der gewünschten Wirkung gerecht zu werden. Dazu gehört die Bauernregel eines gelungenen Projektmanagements: Warum macht wer was, bis wann, mit wem und auf welche Weise?
2. Aktionismus mit sogenannten „Quick Wins"
   Sicherlich sind erfolgreiche Leuchtturmprojekte mit hoher Strahlkraft hilfreich in der Projektinitiierungsphase, aber sie sollten stets auf das Ganze einzahlen, auf die große Vision und das gewünschte Gesamtergebnis. Die Gefahr besteht sonst, dass die anfängliche Begeisterung durch die hohe Emotionalität solcher Projekte wieder zu schnell nachlässt.
3. (Über-)Fordern der Beteiligten
   Am besten ist es, mit gutem Beispiel voranzugehen. Corporate Social Responsibility braucht Muster, braucht Ideale, braucht Vorbilder. Eine mögliche Kluft zwischen geforderter Erwartung und der persönlichen Erfüllung durch das Topmanagement wird

von den Mitarbeitern sehr schnell entdeckt. Zudem sollte immer eine Realitätsnähe bei der Zielsetzung gewahrt bleiben. Ein stark gewinnorientierter Gesundheitsbetrieb kann innerhalb von sechs Monaten keine sozialverantwortliche Vorzeigeorganisation werden. Zu stark wäre der Zielkonflikt. Hier braucht es vernünftige Milestones mit zeitlich sinnvollen Erwartungshorizonten und eine genaue Steuerung bzw. Korrektur der erreichten Fortschritte.

4. Mangelnde Bereitschaft der Beteiligten

Immer und ausnahmslos gilt für alle CSR-Projekte: Alles kann am Willen des einzelnen Menschen scheitern und vieles kann möglich werden, wenn wir den Willen der Beteiligten gewinnen, also eine breite Einwilligung erzeugen.

Ein prägnantes Beispiel, wie das Wollen beeinflusst werden kann, zeigen Muhler und Suntrop (2016, S. 173) in ihrem Buch *Workshop Unternehmensentwicklung* mit einem Ursache-Wirkungs-Diagramm von Rodenstock (Abb. 2).

Hier wird schnell klar, dass der weitaus größte Teil zum Wollen in der intrinsischen Motivation der Beteiligten zu suchen ist. Die Treiber können diese intrinsische Motivation durch ihr Vorbild, ihre Empathie, Wertschätzung und Empowerment (als ein definierter Grad an aufgetragener Umsetzungsfreiheit) positiv beeinflussen.

Ein Entlohnungssystem fördert ergänzend auf extrinsische Weise den Umsetzungsgrad der angestrebten CSR. Hier müssen Ermüdungs- und Abnutzungserscheinungen berück-

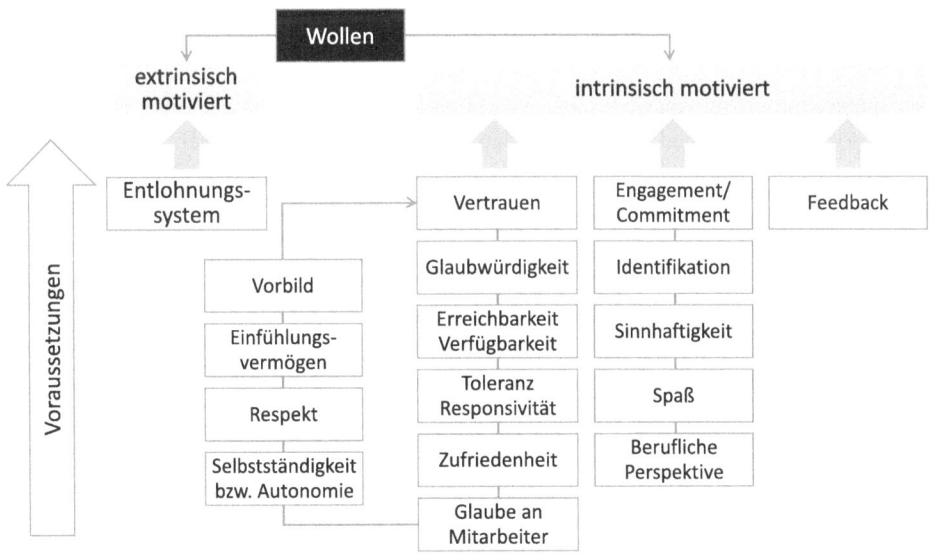

Abbildung: Entwickelt von Beatrice Rodenstock, München, erschienen in OrganisationsEntwicklung 2007 Nr. 4, Seite 17

Abb. 2 Wie komplex und anspruchsvoll eine positive Beeinflussung der Willensbildung sein kann, zeigt dieses Diagramm

sichtigt werden, die allen extrinsischen Motivationsansätzen zu eigen sind. Vor allem sollten diese Maßnahmen einer aufrichtigen und ethisch verankerten Haltung entspringen. Der symbolische Geldkoffer als Lohn für sozialverantwortliches Verhalten wäre im absurdesten Sinne kontraproduktiv.

Unter der Überschrift „Sollen, Wollen und Können als Voraussetzung für das Wahrnehmen von Verantwortung" drückt Naegler (2011, S. 175) im Kontext CSR im Krankenhaus folgende interessante Gedanken aus: „Die Geschäftsführung muss drei Funktionen erfüllen, damit das Management der sozialen Verantwortung dauerhaft und erfolgreich in allen Bereichen des Krankenhauses praktiziert werden kann: 1. Sie muss allen Führungskräften und Mitarbeitern mitteilen, was sie von diesen erwartet. 2. Die Mitglieder der Organisation Krankenhaus müssen davon überzeugt werden, dass sie das, was von ihnen erwartet wird, auch realisieren wollen. 2. Die Mitglieder der Organisation Krankenhaus müssen nicht nur wollen, sie müssen auch fähig sein oder dazu befähigt werden, entsprechend den Erwartungen der Geschäftsführung zu handeln." Es wird auch in diesen Ausführungen klar und bestätigt, dass gerade sogenannte „weichen" Faktoren wie Sollen, Wollen und Können oftmals eine harte Nuss darstellen, die es behutsam zu knacken gilt. Damit CSR gelingen kann, ist Realitätssinn, eine klare und vor allem klar formulierte Vorstellung, gut vorbereitete, intensive und iterative Kommunikation sowie eine ordentliche Portion Agilität nötig, damit Werte, Vision, Ziel und Leitbild zwar niemals aus den Augen geraten aber auf flexiblen Wegen verwirklicht werden können.

8   Fazit

Der Integrationserfolg von CSR hängt von komplexen intrapersonellen, interpersonellen, psychosoziologischen und organisationalen Zuständen und Kriterien ab, die behutsam, langfristig und wertschätzend aufeinander abstimmend zu steuern sind. Corporate Social Responsibility ist in seiner Reinform ein geglückter, systemischer Transformationsprozess mit einem hohen Vernetzungs- und Integrationsgrad und bietet ethisch basierte Chancen, eine Organisation von Grund auf werteorientiert zu restrukturieren und in eine hohe Verantwortlichkeit für ihr gegenwärtiges und zukünftiges Umfeld zu bringen.

Corporate Social Responsibility als Managemententscheidung eröffnet attraktive Wege aus der Falle des kurzfristigen Gewinndenkens und lässt große und kleine Organisationen gerade im Gesundheitswesen wieder mehr auf ihre soziale Kernaufgaben besinnen, die der uralten Absicht des hippokratischen Eides im Original doch bemerkenswerterweise ziemlich nahekommen (Ausschnitt): „Meine Verordnungen werde ich treffen zu Nutz und Frommen der Kranken, nach bestem Vermögen und Urteil; ich werde sie bewahren vor Schaden und willkürlichem Unrecht" (Pschyrembel 1986).

Literatur

Bowen HR (1953) Social responsibilities of the businessman (Nachdruck 2013 durch University of Iowa Faculty Connections)

IBM (2014) Bewältigung von Veränderung in einem sich ständig ändernden Umfeld © Copyright IBM Corporation 2014, Ehningen. ftp://ftp.software.ibm.com/software/nz/downloads/Making_ Change_Work_While_the_Work_Keeps_Changing.PDF. Zugegriffen: 14. Mai 2017

Muhler B, Suntrop C (2016) Workshop Unternehmensentwicklung. Schäffer-Poeschel, Stuttgart

Naegler H (2011) Management der sozialen Verantwortung im Krankenhaus. Mit Beiträgen von Silke Bustamante. Medizinisch Wissenschaftliche Verlagsgesellschaft, Berlin

Pschyrembel W (1986) Pschyrembel Klinisches Wörterbuch. De Gruyter, Berlin, New York

Winistörfer H, Perrin I, Teuscher P, Forel A (2012) Management der sozialen Verantwortung in Unternehmen.Leitfaden zur Umsetzung. Hanser, München

Oliver Fink, gelernter Typograf, studierter Marketing- und Kommunikationswirt, ist seit 2003 Gründer und Geschäftsführer des Beratungsnetzwerkes fink different, das sich hauptsächlich mit Themen der Unternehmenskultur und der Performanceoptimierung im gesamten deutschsprachigen Raum beschäftigt. In seiner vielfältigen Tätigkeit als Creative Director, Berater, Trainer und Lehrbeauftragter für Social Skills, Kreativität, Rhetorik und Präsentation, entwickelte er zahlreiche Leitbilder, Corporate Identity- und Markenstrategien. Er beschäftigt sich mit Kommunikations-, Führungs- und Veränderungskulturen von Organisationen, hält Vorträge darüber und zählt internationale und mittelständische Unternehmen sowie Kommunen zu seinem Kundenstamm.

Anwendungsbezogene CSR Zugänge im Gesundheitswesen

Integration ist keine Einbahnstraße

Gesellschaftliche Herausforderung und Chance für das deutsche Gesundheitswesen insbesondere für Krankenhäuser

Ursula Lehnen und Nils Fischer

1 Einleitung

Seit 2015 rollt eine Welle von Flüchtlingen, die die Bürger, die Institutionen und die Wirtschaft in der Bundesrepublik Deutschland und ganz Europa vor eine in dieser Größenordnung seit Endes des 2. Weltkriegs noch nie dagewesene Aufgabe stellt, zumal es sich vorwiegend um Menschen aus komplett anderen Kultur- und Sprachräumen handelt. Ab Mitte der 1950er-Jahre wurden relativ planmäßig Gastarbeiter (1955 Italien, es folgten 1960 Griechenland und Spanien, 1960 Türkei, 1963 Marokko, 1964 Portugal, 1965 Tunesien, 1968 das ehemalige Jugoslawien) angeworben. Zunächst brauchte man vorwiegend Fach- und Arbeitskräfte in der Industrie, doch seit den 1970er-Jahren wurde auch zunehmend in den sozialen Berufen der Bedarf immer größer, insbesondere in Krankenhäusern und Altenheimen.

Der Ausländeranteil in der Bundesrepublik Deutschland erreichte Ende 2014 mit 10 % den höchsten Wert seit Beginn der Aufzeichnungen des Ausländerzentralregisters (AZR) 1967. Damit liegt Deutschland über dem EU-Durchschnitt von 6,7 %. In der Schweiz dagegen betrug der Ausländeranteil 24,3 %, in Luxemburg gar 45,3 %. Staaten wie Bulgarien, Polen oder Rumänien haben hingegen einen Ausländeranteil von unter einem Prozent (vgl. Planet Schule 2011).

U. Lehnen (✉)
Koordinatorin für Flüchtlingsfragen in der Marienhaus und Hildegard Stiftung
Reiffeisenring 1, 56564 Neuwied, Deutschland
E-Mail: u.lehnen@marienhaus-stiftung.de

N. Fischer
Projekt Interkulturalität und Interreligiosität im Gesundheitswesen, Pflegewissenschaftliche Fakultät, Philosophisch-Theologische Hochschule Vallendar (PTHV)
Pallottistraße 3, 56179 Vallendar, Deutschland
E-Mail: N.Fischer@pthv.de

© Springer-Verlag GmbH Deutschland, ein Teil von Springer Nature 2018
K. Keller und F. Lorenz (Hrsg.), *CSR im Gesundheitswesen*,
Management-Reihe Corporate Social Responsibility,
https://doi.org/10.1007/978-3-662-55937-6_7

Die größte Gruppe unter den Ausländern machen hierzulande die Türken aus, von denen knapp 1,6 Mio. in Deutschland leben. Von der ehemals größten Gruppe, den Italienern, lebten Ende 2014 noch knapp 575.000 in Deutschland. Von den 14 Mio. Gastarbeitern, die bis zum Anwerbestopp 1973 nach Deutschland kamen, gingen 11 Mio. zurück in ihre Heimatländer (vgl. Planet Schule 2011).

Die Hälfte der Migranten, die 2014 nach Deutschland kamen, erreichten uns aus den neuen EU-Ländern wie Rumänien und Bulgarien, aber auch aus Polen und Ungarn. Seit 2015 stellten insbesondere Menschen aus Syrien, Afghanistan, Irak, Eritrea, Iran, Nigeria, Armenien und Somalia Asylanträge in Deutschland (vgl. Statista 2017). Bis 2015 kamen aus diesen Ländern vorwiegend Menschen mit hohem Bildungsniveau und Fachkompetenz per Arbeitsvisa: Ärzte, Apotheker, Fachkräfte für Wirtschaft und IT (vgl. BAMF 2017). Im Gegensatz zur bisherigen Geschichte kamen seit 2015 „ungebetene" Menschen, die in ihren Heimatländern keine Perspektiven insbesondere wegen Krieg und Verfolgung mehr für sich und ihre Familien sahen. 32,6 % sind minderjährig (davon knapp 60.000 unbegleitet), 24,7 % sind unter 25 Jahre, die in ihren Heimatländern zum überwiegenden Teil nur im geringen Maße Schul- oder Berufsausbildung erwerben konnten (vgl. BAMF 2017).

Eine Integration dieser Menschen ist nicht nur wegen der Sprach- und Kulturunterschiede eine große Herausforderung, sondern auch wegen der teilweise unvorstellbaren traumatischen Erlebnisse vor, während und nach der Flucht bei ihrem Eintreffen in unser Land, wo die Hoffnungen und Erwartungen sich nicht erfüllten. Monatelanges Warten auf das Asylverfahren, Verbleib in Auffanglagern, keine Arbeitserlaubnis, sich fast im Monatstakt veränderte Rahmenbedingungen (familiärer Nachzug erschwert, Neubewertung der „sicheren Herkunftsländer", Abschiebepraxis etc.) verunsichern und vergrößern die Hoffnungslosigkeit und demotivieren, einen Neuanfang zu wagen. Deutschland erscheint als ein „Buch mit mehr als sieben Siegeln" und die Demokratie mit all ihren Facetten – Gleichberechtigung von Frau und Mann, Selbstverständnis eines Rechtsstaates, Pressefreiheit usw. – werden gleichsam als Bedrohung für die eigene Lebenswelt (nichts ist mehr wie es war) und Identität empfunden. Intensiv wird wahrgenommen, dass sich die zunächst fast herzliche Gastfreundschaft in vielen Orten, West wie Ost, zunehmend in Ablehnung verwandelt.

Viele Arbeitgeber wollten damals zeitnah einen humanitären Beitrag leisten und sahen zum anderen die Chance für Ihre Einrichtungen, Arbeitskräfte zu generieren. So haben sich zum Beispiel die Marienhaus- und die Hildegard-Stiftung ihrem christlichen und gesellschaftspolitischen Auftrag gestellt. Die Marienhaus- und die Hildegard Stiftung sind kirchliche Träger sozialer Einrichtungen mit 115 Einrichtungen und ca. 19.000 Mitarbeitern – vornehmlich im Bistum Trier (vgl. dazu Marienhaus-Stiftung 2017; Hildegard-Stiftung 2017). Sie haben mit der Koordinierungsstelle für Flüchtlingsfragen eine Anlaufstelle für ihre Einrichtungen geschaffen, die Flüchtlinge oder ausländische Bewerber beschäftigen möchten. Gleichwohl ist die Koordinierungsstelle auch Anlaufpunkt für Flüchtlinge, ehrenamtliche oder gemeinnützige Vereine, die Beratung oder Vermittlung in ein Arbeitsverhältnis in einem Krankenhaus oder Altenheim anstreben. Durch die sich häufig ändernden gesetzlichen Regelungen ist es zunehmend schwierig geworden, zu beurteilen, ob der vorliegende Aufenthaltsstatus oder die schulischen Voraussetzungen ausreichen, um geplante Beschäftigungs- bzw. Ausbildungsangebote realisieren zu können. Die Koordinierungsstelle unterstützt beratend Bewerber und Arbeitgeber durch Vermittlung unterschiedlich geförderter Praktika oder Arbeitsmöglichkeiten. Letztendlich profitieren Bewerber und Arbeitgeber durch einen jeder Person angepassten, geplanten und gemeinsam abgestimmten beruflichen Werdegang.

2 Beschreibung der Institution Krankenhaus am Beispiel der Pflege

In allen therapeutischen und pflegerischen Bereichen ist eine qualifizierte Sprachkompetenz in Wort und Schrift erforderlich, damit Patienten und Angehörige sich verstanden wissen und sich sicher und geborgen fühlen. Die Mitarbeiter müssen aber nicht nur gut Deutsch können, sondern auch die Fachsprache beherrschen, die meist auf lateinischen oder griechischen Begriffen basiert. In den letzten Jahrzehnten wurden sukzessiv die Stellenpläne in den Kliniken heruntergefahren, obgleich der Patientendurchlauf sich massiv erhöht hat und die Liegezeiten sich reduzierten, eine Folge der DRG-Einführung 1996. Die *Diagnosis Related Groups* (DRG), d. h. die diagnosebezogenen Fallgruppen bezeichnen ein Klassifikationssystem für ein pauschaliertes Abrechnungsverfahren, mit dem Krankenhausfälle (Patienten) anhand von medizinischen Daten, sogenannten Leistungsbezeichnern (Haupt- und Nebendiagnosen, Prozedurencodes, demografische Variablen), Fallgruppen aufgrund ihrer methodischen Ähnlichkeit zugeordnet werden. Erschwerend kommt hinzu, dass es seit Jahren mit steigender Tendenz an Fachkräften mangelt, laut Bundesagentur für Arbeit z. B. in der Pflege: 2015 wurden rund 50.000 offene Stellen registriert und bis 2025 fehlen voraussichtlich 300.000 Pflegekräfte. Offene gemeldete Stellen entsprechen jedoch nicht der Realität, denn viele Arbeitgeber melden sich erst gar nicht mehr beim Arbeitsamt, da sie sich mittlerweile an private Agenturen wenden oder Mitarbeiter im Ausland suchen. Qualifizierte Mitarbeiter finden auf dem Arbeitsmarkt schnell und problemlos einen Arbeitsplatz. Der „Import" qualifizierter Mitarbeiter aus der EU, aus Asien oder den Flüchtlingsländern birgt u. a. folgende Probleme:

(1) Meistens entsprechen die Sprachkenntnisse und das gewohnte Arbeitstempo nicht den Anforderungen, die die Teams an den neuen Mitarbeiter stellen.
(2) Krankenhäuser und Altenheime in Deutschland entsprechen nicht den eigenen Erfahrungen: Pflege ist hier ein hochprofessioneller Beruf, wo Angehörige nur unterstützend, aber nicht elementar einbezogen sind (z. B. Grundpflege gehört nicht in den Aufgabenbereich von Angehörigen).
(3) Das Rollenverständnis von Mann und Frau, das Selbstbestimmungs- und Mitspracherecht von Patienten und Bewohnern führt zu Missverständnissen und Konflikten.

(4) Krankenhäuser und Altenheime – insbesondere mit christlicher Tradition – haben einen eigenen Werte- und Verhaltenscodex, der für die Zugewanderten insbesondere aus islamischen Ländern schwer verstehbar und akzeptabel ist.

(5) Die Länder, aus denen die Zugewanderten kommen, erleiden eine drastische Verarmung an Fachkräften, die deren Gesundheitssystem nachhaltig negativ beeinflusst.

Die Pflege- und Ärzteteams müssen dem permanent zunehmenden Druck (weniger Fachkräfte, beschleunigte Abwicklung der Versorgung, erhöhte Ansprüche der Patienten und der Hausleitungen, Patientenverfügung und Mitspracherecht bei der Behandlung und Versorgung) standhalten. Die Bereitschaft, sich auch noch um Praktikanten oder Auszubildende zu kümmern, ist in diesem Ermüdungsprozess generell gesunken. Dies gilt insbesondere für Vollzeitkräfte, da sie – auch durch die zunehmende Zahl von Teilzeitkräften mit Befristungsverträgen – seit Jahren im Tagesablauf und der Arbeitsverdichtung an ihre physische und psychische Grenzen stoßen.

In unseren Krankenhäusern sind funktionierende Teams die wichtigste Voraussetzung, dass die Versorgung der Patienten gut gemeistert werden kann. Bei aller Bereitschaft sich um „Neueinsteiger" – mit und ohne Migrationshintergrund – zu kümmern, ist das dazu vorhandene Zeitfenster sehr limitiert. Guter Wille beiderseits und die Hürden einer Integration klaffen zunehmend weiter auseinander: Fehlende Sprachkenntnisse, Verständnis für das System Krankenhaus (Arbeitsqualität, -quantität, -tempo, straffe Ablauforganisation) sowie die kulturellen und religiösen Prägungen in Bezug auf das Selbstverständnis von Mann und Frau, den pflegerischen Umgang mit Kranken, Schwerstkranken und Sterbenden führen zwangläufig zu „Blockierungen" in den Teams, die als zusätzlich belastend empfunden werden.

3 Integration ist ein langwieriger Prozess

Zuwanderung bedeutet zunächst, dass es einer Gesellschaft gut geht und es daher attraktiv ist, dorthin zu gehen. Im 19. Jahrhundert wanderten viele Deutsche in die USA. Heute kommen viele Menschen nach Deutschland, weil das Land ökonomisch und kulturell attraktiv und konkurrenzfähig ist. Sie haben ihre Heimat oft unter unvorstellbaren Bedingungen verlassen, weil sie daheim keine Perspektiven (Krieg, Verfolgung, keine Arbeit und soziale Absicherung) für sich und ihre Familien sahen. Sie haben alles auf eine Karte gesetzt und wollen hier ihre Zukunft gestalten. Sie wollen Arbeit und soziale Anerkennung und sie wollen Teil dieser Gesellschaft werden, wenn man sie lässt. Arbeit als Zeichen der Wertschätzung ist ein elementares Medium zur Integration. Wir sollten daher jedem Zugewanderten den Zugang in den Arbeitsmarkt ermöglichen und ihn erleben lassen, dass er gewollt ist. Dies gilt auch für Asylbewerber mit geringer Bleibeperspektive, damit sie sich bei einer Rückkehr in ihr Herkunftsland eine Existenz aufbauen können. Sie monate- oder jahrelang vom Arbeitsmarkt und damit vom gesellschaftlichen Leben zu isolieren, ist letztlich inhuman und führt zur psychischen Verwahrlosung. Auch wenn sie sozial abgesichert sind, können sie keine echten Perspektiven entwickeln: Sie sind abhängig, hoffnungslos und ihrer Würde beraubt. Insbesondere ist der Blick auf die Frauen zu richten: Erwerben sie keine Sprachkenntnisse, Schul- oder Berufsausbildung und haben sie keinen oder nur sehr geringen Anteil am gesellschaftlichen Leben, werden sie zwangsläufig auch die Integration der Kinder nachhaltig bremsen oder gar verhindern (Münkler und Münkler 2016, S. 249 ff.).

Die Zugewanderten als Last oder gar als ungewollte Teilhaber unserer Ressourcen zu betrachten und zu behandeln ist weder human noch vernünftig und weitsichtig. Wir werden unseren Sozialstaat, so wie er ist, auf Dauer nur durch den „Import" von Einwanderern aufrechterhalten können. Nicht nur die Zugewanderten haben eine Bringschuld. Unsere Gesellschaft trägt eine Verantwortung für diese Menschen und für sich selbst, damit Integration gelingt. Wenn wir Ablehnung signalisieren, dann wird auch unser gesellschaftliches System nicht als attraktiv erlebt und der Wunsch, dazuzugehören, nicht entwickelt. Wer sich nicht angenommen und gewollt empfindet, ist zusätzlich verunsichert und sucht seine Stabilität in „Bekanntem", Abkapselungen und Parallelwelten sind die Folge, da hier die eigene Identität einen Platz hat.

Ein Blick zurück in die jüngere deutsche Geschichte sollte uns sensibilisieren, dass Integration und Verständigung nicht kurzfristig oder gar automatisch geschieht. Deutschland West und Ost prägen fast 2000 Jahre gemeinsame Sprache, viele kulturelle und gesellschaftliche Lebensvollzüge und Überzeugungen. Nach nur knapp 44 Jahren der Trennung hatten sich zwei Parallelwelten geformt, die jetzt nach fast 30 Jahren seit der Wiedervereinigung immer noch in vielen Bereichen durch tiefe Gräben des Misstrauens und des gegenseitigen Nichtverstehens erlebbar sind. Auch wenn die sprachliche Grundlage immer noch „deutsch" ist, so haben sich in beiden Staaten auch erhebliche semantische Unterschiede entwickelt. Zudem muss man berücksichtigen, dass in Ost- und Westdeutschland bereits vorher immer innerhalb des Staatsgebietes sehr heterogene Bevölkerungsgruppen lebten, die aus ihrem historischen und kulturellen Kontext ein eigenes Verständnis davon, „ein Deutscher" zu sein, praktizieren (z. B. Bayern, Saarländer, Sachsen, Berliner Ost und West, etc.).

Eine Integration der Neuzugewanderten aus komplett anderen Sprach- und Kulturkreisen wird deshalb nur in einem langfristigen Prozess des gegenseitigen Kennenlernens, des aufeinander Zugehens und auch der Veränderungsbereitschaft sowie durch Geduld und Bereitschaft beidseits gelingen können. Eine Haltung, dass die Neuen sich zu integrieren haben und alles bleiben muss wie es ist, wird auf Dauer die Bevölkerung spalten und den Frieden innerhalb der Gesellschaft bedrohen. Es werden sich neue Parallelwelten entwickeln, die durch gegenseitige Abschottung das „Gemeinsame" aus dem Blick verlieren und das tägliche Miteinander erschweren.

Neuzugewanderte auch faktisch als „gleichberechtigt" zu behandeln, ist eine zentrale Aufgabe für die Gesellschaft und jeden Deutschen. Daher ist es notwendig, ihnen eine gute Schul- und Berufsausbildung zu ermöglichen, damit sie zum einen unsere Gesellschaft schätzen lernen und zum anderen sie sich und ihre Familien selbst ernähren können, sich eine gesunde Existenz aufbauen und Perspektiven entwickeln können. Wenn sie sich selbst als gewollten und „produktiven" Teil dieses Landes fühlen, können sie heimisch werden und Freude haben, hier zu sein. „Fördern und Fordern" ist ein zentraler Leitgedanke in der Integrationspolitik, aber auch Respekt vor der Andersartigkeit der Lebensführung und der Religionsausübung – dies gilt für Deutsche wie für Zugewanderte. Wir sollten unseren Blick auch mehr auf die gelungenen Integrationsbeispiele wenden, als die Misserfolge zu betonen.

Es bedarf eines tiefgreifenden Perspektivwechsels: Die demografische Situation unseres Landes wird ohne Integration der Neuzugewanderten in den Arbeitsmarkt und in die Gesellschaft zu großen ökonomischen Problemen führen: Die Wirtschaft kann absehbar nicht weiter in dem jetzigen Maße produzieren, da sich die Zahl der Arbeitnehmer versus Menschen über 65 verringert und somit das Bruttosozialprodukt und die Ausgaben für Soziales absehbar in eine Schieflage geraten. Das bedeutet für uns, dass wir Wege finden, den Neuzugewanderten Erwartungen nach Arbeit, Freiheit und sozialem Aufstieg zu ermöglichen, um unsere Gesellschaft zu erhalten. Natürlich müssen sie zunächst im Voraus finanziert werden, aber langfristig gibt es einen „return of invest".

4 Das deutsche Gesundheitssystem und sein Wandel

Durch die Einführung eines Sozialversicherungssystems Ende des 19. Jahrhunderts wuchs die Zahl der Krankenhäuser kontinuierlich bis Ende der 1960er-Jahre des letzten Jahrhunderts. Konnte bis in die 1970er-Jahre noch ein Chefarzt insbesondere in kleineren Krankenhäusern gleichzeitig als Chirurg, Internist und Geburtshelfer tätig sein, so erforderten immer neue Entwicklungen in der Medizin auch mehr Spezialisierungen. Die Qualifikationsansprüche stiegen und die Erwartungen der Patienten auch. So wurden z. B. im Bistum Trier Krankenhäuser traditionell und vorwiegend von Ordensgemeinschaften und Kirchengemeinden gegründet und geführt, die darin einen christlichen Auftrag sahen und sich als Non-profit-Organisation verstanden. Diese Krankenhausträger waren vornehmlich in sozialschwachen Regionen mit kleineren Häusern bis 100 Betten tätig. Große Städte konnten sich ihre kommunalen Häuser leisten. Der Anteil der staatlichen und kommerziell agierenden Träger wuchs insbesondere seit dem Ende des 2. Weltkriegs. Es gab noch bis Mitte der 1990er-Jahre ein „Selbstkostenblatt der Krankenhäuser". Es war eine Verhandlungsgrundlage für die jährlichen Pflegesatzverhandlungen mit den Kostenträgern, das die finanzielle Absicherung der Krankenhäuser abdeckte. So hat die Einführung der DRG zu einem freien Markt mit Konkurrenz um die vorhandenen Mittel geführt.

Der Kostendruck wuchs stetig insbesondere auf kleinere Einrichtungen und führte zu einer „Bereinigung des Gesundheitsmarkts" (der Begriff spricht für sich). Da sich parallel dazu die Zahl der Arbeitenden in Krankenhäusern und Altenheimen gegenüber der Rentner in den letzten beiden Jahrzehnten zunehmend verringert und damit die Einnahmen der Sozialkassen, wurden auch die Ausgaben für Gesundheitsversorgung systematisch angepasst. Die Einnahmen der Krankenhäuser sind zwar scheinbar stabil, jedoch müssen dafür jedes Jahr mehr Leistungen erbracht werden. Der Druck auf die kleinen vielfach in konfessionellen Händen liegenden Krankenhäuser in bevölkerungsarmen Regionen ist so groß geworden, dass sie sich in Verbünde zusammenschlossen oder ihre Einrichtungen abgaben. Gleichwohl liegt es darin begründet, dass die Ordensgemeinschaften immer weniger Nachwuchs haben. Die Ordenskräfte konnten kostengünstig arbeiten und haben dadurch eine Zeitlang die unzureichenden Pflegesätze kompensiert.

Der Arbeitsmarkt und die gesellschaftliche Rolle der Frau haben sich in den letzten 150 Jahren sehr verändert. Verheiratete Frauen waren damals meist ausschließlich in der Familie tätig und nichtverheiratete gingen in eine Ordensgemeinschaft, auch um einen Beruf zu erlernen und versorgt zu sein. Krankenschwestern waren vornehmlich Ordensfrauen und erst ab Ende des 19. Jahrhunderts gab es „freie Schwestern". Mittlerweile haben sich die Verhältnisse komplett umgekehrt. Selbst der „Import" von ausländischen Ordensschwestern aus Indien, Afrika und Asien in manchen konfessionellen Krankenhäusern kann darüber nicht hinwegtäuschen. Die vielbeschworene Dienstgemeinschaft und das Selbstverständnis einer konfessionellen Institution stehen vor dem Kollaps. Die überwiegende Zahl der heutigen Mitarbeiter versteht ihre Tätigkeit als professionelle Arbeit und nicht mehr als Dienst. Die christlichen Werte werden oft nicht mehr verstanden oder als gegeben akzeptiert, zumal sie zunehmend nicht mehr dem Lebensgefühl und Anspruchsdenken der heutigen Gesellschaft entsprechen.

Die Bezahlung der Mitarbeiter ist bis heute nicht dem Anspruch der Tätigkeit angepasst und von daher ist es wenig überraschend, dass die Attraktivität, im Pflegeberuf zu arbeiten, derzeit so gering ist. Gleichwohl besteht die Möglichkeit, in anderen Branchen mehr zu verdienen und keine Wochenend-, Feiertags- oder Nachtdienste machen zu müssen. Andere Berufe und Arbeitszeiten sind oft leichter mit Familien- und Privatleben zu vereinbaren. Das negative Image des „Fachkräftemangels" und der schwierigen Arbeitssituation trägt nachhaltig nicht dazu bei, den Einstieg in dieses Arbeitsfeld zu verbessern. Hier sind umfangreiche Reformen notwendig oder das Gesundheitssystem kollabiert. Es ist naiv anzunehmen, dass die Personallöcher in absehbarer Zeit durch Neuzugewanderte geschlossen werden könnten und der hohe Standard erhalten bleibt.

5   Das Problem: der „neue Mitarbeiter" im Krankenhaus

Für alle „neuen Mitarbeiter" – gleichgültig welcher Nationalität oder gesellschaftlicher Herkunft – gilt ganz allgemein und im Besonderen im Gesundheitswesen, dass sie sich in ein geschlossenes, aber gleichzeitig hochkomplexes, stark reguliertes und hierarchisches System einfinden müssen. Jede Station oder Abteilung und ihr Team ist straff organisiert und hat feste „Spielregeln" und Arbeitsabläufe, damit die Funktionalität im eigenen Bereich und im Zusammenwirken mit den anderen zielgerichtet abläuft. Durch sich ständig optimierende Diagnose- und Therapieverfahren und die kürzeren Liegezeiten sowie durch Stellenabbau hat sich das Arbeitstempo permanent beschleunigt und die Erwartungen an den einzelnen Mitarbeiter haben sich sukzessive erhöht. Der Arbeitsdruck ist mittlerweile so hoch, dass sich weitgehend das Gefühl der ständigen Überforderung eingestellt hat.

Daher wird jeder neue Mitarbeiter oft zunächst als ein zusätzliches „Problem" empfunden. Denn eine Einarbeitung bedeutet zusätzlichen Kraftinput, der auch noch aufgebracht werden muss. Fehlende oder mangelnde Sprachkenntnisse in der alltäglichen Kommunikation und in der Fachsprache führen zu Missverständnissen und zu Fehlern, die zusätzlich Zeit und Energie kosten, die Sicherheit der zu Betreuenden minimiert und den Ablauf behindern. Dies hat nicht nur in dem jeweiligen Team Konsequenzen, sondern wirkt sich auch auf die anderen „Systeme" aus (z. B. verspätete Ankunft des Patienten im OP, in den diagnostischen Bereichen etc.). Sie führen zu Verzögerungen, die auch hier den Regelablauf und die Planung dieser Organisationseinheit durcheinander bringen. „Alles wirkt auf Alles" und erhöht den Druck, im vorgegebenen Zeitrahmen fertig werden zu können. Bis zu jedem Schichtwechsel sind bestimmte Arbeiten abzuarbeiten und neue Mitarbeiter, die ja oft nicht zusätzlich im Dienstplan stehen, sondern ausgeschiedene, gut eingearbeitete Mitarbeiter ersetzen, „behindern".

Um einen neuen Mitarbeiter in ein Team zu integrieren, bedarf es daher nicht nur einer guten Planung mittels Einarbeitungskonzept, sondern auch der dazugehörenden Manpower und die pädagogische Kompetenz, diesen Prozess zu begleiten. Es gilt, zunächst das Team und die jeweilige Arbeitsumgebung mit ihren Regelabläufen zu verstehen, um sich selbst zu orientieren und sich einbringen zu können. Dabei ist es auch wichtig, den vorherrschenden Sprachcode zu lernen, denn gerade im Krankenhaus sind Sprachkürzel und Fachbegriffe dominant. Notwendig und sinnvoll ist es daher, gestandene, d. h. erfahrene und bewährte Mitarbeiter (die es auch gerne machen) mit der Einarbeitung zu betrauen, die aber dann im Arbeitsablauf nicht mehr voll zur Verfügung stehen, was den Druck auf die anderen Teammitglieder erhöht. Gut wäre, wenn dieser Mitarbeiter und das Team im Vorfeld geschult werden würden, insbesondere wenn es sich um Mitarbeiter aus anderen Kulturkreisen handelt. Vieles ist für uns selbstverständlich, was für Außenstehende fremd und nicht nachvollziehbar ist. In den Krankenhäusern mit religiös motivierten Grundlagen unterscheiden sich die Erwartungen an die Mitarbeiter zudem deutlich von kommunal oder kommerziell geführten Häusern. Zu einer „Dienstgemeinschaft" zu gehören ist ein spezielles Grundverständnis, das auch verändertes Verhalten zur Arbeit impliziert. Es geht nicht nur darum, perfekt zu arbeiten und zu funktionieren, sondern die Anliegen und Sorgen der Patienten, Angehörigen und Kollegen im Blick zu haben und entsprechend zu agieren. Zentral für das Verständnis von Dienstgemeinschaft in kirchlichen Einrichtungen ist der lateinische Begriff „caritas", der Nächstenliebe bedeutet. Viele Menschen leben diese Idee jeden Tag in ihrem privaten Umfeld. Für die Caritas als Wohlfahrtsverband der katholischen Kirche ist die von Jesus vorgelebte Nächstenliebe sowohl Motivation als auch Auftrag. Die Mitarbeiter sowie die Dienstgeber verpflichten sich diesem christlichen Selbstverständnis. Sie bilden eine Dienstgemeinschaft, die Menschen hilft, die auf Unterstützung, Rat oder Begleitung angewiesen sind (vgl. dazu Caritas 2017).

Neue Mitarbeiter auch noch mit Begeisterung in und durch dieses Spannungsfeld zu führen, ist sehr anstrengend und anspruchsvoll. Vielleicht sind diese implizierten Erwartungen und Haltungen auch für deutsche Mitarbeiter schon oft gar nicht mehr nachvollziehbar und die Bereitschaft, dieses „Mehr" zu investieren, nicht gegeben. Oft empfinden

Mitarbeiter dies als zusätzlichen Druck, den sie zunehmend nicht bereit sind, auszuhalten. Viele entziehen sich dem durch „innere" oder tatsächliche Kündigung. Alles in allem sind dies nicht gerade die besten Voraussetzungen für gelingende Integration von Neuzugewanderten.

6   Mitarbeiter als Personen

Betrachtet man diese praktischen Schwierigkeiten und Herausforderungen im Gesundheitswesen und schaut auf die ihnen zugrundeliegenden Voraussetzungen, so zeigt sich, dass hier grundsätzliche ethische und anthropologische Sachverhalte vorliegen und zur Diskussion stehen. Ebenen (v. a. Theorie und Praxis, Ethik und Praxis, Individuum und Gesellschaft) müssen unterschieden werden. Dabei geht es nicht nur darum, die Praxis angemessen zu beschreiben, zu analysieren und zu bewerten, sondern vielmehr darum, konkrete Lösungen für die Praxis in den Blick zu nehmen, Anforderungen zu formulieren und deren Umsetzung in Gang zu bringen.

Deshalb soll zunächst umrissen werden, in welchem Verhältnis die Begriffe „Mensch" und „Mitarbeiter" stehen. Grundlegend für unser Verständnis des Menschen ist, dass er nicht nur als zur Gattung „Mensch" gehörig erkannt, sondern dass ihm damit der unveräußerliche Status des Personseins zugesprochen wird. Es ist weithin unstrittig, dass für Menschen ein grundsätzliches Instrumentalisierungsverbot besteht, das in der sogenannten „Selbstzweckformel" zum Ausdruck kommt, dass Menschen als Ziel und nicht als „bloße Mittel" zu betrachten sind: „Handle so, daß du die Menschheit, sowohl in deiner Person, als in der Person eines jeden anderen, jederzeit zugleich als Zweck, niemals bloß als Mittel brauchest." (Kant 1983, S. 61). „Person" ist in dieser Hinsicht ein grundlegender theoretischer und abstrakter, philosophischer Begriff, mit dem allerdings im Menschen konkrete und basale anthropologische Bedürfnisse (z. B. Ernährung, Emotionen, Selbstverwirklichung und Glück), aber auch Fähigkeiten (z. B. Handeln und Verstehen) zusammenhängen. Bereits Aristoteles und die philosophische Tradition widmen sich diesen Fragestellungen in der philosophischen Anthropologie. In der zeitgenössischen Debatte werden beispielsweise Begriffe wie „basic needs" und „quality of life" eingeführt und im Kontext des „capability approach" von Amartya Sen und Martha Nussbaum diskutiert (vgl. Nussbaum und Sen 1993). Die inhaltliche Bestimmung und Ausformulierung der Begriffe „Mensch" und „Person" sind für gesellschaftliches Handeln unumgänglich und auch dort, wo sie nicht explizit gemacht sind, lassen sie sich dennoch erschließen und in zum Teil sehr unterschiedlichen Menschenbildern konkretisieren. An ihnen lassen sich Gesellschaften einerseits gewissermaßen „von außen" messen aber andererseits auch „intern" in ihrem Selbstanspruch vergleichen.

Im Gegensatz zu diesen theoretischen Begriffen kommt der Begriff „Mitarbeiter" aus der gesellschaftlichen Praxis und dem Arbeitsrecht, wo er ein Arbeits-, Abhängigkeits- und Kooperationsverhältnis beschreibt, für das es Synonyme und verwandte Begriffe wie Arbeitnehmer und Angestellter gibt. So ist das „Mitarbeitersein" eine gesellschaftliche

„Rolle", die Menschen einnehmen, wobei sie jedoch ihr „Personsein" und ihre anthropologischen „Grundbedürfnisse" nicht „ablegen" sondern „mitnehmen". Die Frage der gesellschaftlichen Rolle ist ein umfangreicher Forschungsgegenstand der Soziologie, vgl. dazu z. B. die klassische Studie von Goffman (1959). Bereits bei einem „einfachen Blick" auf „den" Mitarbeiter wird deutlich, dass dieser in einem komplexen und mehrschichtigen Verhältnis zu seinem Arbeitgeber, der Einrichtung, dem Unternehmen und seiner Tätigkeit steht. Es lässt sich in Zuständigkeiten beschreiben und objektivieren. Hingegen als Person angesprochen, geht es bei dem Mitarbeiter um mehr als die Durchführung und Fortführung von Arbeit und Aufgaben (vgl. Korff 1986), sondern um ihn in seiner Subjektivität. Dazu zählen gesellschaftliche Interaktion (vgl. Habermas 1968, S. 9–47), Erwartungen an das Leben, sein Lebensplan, aber auch die Erfahrung von Glück und Emotionen und vieles mehr, was in der reinen Beschreibung von Arbeitsprozessen keinen Raum findet.

Während auf der theoretisch-ethischen Ebene ein grundsätzliches Instrumentalisierungsverbot für Personen besteht, kennt die konkrete, menschliche Praxis hingegen, nicht nur in der Form des Arbeitsrechts Situationen, in denen auch weitreichende Instrumentalisierungen gerechtfertigt, notwendig und gewünscht sein können, so z. B. im Kontext der Beziehung von Kindern und Eltern. Im Kontext der Arbeitswelt ist vor allem an Verträge zu denken. Sie regeln die Überlassung von Lebenszeit und Arbeitskraft im Austausch von anderen Gütern. Die hier abzulehnenden extremen Gegenbeispiele wären Sklaverei und Leibeigenschaft, die auf der Grundlage des aktuellen Verständnisses von Menschenwürde und daran anknüpfend von Menschenrechten nicht zu rechtfertigen sind.

Deshalb bleibt ein Mensch, der Mitarbeiter in einem Unternehmen wird, unabhängig von allen Anforderungen und Rahmenbedingungen „Person". Das trifft allerdings nicht nur auf neue Mitarbeiter im Allgemeinen zu, sondern selbstverständlich auch auf die mit Migrationshintergrund und unter ihnen im Besonderen die neuzugewanderten Personen. Dies gerät angesichts der Komplexität gesamtgesellschaftlicher Fragen (v. a. zum demografischen und sozialen Wandel) und den hohen Anforderungen und Erwartungen, die die Gesellschaft an das Gesundheitswesen stellt, vielfach aus dem Blick. Dort wird zwar die Notwendigkeit zur Einarbeitung, Betreuung und Qualifikation von Mitarbeitern gesehen und grundsätzlich auch anerkannt, sie wird allerdings vielfach den verdichteten Anforderungen des Arbeitsalltags untergeordnet, statt ihr als einem integralen Bestandteil der Arbeit Raum und Zeit zu geben oder zu verschaffen.

In diesem Zusammenhang ist es auf der einen Seite zwar selbstverständlich, dass jeder einzelne Mitarbeiter Verantwortung für sich selbst trägt und für sich entscheiden muss, wo, wie und für wen er arbeiten kann und möchte. In der Praxis zeigt sich diese triviale Frage allerdings in lebensweltlicher Komplexität in individuellen Entscheidungen gebrochen, was sich in aktuellen Erhebungen zeigt. Dies belegen beispielsweise die Ergebnisse der aktuellen Studie von Stagge (2016). Sie zeigt dort, dass die Entscheidung zu geringerer beruflicher Qualifikation beispielsweise in der Altenpflege u. a. damit zusammenhängt, dass von den Befragten der persönliche und institutionelle Rahmen für eine höhere Qualifizierung nicht gesehen wird. Es ist vielfach die Entscheidung, eine

Tätigkeit aus einer Situation der Vulnerabilität heraus, aber nicht als „Traumberuf" (Stagge 2016) auszuführen. Daher ist auf der anderen Seite die Position des Arbeitgebers wichtig und notwendig, der maßgeblich die direkten Rahmenbedingungen und täglichen Anforderungen bestimmt, z. B. durch das Personalmanagement und den Umgang mit den Arbeitsteams.

Dabei kann und soll es nicht um Pauschalisierungen, Schuldzuschreibungen und Ähnliches gehen, sondern um einen Aufriss der komplexen Beziehungen, um die prinzipielle Unterscheidung von Ebenen und die Herausarbeitung von Grundsätzlichem. Menschliche Praxis ist kontingent, aber auch in einer nicht perfekten, kontingenten Arbeitswelt lässt sich ein guter Umgang auf der Grundlage eines reflektierten anspruchsvollen Menschenbildes etablieren, der sowohl der Position des Mitarbeiters als auch des Arbeitgebers gerecht wird und in dem beiderseitig affirmierte Prinzipien gelebt, d. h. Theorie und Praxis in ein produktives Verhältnis gesetzt werden.

Was für den neuen Mitarbeiter grundsätzlich zutrifft, trifft umso mehr für den mit Migrationshintergrund und insbesondere den Neuzugewanderten zu: Er kommt als „Neuer" in einen bereits bestehenden sozialen, ökonomischen und beruflichen Zusammenhang. Dabei bringt er selbst nicht nur Erfahrungen und Qualifikationen mit, sondern muss auf der anderen Seite nun an seiner Arbeitsstelle Erfahrungen machen und Qualifikationen sammeln, durch die er ein Teil des Teams wird und seine Aufgaben voll ausfüllt. Das erfordert Raum und Zeit nicht nur für das Einarbeiten und Erklären, sondern auch für das Lernen und Habitualisieren. Das stellt hohe, aber grundsätzliche Anforderungen an das Team und die Einrichtung vor allem im vorliegenden Beispiel des Krankenhauses. Wenn der „Neue" im deutschen Gesundheitssystem wie ein Neugewanderter wirklich „ganz neu" ist, dann muss er neben der Arbeit in seinem Team auch ein Grundverständnis für den gesellschaftlichen, organisatorischen und ökonomischen Rahmen des Gesundheitssystems entwickeln. Wenn ein konfessionelles Krankenhaus sein Arbeitgeber ist, dann kommt dazu auch ein konkreter religiös-kultureller Rahmen.

Dieser Aufwand ist jedoch nicht nur aus einem ethischen Gesichtspunkt erforderlich und empfehlenswert, weil sich auf diese Weise alle Beteiligten hinsichtlich ihrer Voraussetzungen und Ziele bewusster sind, sondern ebenfalls für die Organisationsentwicklung durch höhere Arbeitssicherheit, die bessere Einhaltung von Qualität und Standards und das Bewusstsein für diese, gegebenenfalls auch produktivere und bessere Arbeit und Teambuilding. Allerdings erfordert dies zunächst das Bewusstsein für die Notwendigkeit und Nützlichkeit und dann die Organisation der Rahmenbedingungen von Zeit und Raum (vgl. Vanderheiden und Mayer 2014) in Bezug auf die Herausforderungen der Interkulturalität für die Organisationsentwicklung).

7 Mitarbeiter mit Migrationshintergrund

Grundsätzlich muss zunächst unterschieden werden, welche Personengruppen „Mitarbeiter mit Migrationshintergrund" sein können: (1) Personen, die die deutsche Staatsbürgerschaft haben, die selbst in einem anderen Land geboren und aufgewachsen sind oder von denen ein Elternteil aus einem anderen Land stammt, (2) Migranten, die zur Arbeit nach Deutschland kommen und schließlich (3) Geflüchtete, Neuzugewanderte und Asylsuchende. Das sind drei Personengruppen, die grundsätzlich unterschieden werden müssen, weil für sie ganz unterschiedliche Voraussetzungen gelten. Das gilt auch für den Arbeitskontext, in welchem sie unterschiedliche Berücksichtigung finden müssen.

Insbesondere bei neuen Mitarbeitern, die nicht in Deutschland aufgewachsen und sozialisiert, sondern „neu zugewandert" sind, kann an viele vom Arbeitsteam oder auch vom Arbeitgeber als selbstverständlich vorausgesetzten Erfahrungen und Kenntnisse weder bei der Einarbeitung noch bei der täglichen Arbeit angeknüpft werden. Das kann in machen Arbeitssituationen weniger Gewicht haben, in sozialen Berufen wie den Gesundheitsberufen macht dies jedoch wichtiges Hintergrundwissen aus, um beispielsweise Kollegen und Patienten und ihre Angehörigen zu verstehen und angemessen reagieren und richtig handeln zu können. Deshalb müssen ein Arbeitgeber und ein Team Wege finden, damit umzugehen.

Abgesehen von diesem Aspekt der „Fremdheit" im neuen Arbeitskontext kommen vonseiten des Mitarbeiters mit Migrationshintergrund seine eigenen Erfahrungen im Migrationsprozess und seines Lebens davor zum Tragen. Sie sind seinem Arbeitsumfeld und den Kollegen vielfach fremd, weshalb Verhaltensweisen, Aussagen und Handlungen zu Irritationen, Missverständnissen und Konflikten führen können.

8   Ein Praxisbeispiel

Vordergründig erscheint dies vielfach als einfach und selbstverständlich oder gar als eine Aufgabe, die „nebenbei" bewältigt werden kann. In der Praxis hingegen zeigt sich bei genauerer Betrachtung, dass der Prozess der Integration überhaupt und nicht nur von Menschen mit Migrationshintergrund als Mitarbeiter in Unternehmen theoretisch komplex ist. Für die Praxis, gerade im Gesundheitswesen, stellt er aus den bereits genannten Gründen eine große Herausforderung dar. Denn in den Gesundheitsberufen ist sowohl explizites als auch implizites Wissen unverzichtbar. Zudem stehen die Gesundheitsberufe so unter organisatorischem, regulatorischem und ökonomischem Druck, dass die Ressourcen fehlen, um Räume zu schaffen, in welchen das notwendige Wissen vermittelt werden kann. Das zeigt sich u. a. darin, dass in manchen Einrichtungen im Einzelfall, ganz konkret beispielsweise in der Altenpflege, die Stationsübergabe nicht im Team, sondern über die Stationsleitung erfolgt (Stagge 2016, S. 174 ff.). Das wird in dem folgenden verkürzten und stark vereinfachten Beispiel vielleicht deutlich, der Komplexität der Praxis wird es nicht gerecht. So können in diesem Rahmen nur Schlaglichter geworfen werden:

Ein 20-jähriger Mann ist allein aus Syrien nach Deutschland geflüchtet; ein Teil seiner Familie ist in der Türkei, ein anderer in Syrien. Dort hat er nach der Schule bei einem Familienmitglied im Geschäft mitgearbeitet. Hier hat er von seiner Seite die sprachlichen, schulischen und ausländerrechtlichen Voraussetzungen erlangt, die ihn zu der Überlegung veranlasst haben, eine Ausbildung als Altenpfleger zu beginnen. Denn er hat gehört, dass in diesem Tätigkeitsfeld in Deutschland viele Mitarbeiter gesucht werden, weshalb er für sich eine gute Chance annimmt, nicht allein für die Ausbildung angenommen zu werden, sondern darüber hinaus auch mittelfristig oder sogar längerfristig für sich, aber auch für seine Familie eine Bleibeperspektive zu erhalten.

Dies ist aus verschiedenen Blickwinkeln eine gute Entscheidung, zunächst für ihn selbst, da er seinen Aufenthalt in Deutschland für eine Qualifikation nutzt und zudem sein finanzielles Auskommen selber organisiert. Auch für seine Ausbildungsstelle ist dies gut, da sie durch ihn einen benötigten Mitarbeiter gewinnt und auf eine absehbare Zeit, zumindest für die Dauer seiner Ausbildung, hält. Ebenso positiv ist sein Entschluss für den Arbeitsmarkt, die Sozialkassen und vieles mehr. Schließlich ist die Entscheidung auch aus einer kultur- und diversitätssensiblen Sicht grundsätzlich als positiv zu bewerten, weil er so in den hiesigen Arbeitszusammenhang und in Austausch mit anderen Menschen kommt.

Jedoch stellen sich ebenfalls Fragen in Bezug auf die Voraussetzungen und Umsetzung seiner Entscheidung (1), aber auch in Bezug auf seine potenzielle Ausbildungsstelle und seiner Tätigkeit dort (2) und schließlich in Bezug auf die Gesellschaft als Ganze (3):

(1) Aus seinem Heimatland Syrien bringt er ein gewisses Verständnis für den Beruf „Krankenpflege" mit, aber wahrscheinlich nicht der Altenpflege, da sie dort nicht wie in der westlichen Welt üblich ist. So geht er vielleicht nicht davon aus, dass dieses Berufsfeld die körpernahe und persönliche Pflege von Pflegebedürftigen beinhaltet, die in seinem Kulturkreis traditionell von der Familie übernommen wird. Da der Anteil von Frauen in der Pflege hoch ist, wird er wahrscheinlich innerhalb seiner Tätigkeit mit Situationen konfrontiert, die in seinem Kulturkreis eher nicht üblich sind und gegebenenfalls mit seinem Rollenverständnis als Mann konfligieren können. Auch Religiöses kann sowohl für ihn, wenn er Muslim ist, als auch für seinen Arbeitgeber, wenn es ein konfessioneller Träger ist, mit Spannungen verbunden sein. Daher muss er für sich letztlich die Entscheidung treffen, ob dieses Tätigkeitfeld mit seinen täglichen Herausforderungen für ihn richtig ist. Vor diesem Hintergrund muss er sich auch die Frage stellen, was er mit der Ausbildung als Altenpfleger in seiner Heimat anfängt, wenn er dorthin zurückkehrt. Da es dieses Berufsfeld dort nicht gibt, müsste er sich überlegen, ob eine Krankenpflegeausbildung für ihn aus diesem Grund eher in Frage käme. Da diese wie die Altenpflege auch ein Berufsfeld ist, in dem „Fachkräftemangel" herrscht, bestünden für ihn hinsichtlich der Anstellung und Arbeits- und Bleibeperspektive ähnlich gute Voraussetzungen.

(2) Diese Fragen knüpfen direkt an die Position seiner potenziellen Ausbildungs- und Arbeitsstelle an, die zum einen nicht nur ein Interesse daran haben muss, dass „helfende Hände" angeworben werden, sondern dass sie auch bleiben, sodass sich der Aufwand der Personalgewinnung für sie tatsächlich lohnt. Das ist nicht der Fall, wenn der Mitarbeiter nach kurzer Zeit merkt, dass er mit den Belastungen der Pflege nicht umgehen kann, eine andere Ausbildung für ihn besser ist und er andernorts, vielleicht in einer anderen Tätigkeit, besser bezahlt wird. Zum anderen muss ihm bewusst sein, dass Mitarbeiter mit Migrationserfahrung, ganz zu schweigen von Menschen mit Fluchterfahrung, gegebe-

nenfalls einen anderen und gegebenenfalls höheren Einarbeitungs- und Betreuungsbedarf haben.

Je nach der Wahl seiner Ausbildung wird sie maximal drei Jahre dauern. Was geschieht jedoch, wenn sich sein Aufenthaltstitel ändert, wenn er zum Beispiel Deutschland verlassen muss oder aber hier nicht mehr arbeiten darf. Zurzeit gilt die sogenannte 3-plus-2-Regelung, nach der nach einer dreijährigen Ausbildung für zwei weitere Jahre auf Antrag Aufenthaltsrecht gewährt wird. Auch in Berufen mit Fachkräftemangel werden Arbeits- und Aufenthaltsgenehmigungen erteilt, aus dieser Perspektive würde ihm sogar eine einjährige Ausbildung helfen. Dennoch besteht, das zeigen die gesellschaftlichen Debatten nicht nur in Deutschland, eine gewisse Unsicherheit, mit der nicht nur er, sondern auch seine Ausbildungsstelle und das Team, in dem er arbeitet, umgehen und dennoch arbeits- und leistungsfähig sein muss. Aber er muss sich grundsätzlich mit der Frage auseinandersetzen, welche Perspektive sie für ihn hat, denn daran hängt beispielsweise die weitere Qualifikation und unter Umständen längerfristig auch die Übertragung von Verantwortung.

(3) Diese Fragen hängen allerdings letztlich vor allem davon ab, wie sich die deutsche Gesellschaft als Ganze zur gegenwärtigen Situation in Bezug auf die Integration von Neuzugewanderten positioniert, nicht nur in Bezug auf das Asylrecht, sondern auch auf den Zugang zum Arbeitsmarkt, zu Sozialleistungen usw. Denn dadurch werden die Rahmenbedingungen für die Menschen, die bereits in Deutschland sind und die hierher kommen, durch die Politik und das gesellschaftliche Umfeld heute für die Zukunft gesetzt.

9   Fazit

Bei diesem Beispiel und den oben angeführten Einschätzungen geht es um eine realistische Betrachtung der Situationen und der gegebenen Bedingungen im deutschen Gesundheitswesen, die jeweils eine Entwicklungsgeschichte haben und reich an Voraussetzungen sind. Es geht hier nicht darum eine Situation, die sich für viele auch als Chance zeigt, oder gar Personengruppen und Einrichtungen schlecht zu reden oder überhaupt zu zerreden. Darum kann es auch gar nicht gehen, wenn diese wichtigen Inhalte und die in ihnen involvierten Personen ernst genommen werden. Deshalb sollen diese skizzenhaften Ausführungen dazu anregen, trotz des tatsächlich bestehenden vielfältigen Drucks im Gesundheitswesen durch die konkreten und praktischen Themen die grundsätzlichere ethische Reflektion der Praxis nicht zu vernachlässigen.

Bei einer Gegenüberstellung von Mitarbeitern mit und ohne Migrationserfahrung ist ganz allgemein festzuhalten, dass mit den Mitarbeitern und zwischen den Mitarbeiter untereinander geklärt sein soll, was Arbeit und Arbeiten bedeutet, wie mit Reibungsflächen, vor allem wenn es um Ethisches, Religiöses, Kulturelles und um das Geschlechterverständnis geht, die in der täglichen Arbeit gelebt werden sollen, wie mit den persönlichen Hintergrundfragen der eigenen Geschichte und Biografie im Arbeitskontext umgegangen werden soll und wie sich Qualifizierungsprozesse gestalten. Bei Menschen mit Migrationshintergrund nimmt dies sicherlich mehr Raum ein und die Verantwortung für das Team und die Einrichtung steigt, insbesondere wenn die Person zu einer sogenannten vulnerablen Gruppe zählt. Dazu gehören zunächst vor allem Frauen, aber beispielsweise auch Menschen mit Fluchterfahrung (vgl. dazu Stagge 2016).

Deshalb ist es für alle, den Mitarbeiter, das Team und den Arbeitgeber wichtig, jeweils ihre Ziele und die Rahmenbedingungen klar zu formulieren und im Blick zu halten. Dazu zählt ganz allgemein ein kohärentes Leit- und Menschenbild, das alle Ebenen und Beteiligten anspricht und ein realistisches Ziel für die Einrichtung festhält, sodass das Leitbild in der Praxis sichtbar und positiv erlebbar wird. Sie müssen zwar nicht deckungsgleich übereinstimmen, jedoch mindestens in einem reflektierten Verhältnis zueinander stehen.

So werden in zugespitzter Weise in der Thematik der Integration von Neuzugewanderten in die Gesundheitsberufe grundlegende Punkte für die gesamte gesellschaftliche Integration sichtbar. Was zu einer gelungenen „Integration" vor dem Hintergrund eines durch Menschenwürde und allgemeine Menschenrechte bestimmten Menschenbildes notwendig ist, fassen beispielsweise Herfried und Marina Münkler in sieben „Imperativen zur Integration" zusammen: (1) Sinnstiftendes fördern und Frustrationserfahrungen vermeiden, (2) Frauen gezielt fördern, (3) Regeln einhalten, (4) Schulen als Integrationszentren nutzen, (5) Lebensperspektiven bieten, (6) respektvoller Umgang mit religiöser Identität und (7) Ausbau der vorschulischen Bildung (Münkler und Münkler 2016, 241–263).

Vor diesem Hintergrund ist die Bereitschaft, Menschen mit Migrationserfahrung, Geflüchtete und Asylsuchende in Ausbildungs- und Beschäftigungsverhältnisse zu nehmen, nicht nur aus einzelnen Nützlichkeitserwägungen (z. B. demografischer Wandel und Fachkräftemangel) sinnvoll. Vielmehr bietet sich dadurch in der Arbeitswelt der Gesundheitsberufe in ernster und positiver Weise der Ort, an dem Integration stattfinden kann und auch Entwicklungen zusammengeführt werden können.

Das bedeutet, dass auch in der Praxis des Gesundheitswesens ein Bewusstsein dafür entwickelt werden muss, dass sich gewohnte Arbeitsabläufe, bestehende Teams und die Einrichtung im Verlauf dieses Prozesses verändern und selbst ändern müssen. Das heißt nicht zwangsläufig, dass sie sich verschlechtern oder gar abschaffen, sondern dass der Veränderungsprozess als Gestaltungsprozess bewusst begangen wird, an dessen Ende bessere Kooperation in den Teams, tiefere Integration aller Mitarbeiter im Sinne eines Diversity Managements und nachhaltigere Mitarbeitergewinnung und -bindung und die Sicherung des eigenen Tätigkeitsfelds stehen kann.

Gleichwohl dürfen dabei die unterschiedlichen Akteure nicht vergessen werden, die als Personen mit je verschiedenen Voraussetzungen in diesem Prozess mitwirken, für den Vertrauen grundliegend ist. Das trifft zwar grundsätzlich für alle Involvierten zu, umso mehr jedoch in Bezug auf Geflüchtete. Denn bei Ihnen muss vorausgesetzt werden, dass sie, bis sie hierher gelangt sind, Erfahrungen gemacht haben, die vielleicht traumatisch oder traumatisierend für sie sind. Sie haben vielfach Schaden von sich abwehren und folgenreiche Nutzenüberlegungen für sich anstellen müssen. Die Neuzugewanderten aus Krisengebieten haben auf ihrem Fluchtweg oft durch die sehr drängenden Lebensumstände als Überlebensstrategie – mehr oder auch weniger bewusst – einen „Dreierschritt" für sich entwickelt: Bei jeder Begegnung mit neuen Personen stellen sie sich zunächst die Frage: „Kannst Du mir schaden?", dann „Kannst Du mir nutzen?" und schließlich „Kann ich Dir trauen?" Vor dem Hintergrund dieser biografisch-einschneidenden Erlebnisse ist es eine Herausforderung und eine notwendige Voraussetzung für das Arbeitsverhältnis, das zu etablieren, was eine gute Zusammenarbeit überhaupt erst ermöglicht: Grundvertrauen.

Literatur

BAMF, Bundesamt für Migration und Flüchtlinge (2017) Aktuelle Zahlen zu Asyl. Ausgabe: April 2017. http://www.bamf.de/SharedDocs/Anlagen/DE/Downloads/Infothek/Statistik/Asyl/aktuelle-zahlen-zu-asyl-april-2017.pdf?__blob=publicationFile. Zugegriffen: 8. Mai 2017

Caritas (2017) Was versteht man unter der Dienstgemeinschaft? Häufig gestellte Fragen zum Arbeiten bei der Caritas. https://www.caritas.de/fuerprofis/arbeitenbeidercaritas/arbeitgebercaritas/faq/was-versteht-man-unter-der-dienstgemeinschaft. Zugegriffen: 8. Mai 2017

Goffman E (1959) The presentation of self in everyday life. Doubleday & Company, Garden City

Habermas J (1968) Arbeit und Interaktion. Bemerkungen zu Hegels „Jenenser Philosophie des Geistes". In: Habermas J (Hrsg) Technik und Wissenschaft als „Ideologie". Suhrkamp, Frankfurt am Main, S 9–47

Hildegard-Stiftung (2017) Unsere Unternehmen. http://www.hildegard-stiftung.de/unternehmen. Zugegriffen: 8. Mai 2017

Kant I (1983) Grundlegung zur Metaphysik der Sitten. In: Weischedel W (Hrsg) Immanuel Kant. Werke in zehn Bänden, Bd. 6. WBG, Darmstadt, S 1–102

Korff W (1986) Technologie, Arbeitswelt, Menschenbild. In: Weigelt K (Hrsg) Die Tagesordnung der Zukunft. Konrad-Adenauer-Stiftung, Bonn, S 75–84

Marienhaus-Stiftung (2017) Marienhaus Unternehmensgruppe. Wir über uns. http://www.marienhaus.de/marienhaus-unternehmensgruppe/marienhaus/wir-ueber-uns. Zugegriffen: 8. Mai 2017

Münkler H, Münkler M (2016) Die neuen Deutschen: Ein Land vor seiner Zukunft, 3. Aufl. Rowohlt, Berlin

Nussbaum MC, Sen A (Hrsg) (1993) The quality of life. A study prepared for the world institute for development economics research (WIDER) of the United Nations University. Clarendon Press, Oxford

Planet Schule (2011) „Zu Hause in Deutschland: Wissenspool". https://www.planet-schule.de/wissenspool/zu-hause-in-deutschland. Zugegriffen: 8. Mai 2017

Stagge M (2016) Multikulturelle Teams in der Altenpflege: Eine qualitative Studie, mit einen Geleitwort von Hildegard Theobald. Springer, Wiesbaden

Statista (2017) Hauptherkunftsländer von Asylbewerbern in Deutschland im Jahr 2017. https://de.statista.com/statistik/daten/studie/154287/umfrage/hauptherkunftslaender-von/asylbewerbern. Zugegriffen: 8. Mai 2017

Vanderheiden E, Mayer C-H (Hrsg) (2014) Handbuch interkulturelle Öffnung: Grundlagen, Best Practice, Tools. Vandenhoeck & Ruprecht, Göttingen

Ursula Lehnen arbeitet seit 1974 in verschiedenen Bereichen des Gesundheitswesens: als Krankenschwester in Trier, Koblenz, Bad Neuenahr, als Lehrerin für Pflegeberufe in Bitburg, als Schulleiterin in Bonn, als Krankenhausoberin und Pflegedienstleitung in Adenau sowie als Krankenhausoberin und Heimleiterin in Oberwesel. Seit 2015 ist sie als Koordinatorin für Flüchtlingsfragen in der Marienhaus- und Hildegard-Stiftung tätig. Berufsbegleitende Fortbildungen absolvierte sie in Organisationsentwicklung bei Professor Andreas Heller, Wien, und bei Klaus Doppler, München, und in Organisationsethik am IFF Wien unter der Leitung von Professor Andreas Heller.

Nils Fischer ist seit 2015 Wissenschaftlicher Mitarbeiter im Projekt „Interkulturalität und Interreligiosität im Gesundheitswesen" an der Pflegewissenschaftlichen Fakultät der Philosophisch-Theologischen Hochschule Vallendar (PTHV). Er hat Philosophie, Islamwissenschaft, Arabisch und Persisch in Bonn, Teheran und Damaskus studiert. Seine weiteren Forschungsschwerpunkte liegen in der islamischen Bioethik, der Medizinethik in den Staaten Nordafrikas, des Nahen und Mittleren Ostens und der interkulturellen und interreligiösen Ethik.

Arbeits- und Gesundheitsschutz in der Vernetzung

Michaele Münch

Als größte Herausforderung sehe ich den Wandel zu einer kooperativen Welt, der nur durch eine intelligente, netzwerkorientierte Umgebung möglich ist. John Chambers (Badura und Steinke 2011, S. 5).

Die interdisziplinäre Zusammenarbeit aller Beteiligten im Arbeits- und Gesundheitsschutz ist für Unternehmen zunehmend ein wirtschaftlicher Erfolgsfaktor. Um die Ganzheitlichkeit des Arbeits- und Gesundheitsschutzes zu fördern, sind in Großunternehmen zentrale Strukturen erforderlich. In diesen steht das notwendige Expertenwissen zur Verfügung, mithilfe dessen Themen für die Gesundheit der Mitarbeiter mehrdimensional betrachtet werden. Von dort aus lassen sich interne und externe Netzwerke und Kooperationen aufbauen. Der Arbeitgeber ist gemäß § 4 Nr. 4 ArbSchG (Arbeitsschutzgesetz) angewiesen, „Maßnahmen mit dem Ziel zu planen, Technik, Arbeitsorganisation, sonstige Arbeitsbedingungen, soziale Beziehungen und Einfluss der Umwelt auf den Arbeitsplatz sachgerecht zu verknüpfen" (Arbeitsschutzgesetz 2017 § 4 Nr. 4). Ziel des Arbeitsschutzgesetzes ist es, die Wirkung der Arbeits- und Gesundheitsschutzmaßnahmen durch das richtige Einbinden von Arbeitsschutzexperten zu maximieren und somit möglichst effektiv zu gestalten (Barth et al. 2014, S. 36 ff.).

In diesem Sinne hat die Marienhaus Unternehmensgruppe in 2011 ein Konzept „Betriebliches Gesundheitsmanagement (BGM) aus einer Hand" erarbeitet und beschlossen. In der Marienhaus Kliniken GmbH arbeiten in 20 Krankenhäusern rund 10.000 Mitarbeiter und circa 13.800 Mitarbeiter im ganzen Unternehmen (Marienhaus 2017). Die Bereiche Arbeitsmedizin, Arbeitssicherheit und Betriebliches Gesundheitsmanagement wurden in einen Geschäftsbereich „Zentrum für Arbeit und Gesundheit" (ZAG) überführt und seitdem kontinuierlich weiterentwickelt. So sind die Betriebsärzte und Fachkräfte für

M. Münch (✉)
Marienhaus Kliniken GmbH, Zentrum für Arbeit und Gesundheit
Engerser Landstraße 35, 56564 Neuwied, Deutschland
E-Mail: michaele.muench@marienhaus.de

© Springer-Verlag GmbH Deutschland, ein Teil von Springer Nature 2018
K. Keller und F. Lorenz (Hrsg.), *CSR im Gesundheitswesen*,
Management-Reihe Corporate Social Responsibility,
https://doi.org/10.1007/978-3-662-55937-6_8

Arbeitssicherheit dem Zentrum zugehörig, jedoch weiterhin vor Ort im Einsatz, um den Aufbau eines Betrieblichen Gesundheitsmanagements in den Krankenhäusern zu unterstützen. Das Zentrum organisiert regelmäßige Fachkonferenzen, um Themen wie z. B. der Umgang mit Gefährdungsbeurteilungen zur psychischen Belastung gemeinsam auszuarbeiten. Ziel ist es, Inhalte im Sinne des Arbeitsschutzes kompetent, ressourcenorientiert und mit internen sowie externen Netzwerkpartnern zu bearbeiten. Über operative Steuerkreise sollen alle Mitarbeiter in den Krankenhäusern eingebunden werden. Darüber hinaus unterstützt das Zentrum für Arbeit und Gesundheit alle Bereiche im Unternehmen. So wird z. B. Mitte des Jahres für die Mitarbeiter der Marienhaus Senioreneinrichtungen ein Präventionsprojekt in Kooperation mit der Deutschen Rentenversicherung gestartet.

Ziel ist es, ein funktionierendes Betriebliches Gesundheitsmanagement in der Unternehmensgruppe aufzubauen, in dem die Gesundheit und Leistungsfähigkeit der Mitarbeiter als ein zu fördernder Wert in der Unternehmenskultur gesehen wird (Gesundheitskultur). Betriebliches Gesundheitsmanagement ist als ein ganzheitlicher Managementansatz zu verstehen, der das Prinzip der bereichsübergreifenden Zusammenarbeit verfolgt. Die Compliance im Arbeits- und Gesundheitsschutz, mit einer in erster Linie guten Zusammenarbeit von Fachkräften für Arbeitssicherheit und Betriebsmedizinern sowie weiteren internen Akteuren, sind wichtige Voraussetzungen für die zielorientierte Umsetzung mit externen Netzwerkpartnern.

Die zweite wichtige Voraussetzung für ein Gelingen bei der Umsetzung ist die Erkenntnis, dass sich Betriebliches Gesundheitsmanagement aus der Vernetzung aller Maßnahmen zur Gesundheitsförderung und Gesundheitserhaltung zusammensetzt. Darüber hinaus erfordert es ein systematisches Vorgehen. Es besteht die Chance, eine nachhaltige, positive Veränderung der Unternehmenskultur zu erreichen, wenn BGM als ein geplanter Prozess organisationaler und damit auch sozialer Entwicklung verstanden wird (Badura et al. 2010, S. 287). Zur systematischen Umsetzung werden die mit dem Managementansatz verbundenen Kernkompetenzen, z. B. das Bestreben, die relevanten Prozesse einzuhalten, benötigt. Unter anderem ist die Prozessberatung ein Förderschwerpunkt des im Dezember 2015 vom Bundeskabinett verabschiedeten Präventionsgesetzes (Präventionsgesetz 2015). So könnte z. B. eine Aufgabe bei der Beratung sein, auf die Verknüpfung und enge Zusammenarbeit von Arbeitsschutz und Betriebsmedizin im Prozess des Betrieblichen Gesundheitsmanagements einzuwirken (siehe Abb. 1).

Haben Sie sich vielleicht in letzter Zeit folgende Fragen gestellt?

- Warum sind die Ausfallzeiten in der einen oder anderen Abteilung auffallend hoch?
- Wie können passende, effektive gesundheitsfördernde Angebote und Fortbildungsmöglichkeiten für die Mitarbeiter implementiert werden?
- Wie lassen sich aufgrund der Möglichkeiten, die sich aus dem Präventionsgesetz ergeben Gesundheitsprojekte starten?

Sie brauchen einen Grund, um anzufangen!

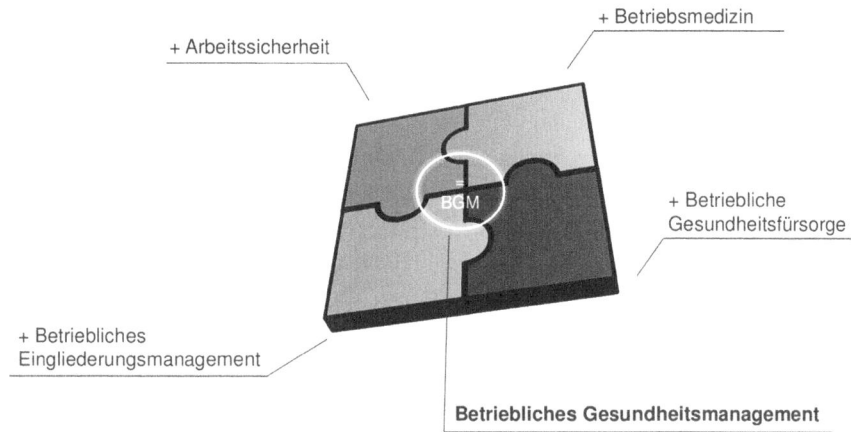

Abb. 1 Bereiche des BGM. (Quelle: eigene Darstellung in Anlehnung an Marienhaus ZAG 2017)

Für die Zielerreichung gibt es jedoch keine Lösungsschablone! Vielmehr sind die Ausgangssituationen und die Wege genauso individuell, wie die Gründe zur Einführung eines Betrieblichen Gesundheitsmanagements. Was sollte jedoch immer der erste Schritt sein? Die Voraussetzung für den Einstieg ist, zunächst eine Struktur zu schaffen, in der eine gesunde Arbeitsplatzkultur aufgebaut werden kann. Beispielsweise lassen sich Datenerhebungen, Auswertungen und die Bearbeitung von Analysen im Zentrum für Arbeit und Gesundheit mit internen und externen Netzwerkpartnern einfacher und kosteneffizienter durchführen. Da Kennzahlen eine wichtige Hilfe bei Investitionsentscheidungen in Bezug auf die Umsetzung von Maßnahmen sind, ist die Darstellung des Effektes anhand unterschiedlicher Daten aus harten und weichen Faktoren zielführend. Ein guter Einstieg zur Analyse sind die aus dem Arbeits- und Gesundheitsschutz geforderten Gefährdungsbeurteilungen zur psychischen Belastung. In der Marienhaus Kliniken GmbH werden diese von Betriebsärzten und Fachkräften für Arbeitssicherheit durchgeführt. In einem gemeinsamen Prozess entwickelte das Team in 2016 einen smarten Befragungsbogen. Gleichzeitig wurde eine Verfahrensanweisung verfasst. Die Tatsache, dass das Betriebliche Gesundheitsmanagement im Zentrum für Arbeit und Gesundheit integriert ist, ermöglicht eine mehrdimensionale Betrachtung, sodass passende Lösungsvorschläge für Maßnahmen, die sich beispielsweise aus der Gefährdungsbeurteilung ergeben, je nachdem auch in Kooperation mit Netzwerkpartnern, umgesetzt werden können.

In diesem Kontext ist eine weitere Voraussetzung entscheidend: Mitarbeitergesundheit muss als eine Führungsaufgabe und das Betriebliche Gesundheitsmanagement als Bestandteil der Unternehmensstrategie verstanden werden! Nur dann lassen sich die empfohlenen Maßnahmen auch umsetzen. Um die Geschäftsführer und Direktoriumsmitglieder über diese Zusammenhänge zu informieren und zu sensibilisieren, wurde das Mitarbeitergesundheitsprojekt in den Sitzungen als Tagesordnungspunkt aufgenommen. Als Ergänzung ist eine regelmäßige Berichterstattung vorgesehen. Um eine wirksame, transparente

Öffentlichkeitsarbeit für alle Mitarbeiter zu erreichen, werden zusätzlich zur Public-Relation(PR)-Arbeit vor Ort Artikel zum Mitarbeitergesundheitsprojekt in der Unternehmensbroschüre „Echo" eingestellt.

Für den Aufbau einer gesunden Arbeitsplatzkultur erfahren Unternehmen durch das neue Präventionsgesetz Unterstützung aus der Politik. Beispielsweise werden so Kooperationen mit Krankenkassen gefördert. Deshalb und aufgrund der geänderten Deutschen Gesetzlichen Unfallverhütungsvorschriften (DGUV 2013), Vorschrift 2, haben die Geschäftsführer der Marienhaus Kliniken GmbH und die Vorstandsvorsitzende der AOK Rheinland-Pfalz/Saarland – Die Gesundheitskasse, die Umsetzung eines gemeinschaftlichen Projektes zur Betrieblichen Gesundheitsförderung beschlossen. Im November 2016 fand die Auftaktveranstaltung in Form eines Gesundheitstages an allen 20 Krankenhäusern der Marienhaus Unternehmensgruppe am gleichen Tag statt. In einem Krankenhaus wurde an diesem Novembertag von beiden Projektinitiatoren im Beisein der Staatsministerin für Soziales, Arbeit, Gesundheit und Demografie eine entsprechende Agenda unterschrieben. So sollen mit einem niedrigschwelligen Einstieg die Voraussetzungen für gesundheitsförderliche Arbeitsplätze geschaffen und damit der erste Schritt zu einer mitarbeiterorientierten Arbeitsplatzkultur gegangen werden. Über zwei Jahre können alle Mitarbeiter im Setting aller 20 Krankenhäuser kostenfreie Gesundheitsförderungsangebote wahrnehmen. Pro Halbjahr entscheidet der Steuerkreis in jedem Krankenhaus, was in den folgenden sechs Monaten für die Mitarbeiter angeboten werden soll. Fachexperten des Kooperationspartners führen für die Bereiche Stressbewältigung, Bewegung, Ernährung oder Balance in aufeinander abgestimmten Modulen Kurse, z. B. „Lebe Balance – Das innere Gleichgewicht stärken", durch. Diese setzen sich zusammen aus einer Analyse (Screening) – Beratung (Vortrag) und einem Coaching (Präventionsangebot).

Doch wie fing alles an? Nachdem die Projektinitiatoren das überregionale Strategieteam, bestehend aus der Direktion der AOK Rheinland-Pfalz/Saarland – Die Gesundheitskasse, Referat Gesundheitsförderung, der Betrieblichen Gesundheitsmanagerin der Marienhaus Unternehmensgruppe und einem Vertreter der Gesamtmitarbeitervertretung (eGMAV), mit der Entwicklung eines Kooperationsprojektes beauftragt haben, fand das erste Treffen statt. Es wurden verschiedene Möglichkeiten für ein Kooperationsprojekt aufgezeigt. Aufgrund der Tatsache, dass die internen Strukturen in den Krankenhäusern unterschiedlich waren, musste ein niedrigschwelliger Einstieg zu Gesundheitsförderungsangeboten gefunden werden, um letztendlich ein Betriebliches Gesundheitsmanagement aufbauen zu können. Parallel dazu galt es, passende Strukturen zur Umsetzung vor Ort zu erarbeiten. Die Zusammensetzung des vorhandenen Arbeitsausschusses (ASA) als Steuerkreis wurde beispielsweise ebenso wie die Kommunikationsstruktur analysiert. Für eine umfassende Information der Mitarbeiter sind unterschiedliche Kommunikationskanäle im jeweiligen Krankenhaus notwendig. Ergänzend unterstützt die AOK Rheinland Pfalz/Saarland – Die Gesundheitskasse die Öffentlichkeitsarbeit, indem sie den Ansprechpartnern vor Ort Vorlagen zur hausinternen Anpassung zur Verfügung stellt. Der Steuerkreis ist zur Verfolgung eines ganzheitlichen Ansatzes in jedem Krankenhaus zwingend erforderlich. Dieser setzt sich zusammen aus dem Projektleiter, der Fachkraft für Arbeitssicherheit (FASi), dem Betriebsarzt (BA), einem Vertreter aus dem Direktorium, der Mitarbeitervertretung (MAV) und wenn gewünscht, einem Fachberater des Kooperationspartners. Ebenso muss die Einbindung weiterer Mitarbeiter, als Experten und Multiplikatoren für ihren Bereich, gewährleistet sein. Im Steuerkreis sind mit methodischer Unterstützung aus dem Zentrum sowie dem Kooperationspartner zielführende Analysen möglich. Die für das Projekt aufzubringende Zeiterfassung übernehmen die Fachkräfte für Arbeitssicherheit sowie die Projektleiter. Die Dokumentation ermöglicht eine Berücksichtigung erforderlicher Zeitkontingente in der zukünftigen Personalbemessung (Behr et al. 2016).

Kurze Entscheidungswege sind dadurch gegeben, dass das strategische Steuerungsteam als Ansprechpartner für die Geschäftsführung der Marienhaus Kliniken GmbH als auch für die, mit dem Direktorium ausgewählten Projektleiter, fungiert. Ebenso verhält es sich beim Kooperationspartner. Die Verantwortliche der Direktion hat mit ihren Projektleitern regelmäßige Besprechungstermine. Diese effektiven Kommunikationswege sind ein wichtiger Erfolgsfaktor (siehe Abb. 2).

Das strategische Steuerungsteam initiiert für die Projektleiter der Marienhaus Kliniken GmbH u. a. methodische Workshops und Netzwerktreffen. Diese werden parallel zum Aufbau der internen Strukturen in den Krankenhäusern, in Kooperation mit der Berufsgenossenschaft für Gesundheitsdienst und Wohlfahrtpflege (BGW) und der AOK Rheinland-Pfalz/Saarland – Die Gesundheitskasse vorbereitet. Die Referentin der BGW führt dreimal im Jahr ganztägig inhaltlich aufeinander aufbauende Workshops gemeinsam mit der Betrieblichen Gesundheitsmanagerin und dem Mitarbeitervertreter durch. Inhalte dieser von

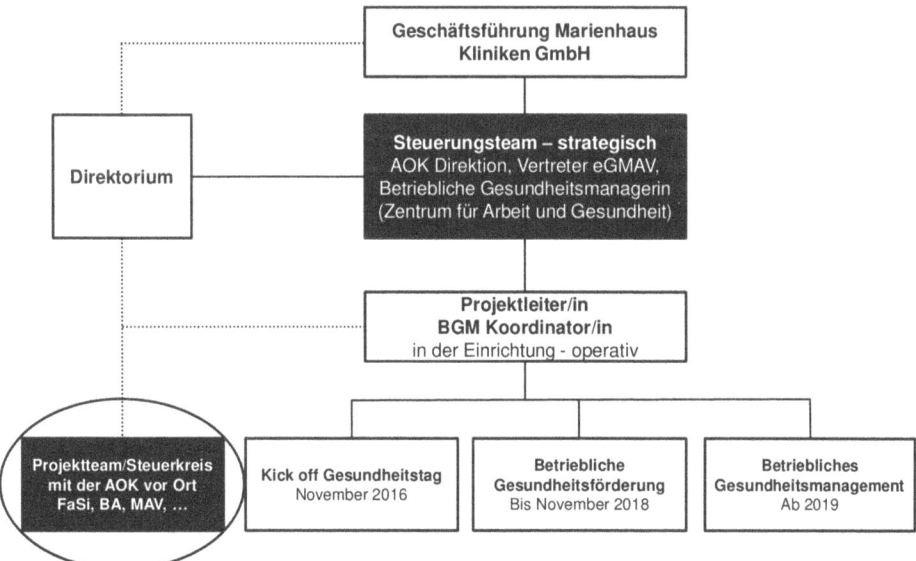

Abb. 2 Projektstrukturplan. (Quelle: eigene Darstellung)

den Projektleitern gerne wahrgenommenen Pflichttermine sind u. a., den Unterschied von Betrieblicher Gesundheitsförderung zum Betrieblichen Gesundheitsmanagement kennenzulernen sowie die Erarbeitung eines Kennzahlensystems. Weitere kontinuierliche Unterstützung erfahren die Projektverantwortlichen durch das Zentrum für Arbeit und Gesundheit, indem sie unter anderem für die Berichterstattung einheitliche Vorlagen zur individuellen Anpassung vor Ort, z. B. einen Projektsteckbrief, zur Verfügung gestellt bekommen. Die Kompetenzerweiterung der Umsetzungsverantwortlichen in den Krankenhäusern führt zu einer Sensibilisierung für das aufzubauende BGM. Die Notwendigkeit zur Einhaltung der Kernprozesse wird bewusster und die methodische Unterstützung führt zu mehr Sicherheit bei der Durchführung und Leitung der Steuerkreissitzungen. Es war ein wichtiger Prozess, die passenden Projektleiter einzubinden, die die Rolle als Multiplikatoren gerne übernehmen wollten und Freude daran haben, sich in das für sie neue Thema einzuarbeiten.

So sollen innerhalb von zwei Jahren die Voraussetzungen zur Implementierung eines Betrieblichen Gesundheitsmanagements in jedem Krankenhaus geschaffen und durch das Zentrum für Arbeit und Gesundheit kontinuierlich Unterstützungsmöglichkeiten angeboten werden. In jährlichen Netzwerktreffen wird ein „voneinander Lernen" ermöglicht sowie ein kontinuierlicher Verbesserungsprozess angestrebt. Ebenso soll die Vernetzung mit Kooperationspartnern ausgeweitet werden. Gleichzeitig bleibt das Mitarbeitergesundheitsprojekt ein fester Tagungsordnungspunkt auf den Fachtagungen der Betriebsärzte und der Fachkräfte für Arbeitssicherheit. Somit kann gemeinsam mit der Betrieblichen Gesundheitsmanagerin der Informationsstand abgeglichen und Impulse aufgenommen werden.

Was bedeutet nun der Start des Mitarbeitergesundheitsprojektes für das Unternehmen? Von nun an wird die Initiative ergriffen, sich folgendem Dilemma zu stellen: Einerseits muss eine optimale Betreuung der zu Pflegenden gewährleistet sein. Andererseits muss man sich als Unternehmen hinsichtlich der ökonomischen Rahmenbedingungen und des demografischen Wandels neu strukturieren. Um zukünftig als Arbeitgeber attraktiv und wettbewerbsfähig zu bleiben, ist der Aufbau einer Gesundheitskultur eine Chance für jedes Unternehmen.

Die Auswirkungen des demografischen Wandels und die Veränderung in den Arbeitsanforderungen nehmen Einfluss auf die Gesundheit der Mitarbeiter. Jeder einzelne Mitarbeiter soll gefördert werden, um die Motivation und Leistungsfähigkeit zu steigern. Ebenso rücken die Berufseinsteiger in den Blickpunkt. Für einen erfolgreichen Berufseinstieg ist ein hohes Maß an Arbeitszufriedenheit und Gesundheit von großer Bedeutung. Die Expertenkommission „Pflege" der BGW empfiehlt daher Themen der Arbeitssicherheit und des Gesundheitsschutzes theoretisch wie praktisch, in die Pflegeausbildung und in die Konzeption von Gesundheitsförderung in Pflegeschulen und Praxiseinrichtungen zu integrieren (Behr et al. 2016). Durch die interne Vernetzung mit dem Rheinischen Bildungszentrum für Berufe im Gesundheitswesen der Marienhaus Kliniken GmbH des Unternehmens ist das Thema Gesundheitsförderung schon seit einigen Jahren Bestandteil im theoretischen Unterricht. Ebenso können Schüler an den Kursen, die in den Krankenhäusern angeboten werden, teilnehmen. Ein weiterer Punkt ist die Belastung durch Defizite im Führungsverhalten, woraus sich Handlungsbedarf ableiten lässt (Badura et al. 2011, S. 37 ff.). Deshalb wurde in diesem Jahr beispielsweise im Führungskräfteentwicklungsprogramm des internen Netzwerkpartners, der Marienhaus Bildung, Edith Stein Akademie, das Seminar um das Modul „Betriebliches Gesundheitsmanagement" erweitert.

Zukünftig wird es eine Aufgabe in der Marienhaus Klinik GmbH sein, passende, bestenfalls kostenneutrale Angebote zur Verhaltens- und Verhältnisprävention für alle Mitarbeiter zur Verfügung zu stellen. Aufgrund der vereinbarten Agenda findet z. B. ein kostenfreies Training für Führungskräfte statt. Deshalb ist die Vernetzung mit Partnern wie der AOK Rheinland-Pfalz/Saarland – Die Gesundheitskasse, der Berufsgenossenschaft für Gesundheitsdienst und Wohlfahrtspflege, den Rentenversicherungsträgern und weiteren Kooperationspartnern sehr wichtig. So können alle Kompetenzen für die Gesundheit der Menschen im Unternehmen eingesetzt werden. In diesem, in seiner jetzigen Form, einmaligen Projekt lautet daher das Motto: „Gemeinsam vernetzt für mehr Gesundheit". „Erst wenn alle Akteure Verhältnis- wie auch Verhaltensprävention engagiert und ernsthaft betreiben, kann langfristig ein hohes Maß an Arbeitszufriedenheit und -gesundheit her- und sichergestellt werden" (Behr et al. 2016, S. 17).

Das Mitarbeitergesundheitsprojekt für die Kliniken wird durch Studierende aus dem Zentrum für Arbeit und Gesundheit wissenschaftlich begleitet. Sie unterstützen bei den Auswertungen von Analysen und erstellen Master- und Bachelorarbeiten zu Themen wie beispielsweise „Die Schlüsselrolle von Führungskräften bei der Implementierung Betrieblicher Gesundheitsförderung im Setting Krankenhaus" oder zur „Wirksamkeit und Kosten-Nutzen-Analyse der Zusammenarbeit von Betriebsärzten und Fachkräften für Arbeitssicherheit."

Eine Überlegung an die politisch Verantwortlichen kann für die Zukunft aus den bisherigen Erfahrungen abgeleitet werden: Was wäre, wenn Unternehmen bei Erfüllung der Voraussetzungen im Bereich Arbeits- und Gesundheitsschutz, der Inanspruchnahme der Möglichkeiten durch das Präventionsgesetz und Bearbeitung aller Kernprozesse im Betrieblichen Gesundheitsmanagement den Anreiz bekämen, aus dem Budget des neuen Pflegestärkungsgesetzes Gelder zur Finanzierung von Stellen für Pflegekräfte erhalten oder alternativ schnellere Freigaben für Investitionen erfolgen (Pflegestärkungsgesetz 2017) Dies könnte zum Beispiel in der für Mitte 2020 vorgesehenen Personalbedarfsbemessung (§ 113c SGB XI; SGB: Sozialgesetzbuch 2017) berücksichtigt werden. Die Qualitätssicherung ist durch die Umsetzung des BGM Kernprozesses „Evaluation" gewährleistet. So können für die Entscheidungsträger im Unternehmen Anreize geschaffen werden, eine Gesundheitskultur aufzubauen, anstatt Sanktionen für nicht besetzte Stellen in Kauf zu nehmen. Durch die Umsetzung dieses Gedankens, weg von der „lästigen Pflicht" hin zu einer Integration von Gesundheitspolitik in die Unternehmen, könnte der Wandel zu einer kooperativen Welt in einer netzwerkorientierten Umgebung tatsächlich gelingen.

Literatur

Arbeitsschutzgesetz (2017)

Badura B, Steinke M (2011) Die erschöpfte Arbeitswelt. Durch eine Kultur der Achtsamkeit zu mehr Energie, Kreativität, Wohlbefinden und Erfolg. Bertelsmann Stiftung, Gütersloh

Badura B, Walter U, Hehlmann T (2010) Betriebliche Gesundheitspolitik, 2. Aufl. Springer, Heidelberg

Badura B, Ducki A, Schröder H, Klose J, Macco K (Hrsg) (2011) Fehlzeiten-Report 2011. Springer, Berlin, Heidelberg

Barth C, Hamacher W, Eickholdt C (2014) Arbeitsmedizinischer Betreuungsbedarf in Deutschland. Bundesanstalt für Arbeitsschutz und Arbeitsmedizin, Dortmund, Berlin, Dresden

Behr T, Bethke B, Erdmeier D, Gohde J, Höfert R, Schmidt S, Zylajew W (2016) Zukunftsfähige Pflege – Empfehlungen zur nachhaltigen Entwicklung der Pflege. Berufsgenossenschaft für Gesundheitsdienst und Wohlfahrtspflege, Hamburg

Deutsche Gesetzliche Unfallverhütungsvorschrift (DGUV) (2013) Vorschrift 2

Marienhaus (2017) https://www.marienhaus.de/startseite/. Zugegriffen: 26. Apr. 2017

Marienhaus ZAG (2017) http://www.marienhaus-zag.de/bgm/was-ist-bgm/. Zugegriffen: 20. Apr. 2017

Pflegestärkungsgesetz (2017)

Präventionsgesetz (2015)

Sozialgesetzbuch XI (2017)

Michaele Münch hat ihr weiterbildendes Studium „Betriebliches Gesundheitsmanagement" an der Universität in Bielefeld absolviert. Sie ist in der Marienhaus Unternehmensgruppe für das BGM verantwortlich. Ebenso führt sie Prozessberatungen bei externen Unternehmen durch.

Elemente einer Nachhaltigkeitsstrategie der Berufsakademie für Gesundheits- und Sozialwesen Saarland gGmbH (BAGSS)

Bettina Mutz-Lorenz

1 Was haben Bildung, das Gesundheitswesen und Nachhaltigkeit miteinander zu tun? Sehr viel!

Die Idee der Nachhaltigkeit (Sustainability) ist seit 2001 – forciert durch die Europäische Union – ein Leitbild für politisches, wirtschaftliches und ökologisches Handeln (Abb. 1). Eine der meist gebrauchten Definitionen des Nachhaltigkeitsbegriffes ist die Definition des Brundtland-Berichtes der Vereinten Nationen von 1987. In dieser heißt es:

> Humanity has the ability to make development sustainable – to ensure that it meets the needs of the present without compromising the ability of future generations to meet their own needs (Hardtke und Prehn 2001, S. 58).

Frei übersetzt bedeutet dies:

> Nachhaltige Entwicklung ist eine Entwicklung, die gewährt, dass künftige Generationen nicht schlechter gestellt sind, ihre Bedürfnisse zu befriedigen als gegenwärtig lebende (Hauff 1987, S. 46).

Nachhaltigkeit wird laut dieser Definition als eine Art Entwicklung beschrieben, die sowohl auf die Gegenwart als auch die Zukunft ausgerichtet ist.

B. Mutz-Lorenz (✉)
Berufsakademie für Gesundheits- und Sozialwesen Saarland (BAGSS)
Konrad-Zuse-Str. 3a, 66115 Saarbrücken, Deutschland
E-Mail: be.mutz@bagss.de

© Springer-Verlag GmbH Deutschland, ein Teil von Springer Nature 2018
K. Keller und F. Lorenz (Hrsg.), *CSR im Gesundheitswesen*,
Management-Reihe Corporate Social Responsibility,
https://doi.org/10.1007/978-3-662-55937-6_9

Interventionsdimensionen

Soziologische
Dimensionen

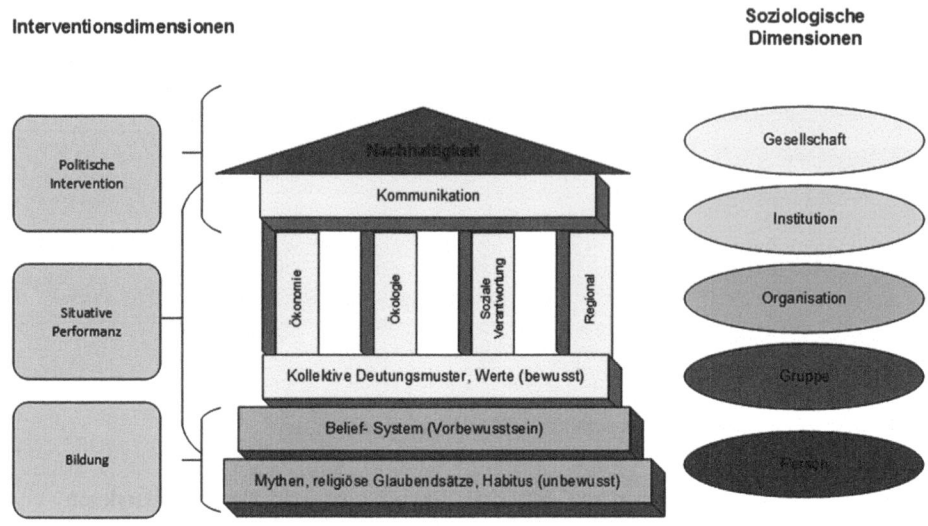

Abb. 1 Wirksamkeitsdimensionen. (Lorenz 2017)

2 Der Selbstanspruch „realisierte Nachhaltigkeit" der Berufsakademie für Gesundheits- und Sozialwesen Saarland gGmbH

Die Berufsakademie für Gesundheit und Sozialwesen (BAGSS) gGmbH ist eine private Hochschule, die im Jahr 2012 gegründet wurde,

- mit dem Anspruch, akademische Qualifikationen für Gesundheitsfachberufe in der Montanregion Saar-Lor-Lux (Saarland, Lothringen und Luxembourg) bereit zu stellen.
  → *Regionalität*
- um jungen Menschen in der Region eine berufliche Perspektive zu bieten.
  → *Personalebene*
- um die Region SAAR-LOR-LUX-WALLONIE, die durch den nur schleppend stattfindenden Strukturwandel vom soziodemografischen Wandel im besonderen Maße betroffen ist, nachhaltig mit Gesundheitsleistungen zu versorgen.
  → *Sozialräumlichkeit*
- um ein Europa der Regionen durch grenzüberschreitende Bildungsangebote zu verwirklichen.
  → *Politik*
- um Durchlässigkeit im Bildungssystem (EQR) und lebenslanges Lernen zu ermöglichen, daher Förderung von Bildungsmöglichkeiten für benachteiligte Personengruppen.
  → *Gerechtigkeit*

Dieser Selbstanspruch realisiert sich in folgenden Kooperationen und Projekten:

1. Kooperation mit dem Umwelt-Campus-Birkenfeld
2. Kooperation mit dem IFSI Forbach, France
3. Modulhandbücher und Curricula durchdrungen von Aspekten der Nachhaltigkeit
4. Kooperation mit den Organisationen der beruflichen Bildung der Gesellschafter der Berufsakademie im Sinne der Durchlässigkeit der Bildungsniveaus (DQR 2011)
5. Kooperation mit der Europäischen Fachschule für Altenpflege Quierschied (EFSA) als bundeslandübergreifende Fachschule des Gesellschafters Victor's Betreuungsdienste Brandenburg GmbH
6. Interdisziplinäre Projektwochen mit dem Thema „Nachhaltigkeit"
7. Ringvorlesung gemeinsam mit dem Umwelt-Campus-Birkenfeld
8. Projekt „Arbeitsplatznahe Qualifizierung (EQR 3) langjähriger Mitarbeiter in der Pflege"
9. Unterstützung von internationalen Projekten – internationale Ferienfreizeit mit ungarischen Kindern; Nordirak Krankenhaus

3 Hintergründe

Die Montanregion Saar-Lor-Lux (Saarland, Lothringen und Luxembourg) ist die am schnellsten alternde Bevölkerungskohorte der alten westlichen Bundesländer, womit die soziodemografische Entwicklung verbunden ist, dass in ländlichen Regionen zunehmend die infrastrukturellen Versorgungsangebote im Bereich Gesundheitsdienstleistungen zusammenbrechen (Abb. 2). Für die Träger der Berufsakademie für Gesundheits- und Sozialwesen Saarland gGmbH (Victor's Betreuungsdienste Brandenburg GmbH, Kreiskrankenhaus St. Ingbert GmbH und Saarland-Heilstätten GmbH) waren diese Entwicklungen ausschlaggebend, durch das Wirken in der Region in Form von neuen innovativen Bildungsangeboten soziale Verantwortung zu übernehmen.

Durch die Gestaltung der lebensweltlichen Sozialräume durch attraktive Bildungsangebote, nehmen junge Menschen ihre Region als attraktiv wahr und haben die Chance, in ihrer Region zu verbleiben. Infolgedessen wird damit auch dem Trend „Abbau von Gesundheitsdienstleistungen in der ländlichen Struktur", entgegengewirkt.

Da alle Träger der BAGSS im reproduktiven Wirtschaftsbereich (Non-Profit-Segment) mit akuten Personalrekrutierungsproblemen konfrontiert sind, ist die Strategie Personalgewinnung bzw. -sicherung geeignet, im Sinne der Nachhaltigkeit einen Beitrag zur ökonomischen Wertschöpfung zu leisten, da sowohl die jeweilige Organisation einen unmittelbaren Gewinn im Sinne der Vermeidung verdeckter Kosten im Rahmen von Personalakquise hat, als auch die Zielgruppe der Klienten/Patienten/Bewohner davon profitiert, da diese durch die Erhaltung gesundheitlicher Infrastrukturen in ihrem Sozialraum verbleiben können. Insofern trifft die These von Pufé (2014, S. 16) zu, nach der einer wirtschaftlich ausgerichteten Definition zufolge, Nachhaltigkeit bedeutet „nicht Gewinne zu erwirtschaften,

Abb. 2 Übersichtskarte Großregion SaarLorLux. (Staatskanzlei Saarland Öffentlichkeitsarbeit 2017)

die dann in Umwelt- und Sozialprojekte fließen, sondern Gewinne bereits umwelt- und sozialverträglich zu erwirtschaften".

4   Verortung von Gesundheit und Bildung im gesellschaftlichen Kontext

Postmoderne Gesellschaftsformen (vgl. Beck 1989) sind durch funktionale Differenzierungen von Teilsystemen gekennzeichnet, die in Form loser Kopplung miteinander koordiniert werden (vgl. Willke 2014). Sind diese Gesellschaftsformen in ihrem Selbstverständnis als Arbeits- bzw. Produktivgesellschaften konturiert, ergibt sich für die unterschiedlichen Teilbereiche eine Funktionszuschreibung, wie sie in dem Strukturfunktionalismus nach Parsons als AGIL – Schema oder im funktionalstrukturalistischen Ansatz nach Luhmann unter Leitdifferenzen strukturiert ist (Abb. 3).

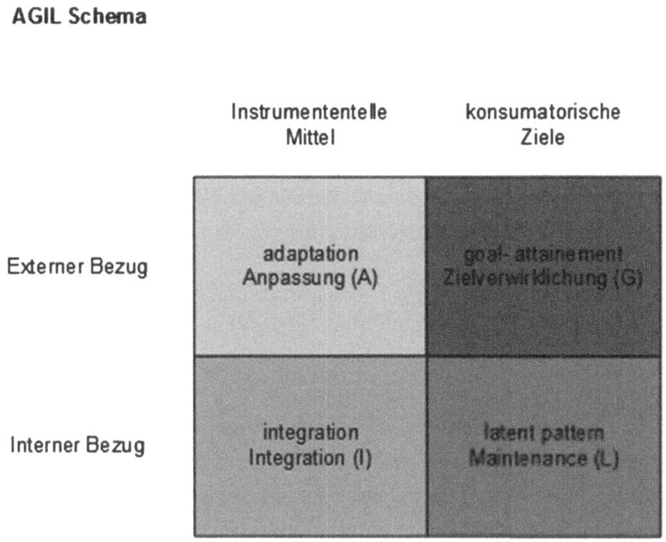

AGIL Schema

	Instrumentente lle Mittel	konsumatorische Ziele
Externer Bezug	adaptation Anpassung (A)	goal- attainement Zielverwirklichung (G)
Interner Bezug	integration Integration (I)	latent pattern Maintenance (L)

Abb. 3 AGIL Schema. (Lorenz 2010)

Im parsonschen Verständnis sind Wirtschaftssystem (Adaption) und Politiksystem (Goal Attainement) Produktivfaktoren, während Sozialsystem (Integration) und Kultursystem (Latent Pattern Maintenance) eher reproduktive Funktion haben (vgl. Esser 2002).

Bildung (als Teil des Kultursystems) und Gesundheit (als Teil des Sozialsystems) sind wichtige, kostenintensive und zugleich reproduktive investive gesellschaftliche Bereiche, die als reproduktive gesellschaftliche Teilsysteme die Funktion der produktiven Bereiche ermöglichen bzw. überhaupt erst die Voraussetzungen schaffen, indem sie durch Enkulturation, Erziehung und Bildung gesellschaftliche Strukturen und Konventionen an ihre Adressaten vermitteln und qua Selektion Zuweiser für andere gesellschaftliche Teilsysteme, z. B. Wirtschaftssystem, werden. Im Teilsystem Gesundheit wird durch die erbrachten Dienstleistungen die Aufrechterhaltung bzw. werden in der Sozialfunktion die humanitären Bedürfnisse und Konfliktlagen bearbeitet. Daher haben sie eine herausragende Bedeutung, die durch das Grundgesetz für alle Bürger garantierte Rechte sind und der Zugang zu Bildung und Gesundheit gewährleistet wird. Sie stehen aufgrund dessen im Brennpunkt des Interesses der Öffentlichkeit und der gesellschaftlichen Protagonisten. Sie sind in hohem Maße reglementiert, stehen aber auch in der doppelten Handlungslogik von staatlichem Sicherstellungsauftrag, ordnungspolitischen Restriktionen und ökonomischer Marktlogik (vgl. Dewe und Schwarz 2011).

Nach Sottas et al. (2013, S. 23) sind

> trotz hoher Veränderungsdynamik und gemeinsamer Interessen die Ziele des Bildungs- und Gesundheitssystems unterschiedlich ausgerichtet und nicht abgestimmt – es gibt kaum einen gemeinsamen Dialog über die Zukunft.

Beide Systeme operieren nach Luhmann in ihrer jeweils eigenen Handlungslogik ohne erkennbare strukturelle Kopplung. Die von der Lancet-Kommission 2010 geforderten Reformen zielen auf die Verknüpfung der Systeme Bildung und Gesundheit. Die vorgeschlagenen Maßnahmen umfassen insbesondere eine gemeinsame Planung und Dialoge der Interessenvertreter sowie die Ausdehnung der Lernorte in die gemeindenahe Grundversorgung hinein. Ausbildung soll zudem die Persönlichkeitsentwicklung in den Blick nehmen und Leadershipkompetenzen vermitteln.

> Diese Vision gründet auf der Überzeugung, dass in den Gesundheitssystemen der Zukunft nichts beständiger sein wird als die Veränderung (Sottas et al. 2013, S. 24).

Dies beruht auf tiefgreifenden Transformationsprozessen, denen funktionaldifferenzierte postmoderne Gesellschaften (vgl. Beck 1989) unterworfen sind.

Die in diesem Konzept angedeuteten, sich auflösenden Deutungsparadigmen, wie z. B. lineares Ursache-Wirkungs-Denken und die Setzung vernetzter zirkulärer Strukturen, implizieren zunächst die Hinwendung zu einer Metatheorie, die auf Reduktion von Komplexität zielt und wie sie die funktionale Systemtheorie Luhmanns nach der autopoietischen (selbsterschaffenden) Wende darstellt. Unter diesem Paradigma lässt sich der gesellschaftliche Wandel der Postmoderne als Transformationsprozess zu einer postindustriellen Informations- bzw. Wissensgesellschaft (vgl. Willke 1996–1998, 2011) beschreiben.

Folgt man einem eher stratifikatorischen (hierarchisch koordinierten) Ansatz, trifft man auf das Ende der Disziplinargesellschaft und die machtanalytischen Konzepte Foucaults. Die Enttraditionalisierung und Befreiung aus gesellschaftlichen Ligaturen (vgl. Beck 1989) verlangt nach theoretischen Deutungsversuchen, wie sie von Foucault mit der Genealogie der Macht und dem Konzept der Gouvernementalität unternommen wurden (vgl. Foucault und Sennelart 2015).

5 Supranationale Einflüsse auf Bildung und Gesundheit – Europäischer Qualifikationsrahmen für lebenslanges Lernen (EQR) und Deutscher Qualifikationsrahmen (DQR)

Am 23.04.2008 beschlossen EU-Parlament und -Rat den europäischen Referenzrahmen zu lebenslangem Lernen. Dem ging die formale Übertragung von Zuständigkeiten in Bildungsfragen an die EU 1993 (EU wird bei Bildung tätig = formale Kompetenzen) voraus und in der Konsequenz Bologna 1999, die Lissabon Schlussfolgerungen (Ökonomie und Beschäftigung) sowie 2002 der Bildungsministerbeschluss in Kopenhagen (Employability, berufliche Bildung) und 2004 das Maastricht-Kommuniqué (EQF = prioritär).

Der Referenzrahmen beinhaltet folgende Ziele:

Ziel 1: Förderung lebenslangen Lernens

Die Ansprüche „Realisierung lebenslanges Lernen" und die „Anerkennung von Qualifikationen" gehen weit über tradierte Vorstellungen von Lernprozessen hinaus und stützen
sich auf folgende Fundamente:

- Bildungstheoretische Fundierung
  Die persönliche Lerngeschichte umfasst in der wissensbasierten Gesellschaft unterschiedliche Phasen und Formen des Lernens: formales Lernen – nonformales Lernen –
  informelles Lernen.
- Gesellschaftstheoretische Fundierung
  Beruflichkeit und Berufsfelder weisen in der Postmoderne eine hohe Veränderungsdynamik auf. Prozesse der Professionalisierung gehen einher mit Deprofessionalisie-
  rungsprozessen, insbesondere im Spannungsfeld von professioneller Deutungshoheit
  und organisationalen Handlungslogiken, die stark ökonomischen bzw. machtbasierten
  Handlungsrationalitäten folgen. Gleichzeitig unterliegen die Professionen einer Dynamik, die aufgrund technologischer Entwicklung zu einer Auflösung der klassischen
  Experten-Laien-Asymmetrie führen wird. Innovationen in Bereichen wie z. B. Pharma-
  kologie oder medizintechnischen Bereichen führen dazu, dass erworbene Fähigkeiten
  nicht mehr benötigt werden bzw. neue Fähigkeiten entwickelt werden müssen. Gerade im Gesundheitssektor ist der technologische Wandel neben dem demografischen
  Wandel ein Innovationstreiber, der Selbstbilder der Professionen derart irritiert, dass
  oben beschriebene Prozesse der Professionalisierung mit Deprofessionalisierungspro-
  zessen gleichzeitig einhergehen (vgl. Lorenz 2010; Bröckling 2000; Klatetzki und
  Tacke 2005).
- Biografische Fundierung
  Bildungs- und Berufsbiografien sind in der Spätmoderne tendenziell geprägt von Individualisierung und Pluralisierung (vgl. Beck 2012). In der Ausdifferenzierung post-
  moderner Gesellschaftsformen werden Bildungsabschlüsse und -bezeichnungen zunehmend für Unternehmen intransparent, was bei gleichzeitiger Harmonisierung und
  Durchlässigkeit des Wirtschaftsraumes innerhalb der EU die Bemühungen und Wünsche nach Vergleichbarkeit von Qualifikationen erklärt, die in aller kulturellen Vielfalt
  genau diese Unterschiedlichkeit aufrecht erhalten sollen.

Ziel 2: Förderung von Mobilität

Aus den obigen Ausführungen wird erkennbar, dass die zur Förderung von Mobilität wesentlichen Voraussetzungen erfüllt sein müssen:

- Verständnis unterschiedlicher Qualifikationen
- Vergleichbarkeit nationaler Abschlüsse (ECTS und ECVet)

Tab. 1 DQR Niveaus. (BMBF 2017a)

Niveau 1	Ungelernte Mitarbeiter*innen	Einfache Anforderungen, stabiler Arbeitsbereich (überschaubar), Erfüllung der Aufgaben unter Anleitung
Niveau 2	Angelernte Mitarbeiter*innen	Grundlegende Anforderungen, stabiler und überschaubarer Arbeitsbereich (strukturiert), Erfüllung der Aufgaben weitgehend unter Anleitung
Niveau 3	Pflegehelfer*innen	Selbständige Erfüllung fachlicher Anforderungen in einem noch überschaubaren und zum Teil offen strukturierten Tätigkeitsfeld
Niveau 4	Dreijährige berufliche Ausbildung	Selbständige Planung und Bearbeitung fachlicher Anforderungen, veränderbare Kontexte
Niveau 5	Weiterbildung	Selbständige Planung und Bearbeitung umfassender fachlicher Anforderungen in komplexen und spezialisierten, veränderbaren Kontexten
Niveau 6	Bachelor	Planung und Bearbeitung von umfassenden fachlichen Aufgaben- und Problemlösungen, eigenverantwortliche Steuerung von Prozessen in Teilbereichen in einem beruflichen Tätigkeitsfeld, durch hohe Komplexität und häufige Veränderung gekennzeichnet
Niveau 7	Master	Komplexe Aufgaben- und Problemstellungen, eigenverantwortliche Steuerung in einem strategieorientierten beruflichen Tätigkeitsfeld, häufig unvorhersehbare Veränderungen
Niveau 8	Promotion	Entwicklung innovativer Lösungen und Verfahren in beruflichen Tätigkeitsfeldern, neuartige und unklare Problemlagen

Um eine Referenz zu schaffen, welche Verantwortungsbereiche mit den unterschiedlichen Qualifikationsniveaus verbindet, wurde ein Anforderungsprofil entwickelt, das Betrieben und Unternehmen ermöglicht, die Kompetenzen von Bewerbern einzuschätzen (Tab. 1) (BMBF 2017a; Lorenz und Grün 2016).

Der deutsche Qualifikationsrahmen soll dazu genutzt werden, Gleichwertigkeit, Mobilität und Durchlässigkeit im deutschen und europäischen Bildungsraum zu stärken. Dabei soll innerhalb des europäischen Prozesses darauf geachtet werden, dass das deutsche Bildungssystem sein eigenes Profil wahrt und seine Qualität innerhalb der EU zur Geltung bringen soll (Dewe und Weber 2007).

6   Kontext der spezifischen Problematik von Bildungsangeboten im Gesundheitssektor und Konsequenzen für die Bildungsphilosophie der Berufsakademie

Der „Gesundheitsmarkt" ist in seiner Handlungslogik ein durch ordnungspolitische Vorgaben strukturiertes planwirtschaftliches Geschehen, in dem Patienten/Bewohner indirekte Marktteilnehmer sind. Dieser „Gesundheitsmarkt" wird durch die Selbstverwaltungsorgane Gesetzliche Kranken-/Pflegekassen, die Leistungsanbieter (Krankenhäuser/Heime) sowie staatliche Regulierungs- und Aufsichtsbehörden (Medizinischer Dienst der Kassen, MDK; Heimaufsicht etc.) fremdverwaltet und Patienten/Bewohner als Leistungsempfänger können nur mittelbar auf Qualität und Kosten einwirken. Unter diesen Rahmenbedingungen ist auch das Bildungsgeschehen organisiert – eher reaktiv und adaptiv an gesetzlichen Vorgaben als an Bedürfnissen von Klienten oder Bildungsteilnehmern.

Trotz rasanter Entwicklungen und hohem Reformdruck werden die Prioritäten nicht miteinander abgestimmt und Reformvorhaben scheitern vielfach an Partikularinteressen und mangelnder Reformbereitschaft der unterschiedlichen Akteursgruppen (u. a. WHO Regionalbüro

Europa 2012; Sachverständigenrat zur Beobachtung der Entwicklung im Gesundheitswesen 2012; Sottas et al. 2013, S. 9).

Die aktuelle Diskussion um eine quantitative und qualitative Mangelsituationen bei den patientenbezogenen Funktionen (Stichworte: Mangel an Ärzten und Pflegefachpersonen) sowie globale und regionale Fehlverteilungen der Gesundheitsarbeiter verstellen dabei den Blick auf das gesamte Aufgabenspektrum. Sie verdeutlichen, dass das Gesamtsystem kaum Fürsprecher hat, sondern stets von neuem auf die Definitionsmacht der einflussreichen Professionen zurückgeworfen wird (vgl. Sottas et al. 2013, S. 10). Um diese Bildungssilos (vgl. Sottas et al.) zu durchbrechen, bedarf es einer grundlegend neuen Herangehensweise an Bildung. Nicht die bisherige Vermittlung von Fach- und Methodenwissen steht im Vordergrund, sondern die Klärung des persönlichen „belief system" der Teilnehmenden muss fokussiert werden, d. h. eigene Mythen, religiöse Glaubensätze, habituelle Routinen und Deutungsmuster müssen reflektiert und auf ihre Wirkung bzgl. interdisziplinärer Zusammenarbeit und Wahrnehmung sozialer Verantwortung (Social Responsibility) in der eigenen Lebenswelt hin beleuchtet werden (Abb. 4).

An dieser Stelle schließen die angestellten Überlegungen – wenn auch auf einer anderen Ebene – an die Grundelemente Selbstbestimmung, Solidarität und Sinnhaftigkeit/Zukunftsfähigkeit des bildungstheoretischen Paradigmas an. Darüber hinaus sind diese Überlegungen anschlussfähig an die Grundelemente der Salutogenese nach Antonovsky und das von ihm postulierte Kohärenzgefühl mit den Aspekten Sinnhaftigkeit, Verstehen, Handhabbarkeit, das in den Studiengängen der Berufsakademie für

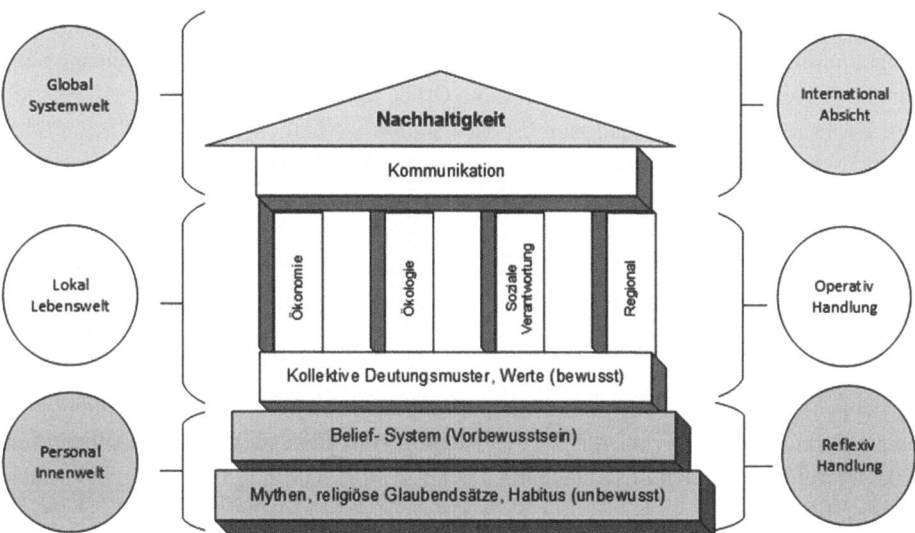

Abb. 4 Wirksamkeitsebenen. (Lorenz 2017)

Gesundheits- und Sozialwesen Saarland als einheitliche Konzeption von Gesundheit gelehrt wird.

Somit ergeben sich folgende zentrale Paradigmen für die Bildungsangebote der Berufsakademie:

- Wahrung und Förderung der Selbstbestimmtheit der anvertrauten Menschen (Autonomie)
- Was hält Menschen gesund und wie kann Gesundheitsförderung geschehen? (Salutogenese)
- Krankheit ist ein vielschichtiges Geschehen, das sich aus unterschiedlichen Faktoren generiert (holistische Perspektive)
- Die Patienten/Bewohner/Klienten sind Handelnde in einem sozialen Kontext (Systemdenken)

Der Gegenstand „Gesundheit" wird so aufbereitet, dass ein gemeinsames Grundverständnis über die einzelnen professionellen Deutungsmuster des Phänomens „Gesundheit" hinausgehend entsteht, wie z. B. Menschen bei der Aufrechterhaltung und Wiederherstellung ihrer Autonomie zu fördern bzw. in der Kompensation gesundheitlicher Einschränkungen zu unterstützen, oder Entscheidungsträger in Organisationen oder im Sozialraum zu befähigen und zu unterstützen, betriebliche Gesundheitskonzepte zu realisieren. „Gesundheit" wird dazu als gemeinsame Schnittmenge unterschiedlicher Berufe konzipiert. Dieser berufsübergreifende Charakter bringt es mit sich, dass die Didaktik auf Ebene einer einzelberuflichen spezifischen Didaktik operationalisiert werden kann und muss. Zum Beispiel bedeutet dies für den Bereich der Pflege die Operationalisierung der Leitdifferenz Autonomie – Heteronomie im Handlungsalltag, z. B. Wiedererlangung von Alltagskompetenz, Wiederherstellung von Entscheidungskompetenz –, während in der Ergotherapie Integrationsaspekte mit dem Gesundheitsbegriff assoziiert werden bzw. im Management primäre Prävention als ökonomisch relevante Größe mit dem Gesundheitsbegriff relationiert ist. Darüber hinausgehend zielt die Konzeption wesentlich auf die Reflexion über volkswirtschaftliche Korrelationen von Gesundheit und Bildung oder Gesundheit und Einkommensverhältnissen.

Dies bietet wiederum Rückkopplung von Angehörigen der Gesundheitsfachberufe mit Angehörigen anderer Professionen, mit denen sie im Alltag kooperieren, auf der Basis eines erweiterten Gesundheitsbegriffs und damit verbunden auch die Möglichkeit, sie auch als Akteure unterschiedlicher gesellschaftlicher Teilsysteme (Wirtschaft, Soziales) untereinander dialogfähig zu machen. Diese Form von interdisziplinär ausgerichteten Curricula bietet einerseits eine Verständigungsgrundlage im berufs- und systemübergreifenden Diskurs und kann andererseits zur Klärung von Schnittstellen und Kompetenzen in der interprofessionellen Zusammenarbeit genutzt werden (vgl. Lorenz 2010; siehe auch Reiber 2012, S. 8).

6.1 Bildungsphilosophie und Bildungstheoretische Grundlagen der Berufsakademie

Durch die Akademisierung der Gesundheitsfachberufe in Pflege und Therapie werden den angehenden Therapeuten und professionell Pflegenden Kenntnisse vermittelt, die sie in ihren Kompetenzen stärken und befähigen, die aktuellen und zukünftigen Anforderungen in ihren Arbeitsbereichen zu erfüllen und auf der Grundlage theoriegeleiteter und wissenschaftlicher Konzepte zu reflektieren.

Im Rahmen des betriebswirtschaftlichen Studienangebots werden in wissenschaftsbasierter und zugleich praxisorientierter Form die Entwicklung von Kompetenzen gefördert, die notwendig sind, um verantwortlich im Management und in der Führung von Organisationen des Gesundheits- und Sozialwesens zu handeln und Organisationsentwicklung zu gestalten.

Im Studiengang Soziale Arbeit Schwerpunkt Soziale Gerontologie liegen die Schwerpunkte auf der Vermittlung von klientenzentrierten und sozialraumorientierten Interventionsformen, die Personen, Gruppen oder Milieus zur Autonomie befähigen. In der klientenzentrierten Arbeit liegt der Fokus auf systemischen Interventionsformen, um Menschen aus Abhängigkeiten zu lösen, indem sie durch die Aktivierung von Selbstkompetenzpotenzialen zur Interdependenz befähigt werden. In der sozialräumlichen Intervention geht es darum, Sozialraumgestaltung dahingehend zu realisieren, dass vom Zusammenbruch bedrohte, soziale gesundheitliche Infrastrukturen stabilisiert bzw. revitalisiert werden.

Ziel generell ist es, durch attraktive Bildungsangebote hochqualifizierte Menschen aller Altersstufen für eine Tätigkeit in einem Gesundheitsberuf zu interessieren und dadurch dauerhaft ausreichend qualifizierte Mitarbeiter zu gewinnen und zu halten. Übergeordnete Zielsetzung bleibt auch im raschen Wandel und bei knapper werdenden Ressourcen die Sicherung einer hohen Versorgungsqualität und der optimale Einsatz der vorhandenen Potenziale. Ihre Erreichung erfordert zwingend bessere Kooperation aller Akteure des Gesundheitswesens sowie die Weiterentwicklung interprofessionellen Denkens und Arbeitens zwischen den Akteuren. Dies erfordert eine Weitung der Sicht auf Bildungsprozesse über die reine fachliche und methodische Expertise hinaus auf die persönliche und soziale Kompetenzentwicklung und situative Performanz.

> Bildung ist eine Voraussetzung für Urteils- und Kritikfähigkeit, für Verantwortungsbewusstsein, Toleranz, Selbstbestimmung, Handlungsfähigkeit und soziale Teilhabe (Sottas et al. 2013, S. 25).

Bildung als Transformationsprozess:

In der Berufsakademie für Gesundheits- und Sozialwesen Saarland wird Bildung als Transformationsprozess verstanden.

In diesem prozesshaft angelegten Lehr-/Lernarrangement entstehen Zeit-Räume, in welchen Menschen lernen, ihre erworbenen Muster von Welt-Erkennen und Welt-Verstehen zu erkennen, zu reflektieren. Durch Reflektion lernen sie, die ihnen innewohnenden

Ligaturen (vgl. Beck 1986) zu überwinden und sich zu einer erweiterten, kontingenten Sicht (Konstruktion) von Mit- und Umwelt zu befähigen. Bildung ist somit ein Loslassen von Altem und Vertrautem und die Neugierde, sich auf alternative Sicht- und Verhaltensweisen einzulassen.

> Je mehr dabei Menschen eine mehr und mehr spielerische Distanz zu ihren eingelebten Gewissheiten entwickeln können, desto stärker bilden sie Kompetenzen heraus, die auch und gerade für die Gestaltung von Ungewissheit grundlegend sind (Oelke und Meyer 2013, S. 129).

Somit ist Bildung und insbesondere berufliche Bildung eine – wie Arnold es nennt (vgl. Arnold/Siebert 2003) – Ausstattung zum selbstbestimmten Verhalten in der Welt und an das Merkmal der Reflexivität gebunden und weniger an deklaratives Faktenwissen, da wir immer weniger inhaltlich antizipieren können, was morgen gewusst und gekonnt werden muss, um Leben und Arbeit zu gestalten.

Reflexivität bedeutet dabei sowohl Selbstreflexionsfähigkeit – Befähigung zur Beantwortung der Frage „Wer bin ich und wozu bin ich existent?" – als auch die Fähigkeit zur ethischen Reflexion, da „gesundheitstherapeutische Arbeit immer an der Abbruchkante des normalen Lebens" erfolgt (Oelke und Meyer, S. 346) und letztlich die Befähigung zur politischen Reflexion, da gesundheitstherapeutisches Handeln als professionelles Handeln sich aus der gesellschaftlichen Beauftragung zur Bearbeitung der Leitdifferenz Autonomie/Heteronomie im spezifischen Handlungsfeld Gesundsein-Kranksein (Lorenz und Schwarz 2012) ableitet.

Nach Reetz (vgl. Oelke und Meyer 2013, S. 340) entfaltet sich somit menschliche Handlungsfähigkeit, die sich in drei Dimensionen aufspannen lässt:

- Sachkompetenz und intellektuelle Mündigkeit
- Sozialkompetenz und soziale Mündigkeit
- Selbstkompetenz und moralische Mündigkeit

Auf dieser dreifachen Anspüchlichkeit an Bildung basiert die Festlegung auf den bildungstheoretischen Ansatz (vgl. Oelke und Meyer 2013, S. 340) auch im berufsbildenden Kontext der Berufsakademie. Darüber hinaus versucht das Bildungskonzept im Anspruch auf Wissenschaftlichkeit den derzeitigen wissenssoziologischen Diskurs aufzugreifen und eine Verbindung zwischen systemtheoretischen Überlegungen und akteurstheoretischen Theorienansätzen zu schaffen, die nach jetzigem Stand in poststrukturalen diskurstheoretischen Entwicklungen ihren Niederschlag finden. Diese eher soziologischen Ansätze scheinen in der derzeitigen Professionalisierungsdiskussion der Gesundheitsfachberufe eine Zukunftsoption, da sie auf Anschluss- und Diskursfähigkeit ausgerichtet sind und nicht mehr auf Deutungshoheit von Experten gegenüber patientigen Laien abzielen.

Patienten als CO-Produzenten ihrer eigenen Gesundheit verstehen, heißt nicht ein Eingestehen eigener Unfähigkeiten, sondern ist eine Grundhaltung von Professionellen, die Kranke und insbesondere Menschen mit chronischen Erkrankungen als Experten ihres

Kranksein verstehen und Therapie, oder besser den therapeutischen Prozess, als hilfreiches Angebot verstehen, alternative Umgangsformen mit dem eigenen Leben zu entwickeln, was ein Mehr an Autonomie und Lebensqualität hervorbringt.

Insofern muss die Bildungsarbeit an der Berufsakademie auch den Umgang mit Experten ihrer Krankheit ermöglichen und insbesondere Begegnungen schaffen, wo Lernende und beispielsweise Selbsthilfegruppen mit ihrer jeweiligen inhaltlichen und strukturellen Expertise aus ihrem organisationalen und institutionellen Kontext herausgelöst sind (z. B. Projektwochen mit der Dt. Rheuma-Liga oder mit verwaisten Eltern). Lernende können in den interdisziplinären Projektwochen frei von irritierenden und überdeckenden Handlungslogiken – insbesondere organisationale und institutionelle Logiken und traditionelle berufliche Selbstverständnisse – eine neue Form des Miteinanders im interdisziplinären therapeutischen Prozess und in der partizipativen Interaktion mit Experten der Lebenswelt einüben. Dazu vertiefen sie ihre Fähigkeit, eigenständig selbstorganisiert Projektideen zu realisieren und einer Fachöffentlichkeit zu präsentieren.

Daher sind Lernangebote unter Einbezug der Selbsthilfeorganisationen ein Kernelement im curricularen Geschehen der Berufsakademie. Vorbereitet werden diese interdisziplinären Lehr-Lern-Angebote und Supervision bereits ab dem zweiten Semester, um zum Blick „über das Bildungssilo des eigenen Berufsstandes" hinweg befähigt zu werden.

Weiterhin muss die Praxis durch entsprechende Praxisaufträge und E-Learning basierte Anleitesituationen, wie z. B. Leittextarbeit, sowohl zum interdisziplinären Blick als auch zum theorie- und konzeptgeleiteten Handeln weiterentwickelt werden. Nach Immanuel Kant: Praxis ohne Theorie ist blind, Theorie ohne Praxis ist leer.

6.2 Kompetenzorientierung am Beispiel des Studiengangs Pflege

Mit der Forderung, die Ausbildung in der Pflege kompetenzorientiert auszurichten, zu lernen und zu prüfen, statt wie bisher auf Kenntnisse, Fähigkeiten und Fertigkeiten abzustellen, reagiert der Gesetzgeber auf veränderte Rahmenbedingungen und den daraus resultierenden zukünftigen Anforderungen an professionell Pflegende, die zum einen durch eine Dynamisierung und Beschleunigung von Wissensbeständen und deren Veralterung und zum anderen durch zunehmende Vernetzung und damit eine nicht linear erfassbare Komplexitätssteigerung gekennzeichnet ist. Pflege- und Berufsverständnisse passen sich mit Hilfe wissenschaftlicher Erkenntnisse den gesellschaftlichen Bedürfnissen an. Insbesondere durch die Alterung der Gesellschaft erhöht sich der Bedarf an professioneller Pflege, die in der Lage ist, Laienpflege zu nutzen und Langzeitkranke, alte Menschen zu versorgen. Das Kompetenzkonzept hat zum Ziel, den Herausforderungen der Zukunft in angemessener Weise begegnen zu können.

In der Realisierung agogischer Konzepte sind gewohnte Bildungstraditionen und -denkmuster oft das größte Hindernis, da tradierte Lernformen und Settings innerhalb von Tagen aus erwachsenen Menschen Schüler machen, die dann ihre Bildungsbiografie mit den gleichen Hemmnissen und Blockaden fortsetzen, die sie ggf. aus ihrer bisherigen Bildungsbiografie mitbringen, und so eher aufgrund fehlender Erfolgserlebnisse und Selbstbewusstheit Strategien des Misserfolges und Vermeidung entwickeln als die Neugierde auf Lernen. Aus diesen Annahmen entstanden die Überlegungen, den Bildungsprozess so zu gestalten, dass keine tradierten Formen des Unterrichtens in Klassenverbänden zum Tragen kommen, weil diese für die Zielgruppe eher dysfunktional sind, da weder die durch Lebenserfahrung gewonnen Kompetenzen zum Ausgangspunkt der Entwicklungen werden noch die Lernhemmnisse aus den bisherigen schulischen Erfahrungen bearbeitbar sind.

Daher sollen auf der Grundlage des Bildungstheoretischen Modells nach Klafki als paradigmatische Grundlage, die Lehr-Lern-Prozesse so gestaltet werden, dass Teilnehmer sich im Bildungsprozess als Koproduzenten der Ergebnisse verstehen und Verantwortung für ihr Lernen übernehmen. Die Rolle der Lehrenden verändert sich vom Besserwisser zum Lernbegleiter, der alternative Deutungen zu Sichtweisen anbietet und Experimentierräume eröffnet, die kreative Neugierde entfalten. Die Teilnehmer setzen sich in einem ersten Schritt mit ihrer Lernbiografie konstruktiv auseinander, reflektieren ihre bisherigen Erfahrungen mit Lernen und entwickeln für sich geeignete Lernstrategien und Lernformen.

Gleichzeitig mit dem Entdecken der eigenen Lernfähigkeit werden im Transfer auf das Arbeitsfeld Altenpflege bestehende Altersbilder reflektiert und Lernen als lebenslanger Prozess unter dem Motto „Ein Gehirn kann nur lernen" positiv konnotiert.

In Anlehnung an das bildungstheoretische Modell nach Klafki ergeben sich für die Teilnehmer folgende Lernfelder und Fragestellungen (Abb. 5).

Diese Fragestellungen gilt es auf das Handlungsfeld im Umgang mit Klienten/Patienten/Bewohnern umzusetzen und reflektiert kritisch auf die Rahmenbedingungen, in denen das Pflege- bzw. therapeutische Geschehen stattfindet, zu transferieren.

Grundlage für die didaktischen Überlegungen ist die Annahme, dass Lernen ein vielschichtiger Prozess ist, der nicht auf formale Bildungsprozesse, auf kognitives deklaratives Wissen oder auf Reproduktion von repetitivem Wissen beschränkt werden darf. Vielmehr gilt es, die Komplexität von (sozialen) Situationen und deren Umwelt (Kontext) zu erfassen und zum Gegenstand von Auseinandersetzung mit

- der eigenen Person (persönlicher Kompetenzerwerb),
- dem eigenen sozialen Handeln (sozialer Kompetenzerwerb),
- der Art und Weise, wie ich Herausforderungen und Problemstellungen begegnen (methodische Kompetenzerwerb) und
- welcher Expertise adäquate Lösungen entwickelt (fachlicher Kompetenzerwerb) werden

zu machen und durch Reflexion und Transferübungen in situative Handlungskompetenz zu übersetzen.

Diese Form der Bildung wurde von Hülshoff (2001) an der Universität Koblenz-Landau im Studiengang Betriebspädagogik erfolgreich mit Berufspraktikern als berufsintegrierte Studienform entwickelt und über 20 Jahre erfolgreich umgesetzt.

Bildungstheoretisches Modell

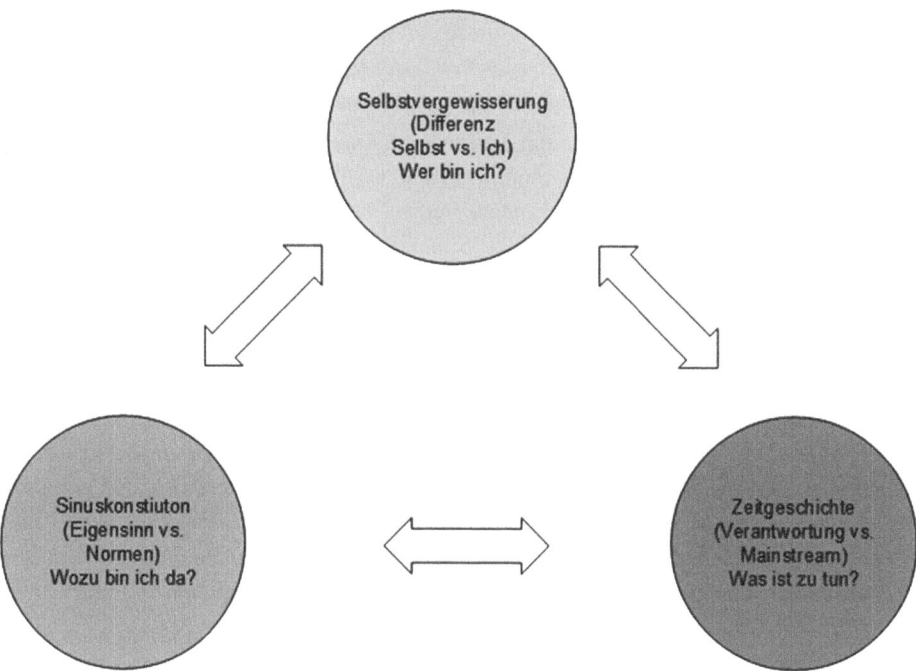

Abb. 5 Bildungstheoretisches Modell in Anlehnung an Gudjons. (Lorenz 2010)

Dieses Modell wird an der Berufsakademie durch die Förderung der ethischen Kompetenz erweitert, indem durch Theorieangebote unterschiedliche ethische Modelle besprochen werden und mit zeitgeistlichen Diskursen in Bezug gesetzt werden (z. B. utilitaristische Ethik mit neoliberalen Diskursen). In Fallarbeit werden dann Reflexionsprozesse angestoßen, die die Selbstvergewisserung der eigenen Vorurteile und deren biografische Verankerung transparent machen und Haltungsänderungen ermöglichen sowie letztlich begründet Entscheidungen treffen zu können unter Abwägung verschiedener Perspektiven.

Rückt der Mensch – idealtypisch gesehen – als Selbstzweck in den Mittelpunkt des Bildungsgeschehens, muss auch sein Geworden-Sein Gegenstand des Bildungsprozesses werden. Daher gilt es, u. a. implizite Wissensformen, die oft als Ahnung oder Bauchgefühl von Menschen (und die eine der vermuteten Stärken der Zielgruppe sein dürfte) vorhanden sind für die Teilnehmer sprachlich zugänglich zu machen und anhand generativer Regeln zu reflektieren im Transfer für Handlungsgeschehnisse wertschöpfend zu erschließen. Ebenso gilt es, die Erfahrungen, die in nonformalen Lernsituationen oder im Alltag gemacht werden als wertvoller Fundus – reflektiert – in berufliches Handeln zu integrieren. Daher sind Supervision und Coaching als verpflichtende Säule zu sehen, um das didaktische Modell nach Hülshoff umzusetzen, und im Studienganggebot der Berufsakademie enthalten.

6.3   Situationsdynamik – Situationsorientierung

Neben dem kompetenzorientierten Ansatz bildet der der situationsdynamische Ansatz nach Herbert Euschen einen wesentlichen Pfeiler der Bildungsarbeit an der Berufsakademie: Dieser stellt die Situation mit ihren konstitutiven Elementen, die beteiligten Personen (als Ich und als Gruppe), die Sache und die Intentionalität in den Mittelpunkt der Betrachtung (Abb. 6). Die Situation ist überkomplex (d. h. keine beobachtende Einheit kann die Gesamtkomplexität einer Situation in Gänze erfassen) und die Akteure erleben auf der Wahrnehmungs- und Handlungsebene die Situation nur ausschnitthaft bzw. aspekthaft. Der Ansatz wurde von Ursula Geißner und Herbert Euschen als Analyse und Beschreibungsansatz für die Komplexität von Situationen entwickelt (Euschen und Geißner 1991). Der situationsdynamische Ansatz zeichnet verschiedene Entwicklungslinien nach. Ausgehend von psychoanalytischen Konzepten zur Klärung des Ichs als dynamisches Geschehen zwischen Es und Über-Ich werden die individuellen Einflussmöglichkeiten, z. B. Werte (Beobachtungskategorien), Wahrnehmungsfilter, Deutungsmuster, in Bezug auf die Situation erfasst. In der Ich-Wir-Beziehung werden die Wirkungsmerkmale und gruppendynamischen Aspekte für die Situation wahrgenommen. In der Tradition von Ruth Cohn (TZI) ist die Komplexität der Situation nicht nur durch das Ich und Du (Wir) und die daraus entstehende Dynamik bestimmt, sondern Menschen begegnen sich auch immer unter einem Thema, das die Situation mit einer Sachdynamik anreichert.

> In der themenzentrierten Interaktion vollzieht sich nach Cohn folgendes: Menschen, die verschiedenen äußeren Bedingungen unterstellt sind, finden sich unter gemeinsamen Themen/Aufgaben zusammen. Diese Begegnung mit einer dynamischen Balance zwischen Ich-Wir-Es gewinnt eine feste Struktur von eigener Qualität und besonderem Erfahrungscharakter (mit Lerneffekt). Innerhalb der Struktur der Gruppeninteraktion wird der ganze Mensch mit seinem Wissen, seinen Gefühlen, Erfahrungen, Erwartungen und Befürchtungen angesprochen und zur selbständigen Auseinandersetzung mit wechselnden Problemen und Sachverhalten (Thematiken) angeleitet (Hamann 1998, S. 89).

Abb. 6 Situationsdynamisches Quadrat. (Lorenz und Schwarz 2012, nach Euschen und Geißner 1991)

Situationsdynamisches Quadrat

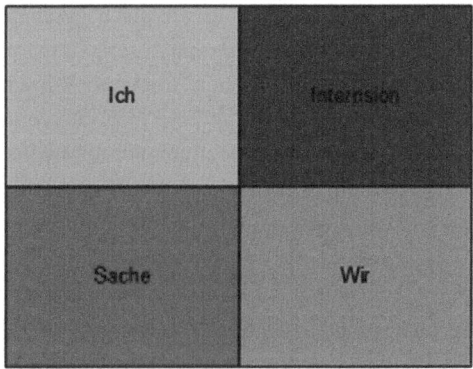

Über den TZI-Ansatz hinausgehend ist jede Situation im Verständnis von Euschen und Geißner sinnhaft. Mit dem systemtheoretischen Ansatz als Background, der Sinn als universelles Medium und Verweisungshorizont versteht, wird alles in der Welt sinnhaft. Intentionalität wird als dynamische Einflussgröße für die situative Gestaltung erfasst. Philosophisch lagert sich der Ansatz damit an Schütz, Husserl und anderen Vertretern der Phänomenologie an (vgl. Esser 2000, S. 2 ff.).

Der situationsdynamische Ansatz ermöglicht, in der Analyse von Situationen zu beobachten, welche Dynamik gerade dominiert, erlaubt aber auch, den Beobachterfokus zu wechseln, um zu einer differenzierten Beschreibung der Situation zu gelangen (vgl. Euschen 2003, S. 8).

> Die Situation ist strukturiert durch die Beobachtung von Beobachtern. Der Eindruck der Unbestimmtheit und Beliebigkeit, den man vielfach hat, kommt dadurch zustande, dass diese Situation asymmetrisch strukturiert ist. Die alteuropäische Tradition hoffte auf Querverbindungen zwischen der Qualität einer Sache, ihrem Preis und ihrem Stil, der die gefundenen Lösungen tradierbar machen würde. Aber genau diese Querverbindungen gibt es nur in den situativen Begründungen der Beobachter, die hier und jetzt und zufällig ins Gespräch kommen (Baecker 2007).

Folgt man dem Paradigmenwechsel in der Beobachtung von der Attribution hin zur Situation (Baecker 2007) ergeben sich Konsequenzen für (Bildungs-)Programme. Die Forderung beinhaltet einen Abschied von der Vermittlung von reinen Techniken und dem Trainieren von Standardsituationen. In einem ersten Schritt muss es um das Verlernen von Wissen und Können gehen, das sich in der Vergangenheit als erfolgreich erwiesen hat, aber für neue Sichtweisen und Operationen dysfunktional ist. Training kann lediglich das Automatisieren/Ritualisieren von Alltagskommunikation bedeuten, um die Aufmerksamkeitskapazitäten für Abweichendes zu erreichen. Für Pflegende bzw. Therapeuten, Sozialarbeiter oder Manager im Gesundheitswesen, die im attributionstheoretischen Paradigma operieren, bedeutet dies, dass die Personalisierung von Problemen aufgegeben werden muss. Dazu bedarf es eines Lernprozesses, in dem die eigenen Stereotypien, Vorurteile und internalisierten Deutungsmuster kommunikativ sichtbar werden, z. B. in gruppendynamischen Lernsituationen, wo bewusst bestehende situative Vorgaben des Alltags aufgelöst sind. Verlernen umfasst aber auch, die durch die betriebliche Sozialisation internalisierten Regelwerke der Organisation sichtbar zu machen und für Interventionen fruchtbar zu machen.

7   Nachhaltige Entwicklung und Bildung?

Im Herbst 2015 verabschiedeten die Vereinten Nationen die Agenda-2030 für nachhaltige Entwicklung mit 17 Zielen, den „Sustainable Development Goals" (SDG) (Abb. 7), die 2016 in die Neuauflage der Deutschen Nachhaltigkeitsstrategie aufgenommen wurden (Die Bundesregierung 2017). Es geht darum, rund um die Welt in gemeinsamer Ver-

Abb. 7 17 globale Ziele für nachhaltige Entwicklung. (Bundesregierung 2015)

antwortung für gute Lebensperspektiven der Menschheit zu sorgen – für heute und in Zukunft. Es wurden nationale Ziele und Maßnahmen zu den SDG verabschiedet. Den Ländern und Kommunen kommt bei der Umsetzung der nationalen Nachhaltigkeitsstrategie eine große Bedeutung zu (vgl. Die Bundesregierung 2017). Die Landesregierung Saarland hat dementsprechend im Jahr 2016 die saarländische Nachhaltigkeitsstrategie unter dem Namen „Gemeinsam Verantwortung tragen – für heute und morgen" verabschiedet (Landesregierung Saarland 2016).

Die Nachhaltigkeitsziele gelten universell und umfassen als integralen Bestandteil eine globale Bildungsagenda für die Jahre 2016 bis 2030. Das Bildungsziel (SDG 4) lautet:

> Für alle Menschen inklusive, chancengerechte und hochwertige Bildung sowie Möglichkeiten zum lebenslangen Lernen sicherstellen. Bildung stattet die Lernenden aller Altersgruppen mit den notwendigen Fähigkeiten und Werten aus, um verantwortliche Weltbürger zu sein. Dazu zählen die Achtung der Menschenrechte, der Gleichberechtigung der Geschlechter und der ökologischen Nachhaltigkeit. Die Investition in die Bildung und die Stärkung des Bildungssektors ist der Schlüssel zur Entwicklung eines Landes und seiner Menschen (Deutsche UNESCO-Kommission 2015).

Die Rolle von Bildung, um alle Ziele zu erreichen, wird als essenziell angesehen. Aber warum eigentlich Bildung? Könnten nicht strengere Gesetze die Rahmenbedingungen für nachhaltige Entwicklung viel besser durchsetzen? Und besteht nicht die Gefahr, dass man Bildung für ein bestimmtes Thema instrumentalisiert, das morgen schon wieder ein ganz anderes sein kann?

Das führt zu der Frage: Was ist das Ziel von guter Bildung? Jenseits von konkreten Inhalten soll sie Menschen die Kompetenz zu gestalten vermitteln. Gute Bildung geht über reines Faktenwissen hinaus, sie vermittelt Fähigkeiten und Werte und ermöglicht

- vorausschauendes Denken;
- interdisziplinäres Wissen;
- autonomes Handeln;
- Partizipation an gesellschaftlichen Entscheidungsprozessen.

Um den Herausforderungen der heutigen Zeit mit dem Streben nach sozialer Gerechtigkeit, Schutz der Um- und Mitwelt in Verbindung mit ökonomischen Prämissen zu begegnen, ist transformative, d. h. auf Veränderung zielende Bildung, der Schlüssel. Deshalb
hat die UNESCO von 2015 bis 2019 das Weltaktionsprogramm Bildung für nachhaltige
Entwicklung ausgerufen. Deutschland setzt sich für die nationale Umsetzung des Weltaktionsprogramms ein. Das federführende Ressort ist das Bundesministerium für Bildung
und Forschung.

Am 20. Juni 2017 hat Deutschland den Nationalen Aktionsplan zur Umsetzung des
UNESCO-Weltaktionsprogramms „Bildung für nachhaltige Entwicklung" (BNE) verabschiedet. Insgesamt 130 Ziele und 349 konkrete Handlungsempfehlungen sollen in
den einzelnen Bildungsbereichen dazu führen, dass Bildung für nachhaltige Entwicklung
strukturell in der deutschen Bildungslandschaft verankert wird. In den Blick genommen
werden dabei Lehrpläne, Curricula und Ausbildungsordnungen sowie die Aus-, Fort- und
Weiterbildungen der Pädagogen in der formalen, nonformalen und informellen Bildung.
Eine stärkere Vernetzung der BNE-Akteure und guten Praxis und eine ganzheitliche
Transformation von pädagogischen Einrichtungen hin zur Nachhaltigkeit sind zentrale
weitere Aspekte (vgl. BMBF 2017b).

Das Thema „Bildung für nachhaltige Entwicklung" (BNE) hat in Deutschland zwar
einen enormen Bedeutungszuwachs erfahren, ist aber in Einrichtungen der beruflichen
Bildung im Gesundheitswesen eine erst aufkeimende Pflanze. Deshalb scheint es gerade
für (Aus-)Bildungsstätten des Gesundheitswesens ein wichtiger Schritt, auf die nationale
Umsetzung des Weltaktionsprogramms hin zu wirken und sich am Nationalen Aktionsplan zu beteiligen. Die Berufsakademie für Gesundheits- und Sozialwesen Saarland ist
sich der Bedeutung von BNE für die Menschen, die im Saarland leben, bewusst und hat
zur Implementierung des Programms eine Kooperation mit dem Umwelt-Campus der Universität Trier eingegangen, um die Kompetenz des Ökologischen mit Social Responsibility
(Soziale Verantwortung) beider Einrichtungen zu verbinden und wechselseitig nutzbar zu
machen.

Das Konzept Bildung für nachhaltige Entwicklung dient nicht nur dazu, Nachhaltig-
keitsthemen, wie Klimaschutz und Biodiversität zu thematisieren, sondern partizipative
Methoden zu verwenden, um kritisches Denken, Teamfähigkeit und weitere Fähigkeiten
zu vermitteln. Dies deckt sich mit dem bildungstheoretischen Ansatz Klafkis (vgl. Lorenz
und Grün 2016) mit den Grundintentionen Selbstbestimmtheit, Solidarität und Zukunftsfähigkeit. Insofern ist Bildung der essenzielle Schlüssel, um die weiteren 16 Nachhaltigkeitsziele erreichen zu können (Deutsche UNESCO-Kommission 2015) und damit den
Menschen eine tragfähige Zukunft auf und mit unserer Welt zu ermöglichen. Folgerichtig
spielt der Aspekt der sozialen Nachhaltigkeit eine wesentliche Rolle.

8 Bildung und soziale Nachhaltigkeit

Die frühen Ansätze sozialer Nachhaltigkeit beschäftigten sich zunächst mit der internationalen Institutionalisierung von Umweltschutz. Zwischenzeitlich hat sich die soziale Nachhaltigkeitsdebatte zunehmend von der ökologischen Herkunft emanzipiert und umfasst mittlerweile nichtökologische Ansätze insbesondere zu den Themen Armut, Partizipation und Entwicklung. Soziale Nachhaltigkeit als ein Teilbereich der Nachhaltigkeitsstrategie behandelt ganz allgemein die sozialen Aspekte der Nachhaltigkeit. In aktueller Literatur wird unter sozialer Nachhaltigkeit in den allermeisten Fällen das Verbot verstanden, in der Gegenwart irreversible Veränderungen an der Welt vorzunehmen, die von zukünftigen Generationen nicht gewollt werden könnten. In diesem Sinne wird oft auch von intergenerationeller Verteilungsgerechtigkeit (Generationengerechtigkeit) gesprochen. Dieses Verständnis von sozialer Nachhaltigkeit geht vor allem auf den Brundtland-Bericht zurück. Neben dem Aspekt der Sicherung der Grundbedürfnisse und der Armutsbekämpfung, durch gerechten Zugang zu Chancen und Verteilung von Ressourcen – sowohl binnengesellschaftlich, also auch global (Ethik der inter- und intragenerativen Gerechtigkeit) –, bezieht die soziale Dimension dabei ausdrücklich die Frage der Geschlechterverhältnisse mit ein (vgl. Bauer 2008).

Insgesamt hat der Begriff noch keine vollkommen klaren Konturen und kann daher je nach Kontext auch unterschiedlich verstanden werden; insbesondere ältere Texte unterscheiden sich z. T. erheblich in der Verwendung des Begriffes. Nach einem anderen Verständnis sozialer Nachhaltigkeit kann nur durch die Überwindung sozialer Probleme ein Gleichgewicht im ökologischen Bereich hergestellt werden. Eine wieder andere Perspektive kommt zunehmend aus dem wirtschaftlichen Sprachgebrauch, die den Begriff soziale Nachhaltigkeit verwendet, um dauerhafte Phänomene und Effekte in der Gesellschaft zu erklären, z. B.: „nachhaltige Schädigung des Verbrauchervertrauens". Teilweise wird der Begriff soziale Nachhaltigkeit auch synonym für Corporate Social Responsibility (CSR) verwendet. In aktuellen Diskussionen, die vor allem als Ergänzung im Blick auf das Thema der CSR dienen sollen, wird auch eine weitere vierte Säule gefordert. Diese soll das Modell um eine politisch-institutionelle Dimension erweitern.

Die Abb. 8 und 9 stellen die gesellschaftlichen Entwicklungen in der Landeshauptstadt Saarbrücken anhand der Gegenüberstellung der sozialen Milieus in Saarbrücken in Relation zum bundesdeutschen Trend dar. Erkennbar ist, dass es der Übernahme von gesellschaftlicher Verantwortung bedarf, die damit verbundenen sozialen Herausforderungen als Bundesland zu bewältigen. Es wird sichtbar, dass die prekären Milieus mit einem Anteil von einem Fünftel in Relation zu Deutschland überdurchschnittlich vertreten sind. Die soziale Herausforderung stellt sich im Trend für 2025 in einer Polarisierung zwischen der Mitte und den prekären Milieus noch ausgeprägter dar (Oberbürgermeisterin der Landeshauptstadt Saarbrücken 2013). In diesen Zusammenhängen siedelt sich das saarländische Berufsakademie-Projekt „Arbeitsplatznahe Qualifizierung für langjährige

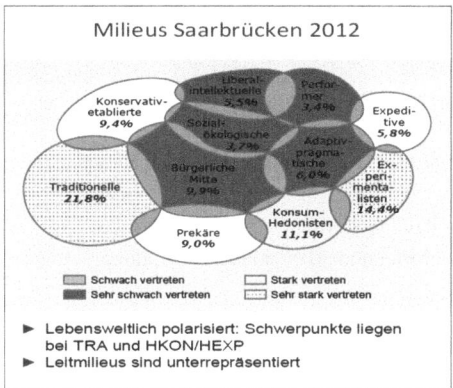

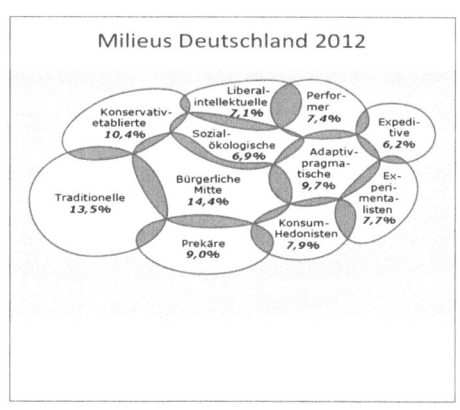

Quelle: microm 2012

Abb. 8 Gegenüberstellung der Milieus Saarbrücken zu Deutschland 2012. (Oberbürgermeisterin der Landeshauptstadt Saarbrücken 2013 in Milieustudie Landeshauptstadt Saarbrücken)

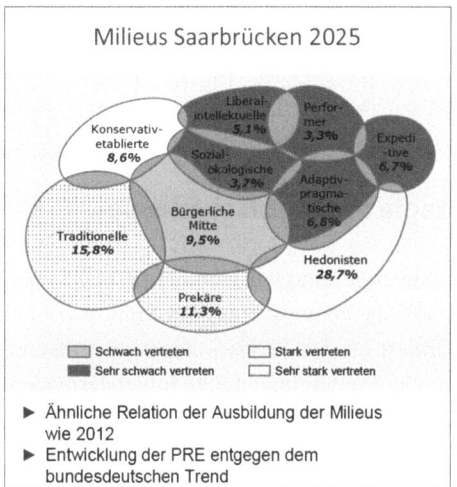

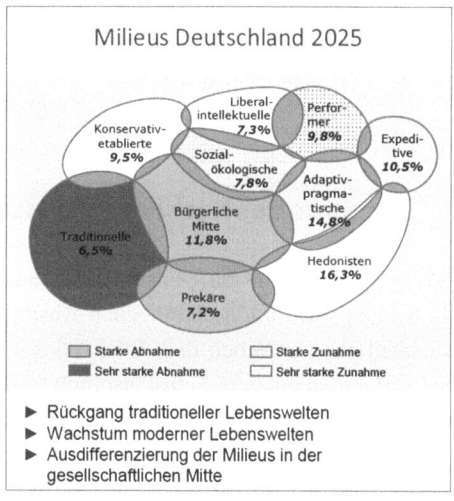

Quelle: microm 2012

Abb. 9 Trend des Milieus Saarbrücken 2025 und des Milieus Deutschland 2025. (Oberbürgermeisterin der Landeshauptstadt Saarbrücken 2013 in Milieustudie Landeshauptstadt Saarbrücken)

Mitarbeiter in der Altenpflege ohne formalen Abschluss" an, durch das die Berufsakademie auch in diesem Bereich ihrer sozialen Verantwortung wahrnimmt (Lorenz 2017). Dieses innovative Bildungsprojekt wird sowohl in der Armutsdebatte (SDG Nr. 1) als auch in den sozialen Benachteiligungen von Frauen (SDG Nr. 5) durch partizipative Bildungsprozesse (SDG Nr. 4) Interventionspotenzial entfalten (vgl. Die Bundesregierung 2017).

Tab. 2 Zuordnung der SDG zu Aspekten und Projekten der BAGSS

SDG Nr.	Thema	BAGSS
Nr. 1	Keine Armut	Arbeitsplatznahe Qualifizierung langjähriger Mitarbeiter in der Pflege ohne formalen Abschluss
Nr. 3	Gute Gesundheitsversorgung	Regionale Studienangebote im Gesundheitswesen
Nr. 4	Hochwertige Bildung	Innovative Bildungsformate
Nr. 5	Gleichberechtigung der Geschlechter	Regional verortet und arbeitsplatznahe Bildung
Nr. 8	Gute Arbeitsplätze und wirtschaftliches Wachstum	Kooperationen mit Einrichtungen des Gesundheits- und Sozialwesens Regionale Studienangebote im Gesundheitswesen
Nr. 10	Reduzierte Ungleichheit	Regionale Angebote, Weiterbildung für prekäre Zielgruppen (SDG Nr. 1)
Nr. 17	Frieden und Gerechtigkeit	Unterstützung von internationalen Jugendfreizeiten (Ungarn-Deutschland) und internationalen Projekten (Nordirak) IFIS de Forbach, Frankreich
Nr. 19	Partnerschaften, um die Ziele zu erreichen	Umwelt-Campus Birkenfeld der Universität Trier IFSI de Forbach, Frankreich

9 Elemente der Nachhaltigkeitsstrategie der Berufsakademie

Die Berufsakademie für Gesundheits- und Sozialwesen Saarland gGmbH (BAGSS) hat als Bildungsinstitution den eigenen Anspruch, soziale Verantwortung im Sinne sozialer Nachhaltigkeit zu leben und drückt dies – orientiert an den SDGs – zusammenfassend und verbunden mit dem Selbstanspruch fortlaufender Weiterentwicklung folgendermaßen aus (Tab. 2).

Literatur

Arnold R, Siebert H (2003) Konstruktivistische Erwachsenenbildung. Von der Deutung zur Konstruktion von Wirklichkeit. Schneider-Verlag Hohengehren, Baltmannsweiler

Baecker D (2007) Form und Formen der Kommunikation. Suhrkamp, Frankfurt am Main

Bauer S (2008) Leitbild der Nachhaltigen Entwicklung. In: Informationen zur politischen Bildung (Heft 287). Bundesdruckerei, Bonn. http://www.bpb.de/izpb/8983/leitbild-der-nachhaltigen-entwicklung. Zugegriffen: 7. März 2018

Beck U (1989) Risikogesellschaft. Die organisierte Unverantwortlichkeit. Aulavorträge 47. Hochschule St. Gallen für Wirtschafts-, Rechts- und Sozialwissenschaften, St. Gallen

Beck U (2012) Risikogesellschaft. Auf dem Weg in eine andere Moderne, 21. Aufl. Suhrkamp, Frankfurt am Main

BMBF (2017a) Bundesministerium für Bildung und Forschung: Deutscher Qualifikationsrahmen (DQR-Niveaus). https://www.dqr.de/content/2315.php. Zugegriffen: 7. März 2018

BMBF (2017b) Bundesministerium für Bildung und Forschung/Deutsche UNESCO-Kommission: UNESCO-Weltaktionsprogramm für nachhaltige Entwicklung. www.bne-portal.de. Zugegriffen: 7. März 2018

Bröckling U (Hrsg) (2000) Gouvernementalität der Gegenwart. Studien zur Ökonomisierung des Sozialen, 1. Aufl. Suhrkamp, Frankfurt am Main

Bundesregierung (2015) 17 globale Ziele für nachhaltige Entwicklung. https://www.bmub.bund.de/media/17-globale-ziele-fuer-nachhaltige-entwicklung/. Zugegriffen: 14. Dez. 2017

Deutsche UNESCO-Kommission (2015) Bildungsagenda 2030. https://www.unesco.de/bildung/bildung-2030.html. Zugegriffen: 7. März 2018

Dewe B, Schwarz M (2011) Beratung als professionelle Handlung und pädagogisches Phänomen. Kovac, Hamburg

Dewe B, Weber PJ (2007) Wissensgesellschaft und lebenslanges Lernen. Eine Einführung in bildungspolitische Konzeptionen der EU. Klinkhardt, Bad Heilbrunn

Die Bundesregierung (Hrsg) (2017) Deutsche Nachhaltigkeitsstrategie 2016. Druck- und Verlagshaus Zarbock, Frankfurt am Main

DQR (2011) Deutscher Qualifikationsrahmen für lebenslanges Lernen, verabschiedet vom Arbeitskreis Deutscher Qualifikationsrahmen (AK DQR) am 22. März 2011

Esser H (2000) Soziologie. Allgemeine Grundlagen. Campus, Frankfurt am Main

Euschen H (2003) Situationsdynamischer Ansatz. Unveröffentlichtes Handout Systemische Beratung. Freiburg

Euschen H, Geißner U (1991) Situationsdynamik. Unveröffentliches Vorlesungsmanuskript. Freiburg

Foucault M, Sennelart M (2015) Geschichte der Gouvernementalität, 4. Aufl. Suhrkamp, Frankfurt am Main

Hamann B (1998) Pädagogische Anthropologie. Theorien – Modelle – Strukturen; eine Einführung, 3. Aufl. Klinkhardt, Bad Heilbrunn/Obb

Hardtke A, Prehn M (2001) Perspektiven der Nachhaltigkeit – Vom Leitbild zur Erfolgsstrategie. Gabler, Wiesbaden

Hauff V (1987) Unsere gemeinsame Zukunft – Der Brundtland-Bericht der Weltkommission für Umwelt und Entwicklung. Eggenkamp, Greven

Hülshoff T (2001) Unveröffentlichtes Vorlesungsskritpt. Universität Koblenz-Landau

Klatetzki T, Tacke V (2005) Organisation und Profession, 1. Aufl. VS, Wiesbaden

Landesregierung Saarland (2016) Saarländische Nachhaltigkeitsstrategie – „Gemeinsam Verantwortung tragen – für heute und morgen". https://www.saarland.de/nachhaltigkeitsstrategie.htm. Zugegriffen: 7. März 2018

Lorenz F (2010) Führungskultur im Krankenhaus. Eine systemtheoretische und betriebspädagogische Studie am Fall katholischer Einrichtungen angesichts aktueller Veränderungsprozesse. Kovač, Hamburg

Lorenz F (2017) Projekt Arbeitsplatznahe Qualifizierung für langjährige Mitarbeiter*innen in der Altenpflege ohne formalen Abschluss. Abschlussarbeit: Corporate Social Responsibility Manager (WEISS Wirtschaftsethikinstitut Stift St. Georgen In Zusammenarbeit Cologne Business School)

Lorenz F, Grün T (2016) Bildungskonzept für ausbildungsintegrierte Studiengänge in Gesundheitsfachberufen – am Beispiel der Berufsakademie für Gesundheits- und Sozialwesen Saarland gGmbH (BAGSS). Eigenverlag BAGSS, Saarbrücken

Lorenz F, Schwarz M (2012) Führen als organisationales Erfordernis und personale Haltung. Kovač, Hamburg

Oberbürgermeisterin der Landeshauptstadt Saarbrücken (Hrsg) (2013) Milieustudie der Landeshauptstadt Saarbrücken. Entwicklungsplanung der Landeshauptstadt Saarbrücken, Saarbrücken

Oelke U, Meyer H (2013) Didaktik und Methodik für Lehrende in Gesundheitsberufen. Cornelsen, Berlin

Pufé I (2014) Was ist Nachhaltigkeit? Dimensionen und Chancen. In: Aus Politik und Zeitgeschichte – Nachhaltigkeit (APuZ), Bd. 64. Bundeszentrale für politische Bildung, S 16

Reiber K (2012) Hochschuldidaktik für gesundheitsbezogene Studiengänge. Band 8/1. Tübingen. http://www.dr-reiber.de/dokumente/reiber.pdf. Zugegriffen: 13. Dez. 2017

Sachverständigenrat zur Begutachtung der Entwicklung im Gesundheitswesen (2012) Wettbewerb an der Schnittstelle zwischen ambulanter und stationärer Gesundheitsversorgung. Sondergutachten. Huber, Bern

Sottas B et al (2013) Umrisse einer neuen Gesundheitsbildungspolitik. Careum Working Paper 7. Careum, Zürich

Staatskanzlei Saarland Öffentlichkeitsarbeit (2017) Übersichtskarte Großregion SaarLorLux. https://www.saarland.de/3576.htm. Zugegriffen: 7. März 2018

WHO Regionalbüro Europa (2012) Strategie und Aktionsplan für gesundes Altern in der Europäischen Region (2012–2020)

Willke H (1998) Systemtheorie. Lucius & Lucius, Stuttgart

Willke H (2011) Einführung in das systemische Wissensmanagement, 3. Aufl. Carl-Auer-Systeme, Heidelberg

Willke H (2014) Steuerungstheorie. Grundzüge einer Theorie der Steuerung komplexer Sozialsysteme, 4. Aufl. UVK, Konstanz

Weiterführende Literatur

Arnold R, Gómez Tutor C, Kammerer J (2010) Selbstlernkompetenzen als Voraussetzung einer Ermöglichungsdidaktik – Anforderungen an Lehrende. In: Arnold R, Schüßler I (Hrsg) Ermöglichungsdidaktik. Erwachsenenpädagogische Grundlagen und Erfahrungen. Schneider, Baltmannsweiler

Arnold R, Nolda S, Nuissl E (Hrsg) (2001) Wörterbuch Erwachsenenpädagogik. Klinkhardt, Regensburg

Badura B, Feuerstein G (1996) Systemgestaltung im Gesundheitswesen. Zur Versorgungskrise der hochtechnisierten Medizin und den Möglichkeiten ihrer Bewältigung, 2. Aufl. Juventa, Weinheim, München

BAGSS (2013) Allgemeine Prüfungsordnung der Studiengänge an der Berufsakademie für Gesundheits- und Sozialwesen Saarland (BA GSS) vom 26.06.2013

Carnau P (2011) Nachhaltigkeitsethik – Normativer Gestaltungsansatz für eine global zukunftsfähige Entwicklung in Theorie und Praxis. Hampe, München

Esser H (2002) Die Konstruktion der Gesellschaft. Studienausg. Campus, Frankfurt am Main

von Foerster H (1993) Wissen und Gewissen. Versuch einer Brücke, 1. Aufl. Suhrkamp, Frankfurt am Main

Foucault M et al (Hrsg) (2005) Analytik der Macht, 1. Aufl. Suhrkamp, Frankfurt am Main

Hessel S, Kogon M (2011) Empört Euch! 17. Aufl. Ullstein, Berlin

Hügli A (Hrsg) (1992) Philosophie im 20. Jahrhundert. Rowohlt, Reinbek bei Hamburg

Klafki W (1991) Neue Studien zur Bildungstheorie und Didaktik. Zeitgemäße Allgemeinbildung und kritisch-konstruktive Didaktik, 2. Aufl. Beltz, Weinheim

Kneer G et al (1997) Niklas Luhmanns Theorie sozialer Systeme. Eine Einführung, 3. Aufl. Fink, München

König E, Zedler P (2007) Theorien der Erziehungswissenschaft. Einführung in Grundlagen, Methoden und praktische Konsequenzen, 3. Aufl. Beltz, Weinheim

Krause D (2001) Luhmann-Lexikon. Eine Einführung in das Gesamtwerk von Niklas Luhmann, 3. Aufl. Lucius & Lucius, Stuttgart

Krüger H-H (2010) Einführung in Theorien und Methoden der Erziehungswissenschaft, 5. Aufl. Budrich, Opladen

Kultusministerkonferenz (2011) Handreichung für die Erarbeitung von Rahmenlehrplänen der Kultusministerkonferenz für den berufsbezogenen Unterricht in der Berufsschule und ihre Abstimmung mit Ausbildungsordnungen des Bundes für anerkannte Ausbildungsberufe, Berlin, 23.09.2011

Lenzen D (Hrsg) (1998) Pädagogische Grundbegriffe Bd. 2. Rowohlt, Hamburg

Luhmann N (1995) Gesellschaftsstruktur und Semantik, 1. Aufl. Suhrkamp, Frankfurt am Main

Luhmann N (2012) Soziale Systeme. Grundriß einer allgemeinen Theorie, 15. Aufl. Suhrkamp, Frankfurt am Main

Maturana HR, Varela FJ (1987) Der Baum der Erkenntnis. Die biologischen Wurzeln des menschlichen Erkennens. Scherz, Bern

Mittelstraß J (Hrsg) (2004) Enzyklopädie Philosophie und Wissenschaftstheorie. WBG, Darmstadt

Olbrich C (Hrsg) (2009) Modelle der Pflegedidaktik, 1. Aufl. Urban & Fischer, München

Reich K (2010) Systemisch-konstruktivistische Pädagogik. Einführung in die Grundlagen einer interaktionistisch-konstruktivistischen Pädagogik, 6. Aufl. Beltz, Weinheim, Basel

Saarländisches Berufsakademiegesetz (Saarl. BAkadG) vom 27.03.1996, zuletzt geändert durch das Gesetz vom 1. Juli 2009 (Amtblatt S. 1087)

Sarasin P (2005) Michel Foucault zur Einführung, 1. Aufl. Junius, Hamburg

Schaub F (2011) Akademisierung der Gesundheitsberufe – Bilanz und Zukunftsperspektive. German Medical Science GMS Publishing House, Düsseldorf

Schmidt C (2012) Situationsdynamik. Guck doch mal, wie Du guckst!; wer situativ beobachtet, weiß weniger und sieht mehr. Trainerverlag, Saarbrücken

Schülein JA, Reitze S (2010) Wissenschaftstheorie für Einsteiger, 1. Aufl. UTB, Stuttgart

Schwanitz D (1999) Bildung. Alles, was man wissen muss. Eichborn, Frankfurt am Main

Schwarz MP (2009) Professionalität und Wertschöpfung in der betrieblichen Weiterbildung. Kovač, Hamburg

Schwarz MP et al (Hrsg) (2014) Professionalität: Wissen – Kontext. Sozialwissenschaftliche Analysen und pädagogische Reflexionen zur Struktur bildenden und beratenden Handelns; [Festschrift für Prof. Dr. Bernd Dewe]. Unter Mitarbeit von Bernd Dewe. Klinkhardt, Bad Heilbrunn

Schwarz-Govaers R (2003) Problemorientiertes Lernen – neuer Wein in alten Schläuchen oder eher alter Wein in neuen Schläuchen? PR Internet Pflege 5(1):36–45

Schwarz-Govaers R (2005) Subjektive Theorien als Basis von Wissen und Handeln. Ansätze für ein handlungstheoretisch fundierten Pflegedidaktikmodell. Huber, Bern

Sinus (2017) Die Sinus-Milieus® in Deutschland 2017. https://www.sinus-institut.de/sinus-loesungen/sinus-milieus-deutschland/. Zugegriffen: 14. Dez. 2017

Sonntag K (1996) Lernen im Unternehmen. Effiziente Organisation durch Lernkultur. Beck, München

Steinmann H et al (2005) Management. Grundlagen der Unternehmensführung; Konzepte, Funktionen, Fallstudien, 6. Aufl. Gabler, Wiesbaden

Vorländer K (2003) Immanuel Kant. der Mann und sein Werk. Fourier, Wiesbaden

Watzlawick P (1992) Vom Unsinn des Sinns oder vom Sinn des Unsinns. Picus, Wien (der vorliegende Text basiert auf zwei aufeinander bezugnehmenden Vorträgen im Wiener Rathaus, am 17. Mai 1989 und am 5. November 1991)

Watzlawick P, Krieg P (Hrsg) (1991) Das Auge des Betrachters. Beiträge zum Konstruktivismus; Festschrift für Heinz von Foerster. Unter Mitarbeit von Heinz von Foerster. Piper, München

Wilkinson JM (2012) Das Pflegeprozess-Lehrbuch, 1. Aufl. Huber, Bern

Bettina Mutz-Lorenz, Pflegewissenschaftlerin MScN (Philoso-phisch-Theologische Hochschule Vallendar), Dipl. Pflegepädago-gin (KH Freiburg), Gesundheits- und Krankenpflegerin.

Wissenschaftliche Mitarbeiterin Studiengang Pflege an der Be-rufsakademie für Gesundheits- und Sozialwesen Saarland gGmbH in Saarbrücken.

Leiterin der international ausgerichteten Europäischen Fach-schule für Altenpflege in Quierschied (EFSA), Victor's Unterneh-mensgruppe.

10 Jahre Referentin in der Abteilung Gesundheits- und Altenhil-fe des Caritasverbandes für die Erzdiözese Freiburg e. V.

Langjährige Pflegepraxis am Universitätsklinikum Freiburg.

Das Krankenhaus als engagierter Bürger

Sponsoring im Rahmen der Corporate Citizenship

Carl Heese und Tilman Thaler

1 Einleitung

Krankenhäuser erscheinen als bauliche Repräsentationen des Gemeinwohls (Backhaus-Maul et al. 2010). Als solche sind sie in Deutschland immer noch überwiegend in öffentlicher oder freigemeinnütziger Trägerschaft. Ihre Privatisierung, um die Jahrtausendwende noch Programm der Gesundheitspolitik, scheint vorerst zum Stillstand gekommen zu sein. Ihr Image als Produzenten des öffentlichen Gutes Gesundheit führt dazu, dass sie häufig zu Adressaten von bürgerschaftlichem Engagement werden, wenn sie nicht selbst aus dem Engagement von Bürgern hervorgegangen sind. So hat die Stiftung von Krankenhäusern in den USA eine lange Tradition (Janes und Schneider 2010, S. 51) und auch in Deutschland verdankt sich eine Reihe traditionsreicher Häuser dem sozialen Engagement bürgerlicher Stifter. Die von dem berühmten Psychiater Emil Kraepelin gegründete Deutsche Forschungsanstalt für Psychiatrie wurde in den ersten beiden Jahrzehnten seit ihrer Gründung 1917 von dem amerikanischen Bankier James Loeb massiv unterstützt (Loeb stiftete auch das Gemeindekrankenhaus der oberbayerischen Stadt Murnau, das heute nur noch als Gebäude besteht). Nach dem Zweiten Weltkrieg wurde die Forschungsanstalt als Max-Planck-Institut für Psychiatrie fortgeführt. Ein weiteres Beispiel für eine bedeutende Klinikstiftung in Deutschland ist das Robert-Bosch-Krankenhaus in Stuttgart, das Bosch ursprünglich zur Förderung der Homöopathie im Jahr 1915 errichten ließ. Auch diese Einrichtung besteht noch und ist heute ein renommierter Standort der Regelversorgung.

C. Heese (✉)
Wilhelm Löhe Hochschule
Fürth, Deutschland
E-Mail: carl.heese@wlh-fuerth.de

T. Thaler
Lehrstuhl für Sozialpädagogik, Katholische Universität Eichstätt-Ingolstadt
Eichstätt, Deutschland
E-Mail: tilman.thaler@ku.de

© Springer-Verlag GmbH Deutschland, ein Teil von Springer Nature 2018   179
K. Keller und F. Lorenz (Hrsg.), *CSR im Gesundheitswesen*,
Management-Reihe Corporate Social Responsibility,
https://doi.org/10.1007/978-3-662-55937-6_10

Aber auch für kleinere Spenden sind Krankenhäuser häufig die Adressaten. Im dritten Engagementmonitor des BFSFJ werden Krankenhäuser neben Kindergärten und Schulen auf Platz zwei der häufigsten Kooperationspartner von sozial engagierten Unternehmen gelistet (Braun 2010). Daneben sind Krankenhäuser auch besondere Orte der ehrenamtlichen Tätigkeit. Mit den Grünen Damen ist die Ehrenamtlichkeit in ihnen quasi professionalisiert. Sehr verbreitet sind auch ehrenamtliche Klinik-Clown-Engagements, Vorlesedienste, Hospizhelferdienste, ehrenamtliche Tätigkeiten als Patientenfürsprecher und anderes mehr.

Dass Krankenhäuser Adressaten von Spenden und ehrenamtlichen Engagements sind, steht in der öffentlichen Wahrnehmung deutlich im Vordergrund; dass sie aber auch selbst mit Spenden und Sponsoring aktiv sind, wird nur wenig wahrgenommen, ja es erscheint bei der seit vielen Jahren andauernden Berichterstattung unter den Schlagwörtern Investitionsstau, Personalabbau und Arbeitsverdichtung sogar als kontraintuitiv. Allgemein ist die Entwicklung der gemeinwohlorientierten Einrichtung Krankenhaus zum wirtschaftlichen Unternehmen für die öffentliche Wahrnehmung ein problematisches Faktum. Im Folgenden wird zunächst diese Entwicklung zum unternehmerischen Krankenhaus skizziert. Es werden dann Beispiele von einzelnen Sponsoringtätigkeiten der Krankenhäuser berichtet und die Corporate Citizenship als Rahmen für ein Verständnis und die Integration dieser Tätigkeiten in das Management der Krankenhäuser vorgestellt. Der abschließende Teil befasst sich mit der Akzeptanz dieser Perspektive in den tragenden Berufsgruppen der Krankenhäuser.

2   Das unternehmerische Krankenhaus

Trägerschaft und Charakter der Krankenhäuser haben sich in den letzten Jahrzehnten stark gewandelt. Gab es früher eine bei weitem überwiegende Zahl kommunaler und konfessioneller Kliniken und nur einen untergeordneten Anteil privater Einrichtungen, so haben sich diese Anteile deutlich verschoben. Heute teilen sich öffentliche, freigemeinnützige und private Träger die etwa 2000 Krankenhäuser in etwa zu gleichen Teilen (Bölt 2012, S. 115; Penter und Augurzky 2014). Die ungefähr 1200 Rehabilitationseinrichtungen sind dagegen seit 1990 „fest in privater Hand" (Bölt 2012, S. 123). Hier sind es 56 %, die im Jahr 2010 von privaten Trägern betrieben werden. Deutlich mehr als ein Drittel aller stationären Einrichtungen sind demnach gewöhnliche Geschäftsbetriebe und werden entsprechend geführt. Interessant ist, dass der Anteil der privaten Krankenhäuser auch nach 2008 gestiegen ist. Infolge der Bankenkrise wurden Privatisierungen von Krankenhäusern sehr problematisch. Im Fall der Inntalkliniken wurde beispielsweise der bereits ratifizierte Verkauf von drei kreiseigenen Häusern an die Rhön AG unter dem Druck der Öffentlichkeit wieder rückgängig gemacht (Müller 2009). Dennoch stieg der Anteil der privaten Träger kontinuierlich weiter an. Augurzky et al. (2015, S. 22) weist das für die Indikatoren „Zahl der Versorgungskrankenhäuser", „aufgestellte Betten", „Anteil behandelter Fälle" und „Anteil der Intensivbetten" nach. Möglich war das durch Teilprivatisierungen, den Abbau von Betten und die Schließung von Abteilungen, vor allem in den Häusern in öffentlicher Trägerschaft.

Damit wird heute bereits ein großer Teil der Kliniken kraft ihrer Trägerschaft als normale Geschäftsbetriebe geführt. Aber auch für die nichtprivaten Häuser hat sich ein Wandel ergeben, der aus den vormaligen kirchlichen Einrichtungen und den Anhängseln der öffentlichen Verwaltung in einem mehr oder weniger großen Ausmaß moderne Unternehmen gemacht hat. Dazu wurde die Stellung des früheren kaufmännischen Direktors als Teil der Leitungstroika mit dem Pflegedirektor und dem Ärztlichen Direktor deutlich gestärkt. In der Funktion des Geschäftsführers sorgt er nun bis tief in die Entscheidungsprärogativen der direktorialen Kollegen hinein dafür, dass die Zahlen des Hauses stimmen, d. h. nicht oder – als Zeichen von noch bestehenden „Managementlücken" (Offermanns 2011, S. 135) – nur so wenig defizitär sind, dass die Kreisumlage oder eine Mobilisierung von Stiftungsreserven nach dem Jahresabschluss weitgehend problemlos zu erwarten sind. Insgesamt hat sich das Konzept der wirtschaftlichen Leitung der Krankenhäuser von der kameralistischen Verwaltungsbetriebslehre zu einer eigenständigen Managementdisziplin entwickelt (Axtner 1978; Eichhorn et al. 2000; Haubrock und Schär 2007). Angeleitet wurde diese Entwicklung durch eine grundlegende Veränderung der Rahmenbedingungen. Diese bestand in den Versuchen einer Deckelung der Ausgaben im Gesundheitsbereich, die bis in die 1970er-Jahre hinein zurückreichen (Beske und Hallauer 2004), in dem wirtschaftspolitischen Bemühen, die Lohnnebenkosten und hier besonders den Kranken- und Pflegeversicherungsanteil der Arbeitgeber nicht weiter steigen zu lassen, sowie dem Wechsel von der Vergütung von tagesgleichen Pflegesätzen zum regional adjustierten und dynamischen System der Fallpauschalen – den DRGs. Ergänzt wurde das noch durch die gesetzliche Verpflichtung zur Erhebung und Weitergabe einer Fülle von Qualitätskennzahlen, die zunehmend den Ergebniskorridor der Krankenhausleistungen auf einen definierten Bereich einengen. Unter dem Druck dieser Vorgaben wandelten sich die Einrichtungen und es entstand in der Fläche der heute dominierende Typ des unternehmerischen Krankenhauses, das proaktiv und dynamisch gemanagt werden muss, um für seine Träger vertretbare Ergebnisse zu erzielen.

3 Spenden und Sponsoringtägigkeiten der Krankenhäuser

Wenn das moderne Krankenhaus als unternehmerische Organisation firmiert, dann stehen für seinen Betrieb alle Managementinstrumente zur Verfügung; somit auch jene, mit denen sich andere Unternehmen am Rande oder jenseits der eigentlichen Geschäftstätigkeit engagieren. Zu denken ist hier an Spenden und Sponsoringaktionen, mit welchen Kliniken ihr Personal, ihre sachliche Ausstattung und ihre finanziellen Ressourcen zur Unterstützung von Personengruppen, Vereinigungen und Einrichtungen zur Verfügung stellen. Um das zu illustrieren, werden hier einige Ergebnisse aufgeführt, die einer systematischen Analyse der Spenden- und Sponsoringtätigkeiten einer Rehabilitationsklinik im ländlichen Raum entnommen wurden. Die Analyse wurde für eine Teilnahme am

Wettbewerb „Klinikförderpreis" der Bayerischen Landesbank erstellt. Dabei fanden sich folgende Sponsorings:

- Die Klinik stellte ihre Räumlichkeiten für öffentliche Kunstausstellungen von regionalen Künstlern zur Verfügung und veranstaltete Programme zu den Ausstellungen.
- Die örtliche Volkshochschule konnte Räume der Klinik für Kurse nutzen.
- Angebote für die Information und Unterrichtung von Angehörigen wurden für interessierte Teilnehmer aus der Region geöffnet. Die Einladung erfolgte über eine Ausschreibung in der örtlichen Presse.
- Umzüge und Brauchtumsveranstaltungen der örtlichen Vereine konnten das Klinikgelände für öffentliche Darbietungen nutzen.
- Das Babyschwimmen des örtlichen Sportvereins fand regelmäßig im Schwimmbad der Klinik statt. Der Sportraum wurde einer Patientenselbsthilfe regelmäßig zur Verfügung gestellt.
- Mitarbeiter der Klinik konnten Treffen von beruflichen Vereinigungen, regionalen und überregionalen Arbeitsgruppen in der Klinik veranstalten und wurden dabei großzügig unterstützt mit Freistellungen und der Übernahme von Bewirtungskosten.
- Der Kindergarten am Ort wurde finanziell und personell unterstützt. Für Feiern wurde Personal der Klinik von der Arbeit freigestellt, welches zum Beispiel die Nikolausfeier mitgestaltete.
- Kinder der Mitarbeiter wurden alljährlich in der Klinik zur Patientennikolausfeier eingeladen und dort beschenkt.
- Für verschiedene Schulen und Fachschulen stellte die Klinik Praktikumsplätze zur Verfügung.
- Mit der nächstgelegenen Universität ging die Klinik eine Kooperation ein, für die sie sich finanziell und personell engagierte. In einem geringeren Maße wurde auch ein Kontakt zu einer ausländischen rehabilitationswissenschaftlichen Fakultät gepflegt.
- Veranstaltungen der Universität fanden in der Klinik als praktische Ausbildung statt. Chefärzte und leitende Mitarbeiter wurden für akademische Veranstaltungen freigestellt.
- Forschungen für Abschlussarbeiten konnten in der Klinik durchgeführt werden.
- Fachtagungen der hausinternen Weiterbildung wurden als öffentliche Programme angeboten, die der Fachöffentlichkeit und den Bewohnern am Ort frei zugänglich gemacht wurden.
- Erste-Hilfe-Auffrischungskurse wurden auf die Abendstunden verlegt und für Teilnehmer aus dem Ort geöffnet.
- Kunstwerke aus den Ausstellungen in der Klinik wurden angekauft und zum Teil der Gemeinde zur Gestaltung des Gemeindeparks überlassen.
- Selbsthilfevereinigungen von Patienten und Angehörigen wurden von der Klinik personell durch Freistellungen engagierter Mitarbeiter und finanziell unterstützt.

- Die Mitarbeiter der Haustechnik wurden für verschiedene Tätigkeiten in der Gemeinde freigestellt und unterstützten Gemeindeaktionen, wobei sie Werkzeuge und Maschinen der Klinik nutzten.
- Mitarbeiter verschiedener Funktionsdienste wurden auf Veranlassung der Klinikleitung gelegentlich mit Aufgaben außerhalb der Klinik beauftragt.
- Der Aufbau einer nachstationären Einrichtung der offenen Behindertenarbeit wurde personell, ideell und finanziell vorangebracht.

Die Sponsorings lassen sich beinahe vollständig wenigen Hauptthemen zuordnen, während wenige Engagements nur forciert einem strategischen Interessenschwerpunkt zu subsumieren sind. Scheinen diese mehr auf eine situative Veranlassung zurückzugehen, so schälen sich insgesamt in der Betrachtung drei thematische Gruppen heraus, die sich als strategische Entscheidungsrichtungen des Klinikmanagements interpretieren lassen.

Zum einen sucht die Klinik mit ihren Engagements die Zusammenarbeit mit Vereinigungen und Organisationen, die eine weiterführende Versorgung und Unterstützung der Patienten beabsichtigten. Die Klinik arbeitet damit am Schnittstellenmanagement und versucht den Überleitungsprozess in die Betreuung und Versorgung der Rehabilitanden an der Grenze des eigenen Verantwortungsbereichs zu optimieren. Auf diese Weise gleicht sie aus sachlicher Notwendigkeit Strukturdefizite der Versorgung aus oder mildert diese zumindest ab. Diese Defizite werden als sogenannte Versäulung des Gesundheitssystems häufig diskutiert (Rosog 2014, S. 18; mit vorsichtig optimistischer Einschätzung: Leidl 2009). Die Problematik besteht hier in der strukturell eingeschränkten Patientenführung zwischen dem stationären und dem ambulanten Bereich. Immer wieder drohen hier Versorgungsabbrüche an den Grenzen der Zuständigkeiten der betreuenden Organisationen zu Lasten der Patienten und Rehabilitanden. Die Klinik versucht hier eine Problemlösung mit dem Aufbau und der Pflege von Kooperationsbeziehungen in einem weiter verstandenen Interessenbereich über die Grenze ihrer eigentlichen Zuständigkeit hinaus.

Der zweite Schwerpunkt der Aktivitäten betrifft die Einbettung der Klinik in die regionalen Strukturen. Die Klinik unterstützt hier das Leben am Ort, sie stärkt die Gemeinde, ihre Einrichtungen und die lokalen Organisationen. Sie nimmt am kulturellen Leben der Gemeinde teil und wird dabei auch selbst zu einem Kulturraum. Damit mildert sie ihre funktionale Einseitigkeit, was ihr die Patienten, Angehörigen und Mitarbeiter danken, und sie stärkt die Attraktivität der Region, was ihr mittelbar selbst zugutekommt.

Schließlich engagiert sich die Klinik auch im akademischen Feld. Forschung und Lehre sind im klinischen Bereich zwar Aufgaben der Universitätskliniken und der akademischen Lehrkrankenhäuser, aber eine zusätzliche Unterstützung kann der chronisch unterfinanzierte akademische Betrieb (OECD 2016) gut gebrauchen. Dabei ist die Verbindung zur Universität zum Teil auch ein regionales Engagement, es geht aber sachlich und mit den Kontakten zu einer weiteren, sogar ausländischen Fakultät deutlich darüber hinaus. Ein greifbarer direkter Nutzen dürfte sich aus dieser Zusammenarbeit nur in Ausnahmefällen – etwa bei einer gezielten Evaluationsforschung – ergeben. Eine Attraktivitätssteigerung für die Mitarbeiter und ein Imagegewinn für das Haus sind damit aber sicherlich verbunden.

Man kann davon ausgehen, dass auch andere Krankenhäuser und Rehabilitationseinrichtungen in ähnlicher Weise engagiert sind. Zumindest sind inzwischen Angebote der
Krankenhäuser zur Gesundheitsbildung für die Öffentlichkeit oder auch Kunstausstellungen in den Klinikfoyers beinahe eine Selbstverständlichkeit geworden. Untersuchungen zu
Themen und Umfang des Engagements von Krankenhäusern sind aber unserer Kenntnis
nach bislang nicht unternommen worden. Festzuhalten ist zumindest für den berichteten
Fall, dass das Engagement eine größere Bandbreite abdeckt und nicht allein punktuell
ausgerichtet ist, sondern einen systematischen Ansatz mit den drei strategischen Themen
erkennen lässt:

- Patientennachsorge,
- regionale Einbindung und
- akademische Vernetzung.

Dieses Engagement ist verständlich im Blick auf die Arbeit in der Klinik, als Manage-
mentleistung ist es aber bei dem nur mittelbaren und ungewissen Nutzen, der für die Klinik
daraus resultiert, zunächst fragwürdig. Gibt es also einen Rahmen, in dem dieses Engagement als Managementaufgabe der Klinik verständlich wird oder handelt es sich hier um
die Auswirkungen von subjektiven Vorlieben des Managements, einen Luxus, der bei einer konsequenteren Zielorientierung zurückzuführen wäre? Eine Antwort auf diese Frage
bietet das Konzept der Corporate Citizenship.

4   Corporate Citizenship als Perspektive für Krankenhäuser

Pierre Bourdieu (1983) und andere haben als Erweiterung des ökonomischen Kapitalbe-
griffs den Begriff des Sozialkapitals eingeführt. Dieser erlaubt es, soziale Praktiken in
Analogie und als Komplement zur ökonomischen Kapitalbildung zu verstehen. Sponsorings als Engagement am Rande des Unternehmenszwecks können damit als Investition in
das Sozialkapital verstanden werden und sind dadurch als rational im Sinne einer vernünf-
tigen Interessenwahrung zu kennzeichnen. Mit dieser Vorstellung wird berücksichtigt,
dass Unternehmen nicht nur in Geschäftsbeziehungen mit den Märkten der Zulieferer
und der Kunden eingebunden sind; sie sind überdies in einem lokalen gesellschaftlichen Umfeld platziert, dessen Strukturiertheit und informelle Leistungsfähigkeit einen
erheblichen Anteil am Unternehmenserfolg hat. Sozialkapital wird dabei verstanden als
„Strukturierungsgrad der bereichsübergreifenden Zusammenarbeit" (Habisch 2003), die
Vernetzungen stiftet und auf zunehmendem Vertrauen basiert. Es verbindet das Krankenhaus mit lokalen Institutionen, z. B. Vereine, Verbände, Bildungseinrichtungen und
politische Gremien. Die Verbindung ist wechselseitig vorteilhaft und erlaubt es, lokal anfallende gesellschaftliche Probleme zu lösen, mit denen die einzelnen Akteure überfordert
wären. Daher ist verständlich, dass ein Defizit an Sozialkapital ein ernstes Geschäftsrisi-
ko beinhaltet. Sein Aufbau wird damit zum Managementziel, für dessen Verfolgung auch

Aufwand zu treiben ist, der z. B. für Spenden und die verschiedenen Formen des Sponsorings anfällt.

Die Spende ist in diesem Zusammenhang zwar punktuell wertvoll, aber als strategisches Instrument weniger geeignet. Systematisches Ressourcenmanagement im Rahmen von Managementzielen kann erst mit Instrumenten wie dem Sponsoring in dem Bereich der Schnittstelle von Unternehmen und Gesellschaft arbeiten, für den der Begriff des Sozialkapitals steht. Für einen gezielten Aufbau von Sozialkapital können Krankenhäuser wie jedes andere Unternehmen in Sponsoringprojekte investieren.

Für die Ausgestaltung ist dabei die Glaubwürdigkeit des Sponsorings zu beachten. Denn ein Sponsoring kann der zielführenden Intention entgleiten. Dem Sponsoring „immanent ist die Gefahr der Kontraproduktivität: Der Sponsor gilt dann schnell als jemand, der sich auf Kosten von anderen profilieren will und sich das Werbebudget durch kleine Geldspritzen einsparen will" (Gazdar und Kirchhoff 2004, S. 106). Das Sponsoringengagement steht in der Gefahr der Mehrdeutigkeit. Das gerade nicht selbstverständliche Eigeninteresse[1] der Sponsoren kann die Wahrnehmung der Sponsoringleistung in der Weise interpretieren lassen, dass das Sponsoringziel durch Unglaubwürdigkeit verfehlt wird. Die Voraussetzung für eine solche Glaubwürdigkeitsproblematik ist das Fehlen einer „integrierten Kommunikation" (Bartoluzzi Dubach und Frey 2000, S. 18). Es kann in der mangelnden Konstanz und Kohärenz des Engagements, im Kaschieren statt Offenlegen des Eigeninteresses, aber auch im Fehlen des persönlichen Einsatzes über den allein finanziellen hinaus bestehen. Um die Kommunikation zu integrieren, wird empfohlen (Bartoluzzi Dubach und Frey 2000, S. 18), das Sponsoring konsequent auf dem Selbstverständnis des gesamten Unternehmens, der Corporate Identity, aufzubauen. Dafür bietet sich die Perspektive der Corporate Citizenship in besonderer Weise an.

Was ist Corporate Citizenship? Corporate Citizenship setzt am Leitbild eines Unternehmens an, es betrifft somit sein Selbstverständnis, durch das es sich als „kollektiver Bürger" (Wieland 2010) in der Zivilgesellschaft definiert. Dementsprechend meint Corporate Citizenship die Bündelung aller über die eigentliche Geschäftätigkeit hinausgehenden gesellschaftsbezogenen Aktivitäten eines Unternehmens und deren strategische Ausrichtung auf übergeordnete Unternehmensziele in einem bürgerschaftlichen Selbstverständnis. Ein Unternehmen, das sich als Corporate Citizen begreift, sieht sich u. a. in der Rolle des Bürgers, der – wie die anderen Bürger auch – spezifische Interessen im Gemeinwesen verfolgt und dabei Austauschverhältnisse mit anderen Akteuren eingeht, um eine in seinem Sinne wünschbare Entwicklung zu unterstützen. Einem zweckrationalen Ansatz folgend, strebt die Corporate Citizenship nach Kooperationen im so genannten Win-win-Modus, bei denen alle Beteiligten durch klar benennbare Vorteile als rationale Interessenwahrer eingebunden sind und bleiben (Nährlich 2010; Habisch 2003). Noch pointierter sprechen

---

[1] Das Eigeninteresse ist in unserer moralischen Denktradition immer noch leicht suspekt. Wunderbar hat das Schiller (1900) in Form des Distichons „Gewissensskrupel" ausgedrückt: „Gerne dien' ich den Freunden, doch thu' ich es leider mit Neigung/Und so wurmt es mir oft, dass ich nicht tugendhaft bin."

Gazdar und Kirchhoff (2004, S. 109) von der Korrelation zwischen Ethik und Effizienz durch die Corporate Citizenship, welche erfolgreiche Unternehmen erzeugen.

Die Formen des bürgerschaftlichen Engagements sind dabei die gleichen wie bei Sponsoringprogrammen, aber der Einsatz von Personal-, Sach- und finanziellen Ressourcen über den engeren Unternehmensbereich hinaus soll im Rahmen der Selbstdefinition des Unternehmens als Corporate Citizen so erfolgen:

- „In Anerkennung eines prinzipiell gleichen Rechtsstatus' von Kooperationspartnern (trotz existierender Unterschiede der finanziellen, sozialen oder bildungsmäßigen Ausstattung),
- mit klar ausweisbarem Bezug auf die ‚Polis', also auf das gemeinsame (politisch-institutionell-gesellschaftliche) Umfeld mit seinen klar identifizierbaren Stärken und Schwächen und schließlich
- in Transparenz gegenüber der demokratischen Öffentlichkeit als wichtiger Kontrollinstanz" (Habisch 2003, S. 6).

Ein Sponsoring im Rahmen einer Corporate-Citizenship-Strategie kann somit die oben genannten Glaubwürdigkeitsbedingungen erfüllen: die Kongruenz von Aktivität und Unternehmensselbstverständnis, der Langfristigkeit, die durch den Win-win-Modus ermöglicht wird, und das offene Selbstinteresse, das nicht mehr decouvrierend gegen den Akteur verwendet werden kann. Es erscheint damit als gesellschaftlich verantwortliches Sponsoring.

Zu den möglichen Gewinndimensionen aus Corporate-Citizenship-Aktivitäten zählen zunächst Marketingerfolge, z. B. steigende Bekanntheit und Reputation, dem umfassenden Charakter des Ansatzes entsprechen aber auch noch weitere: Nach innen können das Ergebnisse einer erfolgreichen Personal- und Organisationsentwicklung sein, also Mitarbeitermotivation und Aufbau von Humanressourcen im Hinblick auf soziale Kompetenz und Erfahrungsoffenheit, die etwa für ein erfolgreiches Innovationsmanagement unverzichtbar sind; nach außen finden sich als Ergebnisse eines erfolgreichen Networkings Informationen, Know-how, Politikkontakte und Lobbying. Schließlich sind auch direkte Vorteile bei der Unternehmensbewertung anzuführen, die zumindest für den Fall der Arzneimittelfirma betapharm mit ihrem recht bekannt gewordenen Corporate-Citizenship-Projekt „Der Bunte Kreis" auch empirisch gesichert sind (Hofinger 2004).

Das Beispiel der betapharm ist bislang eines von wenigen im Gesundheitsbereich. Die Firma stellt die Erfahrungen mit ihrem Engagement auch zur Verfügung (betapharm 2017a, 2017b). Dennoch hat in Deutschland bislang kein Krankenhaus den Corporate-Citizenship-Ansatz für sich genutzt. Gleichwohl kann von einer reichhaltigen Vernetzung der Krankenhäuser mit ihrem gesellschaftlichen Umfeld ausgegangen werden, die auf eine Einbindung in einen Corporate-Citizenship-Ansatz wartet. Ein Fahrplan zur Einführung der Corporate Citizenship im Krankenhaus könnte einen Startpunkt bei einem initialen Leitungsbeschluss über die Einführung und einer ersten Konturierung eines entsprechenden Leitbildes setzen, gefolgt von einer Bestandsaufnahme der bereits laufenden

Spenden- und Sponsoringaktivitäten der Klinik. Gibt es solche bereits, so ist zu prüfen, ob die Aktivität in Richtung einer langfristigen und vertieften Partnerschaft ausbaufähig ist. Findet sich kein geeigneter Anknüpfungspunkt, so lässt sich eine interne Kommunikation über die Corporate Citizenship als Leitbildprozess mit der Suche nach geeigneten Sponsoring-Projektpartnern verbinden. Wird man hier fündig, so kann ein Projekt partnerschaftlich entwickelt werden. Es muss dann auch extern – außerhalb dieser Partnerschaft – kommuniziert werden.

Dieser Fahrplan setzt mit einem Leitbildprozess auf die Integration aller Mitarbeiter. Damit wird für seine Umsetzung die Frage nach der Akzeptanz des Ansatzes zentral, auf die abschließend noch eingegangen werden soll.

5 Die Akzeptanz der Corporate Citizenship

Untersuchungen zur Akzeptanz von Sponsorings oder Corporate Citizenships in der Pflege und bei Ärzten sind bislang nicht unternommen worden. In den einschlägigen Zeitschriften findet sich dazu auch kaum ein Beitrag. Zur Prüfung wurden Zeitschriften mit großer thematischer Breite herangezogen, die nicht fachlich spezialisiert sind, und auch berufspolitische Themen, Fragen der Arbeitsorganisation und des institutionellen Rahmens behandeln. Für die Medizin erfüllt das *Deutsche Ärzteblatt* diese Voraussetzungen. Die Zeitschrift hat eine große Reichweite, ist der Gesundheit, dem Management und der Berufs- und der Gesundheitspolitik gewidmet. Für die Pflege steht hier das Traditionsblatt *Die Schwester – der Pfleger*, das ebenso bereichsübergreifend die Pflege adressiert und thematisch nicht eingeschränkt ist.

Im *Deutschen Ärzteblatt* wurden Beträge ab dem Jahr 2000 zu den Stichworten Sponsoring und Corporate Citizenship gesucht. Zu letzterem fand sich nur ein Beitrag (Hofinger 2004), in dem das Engagement der betapharm vorgestellt wird. Die im Gegensatz dazu zahlreichen Beiträge zum Sponsoring behandeln durchweg Probleme des Sponsorings mit Ärzten als Adressaten. Thematisiert werden hier Interessenskonflikte, gesetzliche Regelungen und berufsrechtliche Probleme. Nur ein Beitrag, ein kurzes Interview mit dem Nachhaltigkeitsforscher Stefan Schaltegger von der Leuphana, befasst sich mit dem Nachhaltigkeitsmanagement und dem sozialen Engagement von Unternehmen, ohne allerdings auf die spezielle Situation des Krankenhauses einzugehen (Glöser 2016). In *Die Schwester – der Pfleger* wurde die Suche ab dem Jahr 2002 durchgeführt. Zu Corporate Citizenship findet sich kein Beitrag, zu Sponsoring nur wenige. Sie behandeln wie die entsprechenden Beträge im *Deutschen Ärzteblatt* ausschließlich die Problematik von Mitarbeitern, und in einem Fall von Politikern, als Empfänger von Sponsorings.

Als Ergebnis dieser Zeitschriftenanalyse lässt sich somit festhalten: Bei Ärzten und in der Pflege wird das Sponsoring ausschließlich aus der Sicht der Empfänger behandelt, das Thema „Corporate Citizenship" spielt keine Rolle. Nicht nur in der öffentlichen Wahrnehmung, auch in den breitesten Diskursen der beiden tragenden Berufsgruppen des

Krankenhauses steht die Wahrnehmung des Krankenhauses als Adressat von Sponsoring im Vordergrund.

Für die Frage nach der Akzeptanz ist der Befund kritisch. Denn eine Sponsoringaktivität aus dem Krankenhaus heraus erfordert damit nicht weniger als einen Perspektivenwechsel, und eine flankierende Etablierung eines Corporate-Citizenship-Selbstbildes muss zuerst grundlegende Arbeit leisten, um ein beinahe unbekanntes Konzept einführen zu können.

Günstig mag sich für die Akzeptanz auswirken, dass soziales Engagement den Berufsgruppen keineswegs fremd ist. So haben Mediziner eigene Organisationen gegründet, die ausschließlich sozial engagiert sind. Ärzte ohne Grenzen, Cap Anamur – Deutsche Notärzte oder Sight First[2] sind hier Beispiele, in denen sehr viele Ärzte engagiert sind. Sie haben einen hohen Bekanntheitsgrad und ein sehr gutes Image erlangt. Der GfK (2016, S. 22) Charity Scope weist aktuell Ärzte ohne Grenzen zum wiederholten Male als die nichtkonfessionelle Organisation mit dem höchsten Spendenaufkommen aus. Für die angesprochene Akzeptanzfrage bleibt dabei kritisch zu berücksichtigen, dass die Ärzte ihr Engagement als Angehörige ihrer Profession, nicht als Mitarbeiter von Organisationen des Gesundheitswesens entfalten. Ob sich diese Engagementbereitschaft in die Akzeptanz für einen Corporate-Citizenship-Ansatz eines Krankenhauses übertragen lässt, ist unklar, mit Rücksicht aber auf die Soziologie der Professionen (Siegrist 2001) sogar zweifelhaft.

Bei der Pflege zeigt sich auch in dieser Hinsicht ein Defizit an Professionalisierung (Siegrist 2005, S. 225 ff.; Hofmann 2012). Eine eigenständige Hilfsorganisation ist bislang aus ihr noch nicht hervorgegangen. Ein „social volunteering" von Angehörigen der Pflegeberufe wird ebenfalls über Ärzte ohne Grenzen organisiert, aber eine analoge Organisation Pflege ohne Grenzen gibt es nicht. Lediglich bietet ein Pflegedienst seine Leistungen unter diesem Namen in Nordbayern und Südthüringen an.

Um die Akzeptanz der Pflege für Sponsoring und Corporate Citizenship zu untersuchen, unternehmen die Autoren aktuell eine Studie mit verschiedenen Gruppen aus der Pflege. Sie untersuchen Pflegelehrkräfte, langjährige Mitarbeiter in der Pflege und Pflegeschüler. Den Gruppen werden circa 15 Minuten lang Filme mit Beispielen von sozial engagierten Unternehmen gezeigt, die anschließend in selbst moderierten Gruppen diskutiert werden. Die Untersuchung ist noch nicht abgeschlossen, erste Auswertungen bestätigen aber die angesprochenen Probleme mit dem Perspektivwechsel und weisen auch auf größere Akzeptanzprobleme hin, obwohl sich die Teilnehmer privat durchaus ehrenamtlich engagieren.

Bei einer Einführung der Corporate Citizenship in einem Krankenhaus wird man daher sehr umsichtig und mit großer Geduld zu Werke gehen müssen. Mit Verständnisproblemen, Widerstand und Blockaden sollte wie bei allen Innovationen gerechnet werden. Die Bedeutung des Ansatzes schmälern solche Probleme allerdings nicht.

---

[2] Einschränkend ist hier anzumerken, dass Sight First keine eigenständige Organisation ist, sondern ein langjähriges und umfangreiches Programm von Lions International. Die hauptsächlichen Promotoren sind aber vor allem die ärztlichen Mitglieder der Lions Clubs.

Literatur

Augurzky B, Pilny A, Wübker A (2015) Krankenhäuser in privater Trägerschaft 2015. RWI Materialien, Heft 89. Essen. http://www.rwi-essen.de/media/content/pages/publikationen/rwi-materialien/rwi-materialien_89.pdf. Zugegriffen: 10. Mai 2017

Axtner W (1978) Krankenhausmanagement. Empfehlungen zu Zielen, Rechtsform, Organisation, Information und Führung auf der Grundlage einer empirischen Untersuchung. Nomos, Baden-Baden

Backhaus-Maul H, Biedermann C, Nährlich S, Polterauer J (2010) Corporate Citizenship in Deutschland. Die überraschende Konjunktur einer verspäteten Debatte. In: Backhaus-Maul H, Biedermann C, Nährlich S, Polterauer J (Hrsg) Corporate Citizenship in Deutschland. VS, Wiesbaden, S 15–49

Bartoluzzi Dubach E, Frey H (2000) Sponsoring. Der Leitfaden für die Praxis, 2. Aufl. Haupt, Bern

Beske F, Hallauer J (2004) Das Gesundheitswesen in Deutschland. Struktur – Leistung – Weiterentwicklung. Deutscher Ärzte-Verlag, Köln

Betapharm (2017a) Leitfaden für erfolgreiches Corporate Social Responsibility. http://www.betapharm.de/unternehmen/unser-engagement/pionierarbeit-csr.html. Zugegriffen: 10. Mai 2017

Betapharm (2017b) Unternehmensportrait. http://www.betapharm.de/unternehmen/unternehmensportrait.html. Zugegriffen: 10. Mai 2017

Bölt U (2012) 20 Jahre Krankenhausstatistik. Statistisches Bundesamt, Wirtschaft und Statistik. S. 112–139. https://www.destatis.de/DE/Publikationen/WirtschaftStatistik/Gesundheitswesen/20JahreKrankenhausstatistik.pdf?__blob=publicationFile. Zugegriffen: 10. Mai 2017

Bourdieu P (1983) Ökonomisches Kapital – Kulturelles Kapital – Soziales Kapital. In: Kreckel R (Hrsg) Soziale Ungleichheiten. Schwartz, Göttingen, S 183–198

Braun S (2010) Bürgerschaftliches Engagement von Unternehmen in Deutschland. Zwischen Tradition und Innovation. In: BMFSFJ, Bundesministerium Familie, Senioren, Frauen und Jugend (Hrsg) Monitor ENGAGEMENT. Ausgabe Nr. 3. BMFSFJ, Berlin

Eichhorn P, Seelos HJ, Schulenburg J-M (2000) Krankenhausmanagement. Urban & Fischer, München

Gazdar K, Kirchhoff K (2004) Unternehmerische Wohltaten: Last oder Lust? Von Stakeholder Value, Corporate Citizenship und Sustainable Development bis Sponsoring. Luchterhand, Neuwied

GfK, Gesellschaft für Konsumforschung (2016) Charity scope 2016. http://www.spendenrat.de/wp-content/uploads/2016/02/Bilanz_des_Helfens_2016.pdf. Zugegriffen: 10. Mai 2017

Glöser S (2016) Frage der Woche an … Prof. Dr. Stefan Schaltegger, Sustainability Management (CSM) der Leuphana Universität Lüneburg. Dtsch Arztebl 113(20):4

Habisch A (2003) Corporate Citizenship in Deutschland. Springer, Berlin

Haubrock M, Schär W (2007) Betriebswirtschaft und Management im Krankenhaus. Huber, Bern

Hofinger T (2004) Betapharm: „Branchenperle" bald mit neuer Fassung. Dtsch Arztebl 101(1–2):A–57

Hofmann I (2012) Die Rolle der Pflege im Gesundheitswesen. Historische Hintergründe und heutige Konfliktkonstellationen. Bundesgesundheitsblatt 55:1161–1167

Janes J, Schneider M (2010) „Making Money by Doing Good". Corporate Social Responsibility und Corporate Citizenship im transatlantischen Vergleich. In: Braun S (Hrsg) Gesellschaftliches Engagement von Unternehmen. Der Deutsche Weg im internationalen Kontext. VS, Wiesbaden, S 51

Leidl J (2009) Engagiert für die Gesundheit der Bevölkerung – der Öffentliche Gesundheitsdienst. Bundesgesundheitsblatt 52:791–798

Müller A (2009) Widerstand gegen Privatisierung von Kliniken ist erfolgreich. http://www.nachdenkseiten.de/?p=4324. Zugegriffen: 23. Nov. 2017

Nährlich S (2010) Tue Gutes und profitiere davon. Zum Nutzen von Corporate Citizenship-Aktivitäten. In: Backhaus-Maul H, Biedermann C, Nährlich S, Polterauer J (Hrsg) Corporate Citizenship in Deutschland, 2. Aufl. VS, Wiesbaden, S 240–258

OECD (2016) Bildung auf einen Blick 2016. Die OECD Indikatoren. OECD, Gütersloh

Offermanns G (2011) Prozess- und Ressourcensteuerung im Gesundheitssystem. Springer, Berlin

Penter V, Augurzky B (2014) Gesundheitswesen für Praktiker. System, Akteure, Perspektiven. Springer Gabler, Wiesbaden

Rosog T (2014) Pfadabhängigkeiten vertragsärztlicher Leistungserbringung. Springer Gabler, Wiesbaden

Schiller F (1900) Xenien. Leipzig. http://gutenberg.spiegel.de/buch/xenien-3628/2. Zugegriffen: 10. Mai 2017

Siegrist J (2001) Professionalization/Professions in History. IESBS International Encyclopedia of Social and Behavioral Sciences. Elsevier, Amsterdam, S 12154–12160

Siegrist J (2005) Medizinische Soziologie, 6. Aufl. Elsevier, Urban & Fischer, München

Wieland J (2010) Corporate Citizens sind kollektive Bürger. In: Backhaus-Maul H, Biedermann C, Nährlich S, Polterauer J (Hrsg) Corporate Citizenship in Deutschland, 2. Aufl. VS, Wiesbaden, S 131–137

Prof. Dr. Carl Heese ist nach Stationen in der Psychiatrie, der Behindertenhilfe und der Rehabilitation seit 2016 Professor für Sozialpädagogik an der Wilhelm Löhe Hochschule in Fürth.

Dr. phil. Tilman Thaler ist Diplompädagoge und wissenschaftlicher Mitarbeiter. Seine Schwerpunkte liegen in den Bereichen pädagogische Methodologie, Evaluation und Bildungsforschung.

Gesellschaftliche Verantwortung im Krankenhaus und Perspektiven der betrieblichen Gesundheitsförderung

Isabella Schmidpeter

1 Das Krankenhaus als Gesundheitsunternehmen

1.1 Definition Krankenhaus

Unter einem Krankenhaus sind per Legaldefinition nach § 2 des Krankenhausfinanzierungs-gesetztes Einrichtungen, in denen durch ärztliche und pflegerische Hilfeleistung Krankheiten, Leiden oder Körperschäden festgestellt, geheilt oder gelinderte werden sollen oder Geburts-hilfe geleistet wird und in denen die zu versorgenden Personen untergebracht und verpflegt werden können, zu verstehen (Mayer 2005, S. 27).[1]

Krankenhäuser in Deutschland werden in vier verschiedene Versorgungsstufen einge-teilt, diese sind: Krankenhäuser der Grundversorgung (mindesten eine der Fachrichtungen innere Medizin oder Chirurgie), der Regelversorgung (mindestens beide der Fachrichtun-gen innere Medizin und Chirurgie), der Schwerpunktversorgung (Regelversorgung plus Pädiatrie, Neurologie oder MKG-Chirurgie) und der Maximalversorgung. Die Versor-gungsstufen werden in den jeweiligen Landeskrankenhausgesetzen definiert (vgl. www. wirtschaftslexikon.com 2015).

1.2 Herausforderungen für das Unternehmen Krankenhaus

Gilt auch in der heutigen Zeit als eines der Hauptziele eines Krankenhauses die Behand-lung der Kranken und die bestmögliche Wiederherstellung der Gesundheit, wandeln sie sich doch zusehends in straff geführte Dienstleitungsanbieter, die mehr und mehr um ihr

[1] Krankenhausfinanzierungsgesetz, Stand März 2017.

I. Schmidpeter (✉)
Ingolstadt, Deutschland
E-Mail: isabella.schmidpeter@gmx.de

© Springer-Verlag GmbH Deutschland, ein Teil von Springer Nature 2018
K. Keller und F. Lorenz (Hrsg.), *CSR im Gesundheitswesen*,
Management-Reihe Corporate Social Responsibility,
https://doi.org/10.1007/978-3-662-55937-6_11

Überleben kämpfen, da das Gesundheitssystem einen Mangel an Versorgung aufweist, der inzwischen auch der breiten Öffentlichkeit gewahr wird.

Das bedeutet, um zu überleben muss die Marktposition im nationalen und internationalen Wettbewerb in der Krankenversorgung verbessert und weiterentwickelt werden (vgl. Kirstein und Schmitz 2006).

> Für den einzelnen Gesundheitsdienstleister gilt es daher, die geltenden marktlichen Gesetzmäßigkeiten rasch zu akzeptieren und – wie es in anderen Branchen seit jeher üblich ist –, sich durch kundenorientiertes und ethisch verantwortliches Management sowohl als medizinisch wie auch privatwirtschaftlich durch und durch erfolgreiches Dienstleistungsunternehmen zu positionieren (Mayer 2005, S. 5).

Daneben müssen sich Krankenhäuser auch an den Werten der Mitarbeiter orientieren (vgl. Fleßa 2007, S. 85). Denn ein Unternehmen, das das Wertesystem seiner Mitarbeiter ignoriert, muss damit rechnen, auf Gegenwehr zu stoßen. Werte und ihre Integration in das Unternehmen spielen eine wichtige Rolle für die Zukunftsfähigkeit von Organisationen (vgl. Glauner 2016).

Daher erscheint es in heutigen Zeiten zunehmend wichtig, offen für Innovationen zu sein und sich von alten nicht mehr zeitgemäßen Strukturen abzukehren. Dazu ist die kontinuierliche Weiterentwicklung von Organisationsstrukturen unerlässlich (vgl. Schram und Schmidpeter 2017). Die Beachtung von Werten und Grundsätzen der Gesellschaft sowie der potenziellen Kunden und der Mitarbeiter, kann garantieren, dass das Unternehmen Krankenhaus als modernes Gesundheitsunternehmen noch sehr lange auf dem sich stetig wandelnden Gesundheitsmarkt Erfolg haben wird.

Das Prinzip des sogenannten Mitarbeitermarketings beschreibt den Einfluss des Mitarbeiters auf die Zufriedenheit des Kunden, da dieser im Krankenhausalltag den häufigsten Kontakt zu den Patienten hat. Ein motivierter Mitarbeiter bedeutet einen positiveren Einfluss auf den Kunden als ein unmotivierter (Mayer 2005). Daher ist auch die nachhaltige Weiterentwicklung der Arbeitswelten im Krankenhaus eine wichtige Basis (vgl. Spieß und Fabisch 2017).

Dies heißt, dass die steigende Bedeutung der gesellschaftlichen Rahmenbedingungen und der Verantwortung der Unternehmen insbesondere für Krankenhäuser einen wichtigen Ansatz darzustellen scheint. Daher werden im nachfolgenden Kapitel die Diskussionen um die gesellschaftliche Verantwortung von Unternehmen näher ausgeführt.

2   Die Gesellschaftliche Verantwortung von Unternehmen

Die Diskussion um die gesellschaftliche Verantwortung von Unternehmen (Corporate Social Responsibility – CSR) hat aufgrund gestiegener Anforderungen seitens der Öffentlichkeit, Kunden und Mitarbeiter sowie aufgrund des gesellschaftlichen und wirtschaftlichen Wandels unserer Gesellschaft stark zugenommen (vgl. Schneider und Schmidpeter 2015; Backhaus-Maul et al. 2008).

Ziel der Diskussion um die gesellschaftliche Verantwortung ist es dabei, Unternehmen aktiv in die Problemlösungen zu integrieren und somit Situationen zu schaffen, die sowohl vorteilhaft für das Unternehmen als auch die Gesellschaft sind.

Diese sogenannte Win-win-Perspektive ist notwendig, um in Unternehmen aktiv soziale und ökologische Ziele in die Managementsysteme zu integrieren (Habisch 2003). Insbesondere im sozialen Bereich gewinnt das Thema der sozialen Innovationen (Osburg und Schmidpeter 2013) sowie der nachhaltigen Innovationen (Gordon und Nelke 2016) an Bedeutung. Innovationsmanagement ist integraler Bestandteil einer erfolgreichen nachhaltigen Unternehmensentwicklung (vgl. Altenburger 2013) und ist von strategischer Bedeutung.

2.1   Der Mitarbeiter im Mittelpunkt

Insbesondere die Mitarbeiter, als eine der wichtigsten Anspruchsgruppen, stehen in der Diskussion um Corporate Social Responsibility im Zentrum der Aufmerksamkeit. Denn der Mitarbeiter als wichtige Humanressource hat eine steigende Bedeutung bei der Erzielung von Wettbewerbsvorteilen, da zufriedene Mitarbeiter nicht zuletzt mit ihrer Außenwirkung einen nicht zu unterschätzenden Einfluss auf potenzielle Kunden haben (Doyé 2016).

Daher ist die Diskussion der sozialen Verantwortung von Unternehmen nicht als Sozialromantik abzutun, sondern für diese als immer mehr überlebensnotwendig in einem immer härteren Wettkampf anzusehen (vgl. Wunder 2017).

Somit sind gerade Krankenhäuser, welche über Jahrhunderte hinweg als Basis eine ethische Orientierung hatten, heutzutage mehr denn je dazu aufgefordert, ökonomische Notwendigkeit mit gesellschaftlichen Zielen in Einklang zu bringen. Die rege Diskussion um die Corporate Social Responsibility eröffnet hierbei stetig neue Chancen.

Ist es in vielen Unternehmen der heutigen Zeit schon State of the Art, dass Betriebliches Gesundheitsmanagement und die Vereinbarkeit von Familie und Beruf als feste Bestandteile der Unternehmenskultur gelten (vgl. Doyé 2016; Spieß und Fabisch 2017) liegen für Krankenhäuser hier oft noch unausgeschöpfte Potenziale verborgen die dringend aktiviert werden müssen.

Aufgrund der neuen Anforderungen in der Arbeitswelt und dem gewandelten Verständnis von Gesundheit kommt dem Betrieblichen Gesundheitsmanagement eine immer größer werdende Bedeutung zu. Gerade Krankenhäuser als Gesundheitsanbieter können hier verstärkt ihre Kompetenzen einbringen, um sich als „guter Bürger" (Corporate Citizen) in der Gesellschaft zu etablieren. Kunden und Mitarbeiter achten zusehends mehr darauf, ob das Unternehmen konsistent mit seinen Werten und Zielen agiert. Transparentes und konsistentes Handeln sind gerade daher für Gesundheitsunternehmen dringend notwendig, um die hohen Anforderungen nach Vertrauen und Qualität in diesem Bereich zu erfüllen.

Daher bedeutet gesellschaftliche Verantwortung für Krankenhäuser und alle anderen Gesundheitsunternehmen, dass ihre Bemühungen auf diesem Feld eng mit dem Thema Gesundheit und Lebensqualität verknüpft sein sollten. Neben dem eigentlichen Kerngeschäft Kranken zu helfen, sollten aus diesem Grund verstärkt die Themen Gesundheit erhalten und Gesundheit fördern in allen strategischen Fragen größte Bedeutung beigemessen werden. Gesundheitsunternehmen könnten sich zu diesem Zwecke verstärkt in die Diskussion zu Prävention und Gesundheitserhaltung einbringen.

Die Literatur zeigt zudem, dass die Unternehmen bei sich selbst, d. h. intern, beginnen müssen, wichtige gesellschaftliche Anliegen abzuarbeiten (vgl. Beiträge in Habisch et al. 2008; Schneider und Schmidpeter 2015).

Das legt nahe, dass insbesondere Krankenhäuser als Gesundheitsdienstleister alles in ihrer Macht stehende tun müssen, um die Gesundheit ihrer Mitarbeiter und ihrer Patienten zu erhalten. So wie sich Automobilunternehmen dem Thema Umwelt und Mobilität annehmen, indem sie mit Partnern neue Verkehrs- und Energiekonzepte diskutieren, können sich Krankenhäuser verstärkt in die Überlegungen zu Prävention und Gesundheitserhaltung einbringen. In der CSR-Diskussion hat sich dabei gezeigt, dass es wichtig ist, die Mitarbeiter in die Maßnahmen und Strategien einzubeziehen (vgl. Schuster 2007; Altenburger und Mesicek 2016).

Denn gerade das Wohl der Mitarbeiter gilt leider nach wie vor eher als notwendige Nebenbedingung des Geschäftsmodells denn als Selbstverständlichkeit. Die Verantwortung als Krankenhaus einen Beitrag zur Gesundheit unserer Gesellschaft zu liefern endet aber nicht beim Mitarbeiter. Im Gegenteil, die Gleichsetzung der Gesunderhaltung der Mitarbeiter mit den Maßnahmen für die Patienten gilt als ernstzunehmendes Ziel eines gesellschaftlich, verantwortlich agierenden Krankenhauses. Ein Verständnis von nachhaltiger Führung und das Wechselspiel von Gesundheit und Unternehmenskultur sind hier Basis für eine erfolgreiche Führung im Krankenhaus (vgl. Diskussion zu gesunder Führung Hänsel und Kaz 2016).

3   Perspektiven der Betrieblichen Gesundheitsförderung

3.1   Gesundheitsförderung und Wettbewerbsfähigkeit

Da Unternehmen, die die Gesundheit ihrer Mitarbeiter fördern, zugleich ihre Wettbewerbsfähigkeit verbessern, kommt der Arbeitswelt bei der Stärkung von Prävention und Gesundheitsförderung eine herausragende Bedeutung zu (Eberle 2006, S. 325).

Wettbewerbsfähigkeit wird von vielem beeinflusst, insbesondere jedoch von denjenigen Faktoren, welche Unternehmen selbst beeinflussen können, so wie die Betriebliche Gesundheitsförderung.

Betriebliche Gesundheitsförderung umfasst alle gemeinsamen Maßnahmen von Arbeitgebern, Arbeitnehmern und Gesellschaft zur Verbesserung von Gesundheit und Wohlbefinden am Arbeitsplatz. Dies kann durch einer Verknüpfung folgender Ansätze erreicht werden:

- Verbesserung der Arbeitsorganisation und der Arbeitsbedingungen,
- Förderung der aktiven Mitarbeiterbeteiligung,
- Stärkung der persönlichen Kompetenzen

(Luxemburger Deklaration zur Betrieblichen Gesundheitsförderung 2007).

Will man also als Geschäftsleitung einer Organisation, dauerhaft von der Leistungsfähigkeit seiner Mitarbeiter partizipieren und von deren stetig gleich bleibend hohen Einsatz für das Unternehmen profitieren, muss die Betriebliche Gesundheitsförderung ernst genommen und deren Ansätze gründlich durchdacht werden.

Das heißt, das gerade in Zeiten in denen, trotz steigender Leistungsanforderungen eine sinkende Personalbesetzung zu einer zunehmenden Arbeitsbelastung, in weiten Teilen des Pflegedienstes auch zu chronischer Arbeitsüberlastung führt (Simon 2015), es mehr denn je gilt, mit der Ressource Mensch verantwortlich umzugehen. Denn Unterbesetzung und Arbeitsüberlastung im Pflegedienst der Krankenhäuser gefährdet nicht nur die Gesundheit der Pflegekräfte, sondern bedeutet auch eine Gefährdung der Patientengesundheit (Simon 2015).

Daher dürfen Mitarbeiter nicht länger als billige, willige Arbeitskräfte missbraucht, sondern müssen in den Fokus der Aufmerksamkeit gerückt werden, denn:

Unternehmen, die im Wettbewerb erfolgreich bestehen wollen, benötigen eine physisch und psychisch leistungsfähige Belegschaft (Eberle 2006, S. 326).

3.2   Die Erweiterung der klassischen Arbeitssicherheit

Den Führungsverantwortlichen eines jeden Unternehmens obliegt die Aufgabe, die Leistungsfähigkeit ihrer Belegschaft zu erhalten und sich derer immenser Wichtigkeit für den gesamten Unternehmenserfolg bewusst werden. Eine Abkehr von jahrzehntelangen Strukturen und eine Umdenken der Führung stellt einen ersten wichtigen Schritt in Richtung gesundes Unternehmen dar.

Ein wirkliches Problem liegt in den chronischen Belastungen durch langjährig verschleppte Strukturprobleme (Badura et al. 2005, S. VII).

Dies bedeutet die Abkehr vom traditionellen Arbeitsschutz, der vor allem die Verhinderung von Arbeitsunfällen und Berufskrankheiten im Fokus hat und die Hinwendung zu Erhalt und Förderung der Gesundheit. Betriebliche Gesundheitsförderung könnte also als Erweiterung der klassischen Arbeitssicherheit beschreiben werden. Oder anders formuliert:

Gesundheitsförderung ist mehr als das Einhalten von Gesetzen des Arbeitsschutzes und von Unfallverhütungsvorschriften. Sie umfasst vielmehr den ganzen Menschen mit seinen Einstellungen, Verhaltensweisen, Verantwortlichkeiten, Motivationen und Überzeugungen (Peretzki-Leid 2001, S. 1005).

In diesem Sinne muss speziell ein Krankenhaus als eine Einrichtung, in der Gesundheit auf der Tagesordnung steht neue Wege einschlagen, um die Gesundheit, Motivation und Leistungsfähigkeit seiner Mitarbeiter zu erhalten und zu fördern.

3.3 Verhaltens- und Verhältnisprävention

All diese Überlegungen dürfen nicht den Unterschied zwischen Verhaltens- und Verhältnisprävention außer Acht lassen. Beschäftigt sich die Verhaltensprävention eher damit, was die Mitarbeiter selbst, also durch ihren eigenen Beitrag leisten können um Krankheit zu vermeiden und Wohlbefinden zu maximieren, so müssen im Rahmen der Verhältnisprävention die Umstände der Arbeitswelt näher beleuchtet werden. Gezielte Maßnahmen müssen angedacht werden, um gesundheitsschädliche Faktoren der Arbeitswelt zu eliminieren bzw. zu minimieren (vgl. Rettenberger und Schoenemeier 2005).

Das bedeutet eine fortlaufende genaue Betrachtung der Organisationsstruktur und der Ausstattung der Arbeitsumwelt, gleichzeitig aber auch die Bereitschaft eventuelle Fehlstrukturierungen einzugestehen. Notwendige Maßnahmen, oft auch mit finanzieller Unterstützung, auf die Mitarbeiter und somit auf die Verhaltensprävention abzuwälzen gestaltet sich für den Arbeitgeber zwar pragmatisch, dient aber letztendlich vorrangig der Gewissensberuhigung. Da diese Ansätze auch nur die Löcher in einer zerschlissenen Betriebsführung stopfen können, während an anderen Stellen neue aufreißen, bleibt die gründliche Auseinandersetzung mit richtigen gesundheitsförderlichen Handlungen die einzige Chance auf eine nachhaltig gesunde Unternehmenskultur (vgl. Büssing et al. 2004).

Daher sollte Betriebliche Gesundheitsförderung als fester Baustandteil in die Unternehmensstrategie einfließen und sich mit der Frage beschäftigen, was die Mitarbeiter gesund erhält. Zudem sollte sie sich idealerweise an den spezifischen Bedürfnissen des Unternehmens UND der Mitarbeiter orientieren und sinnvoll in die Strukturen des Unternehmens eingebettet werden.

Hierzu benötigt das Unternehmen eine Bedürfnisanalyse seiner Mitarbeiter, um gezielt Maßnahmen implementieren zu können. Das Unternehmen sollte sich darüber klar werden, welchen Bedarf es selbst hat, um Betriebliche Gesundheitsförderung dauerhaft zu implementieren.

Dies bedeutet, sobald klar wird, welches die konkret änderungsbedürftigen Punkte in der Unternehmensstruktur sind, es oftmals nur kleiner Veränderungen bedarf, um große Erfolge zu erzielen. Betriebliche Gesundheitsförderung darf somit nicht als unüberwindbares Hindernis gesehen werden, sondern muss vom Unternehmen als Chance begriffen werden, seine Attraktivität und Wettbewerbsfähigkeit zu steigern.

Alles was in einer Organisation geschieht oder über sie in der Öffentlichkeit berichtet wird, hat Einfluss auf das Wohlbefinden der Mitarbeiter, kann es steigern, aber auch vermindern. … Erfolge oder Misserfolge der Gesamtorganisation beeinflussen Denken, Fühlen und Handeln der Mitarbeiter (Badura et al. 1999, S. 35).

Diese Aussage gewinnt im Zeitalter der Social-Media-Generation an größter Aktualität.

Daher müssen die Strategien der Betrieblichen Gesundheitsförderung vor allem auf das Erschaffen gesundheitsförderlicher Arbeitswelten, Abbau von Zeit- und Leistungsdruck, Steigerung des sozialen Rückhaltes durch Vorgesetzte und erhöhte Transparenz der Unternehmensentscheidungen und partnerschaftliche Kommunikation zwischen Führung und Angestellten abzielen.

3.4 Empowerment und Betriebliches Gesundheitsmanagement

Die Erkenntnis, dass nur eine aktive Mitarbeiterbeteiligung zu einer langfristigen Erfolgswelle führen kann, setzt sich immer mehr durch. Eine Strategie, die daher von den Unternehmen unbedingt unterstützt werden sollte ist das Empowerment der Mitarbeiter, selbstständig etwas für ihre Gesundheit zu tun.

Empowerment bezeichnet Strategien und Maßnahmen, die geeignet sind, das Maß an Selbstbestimmung und Autonomie im Leben der Menschen zu erhöhen und sie in die Lage zu versetzen, ihre Belange (wieder) eigenmächtig, selbstverantwortlich und selbstbestimmt zu vertreten und zu gestalten. Empowerment bezeichnet dabei sowohl den Prozess der Selbstbemächtigung als auch die professionelle Unterstützung der Menschen, ihre Gestaltungsspielräume und Ressourcen wahrzunehmen und zu nutzen (vgl. Wikipedia 2017).

Da die Betriebliche Gesundheitsförderung vorrangig den Mitarbeitern gelten soll, ist deren aktive Mitarbeit gleichzusetzen mit dem Engagement der Unternehmensführung.

In der Ottawa-Charta der WHO von 1986 steht unter anderem:

Gesundheit wird von den Menschen in ihrer alltäglichen Umwelt geschaffen und gelebt, dort, wo sie spielen, lernen, arbeiten und lieben (WHO 1986).

Dies und die Tatsache, dass der Mensch den überwiegenden Teil seiner Zeit am Arbeitsplatz verbringt, machen die Förderung der Gesundheit durch den Arbeitgeber zu einer wichtigen Säule in der Public-Health-Diskussion. Schon kleinere Ansätze, z. B. das Anpassen des Arbeitsplatzes an die Arbeitssituation, ausreichend Materialressourcen, strukturierte Arbeitsabläufe und eine positive Personalpolitik, können helfen, die Gesundheit der Mitarbeiter um ein Vielfaches zu steigern. Natürlich bedeutet dies eine nicht ganz unerheblichen Veränderungsprozess, der aber kurzfristig seine positiven Auswirkungen zeigen wird.

Nicht oft genug kann angemerkt werden, dass gerade in der heutigen Zeit, in der nicht zuletzt demografisch bedingt, die Ressource „starker Mitarbeiter" für die erfolgreiche Zukunft des Unternehmens zunehmend zurückgeht, die Betriebliche Gesundheitsförderung eine große Chance darstellt, die Mitarbeiter bis zum Ausscheiden aus der Arbeitswelt, gesund und leistungsstark als Garant von Qualität und Kundenzufriedenheit zu erhalten. Badura et al. (1997, S. 15) schrieben schon 1997:

> Qualifizierte Gesundheitsförderung, das zeigen zahlreiche Hinweise und Befunde, kann zur Bindung an das Unternehmen, zur Verringerung von Fehlzeiten, zum längerfristigen Erhalt der Arbeitskraft sowie zur Verhütung von Frühverrentung beitragen.

Zwanzig Jahre später ist diese Aussage aktueller und wichtiger denn je und unterstreicht die Notwendigkeit zum Umdenken und Handeln.

3.5 Drei Säulen des Betrieblichen Gesundheitsmanagements

Experten attestieren, dass Organisationen dann krank sind, wenn deren Mitarbeiter Symptome wie häufige Fehlzeiten, Burnout oder innere Kündigung aufweisen und deshalb unter einer Nichtausschöpfung ihres Leistungspotenzials leiden. Dabei sind nicht aber die Symptome das Problem, sondern schlechte soziale Systeme und mangelhafte Führung (vgl. Badura und Hehlmann 2003).

Bedauerlicherweise sind jene Symptome mit steigender Tendenz ein häufiges Phänomen in vielen Krankenhäusern. Demotivation, Unlust, Verzagen bis hin zu totaler geistiger und körperlicher Erschöpfung, Aggression und Angst lassen sich nahezu in allen Einrichtungen der stationären Versorgung beobachten. Um diesen erschütternden Umstand zu verändern, erscheint es also naheliegend, in das Sozial-, Human-, und Sachkapital des Unternehmens zu investieren. Diese drei Säulen sind die Stützen des Betrieblichen Gesundheitsmanagement. Die Förderung des Sozialkapitals besteht unter anderem aus dem Ausbau von Vertrauen, Überzeugungen und Werten, wohingegen die Förderung des Humankapitals vor allem die Steigerung von Motivation, Selbstvertrauen und Gesundheit beinhaltet. Für die Beförderung des Sachkapitals ist in erster Linie die optimale Ausstattung der Arbeitsumwelt von Nöten (vgl. Badura und Hehlmann 2003).

Abb. 1 veranschaulicht die Auswirkung der drei genannten Säulen auf den Unternehmenserfolg.

Allen voran ist eine positive betriebspolitische Einstellung natürlich die Grundvoraussetzung zur Implementierung einer solchen Struktur. Setzt sich ein Unternehmen jedoch für die Zementierung dieser drei Säulen ein, kann es in Folge mit erhöhter Qualität und Ertragssteigerung rechnen (vgl. Badura und Hehlmann 2003).

3.6 Ungesunde versus gesunde Organisation

Es obliegt dem Topmanagement des Unternehmens, verantwortlich eine solche gesundheitsförderliche Kultur zu bilden (vgl. Hänsel und Kaz 2016).

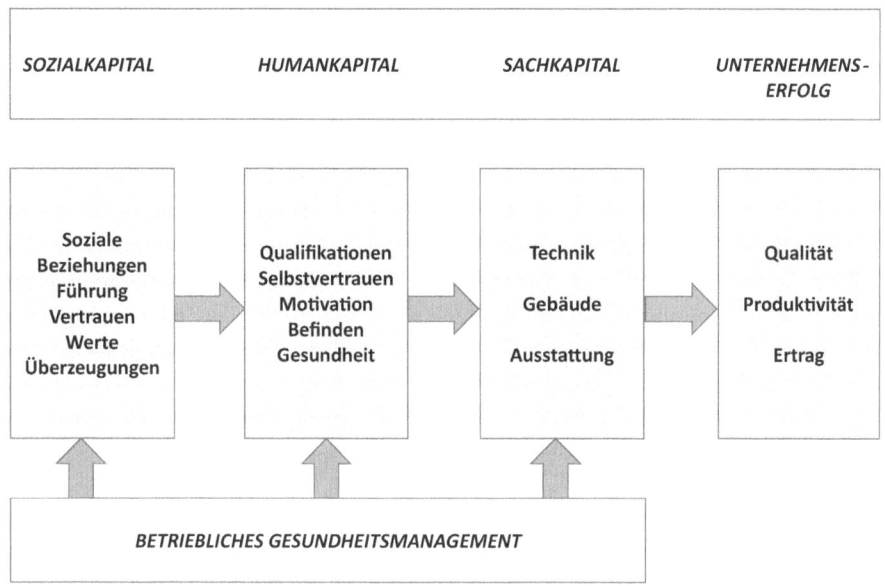

Abb. 1 Gesundheitsmanagement. (Quelle: eigene Darstellung in Anlehnung an Badura und Hehlmann 2003)

Daher soll Tab. 1 die verschiedenen Ansatzpunkte und Unterschiede veranschaulichen, die zwischen einer ungesunden und einer gesunden Organisation herrschen.

Leider lässt sich die steigende Tendenz des ungesunden Unternehmens nach wie vor beobachten, und das in der gesamten Bundesrepublik. Oben angeführte „ungesunde" Beispiele stellen mehr die Regel denn die Ausnahme dar. Um den Teufelskreis von Unmut, Überlastung und Demotivation zu durchbrechen, ist ein rigoroses Umdenken der Führungsriege dringend erforderlich, denn:

Tab. 1 Vergleich ungesunde/gesunde Organisation. (Eigene Darstellung in Anlehnung an Badura und Hehlmann 2003, S. 20)

Ungesunde Organisation	versus	Gesunde Organisation
Paternalistischer Führungsstil		Partnerschaftlicher Führungsstil
Steile Hierarchie		Gemeinsame Werte und Überzeugungen
Wenig gemeinsame Werte und Überzeugungen		Flache Hierarchie
Misstrauen, Konkurrenzdenken		Vertrauen, gegenseitige Hilfe
Intransparenz von Entscheidungen		Transparenz von Entscheidungen
Geringe Partizipationsmöglichkeiten		Partizipationsmöglichkeiten
Intensive Konflikte zwischen Topmanagement und Belegschaft		Wenig intensive Konflikte zwischen Topmanagement und Belegschaft

An oberster Stelle des Betrieblichen Gesundheitsmanagements steht die Steigerung von Wohlbefinden und Gesundheit der Beschäftigten. Arbeitsunzufriedenheit, Motivation und Leistungsfähigkeit der Mitarbeiter hängen maßgeblich ab von deren Gesundheit und Wohlbefinden (Walter 2003, S. 75).

Die bedeutet allem voran, dass, um durch Betriebliche Gesundheitsförderung positive Auswirkungen bei den Mitarbeitern im Krankenhaus zu erreichen, konsequent überlegt werden muss, welche Maßnahmen speziell für Pflegekräfte und deren Situation als zielführend zu erachten sind. Was sind die Probleme und Ressourcen der Angestellten? Was gilt bei dieser Fragestellung für das Unternehmen? Natürlich bedarf dies einer tiefergehenden Auseinandersetzung mit den Mitarbeitern und ihren Problemen und Ressourcen. Oftmals gibt es aber schon Lösungsansätze seitens der Mitarbeiter, die unbedingt das Gehör der Unternehmensführung finden sollte. Die Notwendigkeit, die Arbeitswelt neu zu gestalten, wird durch die Digitalisierung und neue Technologien sogar noch verstärkt (vgl. Schmidpeter 2017).

4 Fazit

Jede einzelne der angeführten Perspektiven zur Betrieblichen Gesundheitsförderung hat einen gleich gewichteten Anteil an der Gesundung von Mitarbeitern und somit des Unternehmens. Der erste Schritt in die richtige Richtung ist das Bewusstwerden der Führungsverantwortlichen ihrer Verantwortung gegenüber ihren Mitarbeitern und die damit verbunden Umkehr, weg von veralteten Strukturen hin zu einer notwendigen Betrieblichen Gesundheitsförderung. Eine Orientierung an den Gesundheit beeinflussenden Faktoren und deren Vermeidung stehen hierbei im Vordergrund.

Weiter ist eine Unterscheidung von Verhaltens- und Verhältnisprävention von großer Bedeutung. Sich unter dem Deckmantel der Verhaltensprävention zurückzulehnen in der Überzeugung ausreichende Maßnahmen im Sinne der BGF zu betreiben, ist der falsche Ansatz.

Daher spielt die Ermutigung und Befähigung der Mitarbeiter zur aktiven Beteiligung an ihrer Gesunderhaltung eine wichtige Rolle. Durch die Bereitschaft eines Unternehmens, seine Mitarbeiter im Ausbau ihrer Ressourcen zu unterstützen und Empowerment zu bieten, legt es einen wichtigen Grundstein in der Betrieblichen Gesundheitsförderung. Ebenso spielt die Investition in Human-, Sozial- und Sachkapital eine grundlegende Rolle auf dem Weg zu einer gesundheitsförderlichen Einrichtung. Förderung basaler Werte, welche aber unverzichtbar für den Erhalt von Gesundheit geworden sind, führt zu einer erhöhten Erfolgsquote mit Ertrags-, und Qualitätssteigerung.

Nicht zuletzt muss das Topmanagement die Bereitschaft zeigen, ihre strenge Trennung zwischen den Hierarchien zu lockern, um bestehende verhärtete Strukturen aufzuweichen und die Mitarbeiter zu integrieren. Nur so lässt sich Betriebliche Gesundheitsförderung dauerhaft zielführend implementieren und ein krankes Unternehmen in ein gesundes verwandeln.

Insbesondere im Krankenhaus ist das Thema zentral in der Erfüllung der gesellschaftlichen Verantwortung. Daher ist Gesundheit zentral in die Strategieentwicklung von Krankenhäusern zu verorten. Nicht nur im Verhältnis Krankenhaus-Patient, sondern in allen Stakeholderbeziehungen (vgl. Altenburger und Mesicek 2016). Dies kann nur gelingen, wenn ein modernes CSR-orientiertes Managementparadigma implementiert wird, welches hilft, negative trade-offs zwischen Wirtschaftlichkeit und gesellschaftlicher Verantwortung konstruktiv aufzulösen. Die aktuelle proaktive CSR-Diskussion liefert hier eine große Chance, den immanenten Auftrag von Krankenhäusern zu erfüllen, einen proaktiven Beitrag zur Gesundheit aller Menschen zu liefern.

Literatur

Altenburger R (2013) CSR und Innovationsmanagement. Springer, Berlin Heidelberg

Altenburger R, Mesicek R (2016) CSR und Stakeholdermanagement. Springer, Berlin Heidelberg

Backhaus-Maul H, Biedermann C, Nährlich S, Polterauer J (Hrsg) (2008) Corporate Citizenship in Deutschland. Bilanz und Perspektiven. Reihe Bürgergesellschaft und Demokratie. VS, Wiesbaden

Badura B, Hehlmann T (2003) Betriebliche Gesundheitspolitik. Der Weg zur gesunden Organisation. Springer, Berlin Heidelberg

Badura B, Münch E, Ritter W (1997) Partnerschaftliche Unternehmenskultur und betriebliche Gesundheitsförderung, 3. Aufl. Bertelsmann, Gütersloh

Badura B, Ritter W, Scherf M (1999) Betriebliches Gesundheitsmanagement – ein Leitfaden für die Praxis, Forschung aus der Hans-Böckler-Stiftung. edition sigma, Düsseldorf

Badura B, Schellschmidt H, Vetter C (2005) Fehlzeiten-Report 2004. Springer, Berlin Heidelberg

Büssing A, Glaser J, Höge T (2004) Gesundheitsförderliche Arbeitsgestaltung. In: Meifert MT, Kesting M (Hrsg) Gesundheitsmanagement in Unternehmen. Konzepte, Praxis, Perspektiven. Springer, Berlin Heidelberg, S 101–120

Doyé T (2016) CSR und Human Ressource Management. Springer, Berlin Heidelberg

Eberle G (2006) Erfolgsfaktor Betriebliches Gesundheitsmanagement – betriebswirtschaftlicher Nutzen aus Unternehmersicht. In: Badura B, Kirch W (Hrsg) Prävention – ausgewählte Beiträge des Präventionskongresses in Dresden 2005. Springer, Berlin Heidelberg, S 325–338

Fleßa S (2007) Grundzüge der Krankenhausbetriebslehre. Oldenbourg, München

Glauner F (2016) CSR und Wertecockpits. Springer, Berlin Heidelberg

Gordon G, Nelke A (2016) CSR und Nachhaltige Innovationen. Springer, Berlin Heidelberg

Habisch A (2003) Corporate Citizenship Gesellschaftliches Engagement von Unternehmen in Deutschland. Springer, Berlin Heidelberg

Habisch A, Schmidpeter R, Neureiter M (Hrsg) (2008) Handbuch Corporate Citizenship – CSR für Manager. Springer, Berlin Heidelberg

Hänsel M, Kaz K (2016) CSR und Gesunde Führung. Springer, Berlin Heidelberg

Kirstein A, Schmitz C (2006) Von zentraler Verwaltung zum dezentralen Management. In: Debatin JF, Goyen M, Schmitz C (Hrsg) Zukunft Krankenhaus Überleben durch Innovation. ABW Wissenschaftsverlag, Hamburg, S 18–31

Mayer AG (2005) Marktorientierung im Krankenhaus der Zukunft. Baumann, Kulmbach

Netzwerk-BGF (2007) Luxemburger Deklaration zur betrieblichen Gesundheitsförderung. http://www.netzwerk-bgf.at/cdscontent/load?contentid=10008.571220&version=1391192956. Zugegriffen: 2. Mai 2017

Osburg T, Schmidpeter R (2013) Social innovation – solutions for a sustainable future. Springer, Berlin Heidelberg

Peretzki-Leid U (2001) Betriebliche Gesundheitsförderung im Krankenhaus gestalten. Schwester Pfleg 12/2001:1004–1007

Rettenberger K, Schoenemeier T (2005) Eine gesunde Lebens- und Arbeitswelt in der Klinik. Pflege 59:154–157

Schmidpeter R (2013) Managementreihe Corporate Social Responsibility. http://www.springer.com/series/11764. Zugegriffen: 3. Mai 2017

Schmidpeter R (2017) Die digitale Arbeitswelt und der Mensch – Warum ein nachhaltiges Management immer wichtiger wird. http://www.scheer-innovation-review.de/digitalisierung/die-digitale-arbeitswelt-und-der-mensch/. Zugegriffen: 3. Mai 2017

Schneider A, Schmidpeter R (2015) Corporate social responsibility, 2. Aufl. Springer, Berlin Heidelberg

Schram B, Schmidpeter R (2017) CSR und Organisationsentwicklung. Springer, Berlin Heidelberg

Schuster JD (2007) Personal/HR. In: Habisch A, Schmidpeter R, Neureiter M (Hrsg) Handbuch Corporate Citizenship – CSR für Manager. Springer, Berlin Heidelberg

Simon M (2015) Unterbesetzung und Personalmehrbedarf im Pflegedienst der allgemeinen Krankenhäuser – Eine Schätzung auf Grundlage verfügbarer Daten. http://www.deutscher-pflegerat.de/Fachinformationen/Simon-2015-Unterbesetzung-und-Personalmehrbedarf-im-Pflegedienst-2.pdf. Zugegriffen: 2. Mai 2017

Spieß B, Fabisch N (2017) CSR und neue Arbeitswelten. Springer, Berlin Heidelberg

Walter U (2003) Vorgehensweise und Erfolgsfaktoren. In: Badura B, Hehlmann T (Hrsg) Betriebliche Gesundheitspolitik. Der Weg zur gesunden Organisation. Springer, Berlin Heidelberg, S 73–108

Weltgesundheitsorganisation (WHO) (1986) Ottawa – Charta zur Gesundheitsförderung. WHO, Genf

Wunder T (2017) CSR und strategisches Management. Springer, Berlin Heidelberg

www.wirtschaftslexikon.com (2015)

www.wikipedia.de (2017)

Isabella Schmidpeter ist eine ausgewiesene Pflegewissenschaftlerin. In ihrer Tätigkeit als Autorin einschlägiger Fachartikel, Trainerin im Bereich Pflegemanagement sowie in ihren wissenschaftlichen Arbeiten verbindet sie fundiertes Praxiswissen mit akademischer Fachexpertise. Als wissenschaftliche Mitarbeiterin ist sie bei der Recom GmbH im Bereich Forschung und Entwicklung tätig. Aufbauend auf ihren langjährigen Erfahrungen als examinierte Krankenschwester in diversen Fachdisziplinen im In- und Ausland schloss sie ihr Masterstudium Public Health (MPH) an der Medizinischen Universität in Wien ab. Sie ist zudem zertifizierte Public Health Nurse des Standing Commitee of Nurses der Europäischen Union und an internationalen Entwicklungen rund um das Thema Gesundheit interessiert.

Zukunftsfähige Pflege mit Innovationspotenzial

Pflege neu denken – Strukturwandel pflegerischer Dienstleistungen als gesellschaftliche Aufgabe

Pia Wieteck

1 Einleitung

Jeder Mensch hat ein Recht auf eine adäquate pflegerische Versorgung, welche sich an einer evidenzbasierten Pflege (Evidence-based Nursing) ausrichtet.

In diesem Sinne wird zunehmend der Gedanke der Nachhaltigkeit (Sustainability) auch im Gesundheitswesen genutzt, wenn gleich der Begriff aktuell inflationär in aller Munde ist und die Konzepte einer nachhaltigen Gesundheitsversorgung, Pflege und Betreuung noch weitestgehend offen sind. Vor dem Hintergrund der demografischen Entwicklung der Bevölkerung mit einer zunehmenden Überalterung wird der Handlungsdruck höher. Trotz breiter gesundheitspolitischer und einrichtungsbezogener Gestaltungsspielräume, sind bisher noch keine übergreifenden nachhaltigen und grundlegenden Weichenstellungen zu beobachten, welche eine auf Evidenz basierte pflegerische Versorgung zur Steigerung des Outcomes erkennen lassen. Ebenso sind die aktuell diskutierten politischen Wege zum Einfluss auf die Pflegepersonalpolitik zur Förderung einer nachhaltigen Beschäftigungsfähigkeit der Pflegeberufe nicht ausreichend (Gottwald 2011). Es ist längst Zeit, eine grundlegende Verhaltens-/Strategieänderung auf Basis der praktischen Vernunft einzuleiten, um die heranrollenden Herausforderungen in der Kranken- und Altenpflege bewältigen zu können. Die verschiedenen Stakeholder werden bei der Entwicklung von Lösungsansätzen unterschiedliche Ansichten zum Thema Nachhaltigkeit im Gesundheitssektor haben. Umso wichtiger ist es, aus der Perspektive einer Nachhaltigkeitsethik „eine symmetrische Kommunikation für einen Dialog zwischen gleichberechtigten Gesprächspartnern" zu erreichen, damit „mit dem als Folge des dialogischen Verständigungsprozesses verallgemeinerungsfähige Normen geschaffen werden, dürfen keine Bevorzugungen

P. Wieteck (✉)
Leitung der Abteilung Forschung und Entwicklung, RECOM GmbH
Lindenstraße 17, 85107 Baar-Ebenhausen, Deutschland
E-Mail: Pia.Wieteck@t-online.de

© Springer-Verlag GmbH Deutschland, ein Teil von Springer Nature 2018   203
K. Keller und F. Lorenz (Hrsg.), *CSR im Gesundheitswesen*,
Management-Reihe Corporate Social Responsibility,
https://doi.org/10.1007/978-3-662-55937-6_12

oder Verzerrungen zugelassen werden, die die Gesprächsbalance und Vorrangstellung des besseren Argumentes beeinträchtigen" (Carnau 2011, S. 127).

Es ist zu konstatieren, dass die Berufsgruppe der Pflege immer noch nicht als symmetrischer Kommunikationspartner bei der Gestaltung und Entwicklung einer nachhaltigen Gesundheitsversorgung/-förderung und Pflege einbezogen wird. Es steht zu befürchten, dass durch die Nicht-Einbeziehung des pflegerischen Blickwinkels nicht immer die besten Lösungsansätze für den Pflegeempfänger und die Berufsgruppe der Pflegenden getroffen werden. Ohne ein Umdenken und dem Herbeiführen von Veränderungen in der aktuellen Gesundheitspolitik in Deutschland, verknüpft mit der aktiven Aufnahme des pflegerischen Blickwinkels, werden wir die Herausforderungen für die Pflege durch die gesellschaftlichen Veränderungen nicht sicherstellen können (Premji und Hatfield 2016).

Besteht ein Handlungsdruck, am Gesundheitssystem etwas zu ändern und sich konkret die Fragen nach einer **nachhaltigen Sicherstellung der Beschäftigungsfähigkeit und Attraktivität der Pflegeberufe** sowie der **nachhaltigen Umsetzung einer evidenzbasierten Pflege** zu stellen und Lösungsansätze zu entwickeln?

1.1 Handlungsbedarf – Pflege neu zu denken

Die massiv gestiegene Arbeitsbelastung des Pflegepersonals führt vielfach zu einer Überbelastung der Pflegenden und gefährdet deren Gesundheit. Die aktuellen Arbeits- und Pflegebedingungen führen zu einer zunehmenden Unzufriedenheit im Beruf, welche wiederum die Versorgungsqualität negativ beeinflusst (Braun et al. 2010; Braun und Müller 2005; Wieteck und Kraus 2016; Zander et al. 2017). Die Desillusionierung im Beruf, die unverhältnismäßige Bezahlung, Schichtdienste, die begrenzten Möglichkeiten des Aufstiegs, die persönliche unzureichende Entwicklung in den Gesundheitseinrichtungen sowie die geringe gesellschaftliche Wertschätzung der Profession führen dazu, dass der Pflegeberuf spürbar an Attraktivität verliert (Fajardo 2013; Görres et al. 2010; Gottwald 2011; Müller 2009).

1.1.1 Demografischer Wandel und steigender Bedarf an Pflegepersonal

Eine besondere gesellschaftliche Herausforderung in der Zukunft wird die Zunahme der Menschen mit einer Pflegebedürftigkeit, bei gleichzeitigem rückläufigen familiären Unterstützungspotenzialen und einem aktuellen Fachkräftemangel in der Pflege sein. Die Anzahl der Pflegebedürftigen in Deutschland wird kontinuierlich anwachsen. Laut Prognosen, basierend auf den Daten des BMG und statistischer Ämter des Bundes und der Länder steigt die Pflegebedürftigkeit von 2,2 Mio. in 2010 auf insgesamt 4,2 Mio. in 2050 an (Alscher et al. 2013). Ein weiterer Faktor, welche Anforderungen an den Pflegepersonalbedarf sowohl qualitativ als auch quantitativ gestellt werden, ist die Zunahme an vulnerablen Bevölkerungsgruppen.

1.1.2 Prognosen über die Entwicklung des Bedarfs an Pflegefachkräften

In unterschiedlichen Szenarien wird der Pflegepersonalbedarf auf der Seite der Nachfrage um rund 506.000 Personen im direkten formellen Bereich in der Altenpflege bis 2030 beschrieben. Ausgelöst durch den steigenden Pflegebedarf, bedingt durch den demografischen Wandel der Gesellschaft. Wenn sich an der Nachwuchsrekrutierung und der deutlichen Verbesserung der Beschäftigungsfähigkeit der Pflegenden nichts ändert, wird für 2020 bereits ein massiver Mangel an Pflegepersonen von ca. 378.000 Pflegepersonen in der Altenpflege vorhergesagt (vgl. Wöhler und Ehrentraut 2012, S. 26 f). Würde der Personalschlüssel in der Altenpflege fortgeschrieben, ergibt sich bei der zu erwartenden Entwicklung der Pflegebedürftigen ein Personalbedarf von rund 1,2 Mio. vollzeitäquivalenten Pflegepersonen, bei bleibenden Versorgungsniveau ergibt sich in den Berechnungen der Autoren somit eine Lücke von 517.000 Vollzeitkräften in der Altenpflege (Ehrentraut et al. 2015), wenn es nicht gelingt mehr Personen für den Pflegeberuf zu begeistern und die Ausbildungsangebote zu erhöhen. Diese prognostizierten Zahlen legen allerdings die bisherigen Pflegepersonalschlüssel zugrunde. Das würde bedeuten, dass sich die Arbeitsbelastung und die Versorgungsqualität in der Altenpflege kaum ändern würden. Hinzu kommt der steigende Pflegepersonalbedarf in den Krankenhäusern. Es ist davon auszugehen, dass die steigende Anzahl der vulnerablen Patientengruppe ebenfalls Krankenhausleistungen in Anspruch nehmen wird. Dadurch steigt die pflegerische Komplexität der Patientenfälle in den Kliniken. Dieser Prozess hat bereits in den letzten Jahren für die Mitarbeiter der Pflege wahrnehmbar stattgefunden. Bisher gibt es aber keine adäquaten Kennziffern, welche diesen Faktor der Arbeitsbelastungszunahme sichtbar machen könnten. In den aktuellen Arbeitsbelastungsdiskussionen der Pflegeberufe im Krankenhaus werden ausschließlich die Verhältniszahlen der Pflegepersonen zur Fallzahl und zur Belegungszahl genutzt.

1.1.3 Aktuelle pflegerische Versorgungsdefizite

In der deutschen Pflegelandschaft besteht eine breite Lücke zwischen der bestmöglichen und der tatsächlichen pflegerischen Versorgung. Mehrere Studien geben deutliche Hinweise auf diese Versorgungsdefizite.

Krankenhaus

Die Pflegewissenschaftler schreiben, dass die Mängel in der pflegerischen Versorgung keine Ausnahme, sondern vielmehr die Regel darstellen. Beispielsweise gaben vier von fünf befragten Mitarbeitern der Pflege in der Studie von Isfort et al. (2010) an, dass eine angemessene Überwachung von verwirrten Patienten, Gesprächshäufigkeiten, Betreuungsleistungen bei Schwerstkranken sowie die Unterstützung bei der Nahrungsaufnahme, Mängel aufweisen. Mehr als die Hälfte der Teilnehmer gab an, dass auch Fehler bei der Medikationsverabreichung, Verbandswechsel und Hygienemaßnahmen nicht ausgeschlossen werden konnten (Isfort et al. 2010). Die Ergebnisse beschreiben zudem Mängel im Bereich der Mobilisation, wobei ca. 35 % der Befragten angaben, bewegungseingeschränkte oder immobile Patienten in den vergangenen sieben Arbeitstagen nicht ausreichend umgelagert haben zu können. Im Hinblick auf die Gewährleistung der Patientensicherheit und Prävention von Gesundheitsgefährdungen, z. B. Dekubitus oder Thrombosebildung, ist dieses Ergebnis von großer Bedeutung. Die Follow-up-Studie in 71 deutschen Krankenhäusern ist eine Neuauflage der RN4Cast-Studie und weist auf eine deutliche, negative Tendenz bezogen auf die Patientensicherheit und die pflegerische Versorgungsqualität hin. So hat die Rationierung von pflegerischen Leistungen in deutschen Kliniken von 2010 bis 2015 weiter zugenommen und im internationalen Vergleich wird sichtbar, dass Pflegepersonen in deutschen Kliniken deutlich mehr rationieren als Kollegen im europäischen Ausland. Das Vorkommen pflegesensitiver Komplikationen, z. B. Stürze, Harnwegsinfektionen, Medikationsfehler und Beschwerden, haben im Verlauf der letzten fünf Jahre deutlich zugenommen und sind im internationalen Durchschnitt überwiegend schlechter zu bewerten (Zander et al. 2017).

Altenpflege
Grund zur Annahme, dass die personelle Ausstattung zur Erfüllung der pflegerischen Anforderungen in den stationären Altenpflegeeinrichtungen derzeit nicht ausreicht, bestätigen ebenfalls einige Studien und Erfahrungsberichte von Angehörigen (Brühl und Planer 2013). Medien berichten seit Jahren über die kritischen Verhältnisse in der Altenpflege in Deutschland:

> Die Situation in der Altenpflege in Deutschland hat mittlerweile bereits die internationale Aufmerksamkeit auf sich gezogen. In den letzten fünf Jahren allein äußerten sich drei internationale menschenrechtliche Fachausschüsse gegenüber der Bundesrepublik Deutschland zum Thema Pflege (Aichele und Schneider 2006, S. 26).

Neben menschenrechtlichen Gefährdungslagen, Gewalt gegenüber Senioren (Rohrmair 2008) und menschenunwürdigen Zuständen in Pflegeheimen, geht es auch um Qualitätsdefizite in der pflegerischen Versorgung (Rieger 2014). In den Qualitätsberichten des Medizinischen Dienstes des Spitzenverbandes der Krankenkassen (MDS) zeigten sich in zahlreichen pflegequalitätskritischen Bereichen, z. B. Dekubitusprophylaxe, Ernährungs- und Flüssigkeitsmanagement, Kontinenzförderung sowie bei der Versorgung von Personen mit gerontopsychiatrischen Beeinträchtigungen, deutliche Qualitätsdefizite, die auf potenzielle Gesundheitsgefährdungen der Pflegebedürftigen verweisen (Medizinischer Dienst des Spitzenverbandes Bund der Krankenkassen e. V. (MDS) 2012). In der Verfassungsbeschwerde von Armin Rieger an das Bundesverfassungsgericht schreibt der Mitgesellschafter und Geschäftsführer einer eigenen Einrichtung:

> Die den Heimen zustehenden Mittel und der vorgegebene Personalschlüssel lassen eine menschenwürdige Pflege nicht zu … trotz aller Bemühungen und trotz des freiwilligen Einsatzes von mehr Personal als gefordert, [sind] Menschenrechtsverletzungen an der Tagesordnung (Rieger 2014, S. 2).

Auch wenn in der Altenpflege derzeit keine repräsentativen Studien über die Häufigkeit impliziter Rationierung vorliegen, kann davon ausgegangen werden, dass diese ebenso

wie im Krankenhausbereich ein regelmäßiges Phänomen darstellen. Auch Brühl und Planer (2013) gehen davon aus, dass es im System implizite Regeln der Verteilung der zur
Verfügung stehenden zeitlichen Ressourcen gibt. Ebenso sind Angehörige des Altenpfle-
geberufs für Burn-out empfänglich (Brause et al. 2015; Nienhaus et al. 2012). Die Ergebnisse der RN4CAST-Studie (Zander et al. 2014), die deutlich aufzeigen, dass Mitarbeiter
mit einer starken emotionalen Belastung eine höhere Bereitschaft aufweisen, Pflegeleistungen zu rationieren als Mitarbeiter ohne diese Parameter, untermauern die Vermutung,
dass auch in der stationären Altenpflege, pflegerische Leistungen rationiert werden. Forschungsarbeiten zu diesem Sachverhalt sind dringend erforderlich. Neben den negativen
Effekten auf das Pflegepersonal sind die Auswirkungen auf die Patienten-/Bewohnerver-
sorgung aus ökonomischer und ethischer Perspektive nicht außer Acht zu lassen.

1.1.4   Attraktivitätsverlust und Nachwuchsprobleme in der Pflege

Die hohe Arbeitsbelastung (Kromark und Ostendorf 2011) sowie die stark ausgeprägte Arbeitsunzufriedenheit bleiben erwartungsgemäß nicht folgenlos. Pflegende geraten durch
die Ökonomisierung im Gesundheitswesen immer mehr in den Konflikt zwischen der
Berufsethik, dem eigenen ethisch moralischen Verständnis über Pflege und den tatsächlichen Möglichkeiten, Pflegeleistungen zu erbringen. Dieser Belastungsfaktor der aktuellen
Nicht-Vereinbarkeit einer adäquaten pflegerischen Versorgung und Zuwendung mit dem
tatsächlichen Arbeitsalltag beeinflusst die Attraktivität des Pflegeberufes negativ. Insbesondere eine hohe Zahl an krankheitsbedingten Ausfällen sowie ein frühzeitiger Berufsausstieg, die Absicht den Beruf zu verlassen und fehlende Attraktivität der Pflegeberufe
zählen zu den gravierenden Konsequenzen (Görres et al. 2010). Die zunehmende Brisanz
findet ihren Ausdruck u. a. darin, dass die Zahl an Berufsausstiegen seit dem Jahr 1990
kontinuierlich ansteigt (Braun und Müller 2005). Auch die Resultate der innerdeutschen
G-NWI-Studie zeigen, dass die Zahl an Pflegepersonen, die planen, die Einrichtung innerhalb des nächsten Jahres zu verlassen, gestiegen ist. Antworteten im Jahr 2010 36 % der
Teilnehmer auf die Frage nach der Absicht, die Klinik zu verlassen mit ja, so gaben dies
im Jahr 2015 40 % der Befragten an. Von diesen 40 % gab wiederum etwas mehr als die
Hälfte der Personen an, sich eine berufliche Aufgabe außerhalb der Pflege suchen zu wollen. Auch mit dem Nachwuchs an Pflegekräften sieht es schlecht aus. Ausbildungsplätze
in der Pflege können nicht mehr oder nur unter Kompromissen, bezogen auf die Qualität der Bewerber, besetzt werden. Dringend sind nachhaltige Maßnahmen zu ergreifen,
die über die Verbesserung der Arbeitsbedingungen hinausgehen. Aktuell bestehen einige
Hindernisse einer nachhaltigen Entwicklung von Pflege in unserem Gesundheitssystem,
welche es zunächst zu überwinden gilt.

1.2 Hindernisse einer nachhaltigen Ausgestaltung des pflegerischen Leistungsgeschehens

Eine systematische Analyse möglicher Hindernisse für die geringe Umsetzung einer nachhaltigen pflegerischen Versorgung ist erforderlich, um wirkungsvolle Handlungskonzepte zu entwickeln. Hierzu erste Überlegungen.

- In einem **ökonomisch getriggerten Gesundheitswesen** hat es die Pflege schwer, die sozialen erforderlichen Nachhaltigkeitsdimensionen pflegerischen Handelns durchzusetzen, wenn Vergütungsstrukturen sich an dem medizinischen Leistungsgeschehen orientieren und Pflegeleistungen im Krankenhaus somit keinen ökonomischen Outcome erzeugen können. Es ist nachvollziehbar, dass Ökonomen vor diesem Hintergrund weniger das Augenmerk auf eine nachhaltige, pflegerische Versorgung ausrichten, sondern den Fokus auf die Optimierung der medizinischen und damit abrechenbaren Leistungen ausrichten. Verstärkt wird diese Haltung in der Geschäftsführung, da keine Krankenhausberichterstattung über pflegerische Qualitätsdimensionen oder Patientenoutcomes gefordert sind. Ebenso gibt es wenig Anreize für Kliniken, sektorenübergreifend aus Sicht der pflegerischen Versorgung zu denken und zu handeln. Auch in der Altenpflege ist es bisher nicht gelungen, die Konzepte einer nachhaltigen Pflege in die Vergütungsstrukturen einzubringen.
- Die primäre Fragestellung, wie viel Geld für eine Dienstleistung gezahlt wird, ist abhängig davon, wie viel Geld für das Gesundheitssystem (Krankenhausbudget oder finanzielle Mittel für einen Pflegegrad) zur Verfügung gestellt wird. Die Leistungserbringer werden bis heute als **Kostenfaktoren im System** betrachtet. Es dominiert eine Diskussion über Kosten im Gesundheitswesen und nur sehr zaghaft beginnt eine Diskussion über das Outcome (Müller 2009). Allerdings ist Pflege hier weitgehend, z. B. im Krankenhausbereich abgekoppelt. Die Qualitätsberichterstattung in der Pflege, bezogen auf pflegesensitive Outcomes, ist entweder nicht vorhanden (Krankenhaus) oder auf wenige Pflegeergebnisse reduziert (MDK-Qualitätsberichterstattung) und bedarf einer Überarbeitung. „Jede Systematik zur Beschreibung der Pflegequalität muss das Outcome einer humanen und zukunftsfähigen Pflege in den Blick bekommen" (Müller 2009, S. 128).
- Die derzeit **angespannte Personalsituation in der Pflege** in allen Bereichen stellt denkbar ungünstige Rahmenbedingungen dar, um eine bedarfsgerechte Pflege anzubieten. Täglich sind Pflegende entgegen ihrem ethischen Grundverständnis gezwungen, pflegerisch als notwendig erachtete Pflegeleistungen zu rationieren. Unter diesen Rahmenbedingungen der zunehmenden Arbeitsverdichtung, dem Zeitmangel sowie dem hohen Arbeitstempo ist kein Raum, sich mit einer zukunftsfähigen Pflege zu beschäftigen. Sinnvolle Pflegepersonalbemessungsgrundlagen welche sich am Pflegebedürfnis und -bedarf orientieren, fehlen.
- **Strukturen der Wissensgenerierung und des Wissensmanagements** in Gesundheitseinrichtungen, z. B. die Etablierung von pflegewissenschaftlichen Abteilungen

in den Gesundheitseinrichtungen zur Weiterentwicklung der pflegerischen Versorgungsangebote und Überprüfung dieser auf Evidenz oder die Etablierung eines systematischen Personalentwicklungssystems mit Fort- und Weiterbildung und Training on the Job, welche über die Pflichtschulungen hinausgehen, sind so gut wie nicht zu finden. Konzepte welche genutzt werden könnten, um aktuelles pflegerisches Fachwissen, welches benötigt wird, um evidenzbasierte Entscheidungen zu treffen und das Wissen in der Organisation zu mehren und zu managen, fehlen in den meisten Gesundheitsorganisationen.

- Es existiert immer noch **keine Verpflichtung zum lebenslangen Lernen** zur Erhaltung der Berufsbezeichnung einer examinierten Gesundheits- und Krankenpflegeperson.
- Die **geringe Wertschätzung der Profession Pflege** kann bereits an den Gehaltsstrukturen in der Pflege abgeleitet werden. Die Bezahlung eines Arbeitnehmers ist eine Art der Wertschätzung und Anerkennung einer Berufsgruppe. Die Entlohnung von Mitarbeitern der Altenpflege und Pflege ist eher als schlecht zu bewerten, dieses vor dem Hintergrund der Verantwortung und Arbeitsbelastung als auch dem Mangel an Fachkräften. Neben der Bezahlung spiegelt sich die Wertschätzung der Pflegeberufe auch in der gesellschaftlichen Anerkennung und der Wertschätzung der verwandten Berufsangehörigen wider. Auch aus diesem Bereich erfahren die Pflegeberufe keine besondere Wertschätzung. Gerade Aussagen von Ministern wie „Pflegen kann jeder" verstärken ein negatives Image der Pflegeberufe (Müller 2009).
- Pflegequalität in den Gesundheitseinrichtungen ist wenig transparent und kann als eine Blackbox bezeichnet werden. Flächendeckende pflegesensitive Qualitätsindikatoren und eindeutig definierte Pflegepersonalkennziffern, z. B. fachabteilungsbezogene Pflegepersonal-zu-Patienten-Verhältniszahlen fehlen.

Adäquate Pflege ist ein Menschenrecht!
Vor diesem Hintergrund einige Überlegungen, wie Pflege nachhaltig sichergestellt werden kann.

2 Definitionsversuch Nachhaltigkeit in der Pflege

In den verschiedenen Bereichen der Wirtschaft, Bildung und Unternehmen gibt es verschiedene Definitionsansätze und Modelle zur Nachhaltigkeit. In der sozialen und institutionellen Dimension hat sich das Drei- bzw. Vier-Säulenmodell durchgesetzt. Dabei basiert die Grundidee auf einer „einfachen Einsicht, dass ein [Gesundheits-]System dann nachhaltig ist, wenn es selber überlebt und langfristig Bestand hat" (Carnau 2011, S. 14). Jede menschliche Handlung, so auch in der Pflege, berücksichtigt in wechselnder Gewichtung die Dimensionen der ökologischen, ökonomischen und sozialen Nachhaltigkeit (Mittnacht 2010, S. 57). Nachhaltigkeit im Gesundheitswesen umfasst neben der ökonomischen und sozialen auch eine gesundheitliche Dimension. Scherenberg (2012a) äußert, dass diese drei Elemente im Gleichklang stehen und von einer Nachhaltigkeit im Gesundheitswesen dann gesprochen werden kann, wenn die Ziele der Ressourcenschonung, die soziale Gerechtigkeit sowie die Förderlichkeit für die Gesundheit gleichwertig und -zeitig verfolgt werden. Zur Einordnung und/oder Identifizierung von nachhaltigen Handlungsstrategien im Gesundheitswesen mit dem speziellen Fokus auf die Pflege, werden zunächst publizierte Leitgedanken und Zielsetzungen des Nachhaltigkeitsgedankens in den drei Dimensionen Ökologie, Ökonomie und Soziales gesammelt. Die Leitbildziele sind folgenden Quellen entnommen und haben keinen Anspruch auf Vollständigkeit, sondern dienen ausschließlich zur Anregung und Bewertung pflegerischer Handlungsstrategien und möglicher erforderlicher politischer Richtungsänderungen.

Die in der Tab. 1 vorgestellten Nachhaltigkeitsziele sind folgenden Quellen entnommen:

- Bericht der Enquete-Kommission der 12. Wahlperiode des Deutschen Bundestags zum *Schutz des Menschen und der Umwelt-Bewertungskriterien und Perspektiven für umweltverträgliche Stoffkreisläufe in der Industriegesellschaf*t wird 1994 unter dem Aspekt „Die Industriegesellschaft gestalten – Perspektiven für einen nachhaltigen Umgang mit Stoff-Materialströmen" veröffentlicht (Deutscher Bundestag 1994).
- Im Abschlussbericht der Enquete-Kommission von 1998 werden zum *Schutz des Menschen und der Umwelt – Ziele und Rahmenbedingungen einer nachhaltigen zukunftsverträglichen Entwicklung* die Nachhaltigkeitsziele formuliert (Deutscher Bundestag 1998).
- *Die Deutsche Nachhaltigkeitsstrategie* der Bundesregierung (Die Bundesregierung 2016).
- Spangenbergs Ausführungen zur sozialen Nachhaltigkeit (Spangenberg 2003) sowie der zusammenfassenden Analyse des Nachhaltigkeitsbegriffes und deren Zielaussagen von Mittnacht 2010. In den Ausführungen wurde der Frage nachgegangen, was eine gute Pflegequalität ausmacht. Die Ergebnisse der Ausführungen der Autoren lassen den Schluss zu, dass eine Orientierung der Qualitätsforschung im Feld der Pflege am Konzept der Nachhaltigkeit erfolgversprechend scheint (Mittnacht 2010).
- Die vom Deutschen Bundestag veröffentlichte Stellungnahme des nationalen Ethikrates mit dem Leitgedanken – Patientenwohl als ethischer Maßstab für das Krankenhaus (Deutscher Bundestag 2016).

Die sozialen, ökonomischen und ökologischen Ziele als zentrale Säulen des Leitbildes einer nachhaltigen, zukunftsverträglichen Entwicklung wirtschaftlichen Handelns können als Grundlage zur Bewertung/Reflexion von Nachhaltigkeit im Gesundheitswesen, in Gesundheitseinrichtungen und im pflegerischen Handeln genutzt werden.

Dazu ist es hilfreich, die Bewertungskriterien weiter zu operationalisieren und auf die jeweilige Problemstellung zu übertragen. Die wesentlichen Voraussetzungen einer Nachhaltigkeitsstrategie fokussieren die Langfristigkeit, Integration der drei Dimensionen und berücksichtigen lokale, regionale und globale Aspekte des Subsidiaritätsprinzips (vgl. Deutscher Bundestag 1998, S. 37). Die Lösung vieler Probleme setzt ganzheitliche Be-

Tab. 1 Zusammenfassende Leitbildziele in der deutschen Diskussion

Ökologische Ziele	Ökonomische Ziele	Soziale Ziele
Gesundheitsförderliche Umwelt durch Emissionsvermeidung/-verminderung Verfügbarkeit von sauberem Wasser und Luft, gesunde Nahrungsmittel	**Ressourcenschonung** Optimierte Prozessabläufe, effiziente und effektive Wertschöpfungskette, Reduktion von Abfall, sparsamer Einsatz von Energie und anderen Ressourcen (Hardtke und Prehn 2012)	**Erhalt, Schutz (und Wiederherstellung) der Gesundheit** Niedrige Raucher-, Adipositasquote, Senkung einer vorzeitigen Sterbequote (Einwohner unter 70 Jahren), Präventionsmaßnahmen, Früherkennung, Gesundheitsförderung, gesundheitliche Versorgung verbessern, Förderung von Anpassungsprozessen, Unterstützung bei Krankheitsbewältigung
Ressourcenschonung Nachhaltiger Einsatz von Energie, Wasser und andere Ressourcen	**Wirtschaftliches Wachstum und Stabilität der wirtschaftlichen Entwicklung** Förderliche politische Rahmenbedingungen, welche kalkulierbar bleiben und Verlässlichkeit für wirtschaftliche Entscheidungen ermöglichen, ebenso unternehmerische Handlungsspielräume	**Gewährleistung sozialer Sicherheit** Soziale Absicherung, materielle Existenzsicherung, Förderung der Nichterwerbsarbeit, z. B. Kindererziehung, Pflege von Angehörigen
Verantwortlicher Umgang mit der globalen und lokalen Umwelt Verantwortungsvoller Umgang mit Wasser und Abwasser, Luft, giftigen Substanzen usw.	**Stabilität der Beschäftigung und Arbeitsfähigkeit** Vereinbarkeit von Familie und Beruf Förderung einer nachhaltigen Arbeitsgesellschaft (mehr Selbstorganisation, höhere Entscheidungsautonomie, mehr Zeitautonomie, Mitbestimmungsrechte und erweiterte Partizipationsstrategien …)	**Sicherung der Lebensqualität oder Befriedigung der Grundbedürfnisse** Sicherstellung der Mobilität, Ernährung, Luftqualität, Erhaltung der Handlungsautonomie, Förderung eines selbstbestimmten Lebens, Förderung der Chance zur Teilhabe und Partizipation
	Gewährleistung von Gesundheits- und Arbeitsschutz Betriebsarzt, Gesundheitsförderung, Hygienekommission usw.	**Förderung sozialer Gerechtigkeit** Entwicklungschancen und Verteilungsgerechtigkeit, soziale Stabilität und Erhalt und Weiterentwicklung des Sozialstaates, Chancengleichheit, Ausgleich extremer Einkommens- und Vermögensunterschiede, Gleichstellung (Aufwertung von Berufen im Pflege- und Versorgungsbereich also traditionellen Frauenberufen (Spangenberg 2003))
	Nachhaltige des Wissenskapitals und Wissenstransfer Personalentwicklung	**Akzeptanz in der Bevölkerung** Förderung der Transparenz bei den Entscheidungsvorgängen, Vermittlung von Problembewusstsein, Abbau von Informationsasymmetrie (Koths und Holl 2012)

trachtungsweisen im Bereich unserer Gesellschaft, Ökonomie und Ökologie (Hardtke und Prehn 2012) wie auch im Gesundheitswesen voraus. So ist das Zielbündel einer nachhaltigen Sorge für Gesundheit und Gesundheitsversorgung zu erreichen.

Ausgehend von den Zielsetzungen der Nachhaltigkeit soll der Blick stärker auf die Pflege und das pflegerische Handeln ausgerichtet werden. Es stellt sich also die Frage, wie sich die Nachhaltigkeitsüberlegungen in Handlungsstrategien der Pflege als normativer Gestaltungsansatz einbetten lassen bzw. im Rahmen der Reflexion als Bewertungskriterien zur Qualitätsbewertung pflegerischer Leistung nutzen.

2.1 Nachhaltigkeitsleitziele als normativer Gestaltungsrahmen pflegerischer Arbeit

Eine zentrale Zielsetzung in der Pflege, welche aus der Nachhaltigkeitsperspektive bedeutend sein kann, ist die Ausrichtung der Leistungsangebote zur „Hilfe zur Selbsthilfe". Nach dem Prinzip hat Pflege die Aufgabe, soweit wie möglich auf Dirigismus und Übernahme von Alltagsaktivitäten zu verzichten und die Eigeninitiative, Autonomie, Teilhabe des Pflegeempfängers zu stärken. Ziel ist es, eine nachhaltige gesundheitsförderliche Verhaltensänderung und Anpassungsleistung des Pflegeempfängers bei Krankheit und Pflegebedürftigkeit zu unterstützen. Pflege ist dabei Begleiter bei Hilfe-/Versorgungs- und Pflegebedürftigkeit und nimmt zentrale Aufgaben in der Gesundheitsförderung, Patientenedukation (pädagogische/psychologische Maßnahmen zur Verbesserung des Gesundheitszustands und des Kohärenzgefühls), der Prävention, der Rehabilitation, der Pflege in der Akutsituation sowie der Alltagsbewältigung bei Pflegebedürftigkeit wahr. Durch die gezielte Analyse des Pflegebedürfnisses des Betroffenen wählt die Pflegeperson die geeigneten evidenzbasierten Pflegemaßnahmen aus, um das beste Outcome zu erzielen. Dabei sind ökonomische, soziale und gesundheitliche Dimensionen abzuwägen und in Gleichklang zu bringen. Dabei sollte sich das bestmögliche Outcome am Pflegeempfänger orientieren und Langfristigkeit über die Sektorengrenzen hinweg im Fokus stehen.

Zielgrößen der eigenständigen Handlungsräume von Pflege sind:

- Erreichen von gesundheitsförderlichem Verhalten
- Stärkung der Selbstverantwortung bei der Steuerung des Gesundheits-/Krankheitsprozesses
- Erhalt, Wiedererlangung der Alltagskompetenzen
- Erreichen von Adaption an veränderte Gesundheitszustände
- Vorbeugen von Komplikationen
- Vermeiden von Abhängigkeiten
- Erreichen eines selbstbestimmten Lebens
- Förderung von Teilhabe und Partizipation
- Förderung der Lebensqualität und des Wohlbefindens

- Förderung einer optimierten, wertschöpfenden Prozesskette in Gesundheitsorganisationen
- Förderung engagierter freiwilliger Beteiligter und Kooperationspartner in dem Pflege- und Versorgungsprozess

Pflegerische Handlungskonzepte sind:

- Assessments zur Risikoeinschätzung
- Systematischer pflegediagnostischer Prozess zur Abklärung der Pflegebedürfnisse und Ableitung des individuellen Pflegebedarfs
- Maßnahmen zur Patientenedukation
- Präventivmaßnahmen
- Maßnahmen zur Prophylaxe und Vermeidung von Komplikationen
- Pflegemaßnahmen zur Kompensation und Adaption (z. B. Schulung, Beratung, Training, Einsatz von Kompensationsstrategien und Hilfsmittel)
- Pflegetherapie, z. B. komplementäre Heilmethoden (Lincoln 2014), zur Linderung von Leid
- Pflegetherapie zur Förderung/Erhalt von Alltagskompetenzen
- Maßnahmen zur Förderung der Informiertheit des Pflegeempfängers und/oder der Angehörigen/Bezugspersonen
- Maßnahmen zur Förderung und Initiierung von interdisziplinären Maßnahmen und/oder Fallkonferenzen
- Angehörigenarbeit und Case Management
- Maßnahmen zur Umsetzung interdisziplinärer Kooperationen im Gesundheitswesen, vernetzte Angebote und Teamarbeit zwischen den Gesundheitsberufen als Garanten für Gegenwart und Zukunft, um eine qualitätsvolle Gesundheitsversorgung und Pflege sicherzustellen (Alscher et al. 2013)

Die Fokussierung/Aktivierung der vorgestellten Zielgrößen als auch der Handlungskonzepte in den Gesundheitseinrichtungen sowie die Ausrichtung auf langfristige und sektorenübergreifende Zielgrößen der Pflege in den Gesundheitseinrichtungen könnten enormes Potenzial, bezogen auf die Ökonomie und Ökologie, entfalten. An dieser Stelle soll diese These durch eine Fallanalyse untermauert werden. Der vorgestellte Fallverlauf zeigt auf der einen Seite, die aktuell überwiegend vorherrschenden Defizite in der Gesundheitsversorgung auf, aber auch die Potenziale, welche durch die Implementierung und Umsetzung der aufgeführten pflegerischen Zielgrößen und Handlungskonzepte freigesetzt werden könnten. Es ist anzumerken, dass die vorgestellte Fallanalyse ein Beispiel für aktuell „unsichtbare" unerwünschte Ergebnisse darstellt.

Fallvorstellung von Herrn K.
Herr K. ist 82 Jahre alt und lebt alleine. Er wurde in die Klinik eingewiesen, da er zu Hause bewusstlos aufgefunden wurde. Im Rahmen des medizinischen diagnostischen Prozesses wird sehr schnell klar, dass die Ursache für die Bewusstlosigkeit ein entgleister Blutzucker war. Herr K. hat seit

geraumer Zeit einen Altersdiabetes und bisher orale Antidiabetika genommen. Die bisher eingenommenen oralen Antidiabetika reichen nicht mehr aus, um die Blutzuckerwerte stabil zu halten. In der Klinik wird Herr K. mit Insulin eingestellt. Die Therapieeinstellung des Blutzuckerwertes verläuft problemlos. Bei seiner Entlassung ist er auf zwei Insulinarten eingestellt. Nachts wird ein Depotinsulin appliziert und tagsüber soll sich Herr K. nach einem Spritzenschema in Abhängigkeit vom Blutzuckerwert entsprechende Altinsulinmengen verabreichen. Bei der Entlassung wird Herr K. nochmals in die Insulinanwendung und die Blutzuckermessung eingewiesen und aufgefordert, die Blutzuckerwerte dreimal am Tag zu ermitteln und entsprechend die I. E. Insulineinheiten verabreichen und im Tagebuch dokumentieren. Die intensivierte Insulintherapie gehört zu den Standard-Behandlungsschemata und ermöglicht es den Betroffenen, sowohl Esszeiten, Mengen der Speisen sowie den Tagesablauf individuell zu gestalten. Der Blutzucker von Herrn K. hat sich problemlos und sehr zufriedenstellend einstellen lassen.

Genau 4 Tage nach Entlassung von Herrn K. wird er erneut in die Klinik eingewiesen. Er befindet sich in einem somnolenten Zustand und ist kaltschweißig. Die Analyse der Blutzuckerwerte ergab eine erneute Blutzuckerentgleisung. Zudem war Herr K. gestürzt und hat sich den Oberschenkelschaft gebrochen. Nach der postoperativen Versorgung kommt Herr K. erneut auf eine internistische Station mit Schwerpunkt Endokrinologie zur Blutzuckereinstellung.

Folgende Erkenntnisse haben sich in der Fallanalyse, welche vonseiten der Fachkraft eingeleitet wurde, ergeben. In mehreren Gesprächen mit Herrn K. und der gemeinsamen schrittweisen Anleitung und Schulung bei der Nutzung eines PEN sowie der Blutzuckermessung wurden folgende weiterführende Informationen gesammelt.

Herr K. führt ein sehr regelmäßiges Leben nach einem festen Tagesablauf und ist sozial gut in die Familie seines Sohnes integriert. Er hat eine eigene Wohnung, kann aber zu Fuß zur Familie seines Sohnes gehen. Seit dem Tod seiner Ehefrau nimmt er die Mittagsmahlzeit gemeinsam mit den Enkelkindern und der Schwiegertochter ein. Er konnte sich vor dem Krankenhausaufenthalt noch selbstständig versorgen und hatte Unterstützung im Bereich der Hauswirtschaft, Einkauf und Wäscheversorgung bzw. wurde von der Schwiegertochter punktuell unterstützt. Bei der Schulung im Umgang mit dem PEN sowie der Blutzuckermessung äußert Herr K. große Unsicherheit. Da Herr K. sehr schlecht sieht und die Fingergeschicklichkeit beeinträchtigt ist, tut er sich schwer, den PEN adäquat zu nutzen. Auch die Blutzuckermessung gelingt meist nicht oder nur unzureichend. Es stellte sich auch heraus, dass Herr K. die Bedeutung von Altinsulin und Depotinsulin nicht trennen konnte/kann und nicht genau wusste, wie er die Messungen und Insulingaben in den Tagesablauf integriert. Die Pflegeperson erkundet mit Herr K. die verschiedenen möglichen Ansätze einer Diabetestherapie und informiert ihn über die verschiedenen Unterstützungsmöglichkeiten in der häuslichen Umgebung. Im Rahmen des pflegediagnostischen Prozesses kommt die Pflegeperson zu folgendem Ergebnis (Tab. 2).

Wie ging es mit Herrn K. weiter? In der interdisziplinären Fallkonferenz unter Einbezug des Patienten wurde die Insulintherapie wie folgt umgestellt. Levemir 1 × tägl. in Verbindung mit zusätzlicher oraler Antidiabetikatherapie. Die Schwiegertochter übernimmt einmal am Tag vor dem Mittagstisch die Insulinverabreichung und wurde hier eigens geschult. Herr K. hat in altersgerechten Schulungsangeboten in der Rehabilitationseinrichtung die Frühwarnsymptome der Unterzuckerung zu erkennen und entsprechend zu handeln gelernt. Die Reflexion des vorgestellten Falles zeigt, dass mehrere Leitgedanken der Nachhaltigkeit beim ersten Krankenhaus missachtet wurden und nicht in das pflegerische Handeln überführt wurden. Der fehlende systematische pflegediagnostische Prozess und Fokussierung auf die körperlichen medizinischen Behandlungsziele sind als Ausgangspunkt des

Tab. 2 Pflegediagnose Herr K

Pflegediagnose	Pflegeziel	Eingeleitete Pflegemaßnahmen
Herr K. hat aufgrund **fehlender Informationen/Fertigkeiten** im Umgang mit Diabetes mellitus/Hypo-/Hyperglykämie ein **Risiko der unwirksamen Therapie**	Ist in die Therapieentscheidungen einbezogen und ist mit der Therapieempfehlung einverstanden	Interdisziplinäre Fallkonferenz einberufen und klären alternativer Diabetestherapien unter Einbeziehung der pflegediagnostischen Erkenntnisse
– Ermittelt BZ-Werte teilweise falsch – Berichtet über Schwierigkeiten bei der Berechnung der Insulindosis nach dem Spritzenschema – Berichtet über Schwierigkeiten, die Therapie-/Behandlungsvereinbarung in den Alltag zu integrieren	Kann die Diabetestherapie gut in den Lebensalltag integrieren	Beratungsgespräch über alternative Versorgungs- und Unterstützungsmöglichkeiten bei der Diabetestherapie in der häuslichen Umgebung Schulungsangebote, welche auf die altersbedingten Einschränkungen abgestimmt sind Angehörigengespräch zur Abklärung einer möglichen Übernahme der Insulininjektion Planung der poststationären Hausbesuche durch die Diabetesfachkraft, um mögliche Versorgungsdefizite oder Verbesserungen einzuleiten (nach der Reha)

missglückten Versorgungsgeschehens von Herrn K. festzustellen. Außer Acht gelassen wurden die unzureichende Kompetenz und Informiertheit des Patienten, welcher durch die neue Medikation mittels PEN überfordert war. Die Frage nach den möglichen poststationären Versorgungsmöglichkeiten wurde nicht gestellt. Gerade eine interdisziplinäre Kooperation mit vernetzten Angeboten und Teamarbeit zwischen Ernährungsberatung, gemeinsamen Kochangeboten, Integration von Unterstützungskräften aus dem sozialen Umfeld und/oder ambulanten Dienst wären erforderlich gewesen, um die erneute Krankenhauseinweisung und die folgenschwere Blutzuckerentgleisung zu vermeiden.

Gerade die Abstimmung der verschiedenen Leistungsangebote in vernetzten Angebotsstrukturen und interdisziplinärer Teamarbeit zwischen den Gesundheitsberufen unter Einbindung des Betroffenen und dessen familiäre Unterstützungsmöglichkeit kann sich als Garant für Gegenwart und Zukunft für eine qualitätsvolle Gesundheitsversorgung und Pflege entwickeln (Alscher et al. 2013). Eine humane und zukunftsorientierte Pflege ist aufgefordert, Aufklärung, Schulung und Einbeziehung des Pflegeempfängers an medizinisch-pflegerischen Entscheidungsprozessen zu ermöglichen und sicherzustellen, dass die Schulungsprogramme, z. B. in Bezug auf das Diabetesmanagement, auch den Anforderungen der Altersgruppe entsprechen.

Die Weiterentwicklung in der Medizin, weg von der Idee, möglichst hohe Compliance (Folgsamkeit) bei den Adressaten zu ermöglichen oder gar zu erzeugen, hin zu einer aufgeklärten Entscheidung (informed consent), sollte auch für die humane Pflege Maßstäbe setzen (Müller 2009, S. 126).

Denn eine Veränderung des Gesundheitsbewusstseins und der Zustimmung zu einer Behandlung bzw. einem angebotenen Pflegekonzept kann ein nicht zu vernachlässigendes Innovationspotenzial erschließen. Allerdings ist hier eine entsprechende Informiertheit über Gesundheitsprozesse erforderlich (vgl. Carnau 2011, S. 41). Ebenso ist in der Klinik ein systematischer pflegediagnostischer Prozess umzusetzen. Darüber hinaus sind die pflegediagnostischen Erkenntnisse in der interdisziplinären Fallkonferenz entsprechend einzubinden und auf Augenhöhe mit dem Betroffenen die Therapiemöglichkeiten abzuwägen. Aktuell sind diese Ressourcen in den Kliniken und Pflegeeinrichtungen vor dem Hintergrund der Pflegepersonal-zu-Patienten/Bewohner-Relation nicht ausreichend vorhanden. Ebenso fehlen Kompetenzen in der Anwendung des pflegediagnostischen Prozesses. Deutlich wird an dem Fallbeispiel auch, dass es für die Kliniken aktuell keinen Anreiz gibt, die pflegerische Versorgung in beschriebener Weise zu verbessern. Aus der ökonomischen Perspektive der Klinik wurden zwei Fälle im G-DRG-System abgerechnet, welche erlösrelevant waren.

2.2 Nachhaltigkeitsziele als Bewertungskriterien für Entscheidungen im Gesundheitswesen

Die aufgeführten Leitziele in der Tab. 1 einer nachhaltigen Entwicklung in der Gesundheitswirtschaft können genutzt werden, um die Entscheidungen in der Gesundheitspolitik als auch in Gesundheitseinrichtungen zu reflektieren und zu bewerten. Ein schönes Beispiel der Nachhaltigkeitsziele zur Nutzung als Bewertungskriterien befindet sich in der Veröffentlichung von Mittnacht (2010). Durch die Übertragung des sozialwissenschaftlichen Paradigmas der Nachhaltigkeit wurden theoriegeleitet Qualitätsindikatoren abgeleitet, um im Bereich der häuslichen Pflege die Pflegequalität beurteilen zu können. Die Autorin kommt in ihrer Untersuchung zu dem Schluss, dass die operationalisierten Nachhaltigkeitskriterien zu den Leitgedanken der gesellschaftlichen Teilhabe, der Selbstbestimmung, Partizipation und Lebensqualität als Qualitätsindikatoren eine vielversprechende Orientierung zur Bewertung geben können (Mittnacht 2010).

3 Gestaltungsansätze aus der Perspektive der Nachhaltigkeit

Die folgenden möglichen Gestaltungsansätze zu den eingangs gestellten Fragen, wie wir die Beschäftigungsfähigkeit verbessern und Attraktivität der Pflegeberufe erhöhen können, um eine menschenwürdige Pflege sicherzustellen, sowie der Frage nach der Förderung einer nachhaltigen Umsetzung einer evidenzbasierten Pflege soll im nächsten Abschnitt nachgegangen werden. Ziel ist es, einen Betrag zur Nachhaltigkeitsdiskussion in der Pflege und dem deutschen Gesundheitswesen zu leisten.

3.1 Nachhaltige Beschäftigungsfähigkeit und Nachwuchsförderung

Der Pflegeberuf erlebt aktuell einen hohen Attraktivitätsverlust (Kohlen 2013, S. 70). Der Verbleib der Mitarbeiter in der Pflege liegt im Krankenhausbereich bei 14 und in der Altenpflege bei 8 Jahren. Die Berufsgruppe der Pflege liegt an der Spitze, der aus gesundheitlichen Gründen ausscheidenden Mitarbeitern aus dem Beruf (Betting und Göppert 2015). Zudem sind infolge der angespannten Arbeitsbedingungen der Pflegenden und der vergleichsweise geringen Bezahlung andere Berufe für Schulabgänger attraktiver und Ausbildungsplätze können nur schwer besetzt werden (Betting und Göppert 2015; Görres et al. 2010). Es stellen sich also zwei zentrale Fragen. Wie kann die Beschäftigungsfähigkeit nachhaltig verbessert werden?

> Nachhaltige Beschäftigungsfähigkeit definieren wir als eine Eigenschaft von Personen, dauerhaft und über sich wandelnde berufliche oder private Anforderungen und Widrigkeiten hinweg in einem gewählten Berufs- oder Tätigkeitsfeld verbleiben zu können (Becke et al. 2013, S. 8).

Die zweite Frage lautet, wie gelingt es, den erforderlichen Nachwuchs an Pflegekräften zu bekommen, welcher infolge der demografischen Veränderungen benötigt wird, um eine adäquate pflegerische Versorgung und Therapie zu ermöglichen?

Die bisher kommunizierten Handlungsstrategien, bezogen auf den Fachkräftemangel, sind z. B. die stärkere Einbindung von älteren Mitarbeitern. Durch die Anhebung des Rentenalters besteht hier die Hoffnung, mehr ältere Fachkräfte in der Pflege zu halten. Allerdings steht der frühzeitige Ausstieg aus dem Beruf dagegen. Aktuell sind massive Maßnahmen zur Abwerbung zwischen den Gesundheitsorganisationen zu beobachten. Auch der Einsatz von mehr Hilfspersonal und Aufgabenverschiebungen mit Delegation sind beobachtbare Strategien in den Einrichtungen, um dem Fachkräftemangel in der Pflege zu kompensieren. Das vermehrte Zurückgreifen auf Leiharbeit ist eine weitere praktizierte Personalpolitik von Einrichtungen, um den Fachkräftemangel auszugleichen. Mit Leiharbeitern die aktuellen Fachkräfte aufzustocken, stößt ebenfalls an massive Grenzen und es ist bekannt, dass der Einsatz von Leiharbeitern mit Qualitätseinbußen einhergeht. Die zunehmende Rekrutierung von Pflegefachkräften aus EU-Ländern ist eine weitere Vorgehensweise, um den aktuellen Fachkräftebedarf zu decken. Herausforderungen sind hier die Sprachbarrieren und das unterschiedliche Verständnis von Pflege (Nanninga 2014). Die Akquise von Pflegefachkräften erfordert hohe Sorgfalt und Investition. Auch können aus ethischen Gesichtspunkten keine Pflegefachkräfte aus EU-Ländern rekrutiert werden, welche selbst eine Pflegefachmangel beklagen (Horst und Walter 2016; Lopreite und Mauro 2017). In der Literatur werden unterschiedliche Handlungsstrategien zur Förderung der Beschäftigungsfähigkeit und/oder Attraktivität der Pflegeberufe vorgestellt, diese sind z. B. (Betting und Göppert 2015; Gottwald 2011; Nanninga 2014):

• Optimierung der Arbeitsprozesse, Schaffung von Freiräumen, sich auf die originäre Pflegearbeit zu fokussieren. Hierzu gehören z. b. sinnvolle und effiziente KIS-Systeme, welche unnötige Doppeldokumentation eliminieren und zahlreiche Kodierarbeiten automatisiert aus der Regeldokumentation abgreifen, einen sektorenübergreifenden Datenaustausch bereits erhobener Informationen ermöglichen oder der gezielte Einsatz von Unterstützungskräften wie Hol- und Bringedienste. Auch eine Neustrukturierung der interdisziplinären Zusammenarbeit sind denkbare Ansätze.
• Reduktion arbeitsbedingter Belastungsfaktoren, wie z. B. Arbeitsverdichtung, Überforderung, Zeitdruck, Mobbing, Reibungsverluste in der Zusammenarbeit der Teams, fehlende Entwicklungsmöglichkeiten usw.
• Implementierung innovativer Arbeitszeitmodelle, um Familie und Beruf besser vereinen zu können, aber auch, um Arbeitsspitzen zu reduzieren.
• Gezieltes und umfassendes Pflegepersonalmanagement mit Maßnahmen zur Personalentwicklung, Fort- und Weiterbildung und Aufstiegsmöglichkeiten.
• Betriebliche Gesundheitsförderung und Wiedereingliederungsmaßnahmen, Maßnahmen zur Erhöhung der Resilienzfähigkeit von Pflegefachkräften (Daly und Jackson 2014).
• Berücksichtigung individueller Besonderheiten der Arbeitnehmer in der Organisation und Schaffung einer entsprechenden Unternehmenskultur.
• Verbesserung des Images der Pflegeberufe sowohl intern (also bei den Pflegenden selbst) als auch extern (also bei den Schulabgängern und in der Gesellschaft). Verschiedene Maßnahmen sind hier denkbar, wie z. B. Präsenz bei der Berufsvorstellung an den Schulen, positive Darstellung des Pflegeberufes in den Medien. Eine deutlich größere Herausforderung ist es, das Image bei den Pflegeberufen selbst zu verbessern, hierzu gehören Maßnahmen der deutlichen Verbesserung der Arbeitsbelastung und Förderung des Ansehens der Pflegeberufe in der Gesellschaft.
• Entwicklung von Alternativkarrieren, wie z. B. Case Management, Überleitungsmanagement, PKMS-Beauftragte, ANP.
• Verbesserung der Verdienstmöglichkeiten der Pflegenden.

Neben denen von einigen Autoren vorgeschlagenen Maßnahmen zur Förderung der Beschäftigungsfähigkeit und Steigerung der Attraktivität des Pflegeberufes werden weitere Maßnahmen diskutiert, um Versorgungslücken durch fehlende Pflegefachkräfte in 2030 zu dämpfen. Hier werden z. B. folgende Maßnahmen aufgeführt (Wöhler und Ehrentraut 2012):

• Förderung der Beschäftigungschancen für kostengünstige Pflegehilfskräfte durch die Verbesserung der Arbeitsmarktbedingungen zur Rekrutierung der Hilfskraft. Vorgeschlagen wird z. B. ALG-II-Bezieher entsprechend umzuschulen.

- Zuwanderung und Fachkräfteakquise im Ausland.
- Erhöhen der Wochenarbeitszeit von Teilzeitbeschäftigten und Steigerung des Arbeitsvolumens, somit Abbau von Minijobs.
- Nachfragedämpfung durch späteren Eintritt von Pflegebedürftigkeit durch Gesundheitsförderung und Prävention.

Unterrepräsentiert sind in der Debatte um Beschäftigungsfähigkeit und Attraktivität des Pflegeberufes weitere zentrale Kernaspekte. Diese werden nachfolgenden vorgestellt.

3.1.1 Sicherstellung einer nachhaltigen und bedarfsgerechten Pflegepersonalbesetzung

Eine nachhaltige Beschäftigungsfähigkeit der Pflegeberufe und Steigerung der Attraktivität der Pflegeberufe ist nur zu erreichen, wenn sich die Arbeitsbedingungen massiv verbessern. Die adäquate Pflegepersonalbesetzung ist hierbei ein ausschlaggebender Punkt. Es gibt ausreichend Belege dafür, dass die physischen, quantitativen und emotionalen Anforderungen an Pflegepersonen sehr hoch sind und die Bewältigung dieser Anforderungen durch das hohe Arbeitsaufkommen, das notwendige Arbeitstempo, der kontinuierlich vorherrschende Zeitmangel und die ethischen Konflikte im Kontext von Rationierungsentscheidungen negative Auswirkungen auf den Gesundheitszustand als auch die Arbeitsmotivation der Pflegepersonen haben (Kromark und Ostendorf 2011). Beschäftigungsfähigkeit wird nicht alleine durch die Pflegeperson bestimmt, einen großen Anteil des Einflusses haben tätigkeitsbezogene, organisationale, gesellschaftliche und politischrechtliche Entscheidungen in unserem Gesundheitssystem. Die Arbeitsbedingungen, die Führungs-/Unternehmenskultur, die Anerkennung innerhalb und außerhalb der Organisation, die persönlich erlebte Zufriedenheit des Arbeitnehmers mit seiner Tätigkeit (Becke et al. 2013; Geldermann 2011), die wahrgenommene Sinnhaftigkeit, Anerkennung der Arbeit sowie die Zusammenarbeit mit den Kollegen im interdisziplinären Team sind entscheidende Einflussgrößen auf die Beschäftigungsfähigkeit und Attraktivität des Pflegeberufes. Zahlreiche der aufgeführten Aspekte können Führungskräfte in den Gesundheitsorganisationen (Krankenhaus, ambulanter Pflegedienst, stationäre Altenpflegeeinrichtung) verbessern. Einen breiten Überblick über Maßnahmen in der ambulanten Pflege wurden z. B. in einem Projekt *Nachhaltige Beschäftigungsfähigkeit in der ambulanten Pflege* erarbeitet und veröffentlicht (Bleses et al. 2015). Themenfelder, wie die Verbesserung der Arbeitsorganisation, Förderung der Gesundheit der Mitarbeiter, Aufbau von Qualifikation und Kompetenzen in der Organisation und das Nutzen von Kooperationen und Netzwerken werden in den 6 erarbeiteten Leitfäden gezielt aufgegriffen und weiter operationalisiert. Die Handlungsstrategien decken sich auch mit denen anderer Autoren (Geldermann 2011; Klusen und Meusch 2009). Den Möglichkeiten der Einrichtungen sind allerdings Grenzen gesetzt. Die Finanzierung der Gesundheitsleistungen und der Pflege sind weitestgehend vorgegeben, in vielen Gesundheitseinrichtungen wird es zunehmend schwer, kostendeckend zu arbeiten. Es besteht eine Art Teufelskreis – der Kostendruck zwingt zum Abbau von Personal und/oder zu immer stärkerer Arbeitsverdichtung – beides führt zur weiteren Verschärfung der Arbeitsbedingungen (Becke et al. 2013). Dieser Teufelskreis ist nur zu durchbrechen, wenn die Finanzierung der Pflege neu überdacht wird. Zaghafte Überlegungen in diese Richtung haben, z. B. im Krankenhausbereich, durch die bessere Abbildung der pflegerischen Leistungen im G-DRG-System begonnen. Auch die politischen Überlegungen zur Festlegung einer „Pflegepersonalmindestbesetzung" zeigen, dass die Handlungsnotwendigkeit bei der Politik angekommen ist. Allerdings ist an den aktuellen Überlegungen der Umsetzung zur Pflegepersonalmindestbesetzung massiv Kritik zu äußern (Balling 2017).

Grundsätzlich ist festzuhalten, dass eine Pflegeperson-zu-Patient-Verhältniszahl als Mindestvorgabe dann den Zweck der Qualitätssicherung und Verbesserung der Beschäftigungsfähigkeit und Arbeitszufriedenheit erfüllen kann (Geraedts 2017; Simon und Mehmecke 2017), wenn es gelingt, die Verhältniszahlen am tatsächlichen Pflegebedarf der Patienten/Bewohner, welche versorgt werden, auszurichten. Von verschiedenen Experten wird der Bedarf an pflegepersonellen Ressourcen unterschiedlich beziffert. Vor dem Hintergrund keiner nutzbaren Datenbasis über die Bedürfnisse der zu Pflegenden, dem davon abzuleitenden Pflegebedarf sowie dem fehlenden Konsens über ein anzustrebendes pflegerisches Qualitätsniveau (z. B. die Perspektive der Nachhaltigkeit in der Pflege), ist es schwierig, über einen adäquaten Pflegepersonalschlüssel zu diskutieren. Zudem ist die Frage zu stellen, ob die bisher bekannten quantitativen wie auch qualitativen Versorgungsmängel behoben werden sollen. Dieses würde ebenfalls Auswirkungen auf die erforderliche Pflegeperson-zu-Patienten-Verhältniszahl nach sich ziehen. Künftig sind adäquate Verfahren anzuwenden, welche eine bedarfsgerechte Pflegepersonalbemessung sicherstellen können. Aus der Perspektive der Nachhaltigkeit ist es besonders wichtig, dass es gelingt, diesen Mehrbedarf zur Umsetzung einer nachhaltigen pflegerischen Versorgung, wie im Fallbeispiel exemplarisch aufgezeigt, sicherzustellen. Um eine nachhaltige pflegerische Versorgung sicherzustellen, wird evidenzbasiertes Wissen in der Pflege am „point of care" und pflegerische (Versorgungs-)forschung benötigt. Denn ohne eine Abkehr einer aktuell überwiegend vorherrschenden „Satt-Sauber-Versorgung" hin zur Umsetzung einer aktivierenden, therapeutischen und an pflegerischen evidenzbasierten Pflege kann eine reine Verbesserung der Pflegeperson-zu-Patienten-Verhältniszahl nicht wirkungsvoll die Beschäftigungs- und Arbeitsfähigkeit verbessern.

3.1.2 Nachhaltigkeit in der pflegerischen Wissensorganisation

Wissensmanagement, ein Instrument der Nachhaltigkeit (Hardtke und Prehn 2012) als auch Motor für Innovationen. Auch im Bereich der Pflege gibt es aus unterschiedlichen Perspektiven Fragen zum Wissensmanagement in Gesundheitsorganisationen. Ist das Wissen, welches wir am „point of care" für eine adäquate pflegerische Entscheidungsfindung benötigen, verfügbar? Kennen wir unseren Wissensbedarf und können wir diesen decken? Sind unsere aktuellen Handlungsstrategien in der Pflege nachhaltig und evidenzbasiert? Welches Wissen benötigen wir in Zukunft, um eine adäquate pflegerische Gesundheitsfürsorge und -versorgung sicherstellen zu können? Wie generieren wir in der Pflege neues Wissen und wie wird dieses in den Gesundheitsorganisationen verortet?

Bezogen auf das Wissensmanagement in Gesundheitsorganisationen wie Krankenhaus, Altenpflegeeinrichtung sowie ambulanter Pflegedienst sind unterschiedliche Strategien implementiert. Das bezieht sich u. a auf Fortbildungsangebote, innerbetriebliche Fortbildung, Weiterbildungsangebote, Einarbeitungsstrategien, Personalentwicklungsangebote usw.

> Obwohl die Notwendigkeit von Personalentwicklung kaum bestritten wird, bleibt eine als Führungsansatz verstandene zielgerichtete Personalentwicklung im Krankenhaus eher die Ausnahme (Tewes und Stockinger 2014, S. 5).

Ein systematischer Wissens- und Kompetenzaufbau im Bereich der Pflege ist Grundlage einer evidenzbasierten Pflege und Basis für eine pflegerische Qualitätsentwicklung in der Organisation. Zudem können Maßnahmen zum Wissens- und Kompetenzaufbau dazu beitragen, die Beschäftigungsfähigkeit und Arbeitszufriedenheit sowie die Entfaltung neuen Innovationspotenzials zu fördern. Dieses belegen einige Praxisbeispiele aus dem In- und Ausland (Tewes und Stockinger 2014). Nachfolgend einige Überlegungen zur Förderung des Wissens in der Pflege sowie der Umsetzung einer evidenzbasierten Pflege in der Fläche. Von den vielfältigen Möglichkeiten des Wissensmanagements in der Pflege werden exemplarisch einige Aspekte herausgegriffen, welche vor dem Hintergrund der Nachhaltigkeit bedeutend sein können.

Exzellent ausgebildetes Pflegepersonal am Bett

Verglichen mit benachbarten Ländern, z. B. der Schweiz, gibt es in der innerdeutschen Versorgungslandschaft sowohl mit Bezug auf Kliniken wie auch auf (teil)stationäre Altenpflegeeinrichtungen nur sehr wenige fachlich weitergebildete Pflegefachexperten, wie z. B. Diabetesfachpflegepersonen, Wundversorgungsexperten, Breast Care Nurses, Dysphagieexperten, Expertin für Kontinenzförderung und ähnliche Spezialisierungen (Buchstor et al. 2014). Der Leitgedanke „Eliten am Bett" hat das Ziel, Kompetenzaufbau in der Fläche zu ermöglichen und eine evidenzbasierte Pflege auf Abteilungsebene zu sichern. Die Mitarbeiter sollten einen Masterabschluss haben und sind beauftragt, Pflegekonzepte entsprechend der jeweiligen Fragestellungen ihrer Fachstation zu finden, auf Evidenz zu prüfen und die Umsetzung in der Praxis zu begleiten. Die quasi aktuell überwiegend nicht existenten Möglichkeiten für die Mitarbeiter des Pflegedienstes, sich während der Arbeitszeit mit pflegefachlichen und alltagsrelevanten Themenstellungen wissenschaftlich auseinanderzusetzen, erschweren das Entstehen eines Pools an erforderlichen Wissen. Die Kluft zwischen Theorie und Praxis wird zunehmend größer, da es kaum gelingt, pflegerische evidenzbasierte Versorgungskonzepte, wie z. B. Maßnahmen zur Kontinenzförderung, in der Pflegepraxis zu verorten. Zudem fehlt in deutschen Kliniken der Anreiz für die Pflegepersonen, sich entsprechend weiterzubilden, da für höhere Qualifikationsniveaus keine verbindlich umschriebenen Vergütungsstufen existieren. Der Leitgedanke „Eliten am Bett" findet sich bereits in verschiedenen Karrieremodellen der Schweiz oder in Magnetkliniken wieder (Mächler 2014) und kann verschiedene Formen der Ausgestaltung annehmen. Auch die Überlegungen zu den Pflegeexperten, z. B. Advanced Practice

Nurse, bieten hier konkrete Anregungen für mögliche neue Wege der Ausgestaltung pflegerischer Arbeit (Deutscher Berufsverband für Pflegeberufe e. V. 2013).

Die Schaffung von Rahmenbedingungen, damit Pflegende mit einem Bachelor oder Masterabschluss ihr Wissen auf Station anwenden und weiterentwickeln können, sind zu fördern (Deutscher Bundestag 2016). Würden pro Facheinheit Pflegende mit einem Studium zu einem gewissen Stellenanteil beauftragt werden, die aktuelle Studienlage zum eigenen Fachbereich oder einer aktuellen Fragestellung im pflegerischen Team zu sichten und die Konzepte in die Pflegepraxis zu übertragen und zu evaluieren, ließe sich evidenzbasiertes Wissen auf der Station mehren. Ziel ist es dabei, langfristig eine evidenzbasierte Pflege zu fördern und Strukturen zu schaffen, welche für Abgänger aus pflegerischen Studiengängen berufliche Optionen eröffnen, weiterhin am „point of care", d. h. in der direkten pflegerischen Versorgungspraxis tätig zu sein. Ebenso könnten hier wertvolle Forschungsarbeiten zur Weiterentwicklung der pflegerischen Versorgungskonzepte erstellt werden. Fallkonferenzen und Pflegevisiten sind zwingend zu realisierende Arbeitsmethoden, um bei komplexen Fallsituationen eine evidenzbasierte Leistung zu verwirklichen.

Zur Schaffung der beschriebenen Rahmenbedingungen sind alle Akteure im Gesundheitswesen aufgefordert, Lösungen zur Finanzierbarkeit zu erarbeiten. Wie an dem Fallbeispiel dargestellt, ist zu erwarten, dass sich ein Teil der Kosten für diese Restrukturierung refinanzieren wird. Positive Auswirkungen auf Komplikationsraten, Antibiotikaeinsatz, Krankenhausinfektionen, Verweildauern, Krankheitstage bei den Mitarbeitern usw. sind erwartbar.

Standardisierte Pflegeterminologie zur Pflegeprozessdokumentation

Angesichts der knapper werdenden Ressourcen im Gesundheitswesen wird zunehmend über Verteilungsgerechtigkeit und die ethisch-moralischen Dimensionen von Rationierung und Rationalisierung nachgedacht und diskutiert (Schreiner 2000; Schultheiss 2001). In diesem Zusammenhang wird die „Qualitätsbeurteilung medizinischer und pflegerischer Maßnahmen" bezüglich des Outcomes der erbrachten Leistungen gefordert (Bahro et al. 2001, S. 49). Eine Grundvoraussetzung zur Realisierung der offenen Rationierungs- und Rationalisierungsdebatte (Schultheiss 2001) ist die Transparenz von Gesundheitsleistungen, die erbracht werden bzw. erbracht werden sollten. Mit dem Einsatz einer standardisierten Pflegefachsprache/eines pflegerischen Klassifikationssystems besteht die Möglichkeit, Transparenz über die pflegerische Versorgung in den verschiedenen Einrichtungen zu erhalten. Damit ist es denkbar, diese Informationen sinnvoll für eine fruchtbare Rationierungs- und Rationalisierungsdebatte zu nutzen, an denen sich die Profession Pflege aktiv beteiligen kann. Pflege bleibt derzeit im Gesundheitswesen noch weitestgehend unsichtbar und hat kaum Möglichkeiten, auf gesundheits- und sozialpolitische Entscheidungen Einfluss zu nehmen (Friesacher 2001; Kollak und Kim 1999; McCloskey und Bulechek 2000). Zudem stehen die dokumentierten Informationen im Rahmen der Pflegeprozessdokumentation für die Outcome-Forschung und den gezielten Aufbau von Wissen zur Verfügung. Aus der Perspektive eines Nachhaltigkeitsdiskurses ergeben sich mehrere

interessante Aspekte durch den Einsatz von standardisierter Terminologie zur Pflegeprozessdokumentation. Diese sind:

- Gewinnung von Informationen über Pflegebedürfnis, -bedarf und dem tatsächlichen
  Leistungsgeschehen der Pflege, zentrale Grundlagen für eine adäquate Pflegepersonal-
  bemessungsdiskussion (Wieteck und Kraus 2016).
- Datengrundlagen für Pflegeforschung und Outcomebewertung (Stemmer 2003).
- Wirkungsvolle Möglichkeit des Abbaus von Bürokratie, denn einmal erhobene „lang-
  lebige" Anamnesedaten, Pflegeprozessdaten können immer wieder genutzt werden und
  stehen sektorenübergreifend zur Verfügung.
- Versorgungsbrüche und Informationsverluste lassen sich reduzieren.
- Die Daten aus der Regeldokumentation mit Pflegeklassifikationen, z. B. Pflegediagnosen und Pflegemaßnahmen können im Kontext der Vergütung verwendet werden und
  bieten sich als Verordnungsgrundlage von z. B. Heilhilfsmitteln an.

Stärkere Förderung der Versorgungsforschung
Ziel der Pflegepraxis als auch der Pflegeforschung ist die Sicherstellung einer bestmöglichen Pflege und Versorgung des Pflegeempfängers. Daher sollte klinisch relevantes Denken selbstverständlich sein und die kontinuierliche Suche nach Antworten auf die Fragen des Nutzens von pflegerisch induzierten Pflegemaßnahmen wären aus ethischer und
berufspolitischer Sicht vorausgesetzt (Meyer und Köpke 2009). Eine stärkere Etablierung von Pflegeforschung ist erforderlich. Hierzu könnten z. B. Gesundheitseinrichtungen
verpflichtet werden, sich an Versorgungsforschungen zu beteiligen. Die Etablierung einer zentralen Stelle, welche evidenzbasiertes Wissen bündelt und Forschungsanliegen
steuert, wäre hilfreich, um schneller an evidenzbasierte Aussagen zu Fragestellungen zu
gelangen. Die Verfügbarkeit von Daten zur Forschung und Evaluation des Pflege- und
Versorgungsprozesses ist zu optimieren. Hierzu gehören z. B. die Erweiterung der Datensätze des Bundesamtes für Statistik, um pflegerelevante Elemente, wie z. B. fachabteilungsbezogene und organisationsbezogene Pflegeperson-zu-Patient/Bewohner Relatio-
nen, Krankheits- und Fluktuationsraten der Pflegepersonen, Qualifizierungsniveaus und
zentrale Kenngrößen aus der Pflegediagnostik. Erweiterte Datensätze sind für fundierte
Prognoseaussagen über den sich verändernden Pflegebedarf oder die tatsächliche Arbeitsbelastung der Pflegenden bedeutend. Die stärkere Forschungstätigkeit im Bereich der
Pflege, verbunden mit der Erhöhung der Transparenz über den wertschöpfenden Beitrag
zu den Nachhaltigkeitsdimensionen Autonomie, Selbstbestimmtheit, Lebensqualität und
Wohlbefinden bergen innovatives Potenzial und können dazu beitragen, die Berufsrolle zu
verändern und die Attraktivität der Pflegeberufe zu steigern.

3.1.3 Neuausrichtung pflegerischen Handelns

Es ist davon auszugehen, dass eine reine Verbesserung der Verhältniszahl Pflegeperson-
zu-Patient ohne eine inhaltliche Neuausrichtung pflegerischen Handeln fokussiert auf die
Leitgedanken sozialer Nachhaltigkeit nur bedingt zu einer Steigerung der Arbeitszufrie-

denheit und Attraktivität des Pflegeberufes führen könnte. Auch Qualitätsverbesserungen müssen sich nicht automatisch einstellen (Geraedts 2017). Zu den zentralen Kernpunkten einer „Neuausrichtung pflegerischen Handelns" aus der Nachhaltigkeitsperspektive kristallisieren sich zwei Überlegungen heraus. Diese sind:

- Die Etablierung des pflegediagnostischen Prozesses und die Umsetzung einer evidenzbasierten Pflege.
- Erweiterung der Kompetenzbereiche des pflegerischen eigenverantwortlichen Handlungsbereiches.

Etablierung des pflegediagnostischen Prozesses und einer evidenzbasierten Pflege
In deutschen Kliniken wird überwiegend keine systematische Pflegediagnostik bei vulnerablen Patientengruppen realisiert. Auch in der Altenpflege ist der systematische pflegediagnostische Prozess überwiegend nicht verortet und wird durch die Einführung des Entbürokratisierungsmodells weiter zurückgedrängt – in einen unsichtbaren Bereich. Die Entscheidungsfindung der Pflege basiert überwiegend auf einem einfachen Handlungsmodell mit den Folgen der Unsichtbarkeit, Diskontinuität und Fragmentierung pflegerischen Handelns. Pflegende agieren zumeist mit Fokus auf aktuelle Situationen, wie z. B. einen Patientenruf oder ärztliche Anordnungen. In der Altenpflege durch geäußerte Wünsche des Betroffenen oder wahrgenommene aktuelle Bewohnerzustände. Oftmals ist pflegerisches Handeln auch nur wenig durch auf die Einzelperson zugeschnittene Standard- bzw. Routineversorgungen, etwa in den Bereichen der Durchführung der Körperpflege, der Realisierung von Nahrungsangeboten, der Unterstützung bei der Ausscheidung oder Maßnahmen zur Mobilisierung, geleitet. Dabei bestimmt die einzelne Pflegeperson – oft lediglich mündlich im Rahmen der Schichtübergabe informiert –, was in welcher Form und zu welchem Zeitpunkt bei einem Pflegeempfänger durchgeführt wird oder werden soll. Eine systematische pflegerische Anamnese mit einer pflegediagnostischen Beurteilung der individuellen Situation sowie eine Ableitung angemessener, evidenz- oder zumindest bestpractice-basierter Pflegemaßnahmen im gemeinsamen Aushandlungsprozess mit der betroffenen Person findet meist nur in Ausnahmefällen statt. Der Fokus der pflegerischen Versorgung ist kaum auf Edukation, systematische Risikoeinschätzung sowie eine Förderung der Selbstständigkeit durch eine aktivierende, anleitende, therapeutische Pflege ausgerichtet. Die zentralen Kernelemente einer nachhaltigen Pflege bleiben wenig berücksichtigt. In Abb. 1 wird der Unterschied des einfachen und reduzierten Handlungsmodells, welches derzeit überwiegend in der deutschen Krankenhauspflege und Altenpflege Anwendung findet, gegenüber dem am Pflegeprozess orientierten Handlungsmodell dargestellt.

Schnell wird deutlich, dass Pflegediagnosen die Grundlage sowohl des Pflegeprozesses als auch jeder qualifizierten Handlung von Pflegepersonen im Versorgungsprozess sein sollten.

Pflegediagnosen stellen das Ergebnis eines Beurteilungsprozesses dar und sind Ausgangspunkt für eine möglichst evidenzbasierte, zumindest jedoch best-practice-basierte

Entscheidungsfindungsprozess der Pflege

Einfaches Handlungsmodell	„reduziertes Prozessmodell"	Pflegeprozessmodell
Beobachten = Feststellen eines bedeutsamen Unterschiedes und Bezeichnung des Unterschiedes	**Beobachten** = Feststellen eines bedeutsamen Unterschiedes und Bezeichnung des Unterschiedes	**Beobachten** = Feststellen eines bedeutsamen Unterschiedes und Bezeichnung des Unterschiedes
	Anamnese/Assessment = Systematisches feststellen des Unterschiedes von IST-SOLL Abweichung und Analyse von Ursachen/ Einflussfaktoren	**Anamnese/Assessment** = Systematisches feststellen des Unterschiedes von IST-SOLL Abweichung und Analyse von Ursachen/Einflussfaktoren
		Pflegediagnose = Systematische Bewertung aller Informationen und Bezeichnung der Abweichung unter Einbezug des Betroffenen
		Zielvereinbarung = Aushandeln/festlegen des erreichbaren Sollzustandes
	Im Kopf der jeweiligen Pflegeperson	
	Maßnahmenplanung = Handlung zur Aufhebung/Stabilisierung der IST-Soll- Abweichung und Ursachen	**Maßnahmenplanung** = Handlung zur Aufhebung/Stabilisierung der IST-Soll-Abweichung und Ursachen
Intervenieren = Handlung zur Aufhebung/ Stabilisierung des bedeutsamen Unterschieds	**Intervenieren** = Entsprechend der Maßnahmenplanung	**Intervenieren** = Entsprechend der Maßnahmenplanung
Beobachten = Feststellen der Veränderung des Unterschiedes nach der Intervention	**Beobachten/Evaluieren** = Feststellen der Veränderung des IST-Zustandes nach der Maßnahmen und Beurteilung der Wirksamkeit	**Beobachten/Evaluieren** = Feststellen der Veränderung des IST-Zustandes nach der Maßnahmen und Beurteilung der Wirksamkeit

Quelle: In Anlehnung an Schrems 2006, eigene Darstellung

Abb. 1 Reduziertes Handlungsmodell versus Pflegeprozessmodell. (Quelle: eigene Darstellung in Anlehnung an Schrems 2006, S. 49)

Entscheidung über eine oder mehrere geeignete Pflegemaßnahme(n). Folglich sind Pflegediagnosen auch ein zentraler Bestandteil des Pflegeprozesses und sollten Kernkompetenz
einer jeden professionell pflegenden Person sein.

Vor dem Hintergrund der fehlenden Anwendung des pflegediagnostischen Prozesses in
deutschen Kliniken bzw. Altenpflegeeinrichtungen sind die zahlreichen Versorgungs- und
Qualitätsdefizite nachvollziehbar. Häufig zu beobachten ist, dass Informationen nicht systematisch ausgewertet und im Kontext pflegerischer Handlungsmöglichkeiten bewertet
werden. Notwendige Maßnahmenänderungen werden lediglich zeitversetzt realisiert oder
komplett unterlassen. Mit der fehlenden Umsetzung des pflegediagnostischen Prozesses
einher geht die Nichtwahrnehmung pflegerelevanter Problemstellungen sowie die Redu-
zierung von pflegerischen Handlungsangeboten auf eine „Satt-und-sauber-Versorgung",
ohne pflegetherapeutische Maßnahmenangebote zur Förderung des Anpassungs- und Ge-
sundungsprozesses der Pflegeempfänger zu unterstützen oder Risiken im Vorfeld ihres
Eintretens zu erkennen und prophylaktische Maßnahmen zu ergreifen. Krohwinkel (1993)
spricht hier von „Unsichtbarkeit", gleichbedeutend damit, dass Pflegebedürfnisse bzw.
pflegerelevante Probleme, aber auch Fähigkeiten und Ressourcen der Betroffenen, nicht
oder nur oberflächlich erkannt werden. Die vorgestellte Fallanalyse steht exemplarisch für
die aktuellen Praxisprobleme. Zusammenfassend ist festzuhalten, dass eine Neuausrichtung pflegerischen Handelns zwingend ist, um eine evidenzbasierte Pflege zu realisieren,
Patientenedukation und gesundheitsfördernde Maßnahmen zu etablieren sowie die Professionalisierung der Pflege zu fördern und neue Versorgungskonzepte zur Bewältigung
künftiger Herausforderung zu entwickeln. Die systematische Etablierung des pflegediagnostischen Prozesses ist eine zentrale Forderung im Rahmen einer Neuorientierung pflegerischen Handelns.

Erweiterung der bisher zugeschriebenen Kompetenzbereiche

Ambulante Dienste werden immer mehr zu einem Logistikdienstleister, welche eine
Rund-um-die-Uhr-Versorgung mit pflegerischen, medizinischen, logo-, ergo-, physio-
therapeutischen, hauswirtschaftlichen, freizeitorientierten Leistungen koordiniert, um ein
selbstbestimmtes Leben in den eigenen vier Wänden zu gewährleisten (Alscher et al. 2013,
vgl. S. 22). Zur optimierten und effizienten Organisation im Sinne des Casemanagements,
ist eine Verordnungskompetenz für Verbandsmittel, Pflegehilfsmittel, Heilhilfsmittel als
auch alternativen heilkundlichen Maßnahmen zur Prävention und Prophylaxe oder Förderung von Wohlbefinden zu etablieren (Deutscher Berufsverband für Pflegeberufe e. V.
2013). Hierzu müsste die „Richtlinie über die Festlegung ärztlicher Tätigkeiten zur Übertragung auf Berufsangehörige der Alten- und Krankenpflege zur selbständigen Ausübung
von Heilkunde im Rahmen von Modellvorhaben" erweitert werden.

Dies würde nicht nur eine enorme Aufwertung aus gesellschaftspolitischer Perspektive
für die Pflegeberufe bedeuten, ebenso ist ein enormes Potenzial hinsichtlich der Prozessoptimierung im Bereich der Versorgung mit Heil-/Hilfsmitteln zu erwarten.

3.2 Zukunftsfähige pflegerische Versorgungsqualität

In vielen Bereichen wird eine evidenzbasierte individuelle am Bedürfnis des Pflegeempfängers orientierte pflegerische Versorgung nicht gewährleistet (Isfort et al. 2010, 2011, 2012, 2014; Isfort und Weidner 2007). Immer knapper werdende Ressourcen verlangen einen wirtschaftlichen und ressourcenschonenden Umgang mit den verfügbaren Mitteln. Dabei sollte das Ziel verfolgt werden, bestmögliche Ergebnisse mit minimalem Aufwand zu erreichen. Davon abweichendes Verhalten könnte als verschwenderisch und unwirtschaftlich tituliert werden. Für diese Zielerreichung bedarf es auch in der Pflege eines reflektierten Vorgehens, orientiert an einer evidenzbasierten Pflege, verbunden mit einem bewussten Entscheidungsfindungsprozess zur Abwägung interner und externer Evidenz des Leistungsangebotes. Derzeit scheint die Anwendung evidenzbasierter Pflege noch nicht in dem Maße, wie in der Medizin zu erfolgen und ist gesundheitspolitisch zu fordern (Müller 2009). In den vorangestellten Abschnitten wurden bereits zahlreiche Ansätze vorgestellt, um eine zukunftsfähige pflegerische Versorgungsqualität sicher zu stellen. Hier ist auch die Politik gefordert, um bestimmte Vorgaben oder Anreize im Gesundheitssystem zu setzen. Eine Verpflichtung zur Pflegediagnostik und der nachweislichen Umsetzung einer evidenzbasierten Pflege oder die bundeseinheitliche Etablierung von sektorenübergreifenden pflegerischen Qualitätsindikatoren der Pflege wären ergänzend hinzuzufügen. Es existieren kaum pflegesensitive Qualitätsindikatoren über die pflegerische Versorgung. Wenn die Berufsgruppe auf Versorgungsdefizite in den Einrichtungen hinweist, werden diese selten gehört (Schwarz 2013). Dabei bedürfen gerade vulnerable Patienten- bzw. Bewohnergruppen einer besonderen Aufmerksamkeit.

Eine systematische Datensammlung und Interpretation dieser im Sinne des pflegediagnostischen Prozesses ist Voraussetzung um eine adäquate, evidenzbasierte pflegerische Maßnahmenauswahl treffen und einleiten zu können (Brocklehurst und Laurenson 2008; Cousley et al. 2014). Der Begriff Vulnerabilität bezeichnet Bevölkerungsgruppen, welche besonders verletzlich, empfänglich oder disponiert für eine höhere Wahrscheinlichkeit der Entstehung von ungünstigen Verlaufsformen gesundheitlicher Einschränkungen und Risiken sind. Diese Personenkreise sind gekennzeichnet durch sozioökonomischen Benachteiligungen, Armut, einschneidende Lebensereignisse mit der Folge einer dauerhaften (Gesundheits-)einschränkung, Behinderungen, Einsamkeit im Alter und ggf. auch Migrationshintergründen. Durch das Zusammentreffen mehrerer Faktoren, z. B. chronische Krankheit, Multimorbidität, dauerhafte Funktionseinschränkungen und altersbedingte Einbußen, entstehen fragile Gesundheitssituationen. Die Ressourcen für eine selbstständige Lebensführung werden durch eine „erhöhte Vulnerabilität, sowohl als Ursache als auch als Folge von gesundheitlicher Fragilität, Krankheit und Pflegeabhängigkeit", (Alscher et al. 2013, S. 24) psychische Erkrankungen und gerontopsychiatrische Störungsbilder, wie z. B. Demenz und Depression, vermindert. Zudem sind diese Patientengruppen mit ihren sehr spezifischen und komplexen pflegerischen Bedürfnislagen und dem speziellen Pflegebedarf hoch komplex. Zur systematischen Analyse und Beurteilung dieser komplexen fragilen Gesundheitssituation bedarf es der Anwendung von spezifischen Assessments, eine systematische Beurteilung aller im interdisziplinären Team ermittelten Informationen, um zu einem sinnvollen pflegerischen Urteil in Form einer Pflegediagnose zu gelangen. Erst danach können evidenzbasierte Pflegemaßnahmen in Erwägung gezogen werden. Nach einer Abwägungsphase mit dem Pflegeempfänger kann entsprechend der internen als auch externen Evidenz ein individueller pflegerischer Maßnahmenplan eingeleitet werden, welcher die fragile Gesundheitssituation des Betroffen angemessen berücksichtigt. „Vulnerabilität zeigt sich bei unterschiedlichen Bevölkerungsgruppen über alle Altersstufen hinweg" (Alscher et al. 2013, S. 24) und erfordert in Kliniken, in der ambulanten Pflege und stationären Altenhilfe eine besondere Achtsamkeit und individuelle Anpassung des pflegerischen Leistungsangebotes an die Bedürfnisse des Patienten, um Schaden vorzubeugen. Gerade eine auf Nachhaltigkeit ausgerichtete Pflege kann hier ein enormes Potenzial zur Vermeidung von dauerhafter Pflegeabhängigkeit eröffnen.

3.3 Zukunftsfähige Entscheider Gremien in der Gesundheitspolitik

Eine Politik der Nachhaltigkeit kann im Gesundheitswesen ebenso wie in anderen Wirtschaftsbereichen als eine Herausforderung begriffen werden, welche auf einer dimensionsübergreifenden Problemanalyse fußt. Die Integration der drei Dimensionen, ausgelegt auf eine langfristige und sektorenübergreifende Perspektive, stellt sicher, dass die traditionelle, partielle Optimierung von Teilbereichen in einem konkreten Erkenntniszusammenhang möglicherweise ökologische, ökonomische und soziale Zielsetzungen konterkariert.

> Dazu müssen die Wechselbeziehungen und Wechselwirkungen zwischen den drei Dimensionen und der Zielsetzung ermittelt, dargestellt und beachtet werden. So erscheint es wenig realistisch, einzelne Fachpolitiken nach den Erfordernissen ihres Teilgebietes zu behandeln und die Interdependenz aller gesellschaftlichen Erscheinungen auszublenden (Deutscher Bundestag 1998, S. 29).

Im Gesundheitssystem sind die identifizierten Herausforderungen und Problembereiche bei der Analyse der ökonomischen, ökologischen und sozialen Dimension nur unterschiedliche Blickwinkel auf denselben Wirklichkeitsbereich. Nachhaltigkeit ist eine regulative Idee analog zur Freiheit und Gerechtigkeit (Carnau 2011, vgl. S. 17).

> Begriffe wie soziale Gerechtigkeit, Für- und Vorsorge sind daher automatisch immer auch mit Nachhaltigkeit verbunden, um die Finanzierbarkeit des sozialen Sicherungssystems dauerhaft zu gewährleisten (Scherenberg 2012b, S. 3).

Erstaunlich ist daher, dass Pflege und Vertreter des Berufstandes der Pflege bei vielen Entscheidungen im deutschen Gesundheitswesen maximal beratenden Einfluss nehmen und bei der Abstimmung der Entscheidungen kein Stimmrecht haben. Innovative Überlegungen zur Transformation des Gesundheitswesens, wie z. B. „Programme eines integrierten Gesundheitsnetzwerkes", finden scheinbar auch im Ausland ohne Überlegungen aus der Pflege statt (Lee und Mongan 2007). Ein aktuelles Beispiel fehlender

Präsenz von Experten der Pflege in den Entscheider Gremien ist die Erarbeitung von Pflegepersonaluntergrenzen in „pflegesensitiven Bereichen". Mit der Entwicklung der Pflegepersonaluntergrenzen sowie der Definition von „pflegesensitiven Bereichen" wurden die Selbstverwaltungspartner beauftragt. Der Interessenskonflikt der Verhandlungspartner ist offensichtlich. Die Selbstverwaltungspartner, welche später die Kosten der möglichen Personalsteigerungen finanzieren müssen, können nicht frei entscheiden, was wirklich an pflegerischen Ressourcen gebraucht wird. Ziel sollte aus der Perspektive der Nachhaltigkeit eine evidenzbasierte Pflege mit dem bestmöglichen Outcome, bezogen auf die Gesundheit, Bewältigung, Wiedererlangung an Selbstständigkeit und Autonomie des Pflegeempfängers sowie einer sorgsamen Abwägung über den Ressourceneinsatz, sein. Die Gremien sind mit Personen besetzt, welche über das Leistungsgeschehen der Pflege und den aktuellen Stand einer evidenzbasierten pflegerischen Versorgung wenige Einblicke haben. Da die Pflegeverbände, Pflegewissenschaftler oder pflegerischen Fachverbände hier maximal als beratende Gremien eingebunden werden sollten, besteht keine symmetrische Kommunikationssituation, um einen adäquaten Pflegepersonalschlüssel auszuhandeln, der eine am aktuellen pflegewissenschaftlichen Kenntnisstand orientierte pflegerische Versorgung und Therapie zulässt. Zielkonflikte zwischen den Akteuren im Gesundheitswesen (wie Ärzten, Pflegepersonen und Therapeuten), den Gesundheitsdienstleistern als Institutionen (Krankenhaus, ambulanter Pflegedienst, stationäre Altenpflege), den Pflegekassen sowie dem betroffenen Patienten sind wie auch in anderen politischen Bereichen der Normalfall (Carnau 2011). Auch im internationalen Kontext wird die entscheidende Rolle der Pflegepersonen zur Förderung der Gesundheit und der Primärversorgung gesehen. Es wird die Forderung aufgestellt, die Schlüsselfunktion von Pflegeberufen anzuerkennen und eine aktive Teilnahme an der Gesundheitsreform zu ermöglichen (Bangert et al. 2017). Hierzu gehört z. B., dass alle Entscheider und Gremien im Gesundheitswesen auch mit entsprechenden Vertretern der Pflegeberufe besetzt sind. Die Vision, dass Vertreter der Pflegeberufe eine aktive Rolle in der Forschungspraxis, der Festlegung der pflegesensitiven Qualitätsindikatoren und Gesundheitsreformen gestalten, ist seit langem überfällig. „Pflege und Gesundheit neu denken" kann nicht mehr alleine im GKV-lastigen BMG zu Hause sein.

> Die Frage, was für uns Gesundheit in einem umfassenden Sinne politisch-strategisch bedeutet und wie wir sie fördern und praktisch entwickeln können, fehlt im Gesundheitsministerium, fehlt im Kabinett, fehlt im Grundsatzprogramm von Parteien und auch sonst im politischen Diskurs noch weitgehend (Bührlen et al. 2014, S. 4).

Ebenso fehlen die entscheidenden Fragestellungen zur Pflege, Gesundheitsförderung und zur Sicherstellung einer menschenwürdigen, evidenzbasierten Versorgung von Pflegeempfängern.

4   Abschließende Gedanken

Eine ernsthaft symmetrische Kommunikation zwischen den Entscheidern und Akteuren des Gesundheitswesens ist vonnöten, um in einem offenen Diskurs die heranrollende Versorgungslücke in der Pflege zu bewältigen. Die Politik ist aufgefordert, entsprechende und richtige Anreize zu setzen. Dabei sind wirkungsvolle Handlungsmaßnahmen einzuleiten, um die Nachfrage an Pflege in Deutschland zu reduzieren. Hierzu werden exzellent ausgebildete Pflegende (Pflegende mit einem Studium und Praxiserfahrung im Feld) benötigt, welche den pflegediagnostischen Prozess anwenden, um zu evidenzbasierten Pflegemaßnahmen (intern als auch extern), die mit dem Pflegeempfänger zu konsentieren, anzuwenden und zu evaluieren sind. Die Abb. 2 zeigt nochmals nachdrücklich die Versorgungslücke die uns erwartet, wenn es uns nicht gelingt, die Nachfrage zu reduzieren und das Angebot an Pflegeleistungen zu erhöhen.

Der Beitrag hat zum Ziel, die bisher veröffentlichten Überlegungen zur Problemlösung der Versorgungslücke zu erweitern und einen vertieften Diskurs anzuregen. Sowohl die Ergebnisse der vorgestellten Fallanalyse als auch die möglichen Maßnahmen der Pflege im Kontext der Prävention, Patientenedukation, Prophylaxe usw. stellen die bedeutende Rolle der Pflege zur Reduktion der Nachfrage von Pflegeleistungen heraus. Diese kann zur Wirkung kommen, wenn sich der pflegerische Entscheidungsfindungsprozess künftig am pflegediagnostischen Prozess und einer evidenzbasierten Pflege mit dem Fokus auf sektorenübergreifende und langfristige Nachhaltigkeit ausrichtet. Dieses zum Wohle der Pflegeempfänger und der Mitarbeiter in der Pflege. Gleichzeitig ist die Attraktivität der Pflegeberufe massiv zu verbessern. Auch hier spielt die Etablierung des pflegediagnostischen Prozesses als ein Baustein einer Profession eine zentrale Rolle. Mit Einführung von Pflegediagnosen werden zentrale Aspekte zur Professionalisierung der Pflegeberufe erreicht. Diese sind z. B. die Sicherung und Definition der Zuständigkeitsbereiche der Pflegeberufe, Ausdruck der selbst zu verantwortenden pflegerischen Urteile und der damit verbundenen Stärkung der Definitionsmacht, dieses z. B. besonders, wenn an die Stellung von Pflegediagnosen im Bereich der Heilhilfsmittel auch eine Verordnungskompetenz gekoppelt wird. Zudem setzt der Einsatz von Pflegediagnosen ein inhaltlich anspruchsvollere theoriegeleitete Ausbildung voraus (Höhmann 1999) und sind unter anderem zentrale Bestandteile, um eine breite pflegerische Versorgungsforschung zu etablieren. Auch im Kontext der Vergütung pflegerischer Leistungen könnten Pflegediagnosen und Interventionskonzepte eine Grundlage zur Leistungstransparenz und adäquaten Vergütung bilden. Ein weiterer zentraler Kernaspekt wurde im Artikel aufgezeigt. Es geht um Karrierechancen und eine veränderte inhaltliche Ausgestaltung der Pflege, damit die Pflegeberufe ihr Wertschöpfungspotenzial zukünftig entfalten können.

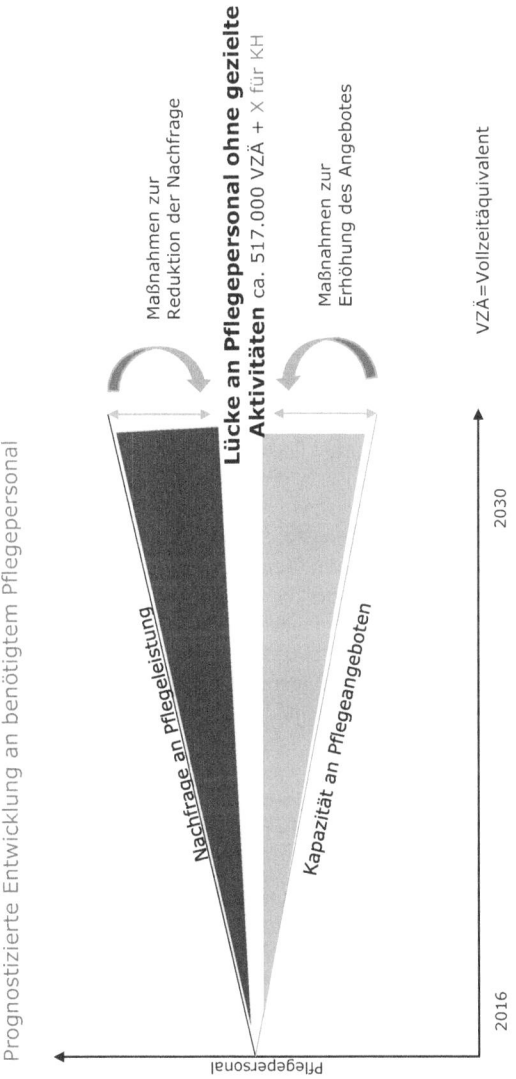

Abb. 2 Prognostizierte Entwicklung des Pflegepersonalbedarfs. (Quelle: eigene Abbildung in Anlehnung an Ehrentraut et al. 2015)

Literatur

Aichele V, Schneider J (2006) Soziale Menschenrechte älterer Personen in Pflege. http://www.
institut-fuer-menschenrechte.de/uploads/tx_commerce/studie_soziale_menschenrechte_
aelterer_personen_in_pflege.pdf. Zugegriffen: 21. Juli 2015

Alscher D, Bals T, Büscher A, Dielmann G, Görres S, Höppner H, Igl G, Kuhl-
mey A, Matzke U, Satrapa-Schill A (2013) Gesundheitsberufe neu denken, Gesundheitsberufe neu regeln. Grundsätze und Perspektiven – Eine Denkschrift der
Robert Bosch Stiftung. http://www.bosch-stiftung.de/content/language1/downloads/2013_
Gesundheitsberufe_Online_Einzelseiten.pdf. Zugegriffen: 18. Apr. 2017

Bahro M, Kämpf C, Strnad J (2001) Die Verteilungsgerechtigkeit medizinischer Leistungen. Ein
Beitrag zur Rationierungsdebatte aus wirtschaftsethischer Sicht. Ethik Medizin 13:45–60

Balling S (2017) Erste Daten zu möglichen Personaluntergrenzen. https://www.bibliomedmanager.
de/news-des-tages/detailansicht/31967-erste-daten-zu-moeglichen-personaluntergrenzen/. Zugegriffen: 21. Apr. 2017

Bangert M, Molyneux DH, Lindsay SW, Fitzpatrick C, Engels D (2017) The cross-cutting contribution of the end of neglected tropical diseases to the sustainable development goals. Infect Dis
Poverty 6:73

Becke G, Behrens M, Bleses P, Jahns K, Pöser S, Ritter W (2013) Nachhaltige Beschäftigungsfähigkeit in der ambulanten Pflege Zwischenbericht des Verbundprojekts ZU-
KUNFT:PFLEGE artec-paper Nr. 189. http://www.zukunft-pflege.uni-bremen.de/fileadmin/
user_upload/veroeffentlichungen/Zukunft-Pflege_Zwischenbericht_04_2013.pdf. Zugegriffen:
30. März 2017

Betting U, Göppert T (2015) Berufsperspektiven in der Pflege. In: Brandenburg H, Güter H, Proft I
(Hrsg) Kosten kontra Menschlichkeit Herausforderungen an eine gute Pflege im Alter. Matthias
Grünewald Verlag der Schwabenverlag AG, Ostfildern

Bleses P, Jahns K, Lürßen S, Pöser S, Ritter W, Schimitzek I, Schmidt S (2015) Nachhaltige Beschäftigungsfähigkeit in der ambulanten Pflege Leitfäden 1–6. http://www.zukunft-
pflege.uni-bremen.de/fileadmin/user_upload/veroeffentlichungen/Leitfaeden_pflegechancen/
Leitfadensammlung_pflegechancen.pdf. Zugegriffen: 20. Apr. 2017

Braun B, Müller R (2005) Arbeitsbelastungen und Berufsausstieg bei Krankenschwestern. Pflege
Ges 10:131–141

Braun B, Klinke S, Müller R (2010) Auswirkungen des DRG-Systems auf die Arbeitssituation im
Pflegebereich von Akutkrankenhäuser. Pflege Ges 15:5–19

Brause M, Kleina T, Horn A, Schaeffer D (2015) Burnout-Risiko in der stationären Langzeitversor-
gung. Präv Gesundheitsförd 10:41–48

Brocklehurst H, Laurenson M (2008) A concept analysis examining the vulnerability of older people. Br J Nurs 17:1354–1357

Brühl A, Planer K (2013) PiSaar Pflegebedarf im Saarland – Abschlussbericht. http://opus.bsz-
bw.de/kidoks/volltexte/2013/117/pdf/PiSaar_Abschlussbericht_2013.pdf. Zugegriffen: 27. Juli
2015

Buchstor B, Thoma J, Feutinger J (Hrsg) (2014) Erfolgreiche Personalentwicklungsprojekte am
Universitätsklinikum Freiburg im Pflege- und Prozessmanagement. Springer, Heidelberg

Bührlen B, Hegemann T, Henke K-D, Kloepfer A, Reiß T, Schwartz FW (2014) Gesundheit neu denken Fragen und Antworten für ein Gesundheitssystem von morgen. ISI-Schriftenreihe „Innovationspotenziale" [Online], 2. unveränderte Auflage. https://www.fraunhofer.de/content/dam/zv/
de/Forschungsfelder/Umwelt-Gesundheit/Gesundheit-neu-denken.pdf. Zugegriffen: 04.2017

Carnau P (2011) Nachhaltigkeitsethik: Normativer Gestaltungsansatz für eine global zukunftsfähige
Entwicklung in Theorie und Praxis. Hampp, München, Mering

Cousley A, Martin DS, Hoy L (2014) Vulnerability in the perioperative patient: a concept analysis. J Perioper Pract 24:164–171

Daly J, Jackson D (2014) Entwicklung resilienter Pflegefachkräfte in der australischen Pflege. In: Tewes R, Stockinger A (Hrsg) Personalentwicklung in der Pflege- und Gesundheitseinrichtungen Erfolgreiche Konzepte und Praxisbeispiele aus dem In- und Ausland. Springer, Heidelberg

Deutscher Berufsverband für Pflegeberufe e. V. (2013) Pflegerische Expertiese für eine leistungsfähige Gesundheitsversorgung. 3. überarbeitete Auflage. https://www.dbfk.de/media/docs/download/Allgemein/Advanced-Nursing-Practice-Pflegerische-Expertise-2013-02.pdf. Zugegriffen: 31. März 2017

Deutscher Bundestag (1994) Bericht der Enquete-Kommission „Schutz des Menschen und der Umwelt – Bewertungskriterien und Perspektiven für umweltverträgliche Stoffkreisläufe in der Industriegesellschaft" Die Industriegesellschaft gestalten – Perspektiven für einen nachhaltigen Umgang mit Stoff- und Materialströmen. http://dip21.bundestag.de/dip21/btd/12/082/1208260.pdf. Zugegriffen: 04.2017

Deutscher Bundestag (1998) Abschlussbericht der Enquete-Kommission „Schutz des Menschen und der Umwelt – Ziele und Rahmenbedingungen einer nachhaltig zukunftsverträglichen Entwicklung". http://dipbt.bundestag.de/doc/btd/13/112/1311200.pdf. Zugegriffen: 04.2017

Deutscher Bundestag (2016) Unterrichtung des Deutschen Ethikrates Stellungnahme des nationalen Ethikrates Patientenwohl als ethischer Maßstab für das Krankenhaus. http://dip21.bundestag.de/dip21/btd/18/088/1808843.pdf. Zugegriffen: 4. Mai 2017

Die Bundesregierung (Hrsg) (2016) Deutsche Nachhaltigkeitsstrategie. https://www.bundesregierung.de/Content/Infomaterial/BPA/Bestellservice/Deutsche_Nachhaltigkeitsstrategie_Neuauflage_2016.pdf?__blob=publicationFile&v=14. Zugegriffen: 30. März 2017

Ehrentraut O, Hackmann T, Krämer L, Schmutz S (2015) Zukunft der Pflegepolitik – Perspektiven, Handlungsoptionen und Politikempfehlungen. http://library.fes.de/pdf-files/wiso/12140.pdf. Zugegriffen: 29. März 2016

Fajardo A (2013) Die (Un-)Attraktivität des Pflegeberufes in Deutschland und der Einfluss der Führungskräfte. Diplomica, Hamburg

Friesacher H (2001) Bedeutung und Möglichkeit von Diagnostik und Klassifikation in einer praktischen Wissenschaft. In: Kollak I, Georg M (Hrsg) Pflegediagnosen: Was leisten sie – was leisten sie nicht? Mabuse, Frankfurt am Main

Geldermann B (2011) Methoden und Instrumente einer demographiefesten Personalpolitik in der Pflege. In: Loebe H, Severing E (Hrsg) Zukunftsfähig im demografischen Wandel: Herausforderungen für die Pflegewirtschaft. Bertelsmann, Bielefeld

Geraedts M (2017) Personalausstattung der Krankenhäuser: Entwicklungen der letzten 25 Jahre. In: Klauber J, Geraedts M, Friedrich J, Wasem J (Hrsg) Krankenhaus-Report 2017 Schwerpunkt: Zukunft gestalten. Schattauer, Stuttgart

Görres S, Bomall J, Schwanke A, Stöver M, Schmitt S (2010) „Imagekampagne für Pflegeberufe auf der Grundlage empirisch gesicherter Daten" – Einstellungen von Schüler/innen zur möglichen Ergreifung eines Pflegeberufes – Ergebnisbericht. https://www.pflege-ndz.de/tl_files/pdf/Image_Abschlussbericht-Endfassung.pdf. Zugegriffen: 20. Aug. 2015

Gottwald M (2011) Demografiebedingte Problemlagen sowie altersgerechte Gestalungsansätze in der Krankenhauspflege – Ergebnisse einer bundesweiten Bedarfsstudie. In: Loebe H, Severing E (Hrsg) Zukunftsfähig im demografischen Wandel: Herausforderungen für die Pflegewirtschaft. Bertelsmann, Bielefeld

Hardtke A, Prehn M (2012) Perspektiven der Nachhaltigkeit: Vom Leitbild zur Erfolgsstrategie. Gabler, Wiesbaden

Höhmann U (1999) Pflegediagnosen: Instrumente zur Professionalisierung der Pflege. Pflege Ges 4:8–13

Horst H, Walter A (2016) Standards für eine verantwortungsvolle Gewinnung von internationalen Fachkräften in der Sozialwirtschaft. http://welcome-center-sozialwirtschaft-bw.de/wp-content/uploads/ENDFASSUNG_DWW_Brosch%C3%BCre_WCS_2016-04-14.pdf. Zugegriffen: 03.2017

Isfort M, Weidner F (2007) Pflege-Thermometer 2007: Eine bundesweite representative Befragung zur Situation und zum Leistungsspektrum des Pflegepersonals sowie zur Patientensicherheit im Krankenhaus. Deutsches Institut für angewandte Pflegeforschung (dip), Köln

Isfort M, Weidner F, Neuhaus A, Kraus S, Köster V-H, Gehlen D (2010) Pflegethermometer 2009. Eine bundesweite Befragung von Pflegekräften zur Situation der Pflege und Patientenversorgung im Krankenhaus. Deutsches Institut für angewandte Pflegeforschung, Köln

Isfort M, Weidner F, Neuhaus A, Brühe R, Kraus S, Köster V, Gehlen D (2011) Zur Situation des Pflegepersonals in deutschen Krankenhäusern – Ergebnisse des Pflege-Thermometers 2009. Pflege Ges 16(1):5–19

Isfort M, Weidner F, Gehlen D (2012) Pflege-Thermometer 2012: Eine bundesweite Befragung von Leitungskräften zur Situation der Pflege und Patientenversorgung auf Intensivstationen im Krankenhaus. Deutsches Institut für angewandte Pflegeforschung (dip), Köln

Isfort M, Klostermann J, Gehlen D, Siegling B (2014) Pflege-Thermometer 2014 „Eine bundesweite Befragung von leitenden Pflegekräften zur Pflege und Patientenversorgung von Menschen mit Demenz im Krankenhaus". http://www.dip.de/fileadmin/data/pdf/projekte/Pflege-Thermometer_2014.pdf. Zugegriffen: 20. Aug. 2015

Klusen N, Meusch A (Hrsg) (2009) Zukunft der Pflege in einer alternden Gesellschaft, Konzepte, Kosten, Kompetenzen. Nomos, Baden-Baden

Kohlen H (2013) „Zeit ist Geld" und die Sorge um das gute Leben Überlegungen zu einem Verständnis von Care als politische und soziale Praxis. In: Niederschlag H, Proft I (Hrsg) Moral und Moneten Zu Fragen der Gerechtigkeit im Gesundheitssystem. Matthias Grünewald Verlag der Schwabenverlag, Ostfildern

Kollak I, Kim HS (Hrsg) (1999) Pflegetheoretische Grundbegriffe. Huber, Bern

Koths G, Holl F (2012) Verantwortungsvoller Konsum – ein Problem asymmetrisch verteilter Information? In: Schneider A, Schmidpeter R (Hrsg) Corporate Social Responsibillity Verantwortungsvolle Unternehmensführung in Theorie und Praxis. Springer, Berlin, Heidelberg

Krohwinkel M (1993) Der Pflegeprozess am Beispiel von Apoplexiekranken. Bundesministerium für Gesundheit, Bonn

Kromark K, Ostendorf P (2011) Arbeitsanforderungen im Pflegeberuf Ergebnisse empirischer Studien im Überblick. In: Loebe H, Severing E (Hrsg) Zukunftsfähig im demografischen Wandel: Herausforderungen für die Pflegewirtschaft. Bertelsmann, Bielefeld

Lee TH, Mongan JJ (2007) Ist das Gesundheitswesen unheilbar krank? Das Programm eines integrierten Gesundheitsnetzwerks und sein Beitrag zur Transformation der Patientenversorgung. In: Bohnet-Joschko S (Hrsg) Wissensmanagement im Krankenhaus Effizienz- und Qualitätssteigerungen durch versorgungsorientierte Organisation von Wissen und Prozessen. Deutscher Universitäts-Verlag, Wiesbaden

Lincoln V (2014) Einführung komplementärer Heilmethoden in einem Akutkrankenhaus in den USA. In: Tewes R, Stockinger A (Hrsg) Personalentwicklung in der Pflege- und Gesundheitseinrichtungen Erfolgreiche Konzepte und Praxisbeispiele aus dem In- und Ausland. Springer, Heidelberg

Lopreite M, Mauro M (2017) The effects of population ageing on health care expenditure: a Bayesian VAR analysis using data from Italy. Health Policy (New York) 121:663. https://doi.org/10.1016/j.healthpol.2017.03.015

Mächler K (2014) Ein Karrieremodell für die Pflege in der Schweiz. In: Tewes R, Stockinger A (Hrsg) Personalentwicklung in der Pflege- und Gesundheitseinrichtungen Erfolgreiche Konzepte und Praxisbeispiele aus dem In- und Ausland. Springer, Heidelberg

McCloskey JC, Bulechek GM (2000) Nursing Interventions Classification (NIC). Mosby, St. Louis

Medizinischer Dienst des Spitzenverbandes Bund der Krankenkassen e. V. (MDS) (Hrsg) (2012) 3. Bericht des MDS nach § 114a Abs. 6 SGB XI. Qualität in der ambulanten und stationären Pflege. http://www.mdk.de/media/pdf/MDS_Dritter_Pflege_Qualitaetsbericht_Endfassung.pdf. Zugegriffen: 9. Apr. 2016

Meyer G, Köpke S (2009) Klinische Relevanz in Pflegeforschung und -praxis denken. In: Klusen N, Meusch A (Hrsg) Zukunft der Pflege in einer alternden Gesellschaft, Konzepte, Kosten, Kompetenzen. Nomos, Baden-Baden

Mittnacht B (Hrsg) (2010) Qualitätsentwicklung und Nachhaltigkeit im Kontext häuslicher Pflegearrangments Entwicklungstrends und Perspektiven. Jacobs, Lage

Müller H (2009) Soll-Bruch-Stellen für eine humane und zukunftsfähige Pflege in einem zukunftsfähigen Gesundheitswesen. In: Klusen N, Meusch A (Hrsg) Zukunft der Pflege in einer alternden Gesellschaft. Konzepte, Kosten, Kompetenzen. Beiträge zum Gesundheitsmanagement, Bd. 25. Nomos, Baden-Baden

Nanninga J (2014) Fachkräftemangel in der Pflege: Darstellung eines Imagekonzepts, Personalbindungsstrategien und Maßnahmen zur Nachwuchsrekrutierung. Diplomica, Hamburg

Nienhaus A, Westermann C, Kuhnert S (2012) Burn-out bei Beschäftigten in der stationären Altenpflege und in der Geriatrie. Bundesgesundheitsblatt Gesundheitsforschung Gesundheitsschutz 55:211–222

Premji SS, Hatfield J (2016) Call to action for nurses/nursing. Biomed Res 2016:3127543

Rieger A (2014) Verfassungsbeschwerde an das Bundesverfassungsgericht. http://pflege-prisma.de/wp-content/uploads/2014/11/Verfassungsbeschwerde-Pflege-A.Rieger.pdf. Zugegriffen: 8. Jan. 2016

Rohrmair A (2008) Gewalt gegen pflegebedürftige Senioren Welche Rolle sollte die Polizei spielen? http://195.202.38.218/onlinedokumente/masterarbeiten/2008/Rohrmair_Andreas.pdf. Zugegriffen: 8. Jan. 2016

Scherenberg V (2012a) Nachhaltigkeit in der Gesundheitsvorsorge: Wie Krankenkassen Marketing und Prävention erfolgreich verbinden. Gabler, Springer, Wiesbaden

Scherenberg V (2012b) Nachhaltigkeit im Gesundheitswesen Nur ein Modewort oder Anstoß zum Umdenken? Dr. med. Mabuse 200(11/12). http://www.scherenberg-online.de/mediapool/127/1277638/data/200_Scherenberg_Nachhaltigkeit_im_Gesundheitswesen.pdf. Zugegriffen: April 2017

Schreiner P-W (2000) Ethische Aspekte einer Gesundheitsökonomie. Pflege 13(4):209–218

Schrems B (2006) Der Pflegeprozess im Kontext der Professionalisierung. PrInterNet 8:44–52

Schultheiss C (2001) Überlegungen zur Notwendigkeit einer offenen Rationierungsdebatte. Ethik Medizin 13:2–16

Schwarz M (2013) Schlagzeilen durch Personalnot: Mitarbeiter des Stuttgarter Olgahospitals beklagen öffentlich Missstände – Patientenversorgung soll gefährdet sein. http://www.morgenweb.de/nachrichten/sudwest/schlagzeilen-durch-personalnot-1.861059. Zugegriffen: 1. Sept. 2015

Simon M, Mehmecke S (2017) Nurse-to-Patient Ratios. Ein internationaler Überblick über staatliche Vorgaben zu einer Mindestbesetzung im Pflegedienst der Krankenhäuser. Working Paper Forschungsförderung. http://www.boeckler.de/pdf/p_fofoe_WP_027_2017.pdf. Zugegriffen: 9. Febr. 2017

Spangenberg JH (2003) Soziale Nachhaltigkeit. Eine integrierte Perspektive für Deutschland. Utopie Kreat 153/154:649–661

Stemmer R (2003) Pflegeergebnismessung und Klassifikationssysteme. Perspektiven 3:1–3

Tewes R, Stockinger A (Hrsg) (2014) Personalentwicklung in der Pflege- und Gesundheitsein-richtungen Erfolgreiche Konzepte und Praxisbeispiele aus dem In- und Ausland. Springer, Heidelberg

Wieteck P, Kraus S (2016) Personalbedarf Pflege. Sektorenübergreifende Analyse der Pflegesituati-on und ihre Bemessungsgrundlagen mit Handlungsempfehlungen. RECOM, Kassel

Wöhler C, Ehrentraut O (2012) Studie Pflegelandschaft 2030, Eine Studie der Prognos AG im Auftrag der vbw – Vereinigung der Bayerischen Wirtschaft e. V. https://www.prognos.com/fileadmin/pdf/publikationsdatenbank/121000_Prognos_vbw_Pflegelandschaft_2030.pdf. Zugegriffen: 30. März 2017

Zander B, Dobler L, Baumler M, Busse R (2014) Implizite Rationierung von Pflegeleistungen in deutschen Akutkrankenhausern – Ergebnisse der internationalen Pflegestudie RN4Cast. Ge-sundheitswesen 76:727–734

Zander B, Köppen J, Busse R (2017) Personalsituation in deutschen Krankenhäusern in internatio-naler Perspektive. In: Klauber J, Geraedts M, Friedrich J, Wasem J (Hrsg) Krankenhaus-Report 2017 Schwerpunkt: Zukunft gestalten. Schattauer, Stuttgart

Dr. Pia Wieteck ist Leiterin und Gründerin des ENP-Entwickler-teams und arbeitete nach Abschluss ihrer Gesundheits- und Kran-kenpflegeausbildung fünf Jahre in verschiedenen Fachbereichen der akutstationären Versorgung. Aufbauend auf diese Berufserfah-rung absolvierte sie die Ausbildung zur Lehrerin für Pflegeberufe, um anschließend am medizinischen Schulzentrum in Ingolstadt sowie im psychiatrischen Landeskrankenhaus Weissenau ihren päd-agogischen Fähigkeiten nachzugehen. Während dieser Zeit wurde unter ihrer Leitung der Grundstein für die European Nursing care Pathways gelegt, deren Entwicklung seither von ihr gesteuert und begleitet wird. Für weitere drei Jahre übernahm sie schließlich die Leitungsposition einer Krankenpflegeschule. Nach erfolgreichem Abschluss ihres Diplomstudiums der Pflegewissenschaft im Jahr 2001 promovierte sie von 2003 bis 2007 an der Universität Witten/Herdecke mit dem Thema der „Validitätsprüfung ausgewählter Bestandteile von ENP". Zudem absolvierte sie Aus- und Weiterbil-dungen zum NLP-Practitioner, zur Qualitätsmanagerin sowie zur Qualitätsauditorin der European Organization for Quality (EOQ). Als Mitarbeiterin der Firma RECOM seit 2013 ist sie auch für die Übersetzung von NANDA-I mitverantwortlich. Sie hat 2008 am Pflegegipfel teilgenommen und begleitet seit diesem Zeitpunkt die Entwicklung und Weiterentwicklung des PKMS. In Ihrer Forschungstätigkeit beschäftigt sich Fr. Dr. Wieteck mit Personalbemessungsinstrumenten, Outco-memessung sowie dem Einsatz von Pflegeklassifikationssystemen in einer elektronischen Akte. Frau Dr. Wieteck ist Mitgründerin und 2. Vorstand der Fachgesellschaft Profession Pflege (www.pro-pflege.eu).

Betriebliches Gesundheitsmanagement

Benjamin Klenke

Vorbeugen ist besser als heilen (Sebastian Kneipp, 1821–1897).

1 Definition und Entstehung des Begriffes Betriebliches Gesundheitsmanagement

Dass Vorbeugen besser ist als heilen, wusste schon Kneipp. Genau hier knüpft auch das Betriebliche Gesundheitsmanagement (BGM) an. Aber was genau ist unter einem Betrieblichen Gesundheitsmanagement zu verstehen und auf welche Besonderheiten sollte bei der Umsetzung eines BGMs im Gesundheitswesen geachtet werden?

Die DIN SPEC 91020 definiert den Begriff „Betriebliches Gesundheitsmanagement" und legt die Anforderungen an ein solches fest: „Betriebliches Gesundheitsmanagement: systematische sowie nachhaltige Schaffung und Gestaltung von gesundheitsförderlichen Strukturen und Prozessen einschließlich der Befähigung der Organisationsmitglieder zu einem eigenverantwortlichen, gesundheitsbewussten Verhalten" (Kaminski 2013, S. 30).

Betriebliches Gesundheitsmanagement wird von drei Säulen getragen: dem Arbeits- und Gesundheitsschutz, dem Betrieblichen Eingliederungsmanagement und der Betrieblichen Gesundheitsförderung (Abb. 1).

Ein erster großer Meilenstein in der Entwicklung des Betrieblichen Gesundheitsmanagements war die Ottawa-Charta zur Gesundheitsförderung, die am 21. November 1986 im kanadischen Ottawa zum Abschluss der Ersten Internationalen Konferenz zur Gesundheitsförderung von der Weltgesundheitsorganisation (WHO) verabschiedet wurde. Hauptziel war, Gesundheit für alle bis zum Jahr 2000 zu ermöglichen. Dabei ist Gesundheitsförderung (BGF) als ein Prozess zu verstehen, der „allen Menschen ein

B. Klenke (✉)
brainLight GmbH
Goldbach, Deutschland
E-Mail: klenke@vip-konzept.de

© Springer-Verlag GmbH Deutschland, ein Teil von Springer Nature 2018   237
K. Keller und F. Lorenz (Hrsg.), *CSR im Gesundheitswesen*,
Management-Reihe Corporate Social Responsibility,
https://doi.org/10.1007/978-3-662-55937-6_13

Abb. 1 Die drei Säulen ei-
nes BGMs. (Quelle: eigene
Darstellung in Anlehnung an
Giesert et al. 2013)

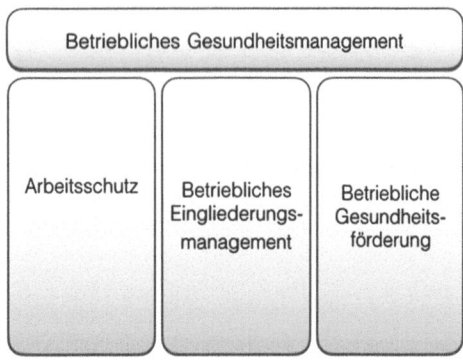

höheres Maß an Selbstbestimmung über ihre Gesundheit ermöglicht und sie damit zur Stärkung ihrer Gesundheit befähigt" (vgl. WHO 2013). Erkannt wurde, dass die Gesundheit eines Einzelnen nicht nur vom Lebensstil oder Verhalten der Person selbst abhängt, sondern vom Verhalten der gesamten Gesellschaft bzw. seines Umfelds beeinflusst wird.

Hier wurden gedanklich bereits erste Grundideen entwickelt, die auch heute noch für das Verständnis von heutiger Betrieblicher Gesundheitsförderung Bestand haben.

Ein weiterer wichtiger Beteiligter im Bereich der Gesundheitsförderung und der BGM-Entwicklung ist die Europäische Union und die von ihr 1997 initiierte Luxemburger Deklaration.

Die Luxemburger Deklaration zur Betrieblichen Gesundheitsförderung umfasst alle gemeinsamen Maßnahmen von Arbeitgebern, Arbeitnehmern und der Gesellschaft zur Verbesserung von Gesundheit und Wohlbefinden am Arbeitsplatz. Dies kann durch die Verbesserung der Arbeitsorganisation und der Arbeitsbedingungen, der Förderung einer aktiven Mitarbeiterbeteiligung oder aber auch durch die Stärkung der persönlichen Kompetenzen erfolgen (Luxemburger Deklaration; vgl. BKK Dachverband 2014).

Betrachtet man Abb. 2, sind das Betriebliche Eingliederungsmanagement sowie die Konkretisierung des Präventionsgesetzes nach § 5 ArbSchG die jüngsten Meilensteine der BGM-Entwicklung.

Abb. 2 Meilensteine der BGM-Entwicklung. (Quelle: eigene Darstellung)

1.1 Arbeitsschutz

Die erste Säule des Betrieblichen Gesundheitsmanagements ist der Arbeitsschutz.

Der Arbeitsschutz ist im Arbeitsschutzgesetz (ArbSchG) verankert (vgl. Arbeitsschutzgesetz 2017), dessen Zielsetzung und Anwendungsbereich die Sicherheit und der Gesundheitsschutz der Beschäftigten bei der Arbeit sind, die durch Maßnahmen des Arbeitsschutzes zu sichern und zu verbessern sind.

In § 2 I ArbSchG sind des Weiteren als Maßnahmen des Arbeitsschutzes solche aufgelistet, die zur Verhinderung von Unfällen bei der Arbeit dienen und Maßnahmen, die arbeitsbedingte Gesundheitsgefahren verhindern, sowie Maßnahmen, die die menschengerechte Gestaltung der Arbeit sicherstellen.

Sowohl Arbeitgeber als auch Arbeitnehmer stehen in der Pflicht, die Maßnahmen des Arbeitsschutzes einzuhalten. Die wichtigsten Akteure des Arbeitsschutzes sind der Betriebsarzt und die Fachkraft für Arbeitssicherheit neben der zuständigen Berufsgenossenschaft.

1.2 Betriebliches Eingliederungsmanagement

Seit dem Jahr 2004 verpflichtet § 84 Abs. 2 des neunten Sozialgesetzbuches (SGB IX) alle Arbeitgeber zur Einführung eines Betrieblichen Eingliederungsmanagements (BEM) (vgl. Sozialgesetzbuch (SGB) 2017). Immer dann, wenn ein Arbeitnehmer innerhalb eines Jahres länger als sechs Wochen ununterbrochen oder wiederholt arbeitsunfähig war, hat dieser Anspruch auf ein BEM (vgl. § 84 SGB IX)

Das BEM gilt für alle Arbeitnehmer eines Betriebes. Dabei kommt es nicht darauf an, ob der Arbeitnehmer ein Auszubildender, Teilzeitbeschäftigter oder Vollzeitbeschäftigter ist oder ob die gesundheitliche Gefährdung arbeitsbedingt ist oder nicht. Hintergrund der gesetzlichen Regelung ist zum einen die Arbeitsfähigkeit der erkrankten Personen wieder herzustellen und zum anderen den Arbeitsplatz zu erhalten.

Vor allem bietet es den Unternehmen die Möglichkeit, erfahrene Mitarbeiter, Fachkräfte oder auch die aufgrund des demografischen Wandels immer älter werdende Belegschaft trotz Krankheit im Betrieb zu halten.

Für die Betroffenen ist das BEM allerdings freiwillig und kann nur mit ihrer schriftlichen Zustimmung durchgeführt werden.

1.3 Betriebliche Gesundheitsförderung

Die dritte und letzte Säule des Betrieblichen Gesundheitsmanagements ist die Betriebliche Gesundheitsförderung (BGF). Nach der DIN SPEC 91020 versteht man unter der Betrieblichen Gesundheitsförderung „Maßnahmen des Betriebes unter Beteiligung der Organisationsmitglieder zur Stärkung ihrer Gesundheitskompetenz sowie Maßnahmen zur

Gestaltung gesundheitsförderlicher Bedingungen (Verhalten und Verhältnisse), zur Verbesserung von Gesundheit und Wohlbefinden im Betrieb sowie zum Erhalt der Beschäftigungsfähigkeit" (DIN SPEC 91020:2012; Uhle und Treier 2013, S. 38).

Die Zielsetzung der BGF ist der Aufbau der Gesundheitskompetenz mit gleichzeitigem Abbau von Belastungsfaktoren. Am besten ist dies zu erreichen, mit einem passenden Mix aus verhaltenspräventiven und verhältnispräventiven Maßnahmen, die sich auf diejenigen Punkte konzentrieren, die den Menschen gesund halten.

Verhaltenspräventive Maßnahmen zielen darauf ab, das individuelle Verhalten einer Person zu ändern oder sie zu gesundheitsförderlichem Verhalten zu motivieren.

Durch Angebote wie Rückenkurse, Betriebsyoga oder aber auch Raucherentwöhnungsseminare können Unternehmen ihre Mitarbeiter unterstützen.

Verhältnispräventive Maßnahmen beinhalten hingegen Maßnahmen, die durch Änderungen der Arbeitsbedingungen die Gesundheit fördern oder erhalten. Hier setzen Maßnahmen an wie ergonomische gestaltete Arbeitsplätze, Work-Life-Balance verträgliche Arbeitszeiten oder aber ein vertrauensvolles Betriebsklima, aber auch entsprechende Kantinenangebote mit gesunden Speisen.

2   Trends im Betrieblichen Gesundheitsmanagement

Unternehmen, die sich mit der Thematik des Betrieblichen Gesundheitsmanagements auseinandersetzen oder bereits ein Betriebliches Gesundheitsmanagement in die Unternehmensorganisation integriert haben, wissen, dass hinter einem Betrieblichen Gesundheitsmanagement mehr steckt als hier und da ein Rückenkurs oder Rabatte für Fitnessstudios. Fehlende Akzeptanz und Skepsis sowie die Motivation der Mitarbeiter und der Führung stellen Hürden dar. Mit den nachfolgend aufgeführten Trends im Betrieblichen Gesundheitsmanagement können Hürden überwunden sowie eine nachhaltige Sensibilisierung, Akzeptanz und Motivation für das Betriebliche Gesundheitsmanagement geschaffen werden.

2.1   Mitarbeitersensibilisierung

Die Krankenstände der letzten Jahre sind rückläufig, aber dennoch ist der Anteil der psychischen Erkrankungen gestiegen. Dies belegen die Daten der gesetzlichen Krankenkassen. Demnach ist in den letzten 11 Jahren die Anzahl der Fehltage wegen psychischer Erkrankungen von 33,6 Mio. auf 60 Mio. gestiegen. Die daraus entstehenden Kosten für die Unternehmen und die Wirtschaft liegen damit in zweistelliger Milliardenhöhe (Bundesministerium für Arbeit und Soziales und Bundesanstalt für Arbeitsschutz und Arbeitsmedizin 2014).

Die rückläufigen Zahlen sind allerdings nicht unbedingt darauf zurückzuführen, dass sich die Gesundheit der Arbeitnehmer verbessert hat, sondern liefern auch Indizien auf das Phänomen des Präsentismus. Der Präsentismus wird als das Verhalten von Mitarbeitern bezeichnet, bei dem diese trotz Krankheit zur Arbeit kommen (Aronsson et al. 2011, S. 16).

Eine andere Situation ist gegeben, wenn ein Mitarbeiter ausfällt und erst gar nicht am Arbeitsplatz erscheinen kann, dies ist dann als Absentismus zu bezeichnen. Daraus lassen sich zwei Effekte ableiten, der Absentismuseffekt und der Präsentismuseffekt.

Der Effekt des Absentismus führt zu Absentismuskosten, wenn der Mitarbeiter krankheitsbedingt ausfällt und ersetzt werden muss. Durch den Präsentismuseffekt entstehen Präsentismuskosten, wenn Mitarbeiter krank an ihrem Arbeitsplatz erscheinen oder am Arbeitsplatz krank werden und die Arbeitsleistung nicht mehr erbringen können. So müssen Kosten aufgewendet werden, um den Überschuss an Arbeit abzufangen. Die Ergebnisse zeigen, dass Unternehmen entweder Kosten für die Entgeltfortzahlung der erkrankten Mitarbeiter aufbringen müssen oder aber die Kosten für das nicht bewältigte Arbeitsaufkommen oder eventuelle Produktionsausfälle zu tragen haben.

Diese entstehenden Kosten verdeutlichen einmal mehr, welche Bedeutung das Humankapital für jede Unternehmung darstellt.

Ein gelebtes Betriebliches Gesundheitsmanagement und die Sensibilisierung auf allen Ebenen des Unternehmens führen deshalb zu zufriedeneren und leistungsstärkeren Mitarbeitern in einer Unternehmenskultur, die den Wert des Unternehmens nachhaltig steigert.

Aber die Frage, die sich stellt ist, wie sich Mitarbeiter sensibilisieren lassen und wie sind die Mitarbeiter zu erreichen, die nicht ohnehin schon einen gesunden Lebensstil führen?

Nachfolgend werden die am häufigsten eingesetzten Maßnahmen sowie die neuesten Trends der Mitarbeitersensibilisierung vorgestellt.

2.1.1 Der Gesundheitstag

Als Auftakt- und Impulsveranstaltung für ein Betriebliches Gesundheitsmanagement ist der Gesundheitstag geeignet. Der Gesundheitstag als Marketinginstrument kann nicht nur zum Bewerben der Betrieblichen Gesundheitsförderung, sondern des gesamten Prozesses des Betrieblichen Gesundheitsmanagements genutzt werden. Ziele eines Gesundheitstags sollten vor allem sein, für das Thema Gesundheit zu sensibilisieren und einen Anreiz dafür zu schaffen, sich gesundheitsbewusster zu verhalten. Mitarbeitern wird durch einen Gesundheitstag aufgezeigt, wie sie es schaffen können, ihre individuellen Stärken, aber auch ihre Schwächen im Arbeitsalltag nicht nur selbst zu erkennen, sondern durch die präsentierte Maßnahmenvielfalt umzusetzen. Wie auf einer Messe kann sich an verschiedenen Ständen zu gesundheitsrelevanten Themen informiert werden. Workshops und Aktionen, die zum Mitmachen animieren, sensibilisieren zusätzlich rund um das Thema Gesundheit. Damit der Gesundheitstag erfolgreich gelingt, sollten betriebliche Bedürfnisse, die im Einklang mit der Gesundheitsförderung stehen, die Grundlage bilden.

Auch die richtige Planung ist für einen erfolgreichen Gesundheitstag maßgeblich. Im Sinne des Managementprozesses, der auf den PDCA-Zyklus zurückzuführen ist, lässt sich die Vorgehensweise der Planung eines Gesundheitstags ebenfalls in Phasen einteilen.

Hierfür dienen als Grundlage die vier Phasen nach Deming, Plan-Do-Check-Act. Hierbei steht Plan für das Planen, Do für die Ausführung des Geplanten, Check für die abschließende Kontrolle und Act für das Handeln (vgl. Weigert 2004, S. 70).

Die Planung des Gesundheitstags sollte mit einer Bedarfsanalyse starten. Durch Mitarbeiterbefragungen oder andere Kennzahlen, wie z. B. aus der Personalabteilung, lässt sich ermitteln, ob ein Bedarf besteht. Anschließend kann festgelegt werden, ob der Gesundheitstag zu einem spezifischen oder eher einem allgemeinen gesundheitlichen Thema ausgerichtet wird. Je nachdem, unter welchem Slogan der Gesundheitstag organisiert wird, sind geeignete Maßnahmen rund um das Thema festzulegen. Tolle Aktionen sind Smoothie-Stände oder Stände, die gesundes Essen anbieten. Spannende Alternativen können zudem Angebote für Gesundheitschecks sein, bei denen der Blutdruck oder der Cholesterinwert gemessen wird. Aber auch Vorträge zu Themen wie Stressmanagement am Arbeitsplatz, Sucht oder Bewegungspausen sind beliebt. Sind die Maßnahmen festgelegt, können bei der Umsetzung externe Dienstleister mit einbezogen werden oder auch Krankenkassen, die z. B. bei einer Kooperation Finanzierungshilfen für den Gesundheitstag bieten. Für einen reibungslosen Ablauf und die Klärung der Punkte, was, wann, wo und durch wen stattfindet, wird die Dauer und der Umfang der geplanten Maßnahmen festgelegt und anhand dessen ein Rahmenprogramm erstellt. Um das Interesse für den Gesundheitstag zu steigern, bieten verschiedene Marketinginstrumente eine gute Motivationsmöglichkeit, angefangen von Flyern und Plakaten, Programmheften bis hin zu Gutscheinen.

Ob der Gesundheitstag erfolgreich ist, lässt sich anhand einer Evaluation überprüfen. Durch Fragebögen können die Teilnehmeranzahl bestimmt oder ein Feedback eingeholt werden. Durch die Evaluation können abschließend weitere Planungsaktivitäten festgelegt werden, um die Mitarbeiter für das Betriebliche Gesundheitsmanagement zu begeistern und eine dementsprechende Unternehmenskultur zu etablieren.

2.1.2 Gesundheitslotsen

Ein weiteres Instrument der Gesundheitskommunikation sind Gesundheitslotsen, die in den letzten Jahren verstärkt von Unternehmen eingesetzt werden. Dabei dienen ausgebildete Mitarbeiter als Ansprechpartner zu Fragen rund um das Thema Betriebliches Gesundheitsmanagement. Durch den Einsatz eigener Mitarbeiter findet eine direkte Kommunikation auf Augenhöhe unter Kollegen statt. Gesundheitslotsen informieren über alle relevanten Themen, die das Betriebliche Gesundheitsmanagement betreffen, wodurch ein viel höherer Grad an Motivation oder Sensibilisierung erreicht werden kann. Die hierdurch entstehende Vertrauensbasis macht aus Gesundheitslotsen agierende Multiplikatoren, die die Botschaft des Betrieblichen Gesundheitsmanagements in die Unternehmenswelt hinaustragen (vgl. Badura et al. 2015, S. 36).

2.1.3 Nachhaltige Sensibilisierung durch Entspannungssysteme

Sowohl Gesundheitstage als auch Gesundheitslotsen benötigen einen gewissen Vorlauf durch entsprechende Planungszeit. Eine niedrigschwellige Alternative zur Sensibilisierung bieten audiovisuelle Entspannungssysteme. Anhand der aktuellen Forschung bieten Entspannungssysteme Mitarbeitern nicht nur die Möglichkeit, im Unternehmen zu entspannen, sondern fördern auch die Leistungsfähigkeit (Ghadiri et al. 2016, S. 178 ff.). Das Projekt „Mehr Gesundheitskompetenz durch nachhaltige Sensibilisierung", welches in Zusammenarbeit mit der BKK Mobil Oil, der Hochschule Bonn-Rhein-Sieg sowie der brainLight GmbH durchgeführt wurde, hat gesundheitsaffine und weniger gesundheitsaffine Menschen in ihrer Gesundheitskompetenz gestärkt und ihr Gesundheitsverhalten verbessert. Der Projektablauf wurde so gestaltet, dass 24 Unternehmen 12 Wochen lang kostenfrei die audiovisuellen Entspannungssysteme der brainLight GmbH testeten. Die Anwendung ist einfach: Die Teilnehmer nehmen auf den Systemen Platz, das Entspannungsprogramm startet auf Knopfdruck. Bereits nach nur einer Anwendung ist eine unmittelbare Wirkung zu spüren: Stress wird abgebaut und eine tiefe Entspannung bietet mehr Ruhe und Gelassenheit im Alltag.

2.2   Technologie

Das Zeitalter des Internets und der technischen Innovationen ist auch längst im Betrieblichen Gesundheitsmanagement angekommen. Hier spielt die Thematik von E-Health und M-Health eine tragende Rolle, denn immer mehr Menschen nutzen beispielsweise Applikationen (Apps) für ihre Tablets oder Smartphones, um Fitnesstools anzuwenden oder Vitaldaten zu sammeln. Das Statistische Bundesamt prognostiziert den Umsatz im E-Health-Markt allein für das Jahr 2017 auf etwa 392 Mio. €. Bis zum Jahr 2020 wird sogar ein Marktvolumen von 662 Mio. € erwartet (Statistisches Bundesamt 2017).

Die WHO definiert E-Health als: „eHealth is the use of information and communication technologies (ICT) for health. Examples include treating patients, conducting research, educating the health workforce, tracking diseases and monitoring public health" (WHO 2018).

Demnach ist E-Health der Einsatz von Informations- und Kommunikationstechnologien im Gesundheitswesen, die für Patientenbehandlungen, zu Forschungs- oder Schulungszwecken genutzt werden können. M-Health (mobile health) ist dabei als untergeordneter Begriff von E-Health zu betrachten. Darunter ist der Einsatz mobiler Informations- und Kommunikationssysteme im Gesundheitswesen auf Tablets, Smartphones oder anderen mobilen Endgeräten zu verstehen (vgl. Fischer und Krämer 2016, S. 7 ff.).

Durch die heutigen technischen Standards lassen sich diese auf unterschiedlichste Weisen auch im Betrieblichen Gesundheitsmanagement einsetzen und nutzen. Entscheidend ist die orts- und zeitunabhängige Anwendbarkeit, die besonders Unternehmen mit Schichtarbeit oder dezentraler Aufstellung einen Vorteil bietet. Ein digitales Instrument für Betriebliches Gesundheitsmanagement bietet das Unternehmen Vitaliberty mit seinem Produkt „moove" (vgl. Ternés et al. 2017, S. 97).

Moove ist eine App und dient als Managementtool, mit dem Gesundheitsdaten erfasst werden können, sowie als Gesundheitsportal, das Mitarbeiter virtuell zu den Themen

Ernährung, Stressmanagement und Fitness informiert und berät. Durch die Gewährleistung von Anonymität können Daten erfasst werden und beispielsweise für die psychische Gefährdungsbeurteilung genutzt werden. Aber auch Challenges, die zu mehr Bewegung motivieren wie das Schrittezählen im Team, bei dem gemeinsam ein vorgegebenes Ziel erreicht werden soll, sind möglich (Vitaliberty 2017). Gerade durch Challenges wird der Teamgeist gefördert und Interesse geweckt.

Durch den Einsatz moderner Kommunikationssysteme in das Betriebliche Gesundheitsmanagement können daher auch schwer erreichbare Zielgruppen einen Zugang zu einer gesünderen und bewussteren Lebensweise erhalten.

2.3 Gesunde Führung

Neben der Wichtigkeit der physischen Gesundheit steigt auch die Relevanz der psychischen Gesundheit. Ein Indikator für psychische Gesundheit ist die Arbeitszufriedenheit. Denn in Deutschland und Europa wird die Arbeitszufriedenheit nachweislich vom Verhalten der Führungskräfte beeinflusst. Dabei spielen vor allem die Unterstützung durch die Vorgesetzten und deren Konfliktlösungskompetenz eine entscheidende Rolle. Aber auch der respektvolle Umgang der Führungskräfte mit den Arbeitnehmern sowie wie ihr Organisations- und Planungstalent sind entscheidende Faktoren (vgl. Badura et al. 2016, S. 37).

Die Rolle der Führungskräfte sollte heute auch kein Schüler- und Lehrerverhältnis mehr sein. Führungskräfte haben eine Mentorenrolle und sollten auf Augenhöhe mit der Belegschaft kommunizieren. Mitarbeiter in einer Führungsposition haben heute eine dienende und verpflichtende Rolle ihrem Personal gegenüber, deshalb liegt die Zukunft der Mitarbeiterführung im Leadership. Auszeichnend für die Leadershiprolle ist, dass Führungskräfte Menschen für neue Ziele begeistern. Visionär sein, Vorbild-sein-Vorleben und den Unternehmenswert steigern sind die Charakteristika des Leaderships und bilden die drei Säulen des Leadership-Hauses (Abb. 3), dessen Fundament der Konsument ist. Der

Abb. 3 Das Leadership-Haus. (Quelle: eigene Darstellung in Anlehnung an Hinterhuber und Krauthammer 2015)

Kunde stellt das Fundament dar, da er die Basis eines jeden erfolgreichen Unternehmens ist. Bei der Betrachtung des Leadership-Hauses sollte es deshalb auch immer als ein Ganzes gesehen werden, bei dem jede Säule mit der anderen verbunden ist, denn sonst droht dem Haus der Einsturz (vgl. Hinterhuber und Krauthammer 2015, S. 33).

Bei einer gesunden Führung ist Leadership im Management daher unabdingbar und verankert. Eine wertschätzende Kommunikation schafft eine Unternehmenskultur, in der Mitarbeiter sich entwickeln, in der ihre Stärken gefördert, ihre Arbeitsleistung durch gerechte Entlohnung honoriert, Erfolge gemeinsam gefeiert werden und in der auch Lob ein fester Bestandteil ist.

Aber Menschen machen auch Fehler. Gerade am Arbeitsplatz sollte geklärt werden, wie damit umgegangen wird, getreu dem Motto: „Aus Fehlern lernt man". Fehler sollten in einer gesunden Führungskultur deshalb nicht per se als etwas Negatives abgetan werden. In deutschen Unternehmen ist der Gedanke einer Fehlerkultur, aber leider noch nicht flächendeckend Bestandteil der Unternehmenskultur. Bei einer Erhebung der Talent- und Karriereberatung von Runstedt wurde analysiert, dass es mehr als ein Viertel der Berufstätigen in Deutschland erlebt, dass ihr Vorgesetzter die Schuld für die eigenen Fehler auf andere Mitarbeiter schiebt oder dass bei Fehlern nicht nach der eigentlichen Ursache gesucht wird, sondern nach einem „Sündenbock" (von Runstedt 2016).

Wie sollte also am besten mit Fehlern umgegangen werden wenn diese passieren?

- Fehler sollten zugelassen werden.
- Mitarbeitern soll die Angst genommen werden, Fehler zu begehen
- Wenn Fehler passieren, sollte der Grund dafür gefunden werden.
- Niemand ist an den Pranger zu stellen.
- Auf Fehlern sollte nicht „herumgeritten" und dadurch das Gefühl von Inkompetenz vermittelt werden.
- Fehler sind als Verbesserungsmotivation zu nutzen.
- Trotz eines Fehlers ist auch auf das Positive hinzuweisen.

Auch in Sachen Gesundheit sollte gesunde Führung einen Vorbildcharakter haben, denn Mitarbeiter orientieren sich an ihren Vorgesetzten. Dies beginnt beim Einhalten der Pausenregelungen bis hin zu gesundheitsbewusstem Verhalten wie Ernährung und Bewegung.

Ob eine gesunde Führung bzw. ein gesundheitsförderlicher Führungsstil praktiziert wird, lässt sich durch einfache Fragestellungen selbst erkennen. Dabei sollte man sich fragen, ob man seinen Mitarbeitern Anerkennung oder Wertschätzung entgegen bringt. Interesse, Aufmerksamkeit, aber auch Reduzierungen von Belastungen und Aufbau von Ressourcen sind gute Parameter, an denen man sich orientieren kann. Weitere Aspekte können aber auch die Gesprächsführung und Kommunikation sowie Transparenz und ein angenehmes Betriebsklima sein (vgl. Matyssek 2013).

3   Herausforderungen im Krankenhaus

Die Anforderungen an die Mitarbeiter des Krankenhauswesens sind im Laufe der letzten Jahre gestiegen. Der demografische Wandel beschreibt eine stets älter werdende und multimorbide Bevölkerung in Deutschland. Das immer älter werdende Personal im Gesundheitswesen hat zudem Auswirkungen auf die Personalbesetzung und Qualität der medizinischen Versorgung Pflegebedürftiger. Ein hoher Patientendurchlauf, der auf das diagnosebezogene Fallpauschalensystem DRG (Diagnosis Related Groups) und die damit einhergehende Durchschnittsverweildauer zurückzuführen ist, erhöht die körperlichen und psychischen Belastungen des Krankenhauspersonals. Diese Faktoren beschreiben, in Verbindung mit dem bestehenden Fachkräftemangel, die enorme Komplexität des Anspruchs an die Mitarbeiter und das Management einer solchen Institution. Nachfolgend werden diese genauer erläutert.

3.1   Der demografische Wandel und die Auswirkung auf die Personalsituation im Gesundheitswesen

Es ist allgemein bekannt, dass die Bundesrepublik Deutschland auf eine immer älter werdende Gesellschaft zusteuert. Am deutlichsten zu veranschaulichen ist dies mit der Bevölkerungspyramide. Die sinkende Zahl der unter 20-jährigen ist auf den Geburtenrückgang der letzten Jahre zurückzuführen. Die Spitze der Pyramide verdeutlicht den Anstieg der älter werdenden Bevölkerung von 16,7 % Männer bzw. 20 % Frauen auf 22,3 % Männer bzw. 29 % Frauen. Charakteristisch ist der höhere Anteil der Frauen im Alter ab 65 Jahren. Die Mitte der Pyramide, also die 20- bis 65-jährigen, verzeichnet gleichzeitig einen deutlichen Abfall von ca. 8 % (vgl. Statistisches Bundesamt 2011, S. 24 ff.). Die Auswirkung des Anstiegs der älteren Bevölkerung auf das Krankenhauswesen wird durch Fallzahlen sichtbar, die die Einweisung von Personen innerhalb eines Jahres beschreiben. Besonders aussagekräftig ist die Darstellung der Häufigkeit einer Einweisung in ein Krankenhaus mit steigendem Alter, wie in der folgenden Abb. 4 zu sehen ist.

So gehörte jeder zweite Krankenhauspatient der Bevölkerungsgruppe 60 Jahre und älter an, wie Abb. 5 zeigt.

Die Anzahl der über 80-jährigen stieg von 1990–2007 um 1 Mio. an. Im Jahre 2008 lag die Zahl der Krankenhausfälle bei 17,9 Mio., was einen Anstieg von 2 Mio. seit dem Jahr 1995 ausmacht, Tendenz steigend.

Hierbei ist zu bedenken, dass das Fallpauschalensystem (DRGs) durch festgelegte Beträge, bezogen auf die Diagnose des Patienten und einer Durchschnittsverweildauer, zu einer Dämpfung der Ausgaben und zu einer Aufforderung zur Steigerung der Effektivität geführt haben (vgl. Statistisches Bundesamt 2010, S. 7 ff.).

Wie enorm die Anforderungen an das Krankenhauspersonal steigen, verdeutlicht insbesondere die Entwicklung der Pflegebedürftigen nach dem Pflegebedürftigkeitsbegriff der Pflegeversicherung. Die Zahl der Pflegebedürftigen ist in den Jahren von 1999–2007

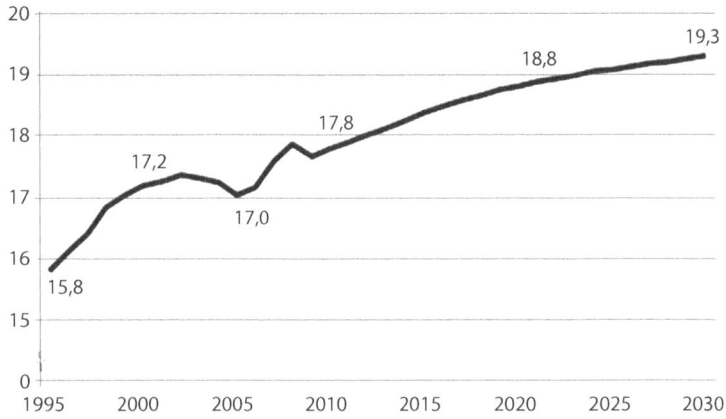

Abb. 4 Krankenhausfälle 1995–2030 (Status-Quo-Szenario), in Mio. (Quelle: Statistisches Bundesamt 2017)

um 11 % auf 2,25 Mio. gestiegen. In Anbetracht dieser Berechnungen soll die Zahl im Jahre 2030 voraussichtlich auf 4,5 Mio. steigen, was eine Verdoppelung wäre. Um diese Pflege und medizinische Versorgung abzufangen, bedarf es einer Erweiterung der Personalressourcen in Pflegeheimen, ambulanten Diensten und Krankenhäusern, was durch den vorherrschende Fachkräftemangel ein scheinbar unlösbares Dilemma darstellt (vgl. Statistisches Bundesamt 2010, S. 23 ff.).

Neben den älter werdenden Patienten und dem damit verbundenem Anspruch an den Arbeitsalltag, steht das Krankenhauspersonal vor einer weiteren Herausforderung des de-

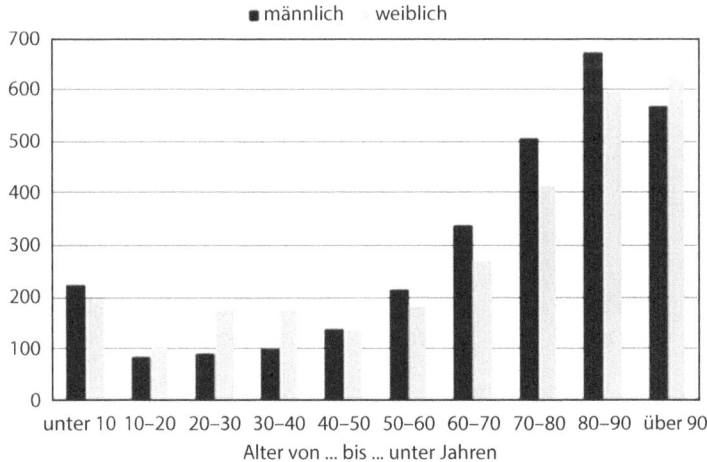

Abb. 5 Krankenhausfälle je 1000 Einwohner nach Alter und Geschlecht 2008. (Quelle: Statistisches Bundesamt 2017)

mografischen Wandels, denn dies führt zu einer längeren Lebens- und damit auch zu einer verlängerten Lebensarbeitszeit. Konsequenzen ergeben sich daraus für die betriebliche Personalpolitik und die damit verbundene Förderung und Erhaltung der Gesundheit der Mitarbeiter, um einer weiteren Auswirkung auf den Fachkräftemangel entgegen zu wirken (vgl. Rimbach 2013).

3.2 Ursachen und Auswirkungen des Fachkräftemangels im Gesundheitswesen

Gegenwärtig spielen Faktoren wie der Mangel an Nachwuchs- und Fachkräften, eine fortschreitende Feminisierung und damit verbundene Teilzeitquote und zunehmend ältere Mitarbeiter in Bezug auf die Personalsituation im Gesundheitswesen eine Rolle (vgl. Happach 2013, S. 97). Dahingehend war, im Hinblick auf die Ergebnisse des Statistischen Bundesamtes, der Anstieg an Fachpersonal im Gesundheitssektor Krankenhaus, im Vergleich zum Anstieg der Zahl Pflegebedürftiger, kaum zu bemerken (Abb. 6).

Nach einer Studie der PricewaterhouseCoopers AG (PwC) und der Wirtschaftsforschung (WiFo) der Hochschule Darmstadt sollen bereits 2020 nahezu 56.000 Ärzte und gut 140.000 nichtärztliche Fachkräfte fehlen. Zehn Jahre später soll sich dieser Personalengpass sogar vervierfachen. Die Nachfrage ärztlicher und nichtärztlicher Leistungen

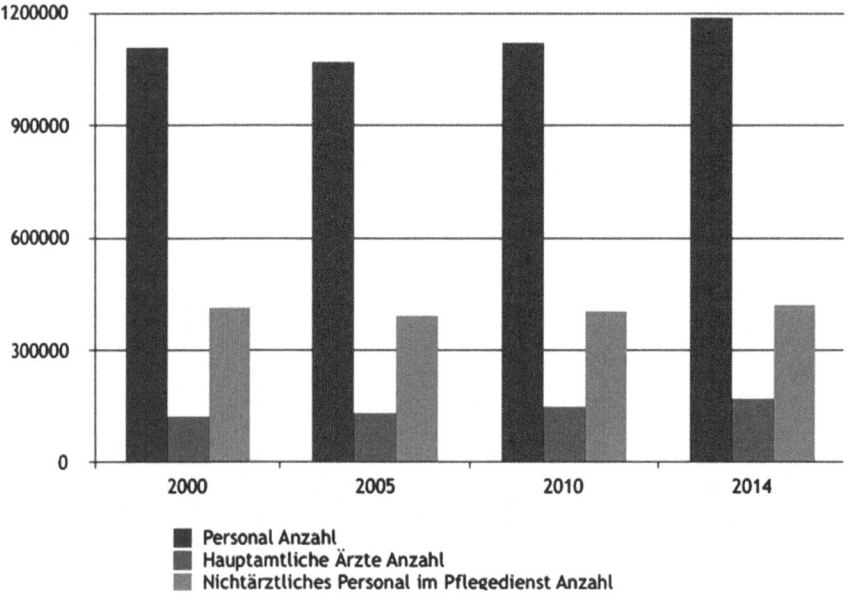

Abb. 6 Entwicklung Fachkräfte im Gesundheitssektor. (Quelle: eigene Darstellung, in Anlehnung an das Statistische Bundesamt 2017)

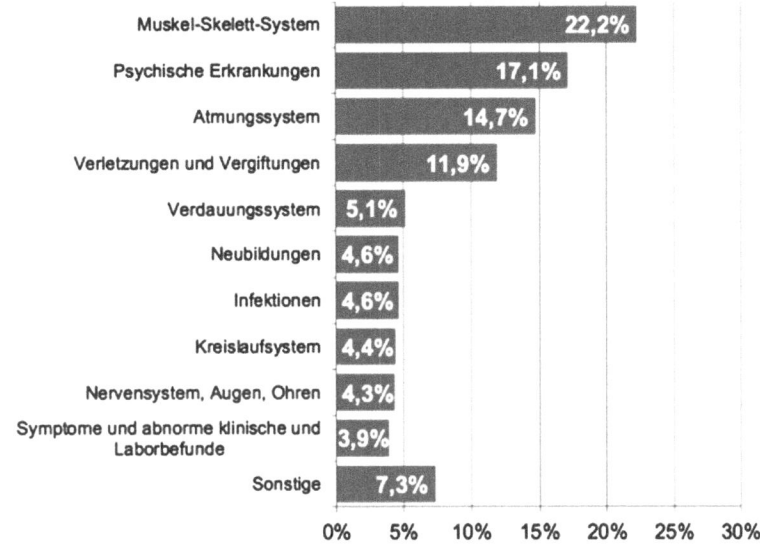

Abb. 7 Anteile der zehn wichtigsten Krankheitsarten an den AU-Tagen. (Quelle: DAK-Gesundheit 2016, S. 248, Z. 11)

steigt, gleichzeitig gehen vermehrt Fachkräfte in den Ruhestand. Der Nachwuchs bleibt gering. So werden im Jahr 2030, 400.000 Gesundheits- und Krankenpfleger und Pflegehelfer fehlen. Dies bringt nicht nur eine gravierende Versorgungslücke, sondern auch eine enorme Belastung des bestehenden Personals mit sich (PwC 2010, S. 10).

Um dem Fachkräftemangel und damit verbundenen Personalengpässen entgegenzuwirken, muss neben der Optimierung der Wertschöpfungskette auch die Attraktivität des Berufes gesteigert werden. Dazu gehören nicht nur finanzielle Anreize, sondern im besonderen intrinsische Faktoren, wie die Vereinbarkeit von Familie und Beruf, innovative Arbeitszeitmodelle und eine gesundheitsfördernde Arbeitsumgebung, um dem Ausstieg aus dem Beruf und gesundheitsbedingter Frühverrentung entgegen zu wirken (PwC 2010, S. 11 ff.).

3.3 Besondere Herausforderungen an Mitarbeiter im Gesundheitswesen

Neben den oben genannten Gründen für steigende Anforderungen an die Mitarbeiter im Gesundheitswesen, gibt es eine Reihe weiterer spezifischer Herausforderungen. Diese können sich belastend auf die Gesundheitserhaltung auswirken.

Der derzeit aktuellste Gesundheitsreport der DAK beschreibt, dass gerade Dienstleistungsunternehmen und Unternehmen des öffentlichen Dienstes in einem starken Wettbewerbsdruck stehen. Gründe dafür sind das fortschreitende Allokationsproblem, Rationalisierungsmaßnahmen und der Personalabbau. Dies führt zu folgenschweren Belastungs-

Abb. 8 Unterscheidung
Prävention und Gesundheitsförderung. (Quelle: Rimbach
2013, S. 30)

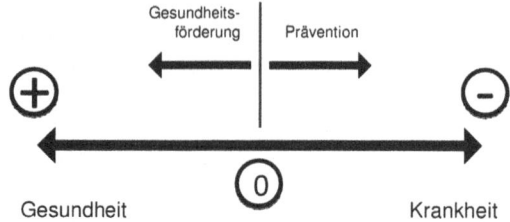

situationen und Stress bei dort tätigen Mitarbeitern (vgl. Storm 2017). Neben diesen
Stressoren sind physische und psychische Einflussfaktoren auf die Gesundheit nicht außer
Acht zu lassen. Erkrankungen des Muskel-Skelett-Systems sowie psychische Erkrankun-
gen (vgl. Abb. 7) zählen mit 54 % zu den Hauptursachen für Arbeitsunfähigkeit (vgl.
Gesundheitsreport DAK 2017).

Die Ergebnisse der Erwerbstätigenbefragung des BIBB und der BAuA 2012 zeigen,
dass dabei das Gesundheits- und Sozialwesen im Besonderen betroffen sind. Dabei wurde
die physische Belastung durch das Arbeiten im Stehen hervorgehoben, 83 % der Beschäftigten in der Pflege verrichten die Arbeit im Stehen. Das Heben schwerer Lasten gehöre
ebenfalls zum Berufsalltag. Eine hohe Arbeitsintensität, z. B. das gleichzeitige Ausführen
verschiedener Tätigkeiten, führt zu enormen psychischen Belastungen. Über das Arbeiten
an der Leistungsgrenze berichteten ebenfalls Befragte aus dem Gesundheits- und Sozialwesen. Durch die zunehmende Feminisierung steht die Vereinbarkeit von Familie und
Beruf vor einer Herausforderung und ist häufig auf die Schichtarbeit und Wochenend-
dienste zurückzuführen (BIBB und BAuA 2012). Wie auf diese und weitere Faktoren
durch Maßnahmen der Gesundheitsförderung und -prävention (vgl. Abb. 8) eingegangen
werden kann, wird nachfolgend beschrieben.

4 BGM im Krankenhaus

Die Hauptziele eines BGMs im Krankenhaus sollten eine gesunde Arbeit, gesunde Mitarbeiter sowie eine gesunde Umwelt sein, um ökonomische und qualitative Verbesserungen,
z. B. in Form der Leistungsbereitschaft, zu erreichen (vgl. Rimbach 2013, S. 30).

Nach Rudow sind Gesundheitskultur, Gesundheitszustand, Organisationsklima, gesunde Organisationsstruktur, Arbeitsstruktur, Arbeitsumgebung, Gesundheitsverhalten, gesunde und dienstliche Produkte die Hauptziele eines BGMs im Krankenhaus (vgl. Rudow
2004, S. 24).

Daraus resultierend, leiten sich die individuellen Maßnahmen ab. Diese sind als Ge-
samtheit zu betrachten, da sie entweder präventiv Krankheiten vermeiden oder gesund-
heitsfördernd die Gesundheit der Mitarbeiter erhalten.

Somit wird parallel zur Gesundheit auch die krankenhausinterne Motivation gesteigert, was die jährlichen Fehlzeiten verringert. Wichtig ist, dass die Führungsebene hinter

dem BGM steht und die damit einhergehende Philosophie kontinuierlich vertritt. Die Umsetzung des BGMs muss in die betrieblichen Strukturen integriert werden, damit in der allgemeinen Politik des Krankenhauses die BGM-Prozesse und -Organisation zusammen mit der BGM-Umsetzung vorangetrieben werden können. Somit wird eine projektübergreifende Leitbildentwicklung stattfinden, die die Maßnahmen steuern und koordinieren kann. Voraussetzung ist, dass ausreichend personelle, finanzielle und zeitliche Ressourcen bereitstehen. Betriebliches Gesundheitsmanagement verbessert sich dann kontinuierlich selbst, sodass Kosten gesenkt, die Patientenzufriedenheit und Mitarbeiterbindung gesteigert, Leistungsfähigkeit und Wohlbefinden optimiert werden können. Dies allerdings nur, wenn die Mitarbeiter auch angesprochen werden, sich persönlich zu beteiligen. Denn Gesundheit und Wohlbefinden können nicht erzwungen werden. Die notwendige Motivation wird gesteigert, wenn die Mitarbeiter in den gesundheitsbetrieblichen Anstrengungen einen Gewinn erkennen können. Transparenz, Gestaltungsspielräume und Anerkennung steigern das Wohlbefinden. Dialogangebote und Vertrauensvorschüsse können die BGM-Teilnahme in einem Krankenhaus ebenfalls steigern (vgl. Rimbach 2013, S. 29 ff.).

4.1 Arbeitssicherheit im Krankenhaus

Einer der wohl wichtigsten Aspekte der Arbeitssicherheit in einem Krankenhaus ist die Hygiene. Jährlich erkranken ca. eine halbe Million Patienten an Krankenhausinfektionen, wovon 15.000 sterben. Das Infektionsschutzgesetz (IfSG), erarbeitet mit der Kommission für Krankenhaushygiene und Infektionsprävention beim Robert-Koch-Institut (KRINKO), enthält eine Reihe von Maßnahmen zur Verhütung und Bekämpfung nosokominaler Infektionen. Im Jahr 2013 wurde zudem das Hygienesonderprogramm aufgestellt, um Krankenhäuser mit mehr Hygienepersonalstellen auszustatten. Die einfachste und zugleich wichtigste Maßnahme ist allerdings nach wie vor das permanente Desinfizieren der Hände (vgl. Bundesministerium für Gesundheit 2017).

Ein weiterer Hauptaspekt, angelehnt an den Arbeitsschutz, ist die körperliche Arbeit. Verrichten Mitarbeiter langfristig körperlich schwere Arbeit, lernen sie nicht nur wenig zum Arbeitsprozess dazu, sondern leiden erhöht unter einem körperlichen Verschleiß. Deswegen ist BGM mit einer gesundheitsfördernden Wirkung im Krankenhaus wichtig (vgl. Rimbach 2013, S. 79).

Die Statistiken des demografischen Wandels, wie auch des Fachkräftemangels zeigen, dass Mitarbeiter verschiedener Lebensabschnitte im Gesundheitswesen tätig sind. Zunehmend ältere Mitarbeiter sind in der Personalsituation zu berücksichtigen (vgl. Happach 2013, S. 97).

Lebenszyklusorientiertes Personalmanagement ist eine sinnvolle Methode, um auf die veränderten Lebensbedingungen der Mitarbeitenden einzugehen. Das Ziel ist es, die Arbeitsbedingungen nachhaltiger zu gestalten, um eine bessere Vereinbarkeit von Arbeit und Privatleben zu gewährleisten. So können Überlastungen vermieden und bei den Beschäftigten eigene salutogenetische Ressourcen aktiviert werden. Dies geschieht durch das Aufzeigen von sinnhaften Entwicklungsperspektiven. Hierbei handelt es sich um eine wichtige Komponente, um den Erhalt der Arbeitsfähigkeit zu gewährleisten und präventiv gegenüber gesundheitlichen Beeinträchtigungen zu handeln (vgl. Gerlmaier et al. 2016, S. 75).

Eine entsprechende strategische Implementierung bietet das EFQM-Modell (European Foundation for Quality Management). Es bietet nicht nur eine ganzheitliche Sichtweise, sondern berücksichtigt sowohl die Ergebnisse als auch die notwendigen Voraussetzungen eines BGMs. Grundsätzlich setzt das Modell zwei Schwerpunkte, die Befähigungs- und die Ergebniskriterien. Die Ersteren richten sich nach der Führungsebene mit der jeweiligen Politik bzw. Strategie. Die Ergebniskriterien richten sich auf mitarbeiterbezogene Ergebnisse. Die Vorteile des Modells sind:

1. Es bietet eine Kompassfunktion und zeigt somit auf, wie die Anforderungen zu integrieren sind.
2. Es beinhaltet einen Konsensfindungsprozess und unterstützt somit die Abstimmung zwischen den Akteuren und den Ressorts.
3. Es unterstützt die ergebnisorientierte Steuerung, indem es Meilensteine und Erfolgsgrößen definiert.
4. Es zeigt Schwächen und Stärken auf, sodass bei knappen Ressourcen die Priorisierung erfolgen kann.
5. Es hat einen anerkannten Referenzrahmen (vgl. Treier und Uhle 2013, S. 189).

4.2 Betriebliches Eingliederungsmanagement im Krankenhaus

Die Zunahme von Mehrfachbelastungen wirkt sich auf die Gesundheit aus, sodass ein Zusammenhang zwischen gesundheitlichen Problemen und den Arbeitsbedingungen besteht. Chronische Beschwerden können die Folge sein. Hier setzt das betriebliche Eingliederungsmanagement (BEM) an, um präventiv entgegen zu wirken. Als Säule des BGMs tritt es erst seit 2004 im § 84 Absatz 2 SGB IX auf. Darin wird festgelegt, dass ein Krankenhaus als ein Arbeitgeber alle Mitarbeiter, die innerhalb von 12 Monaten mind. 6 Wochen krank waren, wieder eingliedern muss mit dem Ziel, die Beschäftigungsfähigkeit positiv zu stabilisieren. Dabei gibt es kurz- bis langfristige Ziele: Kurzfristige Ziele können der präventive Schutz vor erneuter Krankheit, die Vermeidung einer Kündigung sowie die Überwindung der Arbeitsunfähigkeit sein. Mittel- bis langfristige Ziele können dagegen Erhaltung und Förderung der Gesundheit, die Vermeidung von Folgeerkrankungen, die Sicherung des Arbeitsplatzes und die Vernetzung des BEMs mit der krankenhausinternen Gesundheitspolitik sein.

Der Gesetzgeber definiert Ziele und Maßnahmen des BEMs und regelt die Beteiligung des betriebsärztlichen Dienstes. Betriebliches Einliederungsmanagement umfasst auch Informationen, Sensibilisierung, fallbezogene Beratung und Vernetzung von entsprechenden Leistungen und Angeboten und verbindet auch im Krankenhaus die Rehabilitation und die

Gesundheitsprävention. Die Gesetzestexte zum BEM formulieren aber keine systematische Einführung oder Vorgehensweise. Daher empfiehlt sich, ein eigenes, einheitliches
und systematisches Verfahren zu generieren. Betriebliche Eingliederungsmanagement-
teams kommunizieren in erster Linie kontinuierlich mit Vertretern der Schwerbehinder-
ten, einem Mitglied des Betriebs- und/oder Personalrats, einem Arbeitgeberbeauftragten
bzw. der Personalabteilung, einem Vertreter der Arbeitssicherheit und Vertretern aller Un-
ternehmensbereiche inkl. Betriebsarzt. Hinzu kommt das in der Regel bekannte BEM-
Gespräch mit dem Betroffenen. Hier können Erkenntnisse zu belastenden Faktoren, zum
konkreten Arbeitsplatz, dessen Ausstattung, die Arbeitsinhalte, die Zusammenarbeit in
den Teams und mit den Führungskräften gewonnen werden. Weiter sollten strukturelle und
individuelle Abläufe festgehalten werden. Es muss die Mitwirkungspflicht des einzelnen
Beschäftigten geregelt werden, Daten müssen unter entsprechenden Berücksichtigungen
gesichtet, bewertet und ggf. notwendige Handlungsbedürfnisse erbracht werden. Zudem
sind Dokumentationspflichten ratsam, um das Eingliederungsmanagement, welches eng
am BGM liegen sollte und vom Integrationsteam gesteuert wird, konkreter anpassen zu
können. Auch Schulungsangebote sind ratsam. Nach Rimbach (2013) können folgende
sieben strukturschaffende Schritte durchgeführt werden:

1. Festhalten der Arbeitsunfähigkeitsdaten
2. Erstaufnahme zum Betroffenen
3. Führung eines Eingliederungsgesprächs
4. Individuelle Erörterung zum Handlungsbedarf und zu den daraus folgenden Unterstützungsmöglichkeiten
5. Konkrete Maßnahmen für das BEM
6. Umsetzung der Maßnahmen
7. Evaluierung der Effizienz der Maßnahmen.

Dieser Verlauf ist ein Kreislauf, der sich stetig verbessern kann. Die gewonnenen Erkenntnisse zur optimierten betrieblichen Gesundheitssituation eines Krankenhauses sind
zugleich eine systematische Ergebniskontrolle. Ein erfolgreiches BEM funktioniert nur
unter der Beteiligung von Arbeitgeber und Interessenvertretung, wenn diese glaubwürdig
an den Betroffenen herantreten, ihm Ziele und Wirkungen veranschaulichen und somit
das BEM mit Dialog und entsprechenden Maßnahmen umsetzen. Diese interdisziplinäre
Zusammenarbeit kann zur gesunden Organisation und verbesserten Unternehmenskultur
führen und zudem einen Reputationsgewinn mit sich bringen. Mitarbeiterbindung und
Motivation sind zusammen mit einer Leistungssteigerung die positiven Wirkungen eines
erfolgreichen BEMs (vgl. Rimbach 2013, S. 51 ff.).

4.3 Betriebliche Gesundheitsförderung im Krankenhaus

Diese BGM-Säule befasst sich mit der gesundheitsfördernden Arbeit im Krankenhaus. Entsprechende Bedingungen sind hier zu erbringen: Zum einen sollen die Menschen ihre Gesundheit selbst stärker fördern, zum anderen müssen Krankenhäuser die Rahmenbedingungen dafür schaffen können. Dazu bedarf es einer Gesundheitskompetenz auf beiden Seiten. Das arbeitende Individuum, welches sowohl Betroffener als auch Experte des Arbeitsplatzes ist, sollte erkennen können, wodurch die eigene Gesundheit belastet sein kann. Dazu verhelfen das Betriebliche Gesundheitsmanagement und die Personalentwicklung. Sie helfen internal bei der Entwicklung der Gesundheitskompetenz, um Stressoren zu erkennen und abbauen zu können und gesundheitsfördernde Ressourcen zu mobilisieren bzw. entsprechende Angebote motiviert annehmen zu können. Auf der betrieblichen Seite hingegen stehen die externen Ressourcen, z. B. Führung, Arbeitsgestaltung und Organisationsentwicklung. Diese definieren die Rahmenbedingungen der Arbeitnehmer. Damit einhergehend ist die Bewusstmachung dieser Gestaltungsrolle maßgeblich. Das Konzept eines Krankenhauses sollte die Ressourcen und die Motivation fördern und die Stressoren und Belastungen mindern. Daraus resultierend können Maßnahmen abgeleitet werden, die auf die Verhaltensmöglichkeiten der Beschäftigten abzielen. Das können z. B. altersgerechte Sport-, Bewegungs-, Stressbewältigungs- oder Entspannungsangebote sein. Diese können die Leistungsfähigkeit und die Zufriedenheit verbessern, wie mehrere wissenschaftliche Studien belegen. Außerdem kann die betriebliche Gesundheitsförderung zur Drosselung der Morbidität führen. Fördernd wirken hier eine verbesserte Verhältnisprävention, wie z. B. beim Betriebsklima, bei der Unternehmenskultur oder bei der Maßnahmenrealisierung. Letztere sollte partizipativ und nicht korrektiv sein (vgl. Rimbach 2013, S. 55 ff.).

Eine Besonderheit ergibt sich im Krankenhaus im Vergleich zu anderen Unternehmen bei der Umsetzung von verhältnispräventiven Maßnahmen. Die Mitarbeiter verfügen auf Grund ihres Berufes über Fachwissen, welches in den Bereich der Gesundheitsförderung fällt. Durch das Wissen der Mitarbeiter können z. B. Gesundheitstage mit Hilfe von internen Ressourcen geplant werden. So können Mitarbeiter aus der Psychotherapie, Physiotherapie oder auch der Betriebsarzt Vorträge und Workshops für die Kollegen anbieten. Dies hat den Vorteil, dass Kosten eingespart werden und der Wissenstransfer intern genutzt werden kann. Zusätzlich haben die Mitarbeiter die Möglichkeit, bei Nachfragen direkt auf den Kollegen zugehen zu können. Dies ist häufig beim Einsatz von externen Beratern im Nachhinein nicht mehr möglich. Es hat sich zudem gezeigt, dass die Ausbildung von Gesundheitslotsen meist schon auf einem hohen Wissensstand der beteiligten Mitarbeiter aufbauen konnte. Die Gesundheitslotsen konnten so schneller und gezielter eingesetzt werden, um ihre Kollegen zu gesundheitsförderlichem Verhalten zu sensibilisieren und Informationen über das BGM im Krankenhaus weiterzugeben. Des Weiteren können in der Klinik gezielte Beratungen zu Gesundheitsthemen durch die Mitarbeiter angeboten werden.

5 Fazit

Betriebliches Gesundheitsmanagement ist ein aktuelles Thema in Deutschland, welches auf Grundlage der Ottawa-Charta schon seit 1986 als Prozess verstanden wird, um Menschen zu gesundheitsfördernden Verhalten zu sensibilisieren. Die Erkenntnis, dass sowohl das eigene Verhalten als auch das Umfeld eine Beeinflussung darstellen, spiegelt sich vor allem in den Meilensteinen der BGM-Entwicklung wider.

Insbesondere in Krankenhäusern hat das BGM aufgrund des demografischen Wandels, des Fachkräftemangels, der steigenden Erkrankungen im Bereich der psychischen Belastungen und der Muskel-Skeletterkrankungen eine bedeutende Rolle inne. Die Prozessoptimierung durch ein EFQM-Modell, vor allem im Bereich der lebensphasenorientierten Personalentwicklung, kann die Arbeitsfähigkeit im Krankenhaus langfristig erhalten.

Durch das Einsetzen von technischen Innovationen im Gesundheitsmanagement und das Bewusstmachen, dass Führungskräfte als Vorbilder und Visionäre im Bereich der Gesundheit agieren sollten, können sowohl die psychische Gesundheit als auch die flächendeckende Gesundheitsförderung gestärkt werden. In der tertiären Prävention ist das Durchführen eines strukturierten BEMs erforderlich.

Die Trendthemen im Betrieblichen Gesundheitsmanagement sollten in Krankenhäusern gezielt umgesetzt werden. Sensibilisierung und Empowerment der Mitarbeiter durch den Einsatz von Gesundheitslotsen, Durchführung von Gesundheitstagen und niedrigschwelligen Maßnahmen können gerade in diesem Bereich viel bewirken.

Das Krankenhauswesen hat eine besondere Chance durch das Know-how der eigenen Mitarbeiter, das richtig eingesetzt, die Gesundheitsförderung im Unternehmen weiter voranbringen kann. Die Mitarbeiter sind sowohl Experten in ihren eigenen Bereichen als auch in verschiedenen Gesundheitsbereichen und können sich somit gegenseitig im Unternehmen sensibilisieren und motivieren.

Literatur

Arbeitsschutzgesetz. §§ 2 ff. https://www.gesetze-im-internet.de/arbschg/__1.html. Zugegriffen: 02. Mai 2017

Aronsson et al (2011) In: Steinke M, Badura B (Hrsg) Präsentismus. Ein Review zum Stand der Forschung. https://www.baua.de/DE/Angebote/Publikationen/Berichte/Gd60.pdf?__blob=publicationFile. Zugegriffen: 27. Apr. 2017

Badura B, Ducki A, Schröder H, Klose J, Meyer M (Hrsg) (2015) Fehlzeiten-Report 2015. Springer, Berlin Heidelberg

Badura B, Ducki A, Schröder H, Klose J, Meyer M (Hrsg) (2016) Fehlzeiten-Report 2016. Springer, Berlin Heidelberg

BIBB/BAuA (2012) Erwerbstätigenbefragung. https://www2.bibb.de/bibbtools/tools/dapro/data/documents/pdf/eb_21304.pdf. Zugegriffen: 3. Mai 2017

BKK Dachverband (2014) Die Luxemburger Deklaration zur Betrieblichen Gesundheitsförderung. http://www.bkk-dachverband.de/fileadmin/publikationen/luxemburger_deklaration/Luxemburger_Deklaration.pdf. Zugegriffen: 2. Mai 2017

Bundesministerium für Gesundheit (2017) Krankenhaushygiene. https://www.bundesgesundheitsministerium.de/themen/krankenversicherung/stationaere- versorgung/krankenhaushygiene.html. Zugegriffen: 3. Mai 2017

Bundesministerium für Arbeit und Soziales, Bundesanstalt für Arbeitsschutz und Arbeitsmedizin (2014) Sicherheit und Gesundheit bei der Arbeit 2014. https://www.baua.de/DE/Angebote/Publikationen/Berichte/Suga-2014.pdf?__blob=publicationFile&v=18. Zugegriffen: 27. Apr. 2017

DAK-Gesundheit (2017) AU-Daten. Anteile der zehn wichtigsten Krankheitsarten an den AU-Tagen. https://www.dak.de/dak/download/gesundheitsreport-2017-1885298.pdf. Zugegriffen: 3. Mai 2017

Fischer F, Krämer A (2016) eHealth in Deutschland. https://books.google.de/books?id=GjceDQAAQBAJ&printsec=frontcover&dq=Fischer+eHealth+in+Deutschland&hl=de&sa=X&ved=0ahUKEwjJgMPjodjTAhUxb5oKHWhYAi8Q6AEIKTAA#v=onepage&q=Fischer%20eHealth%20in%20Deutschland&f=false. Zugegriffen: 21. Apr. 2017

Gerlmaier A et al (2016) Praxishandbuch lebensphasenorientiertes Personalmanagement. Springer Gabler, Wiesbaden

Ghadiri A, Ternés A, Peters T (2016) Trends im Betrieblichen Gesundheitsmanagement – Ansätze aus Forschung und Praxis. Springer Gabler, Wiesbaden

Giesert M, Reiter D, Reuther T (2013) Neue Wege im Betrieblichen Eingliederungsmanagement. http://www.neue-wege-im-bem.de/sites/neue-wege-im-bem.de/dateien/dgb_hdaf_jan_2013_web.pdf. Zugegriffen: 2. Mai 2017

Happach R (2013) Altersgerechtes Arbeiten. In: Entwicklung und Realisierung eines integrierten betrieblichen Gesundheitsmanagements in Krankenhäusern. Hampp, München, Mering

Hinterhuber H, Krauthammer E (2015) Leadership – mehr als Management. https://books.google.de/books?id=UPs5BQAAQBAJ&pg=PA31&dq=leadership+haus&hl=de&sa=X&ved=0ahUKEwiJ6IvjrMTTAhXTKiwKHe9GCuQQ6AEIJzAB#v=onepage&q=leadership%20haus&f=false. Zugegriffen: 27. Apr. 2017

Kaminski M (2013) Betriebliches Gesundheitsmanagement für die Praxis. Springer Gabler, Wiesbaden

Matyssek A (2013) Vortrag: Self Care, was können Sie als Arbeitsschützer für sich selbst tun? http://www.dguv.de/medien/landesverbaende/de/veranstaltung/tda/2013/documents/01_matyssek.pdf. Zugegriffen: 28. Apr. 2017

PricewaterhouseCoopers (2010) Stationärer und ambulanter Bereich bis zum Jahr 2030. http://www.pwc.de/de/gesundheitswesen-und-pharma/assets/fachkraeftemangel.pdf. Zugegriffen: 2. Mai 2017

Rimbach A (2013) Entwicklung und Realisierung eines integrierten betrieblichen Gesundheitsmanagements in Krankenhäuser. Betriebliches Gesundheitsmanagement als Herausforderung für die Organisationsentwicklung. Hampp, München

Rudow B (2004) Das gesunde Unternehmen. Hampp, München

Sozialgesetzbuch (SGB) Neuntes Buch (IX). § 84 Prävention. https://www.gesetze-im-internet.de/sgb_9/__84.html Zugegriffen: 02. Mai 2017

Statistisches Bundesamt (2010) Demografischer Wandel in Deutschland – Auswirkungen auf Krankenhausbehandlungen und Pflegebedürftige, Heft 2. https://www.destatis.de/DE/Publikationen/Thematisch/Bevoelkerung/DemografischerWandel/KrankenhausbehandlungPflegebeduerftige.html. Zugegriffen: 2. Mai 2017

Statistisches Bundesamt (2011) Demographischer Wandel in Deutschland – Bevölkerungs- und Haushaltsentwicklung im Bund und in den Ländern, Heft 1. https://www.destatis.de/DE/Publikationen/Thematisch/Bevoelkerung/DemografischerWandel/KrankenhausbehandlungPflegebeduerftige.html. Zugegriffen: 2. Mai 2017

Statistisches Bundesamt (2017) eHealth. https://de.statista.com/outlook/312/137/ehealth/deutschland. Zugegriffen: 21. Apr. 2017

Storm A (2017) DAK Gesundheitsreport – Beiträge zur Gesundheitsökonomie und Versorgungsforschung, Band 16. https://www.dak.de/dak/download/gesundheitsreport-2017-1885298.pdf. Zugegriffen: 3. Mai 2017

Ternés A, Klenke B, Jerusel M, Schmidtbleicher B (2017) Integriertes Betriebliches Gesundheitsmanagement. Springer Gabler, Wiesbaden

Treier M, Uhle T (2013) Betriebliches Gesundheitsmanagement. Springer, Duisburg

Uhle T, Treier M (2015) Betriebliches Gesundheitsmanagement. Springer, Berlin Heidelberg

Vitaliberty (2017) https://www.corporate-moove.de/management/#psychische-gb. Zugegriffen: 21. Apr. 2017

Von Runstedt (2016) Pressemitteilung. Nachholbedarf bei der Fehlerkultur in Deutschlands Unternehmen. http://www.rundstedt.de/presse/pressemitteilungen/talents-trends-fehlerkultur/. Zugegriffen: 27. Apr. 2017

Weigert J (2004) Der Weg zum leistungsstarken Qualitätsmanagement. https://books.google.de/books?id=BA_h_T78mKcC&pg=PA68&dq=pdca++deming&hl=de&sa=X&ved=0ahUKEwjFiMX0n9jTAhXSZpoKHZbzDdgQ6AEIjjAA#v=onepage&q=pdca%20%20deming&f=false. Zugegriffen: 21. Apr. 2017

WHO (2013) Ottawa-Charta zur Gesundheitsförderung. EUROPA. WHO-autorisierte Übersetzung: Hildebrandt/Kickbusch. http://www.euro.who.int/__data/assets/pdf_file/0006/129534/Ottawa_Charter_G.pdf. Zugegriffen: 2. Mai 2017

WHO (2018) eHealth at WHO. http://www.who.int/ehealth/about/en. Zugegriffen: 5. Apr. 2018

Benjamin Klenke ist Dozent für Betriebliches Gesundheitsmanagement an der Hochschule Bonn Rhein Sieg in St. Augustin und bereits seit 2011 bildet er im Sinne der Weiterbildung zum TÜV-Zertifizierten Präventions- und Gesundheitsmanager an der TÜV Süd Akademie aus. Vor seiner Tätigkeit bei der brainLight GmbH war er Projektmanager bei EuPD Reseach und entwickelte das erste Qualitätsmodell für Betriebliches Gesundheitsmanagement mit. Ferner ist Benjamin Klenke Mitgründer des Corporate Health Awards, sowie Autor und Mitherausgeber diverser Fachpublikationen, wie z.B: des Corporate Health Jahrbuchs 2011–2014 und Trends im Betrieblichen Gesundheitsmanagement.

Corporate Social Responsibility (CSR) und Leadership im Gesundheitswesen

Josef Menzel und Heribert Jaklin

1 Einführung

1.1 Definition Gesundheit der Weltgesundheitsorganisation WHO

Gesundheit ist ein Zustand völligen psychischen, physischen und sozialen Wohlbefindens und nicht nur das Freisein von Krankheit und Gebrechen. Sich des bestmöglichen Gesundheitszustandes zu erfreuen ist ein Grundrecht jedes Menschen, ohne Unterschied der Rasse, der Religion, der politischen Überzeugung, der wirtschaftlichen oder sozialen Stellung (WHO 2017).

Klinisch wird der Begriff der Gesundheit z. Zt. in der Tagesarbeit oft auf die Dimension des Physischen reduziert. Für unsere Betrachtung der Gesundheit beziehen wir für die ärztliche Heilungsverantwortung neben dem Körper, den Verstand, die Psyche und die Natur jedes Menschen (vergleichbar mit der Seele bei christlichen Religionen) mit ihren gegenseitigen Einflüssen und Abhängigkeiten ein.

Sicher kann damit Gesundheit kein genau abgrenzbarer Befund sein. Für unser Thema CSR und Führung reicht es aus, wenn möglichst so geführt werden kann, dass in oben genannten vier Bereichen das jeweilige Mindestmaß an jeder Ressource für die erfolgreiche Bewältigung der Anforderungen des täglichen Lebens vorhanden ist. Dies gilt für die Entwicklung des Verantwortlichen sowie für möglichst alle in diesem Verantwortungsbe-

J. Menzel (✉)
Direktor der Medizinischen Klinik II
Krumenauerstraße 25, 85049 Ingolstadt, Deutschland
E-Mail: josef.menzel@t-online.de

H. Jaklin
Dir. Deutsche Bank AG i. R. z. Zt. freiberufl. Tätigkeit Unternehmensberatung, Coach
Spessartweg 26, Erlangen, Deutschland
E-Mail: heribert@jaklin.de

© Springer-Verlag GmbH Deutschland, ein Teil von Springer Nature 2018   259
K. Keller und F. Lorenz (Hrsg.), *CSR im Gesundheitswesen*,
Management-Reihe Corporate Social Responsibility,
https://doi.org/10.1007/978-3-662-55937-6_14

reich tätigen Mitarbeiter gleichermaßen. Damit sind auch die positiven Einflüsse für die Heilung der Patienten nachhaltig vorhanden.[1]

1.2 Definition Gesundheitswesen

Das Gesundheitswesen eines Landes umfasst alle Personen, Organisationen, Einrichtungen, Regelungen und Prozesse, deren Aufgabe die Förderung und Erhaltung der Gesundheit sowie die Vorbeugung gegen und die Behandlung von Krankheiten und Verletzungen ist (Wikipedia 2017a).

1.3 Definition Krankenhaus

Ein Krankenhaus ist eine Einrichtung, in der durch jederzeit verfügbare ärztliche, pflegerische und medizinisch-technische Hilfeleistung Krankheiten, Leiden oder Körperschäden festgestellt, geheilt oder gelindert werden sollen oder Geburtshilfe geleistet wird und in der die zu versorgenden Personen untergebracht und verpflegt werden können. Neben der stationären Behandlung werden Patienten in Krankenhäusern auch ambulant oder teilstationär behandelt (Pflegewiki 2017).

1.4 Aufgaben eines Krankenhauses

Das moderne Krankenhaus ist ein Dienstleistungsanbieter im Sektor Gesundheitswesen und seine Aufgaben liegen darin, den kranken, leidenden und hilfesuchenden Menschen Diagnostik, Therapie und Pflege zum Zwecke der medizinischen Rehabilitation oder der angemessenen palliativen Begleitung bei unheilbarer Erkrankung anzubieten. Diese Aufgabe wird als Krankenhausbehandlung bezeichnet und umfasst die Bereiche:

- Notfallbehandlung
- Vollstationäre und teilstationäre Behandlungen
- Vorstationäre und nachstationäre Behandlungen
- Ambulante Behandlung
- Rehabilitative Behandlung . . .

Da in Krankenhäusern immer neben der Pflege auch eine medizinische Versorgung rund um die Uhr gewährleistet wird, bieten sie auch eine medizinische Notfallversorgung an, meistens über eine Rettungsstelle oder über eine zentrale Notaufnahme, Ambulanz oder Poliklinik. Die Ausstattung und personelle Kapazität für diese Art der Notfallversorgung sind sehr unterschiedlich. Mehrere Studien zeigen, dass mit der Anzahl der Fälle auch die Qualität der Versorgung ansteigt.

---

[1] Wir beschränken uns hier bei der Betrachtung auf Kliniken in Deutschland ohne Fach-Spezialkliniken.

Zum Ende eines Klinikaufenthalts müssen Überlegungen zur Nachsorge angestellt werden. Mit Pflegeüberleitung wird die Organisation und Koordination der häuslichen Versorgung und Pflege der entlassenen Patienten durch Mitarbeiter der Klinik und der Sozialstationen benannt. Eventuell folgt auch eine Heimaufnahme zur ständigen stationären Pflege (= Pflegeheim o. Ä.) (Wikipedia 2017b).

1.5   Organisationsstruktur eines Krankenhauses

Die Organisationsstruktur eines Krankenhauses teilt sich in die Leistungsbereiche Medizin, Pflege, Hauswirtschaft mit Speisenversorgung, Verwaltung und Technikdienste. Dabei wird der medizinische Bereich unter ärztlicher Leitung organisiert, die Pflegedienstleitung ist verantwortlich für den Pflegebereich (insbesondere für den Pflegepersonaleinsatz), für die übrigen Bereiche ist die Verwaltungsleitung zuständig. Die Teilbereichsleitungen bilden oft eine kollegiale Gesamtleitung. Es kann aber auch eine übergeordnete Geschäftsführung geben. In kleineren Einrichtungen ist der Verwaltungsleiter meist gleichzeitig Geschäftsführer der Krankenhausgesellschaft. Die Leitung muss sich gegenüber den zuständigen Gremien des Krankenhausträgers, z. B. der Gesellschafterversammlung, dem Aufsichtsrat oder dem Vorstand verantworten. Eine Stabsabteilung Qualitätsmanagement steht der Geschäftsführung in beratender Funktion zur Seite, ebenso wie das wirtschaftliche Controlling (Pflegewiki 2017).

Einzelne Kliniken, unabhängig von der jeweiligen Trägerschaft, werden in der Regel durch eine Geschäftsführung geleitet. Je nach Größe und Trägerschaft der Klinik besteht die Klinikleitung aus einem kaufmännischem und einem ärztlichen Geschäftsführer. Diese werden durch die bekannten administrativen Strukturen unterstützt. Die medizinischen Schwerpunkte werden durch Chefärzte, Direktoren oder auch Bereichsleiter vertreten. Aufsichtsgremien sind je nach Trägerschaft Stadträte oder Aufsichtsräte, die vom Träger bestimmt sind. Diese Gremien werden üblicherweise nicht professionell, sondern nach anderen Gesichtspunkten bestimmt. Die individuelle Kompetenz der Aufsichtsräte ist nicht zwangsläufig auf das Gesundheitswesen fokussiert.

Für Klinikketten gelten ähnliche Strukturen, der lokalpolitische Einfluss kommt hier aber ganz anders zur Geltung.

2   Hauptsächliche derzeitige Einflüsse auf das Managementverhalten und die Leistungen der Mitarbeiter in Kliniken

Die Einführung der German Dagnosis Related Groups (G-DRG) im Jahr 2003 hat eindeutig zu einer Fokusverschiebung der Managementziele der Kliniken geführt. Das DRG ist seit 2004 für alle Klinken Pflicht.

Sinn und Zweck des DRG-Systems ist die Kostendämpfung. Durch die pauschalierte Vergütung wurde die Beliebigkeit der Rechnungsstellung massiv eingeschränkt. So wurde eine Kostenreduktion erreicht und die Kostentransparenz verbessert. Das G-DRG-System ist ein Klassifikationssystem für ein pauschaliertes Abrechnungsverfahren, mit dem

Krankenhausfälle (Patienten) anhand von medizinischen Daten, Haupt- und Nebendiagnosen, Prozedurenkodes und demografischen Variablen Fallgruppen zugeordnet werden. Dadurch wird eine identische Vergütung für Patienten in der gleichen Fallgruppe ermöglicht.

Stand vor der Einführung der DRG der Mensch mit seinen Bedürfnissen, Krankheiten und seiner Behandlungsnotwendigkeit im Vordergrund, so ist es nunmehr die Ökonomie. Der Managementaspekt gewann zentrale Bedeutung, da diese Betrachtungsweise zwangsläufig zur Gewinnorientierung führen musste.

Ferner ist unstrittig, dass mit den DRG die Effizienz gesteigert wurde.

Infolge wurden auch die Leistungsanbieter, Ärzte, Kliniken, Kassen, private Krankenversicherungen, Apotheken, Pharma- und Gerätezulieferer nach und nach zu gewinnorientiertem Handeln gezwungen. Im Ergebnis stellte das System die einzelnen Leistungsanbieter mit weitreichenden Folgen auch in Konkurrenz zueinander. Es gilt das Motto: Cash as Catch Can (Mihm 2017; FAZ 2017a, 2017b).

Das Geschäftsmodell der Kliniken in Deutschland führte seit 2003 durch das G-DRG wesentlich zu einer ökonomisierten Medizin (Maio 2016, S. 25 ff.). Das von Kosten- und Ertragsdruck getriebene Management übertrug dieses Denken, verbunden mit der Verantwortung für Arbeitsplätze und dem Fortbestand der Klinik, mehr und mehr in die Köpfe der Ärzte. Damit ist ein hoher Prozentsatz der Klinikärzte in einen permanenten Entscheidungskonflikt geraten. Auf der einen Seite steht die Wahl der bestmöglichen medizinischen Mittel und der optimale Einsatz der für die Heilung des Patienten notwendigen Zeit und dagegen auf der anderen Seite der Druck zur Einhaltung der ökonomischen Zielvorgaben.

Dieser innere Konflikt demotiviert. Er belastet und mindert Spannkraft und Leistung auf das Äußerste. Das führt letztlich zu Ausfällen im System auch bei den überlasteten Mitarbeitern.[2]

Wie wirkte sich dieses System auf den Patienten aus? Wird der Leistungsempfänger benachteiligt? Solange seine Krankheiten und Probleme hochwertig, d. h. mit der entsprechenden Qualität, effektiv und umfassend behandelt und gelöst werden, wird er zufrieden sein.

Ist es möglich, in einem gewinnorientiertem System die Bedürfnisse des Leistungsempfängers umfassend wahrzunehmen und verantwortet zu befriedigen? In vielen Fällen ist der kausale Zusammenhang zwischen Erkrankung, Behandlung und Heilung naheliegend. Dies gilt zum Beispiel für operative Eingriffe bei degenerativen Gelenkerkrankungen oder operativ zu behandelnden Gallenblasensteinen: Die defekte Hüfte wird ausgetauscht, die steinhaltige Gallenblase wird entfernt. Das ähnelt sehr einem Reparaturbetrieb.

---

[2] Diese relativ neue Klinik in Bad Homburg ist nur ein Beispiel, das für eine wesentliche Zahl von Kliniken steht.

In einem solchen System wird sich der Patient noch wiederfinden sofern keine weiteren Komplikationen bei der Heilung auftreten, weil er effektiv und qualitativ hochwertig behandelt wird.[3]

Der Mensch, und damit auch der kranke Mensch (= Patient), besitzt allerdings mehr als nur die physische Dimension einer steinvollen Gallenblase oder defekten Hüfte.

Ein kranker Mensch braucht normalerweise auch Hilfe zur Heilung der anderen Dimensionen. So muss neben dem Körper, der Verstand, die Psyche und auch die Natur angesprochen werden. Diese Betrachtungsweise ist eine Conditio sine qua non, die bei aller Gewinnorientierung bei jeder ärztlichen Versorgung immer beachtet werden muss.

Die allgemeine Kostenentwicklung (Lohnkosten, Betriebskosten) und die Möglichkeiten der Erlösoptimierung durch Steigerung der Landesbasisfallwerte laufen auseinander. Der jährlichen Lohnkostensteigerungen von ungefähr 3 % steht eine DRG-Anpassung von etwa 0,3 % entgegen. Damit sind die Leistungserbringer im Gesundheitswesen gezwungen, Effizienzsteigerungen vorzunehmen. In einem System, in dem Personalkosten mehr als 70 % der Gesamtkosten ausmachen, ist Personalreduktion der einfachste Weg, die Erlössituation zu verbessern. Das führt aber bei gesteigerten Leistungszahlen zu einer höheren Belastung der einzelnen Mitarbeiter, die immer weniger individuelle Zeit für ihre eigentliche Kerntätigkeit haben.[4] Ausbildung, Weiterbildung und auch Weiterentwicklung gehen in dieser Situation ebenfalls zu Lasten der vorhandenen Arbeitszeit und leiden in der Regel darunter, wenn sich der Mitarbeiter die Zeit nicht nehmen kann.

Somit nimmt der Leistungsdruck auf die Leistungserbringer deutlich zu. Sie können nicht das tun, wozu sie angetreten sind, nämlich eine persönliche, zuwendungsorientierte Betreuung der ihnen anvertrauten Personen zu gewährleisten. Dieses Problem kann der einzelne Mitarbeiter allein nicht lösen. Er wird unzufrieden. Nicht zuletzt dadurch ist auch erklärlich, warum der steigende Bedarf an Pflegekräften kaum noch durch Nachwuchs gedeckt werden kann.

In dieser Konfliktsituation zwischen Ertragsverantwortung und Verantwortung dem Patienten gegenüber stehen nicht nur Ärzte. Es sind vielmehr alle an der Behandlung und Betreuung eines Patienten Beteiligte betroffen, d. h. auch die Mitarbeiter im Pflegedienst, der Physiotherapie und im Transportdienst. Die sogenannten patientenfernen Berufsgruppen sind verpflichtet, den patientennahen Berufsgruppen jegliche Unterstützung zu gewähren, damit sie ihre Kernaufgabe erfüllen können. Denn nur bei guter Erfüllung der Kernaufgaben werden Patienten die Leistungen nachfragen. Nur und ausschließlich dadurch werden Umsatz und Ertrag generiert, die für Kosten sowie Löhne und Gehälter aller Berufsgruppen im Krankenhaus erforderlich sind.

---

[3] Vgl. http://www.faz.net/aktuell/wirtschaft/unternehmen/patient-berichtet-von-der-hochtaunus-klinik-in-bad-homburg-14931355.html (zuletzt abgerufen am 01.07.2017).
[4] Vgl. http://www.weser-kurier.de/region/wuemme-zeitung_artikel,-geruechte-ueber-gestresste-mitarbeiter-im-kreiskrankenhaus-osterholz-_arid,1583154.html (zuletzt abgerufen am 01.07.2017).

Auf längere Sicht wird ein zu enges Kostenkorsett letztlich nicht nur dem CSR-Gedanken entgegenstehen, sondern auch mangels Entwicklungsmöglichkeiten zum Ende der betroffenen Kliniken im laufenden Strukturprozess führen (FAZ 2017g).

3 Stärkung des Heilungsauftrags und von CSR in der Klinikführung

Welche Faktoren sind anzusprechen um eine gesunde Führung unter CSR-Gesichtspunkten zu erreichen?

3.1 Daten- und Ergebnistransparenz, Stärkung des zentralen Heilungsauftrags und von CSR in der Klinikführung

Seit Einführung der DRG wird im Gesundheitswesen eine Unzahl von Daten erhoben. Diese dienen in allererster Linie der Rechtfertigung gegenüber den Kostenträgern. Sie enthalten aber nicht die relevanten Daten, die den Leistungssuchende interessieren. Den Patienten und seine Familie interessiert, wie gut werde ich in der Einrichtung A, B oder C behandelt, wie effektiv, wie sicher und wie schnell führt die Behandlung zum Erfolg. Die Einrichtungen sollten diese Daten möglichst einfach, transparent und nachvollziehbar für den Patienten aufbereiten und präsentieren. Die Behandlungsdaten stehen aber nicht allein. Dazu gehören ebenso Informationen über das Behandlungsumfeld, in dem der Patient sich aufhalten wird, d. h. die Räume, das Personal, die Patientenaufnahme, das Essen, die Sauberkeit und das Entlassmanagement. Alle diese Daten erhöhen die Transparenz.

Allerdings fällt es vielen Leistungsanbietern schwer, Daten transparent, vollständig und korrekt so darzustellen, dass die Vergleichbarkeit gewährleistet wird. Hier sind der Gesetzgeber und die Selbstverwaltungsorgane im Gesundheitswesen gefordert, ein Setting der Datentransparenz zu erstellen. Der gemeinsame Bundesausschuss ist die Instanz, die eingerichtet wurde, um entsprechende Qualitätsindikatoren zu erarbeiten. In den nächsten Jahren ist also eine wirklich valide Datengrundlage zu erwarten, die den Patienten die Entscheidung erleichtern wird.

3.2 Datenvernetzung

Es ist dringend erforderlich, dass die relevanten Daten eines jeden Patienten zwischen den einzelnen Behandlungseinrichtungen unbürokratisch einfach, schnell und sicher zur Verfügung gestellt werden können. Dabei sind die Sektorengrenzen des ambulanten und stationären Behandlungsbereichs zwingend zu überwinden. Informationen, die im ambulanten System verfügbar sind, sollen und müssen den stationären Einrichtungen zur Verfügung gestellt werden. Die technischen Voraussetzungen hierfür entwickeln sich, der Datenschutz hat Regeln erstellt, nach denen die Datenübermittlung realisierbar ist. Die

Leistungsanbieter im Gesundheitswesen sollten sich auf diesen Datentransfer vorbereiten und die Einführung mitgestalten.

Ein neues Kapitel im Konkurrenzkampf der Kliniken wird durch die zunehmende Digitalisierung und den Einsatz von künstlicher Intelligenz (= KI) aufgeschlagen. Nach allen bisherigen Erkenntnissen wird dadurch das Gesundheitswesen in fast allen Bereichen auf eine wesentlich höhere Stufe gelangen. Die Industrie investiert bereits weltweit jedes Jahr Milliarden US $ in die Entwicklung von KI. Der KI-Fachmann Andrew Ng vergleicht die Veränderungen, die durch die künstliche Intelligenz hervorgerufen werde und laut Fachleuten wohl alle Branchen betreffen werde, mit den Umwälzungen durch die Elektrizität vor rd. 100 Jahren (FAZ 2017f). Mit erheblichen Anstrengungen will auch die Politik dazu beitragen. Die Bundeswirtschaftsministerin will mit 500 Mio. € Unikliniken digital aufrüsten (FAZ 2017c). Auch Gesundheitsminister Gröhe und die Bundesministerin für Bildung und Forschung Wanka wollen die E-Gesundheit beschleunigen. Unter anderem soll ein lernendes, vernetztes Gesundheitssystem aufgebaut werden, in dem stets die richtige Person die richtige Information zur richtigen Zeit hat (FAZ 2017d).

Dieser Änderungsprozess wird im Einzelnen Unsicherheiten und Widerstände verursachen. Grundsätzlich wird von der Ärzteschaft die Digitalisierung 4.0 aber positiv gesehen. Angesicht der bestehenden Initiativen ist es nur eine Frage der Zeit, bis die immensen Datenmengen informationstechnisch verarbeitet sind und im gesetzlichen Rahmen genutzt werden können (BLÄK 2017; FAZ 2017e).

Informationstechnologiegestützte Fernbehandlung sowie durch KI entwickelte Diagnosevorschläge, die bereits im Gespräch sind, sollten neben Qualitätsverbesserungen auch Zeit sparen, die dem Patienten zugutekommen kann.

3.3 Eigenverantwortung

Diese oben angesprochenen Punkte tragen auch dazu bei, die Eigenverantwortung des Patienten zu stärken. Nur ein informierter Patient, dessen Daten verfügbar sind und der seine Daten kennt und selbst nutzen kann, wird eigenverantwortlich handeln. Die sich historisch entwickelte gegenwärtige Struktur des Versicherungssystems im deutschen Gesundheitswesen ist allerdings nicht dazu angetan, die Eigenverantwortlichkeit des Patienten zu fördern. Ein wesentlicher Qualitätsindikator für die Betreuung der Patienten und für den Erfolg einer Einrichtung wird also zukünftig sein, wie gut schafft diese Einrichtung es, die Patienten in ihrer Eigenverantwortung zu unterstützen, zu stärken und zu fördern. Wenngleich es sich dabei auch um eine gesellschaftlich-politische Aufgabe handelt, so ist doch lokal und regional jeder Leistungsanbieter aufgefordert, eben diese Eigenverantwortung zu unterstützen.

3.4 Führungsauftrag

Die medizinische Versorgung in Kliniken ist heute überwiegend zeitlich getaktet und wie in einem Reparaturbetrieb dem Geschwindigkeitsaspekt untergeordnet. Die o. g. Dimensionen des Menschen bedürfen allerdings einer ganz anderen zeitlichen Zuwendung. Nur durch persönliche Zuwendung, die beispielsweise im Rahmen eines persönlichen Gespräches, eines Körperkontaktes bei der Körperpflege, bei der Visite oder durch einen Spezialisten stattfindet, z. B. wenn neben dem Körper zur Heilung auch die Psyche Therapie benötigt, erfasst alle Dimensionen, die den Patienten ausmachen. Bereits um den individuellen Heilungsbedarf des Patienten zu erfassen, muss ein Mindestmaß an zeitlicher Zuwendung gegeben werden. Nur das stellt sicher, dass der Therapeut, gleich welcher Berufsgruppe, überhaupt erkennt, welche Bedürfnisse, Notwendigkeiten, Probleme und Schwierigkeiten der ihm anvertraute Patient gerade hat und was er sonst noch für die Verbesserung der Heilungschancen nötig hat. Erste diese Kenntnis wird den Betreuenden in die Lage versetzen, auf seinen Patienten einzugehen. Nur die Probleme, die er erkannt hat, kann er lösen oder mit den Patienten und anderen Behandlern im Team bearbeiten. Ein Patient, der sich neben seiner fachlichen Behandlung auch noch persönlich wahrgenommen, angenommen und betreut fühlt, wird sich besser fühlen. Somit kann er auch zum Behandlungserfolg beitragen. Ein ängstlicher, eingeschüchterter Patient wird den Behandlungserfolg deutlich schlechter unterstützen können als ein gut motivierter engagierter Patient. Insofern trägt der verfügbare Zeitrahmen des Behandlers auch zur Stärkung der Eigenverantwortlichkeit des Patienten und damit auch zum Behandlungserfolg bei.

Um dieses Denken wieder im Klinikalltag zu verankern, sind substanzielle Veränderungen nötig. Es geht dabei um Innovationen auf allen Gebieten im Gesundheitswesen und die richtige Positionierung derselben, insbesondere unter Berücksichtigung von CSR.

Das bedeutet letztendlich höhere Anforderungen und Qualitäten an Führungsarbeit. Es wird zwar weiterhin ein gutes organisatorisches und betriebswirtschaftliches Management, auch zur Minimierung der Risiken für den Patienten, gebraucht, jedoch müssen folgende Schwerpunkte ihren Platz bekommen:

- klare Vorstellungen über die Entwicklung der richtigen Arbeitsschwerpunkte, die eventuell nötige Spezialisierung der Klinik betreffend, gepaart mit Entscheidungsfreude sowie „Mitnahme" und eventuell Ergänzung der notwendigen Mitarbeiterschaft.
- systematische Weiterentwicklung eigener Kompetenzen sowie Aufbau neuer Fähigkeiten, bedarfsgerecht oder – soweit sinnvoller – Zusammenarbeit mit Spezialisten extern zur Begleitung des Patienten in den für die Heilung nötigen Bereichen.
- Kompetente und effiziente Führung bei der schnellen und umfassenden Implementierung und Nutzung der IT-Möglichkeiten (FAZ 2017e).
- Kommunikation auf Augenhöhe mit den Mitarbeitern durch laufende persönliche Gespräche und gegenseitiges Feedback auf positiver respektvoller Basis. Das Feedback in diesem Kontext erfolgt nicht in einer defizitorientierten, sondern in einer wohlwollend unterstützenden Kommunikation, die dazu beiträgt, dass der Mitarbeiter nicht nur sich

selbst, sondern auch die Unternehmensbedürfnisse erkennt. Dadurch wird der Mitarbeiter in die Lage versetzt, sich daran zu orientieren und zu entwickeln.

- gesunde Führung aller Verantwortlichen durch gesunde Selbstführung (s. u. zur Entwicklung der eigenen Person und Förderung der Entwicklung der Mitarbeiter entsprechend ihrer Möglichkeiten). Diese Entwicklung betrifft bei jedem Körper, Verstand und Psyche zur Entfaltung der diversen Möglichkeiten der eigenen Natur (mens sana in corpore sano).

3.5 Zeitfaktor

Das Unternehmen, das die Zeit als wichtige Ressource für die Mitarbeiter erkennt, wird diese Zeit auch als Erfolgsfaktor einsetzen. Dieses Unternehmen wird dafür sorgen, dass der Mitarbeiter auch Zeit für sich, für seine Aus- und Weiterbildung erhält. Umfassendes kontinuierliches Lernen dient der Gesellschaft durch Hebung des allgemeinen Niveaus der Gesundheit und sichert damit letztendlich auch die Qualität. Unternehmen, die den Mitarbeitern das Wichtigste nehmen, um sich weiterzuentwickeln, und zwar die Zeit, werden letztendlich Schaden nehmen und somit den Unternehmenserfolg gefährden. Daher sollte jedes Unternehmen, den Mitarbeitern wieder die nötige Zeit für die persönliche Entwicklung und die Weiterbildung geben und dies im Rahmen der Führungsverantwortung systematisch unterstützen. Um diese Persönlichkeitsentwicklung und die berufliche Weiterentwicklung zu fördern, ist – neben gutem Management – Führung gefordert.

4 Weiterentwicklung der Persönlichkeit

Auch für die Führungskräfte sind zeitliche Ressourcen zwingend erforderlich, um die Techniken der Selbstführung auch in Bezug auf CSR möglichst schnell umzusetzen.

Die Führungsverantwortung richtig auszufüllen bedeutet auch folgenden zwei Ansprüchen zu genügen:

Als Verantwortlicher die „richtigen Antworten zu geben", und zwar in der Form, dass die für den Erfolg nötige Mitarbeit nachhaltig stattfindet, d. h. die Mitarbeiter „folgen"!

Voraussetzungen sind, dass der Verantwortliche möglichst im Vollbesitz seiner Basisressourcen ist und seine Mitarbeiter nachhaltig gesund führt. Grundlage für beides ist gesunde Selbstführung. Das mag banal klingen, aber wie sieht es tatsächlich in der Wirtschaft und auch in unseren Kliniken aus? Die Belastungen durch die rasanten technologischen Veränderungen weltweit, die komplexen Entscheidungsfragen, der Zeitdruck nehmen kontinuierlich zu. Diese Herausforderungen werden unterschiedlich verarbeitet. Negative Gefühle und ein Abwehrverhalten sind Anzeichen einer unmittelbaren Reaktion. Diese kosten Kraft. Stressreaktionen nehmen zu. Fortlaufende Überforderung kann letztlich zu Burnout führen.

Kompetenten und gesunden Verantwortlichen gelingt es normalerweise rechtzeitig, die Probleme zu erkennen. Sie melden dann Systemkonflikte, wie sie für das derzeitige Gefüge im Gesundheitswesen bestehen, rechtzeitig in wirkungsvoller Form an die zuständigen Verantwortlichen.

Persönliche Probleme, die Kraft kosten, müssen, wo immer nötig, gelöst werden. Meist handelt es sich um innere Konflikte, die den Erfolg erschweren oder ganz verhindern können. Wie können diese gelöst werden?

Bei einem komplexen Für und Wider in einem Entscheidungsprozess – kann das Problem, in Interpretation des Einstein-Zitats, nach dem ein Problem nicht mit derselben Denkweise gelöst werden kann, durch das es entstanden ist, nur auf einer höheren gelöst werden und nicht auf der Ebene, auf der es besteht.

Praktisch heißt das, dass der Verstand, der letztlich auf den in Geist und Körper gespeicherten Möglichkeiten der Vergangenheit aufbaut, das aktuelle Problem nicht lösen kann.

5   Lösung von inneren Konflikten

Ein Weg zur Lösung ist die emotionsfreie, urteilsfreie Betrachtung des Problems. Bei dieser Betrachtung entstehen Fragen und Antworten, die solange aufeinanderfolgen, bis man als Beobachter die Wurzel des Ur-Themas sieht. Durch die Wahrnehmung wird der automatische Einsatz von Verhaltensmustern entkoppelt. Das Problem ist damit gelöst. Das Verhaltensmuster geht nicht verloren, sondern bleibt im Gedächtnis. Es kann wieder eingesetzt werden, wenn es Erfolg bringt. Die im Konflikt gebundene Kraft wird frei und steht wieder zur Verfügung. Außerdem wird durch die Lösung des inneren Konflikts die Beziehung zu sich selbst stimmiger. Die Wahrnehmung wächst, das Verhalten wird angenehmer und erfolgreicher. Auch das Vertrauen der Mitarbeiter und der Umgebung nimmt zu.

Eine emotionsfreie Betrachtung ist erreicht, wenn die Urteilskomponente des Verstandes während der Beobachtung der Fragen und Antworten still steht. Dieser Zustand wird beispielsweise von Menschen erreicht, die meditieren, Yoga praktizieren oder kontemplative Übungen ausüben. Diese Praktiken sind immer empfehlenswert. Es geht letztlich darum, die Urteilskomponente des Verstandes still zu stellen, indem man die Aufmerksamkeit auf etwas richtet, das der Verstand nicht beurteilt. Das kann sich auch beim Joggen, Duschen, oder bei einfachen, sich wiederholenden Tätigkeiten, wie z. B. Spargelschälen, einstellen. Für das tägliche Leben eignet es sich gut, die Aufmerksamkeit auf das Gefühl des Lebendigen in den eigenen Körperzellen zu richten. Man kann innerhalb von wenigen Minuten einen Bodyscan durch ganzen Körper durchführen. Mit etwas Übung geht das recht schnell und lässt sich leicht in den Arbeitsalltag integrieren (Jaklin 2016).

6   Fazit

Systeme, die sich den Schwerpunkten CSR und gesunde Führung verschreiben, realisieren zügig Maßnahmen und Innovationen, die dazu beitragen, die verfügbare Zeit für die Kernleistung zu verbessern. Mitarbeiter, die ausreichend Zeit für ihre Kerntätigkeit haben, werden zufriedener in ihrer Tätigkeit sein. Zufriedenheit in der Tätigkeit führt zu besserer Leistung und einer Qualitätssteigerung, die auch der Leistungsbezieher, der Patient wahrnimmt. Nur so wird es möglich sein, für die auch zukünftig steigenden Gesundheitskosten, die gesellschaftliche Akzeptanz zu erhalten. Steigende Kosten bei sinkender Qualität sind kaum vermittelbar.

Die Gesamtverantwortlichen sollten daher im eigenen und im Interesse der Klinik dazu beitragen, dass die Weiterentwicklung der Führung sowie die Ausbildung der Mitarbeiter den notwendigen Raum erhalten. Gut ausgebildete Mitarbeiter sind am Markt ein Wettbewerbsvorteil und führen letztendlich zu einem erhöhten Zuspruch der Patienten zum Unternehmen.

Unter gewinnorientierten Aspekten ist daher auch Zeit ein wesentliches Instrument, um ein Klinikunternehmen erfolgreich zu führen. Die Führung, die in der Lage ist, den Mitarbeitern die erforderliche Zeit für die Kernleistung, für die Weiterbildung, für die Weiterentwicklung zu geben und die Mitarbeiter von unnötigen zeitlichen Belastungen, sogenannten Zeitfressern, zu entlasten, wird erfolgreich sein.

Durch Investitionen in die Digitalisierung 4.0. und die Entwicklung von künstlicher Intelligenz kommt es in allen Bereichen zu umwälzenden Veränderungen. Das gilt auch für die Krankenhäuser in Deutschland. Überleben wird, wer mit klarer Sicht auf die Chancen dieses Prozesses, seine Klinik entsprechend entwickelt. Dazu bedarf es einer Führung, die auf Persönlichkeit gegründet ist. Nicht zuletzt deshalb, weil durch diese Entwicklung das jeweilige neue umfangreichere Fachwissen der Mitarbeiter, das des Vorgesetzten überflügeln wird. Dies erfordert dann eine Änderung des Führungsverhaltens.

Eine zentrale Aufgabe der Führung ist es, den Mitarbeiter so zu unterstützen, dass er sich selbst entwickelt, motiviert und inspiriert und eigenverantwortlich seine Leistungen für sich, die Patienten und die Klinik verbessert. Dies ist nachhaltig nur auf sich entwickelnden guten Beziehungen möglich. Das gilt für die Beziehungen zwischen Chef und Mitarbeitern, im Team und zu anderen Abteilungen oder Hierarchieebenen. Voraussetzung für das Gelingen ist, dass die Führungskraft ein gutes, stimmiges Verhältnis zu sich selbst hat und dies weiterentwickelt. Praktisch bedeutet dies, dass mögliche Probleme des Vorgesetzten die Beziehung zu anderen immer weniger belasten, sodass auch eventuelle Probleme des Mitarbeiters für seine Beziehungen in der Klinik und seine Arbeit immer mehr in den Hintergrund rücken. Das sollte überwiegend gelingen; sofern das nicht möglich ist, sollte über weitere Maßnahmen zur Verbesserung des Ganzen bis hin zur Trennung nachgedacht werden. Eine Trennung ist, wie üblich, immer überaus sorgfältig abzuwägen und zu behandeln. Für die richtige Lösung für alle braucht es erfahrungsgemäß Geduld und Zeit.

Wesentlich auch für gesunde Führung im Gesundheitswesen werden daher all die Veränderungen sein, die dem Chef und den Mitarbeitern Zeit für die Kernleistung und Zeit für persönliche Entwicklung, Aus- und Weiterbildung ermöglichen. Damit ist eine wichtige Voraussetzung gegeben, dass die nötigen Veränderungen und Entwicklungen rechtzeitig und erfolgreich bewältigt werden. Ein Chef, der seine inneren Konflikte löst, erweitert seine Wahrnehmung. Damit reduziert er Stress für sich und seine Umgebung. Er kann damit klarere Einschätzungen vornehmen und bessere Entscheidungen treffen. Dadurch reduzieren sich längere Fehlentwicklungen.

Eine erfolgreiche Führung und Selbstentwicklung erzeugt, wie erwähnt, bei allen Mitarbeitern Arbeitsfreude, erhöht die Wahrnehmung, das Selbstwertgefühl, das Verantwortungsbewusstsein sowie die intrinsische Motivation. Die Qualität und auch der Umfang der Leistungen steigen. Dies strahlt auf die unmittelbare Umgebung innerhalb einer Klinik und auf die Einzugsregion aus. Bei zunehmender Transparenz in der öffentlichen Darstellung der Leistungen der Klinik spricht das auch den selbstbestimmten Patienten an. Es erhöht das Vertrauen der Patienten in die Kompetenz der Klinik und erhöht damit auch sein Volumen der Selbstheilungskräfte.

Außerdem verbessert sich in jedem Beteiligten in der Klinik die Gewichtung der persönlichen Werte. Das erleichtert auch insgesamt die Kurskorrektur und das Agieren der Klinik in Richtung CSR.

Literatur

BLÄK (2017) Digitalisierung 4.0 – Presseinformation der Bayerischen Landesärztekammer (BLÄK), München, 07.06.2017

FAZ (2017a) Bundesaufsicht will Ärzte und Kassen besser kontrollieren. In: FAZ, 13. Juni 2017 Nr. 135, S. 19

FAZ (2017b) Handel: Pharmabranche ist unmoralisch. In: FAZ, 15.05.2017, Nr. 112, S. 17

FAZ (2017c) Zypries: Gesundheitswesen verschläft Digitalisierung. In: FAZ, 31. Mai 2017 Nr. 125, S. 15

FAZ (2017d) Gröhe und Wanka wollen die E-Gesundheit beschleunigen. In: FAZ, 12.06.2017, Nr. 134, S. 17

FAZ (2017e) Der deutsche Baumeister der künstlichen Intelligenz. In: FAZ, 16.06.2017, Nr. 137, S. 22

FAZ (2017f) Milliarden-Investitionen in Künstliche Intelligenz. In: FAZ, 20.06.2017, Nr. 140, S. 19

FAZ (2017g) Jedes zehnte Krankenhaus steht vor der Insolvenz. In: FAZ, 22. Juni 2017 Nr. 142, S 18

FAZ (2017h) Geld von der Pharmaindustrie. In: FAZ, 23. Juni 2017 Nr. 143, S. 18

Jaklin H (2016) Corporate Social Responsibility und Organisationsentwicklung aus Sicht gesunder Führung. In: Schram B, Schmidpeter R (Hrsg) CSR und Organisationsentwicklung. Die Rolle des Qualitäts- und Changemanagers. Reihe Corporate Social Responsibility. Springer, Berlin, Heidelberg, S 185–190

Maio G (2016) Geschäftsmodell Gesundheit, 2. Aufl. Suhrkamp, Berlin, S 25

Mihm A (2017) Streit über die steigende Zahl von Notfallpatienten. In: FAZ, 10.05.2017, Nr. 108/19D2, S. 1

Pflegewiki (2017) http://www.pflegewiki.de/wiki/Krankenhaus. Zugegriffen: 2. Juli 2017

WHO (2017) http://apps.who.int/gb/bd/PDF/bd47/EN/constitution-en.pdf?ua=1. Zugegriffen: 2. Juli 2017

Wikipedia (2017a) https://de.wikipedia.org/wiki/Gesundheitssystem. Zugegriffen: 2. Juli 2017

Wikipedia (2017b) https://de.wikipedia.org/wiki/Krankenhaus. Zugegriffen: 2. Juli 2017

Prof. Dr. Josef Menzel. Nach Studium der Medizin an der Universität in Tübingen, Promotion in Tübingen. Ausbildung zum Facharzt für Innere Medizin, Gastroenterologie, Geriatrie, und Flugmedizin an der Universitätsklinik in Münster, zuletzt dort leitender Oberarzt.

Von Münster aus 2003 auf die Chefarztstelle des Direktors der Medizinischen Klinik II am Klinikum Ingolstadt berufen. Wissenschaftliche Aktivitäten im Bereich der Endoskopie der Ultraschalldiagnostik und Gremienarbeit u.a. in der Deutschen Gesellschaft für Ultraschall in der Medizin (Vorstand), in der Bayrischen Landesärztekammer und im Ärztlichen Kreisverband.

Über die Vorstandstätigkeit in der Deutschen Ultraschallgesellschaft beratend für die Entwicklung der Deutschen Ultraschallvereinbarung der Kassenärztlichen Bundesvereinigung sowie der Neuen Vergütungsordnung GOÄ und der Weiterbildungsordnung für Medizinstudenten und die Facharztausbildung. Berufsbegleitendes Studium MHBA.

Dr. Heribert Jaklin, geb. 1943, Studium der Rechts- und Staatswissenschaften, Dr. jur., langjähriger Mitarbeiter einer internationalen deutschen Großbank, Arbeitsschwerpunkte: Führungs- und Personalentwicklungsaufgaben; seit 2003 freiberuflicher Unternehmensberater, Coach.

Gesundheitswirtschaft – ein hölzernes Eisen?

Jean-Pierre Wils und Ruth Baumann-Hölzle

Wir verteilen mithin eine bestimmte Art von Leben, und was in Verteilungsfragen als Gerechtigkeit gilt, hängt von der „Art" von Leben oder besser gesagt, von der Bedeutung ab, die
ein derartiges Leben für jene Menschen hat, um deren Leben es sich handelt. Darüber hinaus
verteilen wir das Leben selbst, das nackte, physische Leben, das uns in den Gerichtshöfen
bei Kapitelverbrechen, auf dem Schlachtfeld oder im Krankenhaus gegeben und genommen
wird (Walzer 1996, S. 41).

1 Der Vorrang der Gesundheitstheorie vor der Gesundheitsökonomie

Der Titel dieses Beitrags[1] mutet wie eine Provokation an, denn er insinuiert, dass im
Begriff der Gesundheitswirtschaft zwei Entitäten zusammengefasst werden, die in Wirklichkeit nicht zusammenpassen – die Gesundheit und ihre Bewirtschaftung. Aber wer
möchte im Ernst behaupten, dass unsere Gesundheit keiner Bewirtschaftung bedarf? Ohne
robuste und effiziente wirtschaftliche Strukturen würde das Gesundheitssystem in kürzes-
ter Frist kollabieren und unserer Gesundheit bzw. der Eindämmung oder der Heilung von
Krankheiten ein nicht unbeträchtlicher Schaden zugefügt werden. Die triviale Richtigkeit
dieses Zusammenhangs würde jede Provokation, die auf ihre Bestreitung hinauswollte,
ins Leere laufen lassen. Was ist also gemeint?

---

[1] Wichtige Literaturhinweise verdanken wir Hanneke Schoenmakers, Radboud Universität Nimwe-
gen (NL).

J.-P. Wils (✉) · R. Baumann-Hölzle
Stiftung Dialog Ethik
Schaffhauserstrasse 418, 8050 Zürich, Schweiz
E-Mail: j.p.wils@phil.ru.nl

R. Baumann-Hölzle
E-Mail: rbaumann@dialog-ethik.ch

© Springer-Verlag GmbH Deutschland, ein Teil von Springer Nature 2018   273
K. Keller und F. Lorenz (Hrsg.), *CSR im Gesundheitswesen*,
Management-Reihe Corporate Social Responsibility,
https://doi.org/10.1007/978-3-662-55937-6_15

Gemeint ist vielmehr, dass es innerhalb der Gesundheitswirtschaft zu Spannungen zwischen medizinischen Erfordernissen und ökonomischen Gesichtspunkten kommen kann, die den professionellen und ethischen Standards der Medizin abträglich sind. Wir formulieren hier mit Bedacht und vorsichtig, denn die Antworten, die wir auf die erwähnten Spannungen geben, sind keineswegs selbstverständlich. Während beispielsweise die Überbehandlung von Patienten ebenso wie ihre Unterbehandlung aus ökonomischen Motiven gegen jene Standards offensichtlich verstoßen, fehlt uns diese Evidenz bei der Frage, ob sich Rationierungen aus finanziellen Gründen rechtfertigen lassen.

Wer über den Nutzen und die Grenzen einer Bewirtschaftung der Gesundheit nachdenkt, kann zweierlei Zugangswege wählen: Es ist der gesundheitsökonomische Zugang möglich, aber ebenso der gesundheitstheoretische. Im Fokus vielerlei politischer Debatten steht der erstere Zugang – der gesundheitsökonomische. Wie ein Mantra wird (seit Jahrzehnten) die Klage über die steigenden Kosten des Gesundheitswesens wiederholt. Entsprechend steht die Eindämmung des Kostenwachstums im Vordergrund. Wir wählen hier den gesundheitstheoretischen Zugang und gehen von zwei Fragen aus: Um welches Gut handelt es sich bei der Gesundheit? Und was ist überhaupt Gesundheit? Diese Fragen sind keineswegs abstrakt. Wenn wir von einem gesundheitstheoretischen Zugang sprechen, meinen wir nicht eine praxisferne Spekulation, sondern die Erarbeitung eines Konzepts, das sinnvollerweise den gesundheitsökonomischen Überlegungen zugrunde gelegt werden sollte. Letztere haben schon immer implizit oder explizit eine Antwort auf beide Fragen gegeben – auf die Frage nach der Ressourcenverteilung (Distribution) und auf die Frage der Ressourcenzuteilung (Allokation) von Mitteln im Gesundheitswesen. Die Beantwortung beider Fragen hängt wesentlich davon ab, um welches Gut es sich im Falle der Gesundheit handelt. Wir beginnen deshalb mit Überlegungen über das Gut der Gesundheit, damit die folgenden gesundheitstheoretischen Überlegungen von Anfang an ökonomisch kontextualisiert sind. Güter müssen verteilt werden. Die Kriterien für diese Distribution sind allerdings nicht primär ökonomischer Natur, sondern gesundheitstheoretischer Art. Damit wir die Art des Gutes der Gesundheit bestimmen können, müssen wir etwas über die Bedeutung der Gesundheit wissen. Hierzu benötigen wir ein zusätzliches Wissen über die Konditionen von Gesundheit und Krankheit. Erst dann macht es Sinn, eine (tentative) Deutung von Gesundheit zu unternehmen. Am Ende kehren wir zu der Verteilungsfrage zurück – zu der gerechten Bewirtschaftung des Gutes der Gesundheit.

2   Zur Bedeutung der Gesundheit – eine kleine Theorie der Güter

In einer Theorie der Güter wird auf herkömmliche Weise zwischen zwei Arten von Gütern unterschieden – öffentlichen und privaten Gütern. Aber zunächst müssen wir klären, was ein Gut ist. Ein Gut ist ein Sachverhalt, den wir schätzen. Diese einfache Formulierung macht sofort klar, dass es eine Fülle an Gütern gibt. Diese Fülle entspricht der vermutlich unübersehbaren Menge an Sachverhalten, die Menschen schätzen. Ein Gut ist immer wichtig für mich, also für die jeweilige Person und wir sind viele. Dabei ist keineswegs ausgemacht, ob das, was wichtig für mich ist, auch über mich hinaus ein wirkliches Gewicht für andere Personen hat. Deshalb müssen wir das Augenmerk auf die verschiedenen Arten von Gütern richten.

Im Hinblick auf die Gesundheit sollte man dreierlei Güter unterscheiden: die existenziellen Güter, die privaten und die öffentlichen Güter. Zunächst sieht es so aus, als ließen sich die Unterscheidungen leicht bewerkstelligen. Existenzielle Gütern sind demnach solche, die für das Dasein eines jeden Menschen eine fundamentale Relevanz besitzen und deren teilweises oder ganzes Fehlen eine gravierende Einschränkung der Lebensqualität zur Folge hat. Es leuchtet ein, dass die Gesundheit ein solch existenzielles Gut darstellt. Man kann in diesem Zusammenhang auch von einem konditionalen Gut sprechen: Unsere Gesundheit übt einen erheblichen Einfluss auf all unsere Tätigkeiten aus, weshalb sie sich einer hohen Wertschätzung erfreut. Fehlende Gesundheit dagegen schränkt Menschen erheblich ein, weshalb sie in aller Regel nicht wertgeschätzt wird. Gesundheit ist ein konditionales Gut, weil unsere Lebensgestaltung von ihrem Zustand in hohem Maße abhängt.

Allerdings hat diese lebensweltlich unmittelbar einleuchtende Feststellung nicht zur Folge, dass Menschen mit eingeschränkter Gesundheit kein sinnvolles oder glückliches Leben führen können. Gesundheit stellt keine Glücksgarantie dar und Krankheit keine Unglücksgarantie. Darüber hinaus ist es keineswegs der Fall, dass Menschen Gesundheit immer als das wichtigste Gut in ihrem Leben betrachten. Aus beruflichem oder sportlichem Ehrgeiz nehmen Menschen gelegentlich, und zwar wissentlich und willentlich, Gesundheitsgefährdungen in Kauf.

> Die intrinsischen Eigenschaften von Krankheit führen zu einer positiven Bewertung von Gesundheit, gleichwohl ist Gesundheit ein Wert, der von unserer Bewertung abhängt, also in seiner Ausprägung subjekt-relativ ist (Huster und Schramme 2016, S. 54).

Die Qualifizierung der Gesundheit als ein existenzielles Gut gibt deshalb noch keine Auskunft über den privaten oder öffentlichen Charakter dieses Guts. Wer in welchem Maße zuständig ist, sobald Mittel im Gesundheitswesen angemessen verteilt werden müssen und welche Struktur dieser Verteilung angemessen ist, lässt sich auf diesem Wege jedenfalls nicht klären.

Die privaten Güter sind solche, deren Wertschätzung uns freigestellt ist. Freigestellt heißt hier zweierlei: Ihre Wertschätzung steht in unserem Belieben. Wir sind frei, sie zu erstreben oder auch nicht. Und sie haben keinerlei Verpflichtungen aufseiten Dritter zur Folge. Die Wahl zwischen Mozart und Madonna bleibt mir überlassen. Ob die Klassik oder der Pop für mich ein Gut ist, hängt von meiner Willkür ab. Ganz anders dagegen die öffentlichen Güter.

Öffentliche Güter werden in aller Regel aufgrund dreier Kriterien von den privaten Gütern unterschieden. Diese Kriterien beziehen sich allesamt auf die Eigenschaften öffentlicher Güter. In der ökonomischen Theorie spricht man von drei Prinzipien, die sich auf diese Eigenschaften richten: das Nicht-Ausschlussprinzip, das Nicht-Rivalitätsprinzip und das Nicht-Teilbarkeitsprinzip. Am wichtigsten sind die beiden ersten. Das dritte

Prinzip folgt gewissermaßen aus ihnen. Wir konzentrieren uns auf die zwei Erstgenannten. Das Ausschlussprinzip besagt, dass diejenige Person von dem Konsum eines Gutes ausgeschlossen ist, die nicht bereit oder nicht berechtigt ist, den entsprechenden Preis für dieses Gut zu entrichten. Wer für ein Madonna-Konzert den (vermutlich horrenden) Preis nicht bezahlen will (oder kann), bleibt ausgeschlossen. Das Rivalitätsprinzip besagt, dass ein Gut, das von einer Person A konsumiert wird, nicht von Person B konsumiert werden kann. Wer kein Ticket für ein Madonna-Konzert bekommt, weil andere Personen diese Eintrittskarten allesamt konsumiert haben, ist der Unterlegene in einem rivalitätsgeprägten Feld. Dort, wo das Ausschlussprinzip oder das Rivalitätsprinzip (oder beide) gelten, ist es in aller Regel der Markt, der den Konsum reguliert. Dabei meint Konsum die Inanspruchnahme des Gutes, seinen Verzehr im buchstäblichen oder übertragenen Sinne.

Was sind nun öffentliche Güter? Das sind solche, so Gebhard Kirchgässner in seinem Standardwerk über den Homo oeconomicus, bei denen mindestens eines der drei Kriterien nicht erfüllt ist (Kirchgässner 2008, S. 53). Nehmen wir das Beispiel der Rechtssicherheit. Wir können Bürger von diesem Gut nicht ausschließen, auch wenn sie nicht bezahlen (können) oder einen Beitrag leisten (können) zu den erheblichen finanziellen Aufwendungen, die der Staat über Steuern aufbringen muss. Ein solcher Ausschluss käme einer außerordentlichen Verletzung rechtsstaatlicher Prinzipien gleich. Darüber hinaus wäre eine solche Exklusion geradezu selbstwidersprüchlich, denn Rechtssicherheit bedeutet vor allem (aber nicht nur) Gleichheit vor dem Gesetz und Gewährleistung seiner Inanspruchnahme. Das Nicht-Ausschlussprinzip kommt hier zur Geltung, weshalb wir von einem öffentlichen Gut zu sprechen berechtigt sind.

Die Rechtssicherheit ist darüber hinaus nichttrivialisierend, denn dieses Gut würde sich geradezu auflösen, falls seine Inanspruchnahme die Rechtssicherheit einer anderen Person beeinträchtigte oder vernichtete. Auch hier gilt, dass Rechtssicherheit bedeutet, dass der Zugang zum Recht und die Schutzwirkung des Rechts von Rivalitäten, beispielsweise wegen Statusunterschieden, unabhängig sind. Das Nicht-Rivalitätsprinzip kommt hier zum Tragen, deshalb dürfen wir erneut von einem öffentlichen Gut sprechen. Aus dem Gesagten folgt nun auch das dritte Prinzip – das der Nicht-Teilbarkeit. Wer die Rechtssicherheit aufteilt, hebt sie auf.

Was folgt aus diesen Überlegungen für das Gut der Gesundheit? Denn mit seiner Kennzeichnung als einem existenziellen Gut dürfen wir uns, wie bereits gesehen, nicht zufrieden geben. Jedes Gut ist an Realisierungsbedingungen geknüpft und mit einem Zuständigkeitsindex verbunden. Ist das, was wir am Beispiel der Rechtssicherheit gezeigt haben, nämlich dass sie ein öffentliches Gut ist, auch einschlägig für die Gesundheit? Oder ist es doch eher so, dass die Gesundheit, eben weil sie ein existenzielles Gut ist, im Grunde als ein privates Gut betrachtet werden muss? Anders als im Falle der Rechtssicherheit ist dieser Sachverhalt offenbar komplizierter.

Die drei genannten Prinzipien helfen uns bei der Unterscheidung privater von öffentlichen Gütern. Aber sie reichen nicht aus. Erneut sei dies am Beispiel der Rechtssicherheit erläutert. Im Falle dieses zweifellos öffentlichen Gutes liefert uns bereits der Sinn der Rechtssicherheit eine hinreichende Auskunft über seinen Status: Aus der Bedeutung der Rechtssicherheit geht analytisch hervor, dass sie ein öffentliches Gut darstellt. Wir hätten jene Bedeutung verfehlt und würden die Rechtssicherheit gründlich falsch verstehen, wenn wir sie für teilbar, rivalitäts- und ausschlussempfindlich halten würden. Wenn jemand die Rechtssicherheit als privates Gut bezeichnete, ließe sich ihm also entgegenhalten, er hätte etwas nicht richtig verstanden, nämlich den Sinngehalt jenes Begriffs.

Das Alles aber gilt im Falle der Gesundheit nicht. Wir können ohne Selbstwiderspruch behaupten, dass mangels finanzieller Gegenleistung Menschen von der Behandlung einer Erkrankung ausgeschlossen werden dürfen. Und wir können ebenfalls widerspruchsfrei behaupten, dass Gesundheitsleistungen einen rivalisierenden Charakter haben. Es sei nichts einzuwenden gegen eine Konkurrenz um Zugangsbedingungen zu den Leistungen des Gesundheitswesens. Gelegentlich hört man den Satz, Gesundheit sei ebenso wie das Einkommen vor allem das Resultat aus Leistung und Glück. Menschen seien in hohem Maße zuständig für ihre Gesundheit, weshalb *meine* Gesundheit die Gesundheit einer anderen Person weder ausschließt noch mit ihr rivalisiert. *Deine* und *meine* Gesundheit sind eben teilbar. Ihre ungleiche Verteilung sei genauso wenig unfair wie die Einkommensunterschiede, die in freiheitlichen Gesellschaften (in der Tat) unvermeidbar sind. Bereits an dieser Stelle zeigt sich, dass die Entscheidung, ob Gesundheit ein privates oder ein öffentliches Gut darstellt, in hohem Maße davon abhängt, wie wir Gesundheit konzeptualisieren: Wovon hängt unsere Gesundheit ab und wie lässt sie sich sinnvoll definieren?

In den letzten Jahrzehnten hat sich im Hinblick auf diese Fragen eine gravierende Verschiebung vollzogen: In zunehmendem Maße wird Gesundheit in den Zuständigkeitsbereich des Einzelnen verlagert. Es ist der Einzelne, der für seine Gesundheit hauptsächlich verantwortlich ist. Er ist ihr Protagonist. Diese Tendenz wird dadurch erheblich verstärkt, dass Gesundheit auch als steigerungsfähig gesehen wird. Gesundheit stellt somit keineswegs die bloße Abwesenheit von Krankheit dar – negative Gesundheit –, sondern ist als positiver Wert zu betrachten, der zumindest im Grundsatz steigerungs- und ausdehnungsfähig ist. Auf diesem Hintergrund müssen wir die tendenzielle Ablösung des Medizinsystems durch ein Gesundheitssystemverstehen. Die Vergesundheitlichung (Schmidt 2016, S. 19) der Bevölkerung steht immer mehr im Zentrum der gesundheitspolitischen Aufmerksamkeit, wobei der Einzelne Dreh- und Angelpunkt der Umsetzung der Gesundheitsimperative ist.

Akzeptierten wir diese Behauptung, wäre die Gesundheit zweifellos ein existenzielles und privates Gut. Aber sie stimmt nicht. Die Problematik dieser Auffassung lässt sich zunächst aufgrund einer einfachen Beobachtung zeigen. Diese hat einen empirischen Charakter, sie beruht auf einer Sichtung von Gesundheitsfaktoren, die man schwer von der Hand weisen kann. Auch wenn es schwer fällt, eine genaue Definition von Gesundheit zu geben, also zu sagen, was sie im Einzelnen ausmacht, wissen wir doch relativ gut, wodurch Gesundheit beeinflusst wird. Es lassen sich eine Anzahl von Faktoren nennen, die Gesundheit bedingen. Letztere verfügt also über ein Bedingungsgefüge, das wir erkennen, sobald wir ohne ideologische Scheuklappen versuchen hinzuschauen.

Im Anschluss an die Auflistung dieser Gesundheitsfaktoren soll eine Deutung der Gesundheit angestrebt werden. Dass Gesundheit ein sehr bedeutungsvolles Gut ist, wissen wir bereits. Wir nannten sie deshalb ein existenzielles und konditionales Gut. Was es aber heißt, gesund bzw. krank zu sein, wissen wir noch nicht. Die Deutung von Gesundheit und Krankheit steht noch längst nicht fest. Vermutlich hängt die Antwort in hohem Maße von unseren Interpretationen ab. Das Was der Gesundheit ist keineswegs selbstverständlich. Wie wir später noch sehen werden, existieren zahlreiche Definitionen von Gesundheit, die allesamt Interpretationen sind. Sie reichen von naturalistischen bis hin zu evaluativen Konzeptionen. Dass die Gesundheit interpretationsabhängig ist, heißt aber keineswegs, sie sei ein beliebiges Konstrukt. An dieser Stelle genügt der Hinweis, dass ein Eingrenzen dessen, was wir mit guten Gründen als gesund bezeichnen können, durchaus möglich ist.

Die Schwierigkeiten bei der Deutung von Gesundheit hängen zweifelsohne damit zusammen, dass wir die Gesundheit zunächst aus der Perspektive der Krankheit wahrnehmen. Die Krankheitserfahrung kommt zuerst, das Nachdenken über die Gesundheit bzw. ihre Deutung und damit auch, was es heißt, gesund zu sein, erfolgt erst später. „Die Grundtatsache bleibt", so schrieb Hans-Georg Gadamer in seinem berühmten Essay *Über die Verborgenheit der Gesundheit*, „dass die Krankheit und nicht die Gesundheit das sich selbst Objektivierende, d. h. sich Entgegenwerfende, kurz, das Aufdringliche ist (Gadamer 1993, S. 137)." Die Gesundheit nehmen wir gewissermaßen durch die Krankheit vermittelt wahr. Vieles, was wir über Gesundheit wissen, vor allem aber, wie wir sie werten, ist darüber hinaus kultureller Natur, also vermittelt durch Traditionen und Herkommen.

3 Zu den Konditionen der Gesundheit

Wenn wir über das Gut der Gesundheit nachdenken, sind die folgenden beiden Betrachtungsweisen wichtig. Wir fangen mit dem Wie der Gesundheit an, denn dieses ist, wie wir sehen werden, keineswegs so schwierig wie ihr Was. Wir richten uns im Folgenden also auf die Bedingungen der Gesundheit, auf ihre Konditionen. Hier zeigt sich, warum Gesundheit als ein vielfältig konditioniertes Gut betrachtet werden muss. In diesem Zusammenhang gilt es zu unterscheiden zwischen endogenen und exogenen Faktoren, die unsere Gesundheit bedingen, also zwischen äußeren Einflüssen, die unsere Gesundheit bestimmen, wozu wir auch die sozialen Determinanten rechnen, und solchen Faktoren, die mit unserer eigenen körperlichen-geistigen Konstitution zu tun haben. Wir fangen mit den endogenen Faktoren an. Diese sind zahlenmäßig eher gering, was aber nicht bedeutet, dass sie nicht äußerst bestimmend sind.

Unserer genetische Ausstattung, unsere biopsychische Codierung, die in einem hohen, wenn auch nicht ausschließlichen Maße über unsere Befindlichkeit bestimmt, ist von uns nicht ausgesucht oder gewählt worden. Auch wenn das Maß der determinierenden Kraft des genetischen Programms im Einzelnen durchaus strittig ist (und dies vermutlich auch bleiben wird), fällt es doch schwer zu leugnen, dass Menschen aufgrund ihrer unterschiedlichsten und weitgehend nicht-korrigierbaren genetischen Vorabinformation ein jeweils andersartig gesundes oder gar krankes Leben führen werden. Inwieweit bei diesen erblichen Faktoren auch die äußeren Umstände, also die exogenen Einflüsse, eine wichtige

Rolle spielen, ist im Einzelnen schwer zu sagen und Gegenstand epigenetischer Untersuchungen.

Neben diesen genetischen Prägungen dürfen auch die erworbenen somatischen oder psychischen Eigenschaften zu den endogenen Faktoren gezählt werden, obzwar exogene Bedingungen hier bereits eine wichtige Rolle spielen. Ob jemand übergewichtig ist oder unter hohem Blutdruck leidet, ist nicht selten dem eigenen Verhalten zuzurechnen, insofern dieses das Ergebnis eigeninitiativen Handelns darstellt. Niemand ist gezwungen, maßlos zu essen oder zu rauchen, wobei die Spielräume eigenen Entscheidens oftmals relativ eng sind, weil sie eben durch exogene Faktoren eingeschränkt werden. Wir wenden uns nun diesen zu.

Menschen verdanken ihre Gesundheit der Sorge Dritter. Längst bevor wir uns um uns selbst kümmern und sorgen können, haben Andere das bereits für uns getan. In diesem Sinne ist uns Gesundheit buchstäblich geschenkt worden. Wir schulden sie einem Beziehungsnetz von Personen, die uns auf dem Weg eines gesunden Lebens begleiten oder dies wenigstens ernsthaft versucht haben. Und zeitlebens bleibt unsere Gesundheit in ein solches Netzwerk eingebettet. Ohne die Anderen wären wir krank oder vermutlich nicht einmal mehr am Leben.

Unglücke und Unfälle, Missgeschicke und Schicksalsschläge, die allesamt unsere Gesundheit dauerhaft gefährden oder selbst ruinieren können, gehören im Großen und Ganzen zu den Passiva unseres Lebens. Wir können sie nur in beschränktem Umfang beeinflussen. Ob wir gesund sind oder bleiben, hängt von einem Bündel von Geschehnissen ab, die wir erleiden. Wir verfügen nicht über sie und sie lassen sich von uns weder lenken noch bestimmen.

Unseren Geburtsort haben wir nicht ausgesucht. Wir sind in eine Kultur hineingeboren worden, deren Praktiken und Überzeugungen einen erheblichen Einfluss auf unsere Gesundheit ausüben. Dass das Leben höchst ungerecht sein kann – dieser so eingängige (und wahre) Satz bezieht sich auch auf unsere kulturelle Herkunft. Die kulturellen Prägungen unseres Lebens entscheiden auf eine entscheidende Art und Weise über die Qualität unserer körperlichen und seelischen Gesundheit. Sich diesem Einfluss entziehen zu wollen, fällt außerordentlich schwer.

Wie gesagt – unseren Geburtsort haben wir nicht ausgesucht. Die Umweltbedingungen, denen wir ausgesetzt sind, unterliegen nur zu einem eher geringen Teil der Beeinflussung durch den Einzelnen: Das Individuum als solches kann sie kaum ins Positive kehren. Das ökologische Gefüge unserer Lebensumstände hat aber eine enorme Macht über unseren Gesundheitszustand. Aus der Perspektive der eigenen Einflussnahme auf diese Umstände müssen wir feststellen, dass wir viel mehr geprägt als prägend sind.

Die sozialökonomischen Verhältnisse, in welchen wir unser Leben verbringen (müssen), bestimmen unsere Lebenserwartung. Es gibt hier tatsächlich das eherne Gesetz, dass der Platz, den wir auf der Stufenleiter der sozialen Hierarchie einnehmen, über unsere Lebensdauer mitentscheidet. Hier ist eine Zirkelstruktur der Bedingungen zu vermuten: Die ungleichen sozialen Verhältnisse lassen eine gesundheitliche Ungleichheit entstehen, die ihrerseits soziale Ungleichheit zur Folge hat. Darüber hinaus werden gesundheitliche Risikomuster häufig zwischen den Generationen vererbt. Mobilität auf der genannten Leiter ist natürlich vorhanden, aber sie ist per saldo vielerlei Beschränkungen unterworfen. Jene Stufenleiter scheint mittlerweile eher durchlässig nach unten als nach oben zu sein.

Die Arbeitsumstände, in denen wir erhebliche Teile unseres Lebens verbringen, können unserer Gesundheit förderlich sein. Oftmals aber beeinflussen sie unsere Gesundheit negativ. Stress, Hetze und Beschleunigung, exorbitante Leistungsanforderungen (selbst- oder fremdinduziert), Erfolgszwang, Flexibilisierungsideale und permanente Reformbereitschaft üben einen erheblichen Druck auf unsere Gesundheit aus. Diese Risikoverteilung fällt zwar höchst unterschiedlich aus, aber die genannten Kennzeichen scheinen sich unaufhaltsam über alle Berufe zu verteilen. Das größte Gesundheitsrisiko stellen jedoch prekäre Arbeitsverhältnisse und Arbeitslosigkeit dar. Sozialer Stress und Gratifikationskrisen sind gesundheitsgefährdend.

Der Bildungsstand, über den wir verfügen, prägt unsere Gesundheit ausgesprochen stark. Informationen, die unsere Gesundheitskompetenz stärken und eine gesundheitsförderliche Lebensweise sind erwiesenermaßen bildungsabhängig und somit sehr unterschiedlich verteilt. Vorsorge, die Beachtung von Faustregeln und die Vermeidung unnötiger Risiken – sie alle liegen in unseren Händen, vorausgesetzt, wir verfügen über den erforderlichen Wissensstand und sind motiviert und ausreichend willensstark, entsprechend zu handeln.

Die Qualität des jeweiligen Gesundheitswesens – die Standards der medizinischen Professionen, die Erreichbarkeit und die soziale Zugänglichkeit der dort erbrachten Leistungen, das Funktionieren seiner Bürokratie, die menschliche Umsicht und das Maßhalten mit den Ressourcen – das alles übt einen erheblichen Einfluss auf die Möglichkeit aus, ein gesundes Leben zu führen. Allerdings wird der Beitrag des Gesundheitswesens selbst zur Gesundheit der Bevölkerung häufig überschätzt.

Die genannten Bedingungen sind selbstverständlich interdependent. Sie hängen in einem nicht unerheblichen Maß zusammen. Sie zeigen auf die Konditioniertheit unserer Gesundheit. Als Gesunde und Kranken finden wir uns in einem komplexen Abhängigkeitsgefüge vor. Natürlich können (und sollten) wir dazu beitragen, ein gesundes Leben zu führen. Aber dieser Aktivposten fällt eher bescheiden aus. Wenn wir daran erinnern, dass die Gesundheit ein existenzielles Gut ist, wird nun sofort deutlich, wie gering letztlich unser Zugriff auf die Qualität dieses existentiellen Gutes ist. Weil dieses Gut existenzieller Natur ist, gehört es zu den konditionalen Gütern. Es zeigt sich aber, dass das konditionale Gut der Gesundheit in vielerlei Hinsicht ein konditioniertes Gut darstellt. Gerade im Hinblick auf das wichtige existenzielle Gut der Gesundheit sind wir mithin höchst abhängig von Anderen. Das aber hat zur Folge, dass diese Anderen – und also die meisten von uns und wir, die in der Lage sind, für andere Sorge zu tragen – aufgefordert sind, Verantwortung zu übernehmen. Unsere Gesundheit liegt in einem hohen Maße in den Händen Anderer.

Aus all diesen Überlegungen folgt im Grunde nur eines: Unsere Gesundheit haben wir lediglich zu einem geringen Teil in eigener Hand. Auch wenn eine genaue Bezifferung des Eigenbeitrags schwer zu erbringen ist – verschiedene Schätzungen gehen kaum über

15 bis 20 % hinaus –, wird auf dem Hintergrund des soeben skizzierten Bedingungsgefüges deutlich, dass die populäre Behauptung, Menschen seien Gesundheitsagenten in eigener Sache, eine krude Ideologie darstellt. In politischer Hinsicht ist deshalb nur eine Schlussfolgerung möglich: Es braucht Kompensationen und Ausgleichsmaßnahmen, damit Gesundheit nicht ungerecht verteilt bleibt. Diese politische Aufgabe kann das Gesundheitswesen von sich aus kaum leisten. Just Health Care reicht nicht aus, Just Health ist ebenso nötig. Das soziale Gefüge unserer Gesellschaften steht hier zur Debatte. Der Begriff der Gesundheitswirtschaft bekommt vor diesem Hintergrund eine zusätzliche Bewandtnis: Es sind nicht bloß die Institutionen des Gesundheitswesens im engeren Sinne, die eine richtige und gerechte Bewirtschaftung (Just Health Care) benötigen, sondern das gesamte Sozialgefüge benötigt im Sinne des Just Health eine gerechte Bewirtschaftung.

4   Zur Deutung der Gesundheit

Nachdem wir uns mit der Bedeutung und mit den Konditionen der Gesundheit befasst haben, kommen wir nun zu ihrer Deutung. Was es heißt, gesund zu sein, ist in vielerlei Hinsicht umstritten. In diesem Zusammenhang hilft es kaum, wenn man sich ausschließlich auf eine Krankheitsdefinition zurückzieht, so, als ob diese uns ein sichereres Fundament zur Verfügung stellte, als dies der Gesundheitsbegriff vermöchte. Beide Begriffe – Gesundheit und Krankheit – hängen gleichsam spiegelbildlich zusammen, sodass die Schwierigkeiten mit der Definition des einen sich abbilden in den Deutungsproblemen des anderen. Dass Krankheitsdefinitionen nicht ausreichend sind, wird sofort deutlich, wenn man sich auf den angelsächsischen Sprachgebrauch bezieht. Dort wird nämlich unterschieden zwischen „disease", „illness" und „sickness". Wenn von „disease" die Rede ist, bezieht sich dieser Begriff auf die Krankheit als Sachverhalt. „Illness" dagegen meint das subjektive Empfinden des Kranken und „sickness" richtet sich auf die soziale Rolle des Erkrankten bzw. auf seine Wahrnehmung im soziokulturellen Umfeld (vgl. Schramme 2008). Keine dieser Dimensionen darf vernachlässigt werden.

   Die berühmte und berüchtigte Bestimmung der WHO, der zufolge die Gesundheit „a state of complete physical, mental and social well-being [sei] and not merely the absence of disease and infirmity", lässt sich als eine ideale Definition bezeichnen. Dass man Gesundheit nicht bloß als Abwesenheit von Krankheit verstehen möchte, ist zunächst nachvollziehbar. Gesundheit empfinden wir nicht bloß als Abwesenheit eines sie bedrohenden Zustandes, sondern als eine positive Gegebenheit. Aber die WHO-Bestimmung stellt geradezu das Gegenteil zu einer praktikablen Gesundheitsdefinition dar. Sie bezweckt eine maximalistische Deutung, die damit zu kämpfen hat, dass sie völlig im Ungefähren lässt, wie sie sich operationalisieren lässt. Darüber hinaus ist sie in hohem Maße kontraintuitiv: Niemand von uns kann sagen, was es heißt, in körperlicher, geistiger und sozialer Hinsicht vollständig („complete") gesund zu sein. Ideale und maximalistische Deutungen führen in die Irre.

Eine wichtige Unterscheidung hinsichtlich der Deutungen von Krankheit und Gesundheit ist die zwischen naturalistischen und evaluativen[2] Zugängen. Vor allem der Krankheitsbegriff bedient sich dieser beiden Zugänge. Eine naturalistische Konzeption von Krankheit legt großen Wert auf biologische und funktionale Aspekte und zunehmend auch auf evolutionäre Gesichtspunkte (Nesse 2001). Man kann diese Konzeption biomedizinisch oder gar biomechanisch nennen (Boorse 1983). In diesem Zusammenhang werden Krankheiten deskriptiv und empirisch konstruiert und in aller Regel als Abweichung von einer statistischen Norm definiert. Vor allem die biostatische Theorie ist in diesem Zusammenhang einflussreich: Im Vordergrund steht ein als „normal" bezeichnetes funktionales Leistungsniveau eines Individuum, wobei eine signifikante Abweichung von diesem Niveau als krank bezeichnet wird (Boorse 1977).

> The root idea of this account is that the normal is the natural. The state of an organism is theoretically healthy, i. e. freed of disease, insofar as its mode of functioning conforms to the natural design of that kind of organism (Boorse 1975).

Klassifikation von Krankheiten, also die Nosologie, basiert weitgehend auf empirischen Daten und deskriptiven Verfahren. Dieses Modell geht davon aus, dass eine Krankheit objektivierbar ist, weil sie gleichsam unter Absehung von der erkrankten Person beobachtet werden kann. Krankheiten sind im Grunde Defekte, die auszuschalten sind (Budrys 2003). Wenn wir wissen wollen, was krank oder gesund bedeutet, erhalten wir die nötigen Informationen aus einem natural design, das auf Statistik und Empirie beruht.

Die naturalistische Konzeption richtet ihren Fokus vor allem auf das Erfassen der Krankheit und schweigt sich in hohem Maße aus über die Bedeutung der Gesundheit. In ihrem engen Kokon bleibt wenig Platz übrig für die subjektiven Wertungen und soziokulturellen Interpretationen, die nicht nur unsere Gesundheitsauffassungen, sondern auch unser Gesundheitsempfinden mitbestimmen (Greaves 1996). Man braucht allerdings nicht so weit zu gehen wie John Ladd, der Gesundheit und Krankheit als kategorial verschieden bezeichnet, sodass Krankheitsindikatoren und Gesundheitsindikatoren gewissermaßen unterschiedlichen Sphären angehören (Ladd 1988, S. 277). Das ist nämlich kontraintuitiv.

Eine nichtnaturalistische Konzeption enthält – implizit oder explizit – soziokulturelle und subjektive Wertungen, weshalb sie evaluativ genannt werden kann: Eine Person gilt nun als krank, sobald sie ihre wesentlichen Ziele, ihre „vital goals" (Nordenfelt 2007), nicht erreichen kann. Gesundheit ist dementsprechend „die Fähigkeit zum Erreichen selbstgesteckter Ziele für ein minimales Glück (minimal happiness)" (Lenz 2011, S. 131). Gesundheit und Krankheit sind demnach keine statischen Gegebenheiten, sondern eingebettet in ein dynamisches Umfeld: Die Art, wie wir unser Leben interpretieren und

---

[2] Wir sprechen von einem evaluativen Krankheits- und Gesundheitsbegriff, damit der Einfluss von wertenden sozialen und kulturellen Faktoren auf die Wahrnehmung und das Empfinden dieser beiden Sachverhalte berücksichtigt wird. Oft wird in diesem Zusammenhang auch von einem normativen Gesundheitsbegriff gesprochen, der unserer Meinung nach aber zu sehr an Gesundheitsnormen als medikalisierende Idealvorstellungen appelliert.

welchen Wertungen wir anhängen, ist jedenfalls mitentscheidend, ob wir uns als krank oder gesund empfinden. Wer sich beispielsweise sportliche Höchstziele setzt, wird seine jeweilige körperliche oder geistige Verfasstheit anders beurteilen als eine Person, deren Lebenserfüllung mit einer eher kontemplativen Tätigkeit verbunden ist. „Man ist gesund", so Klaus Michael Meyer-Abich (2010, S. 444), „wenn die Bedürfnisse erfüllt sind, die man mit einem sinnvollen Leben verbindet". Die Wertungen, die wir im Hinblick auf unser Leben vornehmen, spielen demnach eine entscheidende Rolle, und diese sind ihrerseits Teil jenes größeren Ganzen, in dem wir unsere Leben gestalten und durch das unsere Leben gestaltet werden. Man kann H. Tristam Engelhardt jr. (1975, S. 132) zustimmen, wenn er Gesundheit als „a general scheme for explaining, predicting, and controlling dimensions oft he human condition" betrachtet. „It grades into other concepts which are political, social, educational and moral". Ohne Bezug zu irgendwelchen Lebenszielen oder Wertungen lässt sich demnach die richtige Funktionsweise des Körpers und seiner Organe kaum bestimmen (Engelhardt 1976, S. 257).

Wenn wir über Krankheit oder Gesundheit reden, benötigen wir offensichtlich eine integrative Konzeption. Mit *integrativ* meinen wir verschiedene, aber komplementäre Dinge. Erstens: Wenn wir die Prädikate *gesund* und *krank* benutzen, sind sowohl empirische (naturalistische) als auch evaluative (normative) Gesichtspunkte erforderlich. Während die bloß empirische Betrachtungsweise tendenziell zu einer zu engen Bestimmung von Krankheit und Gesundheit führt, leidet die evaluative unter einer anderen Tendenz, unter der Tendenz zur Ausweitung der Gesundheits- und Krankheitszonen. Zweitens: Zwischen *gesund* und *krank* sind die Übergänge fließend. Wir brauchen m. a. W. nicht absolute, sondern graduelle Konzeptionen von Krankheit und Gesundheit. Ein bloß negativer Gesundheitsbegriff, der auf die Abwesenheit von Krankheit fixiert ist, führt zu einem minimalen Begriff von Gesundheit und versucht zwischen Gesundheit und Krankheit scharf zu unterscheiden.

Wenn man diesen negative Gesundheitsbegriff vermeiden möchte, bleibt nur übrig, einen graduellen Begriff zu verwenden. Menschen sind, jedenfalls dann, wenn über ihre Gesundheit Zweifel bestehen, mehr oder weniger gesund oder krank. Wo die Gesundheit aufhört und die Krankheit beginnt, lässt sich demnach längst nicht immer messerscharf unterscheiden. Mit Blick auf bestimmte Funktionsfähigkeiten des Organismus und also aus der Perspektive einer eher objektivierenden Annäherung lassen sich auf dieser Skala Stufungen bzw. Grade unterscheiden. Diese objektivierende Sicht, die sich auf Gesundheitsdispositionen richtet, muss allerdings nicht mit der subjektiven Wahrnehmung einer Person übereinstimmen: Menschen bewerten ihre Lage oftmals nicht negativ, obwohl sie erkrankt sind, wobei auch das Umgekehrte zutrifft – sie bewerten ihre Lage negativ, obwohl sie, gemessen an ihren Gesundheitsdispositionen, im Grunde nicht krank sind (Huster und Schramme 2016, S. 45 ff.).

Damit wir in der Lage sind, diese letzte Feststellung überhaupt zu würdigen, müssen wir eine weitere Unterscheidung einführen – die Unterscheidung von Gesundheit und Wohlbefinden. Die zitierte WHO-Definition macht eine solche Unterscheidung unmöglich: Wenn Gesundheit als „a state of complete physical, mental and social well-being" beschrieben wird, scheint es ebenso unplausibel, dass Menschen trotz Krankheit sich

wohlfühlen wie auch, dass sie sich trotz Gesundheit unwohl oder gar unglücklich fühlen. Beides ist aber häufig der Fall (Nordenfelt 1997, S. 28). Darüber hinaus neigt die
Definition zu einer Überforderung (Callahan 1988, S. 260 f.).

Was wir demnach brauchen, ist eine Deutung von Gesundheit und Krankheit, die sowohl dem Gradualismus als auch dem Evaluationscharakter des Gesundheits- und Krankheitsempfindens Rechnung trägt. Vielleicht benötigen wir nicht einmal eine strikte Definition. Unter Umständen sind integrative Konzepte ausreichend, die – neben naturalistischen Komponenten – die Bestandteile des Gradualismus und des Evaluationscharakters
von Gesundheit und Krankheit enthalten. So ist beispielsweise die offene Definition von
Machteld Huber und Kollegen hilfreich. Gesundheit sei „the ability to adapt and to self
manage, in the face of social and emotional challenges" (Huber et al. 2001). Wir haben
es also weniger mit einem Zustand zu tun als vielmehr mit einem Prozess, der sich auf
einer Skala zwischen zwei Polen ansiedeln lässt. Dabei beruht die Positionsbestimmung
auf dieser Skala nicht nur auf einer naturalistischen Definition, sondern ebenso auf einer
evaluativen Stellungnahme der betreffenden Person zu ihren eigenen Fähigkeiten.

5 Zur Konstitution der Güter

Am Ende dieses Beitrags wenden wir uns erneut dem „Gut" der Gesundheit zu. Wir haben anfangs dieses Gut als ein *existenzielles* Gut bezeichnet. Gesundheit oder ihr Fehlen
sind Sachverhalte, die unser Leben zutiefst bestimmen. Sie grundieren unser Leben mit
einer Farbe, die – je nach ihrer Helligkeit – unser Wohlbefinden stärkt oder schwächt.
Existenziell meint allerdings nicht, dass das Gut der Gesundheit immer das entscheidende
Gut sei. Aber seine weitreichende Bedeutung für unsere Lebensführung erlaubt uns, es
als ein konditionales Gut zu bezeichnen. Ob dieses Gut ein privates oder ein öffentliches
Gut darstellt, lässt sich allerdings auf der Grundlage dieser Information nicht entscheiden.
Die Konditionen der Gesundheit, also jenes Gefüge von Faktoren, die unsere Gesundheit
prägen, zeigen jedoch, dass die in unserer Kultur vorhandene Tendenz, Gesundheit als ein
privates Gut zu betrachten, in hohem Maße kontraintuitiv ist. Gesundheit ist ein konditioniertes Gut, sodass es plausibel ist, es als ein öffentliches Gut zu bezeichnen. Im Rückblick
auf die drei genannten Kriterien (Nicht-Ausschluss, Nicht-Rivalität, Nicht-Teilbarkeit),
die bei der Unterscheidung öffentlicher Güter von privaten Gütern zur Anwendung kommen, scheint deshalb vieles dafür zu sprechen, Gesundheit als ein öffentliches Gut zu
betrachten: Die Gesundheit des Einen rivalisiert beispielsweise nicht mit der Gesundheit
des Anderen. Ganz im Gegenteil – das komplexe Konditioniert-Sein von Gesundheit zeigt
auf eine äußerst starke Interdependenz.

Die zuletzt behandelte Frage, wie Gesundheit zu deuten sei, hat gezeigt, dass neben der
empirischen Plausibilität, die den Konditionen eigen ist, noch erhebliche Spielräume der Interpretation übrig bleiben. Gerade der evaluative Gesundheits- und Krankheitsbegriff, den
wir entwickelt haben, weist darauf hin, dass der Einfluss interpretativer Gesundheitsauffassungen auf unsere Sicht auf das Gut der Gesundheit erheblich ist. Der bedeutende US-ame

rikanische politischer Philosoph Michael Walzer hat immer wieder darauf hingewiesen, wie sehr solche Interpretationen und die in ihnen enthaltenen Wertungen das Gut der Gesundheit prägen und infolgedessen über die Distribution und Allokation der Mittel mitentscheiden.

> Menschen ersinnen und erzeugen Güter, die sie alsdann unter sich verteilen. Hier gehen Konzeption und Herstellung von Gütern ihrer Verteilung voraus, d. h. diese wird von jenen bestimmt. Güter tauchen nicht einfach irgendwann in den Händen von Distributionsagenten auf, die sie entweder nach Belieben oder nach einem Generalprinzip verteilen. Es ist vielmehr gerade umgekehrt: die Güter sind es, die mit ihren und wegen ihrer Bedeutungen das entscheidende Medium von sozialen Beziehungen bilden; ihre Geburtsstätten sind die Köpfe der Menschen, dort nehmen sie Gestalt an, in der sie hernach in deren Hände gelangen; die sich herausbildenden Verteilungsmuster richten sich an den gemeinsamen Vorstellungen davon aus, die von den Gütern ausgehen, die sie in Händen halten; man könnte fast sagen, dass die Güter sich selbst unter die Menschen verteilen (Walzer 2006, S. 31).

Sowohl die Bedeutung als auch die Deutung der Gesundheit unterliegen im Laufe der Zeit erheblichen Modifikationen: Anders als in der Gegenwart haben Menschen ihre Gesundheit jahrhundertelang keineswegs als ein existenzielles Gut gesehen. Sie war ihnen gewiss nicht unwichtig, aber die Frage nach dem Heil oder Unheil, das ihnen nach ihrem Tod erwartete, hatte eine viel höhere Dringlichkeit. Die Bedeutung ihrer Gesundheit stand nicht an erster Stelle. Wir weichen heute von dieser Einstellung in hohem Maße ab. Aber gerade weil das so ist, bekommt auch die gerechte Verteilung von Mitteln im Gesundheitswesen (Just Health Care) und die gerechte Verteilung von Gesundheit (Just Health) einen so hohen und dringlichen Stellenwert. Was die Deutung betrifft, so weisen der Gradualismus und der evaluative Charakter von Gesundheit ihrerseits darauf hin, wie stark unsere Gesundheit und unser Kranksein verwoben sind mit wechselnden sozialkulturellen Umständen, die es unmöglich machen, Gesundheit zu einem privaten, mit starker Eigenverantwortung verbundenen Projekt umzubiegen.

Wenn Gesundheit ein öffentliches Gut darstellt, sind der Marktkonformität der Gesundheitswesen Grenzen gestellt. Wir greifen zurück auf nur ein einziges Beispiel: Kranke Menschen sind Patienten und keine Klienten, sie sind Hilfsbedürftige und keine Kunden. Wie wir wissen, unterliegen mittlerweile Gesundheitssysteme ebenso wie auch andere gesellschaftliche Institutionen einem permanenten Wandel. Dieser Wandel hat mit Modernisierungsprozessen zu tun. Die Dynamik, die für diese Prozesse kennzeichnend ist, löst einen Reformeifer aus, der in aller Regel mit keinem der erzielten Ergebnisse zufrieden ist, weshalb immer neue Reformen – Reformreformen – erforderlich sind.

> Vor diesem Hintergrund erweist sich die … marktorientierte Handlungsoption, bei mangelhafter Leistungsqualität von Gesundheitsleistungen einen anderen Anbieter zu wählen, als wirklichkeitsfremd und prinzipiell funktionsunfähig. Auf Marktkonformität orientierte Modernisierungsleistungen sind deshalb im Grunde nichts anderes als Transformationen, und zwar nicht der Mechanismen des Systems, sondern zuallererst seiner Werteorientierung und Ziele. Marktoptionen in der Gesundheitsversorgung sind deshalb im Grunde Modell ohne adäquate Verkäufer- und Kundenkonzepte(Niehoff und Braun 2010, S. 206).

Gesundheitswirtschaft und Gesundheitstheorie sind zwei Seiten der gleichen Medaille.

Literatur

Boorse C (1975) On the distinction between disease and illness. Philos Public Aff 5(1):49–68

Boorse C (1977) Health as a theoretical concept. Philos Sci 44:542–573

Boorse C (1983) A Rebuttel on health. In: Humber JM, Aldemer RF (Hrsg) What is disease? Humana Press, New Jersey, S 1–134

Budrys G (2003) Unequal health: how inequity contributes to health or illness. Rowman & Littlefield, Oxford

Callahan D (1988) The WHO definition of health. In: Edwards RB, Graber GC (Hrsg) Bioethics. Hartcourt Brace Jovanovich, San Diego, S 257–266

Engelhardt TH Jr (1975) The Concepts of Health and Disease. In: Engelhardt TH Jr (Hrsg) Evaluation and Explanation in the Biomedical Sciences. Springer, Dordrecht, S 125–141

Engelhardt TH Jr (1976) Ideology and etiology. J Med Philos 1(3):256–268

Gadamer H-G (1993) Über die Verborgenheit der Gesundheit. Suhrkamp, Frankfurt a. Main

Greaves D (1996) Concepts of health, illness and disease. In: Greaves D, Epton H (Hrsg) Philosophical problems in health care. Aveburgy, Aldershot, S 71–86

Huber M et al (2001) How should we define health? Br Med J 343(7817):d4163

Huster S, Schramme T (2016) Normative Aspekte der staatlichen Gesundheitsfürsorge. In: Huster S, Schramme Th (Hrsg) Normative Aspekte von Public Health. Interdisziplinäre Perspektiven. Nomos, Baden-Baden, S 37–57

Kirchgässner G (2008) Homo oeconomicus, 3. Aufl. Mohr Siebeck, Tübingen

Ladd J (1988) The concepts of health and disease and their ethical implications. In: Edwards RB, Graber GC (Hrsg) Bioethics. Harcourt Brace Jovanovich Publishers, San Diego, S 275–281

Lenz P (2011) Gesundheit und Krankheit. In: Stoecker R et al (Hrsg) Handbuch angewandter Ethik. Metzler, Stuttgart, S 389–393

Meyer-Abich KM (2010) Was es bedeutet, gesund zu sein. Philosophie der Medizin. Hanser, München

Nesse RM (2001) On the difficulty of defining disease: a darwinian perspective. Med Health Care Philos 4:37–46

Niehoff J-U, Braun B (2010) Sozialmedizin und Public Health, 2. Aufl. Nomos, Baden-Baden

Nordenfelt L (1997) Talking about health: a philosophical dialogue. Liber AB Stockholm, Amsterdam, Atlanta

Nordenfelt L (2007) The concepts of health and disease revisited. Med Health Care Philos 10:5–10

Schmidt VH (2016) Ausweitung der Gesundheitszone: Medizin- und Gesundheitssystem als Agenten von Medikalisierungs- und Vergesundheitlichungsprozessen. In: Huster S, Schramme Th (Hrsg) Normative Aspekte von Public Health. Interdisziplinäre Perspektiven. Nomos, Baden-Baden, S 11–28

Schramme T (2008) Classic concepts of disease. In: Heggenhougen K, Quah S (Hrsg) International encyclopedia of public health, Bd. 1. Academic Press, San Diego, S 726–733

Walzer M (1996) Von dichter und dünner Solidarität. Moralische Streitfragen daheim und in der Fremde. In: Lokale Kritik – globale Standards. Rotbuch, Hamburg, S 9–135

Walzer M (2006) Sphären der Gerechtigkeit. Ein Plädoyer für Pluralität und Gleichheit. Campus, Frankfurt a. Main, New York

Prof. Dr. Jean-Pierre Wils, geb. 1957, Ordinarius für Philosophische Ethik und Kulturphilosophie an der Radboud Universtität Nijmegen (NL) und Wissenschaftlicher Beirat am Institut Dialog Ethik Zürich. Mitglied der Ethikkommission des Universitätsspital Nijmegen. Publikationen: zusammen mit Ruth Baumann-Hölzle „Sinn und Zukunft des Gesundheitswesens. Wege aus der Vertrauenskrise" (2013); Mantelbüchlein Medizinethik I. Basiswissen (2013); Mantelbüchlein Medizinethik II. Vertiefung (2013).

Dr. theol. Ruth Baumann-Hölzle, Institutsleitung „Interdisziplinäres Institut für Ethik im Gesundheitswesen" der Stiftung Dialog Ethik in Zürich. Expertin für Ethik im Gesundheitswesen, Dozentin und Autorin zahlreicher Publikationen. Während 13 Jahren Mitglied der Nationalen Ethikkommission der Schweiz sowie Mitglied von zahlreichen anderen Ethikkommissionen in der Schweiz.

Die Möglichkeit von Corporate Social Responsibiltiy im Gesundheitswesen

Harald Stummer, Elisabeth Nöhammer und Margit Raich

1 Einleitung

Das Gesundheitswesen war lange Zeit wenig durchdrungen von modernen Management- und Führungssystemen und die Steuerung durch die externen Geldgeber stellte sich in vielen Ländern, so auch in Österreich und Deutschland, relativ intransparent dar. Seit etwa zwei Jahrzehnten ist aber eine steigende Ökonomisierung zu beobachten. Krankenanstalten werden in Österreich nach der sogenannten Leistungsorientierten Krankenhausfinanzierung bezahlt, in Deutschland wird nach G-DRG gerechnet, beides Verfahren, die hochstandardisiert Durchschnittswerte der Behandlungskosten und Belegsdauern als Basis nehmen. Vielfach wird dadurch ein klassischer Managerialismus im Gesundheitswesen befürchtet und die Werte des Gesundheitswesen, die einer gesellschaftlichen und sozialen Verantwortung entsprechen, ins Abseits gestellt gesehen. Doch was ist eigentlich CSR im Gesundheitswesen? Steht das im Widerspruch zur aktuellen ökonomischen Entwicklung oder ist es mit dieser vereinbar?

H. Stummer (✉) · E. Nöhammer · M. Raich
UMIT Private Universität für Gesundheitswissenschaften, medizinische Informatik und Technik
Hall in Tirol, Österreich
E-Mail: harald.stummer@umit.at

E. Nöhammer
E-Mail: elisabeth.noehammer@umit.at

M. Raich
E-Mail: margit.raich@umit.at

© Springer-Verlag GmbH Deutschland, ein Teil von Springer Nature 2018   289
K. Keller und F. Lorenz (Hrsg.), *CSR im Gesundheitswesen*,
Management-Reihe Corporate Social Responsibility,
https://doi.org/10.1007/978-3-662-55937-6_16

2 Corporate Social Responsibility

Corporate Social Responsibility (CSR) ist ein vielfach, wenn auch nicht einheitlich disku-
tiertes Konzept, das insbesondere „die Verantwortung von Unternehmen für ihre Auswirkungen auf die Gesellschaft" (EK 2011 zitiert nach BML 2017) betrachtet. Dabei ist die
Sichtweise nicht neu. Seit mehreren Jahrhunderten wird die Bedeutung von ethischen und
moralischen Werten und Beeinflussungen der Wirtschaft und der Unternehmen auf die Gesellschaft analysiert, diskutiert, gefordert oder auch strikt abgelehnt. Während bei Adam
Smith (1780) und seinen Nachfolgern noch der freie Markt ohne Einschränkungen für das
Gemeinwohl sorgen würde, wurde insbesondere ab dem Vormärz des 19. Jahrhunderts zumindest in vielerlei Literatur eine soziale Verantwortung gegenüber Mitarbeitern gesehen.
Typisch für die Entwicklung war dann zu Beginn des 20. Jahrhunderts die Gründung des
soziologischen Departments von Henry Ford, der funktionalistisch seine Arbeiter gesund
und sozial integriert halten wollte, wie auch an das Unternehmen binden wollte, aber eben
auch stark überwachte (Stummer 2006a). Verantwortlichkeit diente damals vielen der In-
dustriebetriebe auch als Kontrolle. Gesellschaftlich ist insbesondere im Protestantismus
damals eine starke Entwicklung zu sehen, wie sie Weber (1904) beschreibt. Nach dieser
Zeit wurde das Konzept verschiedentlich auch ideologisch missbraucht und auch etwa
von Hayek (1943) als Symptom des – wie er das Gesamtkonzept der Wohlfahrt nennt –
„Weges in die Knechtschaft" stark abgelehnt.

In den letzten Jahrzehnten sind Konzepte wie CSR, Citizenship Behavior und ähnliche Konzepte oftmals mit Gegenbewegungen nach Auftreten von Problemen, Krisen
und Skandalen verknüpft (Stummer 2006b). Die Umweltkatastrophen der 1970er- und
1980er-Jahre lösten ökologisches Bewusstsein in der Öffentlichkeit aus, genauso wie die
Zeit der großen Bilanzskandale zu Beginn der 2000er-Jahre, wie auch die Subprimekrise
sowie die Finanz- und Wirtschaftskrise, die dadurch versursacht wurden, mit globaler Re-
zession ab 2008 zur grundsätzlichen Diskussion über Ehrlichkeit und Verantwortlichkeit
in der Wirtschaft führten. Dennoch zeigen sich im tatsächlichen Handeln widersprüch-
liche Entwicklungen im Spannungsfeld zwischen Individualisierung, Werteorientierung,
Verantwortlichkeiten und der Zunahme der Marktorientierung (Auer-Rizzi et al. 2005;
Auinger et al. 2005; Stummer 2007). Dabei steigt zumindest die Kommunikation von Werten und Verantwortlichkeiten, es gibt auch viele positive Beispiele, aber der Trend scheint
nur bedingt positiv zu sein, im ökologischen Bereich etwa ist Greenwashing, das scheinba-
re Umweltschützen vor allem für die Unternehmenskommunikation, durchaus im Trend
(Bekk et al. 2016). Je stärker der wirtschaftliche Druck, desto mehr sehen sich Unternehmen oder vor allem Unternehmensleitungen oftmals problematisch mit ihren Werten
konfrontiert (Stummer et al. 2010). Senkt eine verstärkte Marktorientierung die Moral,
wie Falk und Szech (2013) experimentell untersuchten, oder gibt es doch wichtige ethische und moralische Entwicklungen für Unternehmen in unserer Gesellschaft? Wie zeigt
sich insbesondere in einem zentralen Bereich für die Gesellschaft, dem Gesundheitswesen
die Situation?

3 Gesundheitswesen und Corporate Social Responsibility

Das Gesundheitswesen ist in den entwickelten Volkswirtschaften einer der zentralen Sektoren. So gehen Untersuchungen in den deutschsprachigen Ländern direkt und indirekt von 15–21 % der Beschäftigten im erweiterten Bereich der Gesundheitswirtschaft aus (Czypionka et al. 2014). Im engeren Bereich des Gesundheitswesen (Krankenanstalten, Kuranstalten, Pflegeheime, Versorgungszentren etc.) gibt es etwa 10–12 % der gesamten Wertschöpfung in den deutschsprachigen Volkswirtschaften. Dass gerade Gesundheit und das Gesundheitswesen sich für das Konzept der CSR anbietet, scheint offensichtlich.

Auch hier ist die Beschäftigung mit dem Thema gesellschaftlicher Verantwortung nicht neu. Neben den allgemeinen Themen der Sicherung der Gesundheit der Bevölkerung, war die gesellschaftliche Verantwortung von der Antike bis zur Neuzeit in vielerlei religiösen und säkularen Vereinigungen in weiten Teilen der Welt und über verschiedenste Kulturen und Religionen verbreitet. In Europa übernahmen vielfach Stiftungen von Adels- oder Händlerfamilien gemeinsam mit christlichen Orden den Dienst an der Gesundung oder auch Pflege. Erst in der Neuzeit wurden auch, insbesondere begünstigt durch die Reformation, in vielen Bereichen die kommunale oder sonstige staatliche Fürsorge eingeführt. Zu dieser Zeit war das Gesundheitswesen im engeren Sinne zu einem sehr hohen Teil als Dienst an Gott und an der Menschheit ausgerichtet, was sich etwa in dem elisabethanischen „Schau hin und handle", aber auch in vielen anderen Ordensleitsätzen manifestiert.

Viele der Sichtweisen auf Gesundheit haben sich seit dem 19. Jahrhundert stark verändert. So wich einer eher religiösen Orientierung etwa eine funktionalistische Orientierung an gesunden Arbeitskräften und gesundem Militär als Zielfunktion für die Gesundheitsversorgung (Busse und Riesberg 2005). Auch wenn diese Orientierung wieder schwächer wird, wurden und werden bis dato auch weite Teile des Gesundheitswesens ökonomisiert und marktorientiert organisiert. Bei Medikamenten etwa hatten im Jahr 2014 die 10 größten Pharmafirmen mit etwa 336 Mrd. US $ ca. 35 % wertmäßigen Weltmarktanteil (PharmExec 2015), auch Krankenanstalten sind z. T. gewinnorientierte börsennotierte Anbieter. Weitgehend sind es aber bei uns immer noch universitäre, kommunale, regionale oder kirchliche Anbieter.

Welche Verantwortung haben Krankenhäuser für die Gesellschaft? Nun, gemäß WHO (2017) sollten sie „rund um die Bedürfnisse der Bevölkerung aufgebaut sein und zur allgemeinen Gesundheitsversorgung beitragen". Dabei beginnen die ersten Handlungsfelder und mögliche Wertekonflikte, dazu einige Beispiele:

- Krankenhäuser sind in Deutschland seit 2007 (und neuerdings in der Schweiz) nach einem DRG-System finanziert, das heißt fallpauschalenbasiert (Romeyke und Stummer 2011a, 2011b), in Österreich wird nach einem Einzelleistungssystem (ex-post) abgerechnet. Dabei kann es passieren, dass nach Jahresende die Leistung einen wesentlich niedrigeren als geplanten Betrag ausmacht. Des Weiteren sind sowohl die Einzelleistungen als auch die DRG-Berechnungen lediglich Durchschnittswerte, die normativ als Kostenersatz gelten und für einige Häuser bei diversen Behandlungen sicherlich Gewinne bringen, bei anderen Behandlungen Verluste. Ist es nun im Bereich der Verantwortlichkeit des Unternehmens, Leistungen anzubieten, die etwa in diesem Krankenhaus nicht kostendeckend durchgeführt werden können (etwa aus Größengründen) und dadurch die Wirtschaftlichkeit zu gefährden oder ist es Verantwortlichkeit, Patienten mit diesen Bedarfen abzulehnen?

- Wie durch viele Untersuchungen im Gesundheitswesen belegt führt bei Routineeingriffen eine gewisse Spezialisierung und höhere Fallzahl zu höherer Qualität und weniger Fehlern. Allerdings gibt es auch Gesundheitsanlässe, bei denen jede Minute zählt, etwa Schlaganfall oder Herzinfarkt. Ist es hier verantwortlich, Notfallpatienten abzulehnen und in das nächste Krankenhaus zu schicken, auch wenn damit wertvolle Zeit verloren geht, nur um dann weniger Fehler zu machen?
- Medizinische Behandlungen sind nicht anreizfrei, sei es ökonomisch oder auch in der Interaktion mit den Patienten. So ergab eine österreichische Studie, dass 79 % Prozent der Medikationen nur mit der Konsultation der Ärztin/des Arztes verknüpft sind und nicht mit der Krankheit (Müller et al. 2011). Einige Ärzte, die darauf angesprochen wurden, meinten, was sollten sie denn tun, die Patienten würden es erwarten. Was ist hier die Verantwortlichkeit, den Patienten zu entsprechen oder ökonomisch sinnvoller zu handeln?
- Mitarbeiter im Gesundheitswesen sind zentral für das Funktionieren eines guten Gesundheitssystems. Die Belegschaft in unserem Gesundheitssystem altert stark und in knapp einem Jahrzehnt kann eine Mangelsituation in einigen Berufen auftreten. Dennoch kostet die Ausbildung Zeit und sonstige Ressourcen, die dann oft in der Versorgung fehlen.
- Die Arbeitssituation für die Pflege und der ärztlichen Berufe ist in vielen Ländern sehr belastend. In der Next-Studie (Hasselhorn et al. 2008) wurde deshalb etwa in Pflegeberufen der frühzeitige Berufsausstieg in mehreren Ländern untersucht und vielfach neben der Krankenhaushierarchie die Beanspruchungen durch den Beruf genannt. Ausgebrannte Pfleger und Ärzte sind definitiv auch ein Problem einer Gesellschaft und der Verantwortlichkeit im Unternehmen, aber kürzere und weniger belastende Arbeitszeiten etwa sind ein Risiko für die Versorgung der Gesellschaft.

Die Beispiele sind sicherlich nur Beispiele, aber symptomatisch für das Gesundheitssystem im 21. Jahrhundert. Dennoch sollte es möglich sein, zumindest weitgehend Verantwortlichkeiten im Stakeholdermanagement werteorientiert zu lösen. Das kann über die klassischen Handlungsfelder eines Identitäts- und Wertemanagements nach Stummer (2006a) oder Glauner (2013) funktionieren.

4   Welche Werte für welche Stakeholder?

Was wollen nun die einzelnen Stakeholder und welche Wertekonflikte können dabei auftreten?

- Die Gesellschaft will sicherlich ein exzellentes Gesundheitswesen, das allerdings auch ökonomisch effizient und effektiv ist. Weil es dabei aber starke Asymmetrien im Wissen und in der Auffassung über das Spannungsfeld Effektivität und Exzellenz gibt, wird es hier ökonomisch zu Konflikten kommen. Als Beispiel sei die Vorhaltung von Ressourcen, etwa für Katastrophen, genannt, eine maximale Vorhaltung für alle Fälle sorgt für starke Überkapazitäten und damit Kosten, die anderswo besser eingesetzt werden könnten.
- Die Krankenhausbetreiber wollen sicherlich wirtschaftlich arbeiten. Eine Fokussierung auf reine Wirtschaftlichkeit in einem saisonalen Markt (viele Krankheiten und Unfälle treten gehäuft saisonal auf) verbunden mit hohen Anfangsinvestitionen würde aber in manchen Bereichen zu einem sogenannten natürlichen Monopol führen. Ein natürliches Monopol neigt aber – wenn marktwirtschaftlich gesteuert – völlig rational und in Abstimmung mit dem Ökonomieprinzip dazu, zu wenige Kapazitäten vorzuhalten. Die Versorgung wäre damit nicht mehr durchgängig gesichert, auch wenn die ökonomische Verantwortung für die Betreiber am besten gewährleistet wäre.
- Die Patienten möchten sicherlich sofort und bestmöglich behandelt werden. Doch was ist das und wer kann das richtig beurteilen? Wie bereits vorhin erwähnt, führen diese Ansprüche in der Regel zu einem sogenannten „overtreatment", einer zu hohen Behandlungsrate und -intensität des einzelnen Menschen.
- Die Mitarbeiter möchten mit hoher Wahrscheinlichkeit sichere und angenehme Arbeitsplätze. Gerade das Gesundheitswesen als Sozialberuf stellt aber starke psychische und oft auch physische Belastungen dar, die abmilderbar aber sicherlich nicht völlig verhinderbar sind.

Werte sind, wie man hier auch sieht, hierarchisch und oft nicht konfliktfrei (Rockeach 1969). All die genannten Bereiche sind im Rahmen der CSR durch eine Identitäts- und Wertesteuerung, oder wie Glauner (2013) es pragmatisch in seinem Wertekompass nennt, steuerbar, aber eben nicht absolut, sondern immer in Abwägung.

Nehmen wir das Leitbild des Franziskushospital in Aachen (2017) als Ausgangspunkt für eine Diskussion von Werten und möglicher Handlungsfelder:

- *Den Menschen, die zu uns kommen, soll es bei uns gut gehen.*
- *Die vielfältigen Aufgaben, die wir zu leisten haben, erfüllen wir mit Nächstenliebe, Freundlichkeit, Geduld und der notwendigen Sensibilität und Kompetenz. …*

Grundsätze der Zusammenarbeit

- *Unsere Einrichtungen sind moderne und leistungsfähige Betriebe. Wir stellen uns den Herausforderungen und Gesetzen des Marktes. Wir wollen wirtschaftlich und umweltverträglich arbeiten. All das betrachten wir als Voraussetzung für die Sicherung einer erfolgreichen Zukunft und damit auch der Arbeitsplätze.*

- …
- *Wir ermöglichen und fördern das Engagement für die Mitarbeitervertretung und arbeiten mit dieser vertrauensvoll zusammen.*

Freundlichkeit, Geduld, Effizienz, Markt und Arbeitsplatzsicherung können einander widersprechen. In einem Ordensspital in Österreich trat etwa der Fall auf, dass eine ältere Patientin mit privater Zusatzversicherung über ihre Sonderklassehonorare zwar die Arbeitsplätze sicherte, die betroffene Pflegemitarbeiterin allerdings mit böswilligen Anforderungen belastete und sich bei der Krankenhausleitung regelmäßig über diese Mitarbeiterin zumindest objektiv unbegründet beschwerte. Würde hier das Leitbild der Franziskanerinnen angewandt, welchem Wert sollte das Management den Vorrang geben, wenn der Konflikt nicht gelöst werden könnte? Den Zusatzeinnahmen und der Sicherung der Arbeitsplätze, dem Engagement der Mitarbeiterin oder der Freundlichkeit und Geduld für die Patientin, auch wenn damit eine Mitarbeiterin stark belastet wird? All dies ist nicht trivial und nur in einem Wertemanagement, wenn auch sicherlich nicht abschließend und universell lösbar.

5 CSR-Wertemanagement im Krankenhaus – einige Überlegungen

Ausgehend von Doyé (2016) können die Entwicklungsstadien von CSR wie folgt hierarchisch betrachtet werden:

- Einhalten von Rechtsnormen
- Philanthropie
- CSR als Bestandteil der Strategie
- CSR als Teil der Mission
- CSR als normativer Wert

Corporate Social Responsibility als normativer Wert beinhaltet dabei „nachhaltig und gesellschaftlich verantwortliches Wirtschaften als Leitprinzip des unternehmerischen Handelns" (Doyé 2016, S. 7). Werte beeinflussen Verhalten, allerdings nur bedingt und nur, wenn sie konsistent sind und geübt werden.

Die klassische Definition von Werten beschreibt dabei Werte als „Konzeption des Wünschenswerten", sie können aber ebenfalls eine besonders „zentrale, ich-nahe Stellung und eine vereinheitlichende, strukturierende Funktion haben" (Kluckhohn und Kelly 1945).

Werte lassen sich im weitesten Sinne auf folgende Dimensionen zusammenfassen:

- die kognitive Dimension (das Wissen, was der Wert ist),
- die affektive Dimension (Werte dienen als Beurteilungsmaßstab) und
- die konative Dimension (die mittelbare Verhaltensbeeinflussung durch Werte) (Daxner et al. 2005).

Werte sind relativ konstant (Rockeach 1969) und zu 60 %–95 % (je nach Untersuchungsdesign) gelernt. Die genetische bzw. hormonelle Komponente wird zwischen 5 und 40 % angesetzt (Meglino und Ravlin 1998), ein Wert, der natürlich auch in unterschiedlichen Lebenssituationen und -abschnitten schwankt. Damit sind Werte – wenn auch oftmals nur langfristig – aber auch durch externe Maßnahmen, zumindest zu einem großen Teil lern- und verlernbar.

Werte beeinflussen Einstellungen, die zu einem großen Teil dann das tatsächliche Verhalten bestimmen, wobei die Konsistenz der Werte und des Verhaltens relevant ist.

Werte sind kontextbezogen hierarchisch, d. h. in einem Wertekonflikt setzt sich bei gegebenem Kontext der jeweils hierarchisch stärkere (und auch oft der kurzfristigere, deutlich sichtbarere) durch. Auch können Einstellungen und Verhalten unterschiedlich sein, d. h. sich das Verhalten verändern und die Einstellungen nicht oder das Verhalten aber die Einstellungen und die Werte nicht.

Dennoch zeigt sich sowohl in der Forschung als auch in der Praxis über die Implementierung von komplexen Verhaltensweisen, dass der kulturelle Kontext, der Kontext der Werte bzw. des „Sinnmachens" in Organisationen eine der am wesentlichsten zu bearbeitenden Ebenen darstellt (Auinger et al. 2005).

Wie führt man CSR als normativen Wert in ein Krankenhaus ein? Lerntheoretisch ist es bei solchen Überlegungen vernünftig, in einem mehrstufigen Modell etwa nach Argyris und Schön (1978) vorzugehen:

5.1 Wissen

Im Krankenhaus muss bei den Mitarbeitern, beginnend bei den Führungskräften, Klarheit herrschen, welches die zentralen Werte sind und wie diese im Kontext zu verstehen sind. Insbesondere sind bei der Implementierung von Werten so genannte Microstories sinnvoll, Geschichten über Alltagssituationen, bei denen die Anwendung auch konfligierender Interpretationen von CSR als Wert und deren Hierarchie sichtbar wird.

5.2 Akzeptanz

Wissen heißt nicht Akzeptanz. Wie vielfach in der Verhaltensänderung gehört das Wissen über CSR als Wert verinnerlicht und akzeptiert. Das funktioniert einerseits individuell über kognitive Prozesse, aber auch über Vorbild und Feedback durch Patienten, Kollegen, Vorgesetzte und Systeme. Wenn etwa die gesellschaftliche Verantwortung zwar gelehrt, aber nicht gelebt wird, werden es auch die meisten Mitarbeiter nicht akzeptieren.

5.3 Handeln

Eng verknüpft mit der persönlichen Akzeptanz – sofern es im Unternehmen möglich ist – ist das tatsächliche Handeln. Wenn ich den Wert CSR akzeptiert habe und die Möglichkeit habe, etwa in der Organisation von komplexen Versorgungsketten, wie etwa bei Schlaganfall, Verantwortung für die Gesellschaft zu zeigen, so kann die Handlung in diesem Fall erfolgen. Handeln führt aber auch wieder zu Reaktionen. Auch hier sind die Systeme und die anderen Feedbackgeber wichtig.

5.4 Rückkopplungen

Wie bereits bei Akzeptanz und Handeln erwähnt, sind verstärkende Rückkopplungen zentral für diese beiden Dimensionen. Dabei denkt man oft an die unmittelbaren Führungskräfte, die auch wesentliche Beeinflusser ihrer Mitarbeiter sind, vergisst aber oft die zahlenorientierte Unternehmens- und die Systemsteuerung. „What you measure is what you get", wie es das Credo der Balanced Scorecard (Kaplan und Norton 1998) postuliert, trifft auch hier zu. Steigender Kostendruck über Senkungen der Belegtage durch DRG-Sätze für einzelne Behandlungen ist in der Kritik, hat aber und wird auch weiterhin in der Praxis zu kürzeren Belegtagen in den Krankenhäusern führen. Das ist nicht immer negativ, aber viele Schlagzeilen über „blutige" Entlassungen zeigen auch die Problematik. Das Wohl der Patienten gegen das Wohl des Krankenhauses, ist sicherlich kein ständiger Konflikt, aber auch als gelegentlicher Konflikt ist es für die handelnden Personen und Organisationen schon schwierig genug.

5.5 Kann beim aktuellen System CSR als normativer Wert im Gesundheitswesen überhaupt implementiert werden?

Positive Beispiele des normativen CSR-Ansatzes zeigen vorhandene Möglichkeiten. So sieht etwa die schwedische SKF-Gruppe Umwelt-, Sozial- und Gesundheitsziele als gleichwertig zu Gewinn- und Qualitätszielen an, und arbeitet auch seit Jahren an der Optimierung der Steuerung möglicher Zielkonflikte (Hubmer et al. 2006; skf.com 2017) durch eigene Scorecards und sonstige Controllingsysteme.

Aber auch reine Alibiaktionen, im ökologischen Bereich Greenwashing genannt, kommen vor. Dabei werden nach dem Lernmodell in Abschn. 5 für die Organisationsmitglieder auch starke kognitive Dissonanzen auftreten. Der Wert wird offiziell gelehrt und gefordert, das Handeln aber nur medienwirksam in einigen kleinen Bereichen durchgeführt und sonst sanktioniert. Ein nachhaltiger normativer Wert kann so nicht funktionieren. Das ist eines der Probleme des CSR-Ansatzes. Der rein ökonomische Ansatz kann zu reinen Alibiaktionen führen, während ein starkes Intensivieren der Marktmechanismen, wie in der Einleitung erwähnt, tendenziell unmoralisches Verhalten stärkt (Falk und Szech 2013). Das ist momentan die größte Systemgefahr im Gesundheitswesen. Märkte sind an sich effiziente Standardisierungsmechanismen und führen zu relativ effizienter Ressourcenverteilung. Märkte haben aber eben auch nicht gewollte und nicht immer positive Nebenwirkungen, insbesondere auch im Gesundheitswesen.

Zusammenfassend kann CSR als normativer Wert im Gesundheitswesen gelebt werden, es wird aber nie ohne Zielkonflikte und evolutionäres Anpassen der Interpretation des normativen Wertekodexes gehen. Etwa die Aussage aus dem Leitbild der Franziskanerinnen in Erinnerung rufend, „[d]en Menschen, die zu uns kommen, soll es bei uns gut gehen", wird in unterschiedlichen Zeiten und Orten, bei unterschiedlichen Problemlagen und Möglichkeiten Unterschiedliches bedeuten. Das ist aber auch die Stärke eines normativen Ansatzes von CSR als Wert: einfache Grundaussagen leiten das Verhalten, überdauern auch Kontextveränderungen und können auch flexibel eingesetzt werden und weisen dennoch in eine – bei normativer CSR – hoffentlich GUTE Richtung.

Literatur

Argyris C, Schön DD (1978) On organizational learning. A theory of action perspective. Addison-Wesley, Reading Mass.

Auer-Rizzi W, Reber G, Szabo E (2005) Governance-Strukturen und Führungsverhalten: Symptome von Entsolidarisierung in Österreich und Deutschland. Ind Beziehungen 12(3):231–251

Auinger F, Böhnisch W, Stummer H (Hrsg) (2005) Unternehmensführung durch Werte. Gabler, Wiesbaden

Bekk M, Spörrle M, Hadjasie R, Kerschreiter R (2016) Greening the competitive advantage: antecedents and consequences of green brand equity. Qual Quant 50:1727

BML (2017) CSR, die Definition der Europäischen Kommission. https://www.bmlfuw.gv.at/umwelt/nachhaltigkeit/gesellsch_verantwortung_csr/csr-definition-der-eu.html. Zugegriffen: 13. Juni 2017

Busse R, Riesberg A (2005) Gesundheitssysteme im Wandel: Deutschland. WHO, Kopenhagen

Czypionka T, Schnabl A, Sigl C (2014) Ein Gesundheitssatellitenkonto für Österreich. IHS, Wien

Daxner F, Gruber T, Riesinger D (2005) Werteorientierte Unternehmensführung – Das Konzept. In: Auinger F, Böhnisch W, Stummer H (Hrsg) Unternehmensführung durch Werte. Gabler, Wiesbaden, S 3–34

Doyé T (2016) CSR als Leitprinzip für Human Resource Management. In: Doyé T (Hrsg) CSR und Human Resources Management. Springer, Heidelberg, Berlin, S 3–16

EK (2011) Mitteilung der Kommission an das Europäische Parlament, wen Wirtschafts- und Sozialausschuss und den Ausschuss der Regionen. Eine neue EU-Strategie (2011–14) für die soziale Verantwortung der Unternehmen (CSR). http://ec.europa.eu/transparency/regdoc/rep/1/2011/DE/1-2011-681-DE-F1-1.Pdf. Zugegriffen: 28. Nov. 2017

Falk A, Szech N (2013) Morals and Markets. Science 340:707

Franziskusspital Aachen (2017) Leitbild. http://www.franziskushospital.de/. Zugegriffen: 30. Mai 2017

Glauner F (2013) CSR und Wertecockpits. Springer, Berlin, Heidelberg

Hasselhorn HM, Conway PM, Widerszal-Bazyl M, Simon M, Tackenberg P, Schmid S et al (2008) Contribution of job strain to nurses' consideration of leaving the profession – results from the longitudinal European nurses' early exit study. Scand J Work Environ Health S:75–82

Hayek FA (1943) The road to serfdom. Routledge, London

Hubmer F, Krennhuber E, Stummer H, Traunmueller G (2006) Sicherheitskultur am Arbeitsplatz – Die Frima SKF am Standort Steyr in Oberösterreich. In: Böhnisch W, Reber G, Leichtfried G, Hechenberger D (Hrsg) Werteorientierte Unternehmensführung in Theorie und Praxis. Peter Lang, Frankfurt/Main, S 271–279

Kaplan RS, Norton DP (1998) Translating strategy into action. The balanced scorecard. Harvard Business School Press, Boston

Kluckhohn C, Kelly WMH (1945) The concept of culture. In: Linton R (Hrsg) The science of man in the world crisis. Columbia University Press, New York, S 78–105

Meglino BM, Ravlin EC (1998) Individual values in organizations: concepts, controversies, and research. J Manage 24(3):351–389

Müller M, Meyer H, Stummer H (2011) Das Verschreibeverhalten von Allgemeinmedizinern am Beispiel der Heilmittelverordnungen in Österreich. Das Gesundheitswes 73(7):443–449

PharmExec (2015) Taking flight: pharm exec's top 50 pharma companies. http://www.pharmexec.com/taking-flight-pharm-execs-top-50-pharma-companies. Zugegriffen: 20. Mai 2017

Rokeach M (1969) Beliefs, attitudes and values. A theory of organization and change. Jossey-Bass, San Francisco

Romeyke T, Stummer H (2011a) Economic aspects of nursing in inpatient naturopathy – evidence from Germany. J Manag Mark Healthc 4(4):208–216

Romeyke T, Stummer H (2011b) A study of cost and length of stay of inpatient naturopathy – evidence from Germany. Complement Ther Clin Pract 17(2):90–95

SKF.com (2017) CSR summary. http://www.skf.com/group/investors/csr-summary. Zugegriffen: 15. Juni 2017

Smith A (1780) The wealth of nations. Book I: On the Causes of Improvement in the Productive Powers. On Labour, and on the Order According to Which its' Produce is Naturally Distributed Among the Different Ranks of the People. Online auf Marxist.org. Zugegriffen: 4. Juni 2017

Stummer H (2006a) Gesundheit im Spannungsfeld. In: Böhnisch W, Reber G, Leichtfried G, Hechenberger D (Hrsg) Werteorientierte Unternehmensführung in Theorie und Praxis. Peter Lang, Frankfurt/Main, S 171–184

Stummer H (2006b) Gesundheit im Unternehmen: Ein Plädoyer für eine Werteperspektive. In: Böhnisch W, Krennmair N, Stummer H (Hrsg) Gesundheitsorientierte Unternehmensführung – Eine Werteperspektive. Gabler, Wiesbaden, S 1–15

Stummer H (2007) Entsolidarisierung von Führungsverhalten und mögliche Auswirkungen auf die Gesundheit. Ind Beziehungen 14(3):270–278

Stummer H, Nöhammer E, Schusterschitz C (2010) Ein Essay über Wertschätzung und Doublebind: Operative Führungskräfte als Moderatoren von pathogener Firmenpolitik oder Paradoxie als Unternehmenskommunikationsmuster. J Psychol 18(2)

Weber M (1904) Die protestantische Ethik und der Geist des Kapitalismus. Mohr, Tübingen

WHO (2017) Gesundheit für alle. www.euro.who.int. Zugegriffen: 24. Mai 2017

Prof. Dr. Harald Stummer ist Professor am Institut für Management und Ökonomie im Gesundheitswesen der UMIT – Private Universität für Gesundheitswissenschaften, Medizinische Informatik und Technik in Hall in Tirol und am Institut für Gesundheitsmanagement und Innovation an der Privatuniversität Schoss Seeburg in Seekirchen am Wallersee und unterrichtet an weiteren verschiedenen Akademien und Hochschulen. Er hat an der Johannes Kepler Universität (JKU) Linz und an der Université Jean Moulin Lyon III Betriebswirtschaft und Handelswissenschaft (Diplom) studiert und an der JKU promoviert. In Linz war er auch 10 Jahre wissenschaftlicher Mitarbeiter am Institut für Unternehmensführung und in dieser Zeit ein Semester Gastwissenschaftler an der Universität Bielefeld. Sein Forschungsgebiet beschäftigt sich im weitesten Sinne mit Verhalten in Organisationen, mit einem Fokus auf Gesundheit im Betrieb bzw. auch einem Anwendungsbereich für das Gesundheitswesen als Ganzes. Kleinere, aber lang laufende Fixpunkte der Forschung sind Beiträge zur Irrationalität und zu Paradoxien in Unternehmen.

Dr. Elisabeth Nöhammer ist Assistenzprofessorin und Habilitandin am Institut für Management und Ökonomie im Gesundheitswesen der UMIT – Private Universität für Gesundheitswissenschaften, Medizinische Informatik und Technik in Hall in Tirol. Sie hat an der Johannes Kepler Universität (JKU) Linz Wirtschaftswissenschaften und Sozialwirtschaft (Diplom) sowie an der UMIT Gesundheitswissenschaften (Doktorat) studiert. Sie ist als Assistenzprofessorin an der UMIT tätig. Ihre Forschungstätigkeit bezieht sich auf salutogene Strukturen und Prozesse im Unternehmen, dabei wird meist das Individuum fokussiert. Die Verbesserung von Arbeitsbedingungen sind ihr dabei sehr wichtig.

Dr. Margit Raich ist Assistenzprofessorin und Habilitandin am Institut für Management und Ökonomie im Gesundheitswesen der UMIT – Private Universität für Gesundheitswissenschaften, Medizinische Informatik und Technik in Hall in Tirol. Zuvor war sie über 10 Jahre am Institut für Strategische Unternehmensführung der Universität Innsbruck als Lehrende und Forscherin aktiv, wo sie unter Prof. Hans H. Hinterhuber ihre Dissertation verfasste. Sie beschäftigt sich im Rahmen ihrer Lehr- und Forschungstätigkeit mit Strategischer Unternehmensführung, Leadership und Dienstleistungsmanagement. Ihre Forschungsschwerpunkte finden vor allem auf Gesundheitsorganisationen sowie klein- und mittelständischen Betrieben Anwendung. Im Rahmen ihrer Studien gilt ihr besonderes Interesse dem Einsatz qualitativer Forschungsmethoden.

CSR im praktischen Alltag des Gesundheitswesens

Nachhaltigkeit im Veränderungsmanagement am Beispiel des Franziskus-Hospizes in Erkrath Hochdahl (FHH)

Andreas Feller und Siegfried Thiel

1 Einleitung/Geschichte

Wie gelingt ein gemeinsam getragener Weg der Verantwortungsübernahme zur nachhaltigen Verbesserung von Ergebnissen und Strukturen?

Das Franziskus-Hospiz Hochdahl entstand im Jahre 1988 aus der Idee einer Gruppe von Menschen der katholischen und evangelischen Kirchengemeinde Hochdahl, die sich zum Ziel gesetzt hatten, schwerstkranken Menschen in ihrer letzten Lebensphase durch professionelle palliative Begleitung zu unterstützen. Nach dem Aufbau eines ambulanten Hospizdienstes im Jahre 1990 folgte durch Förderung des Bundesministeriums für Arbeit und Sozialordnung im Jahre 1993 die Grundsteinlegung für den Bau des FHH. Im Jahre 1995 konnte das Hospiz-Zentrum als Bundesmodellprojekt unter anderem mit dem stationären Hospiz mit acht Bewohnerzimmern der Bestimmung übergeben werden.

Träger des gemeinnützigen Franziskus-Hospizes für Schwerstkranke GmbH sind die Gesellschafter der Marienhaus Unternehmensgruppe in Waldbreitbach (Marienhaus Holding GmbH und Marienhaus Kliniken GmbH) und der Franziskus-Hospiz e. V. Hochdahl. Aus der hospizlichen Grundhaltung heraus sollen sterbende Menschen und ihre Angehörigen eine würdevolle und professionelle palliative Begleitung erfahren. Durch die gesetzlichen Rahmenbedingungen eines durch Spenden und Mitgliedsbeiträge zu erbringenden wirtschaftlichen Eigenanteils von 5 % (bis November 2015 lag dieser noch bei 10 %) stehen Hospize damit grundsätzlich auch in einem Spannungsfeld von Effizienz und

A. Feller (✉) · S. Thiel
Franziskus-Hospiz e. V. Hochdahl/FHH e. V.
40699 Erkrath, Deutschland
E-Mail: andreasfeller@gmx.de

S. Thiel
E-Mail: siegfried-thiel@t-online.de

© Springer-Verlag GmbH Deutschland, ein Teil von Springer Nature 2018
K. Keller und F. Lorenz (Hrsg.), *CSR im Gesundheitswesen*,
Management-Reihe Corporate Social Responsibility,
https://doi.org/10.1007/978-3-662-55937-6_17

hospizlicher Maximalversorgung. Daher ist es folgerichtig und konsequent, dass sich Hospize den Mechanismen einer ausbalancierten Unternehmenssteuerung und -führung verpflichten.

2 Führungskultur im FHH

Durch die Hospizarbeit werden die Themen Sterben, Tod und Trauer aus der gesellschaftlichen Tabuisierung geholt und sterbenskranken Menschen ein würdevolles begleitetes Leben bis zuletzt ermöglicht.

Mit dem ausgereiften Konzept des Franziskus-Hospizes Hochdahl (Konzept Franziskus-Hospiz 2014) haben sich die Verantwortungsträger einen ethischen, handlungsleitenden Kodex gegeben, der mit seinen Grundprinzipien und Grundsätzen[1] konkret ausformuliert ist. Das Konzept ist Maßstab einer zeitlosen werteorientierten humanistischen Grundhaltung, geprägt durch ein starkes ökumenisches und bürgerschaftliches Engagement in Hochdahl, welches damit kraftvoll auf die tägliche hospizliche Arbeit eines jeden haupt- und ehrenamtlich Wirkenden ausstrahlt.

3 Ausgangssituation im Jahre 2014

Am Anfang stand die Ernüchterung.

Das FHH stand im Jubiläumsjahr 2014 unter dem Leitmotiv „Spuren des Lebens – 25 Jahre Hochdahler Hospizarbeit" und sollte ein durchgängig freudiges Jahr der Reflexion auf das Erreichte werden, verbunden mit kraftvollen Ausblicken auf die vor uns liegenden Herausforderungen. Unter anderem spiegelte sich gerade das hohe ehrenamtliche Engagement der Mitarbeiter des FHH in über 10.000 geleisteten Stunden pro Jahr in den Tätigkeitsbereichen des stationären Hospizes, der ambulanten palliativen Betreuung, des Hospizempfangs und anderen Leistungsbereichen wider. Dabei ist für die aktiv agierenden ehrenamtlichen Mitarbeiter die hospizliche Grundhaltung handlungsleitend.

Umso ernüchternder war die Vorstellung der Jahresabschlussbilanz des Jahres 2013, die in der Gesellschafterversammlung im August 2014 präsentiert wurde; die Gesellschaftervertreter wurden von der Wirklichkeit, eines Unternehmens in wirtschaftlicher Schieflage eingeholt. Im Kern wurden durch die Wirtschaftsprüfungsgesellschaft folgende Ergebnisse präsentiert:

- Die Gesellschaftereinlage des FHH befand sich in einer kritischen Entwicklung; das Stammkapital war deutlich belastet.

---

[1] www.franziskus-hospiz-hochdahl.de – dortige Seite: Hospizarbeit/Wir über uns.

- Das FHH hatte im Jahr 2013 nur 46 % seiner Betriebserlöse aus den Erträgen seiner Leistungsbereiche erwirtschaftet.
- Der stetig steigende Finanzbedarf ließ sich nur durch erhebliche Zuschüsse der Gesellschafter in Deckung bringen.
- Die wirtschaftlichen Prognosen waren in der Langzeitbetrachtung bedrohlich.

Was hatte zu dieser bedrohlichen wirtschaftlichen Situation geführt? Wieso hatten vorhandene Vorwarnsysteme nicht bereits Alarm geschlagen? War die kritische Entwicklung absehbar? Immerhin wird das „Unternehmen" Franziskus-Hospiz Hochdahl in den relevanten Unternehmensfelder BSC[2]-gestützt gesteuert und regelmäßig controllt. Für ein Verweilen in der „Schockstarre" war nicht viel Zeit; vielmehr mussten Fragen beantwortet werden, die das Ausmaß der Probleme hinreichend analysierten.

Blick zurück.

Folgerichtig wurde in der Gesellschafterversammlung im August 2014 dem Geschäftsführer der Auftrag erteilt, die Ursachen der IST-Situation unter Anwendung der SWOT-Analyse[3] näher zu beleuchten, deren Ergebnisse in einer am 06. Oktober 2014 terminierten Gesellschafterversammlung bewertet werden sollten. Ebenso sollten vorliegende Ergebnisse eines Benchmark-Vergleichs mit 11 anderen Hospizen im Caritasverband für die Erzdiözese Köln mit einbezogen werden.

4   Problemanalyse/Anwendung von Analyseinstrumenten

Nach der notwendigen Zeit der Vorbereitung konnten die Gesellschafter des FHH, bestehend aus Vertretern der Marienhaus Holding GmbH, der Marienhaus Kliniken GmbH und des Franziskus-Hospizes e. V. sowie dem Geschäftsführer des FHH in der Gesellschafterversammlung Anfang Oktober 2014 in die gemeinsame Problemanalyse einsteigen.

Die hohen Gesellschafterzuschüsse, die über die vielen Jahre regelmäßig durch die Träger aufgebracht worden waren, schienen in der eigenen Wahrnehmung als „selbstverständlich und normal" – wir hatten uns an die defizitären Abschlüsse ein wenig „gewöhnt".

Ausgehend von den Ergebnissen der Jahresabschlussbilanz 2013, die die wirtschaftlichen Prognosen in der Langzeitbetrachtung als bedrohlich darstellten, wurde durch die Gesellschaftervertreter den nüchternen wirtschaftlichen Zahlen und Daten „ungeschminkt ins Gesicht" geschaut.

---

[2] Wikipedia: Balanced Scorecard (BSC, ausgewogener Berichtsbogen) ist ein Konzept zur Messung, Dokumentation und Steuerung der Aktivitäten eines Unternehmens oder einer Organisation im Hinblick auf seine Vision und Strategie.
[3] Wikipedia: Die SWOT-Analyse (Akronym für Strengths *Stärken*, Weaknesses *Schwächen*, Opportunities *Chancen* und Threats *Bedrohungen*) ist ein Instrument der strategischen Planung.

Auch stellten sich die Gesellschaftervertreter selbstkritische Fragen zur konsequenten Nutzung vorhandener Management-Controllingsysteme wie der Balanced Scorecard (BSC). Es wurde deutlich, dass die BSC als Instrument der Messung und Steuerung der Unternehmensstrategie und -ziele sowie erfolgskritischer Faktoren konsequenter genutzt werden musste. Dabei hätten die Zielerreichungsgrade nicht nur controllt, sondern auch kontrolliert werden müssen.

Insbesondere ist die Steuerung sozialer Einrichtungen der Gesundheitsfürsorge, wozu Hospize zweifelsfrei gehören, über Wirtschaftsparameter ein notwendiger, aber auch schwieriger Weg, da palliative Versorgung sterbenden Menschen mit wirtschaftlichen Mechanismen in einem natürlichen ethischen Spannungsfeld stehen.

Es zeigte sich in dem Prozess der Ursachenanalyse als hilfreich, ebenfalls auf die wichtigsten Ergebnisse des Benchmarks von 11 stationären Hospizen im Caritasverband der Erzdiözese Köln zu schauen. Die wesentlichsten Auffälligkeiten waren:

- Die Auslastung des FHH durch betreute Bewohner war im Vergleich zu anderen Hospizen am geringsten.
- Die Verweildauer der Hospiz bewohner war mit 23,3 Tagen im unteren Bereich.
- Das Durchschnittsalter der examinierten Pflegekräfte war mit 50 Jahren an zweithöchster Stelle.
- Die Anzahl der Krankheitstage war vergleichsweise gering.
- Die Parameter von Energie- Wasser- und Brennstoffverbrauch, Instandhaltungs- und Wartungskosten sowie den Verwaltungskosten waren im Vergleich zu anderen Einrichtungen deutlich zu hoch.
- Die Hospizfläche ist im Verhältnis zur Anzahl von 8 Bewohnerzimmern an zweithöchster Stelle.

Weitere Erkenntnisse konnten mit den Ergebnissen einer durchgeführten SWOT-Analyse gewonnen werden. Mit den Betrachtungen der SWOT-Elemente *Stärken – Schwächen* sowie *Chancen – Herausforderungen* hatten sich der Geschäftsführer im Kreis der Bereichsleiter den damit verbundenen Fragen gestellt.

Unter anderem wurde die wirtschaftliche Abhängigkeit des FHH zu den Gesellschafterzuschüssen als Belastung und damit als *Schwäche* gesehen. Gleichzeitig waren die hohen finanziellen Unterstützungsleistungen Ausdruck einer stabilen Gemeinschaft, die mit den Trägern der Marienhaus Kliniken und Marienhaus Holding sowie dem Franziskus-Hospizverein, als einem der größten Hospizvereine Deutschlands, „ihrem" Hospiz fest zur Seite steht, als *Stärke* bewertet.

Die Bereichsleiter hatten in ihrer vorbereiteten Analyse als *Chance* im Prozess ausgeführt, dass der demografische Wandel mittelfristig Einfluss auf die Krankenhausfinanzierung (Tagessatzgestaltung der Krankenkassen) haben müsste.

Als *Herausforderung* wurde die für den Bewohner wünschenswerte frühere Verlegung sterbender Menschen aus den umliegenden Krankenhäusern in das Franziskus-Hospiz beschrieben, die durch eine strategische Partnerschaft zwischen Hospiz und umliegenden Krankenhäusern bewirkt werden könnte.

Alle vorliegenden Analyseparameter hatten eines bewirkt: Es bestand im Kreis der Gesellschafter und des Geschäftsführers Einigkeit darin, dass zur Verbesserung der wirtschaftlichen Situation gehandelt werden musste!

5 Strategische Planung und Zielsetzung

Von der Lähmung zum Aktionsbündnis.

Daher wurde von den Gesellschaftern noch in der Gesellschafterversammlung, am 06. Oktober 2014, ein nachhaltiger Handlungsbedarf eingefordert, der konsequent und operationalisierbar umgesetzt werden sollte. Dies spiegelte sich in einem formulierten Leitgedanken *von der Lähmung zum Aktionsbündnis* zwischen Gesellschaftern, Geschäftsführung, Leitungskräften und Mitarbeitern wieder.

Die konkret gefassten Gesellschafterbeschlüsse waren:

5.1 *Konsequente Nutzung der BSC* in Gesellschafterversammlungen, Regelkommunikationen und als Führungsinstrument im erweiterten Führungskreis. Ferner sollte im Rahmen einer monatlich stattfindenden Telefonkonferenz auf Ebene der Gesellschafter, einschließlich des Geschäftsführers der Fortgang der Entwicklungen kurzfristiger und unmittelbarer reflektiert werden.

5.2 Der Schwerpunkt der Maßnahmen lag in den nachfolgend aufgeführten Beschlüssen zur *Verbesserung der wirtschaftlichen Ertragslage*:

5.2.1 *100 % Pflegeauslastung des stationären Hospizes*

Die prekäre wirtschaftliche Situation zwang die Gesellschafter zu Entscheidungen, die das Ziel hatten, möglichst schnell die Ertragslage im Hospiz zu verbessern. Bereits die Ergebnisse des Benchmarks hatten deutlich gemacht, dass das FHH mit seinen 91,5 % Auslastung im Jahre 2013 (92,9 % in 2014) im Vergleich zu anderen Hospizen ungünstig abschnitt. Dem FHH kam der im Jahre 2013 vorgenommene Umbau des zweiten Pflegebades in ein „Gästezimmer" zur vorübergehenden Aufnahme von Notfällen in dieser Situation sehr gelegen. Mit einer konsequenten Belegung des „Gästezimmers" konnte die maximale Belegung des Hospizes auf eine Zielmarke von 100 % realistisch angestrebt werden. Zur Zielerreichung sollten ebenfalls ab sofort Bewohner in das stationäre Hospiz auch samstags aufgenommen werden. Dies bedingte jedoch eine entsprechende Vorbereitung der medizinischen und medikamentösen Versorgung am Freitag. Ebenso wurde die Grenze für eine maximale Verweildauer für Verstorbene auf dem Bewohnerzimmer auf 24 Stunden festgelegt.

5.2.2 Kostensenkungen durch 10 %ige Einsparungen in den Bereichen von Personal- und Sachkosten

Als harte Entscheidung stellte sich die Vorgabe der Kostenersparnis im Personal- und Sachkostenbereich dar. Während die Mitarbeiter überaus ideenreich im Bereich möglicher Einsparpotenziale im Sachkostenbereich waren, so traf die Vorgabe der 10 %igen Kostensenkung im Personalbereich die Mitarbeiter hart, konnten doch die Einsparpotenziale an Stellenanteilen nicht so einfach „erwirtschaftet" werden. Vielmehr wäre es aus sachlichen Erwägungen notwendig gewesen, beispielhaft die Stellenanteile für die Seelsorgerin zu erhöhen, erst recht nicht zu reduzieren. Dennoch musste auch an dieser Stelle ein Signal in Richtung „einsparen und konsolidieren" gegeben werden.

5.3 Wachsen und kooperieren

Im Jubiläumsjahr 2014 – „25 Jahre Hochdahler Hospizarbeit" – war den Trägern bewusst, dass die Stabilität des Hospizes in den kommenden Jahrzehnten nur durch eine konsequente und nachhaltige Verbesserung der Ertragslage zu erzielen war, da sich das Verhältnis Kosten zu Erträgen mit acht Bewohnerzimmern als deutlich unterdeckend darstellte. Bereits in den Jahren zuvor war die Idee entstanden, das FHH mit der Erweiterung um zwei weitere Bewohnerzimmer wirtschaftlich zu stabilisieren. Waren diese Überlegungen bislang immer wieder bei Seite gelegt worden waren, so sollte nunmehr der Erweiterungsbau mit einem 9. und 10. Bewohnerzimmer mit Erstellung einer Kostenanalyse erneut intensiv geprüft werden.

Ebenso war den Verantwortlichen klar geworden, dass zusätzliche Chancen in der Entwicklung neuer, zusätzlicher Versorgungsangebote für ältere Menschen mit Demenzerkrankungen liegen. Hierzu sollte eine entsprechende Prüfung (einschließlich Marktanalyse) erfolgen. Des Weiteren wurde ein Diskurs mit den umliegenden Krankenhäusern im Hinblick auf eine stärkere Kooperation angestrebt.

5.4 Neuausrichtung der Öffentlichkeitsarbeit

Im Ursachen-Wirkungsgeflecht zeigt sich die Öffentlichkeitsarbeit als besonders wichtiger Erfolgsfaktor. Eine proaktive, erfrischende und ideenreiche Öffentlichkeitsarbeit unterstreicht die wichtige gesellschaftspolitische Verantwortung und trägt in vielerlei Hinsicht dazu bei, dass die hospizliche Arbeit in der Öffentlichkeit wahrgenommen und in vielfältiger Weise unterstützt wird. Eine erfolgreiche Öffentlichkeitsarbeit hebt das öffentliche Ansehen und auch die Bereitschaft der Bevölkerung, das Hospiz finanziell zu unterstützen. Ein besonderes Anliegen war es den Gesellschaftern, im Rahmen von Schulprojekten das Interesse junger Menschen zu wecken (siehe hierzu Ziffer 10.2). Die breite Spreizung möglicher Aktivitäten einer internen und externen Öffentlichkeitsarbeit verhindern an dieser Stelle weitere Ausführungen. Den Gesellschaftern war klar, dass in der Neuausrichtung der Öffentlichkeitsarbeit ein besonderer Schwerpunkt gelegt werden musste.

5.5 Ausbau der Bildung im FHH zur „Hospizakademie" – „aus der Mitte heraus bilden"

Eine besondere Chance wurde von den Gesellschaftern auch in der Bildungsarbeit im Franziskus-Hospiz in Hochdahl gesehen. Dabei leistet das FHH seit vielen Jahren eine qualifizierte Bildungsarbeit in den Bereichen von Palliativ-Care-Ausbildungen oder aber in anerkannten Befähigungsseminaren zur Trauerbegleitung (www. franziskus-hospiz-hochdahl.de, 19.03.2017). In diesen vielseitig vorhandenen Kompetenzen und Fähigkeiten der Mitarbeiter liegt die Kraftquelle einer wegweisenden Bildungsarbeit für die gesamte Region. Dies sollte durch Beschluss der Gesellschafter vom 06.10.2014 durch Ausbau des FHH in Richtung einer „Hospizakademie" genutzt werden. Langfristig trägt die Stärkung der Bildungsarbeit im FHH zum Ansehen in der Öffentlichkeit und zur Verbesserung der Einnahmesituation bei.

6 Operative Gestaltung und Umsetzung

Informieren – beteiligen – überzeugen – partizipative Verantwortung.

Die Gesellschafterbeschlüsse zur Verbesserung der wirtschaftlichen Strukturen hatten allesamt zur Folge, dass sie nachhaltige Veränderungen bei den haupt- und ehrenamtlichen Mitarbeitern mit sich bringen. Es musste damit gerechnet werden, dass die Zielsetzungen in den Bereichen Pflegeauslastung, Personal- und Sachkosteneinsparungen komplexe Einschnitte in die täglichen Abläufe mit sich bringen und mit den damit verbundenen Erwartungshaltungen und Anforderungen an zusätzliche Aufgaben und Leistungen bei den Mitarbeitern massive Ängste und Überforderungen auslösen konnten. Daher musste eine besondere Sorgfalt auf die anstehende Kommunikation der Veränderung gelegt werden.

Die Kommunikationsstrategie bestand darin, kaskadenförmig die beteiligten Ebenen „ungeschminkt" zu informieren – erst die Leitungsebene mit dem erweiterten Führungskreis, der Mitarbeitervertretung und dann die haupt- und ehrenamtlichen Mitarbeiter. Dabei war es bedeutsam, die Informationskette möglichst stringent einzuhalten, da ansonsten die Gefahr bestand, dass durch weitergegebene unvollständige Informationen eine Informationsverzerrung oder -fehlsteuerung entsteht. Da nicht immer alle Mitarbeiter gleichermaßen zu erreichen waren, erfolgte die Informationsweitergabe sowohl in Einzel- als auch Gruppengesprächen, Versammlungen und durch sogenannte Gesellschafterbriefe[4].

Neben der umfassenden Kommunikation der Gesellschafterbeschlüsse war es erforderlich, die Veränderung in einem Prozess partizipativer Verantwortung[5] gemeinsam zu gestalten. Unter Beratung und aktiver Unterstützung der Leiterin der Stabsstelle Unternehmens und Organisationsentwicklung, Frau Dr. Keller, wurde bereits für den 28.11.2014 der erste einer Reihe von Workshops konzipiert. Die Idee war, die klassischen, grundsätzlich für sich agierenden Ebenen der Verantwortlichen, bestehend aus Gesellschafter, Geschäftsführer, Leitungsebene des FHH und Vorstand des Franziskus-Hospizvereins an einem runden Tisch zusammenzuführen. Das Ziel bestand darin, die Verantwortlichen der

---

[4] Beispielhaft sei hier der Infobrief der Gesellschafter und des Geschäftsführers des Franziskus-Hospizes Hochdahl vom 09.10.2014 erwähnt.

[5] Andreas Feller, Vorsitzender Franziskus-Hospiz e. V. Hochdahl.

jeweiligen Ebenen von dem Weg der Veränderung zu überzeugen und sie aktiv in den Gestaltungs- und Veränderungsprozess mit einzubinden. Diese Form der geteilten oder partizipativen Verantwortung barg geringe Risiken in Form offen ausgetragener Ablehnung bei gleichzeitig großen Chancen, in gemeinsamen Workshops den Veränderungsprozess erlebbar zu gestalten und gleichzeitig umfangreiche Synergieeffekte zu erzielen.

Bereits im ersten stattgefundenen Workshop wurde den Beteiligten die Möglichkeit eröffnet, sich konstruktiv in den Gestaltungs- und Veränderungsprozess einzubringen. Durch kluge Akzente der Impulsgebung, wertschätzenden Umgang und Raum für konkrete inhaltliche Arbeit wurden die Verantwortlichen aller Ebenen in den anstehenden Veränderungsprozess eingebunden. Workshopteilnehmer dieses Arbeits- und Veränderungskreises waren: Gesellschafter, Geschäftsführer, Hospizleiter, Vorstand des Franziskus-Hospiz e. V., Verantwortliche des stationären Hospizes, Verantwortliche des ambulanten Hospiz- und Palliativpflegeteams (AHPT), Verantwortliche des ambulanten Hospiz- und Palliativberatungsdienstes (AHPB), Seelsorgerin, Mitarbeitervertretung, ausgewählte Förderer und Netzwerker, Frau Dr. Keller in ihrer Rolle als Beraterin.

In einem zweijährigen Prozess arbeiteten und gestalteten die Verantwortlichen wiederkehrend gemeinsam zusammen. Dazu trafen sich die Akteure zweimal im Jahr in einem Workshop, um den Stand der Veränderungen konstruktiv kritisch zu betrachten und weiterzuentwickeln. Die Workshops wurden dabei mit einer Ausgewogenheit sachbezogener Themenbearbeitung und weichen Themenstellungen, wie etwa dem Schöpfen aus spirituellen Kraftquellen, ausgerichtet. Auch wurde regelmäßig wertschätzender Raum gegeben für persönliche Schilderungen von Eindrücken und Auswirkungen des Veränderungsprozesses. Dies ermöglichte eine Erdung aller Beteiligten, was auch als Korrektiv für allzu ambitionierte Ziele verstanden wurde. Die nachfolgende inhaltliche Aufstellung stellt nochmals die Leitmotive und Inhalte der Treffen im Arbeits- und Veränderungskreis prägnant zusammen:

Herbstworkshop in 2014:	*Verbesserung der wirtschaftlichen Situation des FHH – von der Lähmung zum Aktionsbündnis.*
Frühjahrsworkshop 2015:	*Stabilisierung des Prozesses.*
	Stärkung der Kommunikation und Motivation.
	Schöpfen aus Quellen.
Herbstworkshop 2015:	*kommunizieren – begegnen – entwickeln.*
	Ehrenamt – Öffentlichkeitsarbeit – Umbau/Neubau.
Frühjahrsworkshop 2016:	*Standortbestimmung – walk and talk.*
	miteinander – verbindlich – kompetent.
	Kraftquellen.
Herbstworkshop 2016:	*Übergabe in die Linientätigkeit.*
	Institutionalisierung der Workshops in ein- bis zweimal jährlich stattfindenden Klausurtagungen.

7 Kommunikationsstrukturen/Steuerungsinstrumente

Klare, verbindliche Kommunikations- und Entscheidungsstrukturen.

Die zunehmende Komplexität ausbalancierter Entscheidungen mit Schärfung des Blicks auf wirtschaftliche Erfordernisse, bei gleichzeitiger Achtung ethischer und mitarbeiterorientierter Grundwerte, haben seit 2014 die Strukturen der Beteiligung und Kommunikation auf allen Ebenen gelebter Verantwortung verändert. So agieren heute Gesellschafter, Geschäftsführung, Hospizleitung und Franziskus-Hospizverein gemeinsam mit unterschiedlichen Verantwortlichen des Hospizes in einem engen Geflecht der Abstimmung und Entscheidung miteinander und setzen damit gemeinsam gefasste Beschlüsse wirkungsvoll um. Besonders auffällig wurde dies in den seit November 2014 stattfindenden Workshops (heute Klausurtagungen), einer neuen, elementar wichtigen, die Ebenen verzahnenden Beteiligungsform partizipativer Verantwortung. Mit jeweils einem Frühjahrs- und einem Herbstworkshop – seit November 2016 wurde diese Aufgabe der Linienverantwortung übertragen – gelingt es, zu treffende strategische Entscheidungen der Gesellschafter, des Geschäftsführers und der Hospizleitung sowohl substanziell vorzubereiten als auch die im Hinblick auf zu treffende Entscheidungen verbundenen Veränderungsprozesse nachhaltig zu stützen und zu stärken.

Diese Veränderungen einer gemeinsam gelebten Verantwortung wirkten sich gravierend auf Kommunikations- und Entscheidungsstrukturen und -prozesse aus. Umso wichtiger war es, dass allen Beteiligten ihre Rollen, Aufgaben und Grenzen kennen; nur so konnte Klarheit und Verbindlichkeit entstehen und Irritationen vermieden werden. Daher wurden die jeweiligen Kommunikationsstrukturen für die nachfolgend aufgeführten Ebenen in einer gemeinsam getragenen Vereinbarung[6] verbindlich festgeschrieben:

- Gesellschafterversammlungen/Telefonkonferenzen
- Regelkommunikationen mit dem Geschäftsführer und Verein/Hospizleitung, Leitungsbesprechungen
- Vorstandssitzungen des Vereins
- Klausurtagungen

8 Führungsinstrumente

Kooperative, berechenbare Führung – wertschätzender Umgang.

Ein gemeinsames Merkmal politischer, gesellschaftlicher, unternehmerischer oder auch wertschöpfender Systeme – wozu ein Hospiz zuzurechnen ist – ist die zunehmende Komplexität. Dabei sind die Antworten auf die Frage nach dem Erfolg mehrdimensional und

---

[6] Gesellschafterbeschluss in der Sitzung vom 06.06.2016.

stehen nicht selten in einem Zielkonflikt. So lassen sich Probleme nur gemeinsam lösen, Erfolge nur miteinander erzielen. Der Mensch steht im Mittelpunkt der Wertschöpfungskette!

Ersichtlich ist, dass der Führungskraft in den Aufgabenfeldern von Steuerung und Führung eines Unternehmens eine besondere Rolle zukommt. Die erfolgreiche Führung und Steuerung eines Unternehmens setzt Führungsfähigkeiten und -fertigkeiten voraus. Neben den unabdingbar notwendigen fachlichen Kompetenzen zur Leitung des jeweiligen Unternehmens, ist das Wissen über die Anwendung von Methoden zur strategischen Ausrichtung, der Prozess- und Organisationsentwicklung und des Veränderungsmanagements nicht nur sinnvoll, sondern auch erfolgskritischer Faktor. Die Komplexität aufeinander abzustimmender strategischer Entscheidungen und operativer Aktivitäten erfordert ständige Information, konsequente Kooperation sowie Nachvollziehbarkeit und Berechenbarkeit von Führungsverantwortung. Es erschließt sich, dass dies nur im Rahmen eines von Wertschätzung getragenen, ethisch geprägten Umgangs möglich ist.

9 Öffentlichkeitsarbeit

Tue Gutes und rede darüber.

9.1 Nach innen

Zweifelsohne ist ein tragendes Element im Veränderungsmanagement die Öffentlichkeitsarbeit nach innen. So wurde der Veränderungsprozess intensiv mit den Mitarbeitern durch Leitungs- und Teambesprechungen, Informationsveranstaltungen, Infobriefe und die Vereinszeitschrift „LebensWende"[7] gesteuert. Aufmerksamkeit erzielte der nachhaltige Veränderungsprozess im FHH auch im Mutterkonzern, der Marienhaus Kliniken in Waldbreitbach. So wurde im Informationsdruckwerk „Marienhaus Echo" vom gemeinsamen Workshop im November 2015 berichtet (Marienhaus Echo 2016, S. 14).

9.2 Nach außen

Ein Schwerpunkt der Veränderung zur Verbesserung der Ertragslage lag im Erfolgsfaktor Öffentlichkeitsarbeit. Dabei war allen Beteiligten bewusst, dass jegliches Wirken im und um das Franziskus-Hospiz ein Beitrag zur Öffentlichkeitsarbeit darstellte. Auch ging es nicht darum, die Öffentlichkeitsarbeit grundlegend zu reformieren, vielmehr bedurfte es aber einer Erneuerung bzw. Auffrischung der Gestaltung und des inhaltlichen Profils der Vereinszeitschrift „LebensWende". Ebenso bedurfte es einer Überarbeitung des

---

[7] LebensWende – ein Druckwerk des FHH, Auflage: bis zu vier Ausgaben im Jahr.

Auftritts FHH in Internet mit einer aktiven und zeitgemäßen Präsentation in der Öffentlichkeit (www.franziskus-hospiz-hochdahl.de, 19.03.2017). Hinzu kamen die tradierten respektvollen Kontakte zu Reportern hiesiger Printmedien, die seit vielen Jahren zu einem regelmäßigen Erscheinen wertvoller Artikel rund um das FHH beigetragen hatten.

Von besonderer Bedeutung der Öffentlichkeitsarbeit für die hospizliche Arbeit war ebenso die Ansprache und Unterstützung von und durch Vertreter aus Politik und Verwaltung, Kirchengemeinden und der Wirtschaft. Hier ist eine Vielzahl von Aktivitäten möglich und sinnvoll. Ein besonderer Dank gilt Frau MdB Michaela Noll, die sich mit ihrer seit 2005 andauernden persönlichen Schirmherrschaft im Franziskus-Hospiz engagiert und damit für die hospizlichen Belange sowohl auf örtlicher Ebene als auch an entscheidenden anderen Stellen für eine gesellschaftlich getragene hospizliche Haltung eingesetzt hat und weiter einsetzt.

In der Öffentlichkeitsarbeit sollten auch neue Wege der Kommunikation mit jungen Menschen in der gymnasialen Oberstufe gesucht werden, umso Grundsteine einer wertebasierten Auseinandersetzung mit den Themen Sterben und Tod zu legen. Dieses Projekt wurde erfolgreich, sowohl unter den Aspekten der Öffentlichkeitsarbeit als auch der Bildungsarbeit verfolgt.

10 Bildungsarbeit

Hospiz ist eine Haltung, mit der wir uns begegnen.

10.1 Bildungszentrum

Die Idee, das FHH zu einem regional bekannten Bildungszentrum zu machen, ist von der Überzeugung getragen, dass das Wissen und die Kompetenz der Mitarbeiter im Umgang mit schwerstkranken sterbenden Menschen ein wertvoller Erfahrungsschatz ist. Im Zeichen einer immer älter werdenden Gesellschaft und dem damit erkennbaren Bedarf an humanitärer Palliativversorgung auch in der Altenpflege ist das Franziskus-Hospiz ein Ort, an dem das vorhandene Wissen um eine sach- und menschenwürdige Pflege und Begleitung kompetent vermittelt wird. Bereits heute geben hauptamtliche Mitarbeiter des Franziskus-Hospizes ihr Wissen an fachkundig Interessierte in den Bereichen von Palliative Care Basis- und Aufbaukurse sowie Befähigungsseminaren zur Sterbe- und Trauerbegleitung weiter. Ein weiterer Ausbau der Bildungsarbeit in Richtung einer Hospizakademie ist geplant.

10.2 Bildungs- und Öffentlichkeitsarbeit – Schulprojekt Gymnasium Erkrath Hochdahl

Cicely Saunders (https://www.hospiz.org/cicely-saunders, 02.04.2017), die Begründerin der modernen Hospizbewegung, sprach davon, dass *das Hospiz nicht ein Ort ist, wo man sich einrichtet, sondern eine Haltung, mit der wir uns begegnen.*[8]

Mit dieser Einstellung ging das FFH Anfang 2016 auf das Gymnasium Erkrath Hochdahl (Millrath) zu, um dort ein Schulprojekt mit der Oberstufe zu starten. Zielsetzung dieses Projektes war es, im Rahmen des Leistungskurses Religion, Schwerpunkt Ethik, eine Enttabuisierung des Themas „Sterben, Tod und Trauer" zu erreichen. Ein weiteres Ziel sollte ein Bildungserlebnis für die Schüler im weitesten und nichtpädagogischen Sinne sein: „Die Auseinandersetzung mit der Endlichkeit und Sterblichkeit macht Sinn, worin er auch immer liegen mag."[9]

Nach sorgfältiger Vorbereitung mit dem verantwortlichen Religionslehrer, Herrn Carsten Raue und Herrn Siegfried Thiel wurde im Dezember 2016 eine Doppelstunde mit dem Lehrinhalt „Hospizarbeit in Hochdahl" durchgeführt. Als Einleitung wählte der ehrenamtliche Mitarbeiter einen Film, in dem 30 junge Menschen Schwerstkranke nach ihrer Lebenssituation befragen (http://30jungemenschen.de/projekt.html, 02.03.2017). Dieser Film ist Teil eines einzigartigen Projektes der Universitäten Witten und Düsseldorf (http://www.30gedankenzumtod.de/projekt, 02.03.2017). Schließlich kommt in diesem Film auch eine Bewohnerin des FFH zu Wort, in dem sie ihre letzten Lebenswochen im FFH authentisch beschreibt. Anschließend wurden die Schüler aufgefordert, ihre Erwartungshaltungen und Fragen mit Blick auf die Hozpizarbeit zu formulieren. Daraus entstand ein sehr intensiver Dialog, in dem wieder neue Fragen bei den Schülern ausgelöst wurden. Diese Fragen konnten dann während des Besuches der Schüler im Januar 2017 vor Ort im Hospiz besprochen und diskutiert werden.

Nach der gemeinsamen Auswertung der Erfahrungen mit den Kollegen der Fachlehrerkonferenz Religion und Herrn Thiel wurde beschlossen, dass Hospizarbeit als Lehrinhalt in das schulinterne Curriculum aufgenommen wird und somit als fester Bestandteil zukünftiger Religionsleistungskurse verankert ist – ein Meilenstein vernetzter Bildungs- und Öffentlichkeitsarbeit. Die Auseinandersetzung im Religionsunterricht mit einem vorurteilsfreien und respektvollen Umgang mit den Themen Sterben und Tod ist dabei ein prägnanter Baustein zu einer ethisch geprägten Persönlichkeitsentwicklung und Wertebildung junger Menschen.

---

[8] Die Fundstelle dieses Zitats ist nicht bekannt.
[9] Siegfried Thiel, stellv. Vorsitzender Franziskus-Hospiz e. V. Hochdahl.

11 Ergebnis- und Wirkungskontrolle

Controlling – Kontrolle – Evaluierung.

In Telefonkonferenzen, Gesellschafterversammlungen und Regelkommunikationen wurden die am 06. Oktober 2014 gefassten Gesellschafterbeschlüsse regelmäßig auf Einhaltung und Fortschritt überprüft und diskutiert. Zur Ergebnis- und Wirkungskontrolle wurde dabei die BSC als geeignetes Controllinginstrument genutzt. Von Bedeutung war ein ehrlicher Umgang mit Problemen, Hindernissen und Zielabweichungen, da sich erst hieraus die Möglichkeit der Zieloptimierung ergibt. Die angestoßenen Prozesse bedurften einer ständigen Begleitung und neuer Impulse, um den Veränderungsprozess erlebbar zu machen. Deutlich wurde, dass der Kreislauf von Plan-Do-Check-Act[10] nicht endet, er bedarf vielmehr einer fortwährenden Überprüfung und Evaluierung.

12 Fazit

Mut zur Veränderung.

Im Jahre 2014 herrschten bei allen Beteiligten noch Ernüchterung und große Zukunftssorgen. Heute, im Jahre 2017, ist klar erkennbar, dass es die Einrichtung FHH aus eigener Kraft geschafft hat, aus einer prekären wirtschaftlichen Situation in eine stabile Zukunft zu gehen.

Durch intensive Beteiligung aller Verantwortlichen ist es gelungen, die Menschen davon zu überzeugen, dass die dargestellten Maßnahmen zur Verbesserung der wirtschaftlichen Lage sinnvoll und notwendig sind – das gemeinsam getragene Aktionsbündnis wurde eingegangen. Dabei waren die Zielmaßstäbe mit 100 % Pflegeauslastung des stationären Hospizes und auch die vorgegebene 10 %ige Kostensenkung in den Bereichen von Personal- und Sachkosten nicht nur ambitioniert, sie verlangten von allen Beteiligten einen engagierten Einsatz und auch Verzicht. Es ist insbesondere dem Mitarbeiterteam des stationären Hospizes zu verdanken, dass durch konsequente Belegung eines Gästezimmers die Pflegeauslastung auf über 99 % angehoben werden konnte. Auch trug wesentlich das Engagement aller haupt- und ehrenamtlichen Mitarbeiter in den unterschiedlichsten Tätigkeitsbereichen dazu bei, dass sich die wirtschaftliche Lage des FHH heute wieder als stabil erweist. So konnte das FHH seine Betriebserlöse aus den Erträgen seiner Leis-

---

[10] Wikipedia: Demingkreis (oder auch Deming-Rad, Shewhart Cycle, PDCA-Zyklus) beschreibt einen iterativen drei- bzw. vierphasigen Prozess für Lernen und Verbesserung des US-amerikanischen Physikers Walter Andrew Shewhart. PDCA steht hierbei für das Englische *Plan – Do – Check – Act*, was im Deutschen auch mit *Planen – Tun – Überprüfen – Umsetzen* oder *Planen – Umsetzen – Überprüfen – Handeln* übersetzt wird. Die Ursprünge des Prozesses liegen in der Qualitätssicherung.

tungsbereiche von 46 % im Jahre 2013 auf 63 % im Jahre 2016 steigern und sogar einen deutlichen Euro-Überschuss in der Jahresbilanz 2016 erwirtschaften!

Die Zielsetzung zu *wachsen und zu kooperieren* wurde klar profiliert. So erwuchs die Überzeugung, dass das FHH von seiner Größe mit acht Bewohnerzimmern und dem dafür erforderlichen Personaleinsatz für die Zukunft nicht effizient genug aufgestellt ist. Daher wird nun mit Beschluss der Gesellschafter das FHH durch einen Anbau um zwei Bewohnerzimmer erweitert. Der Erweiterungsbau soll im Jahre 2018 seiner Bestimmung übergeben werden. Im Rahmen des entstehenden Anbaukomplexes werden hierbei Räumlichkeiten auch auf anderen Geschossebenen entstehen, die an den Kooperationspartner, der SAPV Mettmann GmbH (http://www.sapv-mettmann.de, 08.04.2017), langfristig vermietet werden konnten. Damit wird das FHH seinem Status als Bundesmodellprojekt gerecht, da von dieser zukunftsweisenden Kooperation auf der Grundlage einer gemeinsamen Wertebasis ein sektorenübergreifendes Hospiz- und Palliativzentrum mit Modellcharakter entstehen wird.

Nach wie vor bleibt viel zu tun. Im neuen Verständnis von Öffentlichkeitsarbeit werden in einer Steuerungsgruppe, in der Vertreter von Geschäftsführung, Hospizleitung und Vereinsvorstand vertreten sind, die betreffenden Themen strukturell vorbereitet, geplant und zur Umsetzung verabschiedet. Dies bedingt einen ständigen Prozess der Abstimmung und Entscheidung. Zielvorstellung ist nach wie vor der Ausbau der FHH vom Bildungszentrum zur Hospizakademie; hier bedarf es noch weiterer Entwicklungsarbeit. Ebenso stehen mit dem geplanten Erweiterungsbau die sich verändernden Pflege- und Versorgungsprozesse der Bewohner auf dem Prüfstand. Auch dies wird künftig eine Herausforderung für das Pflegepersonal darstellen. Daher bedürfen die angestoßenen Prozesse einer ständigen Begleitung und neuer Impulse, um Stabilität zu sichern und Fortschritt zu erzielen – ein ständiger Qualitätskreislauf. Es sind die Menschen, die mit ihren jeweiligen Überzeugungen den Veränderungsprozess in Gang setzen und auch für den nötigen Fortgang sorgen. Hierzu bedarf es eines konzentrierten Blicks mit zukunftsweisenden Bildern auf die richtige Strategie, den Mut zum konsequenten Handeln und spürbarer Empathie, mit der die Menschen im Veränderungsprozess mitgenommen werden.

Erkrath, im April 2017

Literatur

Franziskus Hospiz Hochdahl (2017) Hospizarbeit/Wir über uns. www.franziskus-hospiz-hochdahl. de. Zugegriffen: 19. März 2017
Konzept Franziskus-Hospiz Hochdahl, 2014, erhältlich als Druckwerk über das Franziskus-Hospiz Hochdahl, Trills 27 in 40699 Erkrath
LebensWende – ein Druckwerk des FHH, erhältlich als Druckwerk über das Franziskus-Hospiz Hochdahl, Trills 27 in 40699 Erkrath
Marienhaus Echo – Ausgabe 1, S. 14, Januar 2016, erhältlich als Druckwerk über die Marienhaus Kliniken in Waldbreitbach

Andreas Feller (55 Jahre) ist seit April 2012 Vorsitzender des Franziskus-Hospiz e. V. in Erkrath Hochdahl im Ehrenamt. In seinem Beruf als Polizeibeamter leitet er in der Kreispolizeibehörde Mettmann das Technik Dezernat. Nach abgeschlossenem Fachhochschulstudium im Jahre 1988 wirkte er langjährig als kriminalpolizeilicher Sachbearbeiter. Zu seinen weiteren beruflichen Stationen gehörten: behördliche Umsetzung von Managementinstrumenten, mehrjährige Tätigkeit als Behördenberater im Beratungsteam „Steuerung und Führung der Polizei NRW"/Leiter verschiedener Kriminalkommissariate in der Kreispolizeibehörde Mettmann/Mitwirkung an Themenstellungen behördlicher Organisationsentwicklung.

Siegfried Thiel (64 Jahre) ist seit Januar 2011 als ehrenamtlicher Mitarbeiter im stationären Hospiz und darüber hinaus seit April 2014 als stellvertretender Vorsitzender des Franziskus-Hospizes e. V. Hochdahl tätig. Vor Eintritt in den Ruhestand im April 2015 war er über 30 Jahre in einem amerikanischen Mischkonzern beschäftigt und übernahm in unterschiedlichen Funktionen steigende Verantwortung. Zuletzt war er als Vertriebsleiter neben der operativen Führung der Vertriebsorganisation verantwortlich für die strategische Entwicklung neuer Vertriebskonzepte und deren Umsetzung. Die damit verbundene Organisationsentwicklung und das Veränderungsmanagement in unterschiedlichen Prozessen waren in den letzten Berufsjahren Schwerpunkt seines Verantwortungsbereiches.

Die E-Learning-Plattformen für Patienten der Hôpitaux Robert Schuman

Olivier Hoffmann und Tsvetelina Ivanova

1 Einleitung

1.1 Die HRS-Gruppe

Die Hôpitaux Robert Schuman-Gruppe ist entstanden im Jahr 2014 aus dem Zusammenschluss der Clinique Bohler, der größten Frauenklinik Luxemburgs, den Allgemeinkrankenhäusern Hôpital Kirchberg und ZithaKlinik und der geriatrischen Klinik Clinique Sainte-Marie. Der neu entstandene Krankenhausverbund umfasst über 250 freiberufliche Ärzte und mehr als 2300 Angestellte. Sie bieten den Patienten eine hochqualitative Behandlung, sowie eine persönliche und respektvolle Betreuung. Neben der Behandlung und Betreuung ist die Gruppe auch in der Weiterbildung tätig, unter anderem als akademisches Krankenhaus für die medizinische Fakultät Mannheim der Universität Heidelberg.

1.2 Die soziale Verantwortung und die HRS-Gruppe

In Bezug zur sozialen Verantwortung von Unternehmen (SVU) haben die Hôpitaux Robert Schuman aufgrund ihrer Prinzipien und ihrer Aufgaben, die Verantwortung und Verpflichtung, eine Vorbildfunktion in beispielhafter Weise zu erfüllen. Die nachhaltige Entwicklung stellt die strategische Priorität der Gruppe dar. Indem sie sich (unter dem Motto

O. Hoffmann
Universität der Künste
Berlin, Deutschland
E-Mail: olivierhoffm@yahoo.de

T. Ivanova (✉)
Hôpitaux Robert Schuman
Luxemburg, Luxemburg
E-Mail: Tsvetelina.ivanova@hopitauxschuman.lu

© Springer-Verlag GmbH Deutschland, ein Teil von Springer Nature 2018   319
K. Keller und F. Lorenz (Hrsg.), *CSR im Gesundheitswesen*,
Management-Reihe Corporate Social Responsibility,
https://doi.org/10.1007/978-3-662-55937-6_18

„Gemeinsam anders leben") ehrgeizig für das Leben in Gemeinschaft einsetzen, wollen sie zu einer positiven Wirkung auf die Gesellschaft und die Umwelt beitragen. Der Ansatz teilt sich auf vier thematische Achsen auf:

- Wirtschaft
- Soziale Aspekte
- Patient und Gemeinschaft
- Umweltschutz

Um die strategischen Prioritäten adäquat zu erfüllen, investiert die HRS-Gruppe ihre Mittel an unterschiedlichen Stellen. Neben der zentralen Rolle des Patienten, kümmert sich die Gruppe ebenfalls um nachhaltige, umweltliche und ökologische Themen. Das Engagement der HRS-Gruppe hat im Jahr 2011 durch die Ausarbeitung einer Charta für nachhaltige Entwicklung und mit der Organisation ihres ersten Aktionstages für soziale Verantwortung (RSE) begonnen und hat sich seitdem konsequent weiterentwickelt.

Eine unserer Prioritäten in der nachhaltigen Entwicklung ist die gesundheitliche Aufklärung der Bevölkerung. Dies ist einer der Gründe, weshalb sich die HRS-Gruppe für E-Learning zur Bildung und Unterstützung ihrer Patienten entschied. In ihrer Herangehensweise ist die Gruppe der Überzeugung, dass Lehre, Information, Unterstützung und Zuversicht außerordentliche Beiträge zur effizienten Versorgung des Patienten darstellen. Mit den E-Learning-Plattformen geht die Gruppe ihrer Verantwortung der gesundheitlichen Bildung der Patienten nach.

Die Plattformen bieten den Patienten Informationen in unterschiedlichen Weisen an. Einerseits kann der Patient individuell Wissensmaterial aufnehmen und den Lernstoff an seinen Wissensstand anpassen. Überall und zu jeder Zeit kann er auf diese Informationen zurückgreifen. Andererseits kann er aktiv an Live-Seminaren teilnehmen und so aus der Distanz an einem Kurs mitwirken. Diese doppelte Möglichkeit eines individuellem Usererlebnis einerseits und eines Gemeinschaftsgefühls andererseits ist eines der vielen Elemente, die E-Learning unterstützt. Dazu kommt die Diversität der verschiedenen multimedialen Tools, die die Interaktion zwischen Patient und Betreuer digital stimuliert.

Diese Methode unterstützt die Wissensaufnahme und -verarbeitung sowie die aktive Rolle der Patienten. Nach der Aufklärung über den eigenen Gesundheitsstand soll der Patient zum Akteur werden. Der Patient soll aktiv in seiner Behandlung integriert werden und bekommt die Möglichkeit mehr über bestimmte Gesundheitsbereiche, Klinikabläufe und Ähnliches zu erfahren. Auf den einzelnen Plattformen kann er das für sich interessante Material auf seine Bedürfnisse anpassen und sich in dem jeweiligen Themenfeld informieren.

1.3 Was ist E-Learning?

Die schnelle technologische Entwicklung der Computerindustrie fördert mit seinen neuen Gestaltungsmethoden von Inhalten die Entwicklung von E-Learning-Programmen in großem Maße. Unter dem Begriff E-Learning werden alle Formen von Lernen gesammelt, bei denen elektronische oder digitale Medien zur Vermittlung von Lernmaterialien und -inhalten eingesetzt werden. Lehr- und Lernprozesse werden durch digitale Werkzeuge ergänzt und können eine zwischenmenschliche Kommunikation unterstützen (Trude 2016, S. 23).

Jedoch gibt es noch keine allgemein anerkannte Definition des Begriffes, so wird versucht, E-Learning anhand von vier unterschiedlichen Aspekte zu beschreiben:

- Interaktivität: Der Benutzer hat die Möglichkeit mehrere Steuerungs- und Eingriffsmöglichkeiten anzuwenden.
- Multicodalität und Multimedialität: Das Material kann auf unterschiedliche Weisen codiert werden, welche von der Art des Mediums abhängt. Neben Texten können auch andere Arten von Medien, wie beispielsweise Bilder, Hypertexte, Animationen und Simulationen, die Information kommunizieren.
- Multimodalität: Dem User wird ermöglicht, Informationen über die Sinnesmodalitäten aufzunehmen. Im Bereich des E-Learnings werden auditive und visuelle Sinneseindrücke rezipiert.

Die Methode des E-Learnings greift also auf die verschiedensten technologischen Elemente zurück. Aus diesem Grund prognostizierten viele Experten das Online-Lernen als die Bildungsform des 21. Jahrhunderts (ole-campus 2012). Zwischenzeitlich hat sich herausgestellt, dass solche Plattformen in vielen Bereichen eher als Ergänzung zur Präsenzlehre (Workshops, Seminare usw.) angewendet werden (Lossau 2014; ole-campus 2015). Durch hybride Lernarrangements, also die Kombination verschiedener Medien, entstehen flexible und adaptive Strukturen, welche die Lehre optimieren. Dazu stoßen Aspekte, z. B. die Unabhängigkeit von Ort und Zeit und die ökonomischen Vorteile, welche für das E-Learning sprechen.

Bei Unternehmen wird die Anwendung von E-Learning-Plattformen immer beliebter. Sie können ihr Personal kontinuierlich weiterbilden und erhöhen zudem ihre Effizienz. Der Einsatz solcher zeitgemäßen Methoden senkt die Fehlerquoten und vereinheitlicht den Wissensstand aller Mitarbeiter.

E-Learning erlaubt eine flexible Bildungsmöglichkeit in den unterschiedlichsten Bereichen. Unternehmen und Bildungseinrichtungen, die im Gesundheitsbereich tätig sind, können E-Learning genauso zur Aufklärung von Patienten im medizinischen Bereich anwenden wie Universitäten es im pädagogischen Bereich tun (Management Krankenhaus 2012). Für die HRS-Gruppe ist E-Learning neben dem direkten Kontakt mit den Patienten zum wichtigsten Informationsaustauschinstrument geworden, weil es eine unzählige

Vielfalt von Möglichkeiten bietet, dem Patienten wichtige und komplexe Informationen pädagogisch optimal zukommen zu lassen.

2 Das HRS-E-Learning-Projekt

2.1 Ursprung und Ziele des HRS-E-Learning-Projektes

E-Learning verbindet das pädagogische Potenzial der multimedialen Werkzeuge mit den digitalen Gewohnheiten der Patienten. Beachtet man den aktuellen Internetgebrauch, ist das Zurückgreifen auf das Internet ein logischer Schritt in der Weiterbildung. Durch E-Learning werden die neuen digitalen Tools in der Welt der Lehre integriert und mit den Lernvorlieben des Besuchers verbunden.

Für die HRS waren die Patienten des Geburtskrankenhauses die geeignete Zielgruppe eines E-Learning Pilotprojektes im Bereich der Geburtshilfe und der Begleitung der werdenden Mütter. Nach zweijähriger Entwicklung wurde so CBK-Learning[1] 2011 online gestellt; es wird seit der Veröffentlichung ständig von mehr als der Hälfte der Patientinnen, die in der Clinique Bohler entbinden, besucht. Die Inhalte der Plattformen umfassen alle Aspekte der Schwangerschaft bis zum ersten Jahr des Kindes.

Vier Jahre nach der Veröffentlichung der ersten Plattform entstanden 2015 PSY-Learning (für die depressiv-erkrankten Patienten und ihre Angehörigen) und dann OR-THO-Learning[1] (für die Patienten, denen eine Hüft- oder Knieoperation bevorsteht). Im März 2017 folgte RENA-Learning[1], diese Seite ist den nierenkranken Patienten gewidmet. Alle vier Plattformen bieten dem Benutzer neben Artikeln noch diverse interaktive Tools (Videos, Diapräsentationen etc.), um sich über das jeweilige Thema aufklären zu können. Sie nutzen die Möglichkeiten des E-Learnings in seiner ganzen Breite aus, damit der Patient eine spielerisch lehrreiche Erfahrung machen kann.

Mit der stetigen Entwicklung der E-Learning-Plattform möchte die HRS ihre Patientenbetreuung konsequent verbessern. Da der Großteil der Betreuung der Patienten aus der Gesundheitsaufklärung und -erziehung besteht, wird versucht, den Bedarf an Informationen, Beratung und Begleitung seitens der Patienten abzudecken. Sowohl die Patienten als auch die Angehörigen bedürfen während ihrem gesamten Betreuungsprozess zuverlässiger Informationen und Informationsverarbeitungshilfen sowohl vor, während als auch nach dem Aufenthalt im Krankenhaus. Aus diesem Grund versuchen innovative Kommunikations- und Informationskanäle jegliche Fragen, Bedürfnisse und Besorgnisse der Patienten vorwegzunehmen.

---

[1] Die E-Learning-Plattformen www.cbk-learning.lu, www.ortho-learning.lu und www.rena-learning.lu sind den Patienten der Hôptiaux Robert Schuman vorbehalten. Die Patientinnen der Clinique Bohler erhalten ihre Zugangsdaten für CBK-Learning nach der Schwangerschaftsbestätigung. Für ORTHO-Learning und RENA-Learning können die Patienten ihre Zugangsdaten in den Sekretariaten der zuständigen Ärzte beantragen.

Ein weiteres Argument für eine digitale Gesundheitsaufklärungsplattform ist der flexible Zugang. Diese individuelle Mobilität ist für die betroffenen Patienten außerordentlich hilfreich. Viele Patienten, die ihre professionelle Tätigkeit in Luxemburg ausüben und so dem luxemburgischen Gesundheitssystem unterliegen, wohnen in der Großregion (Deutschland, Belgien, Frankreich) in einem Umkreis von 100 km. Durch die E-Learning-Lösung wird ihnen der flexible Zugriff auf verlässliche medizinische Informationen erleichtert. Dies ist ebenfalls der Fall für Patienten mit Bewegungsbeeinträchtigung, die längere Zeit im Krankenhaus oder zuhause verbleiben müssen. Sie können durch die HRS-E-Learning-Plattformen einfach an die wichtigen Informationen herankommen und das in französischer und deutscher Sprache.

Anhand der E-Learning-Plattformen wird eine innovative, moderne Kommunikation mit den Patienten angestrebt. Um die Nutzung der Plattformen attraktiv zu gestalten, setzt die HRS-Gruppe auf Innovation mit zunehmend interaktiven Tools, die sich der Lernweisen der Benutzer anpassen. Die HRS-E-Learning-Plattformen umfassen diverse neue Ausbildungstools, z. B. Videos, Quiz und sogenannte „serious games". Wissensfolien erklären spezifische Themen, die anhand der Quiz getestet werden können. Das Lehrmaterial wird in begleitenden Videos kommentiert und erklärt. Visuelle Zeugenaussagen schildern den Patienten Abläufe der Behandlung und der Genesungszeit. Die „serious games" bringen dem Benutzer das jeweilige Thema auf eine spielerische Art näher.

2.2 Konzept und Vorgehensweise der HRS-E-Learning-Plattformen

Die Aufklärung der Patienten ist für ihr gesundheitliches Verständnis sehr wichtig und im Genesungsprozess hilfreich. Das Wissenswachstum in dem jeweiligen Bereich vereinfacht die Betreuung der Patienten.

Wie im realen Leben, beginnt das HRS-E-Learning-System mit der Geburt. CBK-Learning.lu (siehe Abb. 1) ist der E-Learning-Bereich der Frauenklinik Clinque Bohler. Patientinnen und werdende/junge Eltern finden Beratung und Informationen zur Schwangerschaft. Von der Ernährung über die Geburt bis hin zur Heimkehr und dem alltäglichen Leben mit dem Baby wird den Patientinnen viel erläutert. Zusammen ergeben die unterschiedlichen Rubriken eine komplette Vorbereitung für die werdenden Eltern (siehe Abb. 2). Die verschiedenen Hilfestellungen unterstützen in fast allen Themen rund um diese wichtige Lebensphase. Das Entwicklungspotenzial der Plattform ist sehr hoch. Zurzeit bietet die Clinque Bohler die Bereiche der Gynäkologie und der Senologie an. Auf diese Weise wird dem Benutzer eine breitere Aufklärung angeboten, die weit über die Geburtshilfe hinausgeht.

Die Plattform PSY-Learning.lu (siehe Abb. 3) steht für den psychiatrischen Bereich der HRS-Gruppe. Das Thema Depression wurde 2015 veröffentlicht. Im Jahr 2017 wird das Thema Sucht bearbeitet. Andere Abhängigkeiten und Krankheitsbilder aus dem psychiatrischen Bereich folgen in den nächsten Jahren. PSY-Learning.lu strebt die Verbesserung des Verständnisses und die gesellschaftliche Akzeptanz von Geisteskrankheit an. Durch

 **VIDÉOS**

Nous avons imaginé et produit spécialement pour vous toute une série de vidéos d'apprentissage. Elles couvrent les principaux domaines d'expertise de notre personnel soignant et se veulent à la fois conviviales et simples à assimiler. Elles répondront à la majorité de vos questions sur toutes les thématiques de cet espace E-Learning en images !

Toutes nos vidéos

 DIAPORAMAS

Nos diaporamas traitent de thèmes divers et variés en relation avec les grandes questions abordées dans le site. Qu'ils soient statiques ou commentés par un membre de notre personnel soignant, ils récapitulent en peu de mots tout ce qu'il faut savoir sur le thème concerné, dans des termes simples et compréhensibles de tous.

Tous nos diaporamas

 QUIZ

Nos quiz permettent de vous amuser un peu en testant vos connaissances et vous aident à vérifier si vous avez bien assimilé les principaux enseignements transmis par tous nos autres objets d'apprentissage. N'hésitez plus et défiez vos amies en les conviant à apprendre de manière ludique grâce aux quiz !

Tous nos quiz

 ET AUSSI

Abb. 1 Die Startseite von CBK-Learning.lu. (Quelle: www.cbk-learning.lu)

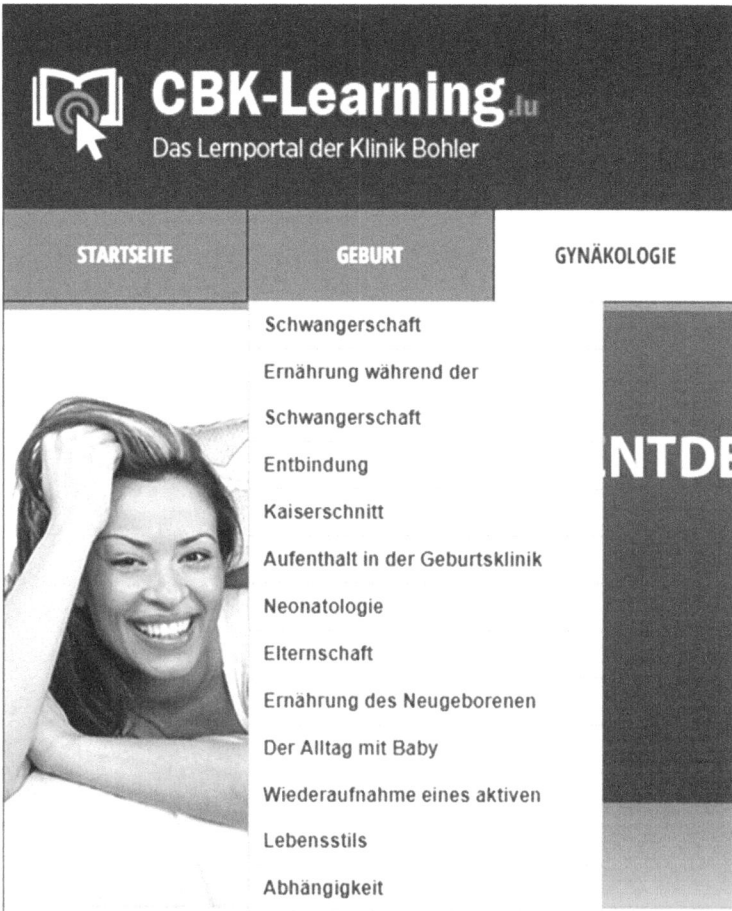

Abb. 2 Menüleiste „Geburt". (Quelle: www.cbk-learning.lu)

das Verstehen und das Akzeptieren fällt es den Patienten und ihren Angehörigen leichter, mit ihrer Erkrankung umzugehen. Die Betreuung wird hilfreich ergänzt und gewinnt an Effizienz. Die Plattform hilft, eine kontinuierliche Bindung mit den Patienten und ihrem Umfeld zu erstellen. Ihnen kann Rückhalt und die Unterstützung in schweren Momenten geboten werden. In den unterschiedlichen Rubriken „Besser verstehen", „Besser behandeln" und „Besser Leben" werden den Patienten hilfreiche Informationen zu ihrer Krankheit angeboten. Neben fachlichem Wissen erfahren sie Berichte anderer Patienten, die sich in der gleichen Situation befinden. Zum Verständnis und zur Annahme mentaler Krankheiten hilft das auf PSY-Learning veröffentlichte Material, da es sich von anderen im Netz verbreiteten Informationen unterscheidet. Mit der Bindung zum Patienten verfolgt PSY-Learning auch das Ziel, die Rückfallquote ihrer Patienten zu verringern.

Abb. 3 Die Startseite von PSY-Learning.lu. (Quelle: www.psy-learning.lu)

Die E-Learning-Plattform ORTHO-Learning.lu (siehe Abb. 4) stellt den orthopädischen Teil des HRS-E-Learning-Systems dar. Seit 2015 steht das Thema der Hüft- und Knieprothesen im Vordergrund.

Zurzeit wird in Zusammenarbeit mit Fachleuten der Frauenklinik Clinque Bohler das Thema der Osteoporose entwickelt. Neben der Erklärung der Symptome, der Behandlungen und der Prothese im Generellen, werden den Patienten Hilfestellungen zur Pflege und zum Alltag mit Prothesen angeboten. Video-Zeugenaussagen und weitere digitale Tools verbildlichen die Hilfestellungen. Neben alltäglicheren Themen rund um die Knie- und Hüftprothesen, bekommt der Benutzer Erläuterungen zur Operation und seinem Krankenhausaufenthalt. Die Vorbereitung zur Operation sowie die Rehabilitation werden erläutert.

Abb. 4 Die Startseite von ORTHO-Learning.lu. (Quelle: www.ortho-learning.lu)

Die Rückkehr in den gewohnten Alltag kann mithilfe der E-Learning-Plattformen vereinfacht werden.

Ziele der ORTHO-Learning-Plattform sind die Verbesserung der Lebensqualität und das alltägliche Leben der Patienten zu vereinfachen. Die Seite und das Material richten sich also vor allem an betroffene Patienten und ihr Umfeld. Ein Beispiel eines multimedialen Werkzeuges ist ein Video zur Knieprothese (siehe Abb. 5). Um bei der Rehabilitation im Krankenhaus zu helfen, werden dem Patienten alltägliche Situationen in kleinen Sequenzen erklärt. Der Patient erfährt die Antworten auf unterschiedliche Fragen: Wie soll man sich ins Bett legen? Inwieweit darf man sich im Bett bewegen? Wie stellt und setzt man sich korrekt, um das operierte Knie nicht zu stark zu belasten? Wie zieht man am besten seine Kleider und Schuhe an?

Mit der E-Learning-Plattform RENA-Learning.lu (siehe Abb. 6) deckt die HRS-Gruppe den Themenbereich der Niereninsuffizienz ab. Die Plattform bietet den Patienten eine Unterstützung während ihrer Dialyse-Behandlung an. Drei Hauptrubriken führen die

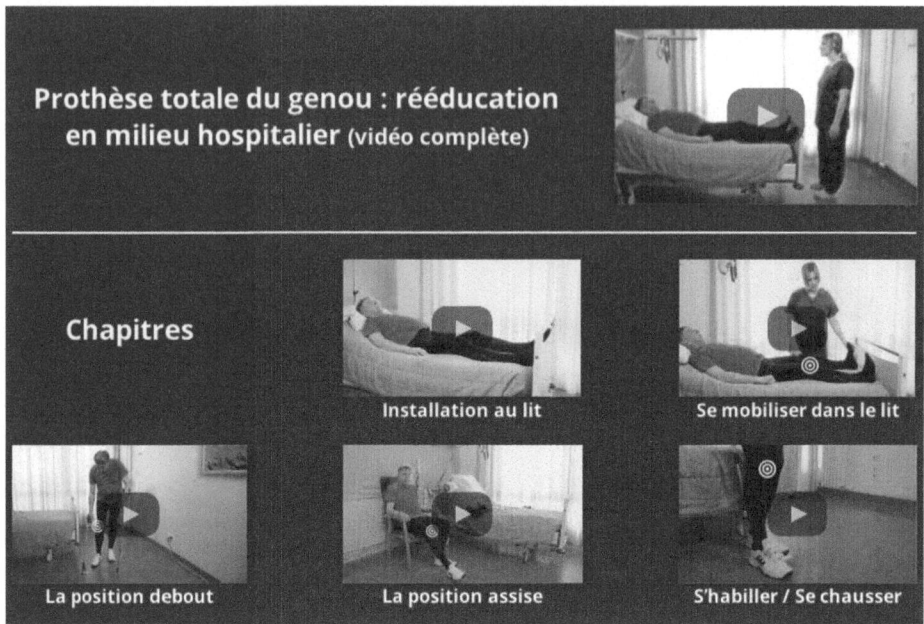

Abb. 5 Erklärungsvideo zur Rehabilitation nach einer Knieprothesenoperation. (Quelle: www. ortho-learning.lu)

Benutzer durch die Plattform. Bei einer Niereninsuffizienz und der dazugehörigen Behandlung ist die Information und das Verständnis essenziell. Visuelle Zeugenberichte und andere Tools erklären die verschiedenen Behandlungsoptionen. Obwohl es nicht möglich ist, die chronische Nierenbeeinträchtigung zu heilen, kann die Ausweitung der Krankheit verlangsamt oder sogar gestoppt werden und die Lebensqualität kann verbessert werden. Auf der RENA-Learning-Plattform erfährt der Patient, wann die Behandlung begonnen werden soll und wie die Betreuung abläuft. Verschiedene Fragen bezüglich einer gesunden Lebensweise, einer angepassten Ernährung und den alltäglichen Umgang mit der Krankheit. Wie bei seinen Vorreiter-Plattformen werden die Themen mit innovativen E-Learning-Tools vermittelt. Quiz, Videos und Diapräsentationen ermöglichen ein effizientes, interaktives Lernen. Sie unterstützen und begleiten die Patienten durch ihren ganzen Behandlungsprozess und ermöglichen ihnen, eine aktive Rolle in ihrer Behandlung einzunehmen.

2.3   Die Entwicklung der Plattformen von A bis Z

In der Entwicklungsphilosophie der Plattformen stehen die Bedürfnisse der Patienten im Vordergrund. Um den Benutzern Fragen und Besorgnisse vorwegzunehmen, wurde ein Weg gefunden, die unterschiedlichen Lernverhalten der Patienten aufzugreifen.

VIDÉO TÉMOIGNAGE

Découvrez le témoignage de Mr Della Posta, patient en Dialyse Péritonéale, sur son choix et son vécu avec le traitement.

Abb. 6 Die Startseite von RENA-Learning.lu. (Quelle: www.rena-learning.lu)

Die Auswahl der prioritären Themen beginnt in Diskussionsgruppen bei denen Patienten und ihre Angehörigen teilnehmen. Ihre Vorschläge und Ideen werden vollständig berücksichtigt, um die prioritären Themen und die wichtigsten Fragestellungen der Patienten im jeweiligen Bereich festzulegen. Nach den Analysen der Diskussionsergebnisse werden die definitiven Themen festgelegt und ihnen die passenden E-Learning-Tools zugewiesen. Die Inhalte werden von einer fachlichen Arbeitsgruppe generiert. Das Mitwirken von Sprachspezialisten, Multimediaexperten und Weiterbildungsexperten garantiert die Qualität des veröffentlichten Materials. Dieses wird nach Fertigstellung von einem Expertenteam, bestehend aus Fachleuten des medizinischen Bereiches, geprüft und validiert. Nach Freigabe des Fachpersonals folgt die digitale Veröffentlichung.

3   Eine Lösung für nachhaltige Gesundheitsbildung

Die HRS-E-Learning-Plattformen möchten eine nachhaltige Gesundheitsbildungslösung für ihre Patienten anbieten. Um diese Nachhaltigkeit zu garantieren, reagieren die E-Learning-Plattformen auf unterschiedliche Bedürfnisse:

3.1   Werterhaltung der Einsatzmittel

Ein Merkmal der HRS-E-Learning-Plattformen ist ihre einfache Aktualisierung und Instandhaltung nach ihrer Veröffentlichung. Präsentationen, Workshops und weitere Bildungsunterlagen können erneut verwendet und von einem größeren Publikum, wie Patienten und Mitarbeitern, benutzt werden. Auf diese Weise wird die Qualität des neu erworbenen Wissens anhand der permanenten Veröffentlichung erhalten. Zudem ist das Teilen von Kenntnissen ein großer Gewinn für die Community. Auf der anderen Seite kann das entwickelte Konzept an beliebige gesundheitliche Themen angepasst werden.

Die HRS-E-Learning-Plattformen werden konstant an den technischen Fortschritt und neue pädagogische Methoden angepasst. So bieten sie eine spannende Form der digitalen Fortbildung an.

3.2   Austausch – Ausbildung

Der Austausch mit Fachleuten wird durch die Interaktivität der E-Learning-Plattformen gestärkt. Ein Beispiel für einen gelungenen Dialog zwischen Patient und Experten sind die interaktiven Web-Seminare für Geburtsvorbereitung. Über die Seite CBK-Learning.lu können Patientinnen der Clinique Bohler live Veranstaltungen (siehe Abb. 7) verfolgen. Obwohl sie sich nicht am Ort des Geschehens befinden, wird ihnen ermöglicht, aktiv an pränatalen Workshops teilzunehmen. Es entsteht ein Dialog zwischen den Patientinnen, ihren Partnern, der Moderatorin und den anderen Teilnehmerinnen der Sitzung. Auf diese

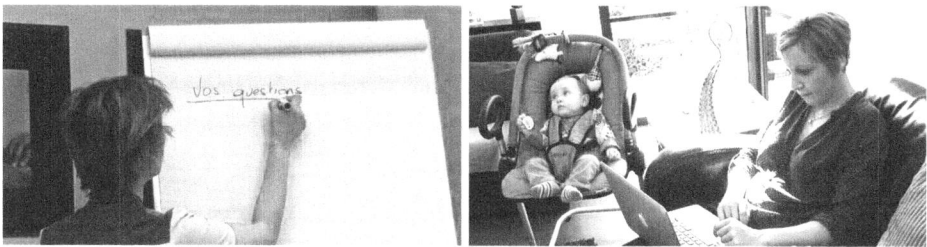

Abb. 7 Fotos aus einem Live-Seminar. (Quelle: www.cbk-learning.lu)

Weise können aufkommende Fragen sofort beantwortet und erläutert werden. Während ein Workshopleiter sich um die Betreuung der „realen" Teilnehmer kümmert, befindet sich eine zweite Moderatorin im Chatbereich der E-Learning-Seite. Mit einem Rechner befindet er sich im Raum der Sitzung. So können im Netz aufkommende Fragen von ihm beantwortet oder in der Gruppe diskutiert werden. Die individuelle Betreuung verändert sich auf diese Weise in eine Art Social Learning[2]. Mit der Bildungspraxis des Social Learnings auf digitalen Plattformen können bei Patienten aufkommende Unklarheiten mühelos in der Gruppe diskutiert und eventuelle Fragen besprochen werden.

Dank der Live Sessions entsteht eine Community von digitalen und anwesenden Teilnehmerinnen die, unter der Leitung vom Workshopleiter einen dynamischen und flexiblen Austausch haben. Wir konnten feststellen, dass der Austausch dadurch inhaltlich reicher geworden ist und die Teilnehmerzahl sich seit dem Start der CBK-Learning-Plattform (2011) verdoppelt hat.

3.3 Partnerschaften mit anderen Gesundheitseinrichtungen

Durch Partnerschaften mit anderen Akteuren im Gesundheitsbereich können wir die E-Learning-Plattformen schnell weiterentwickeln und die Entwicklungskosten für jeden tragbar halten. Material, das von einer anderen Klinik erarbeitet wurde, kann für die eigene Plattform benutzt werden. So kann jeder seine Stärken in den Prozess einbringen. Durch die Partnerschaften wird ein höherer Spezialisierungsgrad möglich und ein breiteres Wissensspektrum bewegt.

Neben der Weiterbildung der Patienten wird die Arbeit auch zur Weiterbildung der Mitarbeiter und Partner eingesetzt. Die Hôpitaux Robert Schuman pflegen Partnerschaften mit der Clinique Saint Vincent, Clinique Sainte-Elisabeth in Rocourt der Frauenklinik am Englischen Garten (Dr. Geisenhofer) in München und der deutschen Marienhaus Stif-

---

[2] Der Begriff Social Learning steht für „das Lernen in einer Lerngemeinschaft bei dem formales, non-formales und informelles Lernen verknüpft sein können und Kompetenzen über Informations-, Wissens- und Erfahrungsaustausch und unterschiedliche Formen der Zusammenarbeit primär unter Nutzung von Social Software erworben werden".

tung. So können Material und zu entwickelnde Themen miteinander geteilt, diskutiert und ausgebaut werden. Die Partnerschaft mit der belgischen Hebammenschule HennaLux beweist den pädagogischen Wert des veröffentlichten Materials, das für die Studierenden als Lehrstoff dient.

3.4 Destigmatisierung von gesellschaftlich wichtigen Themen

Seit Beginn der 2000er-Jahre steigt der Wille der luxemburgischen Gesellschaft, um den Blick auf mentale Krankheiten und ihre Behandlung zu verbessern. Eine Folge war die Integration der psychiatrichen Dienste in den Krankenhäusern. In diesem Zusammenhang war eines der Hauptziele der E-Learning-Plattform PSY-Learning.lu, beim Verständnis und der gesellschaftlichen Akzeptanz zu helfen. Darüber hinaus ist die E-Learning-Plattform nicht nur für die HRS-Patienten und deren Familie, sondern für das breite Publikum frei zugänglich.

Die Aufklärung der Angehörigen der psychiatrischen Patienten ist für uns von besonderer Wichtigkeit. Die E-Learning-Lösung der HRS-Gruppe hilft ihnen die Krankheiten zu verstehen und sie favorisiert ihre aktive Rolle im Genesungsprozess des Patienten.

3.5 Entwicklungshilfe – Solidarität – soziale Verantwortung

Soziale Verantwortung spielt für den Krankenhausverbund Hôpitaux Robert Schuman eine wichtige Rolle. Deswegen schließt die HRS-Gruppe Partnerschaften mit Stiftungen, z. B. der NGO COFESTA und der Stiftung Follereau Luxemburg, um sein Wissen, seine Kompetenzen und sein Können in Projekten in entwicklungsschwachen Ländern miteinzubringen, z. B. in Mali.

In Mali gibt es kaum Einrichtungen im Bereich der Geburtsmedizin. Insgesamt 55 % der Frauen gebären ohne professionelles Pflegepersonal (CBK 2014). Um die Frauen über die Risiken solcher Geburten aufzuklären, wurde in einer Kollaboration mit der Stiftung Follereau eine digitale Offline-Version des Materials (Videos, Poster etc.) der Plattform CBK-Learning angelegt. Folgend wurden 2013 und 2014 Bildungsprojekte im Bereich Gesundheit veranstaltet. Unterstützt von der NGO COFESTA und der Stiftung Follereau wurde das Offline-Bildungsmaterial über die Schwangerschaft erarbeitet. Dieses wurde zur Aufklärung und Schulung in Mali an das medizinische Personal sowie die malische Gesellschaft verteilt.

3.6 Effizienz – Zusammenhang – Ausbildung – Sicherheit

Die ständige Fortbildung der Mitarbeiter gehört genauso zu einer qualitativen Betreuung der Patienten wie die Bildung der Patienten selbst. Darum werden unsere E-Learning-

Entwicklungen nicht nur für Patienten genutzt, sondern auch für die Fortbildung der Mitarbeiter. So entstand unsere interne E-Learning-Plattform HRS-learning.lu (siehe Abb. 8), die die klassische Fortbildung vervollständigt. Seit dem 27. Februar 2017 können die Angestellten sich 24/24 h, 7/7 Tage in den unterschiedlichen Bereichen informieren. Um die Seite anzuwenden, benötigt man keinerlei digitale oder informatische Vorkenntnisse, sondern kann sofort einsteigen. Mithilfe der Plattform werden den Mitarbeitern unterschiedliche Bereiche ihres professionellen Umfeldes näher gebracht.

Abb. 8 Die Startseite von HRS-Learning.lu

Einerseits lernt der Mitarbeiter die HRS-Gruppe genau kennen. Es ist wichtig, den luxemburgischen Gesundheitssektor zu kennen, umso besser die Werte, die Ideen und Prinzipien der HRS zu verstehen.

Die Sicherheit in den Hôpitaux Robert Schuman ist ein zentrales Thema in der Hôpitaux Robert Schuman und hat dadurch einen besonderen Stellenwert im E-Learning-Programm. Die Sicherheit im Krankenhaus ist in verschiedenen Hinsichten von großer Wichtigkeit. Gewährleisten die Mitarbeiter ihre eigene Sicherheit, erfüllen sie eine wichtige Voraussetzung, um die Sicherheit der Patienten zu garantieren. So werden in der Rubrik „Sicherheit" alle nötigen Wissenselemente erklärt. Von der Handhygiene über die Gefahr von Röntgenstrahlung bis hin zu komplizierten Situationen im alltäglichen Arbeiten mit Patienten wird der Angestellte über Sicherheitsaspekte aufgeklärt. Neben der physischen Sicherheit ist die Schweigepflicht im medizinischen Bereich für die Behandelten von großer Bedeutung. Zum eigenen Schutz und der Patienten müssen alle Informationen in einem strikt krankenhausinternen Rahmen bleiben.

4   Fazit und Ausblick

Um dem Verhalten der Nutzer gerecht zu werden, werden der technische Stand und die Inhalte unserer E-Learning-Plattformen konstant angepasst. Zudem vergrößert die Einführung neuer Sprachversionen, wie z. B. die deutsche Sprache, die Reichweite der Plattform und der Patientengruppen, die von der gesundheitlichen Aufklärung profitieren können.

Die Ergebnisse von diversen Umfragen zeigen den Erfolg und die Wichtigkeit unserer gesundheitlichen E-Learning-Plattformen. Insgesamt 95 % der bisherigen Besucher sind mit den Seiten zufrieden oder sogar sehr zufrieden. Sie finden die Inhalte äußerst relevant. Die Qualität des Materials wird durch den HON-Code bestätigt. Es handelt sich hierbei um eine Zertifizierung für geprüfte und vertrauenswürdige Informationen im Bereich Gesundheit. Zudem wurde der HRS-Gruppe 2015 ein IMA Outstanding Achievement Award verliehen. Insgesamt erhielt die Gruppe 476 von 500 Punkten. In den Bereichen „Content" und „Feature Functionality" wurden sogar 100 % erreicht.

Doch trotz des erfolgreichen Ergebnisses gibt es verschiedene Aspekte, die in Zukunft verbessert werden können. Einerseits ist es die Dauer des Prozesses. Die Schaffung einer Plattform erfordert viel Geld und Zeit. Der Entwicklungsprozess funktioniert gut, jedoch nimmt die Validierung des zu veröffentlichten Materials einen großen Zeitraum ein. Um den Aufwand etwas zu reduzieren, wäre die Kräftebündelung mit weiteren Partnerschaften von großer Bedeutung. Die gemeinschaftliche Entwicklung und Finanzierung des Projektes bringt allen beteiligten Institutionen Vorteile.

In nächster Zukunft werden die bestehenden Plattformen inhaltlich und technisch regelmäßig aktualisiert. Neue Themen und Tools werden die Seiten vervollständigen. Neue Partnerschaften helfen das Netzwerk der HRS-Gruppe und das E-Learning-System weiter auszubauen.

Literatur

CBK (2014) Die Clinique Bohler und die Fondation Follereau – Partner für Mali. CBK, Luxemburg. www.cbk.lu/de/die-hrs-gruppe/ansatz-der-hrs-gruppe-auf-rse/projekt-mali

Lossau N (2014) Europas Universitäten brauchen E-Learning. www.welt.de/wissenschaften/ article124896480/Europas-Universitaeten-brauchen-E-Learning.html

Management Krankenhaus (2012) E-Learning halt Einzug in Krankenhäuser und Kliniken. www.management-krankenhaus.de/produkte/it-kommunikation/e-learning-haelt-einzug-krankenhaeuser-und-kliniken

Ole-Campus (2015) Die E-Learning-Einführung ist leicht umsetzbar und der Effekt groß. www.ole-campus.de/elearning

Trude E (2016) Digitales Lernen als Gemeinschaftserlebnis. Acta Neurochir (Wien) S:23

Olivier Hoffmann stammt aus Luxemburg. Er studiert Visuelle Kommunikation an der Universität der Künste Berlin. Neben Visuellen Systemen spezialisiert er sich im Bereich der Typografie und das Schreiben als Gestalter, wobei er sich sowohl mit gesellschaftlichen als auch politischen Projekten befasst.

Tsvetelina Ivanova ist Kommunikationsbeauftragte in der Hôpitaux Robert Schuman-Gruppe, die größte Krankenhausgruppe Luxemburgs. Neben Öffentlichkeitsarbeit, ist sie im Bereich E-Learning tätig, wobei sie für die Koordination der Entwicklung von E-Learning-Plattformen und für die Partnerschaftsverwaltung zuständig ist.

Nachhaltige Bildung für Führungskräfte

Joachim Stöber

1 Darstellen des Gesamtkontextes

Seit Mitte der 1980er-Jahre bietet der Diözesan-Caritasverband in der Diözese Trier (DiCV) als Dach- und Spitzenverband katholischer Träger und Einrichtungen im Bistum Trier Qualifizierungen für leitende Angestellte im Gesundheits- und Sozialwesen an. Die Grundannahme hierbei war und ist, dass dem Thema Führung eine zentrale Stellung sowohl für die operative als auch die strategische Arbeit der Einrichtungen und Dienste zukommt. Eine deutliche Konkretisierung erfuhr dieses Engagement, als durch die Einführung der Pflegeversicherung Mitte der 1990er-Jahre eine verbindliche Festschreibung der Leitungsqualifizierungen im Sinne der verantwortlichen Pflegefachkraft vorlag. Diese beschreibt im § 71, dass in einem zeitlichen Umfang von mindestens 460 Stunden notwendige Fähigkeiten, Fertigkeiten und Kompetenzen erworben werden müssen, um als verantwortliche Pflegefachkraft anerkannt werden zu können (SGB XI 1994). Bis zum heutigen Tag hat diese Regelung nahezu unverändert Bestand. Den Bundesländern obliegt – in Ergänzung zu den bundesstaatlichen Regelungen – länderspezifische Regelungen einzuführen. So gibt es in den unterschiedlichen Arbeitsbereichen verantwortlicher Pflegekräfte, z. B. der ambulanten, der stationären oder teilstationären Pflege sowie im Krankenhaus, gesonderte Vorgaben.

Die Grundlagen der Ausformulierung der hier beschriebenen staatlich anerkannten Weiterbildung gründen auf den Vorgaben aus den landesrechtlichen Vorgaben im Bereich der Weiterbildung für die Zielgruppe der Gesundheitsfachberufe aus Rheinland-Pfalz, da das Bistum große Teiles des Saarlandes als auch von Rheinland-Pfalz umfasst. In Rheinland-Pfalz wurden im Landessgesetz über die Weiterbildung in den Gesundheitsfachbe-

J. Stöber (✉)
Diözesan-Caritasverband Trier e.V.
Sichelstraße 10, 54290 Trier, Deutschland
E-Mail: stoeber-j@caritas-trier.de

© Springer-Verlag GmbH Deutschland, ein Teil von Springer Nature 2018   337
K. Keller und F. Lorenz (Hrsg.), *CSR im Gesundheitswesen*,
Management-Reihe Corporate Social Responsibility,
https://doi.org/10.1007/978-3-662-55937-6_19

rufen (GFBWBG) und der dazugehörigen Durchführungsverordnung (GFBWBGDVO) die Inhalte und deren zeitlicher Umfang operationalisiert beschrieben. Im Saarland gab und gibt es in Bezug auf die Qualifizierung der Leitungskräfte keine gesonderten landesrechtlichen Vorgaben. Daher entschloss sich der Diözesan-Caritasverband, die staatliche Anerkennung auf Grundlage der rheinland-pfälzischen Vorgaben zu beantragen und die Weiterbildung auf Grundlage dieser Vorgaben auszurichten.

Neben den verbindlichen Inhalten der gesetzlichen und untergesetzlichen Vorgaben wurden Erfahrungswerte aus der Arbeit mit den Verantwortlichen aus verschiedenen Einrichtungen und Diensten genutzt. Ein wichtiges Resultat aus dieser Analyse war und ist der Fakt, dass ein wie im § 71 SGB XI vorgeschriebener Umfang von mindestens 460 Stunden kaum ausreichend ist, um eine qualitativ ansprechende Weiterbildung (Faulstich 2003) anzubieten und hierdurch dem Bedarf gut ausgebildeter Führungspersönlichkeiten gerecht zu werden. Gleichzeitig verfügte der DiCV bereits zu diesem Zeitpunkt über vielfältige Erfahrungen in Bezug auf die Durchführung von Weiterbildungen leitender Pflegekräfte und nutzte sie für die curriculare Entwicklung.

Die Konzeption der Weiterbildung richtet sich an alle Mitarbeitende, die im Gesetz und der dazugehörigen Durchführungsverordnung festgeschriebenen Zielgruppe angehören, also Absolventinnen eines Gesundheitsfachberufes, die – nach aktueller Entscheidung des Landes – am Tag der mündlichen Prüfung über eine mindestens zweijährige Berufserfahrung verfügen. In den Durchgängen der Vergangenheit bedeutete dies zumeist, das Gesundheits- und Krankenpfleger aus Krankenhäusern, Altenheimen und Sozialstationen bzw. ambulanten Diensten sich für diesen Kurs entschieden. Eher selten – jedoch in der Konzeption nicht zu vernachlässigen – waren und sind auch andere Berufsgruppen wie Physiotherapeuten, Logotherapeuten oder Ergotherapeuten zum Kursgeschehen zugelassen. Erst seit einer Änderung des Gesetzestextes im September 2009 erhalten Altenpflegefachkräfte bei Vorliegen der Voraussetzung die staatliche Anerkennung. Zuvor nahmen sie an diesem Kurs teil, um die Vorgaben der Kostenträger bezüglich der Personalisierung der Position einer verantwortlichen Pflegefachkraft zu erfüllen, jedoch blieb ihnen bis zu diesem Zeitpunkt die staatliche Anerkennung verwehrt. Sowohl die Vielfalt der Berufe als auch die Vorgaben zu weitergehenden Zugangsvoraussetzungen haben zur Folge, dass es sich zumeist um eine heterogene Gruppe, sowohl in Bezug auf das Lebensalter als auch die Berufserfahrung handelt, was wiederum als sehr bereichernd in der Gruppe beschrieben wird.

Einige Entsendeorganisationen identifizieren in der Regel im Vorfeld des Kurses die Mitarbeiter im Sinne gängiger Talentmanagement- bzw. High-Potentials-Programme (Wollsching-Strobel 2015) unter Beachtung des aktuellen und zukünftigen Bedarfs. Jedoch werden anstatt aufwändiger Assessmentprogramme in der Mehrzahl dieser Prozesse Personalentwicklungsgespräche genutzt. Weiterhin als relevante Größe in der Entscheidung für dieses Kurskonzept ist der bewusste Zusammenhang zwischen den Elementen der Personal- als auch der Organisationsentwicklung. Dies kann zum einen bedeuten, das neben der benötigten Erfüllung einer gesetzlichen Auflage für leitende Pflegekräfte, Strukturmomente der Weiterbildung – und hier im Besonderen das Thema Projekt – genutzt werden, um benötigte oder dringliche Entwicklungen in Aufbau- oder Ablauforganisation anzugehen und zu realisieren. Nach systemischen Verständnis muss sich die Organisation verändern und somit entwickeln, wenn eines ihrer Teile sich entwickelt (Schmid und Messmer 2005). Glasl und Livegoed (2016) spitzen dies dahingehend zu, dass nur durch die bewusste Verbindung dieser beiden Strukturmomente in der Arbeitswelt, eine Nachhaltigkeit gesichert werden kann.

2 Grundannahmen

Ein wichtiger Ausgangspunkt für die Konzeption besteht darin, dass Führung eine beobachtbare und erlernbare Tätigkeit ist. Diese Annahme macht die Lehr- und Lernbarkeit der Führungstätigkeit erst möglich. Führung als Tätigkeit wird in diesem Kurs nicht verstanden als Anwendung geeigneter Führungswerkzeuge oder Tools. Führung wird verstanden als zielgerichtete, bewusste menschliche Handlung in einer Organisation mit der Absicht, Menschen und Prozesse in Aufbau und Ablauf in einer Art zu organisieren, das willentliche Ziele erreicht werden, wie u. a. von Rosenstiel et al. (2005) beschrieben hat. Faßnacht et al. (2010) beschreiben die Tätigkeit des Führens als die Organisation von Organisationen und damit als eine hinsichtlich der Komplexität besonders herausfordernde Aufgabe. Die Besonderheiten des Führens in katholischen Krankenhäusern ist in den Ausführungen von Lorenz (2010) beschrieben.

Eine weitere Grundannahme und gleichzeitig Zielgröße der Weiterbildung besteht darin, dass die Weiterbildung zum Ziel hat, Führungspersönlichkeiten zu entwickeln. Dieser Gedanke entspringt aus der Differenz zwischen der bis heute bestehenden Spannung aus den Annahmen von Management und Leadership (Lorenz und Schwarz 2012). Diese Annahme wird von Streich (2016) pointiert, indem er darauf hinweist, dass erfolgreiche Führung nur durch das Wirken der Führungspersönlichkeit möglich ist.

Die Vorstellung, dass es in der Schnittmenge zwischen Person und Organisation ein entwicklungsfähiges und gestaltbares Handlungsfeld gibt, stellt eine weitere grundlegende Annahme der Konzeption dar. Mitarbeitende in Organisationen können folglich ihre Arbeitsfelder in Anerkennung der organisationalen Gegebenheiten aktiv gestalten. Dies widerspricht der landläufigen Annahme der kompletten Fremdbestimmung in Organisationen und macht die Verantwortung für die Nutzung des Gestaltungsspielraumes deutlich. Sowohl Personen als auch Organisationen sind keine starren Gebilde, sondern können und müssen sich in ihrer zeitlichen Entwicklung an die sich ständig ändernden Gegebenheiten der relevanten Umwelt anpassen und somit verändern (Meifert 2013; Neuberger 1977; Schmid und Messmer 2005). Für den Bereich der Führung in einer Organisation lässt sich hieraus ableiten, das Führen und Leiten weit mehr sein muss, als eine technisch-instrumentelle Tätigkeit. Die Wirkung der Dynamik einer Organisation als konfliktäres Geschehen fordert die Menschen in den Organisationen zur Reflexion der eigenen Persönlichkeit heraus.

Wichtige theoretische Bezugsquellen für die Ausrichtung der Weiterbildung sind die Systemtheorie nach Luhmann (Kneer und Nassehi 2009; Richter 2016) und der Konstruktivismus in seinen unterschiedlichen Facetten (Kneer und Nassehi 2009; Richter 2016). Wichtige Folgerungen für die Weiterbildungen aus diesen Ideen betreffen beispielsweise die unterschiedliche Wahrnehmung von Menschen im Weiterbildungsgeschehen und in den Handlungsfeldern. Die Ausbildung sozialer und personaler Kompetenzen steht somit im Vordergrund, damit die Realität und Komplexität der Wirklichkeit wahrgenommen werden und Handlungen und deren Wirkungen gezielt beobachtet werden.

Der Caritasverband für die Diözese Trier e. V. als katholischer Dach- und Spitzenverband stellt durch dieses Angebot zum einen sicher, dass der Bedarf an gut qualifizierten Leitungskräften bearbeitet wird. Zum anderen ist diese Weiterbildung auch eine Möglichkeit, um zu verdeutlichen, welche Werte durch die Caritas vertreten werden. Eine zentrale Stellung kommt in diesem Zusammenhang dem christlichen Menschenbild und der eigenen Spiritualität als Grundlage des eigenen Führungsverständnisses zu. Beide Punkte werden in diesem Konzept thematisch aufgegriffen.

3 Konzeptuelle Herleitung

Das Konzept des Kurses basiert auf dem Modell der Situationsdynamik nach Herbert Euschen (Schmidt 2011). In diesem Modell werden vier situative Strukturmomente beschrieben, die im organisationalen Kontext als situative Kompetenz beschrieben werden können. Bezugnehmend auf das Hier-und-Jetzt-Prinzip Kurt Lewins (2012) kann die situative Kompetenz verstanden werden als die Fähigkeit zu verstehen, was im Hier-und-Jetzt der Fall ist. Dieser Fall kann in vier Einzelphänomenen beschrieben werden. Die vier Faktoren beschreiben Aspekte einer Situation, die im Sinne des Hier-und-Jetzt beschreibbar und trainierbar ist. Dem Konzept zugrunde liegen Annahmen der Systemtheorie, der Gruppendynamik und des Humanismus. Sie gilt seit Anfang der 1980 sowohl als Bildungskonzept für die Bereiche Führung, Supervision und Organisationsberatung (Schmidt 2011).

Der erste Aspekt der Situationsdynamik beschreibt den Ich-Aspekt. Hierbei steht der Mensch sowohl in seiner geistigen als auch seiner leiblichen Verfassung und seinem dazugehörigen Erfahrungshintergrund im Mittelpunkt.

Der Aspekt des Wir beschreibt Menschen in deren Beziehung zueinander. Die kommunikative Beziehungsgestaltung zwischen zwei oder mehr Personen, eingebettet in einer Situation mit all ihren zeitlichen und räumlichen Beschränkungen, findet immer unter Einfluss von beispielsweise Werten, Normen und Abhängigkeiten statt. Sie ist somit mehr als ein rein kommunikatives Geschehen zweier oder mehrerer Individuen.

Der Sachaspekt geht davon aus, dass es neben dem Thema oder der Sache einer Situation immer auch um Vorerfahrungen und Vorwissen der Personen mit dem Thema gibt, die das Thema selber beeinflussen. Dies ist die Grundlage zur Annahme, dass in einer Situation nie das rein objektive Thema besprochen werden kann, sondern vielfach auch –

wenngleich auch nicht bewusst – über die Dynamik zwischen Person und Sache gesprochen wird.

Der intentionale Aspekt beschreibt das absichtsvolle, zielgerichtete Handeln und Ausrichten. Zentrale Stellung hierfür übernimmt die Kommunikation, die die Ausrichtung und Entfaltung einer Situation zwischen Menschen verdeutlicht. Im organisationalen Kontext bekommt durch diese Annahme die Kommunikation die prominente Stellung.

Diese vier Aspekte bieten für die Weiterbildung eine Grundfolie zur strukturellen und curricularen Ausrichtung in der Realisierung. Sie geben auch eine wichtige Orientierung, welche Kompetenzen benötigt werden, um in den Organisationen im situationsdynamischen Sinne aktiv und wirksam werden zu können. Brosius (2009) weist darauf hin, dass beruflicher Erfolg soziale Kompetenzen benötigt. Im Sinne dieser Weiterbildung wird dies dahingehend zugespitzt, dass es nicht um eine reine Kompetenz gehen kann, sondern der entscheidende Punkt in der Ausgestaltung von Führung die Führungspersönlichkeit sein muss. Im Rahmen der Weiterbildung hat die Beschreibung der Situationsdynamik sowohl curriculare Bedeutung als auch inhaltliche, da sie als Modell zur Situationsgestaltung beschrieben wird.

4 Einleitung in ausgewählte Aspekte

4.1 Einführungsblock

Im ersten Block sind theoretische Grundlagen zu Person und Organisation prägend. Hierbei werden vor allem sozialpsychologische und soziologische Modelle zur grundlegenden Erklärung von Persönlichkeit und Kommunikation dargestellt. Ausgehend von Persönlichkeitsmodellen, z. B. von Freud (Bayer und Freud 2013) oder Riemann (2017) beschrieben, erhält die gezielte Ausgestaltung einer gezielten Kommunikation (Berne 2002) besondere Beachtung.

4.2 Gruppendynamisches Training

Der zweite Block wird als gruppendynamisches Training (Antons et al. 2004; Edding und Schattenhofer 2009; Heintel 1974) angeboten, das 5 Werktage umfasst. Dieses dient im Sinne des Kursaufbaus der Ausbildung der personalen Kompetenz und im situationsdynamischen Gedanken der Ausbildung des Wir-Aspektes. Das Training selber besteht aus zwei Gruppen, den Teilnehmenden und dem Staff als prozessorientierte Leitungsgruppe der Kurswoche. Im Rahmen des Trainings gibt es zwei feste Arbeitsformate: die Arbeit mit der Gesamtgruppe im Sinne einer Plenararbeit oder die Arbeit in Untergruppen, den sogenannten Trainingsgruppen (T-Gruppen). Jeder T-Gruppe wird, je nach Zusammensetzung des Gesamt-Staffs, ein oder zwei Trainer zugeteilt, die die Gruppe begleiten. In den je 90 Minuten dauernden Arbeitssequenzen der T-Gruppe setzen und kontrollieren die Trainer die Zeit und nehmen die Erwartung eines durch die Teilnehmenden erhofften inhaltlichen Inputs nicht an. Durch die bewusste Nicht-Setzung eines Themas entsteht bei den Teilnehmenden eine initiale Verunsicherung, die teilweise auch Facetten von Enttäuschung und Irritation beinhaltet Dies zeigt sich häufig im prominenten Gegensatz zu der Realität in den jeweiligen Arbeitsfeldern der Teilnehmenden. Hier ist davon auszugehen, dass es in der Realität selten bis nie zu der Situation kommt, in der es kein Thema in der Zusammenarbeit gibt. Gleichzeitig erscheint die Absicht und der Fakt, die eigene Persönlichkeit, die Beziehungsgestaltung zu anderen Teilnehmenden und die daraus resultierende Struktur einer Gruppe zum Gegenstand eines Gespräches oder der eigenen Überlegungen zu haben, als neuartig und befremdlich. Die Dynamik dieser Befremdlichkeit entspricht den von Lewin (2012) und Antons und Stützle-Hebel (2015) beschriebenen Feldkräften. Diese anzunehmen und zu gestalten bedarf einer Ambiguitätstoleranz zu dem, was bei den Mitgliedern der T-Gruppe als eigene innere Spannung wahrgenommen wird. Neben der Setzung und Einhaltung formalen Strukturierung im Sinne des äußeren Rahmens haben die Trainer die Aufgabe, das Hier-und-Jetzt Prinzip als relevante Arbeitsdimension mit einzubringen. Dies kann bedeuten, dass durch einen Hinweis oder ein Feedback die Struktur der Gruppe Gegenstand der Überlegungen wird. Konkret bedeutet dies, das T-Gruppen Mitglieder durch die vermeintlich leichtere Diskussion über Erleben aus der Arbeitswelt oder dem Privatleben das Erleben der Gruppe nicht fokussieren und erst durch den Hinweis sich wieder darauf besinnen, das im Gruppendynamischen Raum ein anderes Lernfeld als eine kollegiale Beratung einer Arbeitssitutation gegen ist. Ein weiteres wichtiges Arbeitsprinzip ist die Anregung von Feedbacks unter den Mitgliedern. Dies entspricht einer Transferanbahnung in die Arbeitsbezüge, da in der Analyse der Arbeitsfelder das Nicht-Einsetzen von Feedbacks als häufiger Befund von Schwierigkeiten von Organisationen gesehen wird. Nicht zuletzt bieten die Feedbacks einen Ansatzpunkt zur konkreten Gestaltung von zwischenmenschlicher Beziehung, die im Sinne des Konzeptes als Grundlage zur Ausgestaltung von Führung gesehen wird.

Der Staff nimmt sich in Person und Inhalt aus dem Mittelpunkt heraus und orientieren sich in der Auswahl von Entscheidungen und Handlungen immer an dem, was sie für die Gruppe im gruppendynamischen Sinne als förderlich einschätzen (Antons et al. 2004; Edding und Schattenhofer 2009; Heintel 1974; König und Schattenhofer 2012). Sie nehmen somit die häufig ausgesprochene, selten jedoch auch unausgesprochene Erwartung der Inhaltssetzung aktiv nicht an, damit die Gruppe den Gruppenprozess zum Thema entwickeln kann und nicht das gesetzte Thema. Die Autoritätsprojektion in den Staff seitens der Teilnehmenden folgt somit einer doppelten Logik aus Selbstverantwortung und Abhängigkeit in der eigenen Entwicklung. Hergeleitet aus dem emanzipatorischen Grundgedanken dieses Gruppendynamikdesigns ist eine Zielvorstellung, das Menschen aktiv Eigenverantwortung für die Entwicklung der Persönlichkeit übernehmen können und konkret im weiteren Verlauf der Weiterbildung die Organisation und den Verlauf des Kurses über eine Repräsentanz gegenüber der Kursleitung aktiv mitgestalten lernen. Am Ende der Woche steht also die Entwicklung der Organisation aus der Gruppe heraus.

In den Plenarsitzungen besteht die Möglichkeit, Übungen und theoretische Inputs im Sinne der Deutungsmuster des Gruppenprozesses einzuplanen. Über Inhalt und Ausrichtung der methodischen und inhaltlichen Ausgestaltung berät und entscheidet der Gesamt-Staff. Dies kann bedeuten, dass es eine Theoriearbeit oder eine Übung gibt, die – in vergleichender Auswertung der Gruppe – jede Gruppe in ihrer Entwicklung, aber auch die Gesamtgruppe in ihrer Entwicklung, unterstützt oder Entwicklungen anstößt. Beispielsweise kann das Thema Autorität in einer Gruppe begreifbar und besprechbar werden, indem sie Theorie von Dependenz, Counter-Dependenz und Interdependenz aus den familientherapeutischen Ansätzen erfährt und diskutiert. Ein anderes Beispiel ist die biografische Orientierung, bei der eine Parallelensuche zwischen dem Erleben im Training und der Biografie zu ergründen versucht wird. Durch den Verweis auf den Zusammenhang zwischen Biografie und heutiger Persönlichkeit wird erklärbar, warum eine Führungskräfteentwicklung genau in diesem Spannungsfeld geschehen muss. Jede Führungskraft hat einen anderen Erklärungszusammenhang, warum sie heute so ist, wie sie ist. Um eine nachhaltige Persönlichkeitsentwicklung zu ermöglichen ist die Erarbeitung dieses Zusammenhanges essenziell. Eine weitere klassische Intervention stellt die Soziometrie nach Moreno (2012) dar.

Dies können sinnvolle Interventionen sein, die verdeutlichen, dass es bei den im Training bearbeiteten Themen nicht nur um Themen des Trainings und somit einer Laborsituation, sondern vielmehr um die Themen der grundlegenden sozialen Kompetenz geht.

Die Arbeit des Staff orientiert sich somit folglich strikt an dem, was sowohl in den T-Gruppen als auch der Gesamtgruppe beobachtbar ist und deutet diese Entwicklungen im Sinne systemischer Arbeit. Hierbei kommt dem diskursiven Austausch über die Wahrnehmungen und Empfindungen im Sinne der Hypothesenarbeit eine prominente Stellung zu. In der Staff-Arbeit werden zur Deutung der Geschehnisse des Trainings Konzepte der Familiendynamik, der Systemtheorie, der Mythologie, der Soziometrie, der Psychometrie und der Psychoanalyse genutzt. Auch hier ist das eigene Erleben der Staff-Mitglieder ein relevanter Ansatzpunkt, um das zu ergründen, was in der Gruppe relevant ist.

Real auftretende soziale Konflikte (Glasl 2011a, 2011b) in der Gruppe werden im Sinne des Hier-und-Jetzt bearbeitet und beinhalten die Möglichkeit des Kennenlernens des eigenen Konfliktverhaltens, das im Sinne des Kurskonzeptes für eine Führungskraft eine grundlegende Fähigkeit ist. Sie stellt eine der zentralen Säulen der Ausbildung sozialer Kompetenz dar, wie sie von Edding und Schattenhofer (2009) für Menschen in Führungspositionen beschrieben wird. In Anlehnung an Glasl (2006) ist das Ziel die Anbahnung der Konfliktfähigkeit als Grundlage der Führungstätigkeit.

Dieses Training unterscheidet sich dadurch von anderen Trainings der Arbeitswelt, das die Arbeit an der eigenen und mit anderen im Vordergrund steht. Es geht also grundlegend um Handlung und Wirkung einer Einzelperson auf eine Gruppe und einer Gruppe auf eine Einzelperson. Dies verdeutlicht, dass es im Sinne des Gruppendynamiktrainings aber auch im späteren Übertrag in den Alltag der Führungstätigkeit nicht um die reine Funktion oder Rolle der Leitung geht, sondern das die Persönlichkeit der Führungskräfte zentraler Ansatzpunkt und somit auch Erfolgsfaktor des Führungshandelns ist. Eine wichtige Grundvoraussetzung ist die erwartete Wirksamkeit des eigenen Handelns. Diese zu erleben und zu trainieren, kann Gegenstand von Gestaltungsmomenten des Trainings sein. So sprechen Wimmer (2008) und König (2016) der Lerngruppe im Sinne der Gruppendynamik ein hohes Lernpotenzial zu, da jeder Teilnehmer über sich, über anderen und nicht zuletzt auch über die Gruppe lernen kann. Wellhöfer (2001) verweist auf das Lernpotenzial, das gruppendynamische Trainings zur Verfügung stellen.

Am Ende des Trainings steht die sorgfältige Transferarbeit in die Arbeitswelt als auch in die weitere Entwicklungsarbeit der Persönlichkeit an. Hierbei kann der Kontext der Weiterbildung durch die am Ende befindlichen Prüfungen hinderlich sein, da die Impulse des Trainings deutlich über den im Gesetzestext beschriebenen Rahmen hinausgehen.

In der Auswertung der vergangenen Kursdurchgänge wurde vor allem das gruppendynamische Training als das zentrale Erlebnis beschrieben, an dem die Teilnehmenden realisiert haben, das die eigene Persönlichkeit in allen Facetten die größte Ressource für die Arbeit als Führungskraft darstellt. Auf dieser Grundlage scheint im Sinne der Kursorganisation die ressourcenintensive Setzung des Trainings als zentrales Anliegen des Curriculums als gerechtfertigt.

4.3   Lehrbereiche

In den Blockwochen drei bis neun bestehen drei Strukturen, in denen das Thema Führung unterschiedlich bearbeitet wird. In Sinne des Modells des Curriculums dienen diese Blockwochen der Sachkompetenz; im Sinne der Situationsdynamik wird durch die Lehraufträge der Sachaspekt bearbeitet.

Die erste Struktur besteht aus Blockwochen, in denen die vergebenen Lehraufträge zu den aus der gesetzlichen Grundlage resultierenden Inhalten bearbeitet werden. Hier sind unter anderem Gesundheits- und Pflegewissenschaftlichen, Pädagogik und Psychologie, Betriebswirtschaft, Führungslehre, Recht und Ethik zu nennen. Diese Lehraufträge werden an Dozenten und Experten aus den Handlungsfeldern vergeben, die somit für eine realitätsnahe Vermittlung relevanter Grundlagen verantwortlich sind. Da die gesetzlichen Grundlagen Gestaltungsräume geben, können auch unterjährig entstehende Themen durch die Kursleitung initiiert und eingepflegt werden.

Grundsätzlich dienen die Lehraufträge zur Vermittlung von Grundlagenkenntnissen. Ob der Heterogenität der Teilnehmenden bedarf es je nach Verantwortungsbereich spezifischer Vertiefungen zu ausgewählten Themen, die von den Teilnehmenden in Eigenverantwortung gelernt werden müssen. Seitens der Kursleitung wird in diesem Zusammenhang auch die Annahme im Kursgeschehen und nach außen vertreten, dass das Ziel der Weiterbildung nicht darin besteht, Expertinnen und Experten zu den oben benannten Themen auszubilden, sondern die relevanten Grundlagen dieser Themengebiete so zu vermitteln, dass sie im Führungsalltag realisiert und genutzt werden können. Eine besondere Position kommt in diesem Kontext zwei Lehraufträgen zu. Im ersten werden die Grundlagen des christlichen Menschenbildes in katholischen Einrichtungen, unter Ableitung der Konsequenzen für die tägliche Arbeit, behandelt. Der zweite Lehrauftrag hat die eigene Spiritualität der Führungskräfte zum Gegenstand. Hier wird in Anlehnung an die Exerzitien nach Ignatius von Loyola Spiritualität als Basisressource des eigenen Handelns gesehen. Bewusst werden diese beiden Lehraufträge nicht zum Gegenstand von Prüfungen, um zu verdeutlichen, dass es hierbei nicht um Leistungsthemen, jedoch um Themen mit Leitungsrelevanz geht.

Eine weitere Struktur zwischen Blockwoche zwei und zehn sind die Supervisionen. Hierzu werden Peergruppen zu je 6–8 Personen gegründet. Diese Gruppen treffen sich nach Absprache mit den für sie zuständigen Supervisoren regionalisiert in einem Gesamtumfang von 40 Stunden. Hintergrund ist die Annahme, dass die Entwicklung der Persönlichkeit einen gesonderten Raum benötigt. Fries (2015) beschreibt hierzu das Modell der Supervision als heterotops, in dem Andersdenken und Reflexion Raum bekommen, um das Handeln und Erleben zu reflektieren. Inhaltlich werden die dort bearbeiteten Themen nicht an die Weiterbildungsleitung rückgebunden, lediglich das Abweichen von der Regel der Anwesenheit ist Anlass zur Rückmeldung. Es werden die Themen bearbeitet, die sich bei den Teilnehmenden in der Entwicklung der Führungspersönlichkeit ergeben. Die Supervisoren kennen das Kurskonzept mit seinem Anliegen und verfügen über eine grundständige Weiterbildung in Supervision nach den Vorgaben der Deutschen Gesellschaft für Supervision und Coaching (DGSv), der Europäischen Gesellschaft für Situationsdynamik (DGSD) oder der Systemischen Gesellschaft (SG). Hierdurch soll sichergestellt sein, dass es sich um versierte Supervisoren handelt, die zentrale Anliegen in der Schnittstelle von Person und Organisation angemessen und methodenintegrativ bearbeiten können.

4.4   Erlernen von Projektmanagement

Die dritte Säule zwischen Block 3 und 10 wird durch die Realisierung eines Projektes gesetzt. Die Themen und Ausrichtungen der Projekte werden in der Aushandlung zwischen Projektauftraggeber der entsendenden Organisation und dem Projektauftragnehmer – in der vorliegenden Konzeption die Kursteilnehmer – verantwortet. Die überwiegende Anzahl der Projektthemen resultiert aus der Trias der Qualität der täglichen Arbeit, der betriebswirtschaftlichen Anliegen und der Realisierung der Trägerwerte. Hier können sowohl Strukturen und Prozesse in den Organisationen stabilisiert aber auch verändert werden. Da diese Projekte zumeist die gängige Praxis in den Organisationen stören, bieten sie ausreichend Möglichkeit für die Projektleitungen, ihr eigenes Verhalten zu erlernen, zu reflektieren und das eigene Führungsverständnis im organisationalen Kontext zu entwickeln. Für die Durchführung der Projekte werden für den Kursverlauf 40 Stunden angerechnet. Weitere 40 Stunden sind für die Projektcoachings veranschlagt. Diese werden, ähnlich wie die Supervisionen, in Untergruppen regional organisiert. Begleitet werden diese Gruppen durch Coaches, die über vertieftes Wissen im Themengebiet Projektmanagement verfügen und gleichzeitig eine Weiterbildung im Bereich arbeitsweltlicher Beratung verfügen. In den Gruppen besteht die Möglichkeit der Vertiefung der Logik des Projektmanagements und des kollegialen Austausches über den Verlauf der Projekte. Hierbei ist im Sinne des exemplarischen Lernens die Möglichkeit gegeben, auch aus Projekten von anderen Teilnehmenden zu lernen. Die Projektberater übernehmen in diesem Zusammenhang die Aufgabe der strukturellen Setzung der Sitzungen, aber auch der Vermittlung eventuell benötigter vertiefender oder klärender Inhalte. Die Durchführung des Projektes folgt einer doppelten Logik. Zum einen wird hierdurch das Führungsinstrument des Projektmanagements erlernt und vertieft, zum anderen stellt das Projekt eine nahezu ideale Möglichkeit dar, Interventionen im Sinne von Veränderung oder Stabilisierung und die Beobachtung deren Wirkungen in Organisationen in einem geschützten Rahmen zu erlernen. Aus der Erfahrung der vergangenen Durchgänge kann festgestellt werden, das teilweise wichtige Anliegen seitens der Organisation bearbeitet werden können. Im Sinne des Curriculums dient das Projekt der Ermöglichung eines eigenen Handelns als Ausgangspunkt für die reflektierte Entwicklung der Führungspersönlichkeit. Durch diese beiden Anliegen ist es möglich, das im Sinne der Organisation ein Projekt wenig erfolgreich oder effektreich war. Dies kann jedoch im Sinne des Kursanliegens ein wichtiges Projekt sein, da auch aus dem vermeintlichen Scheitern eines Projektes eine Vielzahl von Entwicklungsimpulsen erarbeitet werden können. Heintel und Krainz (2015) verdeutlichen, welche Wirkung Projekte in Organisationen entfalten können. Durch die Annahme, dass durch ein Projekt der bisherige Ablauf gestört wird, schrieben sie Projekten auch ein erhebliches Konfliktpotenzial zu.

Die Realisierung der drei Lernangebote (Blockwochen, Supervision und Projekt) bedarf einer sorgfältigen Abstimmung und Planung der Teilnehmenden. Zum Kursgeschehen hinzu kommen für die überwiegende Anzahl der Teilnehmenden unverändert bestehende familiäre und private Verpflichtungen. Die Koordination dieser Mehrfachbelastung bedeutet nicht selten eine zusätzliche Belastung für die Teilnehmenden. Supervisionen und Projekte sollen mit Beginn des zehnten Blocks abgeschlossen sein. Durch die unterschiedlichen Strukturmomente werden Forderungen moderner Personalentwicklungsmaßnahmen (Meifert 2013; Thom und Zaugg 2008) erfüllt. Die Lernformate entsprechen unterschiedlichen Kategorien wie von Wien und Franzke (2013) beschrieben. So haben die Seminare „Off-the-job"- und die Supervisionen „Near-the-job"-Charakter. Die Verbindung dieser Kategorien in ihrer zeitlichen Parallelität erfordert von den Teilnehmenden eine hohe Bereitschaft, Zeit, Offenheit und Engagement einzubringen und bietet gleichzeitig die Möglichkeit einer intensiven und facettenreichen Entwicklung.

4.5 Führungstraining

Das Führungstraining umfasst den zehnten Block der Weiterbildung und ist im Sinne eines Planspiels organisiert. Dies bedeutet, dass die Teilnehmenden durch den Trainings-Staff Inhalte über eine zunehmend komplexe und daraus resultierend irritierende wenn auch praxisnahe Situation aus unterschiedlichen Handlungsfeldern gesundheitswirtschaftlicher Einrichtungen erhalten. Diese werden unterbrochen durch Praxisaufträge, die den

Theorie-Praxis-Transfer unterstützen sollen. Ein wichtiger Bestandteil des Trainings ist die Erstellung einer Fallarbeit im Sinne einer Interventionsplanung mit Bezug auf die Planspielinhalte. Diese Fallarbeit ist Teil der in der Weiterbildung zu erbringenden Leistungsnachweise und wird in aller Regel durch diese Verbindung als besonderer Stressor seitens der Weiterbildungsteilnehmenden beschrieben.

Das Ziel des Trainings besteht darin, eine zunehmend komplexe Situation zu begreifen, um dann die Notwendigkeit einer Intervention zu erkennen, diese zu planen, durchführen und evaluieren zu können. Hierdurch ist curricular eine Komplexitätsstufe abgebildet, die der Praxis in den Handlungsfeldern sehr nahe ist. Eine wichtige Voraussetzung für die erfolgreiche Realisierung dieser Intervention ist, neben der Fähigkeit des Bergreifens und der Fokussierung in komplexen Situationen, die eigenverantwortliche Festlegung von Arbeitsschwerpunkten und die Abschätzung von möglichen Wirkungen des eigenen Handelns. Hierdurch wird die intentionale Kompetenz (Schmidt 2011) grundlegend ausgebildet und unterstützt, die curricular als eine der vier zentralen Kompetenzfelder der Weiterbildungen angesehen wird.

Der Trainingscharakter resultiert aus dem Fakt, das praktische Führungstätigkeit praktisch in dieser Zeit zur Anwendung gebracht werden soll. Somit ist die Praxis der Planung von Führungshandeln Gegenstand der Woche.

Curricular wird in diesem Block die intentionale Kompetenz fokussiert, im Sinne der Situationsdynamik die Intention einer Situation. Um hierzu gezielt arbeiten zu können, sind die Grundlagen und Wissensbestände aus den vorangegangenen Blockwochen hilfreich und sogar notwendig, da diese für die Planung von Führungsvorgängen benötigt werden. Es handelt sich um ein Training, in der Führungshandeln geplant wird, bei der jedoch die Wirkungsabschätzung Fiktion bleibt.

Buchinger (1993) betont, dass in Managementfortbildungen das Lernen von, mit und über Gruppen gerade in Kontexten mit hohem fachlichen Anspruch eine zentrale Stellung hat, da es Grundlage dafür ist, die fachlichen Aspekte in Kenntnis der sozialen Prozesse auszurichten, zu koordinieren und gegebenenfalls zu intervenieren. Gleichzeitig bietet diese Form des Lernens einen nachhaltigen Effekt durch die Unabhängigkeit von fachlichen Grundlagen wie Gesetzen oder Berechnungsweisen, sie sich im Laufe der Jahre zum Teil umfänglich ändern.

4.6 Prüfungen

Bis einschließlich zum zehnten Block der Weiterbildung werden vier Leistungsnachweise zu unterschiedlichen Themenbereichen erbracht. Diese müssen nach Vorgaben der Landesgesetze benotet werden und führen nur im Falle von mindestens ausreichenden Benotungen zur Zulassung zur Abschlussprüfung. Seitens der Kursleitung besteht das Angebot einer Rückmeldung zu den Leistungen. In diesen Gesprächen besteht die Möglichkeit, die Leistungsanforderungen zu besprechen aber auch um konkrete Ansätze zu erarbeiten, die im weiteren Lernprozess hilfreich sind. Dieses Angebot wird gerade von

Teilnehmenden, bei denen die eigene Bildungsbiografie bereits mehrere Jahre oder Jahrzehnte zurückliegt gerne angenommen.

Die Prüfungen am Ende der Weiterbildung resultieren aus dem zugrunde liegenden Gesetz und dessen Durchführungsverordnung. Hierbei ist neben zwei schriftlichen Klausuren und einer mündlichen Prüfung die Anfertigung einer schriftlichen Ausarbeitung aus einem Bereich der Weiterbildung festgeschrieben. Als Themen der Klausuren bieten sich die Bereiche Konfliktmanagement als Führungsaufgabe und die prospektive Erstellung eines Entwicklungsprogrammes des eigenen Handlungsfeldes an, um darstellen zu können, welches Zusammenspiel der Einzelkompetenzen und Strukturmomente der Situationsdynamik im Führungsalltag genutzt werden. Diese Themen bieten in besonderem Maß die Möglichkeit, die Komplexität des Führungshandelns und die Notwendigkeit der fächersystematikübergreifenden Interventionsplanung abzubilden. Die mündliche Prüfung besteht aus Einzelfragen aller in der Weiterbildung vorhandenen Themengebiete, die in Gruppenprüfungen im Rahmen eines Prüfungsgespräches als Grundlage genutzt werden. Die Ausarbeitung behandelt inhaltlich das im Rahmen der Weiterbildung durchgeführte Projekt und ist die kritische Auseinandersetzung des Projektverlaufes vor dem Hintergrund des Erlernens des Führungswerkzeuges Projektmanagement. Dieser Bericht kann unter Umständen von den Praxiserfahrungen und Ergebnissen aus Sicht der entsendenden Organisationen abweichen. Deutlich wird jedoch, dass Projekte eine Wirkung in Organisationen haben und somit ein Bestandteil einer gelingenden Organisationsentwicklung (Schiersmann und Thiel 2013) darstellen.

Eine Besonderheit besteht grundsätzlich bei den Prüfungen darin, dass in der Ausrichtung der Weiterbildung die Entwicklung der Führungspersönlichkeit im Vordergrund steht – die als Gegenstand eines Prüfungsgeschehens nur schwer abprüfbar erscheint. Jedoch sind die gesetzlich vorgeschriebenen Inhalte, die in den ersten zehn Blockwochen erarbeitet wurden, hierzu eine passende Bezugsquelle. Die Zuordnung der Prüfungsleistungen zu Benotungen resultiert aus den zugrunde liegenden verbindlichen Regelungen. Auf Wunsch und Initiative jedes Absolventen kann beim zuständigen Landesamt kostenpflichtig eine Urkunde über die bestandene staatliche Prüfung beantragt werden.

5   Nachhaltigkeit

Die Sicherung der Nachhaltigkeit der Weiterbildung kann zentral an zwei Ansätzen festgemacht werden: zum einen die Sicherung durch die Person selbst, in dem z. B. im Sinne einer strukturierten Planung die in der Weiterbildung begonnenen persönlichen und inhaltlichen Anregungen weiter vertieft werden. Zum anderen hängt dies jedoch auch davon ab, in wieweit eine Umsetzung der in der Weiterbildung erlernten Inhalte möglich ist und seitens des Dienstgebers gewollt oder gar unterstützt werden. Prominent damit verbunden ist die Erkenntnis beider Parteien, dass auch im Sinne des lebenslangen Lernens die erfolgreiche Beendigung dieser Weiterbildung ein Meilenstein darstellt, bei dem jedoch nicht von einem Ende ausgegangen werden kann. Dies bedeutet nicht zwangsläufig, dass die

Bildungsbiografie weiter vertieft werden muss. Vielmehr geht es jedoch um die bilateral abgestimmte Anwendung und Umsetzung wichtiger Ansätze. Dies stellt somit sowohl einen großen Ansatz zur Sicherung der Nachhaltigkeit dar, jedoch ist hiermit auch die Gefahr der Demotivation gegeben, wenn nach erfolgreichem Abschluss einige Impulse aus dem Kurs aufgegriffen oder umgesetzt werden.

Die Nachhaltigkeit des Kursangebotes wird durch den Diözesan-Caritasverband sichergestellt. Hier ist die gezielte Förderung und Qualifizierung im Leitbild (DiCV 1998) verankert und wird unter anderem durch dieses Kursangebot gesichert. Inhaltlich ist das Kurskonzept durch den Einbezug unterschiedlicher Dozenten und Experten aus den Organisationen gesichert. Hier kann von einem breiten Zuspruch des Kursdesigns ausgegangen werden. Gleichzeitig zeigt die Erfahrung aus ausgewählten Entsenderorganisationen, dass eine Teilnahme an diesem Angebot zu einer erhöhten Personalbindung führt und gleichzeitig durch gut weitergebildete Führungskräfte die Motivation und Loyalität in der Organisation steigt.

Die stetige Weiterentwicklung des Konzeptes sowohl in inhaltlicher als auch didaktischer Hinsicht entspricht den Annahmen des Single-Loop-Lernens einer Organisation, wie von Argyris und Schön (2008) beschrieben. Double-Loop-Lernen im Sinne dieses Modells sind die Arbeiten im Staff der Gesamtweiterbildung, bei der der eigene Lernprozess in der Weiterentwicklung des Kurskonzeptes zum Gegenstand wird.

6 Ausblick

6.1 Strukturell

Durch die Änderung des Heilberufegesetzes in Rheinland-Pfalz zu Beginn 2016 und die damit verbundenen Aufnahme der Pflegefachberufe in die Heilberufe wurde die Gründung der bundesweit ersten Landespflegekammer als Körperschaft öffentlichen Rechts notwendig. Als eine wichtige Aufgabe dieser Struktur ist die Verantwortung für die Regelung der Fort- und Weiterbildungen ein wichtiger Bestandteil im Aufbau.

Die grundlegenden Vorgaben für diese Regelungen werden nach aktuellen Planungen zu Beginn des Kalenderjahres 2018 Gültigkeit erlangen. Unklar ist, wie tiefgreifend diese Veränderungen sein werden und was dies für die konzeptionelle Ausrichtung der Weiterbildung bedeuten wird.

6.2 Curricular – Inhalte/Entwicklungen

Als eine nicht zu verachtende Perspektive erscheint die Durchlässigkeit bzw. Anbindung dieser Weiterbildung an die hochschulischen Managementangebote. Hochschulseitig wird die Unterrepräsentanz des wissenschaftlichen Arbeitens als große Hürde angesehen. Ausgehend von der Logik, dass in der Überzahl gängiger Akkreditierungsverfahren ein Creditpunkt (CP) einer Arbeitsleistung („workload") von 30 Stunden entspricht, würden auf Grundlage der Umrechnung der absolvierten Weiterbildungsstunden 20 CP angerechnet werden können. Seitens der Entsender erweist sich die Perspektive der hochschulischen Anerkennung als zunehmend wichtig, da hiermit Ansätze zur Bindung und Weiterqualifizierung geeigneter Führungskräfte gegeben sind. Nach aktuellen sozialrechtlichen Vorgaben wird jedoch lediglich für die Leitung von Krankenhäusern ein Hochschulstudium gefordert. Im Falle einer Änderung dieser Vorgaben, besteht für die hochschulseitige Anbindung ein zunehmender Druck. Mit heutigem Stand ist in der Mehrzahl der Verzweigungen sozialer Einrichtungen eine gut ausgebildete Führungspersönlichkeit wichtiger als der hochschulische Abschluss.

Aus der Rückbindung aus den Praxisfeldern der Absolventen lässt sich ein Trend dahin erkennen, dass in Zukunft Führung in sozialen Organisationen eine immer wichtigere Position zugesprochen wird. Die qualitative und quantitative Zunahme an sozialrechtlichen Herausforderungen, die Zuspitzung der Personal- und organisationsentwicklerischen Themen wird dazu führen, dass – auf den Weiterbildungskontext bezogen – Führung als Thema immer abstrakter behandelt werden muss, damit Führung als verantwortungsvolle Tätigkeit begreifbarer und erlernbarer wird. Auf dieser Grundlage wird es also zunehmend darum gehen, „Stellschrauben" des Führungshandelns zu identifizieren und zu erlernen. Dies kann nach der beschriebenen curricularen Ausformulierung nur auf Grundlage der Ausbildung der Führungspersönlichkeit geschehen, da es andernfalls in eine reine Technik verfallen würde.

Literatur

Antons K, Stützle-Hebel M (Hrsg) (2015) Feldkräfte im Hier und Jetzt. Antworten auf Lewins Feldtheorie auf aktuelle Fragestellungen in Führung, Beratung und Therapie. Carl-Auer, Heidelberg

Antons K, Amann A, Clausen G, König O, Schattenhofer K (2004) Gruppenprozesse verstehen. Gruppendynamische Forschung und Praxis. VS, Wiesbaden

Argyris C, Schön DA (2008) Die lernende Organisation. Grundlagen, Methode, Praxis. Schäffer-Poeschel, Stuttgart

Bayer L, Freud S (2013) Das Ich und das Es. Reclam, Leipzig

Berne E (2002) Spiele der Erwachsenen. Psychologie der menschlichen Beziehungen. Rowolth Taschenbuch, Reinbek

Brosius K (2009) Soziales Lernen in Gruppen. In: Edding C, Schattenhofer K (Hrsg) Handbuch. Alles Über Gruppen, Theorie, Anwendung, Praxis. Beltz, Weinheim

Buchinger K (1993) Die Stellung der Gruppendynamik in der Managementfortbildung und Organisationsberatung. In: Schwarz G, Heintel P, Weyer M, Stattler H (Hrsg) Gruppendynamik. Geschichte und Zukunft. WUV, Wien

DiCV Trier (1998) Leitbild des Diözesan-Caritasverbandes Trier e. V. https://www.caritas-trier.de/ueber-uns/leitlinien-unserer-arbeit/. Zugegriffen: 9. Juni 2017

Edding C, Schattenhofer K (Hrsg) (2009) Handbuch. Alles über Gruppen. Theorie, Anwendung, Praxis. Beltz, Weinheim

Faßnacht M, Kuhn H, Schrapper C (Hrsg) (2010) Organisationen organisieren. Gruppendynamische Zugänge und Perspektiven für die Praxis. Koblenzer Schriften zur Pädagogik. Beltz, Weinheim

Faulstich P (2003) Weiterbildung. Oldenbourg, München

Fries M (2015) Supervision als heterotopos. Unveröffentlicht.

Glasl F (2006) Konfliktfähigkeit statt Streitlust! Die Chance, zu sich selbst und zueinander zu finden. Verlag am Goetheanum, Dornbirn.

Glasl F (2011a) Konfliktmanagement. Ein Handbuch für Führungskräfte, Beraterinnen und Berater. Verlag Freies Geistesleben, Stuttgart

Glasl F (2011b) Selbsthilfe in Konflikten. Konzepte, Übungen, Praktische Methoden. Verlag Freies Geistesleben, Stuttgart

Glasl F, Livegoed B (2016) Dynamische Unternehmensentwicklung: Grundlagen für nachhaltiges Change-Management. Freies Geistesleben, Stuttgart

Heintel P (1974) Das ist Gruppendynamik. Eine Einführung. Eine Einführung in Bedeutung, Funktion und Anwendbarkeit. Heyne, München

Heintel P, Krainz E (2015) Projektmanagement. Hierarchiekrise, Systemabwehr, Komplexitätsbewältigung. Springer, Wiesbaden

Kneer G, Nassehi A (2009) Niklas Luhmanns Theorie sozialer Systeme. Eine Einführung. Fink, München

König O (2016) Macht in Gruppen. Gruppendynamische Prozesse und Interventionen. Klett-Cotta, Stuttgart

König O, Schattenhofer K (2012) Einführung in die Gruppendynamik. Karl-Auer, Heidelberg

Lewin K (2012) Feldtheorie und den Sozialwissenschaften. Ausgewählte theoretische Schriften. Huber, Bern

Lorenz F (2010) Führungskultur im Krankenhaus. Eine systemtheoretische und betriebspädagogische Studie am Fall katholischer Einrichtungen angesichts aktueller Veränderungsprozesse. Kovac, Hamburg.

Lorenz F, Schwarz M (2012) Führen als organisationale Funktion und personale Haltung. Kovac, Hamburg.

Meifert MT (2013) Strategische Personalentwicklung. Ein Programm in acht Etappen. Springer, Wiesbaden

Moreno JL (2001) Psychodrama und Soziometrie. Edition Humanistische Psychologie, Köln

Neuberger O (1977) Organisation und Führung. Kohlhammer, Stuttgart

Richter R (2016) Soziologische Paradigmen. Eine Einführung in klassische und moderne Konzepte. UTB, Stuttgart

Riemann F (2017) Grundformen der Angst. Ernst Reinhard, München

Von Rosenstiel L, Molt W, Rüttinger B (2005) Grundriss der Psychologie: Organisationspsychologie. Kohlhammer, Stuttgart

Schiersmann C, Thiel H-U (2013) Organisationsentwicklung. Prinzipien und Strategien zur Veränderung. Springer VS, Wiesbaden

Schmid B, Messmer A (2005) Systemische Personal- Organisations- und Kulturentwicklung. Konzepte und Perspektiven. Edition Humanistische Psychologie, Köln

Schmidt C (2011) Situationsdynamik. Guck doch mal, wie du guckst! Wer situativ beobachtet, weiß weniger und sieht mehr. Der Trainerverlag, Saarbrücken

SGB XI (1994) Zugegriffen. https://www.gesetze-im-internet.de/sgb_11/. Zugegriffen: 9. Juni 2017

Streich RK (2016) Fit for Leadership. Führungserfolg durch Führungspersönlichkeit. Springer, Wiesbaden

Thom N, Zaugg RJ (2008) Moderne Personalentwicklung: Mitarbeiterpotentiale erkennen, entwickeln und fördern. Springer Gabler, Wiesbaden

Wellhöfer PR (2001) Gruppendynamik und soziales Lernen. Lucius & Lucius, Stuttgart

Wien A, Franzke N (2013) Systematische Personalentwicklung. 18 Strategien zur Implementierung eines erfolgreichen Personalentwicklungskonzepts. Springer, Wiesbaden

Wimmer R (2008) Das besondere Lernpotenzial der gruppendynamischen T-Gruppe. Seine Bedeutung für die Steuerung von Kommunikationsgeschehen in komplexen Organisationen. In: Heintel P (Hrsg) betrifft: TEAM. Dynamische Prozesse in Gruppen. VS, Wiesbaden

Wollsching-Strobel P (2015) Managementnachwuchs erfolgreich machen. Personalentwicklung für High-Potentials. Springer, Wiesbaden

Weiterführende Literatur

GFBWBG (1995) http://landesrecht.rlp.de/jportal/?quelle=jlink&query=GFBWBG+RP& psml=bsrlpprod.psml. Zugegriffen: 9. Juni 2017

GFBWBGDVO (1998) http://landesrecht.rlp.de/jportal/?quelle=jlink&query=GFBWBGDV+RP& psml=bsrlpprod.psml. Zugegriffen: 9. Juni 2017

Heller A, Krobath T (2003) Organisationsethik. Organisationsentwicklung in Kirchen, Caritas und Diakonie. Lambertus, Freiburg im Breisgau

Pühl H (2017) Angst in Gruppen und Institutionen: Konfliktdynamiken verstehen und bewältigen. Psychosozial Verlag, Gießen

Ritz A, Thom N (Hrsg) (2015) Talentmanagement. Talente identifizieren, Kompetenzen entwickeln, Leistungsträger erhalten. Gabler, Wiesbaden

Joachim Stöber ist seit 2009 verantwortlich für die Fort- und Weiterbildungen in den Bereichen Krankenpflege, Altenpflege und der Behindertenhilfe im Caritasverband für die Diözese Trier e. V., seit 2010 ist er zusätzlich beauftragt für das Beschwerdemanagement im Verband. Sein Tätigkeitsschwerpunkt besteht in der Leitung von Führungskräfteentwicklungsprogrammen. Studierte nach Ausbildung und Berufserfahrung in der Krankenpflege Pflegepädagogik in Ravensburg-Weingarten und Seinäjoki (Finnland). Zwischen 2012 und 2015 absolvierte er berufsbegleitend ein Studium „Organisationsberatung" und integrierte eine Weiterbildung zum Supervisor und Coach (DGSv). Im Rahmen seiner Freiberuflichkeit liegen die Schwerpunkte in Supervisionen und Coachings von Fach- und Führungskräften aus unterschiedlichen Bereichen, der Gruppendynamik sowie den Themen Führung und Konflikt.

Digitalisierung in der pflegeberuflichen Bildung: Eine Konzeption zur Vernetzung von Theorie und Praxis auf der Basis der Leittextmethode

Susanne Groß

1 Theoretische Ansätze der Neukonzeption

1.1 Die Handlungskompetenz

In der beruflichen Bildung hat sich das Konzept einer umfassenden Handlungskompetenz durchgesetzt. Sie wird verstanden als die Bereitschaft und Fähigkeit des Einzelnen, sich in beruflichen, gesellschaftlichen und privaten Situationen sachgerecht, durchdacht sowie individuell und sozial verantwortlich zu verhalten. Handlungskompetenz entfaltet sich in den Dimensionen der Fachkompetenz, Selbstkompetenz und Sozialkompetenz (KMK 2011).

Als Fachkompetenz wird die Bereitschaft und Fähigkeit bezeichnet, auf deren Grundlage fachlichen Wissens und Könnens Aufgaben und Probleme zielorientiert, sachgerecht, methodengeleitet und selbständig gelöst und das Ergebnis beurteilt werden kann (KMK 2011).

Unter der Human- oder auch Selbstkompetenz wird die Bereitschaft und Fähigkeit verstanden, als individuelle Persönlichkeit die Entwicklungschancen, Anforderungen und Einschränkungen in Familie, Beruf und dem öffentlichen Leben zu klären, zu durchdenken und zu beurteilen. Die eigene Begabungen zu entfalten sowie Lebenspläne zu fassen und fortzuentwickeln, stehen im Mittelpunkt dieser Kompetenz. Zu ihr gehören insbesondere die Entwicklung durchdachter Wertvorstellungen und die selbstbestimmte Bindung an Werte (KMK 2011).

Die Sozialkompetenz beinhaltet die Bereitschaft und Fähigkeit, soziale Beziehungen zu leben und zu gestalten. Dazu gehört auch Zuwendungen und Spannungen zu erfassen und zu verstehen sowie sich mit anderen rational und verantwortungsbewusst auseinander-

S. Groß (✉)
Verbundschule für Gesundheits- und Pflegeberufe, der Marienhaus Kliniken GmbH im Saarland
Hans-Schardt-Straße 1a, 66822 Lebach, Deutschland
E-Mail: susanne.gross@marienhaus.de

© Springer-Verlag GmbH Deutschland, ein Teil von Springer Nature 2018
K. Keller und F. Lorenz (Hrsg.), *CSR im Gesundheitswesen*,
Management-Reihe Corporate Social Responsibility,
https://doi.org/10.1007/978-3-662-55937-6_20

zusetzen. Hier liegt der Fokus auf der Entwicklung sozialer Verantwortung und Solidarität (KMK 2011). Das selbstorganisierte Lernen bedarf einem hohen Maß an Methodenkompetenz. Aus diesem Grund ist es erforderlich, die drei Dimensionen der Handlungskompetenz um die vierte Dimension der Methodenkompetenz zu erweitern. Methodenkompetenz bezeichnet die Bereitschaft und Fähigkeit zu zielgerichtetem, planmäßigem Vorgehen bei der Bearbeitung von Aufgaben und Problemen (KMK 2011).

1.2 Die Medienkompetenz als Kernkompetenz

Die Medienkompetenz (BMBF 2015) stellt sich zunehmend als Aufgabe lebenslangen Lernens, da sie ständigen Veränderungen unterworfen ist. Die eigenen biografischen, aber auch gesellschaftlichen und medialen Veränderungen erfordern immer wieder die Aneignung neuer Kompetenzen. Dies vollzieht sich bis in hohe Lebensalter (Süss et al. 2013). Da Medienkompetenz sowohl in formellen, als auch in informellen Lernkontexten erworben werden kann, wird sie als „Alltagsmedienkompetenz" bezeichnet. Sie ist somit Teil der allgemeinen kulturellen Handlungskompetenz. Erworben wird diese Fähigkeit überwiegend durch Freunde, Kollegen oder Verwandte, aber auch durch das Selbststudium (Süss et al. 2013). Lernen mit digitalen Medien scheint angesichts der gesellschaftlichen Herausforderungen auch in der beruflichen Ausbildung unaufhaltsam zu sein. Der Trend geht hin zur „lernenden Organisation". Die Integration digitaler Medien in Lehr- und Lernprozesse birgt neue Lehr- und Lernformen in sich, sodass diese zielgruppen- und teilnehmerorientiert analysiert und eingesetzt werden müssen (Sander et al. 2008).

Der Einsatz von Learning-Content-Management-Systemen stellt einen neuen Lernraum dar, der E-Learning ermöglicht und somit kollaboratives Lernen fördert. So können beispielsweise reine Online-Veranstaltungen, Blended-Learning-Szenarien mit Online- und Präsenzphasen und schließlich Präsenzveranstaltungen mit unterstütztem oder begleitendem Online-Angebot durchgeführt werden (de Witt und Czerwionka 2013). Andererseits ermöglichen Learning-Content-Management-Systeme auch das Erstellen, Verwalten und Bearbeiten von Lernmaterial. Sie werden aufgrund dieser Potenziale in Lehr- und Lernprozessen favorisiert (de Witt und Czerwionka 2013).

1.3 Der Konstruktivismus als lerntheoretische Orientierung

Als lerntheoretische Orientierung leistet der Konstruktivismus die Grundlage zum Lernen mit digitalen Medien. Er obliegt vielen verschiedenen Strömungen des 19. Jahrhunderts und schließt sich der Reformpädagogik, dem Pragmatismus und der Kognitionspsychologie an. Er basiert auf anthropologischen Annahmen und beschäftigt sich mit der Fragestellung, wie der Mensch sich seine Welt konstruiert. Die theoretische Reflexion und das praktische Handeln stehen in diesem Ansatz in engem Zusammenhang und ermöglichen u. a. ein exemplarisches, erfahrungsbezogenes Lernen und Formen des selbstgesteuerten

Lernens. Es handelt sich um einen Ansatz des lebenslangen Lernens, der in allen Lebensphasen durchführbar ist (Siebert 2008).

Der Konstruktivismus findet mit Beginn der 1990er-Jahren stärkeren Einfluss auf das Lernen in der beruflichen Bildung. Ausgehend vom radikalen Konstruktivismus als Erkenntnistheorie hat sich der neue Konstruktivismus oder auch Situated Cognition herausgebildet (Süss et al. 2013). Dieser Ansatz wird auch als Individualisierungstheorie bezeichnet, da jeder, auf der Grundlage der Selbstreferenz und der operationalen Geschlossenheit des Gehirns, seine eigene Wirklichkeit konstruiert (Siebert 2008). Er beruht auf der Annahme, dass Lernen ein aktiver Prozess der Konstruktion von Wissen auf der Grundlage vorhandener Erfahrungen ist. Es entsteht eine Wechselwirkung von internen, personenbezogenen Erfahrungen und dem Austausch mit der sozialen Umwelt. Lernen wird dadurch vom Individuum selbst steuerbar und das Gelernte schneller verankert (van Merriënboer und Kirschner 2013) Hinsichtlich dieses Situated-Learning-Ansatzes sind folgende Kriterien zu beachten:

1. Problemstellungen sollen Ausgangssituationen für das Lernen sein
2. Die Lernumgebung muss authentisch sein
3. Damit Problemstellungen und das zu erreichende Wissen in umfassendere Kontexte gestellt werden können, bedarf es situierter Anwendungskontexte
4. Multiple Kontexte und Perspektiven anbieten
5. Herstellen des sozialen Kontextes
6. Artikulationen

Insgesamt muss der Lerngegenstand bedeutungsvoll für den Lernenden sein und in seinem individuellen Lebenszusammenhang stehen (van Merriënboer und Kirschner 2013).

2 Die Vernetzung von Theorie und Praxis in der beruflichen Ausbildung

2.1 Das PETRA-Konzept als Grundlage der Leittextmethode

Die Verbindung von theoretischem Lernen und praktischer Arbeit gewinnt zunehmend an Bedeutung. Vor allem das Erfahrungslernen und informelle Lernen ermöglichen im Besonderen einen Kompetenzzuwachs. In modernen Arbeitsprozessen wird diesen Lernbedingungen ein hoher Stellenwert zugeschrieben, die allerdings in neuen Lern- und Innovationsstrategien mit dem formellen Lernen verbunden bzw. integriert werden. Das informelle Lernen soll mehr in den Kontext konstruktivistischen Lernens gestellt werden, sodass das selbstgesteuerte Lernen ermöglicht werden kann (de Witt und Czerwionka 2013).

Das PETRA-Konzept steht für „projekt- und transferorientierte Ausbildung" und stellt den Rahmen für die Ausbildung und für ein vordergründiges arbeitsorientiertes Lernen im

Betrieb dar. Es wurde in den 1980er-Jahren entwickelt und steht heute als PETRA-plus für Kompetenz- und Ausbildungsanforderungen zur Verfügung. Im Vordergrund dieses Konzeptes stehen berufliche Handlungskompetenz und Schlüsselqualifikationen, wobei hier neben den individuellen vor allem die sozial ausgerichteten Qualifikationen hervorgehoben werden. Zu diesen gehören u. a. Fairness, Zusammenarbeit, Verantwortungsbewusstsein, selbstständige Arbeitsplanung und Entscheidungsfähigkeit. Ziel dieses Konzeptes ist es, das theoretische Lernen mit der praktischen Arbeit zu verbinden. Dabei soll dieses anhand realer Arbeitsaufgaben mit dem Schwerpunkt der Transferorientierung stattfinden, sodass einmal Gelerntes auf veränderte und neue Situationen übertragen werden kann (Lindemann 2003). Zusammenfassend lassen sich folgende fünf übergeordnete Schüsselqualifikationen darstellen:

• Organisation und Ausführung einer Übungsaufgabe,
• Kommunikation und Kooperation,
• Anwendung von Lerntechniken und geistigen Arbeitstechniken,
• Selbstständigkeit und Verantwortung,
• Belastbarkeit (Lindemann 2003).

Damit diese Schlüsselqualifikationen erlangt werden können, bedarf es verschiedener Methoden, hierzu werden folgende favorisiert:

• selbstgesteuertes Lernen,
• Leittexte, Ausbildungsunterlagen,
• Leitfragen und Leithinweise,
• Funktionsbeschreibung,
• selbstständige Arbeitsplanung,
• Aufgabenverteilung,
• Selbst- und Fremdbewertung des Arbeitsergebnisses.

Durch die Verbindung von Lernen und Arbeit wird nicht nur ein praktisch-konzeptionelles Arbeiten fortgeführt, sondern auch das pragmatisch orientierte Vorgehen wichtig, dass schon lange Zeit eine hohe Akzeptanz in der Praxis erfährt (Sieger 2001).

2.2   Die methodische Umsetzung der Leittextmethode

Die Handlungskompetenz (siehe Abschn. 1.1) als Zielperspektive der beruflichen Bildung kann nur durch die Vernetzung von Theorie und Praxis erreicht werden. Zu berücksichtigen sind, neben den in Abschn. 2.1 angeführten Schlüsselqualifikationen, auch die Rahmenbedingungen, in denen Lernen stattfinden soll. Im beruflichen Alltag ist der Lernende auf die Unterstützung der Lehrenden und der Praxisanleiter angewiesen. Sie stehen ihm als Lernbegleiter zur Verfügung und betreuen ihn in seinem persönlichen Lernfortschritt.

Damit nun die Schlüsselqualifikationen vom Lernenden erreicht werden können, muss ein methodengeleitetes Vorgehen (siehe Abschn. 2.1) berücksichtigt werden (Sieger 2001). Der Lernende fordert sich, hinsichtlich des selbstgesteuerten Lernens, Hilfe bedarfsorientiert ein. Diese Selbststeuerung muss er allerdings zuvor erlernt haben. Aufgrund dessen sollte der theoretische Unterricht auf der Basis der kritisch-konstruktiven Didaktik und des situierten Lernens so gestaltet werden, dass der Lernende anhand von authentischen Lernsituationen seine Selbstbestimmung, Mitbestimmung und Solidaritätsfähigkeit fördern und ausbauen kann (Klafki 1996). Dadurch kann ermöglicht werden, dass er schließlich auch im beruflichen Alltag sein Lernen selbst initiiert.

Als Leittexte sind alle Medien zu verstehen, die den Lernenden im Lernprozess unterstützen (Sieger 2001). Hierzu gehören unter anderem Pflegefachbücher, Computer, Fachliteratur der Bezugswissenschaften oder auch das Expertenwissen des therapeutischen Teams. Die Institution Krankenhaus wird somit zur „lernenden Organisation" (Sander et al. 2008). Die Wissensbeschaffung stellt für den Lernenden einen wichtigen Baustein des selbstgesteuerten Lernens dar. Diesbezüglich muss hinsichtlich des formellen Lernens in der Unterrichtseinheit die Methoden- und Medienkompetenz gefördert werden, sodass im beruflichen Alltag darauf zugegriffen werden kann.

Die Förderung des selbstgesteuerten Lernens bedarf verschiedener übergeordneter Leitfragen oder Leithinweise, die einen direkten Bezug zum Arbeitsfeld haben. Die Lernsituation im theoretischen Unterricht muss entsprechend gestaltet werden, da diesen Leitfragen immer eine Aufgabenstellung vorausgeht, anhand derer die Lernenden die Leitfragen bearbeiten müssen. Die Bearbeitung findet immer in einer prozesshaften Vorgehensweise statt, die sich über das Informieren, Planen, Entscheiden, Ausführen, Kontrollieren und Bewerten erstreckt. Leitfragen können im Pflegeberuf folgendermaßen gestaltet werden:

- Fragen zur Selbstreflexion,
- Fragen zum Pflegesetting,
- Fragen zu pflegewissenschaftlichen Erkenntnissen,
- Fragen zur Arbeitsorganisation (Sieger 2001).

Die Beschreibung der Funktionsweise von elektronischen Geräten stellt ebenfalls eine wichtige Methode dar. So sollten dem Lernenden auch Gebrauchsanweisungen zur Verfügung gestellt werden, damit er die Funktion und Handhabung von elektronischen Geräten nachlesen und sich selbstständig zugänglich machen kann.

Die selbstständige Arbeitsplanung und Aufgabenverteilung stellt viele Lernende vor große Herausforderungen. Es wird von ihnen erwartet, dass sie kooperativ in Kleingruppen von drei bis vier Personen zusammenarbeiten. Die Aufgabenstellung enthält die Vorgabe zu organisieren, zu planen und zu evaluieren. Sie verteilen in der Kleingruppe die entsprechenden Leitfragen oder Teilaufgaben und legen fest, wer diese plant und ausführt. Das Ergebnis ist in Form eines Arbeitsplanes schriftlich festzuhalten (Sieger 2001). Auch hier werden die zuvor aufgestellten Schlüsselqualifikationen (siehe Abschn. 2.1) wieder bedeutsam. Gefordert werden vor allem Selbstständigkeit und Verantwortung.

Abschließend findet eine Selbst- und Fremdbewertung des Arbeitsergebnisses statt. Der Lernende muss in Form einer Selbstreflexion sein Handeln erläutern, des Weiteren erhält er eine Rückmeldung durch den betreuenden Praxisanleiter (Sieger 2001).

3 Die Neukonzeption des betrieblichen Lernens

Ziel der Neukonzeption ist es, das theoretisch erlernte Wissen mit der praktischen Arbeiten durch die Bearbeitung realer Arbeitsaufgaben zu verbinden, dadurch sollen Fach-, Methoden-, Sozial- und Personalkompetenz vertieft werden. Dem Konzept liegt das Modell der „vollständigen Handlung" zugrunde, das sich auf die Handlungstheorie von W. Hacker stützt. W. Hacker beschreibt diesbezüglich, dass einzelne berufliche Arbeitsabläufe auf „vollständige Handlungsschritte" bezogen werden müssen (Hacker und Sachse 2014).

Die praktische Umsetzung zur „vollständigen Handlung" stellt sich folgendermaßen dar, sie wird exemplarisch anhand der Aufgabenstellung „Anleiten und Beraten" aufgezeigt:

Informieren Die Lernenden machen sich mit der Aufgabenstellung (siehe Anhang I) vertraut, sie bearbeiten selbstständig die Informationen.

Planen Planen dient der Handlungsvorbereitung, die Lernenden halten den Arbeitsablauf schriftlich fest. Ein Arbeitsplan (siehe Anhang II) wird erstellt. Leitfragen werden bearbeitet.

Entscheiden Hier findet ein Fachgespräch mit dem Praxisanleiter statt, in dem die erforderlichen Erkenntnisse der Lernenden mit dem Praxisanleiter diskutiert werden.

Ausführen Die Lernenden führen jetzt am Patienten die Aufgabenstellung in Absprache mit dem Praxisanleiter durch.

Kontrollieren Hier findet eine Auswertung der Arbeitsergebnisse anhand eines Reviewbogens (siehe Anhang III) statt. Auf dieser Grundlage kann die geleistete Arbeit selbst beurteilt und Fehler aufgespürt werden. Analog dazu macht der Praxisanleiter für sich alleine die Auswertung.

Bewerten Die gesamte Arbeitsaufgabe wird anhand des Reflexionsbogens (siehe Anhang VI) besprochen, die schriftlich protokollierte Auswertung (Reviewbogen) dient als Grundlage dieses Reflexionsgespräches. Darauf basierend werden Erkenntnisgewinne bzw. neue Ziele und Aufgaben formuliert.

Abschließend stellt der Lernende die gesamte ausgearbeitete Arbeitsaufgabe auf der Lernplattform dar. Diese Vorgehensweise bringt für den Lernenden einige Vorteile:

- selbstständige Planung, Durchzuführung und Bewertung,
- Förderung von Lern- und Arbeitstechniken,
- Initiierung des Forschenden Lernens,
- Förderung sozialer Fähigkeiten durch Gruppenorientierung,
- Entwicklung der Handlungskompetenz durch praxisbezogene Arbeitsaufgaben,
- Vertiefung der Medienkompetenz.

Veränderungen in der Arbeitsweise entstehen auch für die Praxisanleiter. Er übernimmt jetzt die Rolle des Lernberaters und unterstützt auf Anfrage der Lernenden diese bei der Bearbeitung der Arbeitsaufgabe. Er begleitet die Lernenden in der Phase der „Ausführung" und wertet die durchgeführte Handlung mit ihnen aus. Schlussendlich reflektiert er die gesamte Arbeitsaufgabe mit den Lernenden.

Auch das Lehrpersonal wird vor neue Anforderungen gestellt. Zu ihrem Aufgabenbereich gehören:

- die Erstellung der jeweiligen Leittextmethode,
- die Unterstützung der Praxisanleiter,
- die Vor- und Nachbereitung der Leittexte im theoretischen Unterricht,
- die tutorielle Begleitung der Lernenden über die Lernplattform.

Die Arbeitsaufgaben bzw. die Leittexte sind so konzipiert, dass sie entweder vorbereitend oder nachbereitend im Unterricht besprochen werden müssen. Sie basieren auf der Grundlage des theoretischen Curriculums. Eine weitere inhaltliche Vernetzung findet über die Lernplattform statt. Hier werden die Arbeitsaufgaben bereitgestellt, sodass die Lernenden orts- und zeitunabhängig Zugang zu diesen haben. Des Weiteren werden digitale Quellen wie beispielsweise Filme, Fachliteratur, Pod- und Vodcasts zur Verfügung gestellt, auf die die Lernenden im Lernprozess zugreifen können. Ein weiterer Vorteil bietet die Lernplattform bezüglich der Foren, über die die Lernenden Kontakt zu anderen Lernenden oder den Lehrenden halten können. So können Probleme oder Fragen unmittelbar aufgegriffen und geklärt werden. Den Lernenden werden hierzu ein Nachrichtenforum (Informationen durch den Tutor), ein Lernendenforum (Informationen der Lernenden untereinander ohne tutorielle Begleitung/allgemeiner Austausch ohne Bezug zur Aufgabenstellung) und ein Forum zum Leittext (aufgabenbezogen) bereitgestellt. Des Weiteren können die Lernenden in Kooperation und Kollaboration ein gemeinsames Wiki erstellen. Die tutorielle Begleitung wird durch Lehrkräfte gewährleistet, die das Thema in der theoretischen Ausbildung unterrichten und somit als Experte für den jeweiligen Leittext zur Verfügung stehen.

4   Fazit

Die Forderungen der Wissens- und Mediengesellschaft stellt auch das Bildungswesen vor neue Herausforderungen. Vor diesem Hintergrund müssen Lernangebote so gestaltet werden, dass sie diesem gesellschaftlichen Anspruch auch gerecht werden. Für die berufliche Ausbildung im Pflegebereich weist die dargestellte Neukonzeption eine sehr gute Vernetzung von Theorie und Praxis auf. Anhand dieses Konzeptes können die Lernenden informelles und formelles Lernen verbinden und Zusammenhänge schneller herleiten. Die im PETRA-Konzept dargestellten Schlüsselqualifikationen und Methoden bilden in sich schon eine hervorragende Möglichkeit die Handlungskompetenz zu fördern. Durch das situierte Lernen können die Lernenden selbstgesteuert, aber auch in Kleingruppen Themen bearbeiten und miteinander verknüpfen.

Des Weiteren bildet gerade das kooperative und kollaborative Arbeiten über ein digitales Medium einen weiteren Kompetenzzuwachs. Die Verknüpfung theoretischer und praktischer Inhalte durch ein Learning-Content-Management-System steht am Anfang einer Digitalisierung im pflegeberuflichen Alltag und einer Vernetzung von Theorie und Praxis bezüglich der beruflichen Bildung im Gesundheitswesen. Sie ist zukünftig als wesentlicher Bestandteil des Qualitätsmanagements in Bildungseinrichtungen zu sehen (Knispel 2008).

5 Anhang I

 **BA GSS** Theorie-Praxis-Transfer – angelehnt an die Leittextmethode  **MARIEN HAUS**

Thema: Beraten und Anleiten

Arbeitsauftrag

1. Einleitung

Beratung und Anleitung stellen wesentliche Kernqualifikationen von Pflegenden dar. Führen Sie hierzu ein Beratungsgespräch oder eine Anleitung mit einem zu pflegenden Menschen und/oder seinen Bezugspersonen in der individuellen Auseinandersetzung mit Gesundheit und Krankheit durch.

2. Bearbeiten Sie die nachfolgenden Aufgaben in gestellter Reihenfolge:

- ✓ Bilden Sie gemeinsam mit anderen Auszubildenden ihres Ausbildungsjahrgangs Kleingruppen mit höchstens 4 Teilnehmern.
- ✓ Erstellen Sie gemeinsam einen Arbeitsplan.
- ✓ Bearbeiten Sie anschließend die gestellten Leitfragen. Halten Sie das Ergebnis Ihrer Arbeiten schriftlich fest.
- ✓ Vereinbaren Sie mit Ihrer/m Praxisanleiter/in einen Termin zur Besprechung und anschließenden Durchführung einer Anleitungs- oder Beratungssituation bei einem Patienten.
- ✓ Kontrollieren und bewerten Sie selbst Ihr Arbeitsergebnis anhand des Kontrollbogens.
- ✓ Anschließend reflektieren Sie gemeinsam mit der/m begleitenden Praxisanleiter/in die gesamte Arbeitsaufgabe, der Kontrollbogen dient als Grundlage.

3. Bearbeiten Sie die folgenden Leitfragen in der vorgegebenen Reihenfolge:

Fragen zur Selbstreflektion:
- ✓ Was war die pflegeberaterische Intervention?
- ✓ Verbale und Non-verbale Kommunikation sind wesentliche Aspekte, die in einem Gespräch berücksichtigt werden sollen. Wie verhalte ich mich in einer Beratungs- oder Anleitungssituation?
- ✓ Inwieweit war Fachwissen zum Problembereich des Patienten erforderlich. ?
- ✓ Wie kam das Arbeitsbündnis in der Beratung zustande?

Fragen zur Pflegwissenschaft
- ✓ Beratungs- oder Anleitungssituation sind prozesshafte Ereignisse.
- ✓ Welche Beobachtungsformen für Prozesse gibt es?
- ✓ Welche Beratungsformen (Problem-, Lösungsorientierte, Systemische etc.) kennen Sie?
- ✓ Welche Anleitekonzepte (Modelllernen POL etc.) kennen Sie?
- ✓ Welche Erkenntnisgewinne bzw. Kompetenzanbahnungen sollen beim Klienten generiert werden?
- ✓ Was muss in der Vorbereitung beachten werden?

Version	Gültig ab:	Freigabe:	Seite 1 von 3
1.0	08.11.2016	Roland Schaefer	Theorie- Praxistransfer- AA Transkulturelle Pflege

©Arbeitsgruppe der Verbundschule der Marienhaus Kliniken gGmbH und der Berufsakademie für Gesundheit- und Sozialwesen Saarland gGmbH

 **BA GSS** Theorie-Praxis-Transfer – angelehnt an die Leittextmethode  **MARIEN HAUS**

✓ Wie gestalten Sie ihre Bedarfserhebung?

✓ Wie können Sie bedarfsorientiert intervenieren

✓ Die Mitarbeit des Klienten ist ein wesentlicher Faktor in einer Beratungs- oder Anleitungssituation. Wie schätzen Sie seine Compliance/Adherence ein?

✓ Welche Unterstützungsbedarfe benötigt der Klient?

✓ Über welche Widerstandressourcen verfügt der Klient, um seine Autonomie zu fördern?

Pflegediagnosen (NANDA 2015-2017)

✓ Potentielle Beratungsbedarfe aus.

✓ Domaine6: Selbstwahrnehmung (296-309)

✓ Domaine7: Rollenbeziehung (310-335)

✓ Domaine 8: Sexualität (336-346)

✓ Domaine 9: Coping/Stresstoleranz (347-395)

Fragen zum Pflegesetting:

✓ Was war der Gesprächsanlass?

✓ Wie wurde der Beratungsbedarf formuliert?

✓ Wie wurde er von mir erkannt?

✓ Gibt es Beratungskonzepte (Abteilungsspezifisch, Berufsgruppenspezifisch Interdisziplinär)?

✓ Wie wurden Beratungsziel(e) vereinbart?

Organisation

✓ Werden Beratungsgespräche Gegenstand in Fallbesprechungen?

✓ Die Zusammenarbeit im interdisziplinären Team kann als zusätzliche Unterstützung dienen. Welche Berufsgruppen im Krankenhaus können hierzu tätig werden?

✓ Wo können Beratungsgespräche oder Anleitungssituationen durchgeführt werden?

✓ Welchen zeitlichen Rahmen muss ich festlegen?

✓ Wie erkenne ich ggf. Vorurteile in Organisationen aufgrund getroffener Entscheidungen bzw. Diskurse?

4. Nutzen Sie folgende Quellen zum Bearbeiten der gestellten Aufgaben:

Standard-Literatur:

- Lauster, M.; Drescher, A.; Wiederhold, D.; Menche, N. (Hrsg.) (2014): „Pflege Heute", 6. Vollständig überarbeitete Auflage, S. 185-196. München: Urban und Fischer Verlag.

- Hartmann M. (2004). Coaching als Grundform pädagogischer Beratung. Auszug aus einer Dissertation S. 76-94.

- Dewe B., Schwarz M. (2011) Beratung als professionelle Handlung und pädagogisches Phänomen Kovacz Verlag, Hamburg

- Abt-Zegelin, Schnell (2005) Sprache und Pflege Bern, Huber Verlag

- Johanne Pundt (2006) Profesionalisierung im Gesundheitswesen Bern, Huber Verlag

- Herdman T. Kamitsuru S (2016) Pflegediagnosen Definitionen und Klassifikationen 2015-2017 Recom Verlag Kassel

Version	Gültig ab:	Freigabe:	Seite 2 von 3
1.0	08.11.2016	Roland Schaefer	Theorie- Praxistransfer- AA Transkulturelle Pflege

©Arbeitsgruppe der Verbundschule der Marienhaus Kliniken gGmbH und der Berufsakademie für Gesundheit- und Sozialwesen Saarland gGmbH

Theorie-Praxis-Transfer – angelehnt an die Leittextmethode

Quellen auf der Lernplattform:

- Unterrichtsmaterial

Weitere Informationsquellen:

✓ Mitarbeiter: Pflegefachkraft, Ärzte, Praxisanleiter

6 Anhang II

Theorie-Praxis-Transfer angelehnt an die Leittextmethode

Formblatt zur Zeit- und Arbeitsplanung

Thema: Anleiten und Beraten

Was ist die Aufgabenstellung	
Mögliche Teilaufgaben?	
Was muss getan werden (Bsp.: Literatur beschaffen, Absprache treffen,...)	
Wer erledigt welche Aufgaben (Bsp.: Einzel, Gruppe, Partner,...)	
Bis wann ist was zu erledigen?	
Wie wird evaluiert	

Version	Gültig ab:	Freigabe:	Seite 1 von 1
1.0	08.11.2016	Roland Schaefer /Prof. Lorenz	Theorie Praxistransfer

©Arbeitsgruppe der Verbundschule der Marienhaus Kliniken gGmbH und der Berufsakademie für Gesundheit- und Sozialwesen Saarland gGmbH

7 Anhang III

Theorie – Praxistransfer in Anlehnung an Leittextmethode

Thema: Anleiten und Beraten

Review-Bogen

Name des Lernenden:

Datum:

Pflegesetting:

Kurze Beschreibung der Klientensituation:
Durchgeführte Interventionen
Eingetretene und noch zu erwartende Probleme:

Selbstreflexion	Einschätzung	unsicher	sicher
- Methodisches Vorgehen			
- Fachliche Anforderungen			
- Konzept- / Theorieorientierung			
- Ambiguitätstoleranz (personale Kompetenz)			
- Beziehungsgestaltung (Soziale Kompetenz)			

Lernbedarfe:

_____
Datum: Praxisanleiter/in

_____
Datum: Auszubildende(r)/ Student(in)

Version	Gültig ab:	Freigabe:	Seite 1 von 1
1.0	08.11.2016	Roland Schaefer/Prof Lorenz	Theorie - Praxis Transfer

©Arbeitsgruppe der Verbundschule der Marienhaus Kliniken gGmbH und der Berufsakademie für Gesundheit- und Sozialwesen Saarland gGmbH

8   Anhang IV

Theorie- Praxistransfer in Anlehnung an Leittextmethode

Thema: Anleiten und Beraten

Evaluationsfragen	Weiterführende Erkenntnisgewinne
1) Informieren • War die Aufgabenstellung verständlich? • Gab es Schwierigkeiten bei der Beschaffung der Informationen? **2) Planen** • War der Zeit- und Arbeitsbogen hilfreich für die Planung? • War Ihre Zeitplanung realistisch? • Waren die Arbeitsabläufe innerhalb der Gruppe gut strukturiert? • Wie waren die räumlichen Voraussetzungen? **3) Entscheiden** • Waren Sie inhaltlich gut vorbereitet? • Konnten im Fachgespräch Lücken durch den Praxisanleiter aufgezeigt werden? **4) Ausführen** • Haben Ihnen Informationen gefehlt? • Sind weiterführende Fragen entstanden? • Gab es irgendwelche Besonderheiten? • Sind Schwierigkeiten aufgetreten? • Wo waren Sie verunsichert? • Waren Sie methodisch gut vorbereitet? • Wie bewerten Sie Ihre Vor- und Nachbereitung? Würden Sie jetzt etwas verändern? **5) Kontrollieren** • Konnte ich anhand des Kontrollbogens mein Arbeitsergebnis gut einschätzen?	

Version	Gültig ab:	Freigabe:	Seite 1 von 2
1.0	08.11.2016	Roland Schaefer/ Prof. Lorenz	Theorie-Praxistransfer

©Arbeitsgruppe der Verbundschule der Marienhaus Kliniken gGmbH und der Berufsakademie für Gesundheit- und Sozialwesen Saarland gGmbH

Theorie- Praxistransfer in Anlehnung an Leittextmethode

6) Auswerten • Was würden Sie im Nachhinein anders machen? • Was ist Ihnen besonders gut gelungen?	

Literatur

Bundesministerium für Bildung und Forschung (BMBF) (2015) Referat zur Förderung von digitalem Lernen und Medienbildung Berlin. http://www.bmbf.de. Zugegriffen: 23. Dez. 2015

Hacker W, Sachse P (Hrsg) (2014) Allgemeine Arbeitspsychologie. Hogrefe, Göttingen

Klafki W (1996) Neue Studien zur Bildungstheorie und Didaktik: zeitgemäße Allgemeinbildung und kritisch-konstruktive Didaktik, 5. Aufl. Beltz, Weinheim, Basel

KMK (2011) (Kultusministerkonferenz, Referat Berufliche Bildung): Handreichung zur Erarbeitung von Rahmenlehrplänen der Kultusministerkonferenz für den berufsbezogenen Unterricht in der Berufsschule und ihre Abstimmung mit Ausbildungsordnungen des Bundes für anerkannte Ausbildungsberufe. Berlin. http://www.kmk.org/fileadmin/veroeffentlichungenbeschluesse/2011/2011_09_23_GEP-Handreichung.pdf. Zugegriffen: 10. März 2016

Knispel KL (2008) Qualitätsmanagement im Bildungswesen. Waxmann, Münster

Lindemann H-J (2003) Evaluierung von Schlüsselqualifikationen. Deutsche Übersetzung von: Evaluación de competencias clave SENATI LA Libertad. http://www.halinco.de/html/docde/hjl-evalu-senati-d.pdf. Zugegriffen: 10. März 2016

Van Merriënboer JJG, Kirschner PA (2013) Ten steps to complex learning second edition: a systematic approach to four-component instructional design. Routledge Taylor & Francis, New York London

Sander U, Gross F, Hugger K-U (Hrsg) (2008) Handbuch Medienpädagogik, 1. Aufl. Springer VS, Wiesbaden

Siebert H (2008) Konstruktivistisch lehren und lernen. Ziel, Augsburg

Sieger M (2001) Pflegepädagogik: Handbuch zur pflegeberuflichen Bildung. Huber, Bern

Süss D, Lampert C, Wijnen CW (2013) Medienpädagogik, 2. Aufl. Springer, Wiesbaden

de Witt C, Czerwionka T (2013) Mediendidaktik, 2. Aufl. Bertelsmann, Bielefeld

Weiterführende Literatur

Arnold R, Kilian L, Lermen M (2008) Qualitätssicherung an Schulen. Schneider Verlag, Hohengehren, Baltmannsweiler

Bönsch M (2006) Selbstgesteuertes Lernen in der Schule. Westermann, Braunschweig

Elzer M, Sciborski C (2007) Kommunikative Kompetenzen in der Pflege: Theorie und Praxis der verbalen und nonverbalen Interaktion. Huber, Bern

von Foerster H, Pörksen B (1998) Wahrheit ist die Erfindung eines Lügners. Carl-Auer, Heidelberg

Groothuis R (2000) Soziale und kommunikative Fertigkeiten: Praxishandbuch für Pflege- und Gesundheitsberufe. Huber, Bern

Hinsch R, Wittmann S (2003) Soziale Kompetenz kann man lernen. Belz, Weinheim

Von Hippel A (2007) Medienpädagogische Erwachsenenbildung. Landesmedienanstalt, Saarbrücken

Olbrich C (1999) Pflegekompetenz. Huber, Bern

Reinmann G (2005) Blended Learning in der Lehrerbildung. Pabst Science, Lengerich

Reinmann G (2013) Reader zum Thema entwicklungsorientierte Bildungsforschung. München. http://lernen-unibw.de/offene-bildungsressourcen. Zugegriffen: 24. Nov. 2015

Warmbrunn A (Hrsg) (2006) Berufliches Selbstverständnis entwickeln und lernen, berufliche Anforderungen zu bewältigen. Urban & Fischer, München

Susanne Groß ist seit 2000 als Lehrerin an der Verbundschule für Gesundheits- und Pflegeberufe der Marienhaus Kliniken GmbH tätig. Nach ihrer Ausbildung zur Krankenschwester absolvierte sie eine Weiterbildung zur Lehrkraft für Gesundheitsfachberufe. Anschließend schloss sie ein berufsbegleitendes Studium der Bildungswissenschaften mit dem Schwerpunkt Mediendidaktik und Medienpädagogik an der Fernuniversität in Hagen ab. Kernthemen ihrer Arbeit sind unter anderem die konzeptionelle Entwicklung digitaler Lernmethoden in der pflegeberuflichen Bildung.

Nachhaltigkeit im Krankenhaus am Beispiel von Lieferketten

Frank Brust

1 Einleitung

Nachhaltigkeit ist das wichtigste, ja das essenzielle Thema für die Menschheit; auch wenn es trotz UN-AGENDA 2030 in Politik und Wirtschaft noch nicht jeder erkannt zu haben scheint.

Die Verwendung des Begriffes Nachhaltigkeit ist zum Teil haarsträubend und trägt zur Begriffsverwässerung bei. Allerlei Produkte, Dienstleistungen, politische Entscheidungen und Maßnahmen werden mit dem Adjektiv „nachhaltig" versehen, und damit Menschen in die Irre geführt, die guten Glaubens ihren Beitrag zu einer nachhaltigeren Welt leisten wollen.

Daher vier Punkte zum besseren Verständnis von Nachhaltigkeit/nachhaltiger Entwicklung:

1. Die Definition von Nachhaltigkeit:
   Nachhaltig ist eine Entwicklung, die den Bedürfnissen der heutigen Generation entspricht, ohne die Möglichkeiten künftiger Generationen zu gefährden, ihre eigenen Bedürfnisse zu befriedigen und ihren Lebensstil zu wählen (Brundtland-Report 1987).
2. Modelle zur Bewertung von Nachhaltigkeit:
   Das Triple-Bottom-Line-Modell. Das Triple-Bottom-Line-Modell (Abb. 1) zeigt anschaulich, wie die drei Aspekte der Nachhaltigkeit Umwelt (Planet), Gesellschaft (People) und Wirtschaft (Profit) zusammenwirken. In der Schnittmenge ist Nachhaltigkeit erreicht; sie kann unterschiedlich groß sein, je nach Betonung der einzelnen Aspekte. Die Bewertung von betrieblichen Strukturen, Prozessen, Entscheidungen und Maßnahmen erfolgt unter Betrachtung ihrer Wirkung auf diese drei Dimensionen

F. Brust (✉)
Klinikum Idar-Oberstein GmbH
Dr. Ottmar-Kohler-Str. 2, 55743 Idar-Oberstein, Deutschland
E-Mail: frank@hambejche.eu

© Springer-Verlag GmbH Deutschland, ein Teil von Springer Nature 2018   369
K. Keller und F. Lorenz (Hrsg.), *CSR im Gesundheitswesen*,
Management-Reihe Corporate Social Responsibility,
https://doi.org/10.1007/978-3-662-55937-6_21

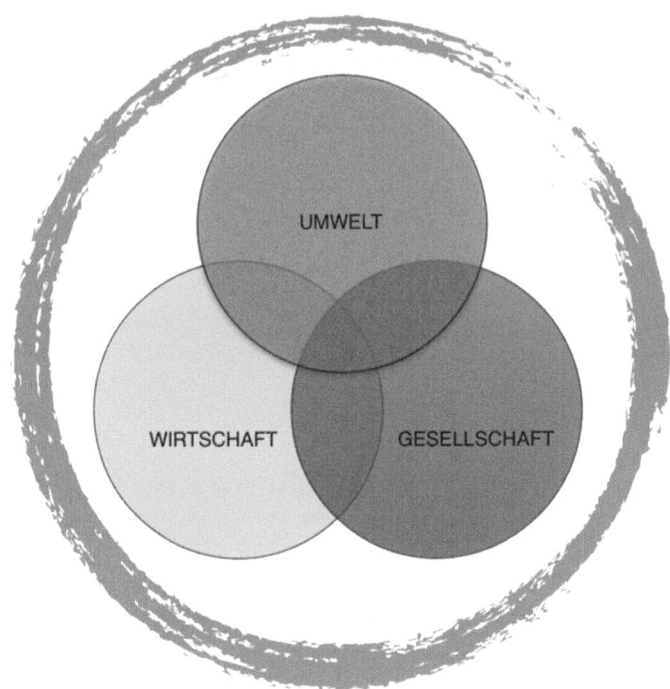

Abb. 1 Triple-Bottom-Line-Modell, ergänzt um Tragfähigkeit der Natur (grüner Kreis). (Quelle: Eigene Darstellung)

Das Orientoren-Modell (Leitwerttheorie von Hartmut Bossel). Das Orientoren-Modell dient der Bewertung der Funktionsfähigkeit bzw. der Überlebens- und Entwicklungsfähigkeit von Systemen. Sowohl die Überbetonung als auch die Außerachtlassung bestimmter Leitwerte (Orientoren) kann die Funktionsfähigkeit bzw. die Überlebens- und Entwicklungsfähigkeit gefährden (Abb. 2). Es ist differenzierter als das Triple-Bottom-Line-Modell.

3. Nachhaltige Unternehmensführung:
   Der gezielte Umbau betrieblicher Prozesse in nachhaltige ist wichtig und ein Schritt in Richtung nachhaltige Unternehmensführung. Dies geschieht auch zunehmend, betrifft jedoch häufig nur die Nebenprozesse. Erst wenn die Kernprozesse nachhaltig umgestaltet werden, entkommt man dem Verdacht des Greenwashings und kann sich nachhaltigen Wirtschaftens rühmen.

4. „Die Natur lässt nicht mit sich verhandeln" (Lesch 2016).
   Bei allen Entscheidungsmöglichkeiten, die uns wirtschaftlichen Erfolg versprechen und egal welches Modell wir unserer Bewertung zugrunde legen, es muss uns bewusst sein, dass die ökologische Tragfähigkeit der Rahmen unseres Handelns ist.

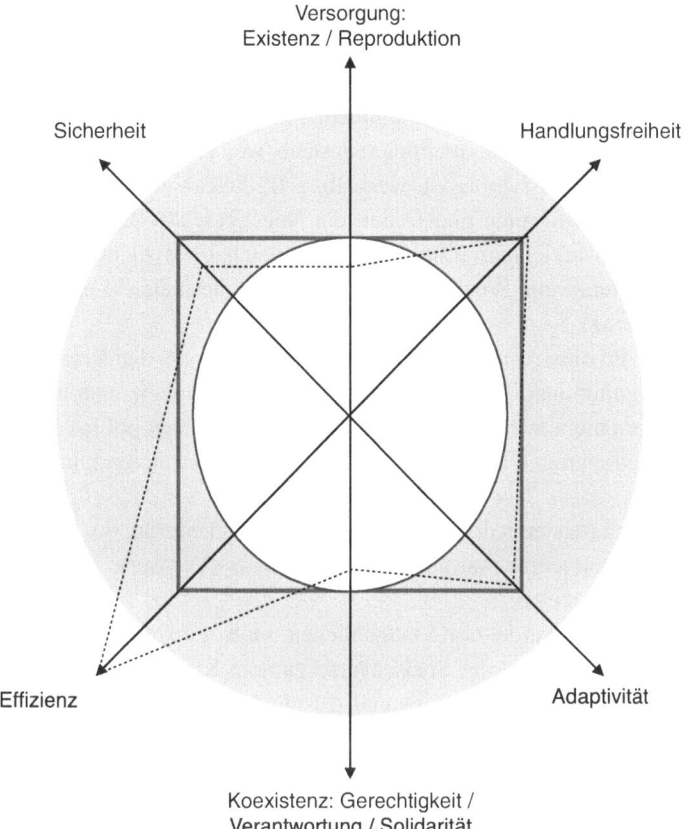

Abb. 2 Die Überbetonung des Leitwerts Effizienz führt zur Beeinträchtigung der Leitwerte Sicherheit, Versorgung und Koexistenz. (Quelle: Löhr 2009, S. 23)

2 Rückblick und Hintergrund

Bei Inbetriebnahme der hier behandelten Klinik (B-Klinikum genannt) im Jahr 1972 wurden in der mit Zerlege- und Schälbereich ausgestatteten Küche fast ausschließlich Rohwaren angeliefert und handwerklich zu Mahlzeiten verarbeitet.

Mit der Seehofer-Reform 20 Jahre später (Gesundheitsstrukturgesetz 1993) nahm die marktwirtschaftliche Orientierung in den Kliniken zu. Den Methoden der Industrie folgend, wurde nun an der Personalkostenschraube gedreht, was aber zunächst nur das sogenannte patientenferne Nebengeschäft betraf. Im Bereich der Krankenhausküche führte „sozialverträglicher" Personalabbau (keine Entlassungen, aber kein Ersatz bei Fluktuation) zur Verringerung der Produktionstiefe, denn die Wertschöpfung wurde durch Abbau der Produktionskapazitäten und den Zukauf von Konvenienzprodukten schleichend aus der Küche in die vorgelagerte Lieferkette verlagert (Leitwerte: Handlungsfreiheit, Koexistenz).[1] Der einst handwerkliche Küchenbetrieb drehte sich in Richtung Systemgastrono-mie; Auftauen, Auspacken und Aufwärmen bestimmen heute vielerorts den Küchenalltag.

Seit der Seehofer-Reform wurde aus betriebswirtschaftlichen (oder ideologischen?) Gründen in den meisten Kliniken das nichtmedizinische und -pflegerische Geschehen zum Nebengeschäft abqualifiziert (abqualifiziert deshalb, weil es aus Sicht einer ganzheitlichen Versorgung nicht nachvollziehbar ist, weshalb, z. B. die Ernährung der Patienten mit ih-ren verschiedenen Kostformen und Diäten ein Nebengeschäft darstellen soll, wie auch die Reinigung als unverzichtbaren Beitrag der Krankenhaus-Hygiene). Damit wurden Be-legschaften, Strukturen und Prozesse gespalten bzw. abgespalten (Leitwerte: Solidarität, Existenz, Koexistenz).

Es folgte eine Privatisierungs- und Ausgliederungswelle bei den Krankenhäusern, weil zum einen viele kommunale Träger sich den Betrieb der Kliniken unter marktwirtschaftli-chen Bedingungen nicht mehr zutrauten und zum anderen, weil politische Mandatsträger nicht für eine Schließung „ihrer" Klinik im Zuge einer Marktbereinigung verantwortlich sein wollten.

Des Nebengeschäftes entledigte man sich durch Ausgliederung in Tochtergesellschaf-ten oder durch Fremdvergabe an gewerbliche Anbieter (Leitwerte: Handlungsfähigkeit, Versorgung, Gerechtigkeit).

Die Kostensenkung wurde zum maßgeblichen, meist einzigen Kriterium bei der un-ternehmerischen Betrachtung der Speisenversorgung in Kliniken. Es steht allerdings der Nachweis aus, ob durch Fremdvergabe und Ausgliederung die Kosten für dieses Neben-geschäft tatsächlich gesenkt oder lediglich von den Personalkosten zu den Sachkosten verschoben wurden. (Leitwert: ökonomische Effizienz)

Anders geht auch!

Beispiel 1: Kinderkrankenhaus St. Marien in Landshut
Im Kinderkrankenhaus St. Marien in Landshut (Bayern) gab es 2007 einen Wechsel in der Küchenleitung. Der neue Küchenchef Gilbert Bielen stellte die Küche umgehend auf regionale Biolebensmittel in Bioland-Qualität um – eine Pionierleistung (Isar-TV 2017).

Im Rahmen der Bestrebungen die Küche im B-Klinikum auf re**BIO**nale Lebensmittel (regional und bio) umzustellen, bestand die Gelegenheit, Gilbert Bielen und einen seiner Zulieferer zu besuchen und Informationen einzuholen.

Als Koch aus der Biogastronomie kannte Bielen die Bio-Szene in Niederbayern und nutzte diese Kenntnisse engagiert zur Umstellung seiner Krankenhausküche auf re**BIO**nale Lebensmitteln und zwar zu wirtschaftlich attraktiven Konditionen. So ging er z. B. als verlässlicher Partner längerfristige Vertragsbindungen mit ortsansässigen Biobau-ern ein. Aus diesen Bindungen zogen beide Seite ihren Nutzen: die Biobauern konnten ihre Produktion besser planen und längerfristig kalkulieren und bekamen eine Abnahmegaran-tie. Die Klinik schaltete den Zwischenhandel aus und bekam eine Belieferungsgarantie.

---

[1] Hinweis: Die Deutung der Leitwerte im Folgenden erfolgt subjektiv, aus Sicht des Autors.

Marktschwankungen bei den Preisen wurden zugunsten sicherer Kalkulation durch faire Festpreise verhindert (Leitwerte: Sicherheit, Koexistenz, Adaptivität, Versorgung).

Einer der Biobauern mit hofeigener Metzgerei war zu dem Zeitpunkt, als Bielen ihn vertraglich mit einband, dabei sein Wurstsortiment einzuschränken; er befand sich in einer Abwärtsspirale. Die große Vielfalt seiner Auswahl und die relativ geringe Abnahme durch eine geringe Privatkundenzahl schlugen sich im Preis der Lebensmittel nieder. Die höheren Preise führten zu einem weiteren Kundenrückgang und zum Zwang die Produktionskosten weiter zu verringern. Dies geschah durch Verschmälerung des Sortimentes, was wegen geringerer Auswahl und Attraktivität des Angebotes wiederum zu einer Abnahme der Kundenzahl führte (Leitwerte: Sicherheit, Handlungsfreiheit, Effizienz).

Durch die Vertragsbeziehung mit der Kinderklinik, mit einer deutlich höheren Abnahmemenge, wurde diese Abwärtsspirale gestoppt und umgekehrt.

Beispiel 2: Ein Gemeinschaftskrankenhaus im Sauerland (Krankenhaus H)
Der Küchenchef im Krankenhaus H war bereits seit Mitte der 1970er-Jahre in Sachen re**BIO**nale Küche unterwegs. Seine Vorgaben durch die anthroposophische Klinikleitung: vollwertige Biokost für Patienten und Mitarbeitern zu einem möglichst günstigen Preis; also eine Qualitätsvorgabe als erste Priorität verbunden mit einer wirtschaftlichen Vorgabe als zweite.

Beim Besuch im Jahr 2005 hatte der Küchenchef einen Bio-Anteil von fast 70 % erreicht und bezog diese Lebensmittel von verbandszertifizierten Biobauern aus dem Umfeld der Klinik. Auch das Krankenhaus H wählte als kostensenkenden Ansatz u. a. den Direktbezug und langfristige Lieferbeziehungen mit den Biolandwirten der Region.

Backwaren wurden in einer demeterzertifizierten Bäckerei nach Rezepturen der Klinik hergestellt. Wöchentlich wurde ein Bio-Rind zerlegt angeliefert und komplett weiterverarbeitet. Außer vakuumierte Semmelknödel gab es einen geringen Vorrat an TK-Gemüse, um bei Bedarf rasch auf Nachbestellungen reagieren zu können, ansonsten waren keine Konvenienz-Produkte im Einsatz. Handwerklich hergestellt wurden z. B. Haferflocken, sie wurden selbst gequetscht, Mehl selbst gemahlen. Auch Soßen und Brühen für Suppen wurden aus Knochen angesetzt, Pudding, Desserts und Püree ohne Pulver oder Päckchen hergestellt, Schnitzel paniert, Rouladen gewickelt, Paprika gefüllt.

Die Kosten für den Wareneinsatz pro Patient und Tag lagen damals sogar 2 ct unter dem Vergleichswert im B-Klinikum. Beachtlich! (Leitwerte: Adaptivität, Sicherheit, Effizienz, Versorgung).

Beide Küchenchefs holten die Wertschöpfung zurück in ihre Küchen, weil sie fast komplett auf den Einsatz von Konvenienz-Produkten verzichteten. Beide sorgten durch einen stark regional geprägten Lebensmitteleinkauf dafür, dass die Wertschöpfung in der Region verblieb.

Die Umstellung einer Klinikküche im Hunsrück ist eine größere Herausforderung als in Niederbayern oder im Sauerland, das zeigt schon der Blick auf die landwirtschaftlichen Flächen. Eine schrittweise Umstellung mit einem Netzwerk aus regionalen Biobauern wäre aber möglich. Auch konventionelle Landwirte, die eine Umstellung auf Biolandwirtschaft interessiert, könnten eingebunden werden. Das zeigt das Beispiel der Lammsbräu-Brauerei in Neumarkt in der Oberpfalz. Dort hat die nachhaltige Umstellung der Produktion seit 1977 zahlreiche zuliefernde Landwirte zur Umstellung auf Biolandwirtschaft bewegt (Lammsbräu 2017).

Die genannten Beispiele bestärkten die Idee, die Umstellung der Küche im B-Klinikum in ähnlicher Weise anzugehen. Um es vorweg zu nehmen: bis heute ohne Erfolg.

ReBIOnale Küche – erster Ansatz im B-Klinikum Ausschlaggebend für das Projekt „reBIOnale Küche" waren die eingangs beschriebenen Auswirkungen der Seehofer-Reform auf die sozialen und die Arbeitsbedingungen für Beschäftigte in den Nebenbereichen, in unserm Beispiel der Kücheim B-Klinikum, und nicht etwa der ökologische Aspekt der Nachhaltigkeit (NH-Aspekt: Gesellschaft).

Denn neben den einschlägig bekannten positiven ökologischen Wirkungen der Biolandwirtschaft für Klima-, Landschafts-, Umwelt-, Tier-, Boden- und Gewässerschutz (NH-Aspekt: Umwelt) (Naturland 2017), kann die Umstellung auf reBIOnale Lebensmittel auch zur Arbeitsplatzsicherung beitragen; sowohl innerbetrieblich vor Ort als auch in der regionalen Landwirtschaft. Schließlich stellt die Fremdvergabe einer Küche mit einer größeren Produktionstiefe und Wertschöpfung als üblich, hohem Qualitätsanspruch, einen positiven Beitrag zum Image einer Klinik und Einbindung in regionale Kreisläufe, eine größere Hürde dar, als bei einer konventionellen Großküche (Leitwerte: Sicherheit, Koexistenz).

Im B-Klinikum belaufen sich die Warenkosten auf ca. 1.200.000 € pro Jahr (Datenerhebung des Autors). Der Löwenanteil dieses Geldes fließt, wie weiter vorne schon beschrieben und wie in fast allen Kliniken in der BRD, an Lebensmittelgroßhändler mit internationalem Einkauf, und zwar überwiegend für konventionelle Konvenienz-Produkte. Nur zu einem geringen Teil werden Waren von ortsansässigen Zulieferern, z. B. Bäcker und Metzger, bezogen.

Der Löwenanteil dieses Geld, das überwiegend mit Gesundheitsdienstleistungen für Bürger aus der Region erwirtschaftet wurde, fließt in den großen globalen Geldkreislauf, ist damit der Region und der regionalen Wertschöpfung entzogen. Dies wieder umzukehren, war ein weiterer ausschlaggebender Aspekt. Denn im Kerngeschäft firmiert unsere Klinik immer noch als gemeinnützige GmbH; ein deutlicher Steuervorteil, der dem Gemeinwohl zugutekommen soll. Hierzu § 52 der Abgabenordnung:

> Eine Körperschaft verfolgt gemeinnützige Zwecke, wenn ihre Tätigkeit darauf gerichtet ist, die Allgemeinheit auf materiellem, geistigem oder sittlichem Gebiet selbstlos zu fördern.

Nachdem nun Anfang 2005 die Idee der Umstellung der Küche im B-Klinikum auf reBIOnale Lebensmittel im Raum stand, wurden Kliniken gesucht, in denen dies bereits geschehen war. Nach eingehender Recherche wurden die Küchen der beiden oben erwähnten Kliniken besichtigt, um von deren Erfahrungen lernen zu können.

Mit den Informationen aus den beiden Besichtigungen begannen im B-Klinikum die Beratungen zur Umstellung. Folgende Optionen wurden in Betracht gezogen:

1. Umstellung einzelner Produkte/Lebensmittel,
2. Umstellung ausgewählter Produktgruppen,
3. Umstellung einzelner Komponenten,
4. Vollumstellung.

Die Optionen 1 bis 3 können als Teilumstellung auf Dauer oder als beginnender schrittweiser Einstieg in die Vollumstellung gewählt werden. Option 4 geht nur mit einer hochqualifizierten, hochmotivierten und hochengagierten Küchenleitung mit einer gehörigen Portion Pioniergeist, die von ihrer Betriebsleitung unterstützt wird; sie kam im B-Klinikum von vornehrein nicht in Betracht.

Voraussetzung für alle vier Optionen ist die Vermeidung signifikanter Mehrkosten, die theoretisch durch die teureren Bio-Lebensmittel entstehen könnten. An dieser Stelle ist allerdings deutlich darauf hinzuweisen, dass Bio-Lebensmittel, sofern es sich um verbandszertifizierte Lebensmittel handelt (z. B. Demeter, Bioland, Naturland), zwar hochpreisiger aber auch schlicht wertvoller sind! Externe Effekte bzw. soziale oder ökologische Kosten sind größtenteils eingepreist und somit nicht von der Allgemeinheit zu tragen; es sind die wahren Preise:

> Externe Effekte (externe Kosten, soziale Kosten) entstehen dann, wenn die Preise für die betreffenden Güter falsch gesetzt sind. Weil eben die Kosten auf die Allgemeinheit abgewälzt werden, sind die Preise zu tief. Somit wird eine größere Menge umweltschädlicher Güter produziert, als dies bei einer verursachungsgerechten Belastung der Fall wäre. Beispielsweise ist der Straßengüterverkehr gegenüber dem Schienengüterverkehr „zu billig". Er verursacht Schäden, welche nicht der Verursacher zu tragen hat, sondern auf die Allgemeinheit abgewälzt werden (Löhr 1997).

Ausgehend von der Annahme, dass im Verpflegungsprozess im B-Klinikum irgendwo zwischen Bestellung und „Schweinekübel" wirtschaftliche Reserven zu finden seien, um eine der Optionen 1 bis 3 kostenneutral umsetzen zu können, wurde diskutiert, zunächst den gesamten Verpflegungsprozess eingehend zu untersuchen. Die Annahme gründete auf einem Abgleich der Anzahl der bestellten Essen mit der Anzahl der belegten Betten, der schon im Vorfeld der Umstellungsversuche regelmäßig durchgeführt wurde. Hieraus ließ sich ableiten, dass signifikant mehr Essen bestellt wurden, als für die Verpflegung der Patienten erforderlich waren. Auch der Vergleich der Abfalldaten mit denen der Küche des Krankenhaus Hergab ein deutliches wirtschaftliches Potenzial; und das, obwohl im Krankenhaus H fast ausschließlich Rohprodukte vorverarbeitet wurden, was für die Küche des B-Klinikums in der vorgelagerten Lieferkette geschah und noch heute geschieht.

Mit eigenen Ressourcen war diese Analyse nicht zu leisten, also erging die Empfehlung die Analyse professionell extern erstellen zu lassen, was aber aus Kostengründen keine Zustimmung fand. Einer Teilbetrachtung im Rahmen einer studentischen Hausarbeit wurde zugestimmt; Kosten entstanden dabei keine. Leider war im zeitlichen Rahmen dieser

Arbeit nur die Betrachtung eines kleinen Ausschnittes des Gesamtprozesses möglich und das Ergebnis brachte darüber hinaus zu wenig konkreten Aufschluss über wirtschaftliches Potenzial. Dieser systematische Ansatz war gescheitert.

Ohne eine Analyse wurden in einem ersten Schritt Milchprodukte (Option 2) von einer regionalen Biomolkerei bezogen und in der Cafeteria angeboten. Diese ersetzten nicht das Angebot an konventionellen Milchprodukten sondern wurden parallel angeboten und am Ende der Selbstbedienungstheke fast unscheinbar platziert.

Dieser Versuch wurde eingestellt, weil „das Angebot nicht angenommen wurde" (so die Begründung des Leiters Einkauf).

Ein Mitarbeiter im B-Klinikum ist Nebenerwerbsbiolandwirt und züchtet Rinder. Von seinem Hof wurde ein grob zerlegtes Rind bestellt und bezogen (Option 1). Es handelte sich um ein älteres Tier, das gegenüber den üblicherweise verwendeten jüngeren Rindern einen Kostenvorteil auswies.

Bei der Vorbereitung stellte sich heraus, dass die relativ großen Stücke für die Verarbeitung in den vorhandenen Strukturen und mit vorhandenen Ressourcen zu aufwendig waren. Auch seien bei der Zubereitung 40 % Garverluste bei einem Bratenstück beobachtet worden; üblicherweise wirken in der Biogastronomie deutlich geringere Garverluste von Biofleisch (gegenüber Fleisch von Tieren aus konventioneller Aufzucht) kostenkompensierend. Ein weiterer Kritikpunkt war, dass einige Stücke nicht ausreichend zart gewesen seien. Auch diese Option wurde daher nicht weiterverfolgt.

Der Bezug von regionalen Biokartoffeln (Option 1) war ein komplexeres Thema.

In Verhandlung mit einem regionalen Biolandwirt und Kartoffelanbauer konnte ein wirtschaftlich vertretbarer Kartoffelpreis verhandelt werden, und zwar mit einer Belieferungsgarantie nebst Ersatzbelieferung bei witterungsbedingten Ernteausfällen. Letztendlich verhinderte die Tatsache, dass die Kartoffeln eine Schale hatten, von der sie in der Regel vor der Zubereitung zu befreien sind, die Kooperation.

Doch zuvor gab es einen vielversprechenden Ansatz für eine Kooperation zwischen dem B-Klinikum, dem Umweltministerium RLP, regionalen Biobauern und einer Einrichtung für behinderte Menschen. Es wurde der Gedanke verfolgt, gemeinsam einen Schälbetrieb aufzubauen, der für die Küche des B-Klinikums, Einrichtungen der Gemeinschaftsverpflegung, die regionale Gastronomie und Privatkunden re**BIO**nale Lebensmittel vorverarbeitet, das heißt schält und in Scheiben, Würfel oder Stifte schnippelt.

Aus der Besichtigung in einem erfolgreich arbeitenden Schälbetrieb in Hessen, ergab sich die Anregung dessen Geschäfts-Modell zu übertragen.

Hierzu sollte die Einrichtung für behinderte Menschen die erforderlichen Investitionen tätigen und mit einer Außenarbeitsgruppe die Schälarbeit übernehmen, das B-Klinikum als ein langfristiger Großabnehmer weitere Abnehmer organisieren, um mit ihnen gemeinsam die wirtschaftliche Basis zu bilden. Das Landwirtschaftsministerium RLP wollte das Projekt fördern. Die Logistik war dem bereits bestehenden Vertriebszweig des Biobauern, dessen Hauslieferservice, zugedacht. Abhängig vom Erfolg der Kartoffelverarbeitung, sollte die Erweiterung des Schälbetriebes um Wurzelgemüse, Zwiebeln usw. ins Auge gefasst werden.

Das Projekt scheiterte schon im Ansatz, weil die Geschäftsführung der Einrichtung für behinderte Menschen Teile des Geländes mit dem angedachten Schälstandort lukrativ verkaufen konnte (Leitwert: Effizienz).

Die Anregung den Schälstandort alternativ am B-Klinikum anzusiedeln, wurde von der Klinikleitung wegen der erforderlichen Investitionen und mit der Begründung verworfen, das Klinikum habe den Auftrag, Patienten zu versorgen und nicht Kartoffeln zu schälen (Problematik Kern- und Nebengeschäft).

Bis heute besteht im B-Klinikum ein Qualitätszirkel „Gesunde Küche" der seit 2011 die Zielvorgabe hat, kostenneutral einen Grad von zehn Prozent des Warenbudgets der Küche (ca. 120.000 €) für regionale Biolebensmittel zu erreichen. Zielerreichung: ca. 1 % war der Bio-Anteil in 2015, davon ca. 200 € re**BIO**naler Anteil für Biobrötchen in der Cafeteria, die von einem lokalen Bäcker bezogen werden.

Re**bio**nal©[2] hingegen, scheint die Fortsetzung des Erfolgsmodells der Küche am Krankenhaus H zu sein. Aus der Küche wurde ein Caterer und Dienstleister rund um das Thema „Verwendung regionaler Bioprodukte in der Gemeinschaftsverpflegung" entwickelt, der eine neu erbaute Großküche am Standort des Krankenhaus H betreibt, das Krankenhaus selbst und diverse andere Einrichtungen der Gemeinschaftsverpflegung mit Essen beliefert und umstellungswillige Einrichtungen berät und begleitet.

Entwicklungspotenzial ist reichlich vorhanden. Allein die Krankenhäuser in der BRD sind zu etwa 60 % in öffentlicher oder freigemeinnütziger Trägerschaft (Destatis 2016), mit dem Auftrag, das Gemeinwohl selbstlos zu fördern. Im Jahr 2015 hatten die ca. 2000 Kliniken in Deutschland zusammen 141 Mio. Belegungstage (Destatis 2016). Das dürfte bei drei Mahlzeiten am Tag in etwa die dreifache Anzahl an Essensportionen bedeuten, die in diesen Kliniken den Patienten verabreicht wurden. Altenheime, Reha-Einrichtungen und alle anderen Einrichtungen der Gemeinschaftsverpflegung, z. B. Mensen und Werkskantinen, kommen hinzu.

3 Fazit

Die beiden Beispiele Kinderklinik St. Marien Landshut und Krankenhaus H zeigen, dass in Krankenhäusern nachhaltige Lieferketten aufgebaut und langfristig gesichert werden können. Die gescheiterten Versuche im B-Klinikum zeigen die Hürden, an denen nachhaltige Lieferketten scheitern können.

Es gibt keinen Grund dafür warum eine Umstellung auf re**BIO**nale Lebensmittel in einer Klinikküche nicht gelingen sollte, außer: Es ist nicht gewollt.

Das Erfolgsrezept ist also: Der Wille es zu tun!

Das Potenzial für nachhaltige Regionalentwicklung durch die Verwendung regionaler Bioprodukte anzustoßen, ist vorhanden.

---

[2] www.rebional.de.

Literatur

Destatis (2016) https://www.destatis.de/DE/PresseService/Presse/Pressemitteilungen/2016/08/
    PD16_283_231.html. Zugegriffen: 29. Nov. 2017
https://www.bgl.de/xaver/bgbl/start.xav?start=%2F%2F*[%49attr_id%3D%27bgbl192s2266.
    pdf%27]#__bgbl__%2F%2F*%5B40attr_id%3D%27bgbl192s2266.pdf%27%5D__
    1520363545726
http://www.lammsbraeu.de/ueber-uns/geschichte?hsCtaTracking=a9114e16-9561-4725-872f-
    41f00d071daf%7C88bc4504-f38a-4e04-bd02-d05b68490374
Isar-TV (2017) Bielen-Portait. https://www.youtube.com/watch?v=_eMK4HSUZxs. Zugegriffen:
    26. März 2017
Lesch H (2016) Keynote, Internationale Agrarkonferenz „Hunger auf Veränderung", Bünd-
    nis 90/Die Grünen. https://www.youtube.com/watch?time_continue=9&v=0r39TopOe4I. Zuge-
    griffen: 29. Nov. 2017
Löhr D (1997) Zeitschrift für Sozialökonomie, 113. Folge, Seite 13, Juli 1997, Rettberg-Gauke
    Verlags- und Medienservice
Löhr D (2009) Die Plünderung der Erde. Verlag für Sozialökonomie, Gauke, Kiel
Naturland – Verband für ökologischen Landbau (2017) https://issuu.com/naturland/docs/2013_15_
    gruende_web/20. Zugegriffen: 27. März 2017

Weiterführende Literatur

Gesetze im Internet (1992) https://www.gesetze-im-internet.de/gsg/GSG.pdf. Zugegriffen: 29. Nov.
    2017
Lexikon der Nachhaltigkeit (1987) Brundtland Bericht. https://www.nachhaltigkeit.info/artikel/
    brundtland_report_563.htm. Zugegriffen: 29. Nov. 2017
Marckmann G (2013) 56. Jahrestagung des Verbandes der Krankenhausdirektoren Deutschlands
    e. V. Ökonomisierung der Medizin. http://www.egt.med.uni-muenchen.de/personen/leitung/
    marckmann/materialien/vortragsfolien/dresden-26_04_13.pdf. Zugegriffen: 29. Nov. 2017
Neumarkter Lammsbräu (2017) https://www.lammsbraeu-biobier.de/verantwortung/unsere-bio-
    bauern/. Zugegriffen: 25. März 2017
Rebional (2017) http://www.rebional.de/angebote/. Zugegriffen: 26. März 2017

Frank Brust Jahrgang 1962, Mitglied im Aufsichtsrat (seit 1993),
Betriebsrats-Vorsitzender/stellv. BR-Vorsitzender seit 1993 und in
dieser Funktion von August 2012 bis März 2014 Beauftragter für
Nachhaltige Entwicklung.

Vereinfachte Ausbildung für Menschen mit Lernschwierigkeiten als Beispiel für Soziales Handeln mit Verantwortung im Gesundheitswesen

Roderich Dörner und Judith Vitek

1 Ausbildung

NRW-weit agierende Träger von Senioren- und Krankenhäusern baten 2014 aufgrund des fortschreitenden Fachkräftemangels um Unterstützung, Personal für ihre Stützprozesse zu qualifizieren, damit sie künftigen Herausforderungen in ihren Einrichtungen begegnen können.

Daraufhin wurde, initiiert vom Kölner Pfarrer Franz Meurer, dem Alexianer-Klinik Psychiater Dr. Manfred Lütz und dem Kabarettisten Jürgen Becker in Zusammenarbeit mit IN VIA Köln e. V. die Ausbildung zum Fachpraktiker Service in sozialen Einrichtungen (im Folgenden: FP SiSE) entwickelt und gemeinsam mit der IHK Köln, dem Landschaftsverband Rheinland und der Agentur für Arbeit Köln durchgesetzt. Die Ausbildung nach § 66 BBiG bildet junge Menschen mit Lernschwierigkeiten in sozialen Einrichtungen, hauptsächlich in Senioren- und Krankenhäusern, zur Unterstützung von Serviceprozessen im Pflegealltag, aus. Diese kooperative und theoriereduzierte duale Ausbildung wird als erste Ausbildung deutschlandweit nicht in Ausbildungszentren durchgeführt, sondern mit einem IHK Ausbildungsvertrag direkt in den Betrieben, in welchen Auszubildende gebraucht werden und anschließend beschäftigt werden sollen.

Dem Konzept liegt die Maxime zugrunde, dass Förderschüler nicht mehr in einem geschaffenen Schonraum ausgebildet werden sollen, sondern bereits in der Ausbildung die reale Arbeitswelt kennenlernen und somit eine langfristige Zukunftsperspektive für eine sozialversicherungspflichtige Beschäftigung haben. Der FP SiSE wird im Anschluss an

R. Dörner · J. Vitek (✉)
IN VIA Kath. Verband für Mädchen- und Frauensozialarbeit Köln e.V.
Stolzestraße 1a, 50674 Köln, Deutschland
E-Mail: roderich.doerner@invia-koeln.de

J. Vitek
E-Mail: judith.vitek@invia-koeln.de

© Springer-Verlag GmbH Deutschland, ein Teil von Springer Nature 2018   379
K. Keller und F. Lorenz (Hrsg.), *CSR im Gesundheitswesen*,
Management-Reihe Corporate Social Responsibility,
https://doi.org/10.1007/978-3-662-55937-6_22

die zweijährige Ausbildung bei erfolgreichem Verlauf vom Ausbildungsbetrieb für mindestens ein weiteres Jahr weiterbeschäftigt.

In Köln und Bonn wird diese Ausbildung für junge Menschen mit Lernschwierigkeiten in Unternehmen des allgemeinen Arbeitsmarktes bereits angeboten. Die Standorte Koblenz und Düsseldorf befinden sich zurzeit im Aufbau, dort wird die Ausbildung im September 2017 starten.

Der Bedarf des Gesundheitswesens an FP SiSE ist nicht nur ein bestehender – darüber hinaus ist durch den demografischen Wandel eine weitere Verschärfung des Fachkräftemangels im Pflegebereich zu erwarten.

Auch in der Arbeitsmarktberichterstattung zur Fachkräfteengpassanalyse der Bundesagentur für Arbeit vom Juli 2016 zeigt sich eine weitere Zuspitzung der Fachkräftesituation im bundesdeutschen Gesamtüberblick. Gemeldete Stellen für examinierte Altenpflegefachkräfte sowie Altenpflegespezialisten sind aktuell durchschnittlich 162 Tage vakant. Das sind 71 % mehr als die durchschnittliche Vakanzzeit über alle Berufe (vgl. Bundesagentur für Arbeit 2016). Die benannten Vakanzzeiten bestätigen sich auch in der Analyse der Befragungen der Einrichtungen in NRW. Sie weisen überwiegend aus, dass fachqualifiziertes Personal erst im Zeitraum von bis zu sechs Monaten ersetzt werden kann. In der ambulanten Pflege stellt sich neben einem höheren Personalbedarf besonders problematisch dar, dass eine Personalauswahl kaum noch erfolgen kann, da in der Mehrheit der Dienste die Anzahl der Bewerbungen nicht höher liegt als die Anzahl der offenen Stellen. Hier stehen Mitarbeiterbindung und Mitarbeiterqualifizierung im Vordergrund. Die Einrichtungen unternehmen vielfältige Anstrengungen, um dem Fachkräfteengpass zu begegnen. Als eine wirksame Maßnahme kann benannt werden, dass sowohl in den ambulanten Diensten als auch bei den teil-/vollstationären Einrichtungen Stellenpotenziale ausgeweitet wurden und niedrigere Formen der Teilzeitbeschäftigung in höhergradige Beschäftigung umgewandelt wurden (vgl. Ministerium für Gesundheit, Emanzipation, Pflege und Alter des Landes Nordrhein-Westfalen 2016).

Als Reaktion hierauf und aus wirtschaftlichen Aspekten ist außerdem eine weitere Ausdifferenzierung von reiner Pflegetätigkeit und Serviceangeboten notwendig. An dieser Stelle werden die FP SiSE als Entlastung des Pflegepersonals eingesetzt. Bereits kooperierende Seniorenhäuser verändern aktuell ihre Struktur dahingehend, dass mehr pflegefremde Tätigkeiten in den Servicebereich übergeben werden. Auch Krankenhäuser in Ballungszentren signalisieren, dass sie Stationshilfen beschäftigen wollen, jedoch das entsprechende Personal dafür nicht zu finden ist.

Die FP SiSE gleichen aber nicht nur den Fachkräftemangel in sozialen Einrichtungen aus. Zusätzlich werten die Förder- und Hauptschüler mit Lernschwierigkeiten durch ihre guten sozialen Fähigkeiten auch den Service und das Betriebsklima durch mehr Ansprache und Zuwendung auf. Im Arbeitsalltag haben die Jugendlichen insbesondere für Tätigkeiten den Raum, wo dem Fachpersonal die Zeit fehlt. Hierzu zählen beispielsweise Aktivitäten wie Spazierengehen, aber auch mit den Menschen reden, sich geduldig austauschen und zuwenden.

Das Ergebnis des Inklusionsbarometers der Aktion Mensch von 2015 zeigte, dass Menschen mit Lernschwierigkeiten oder einer geistigen Behinderung kaum Chancen auf dem ersten Arbeitsmarkt haben. Der überwiegende Teil arbeitet auf dem zweiten Arbeitsmarkt und dort vorrangig in Werkstätten für Menschen mit Behinderung (vgl. Aktion Mensch e. V. 2015). Auch Menschen mit einer psychischen Behinderung haben es deutlich schwerer, auf dem ersten Arbeitsmarkt zu arbeiten. Eine Studie im Auftrag der Antidiskriminierungsstelle des Bundes aus dem Jahr 2013 kommt ebenfalls zu dem Ergebnis, dass Menschen mit körperlichen Einschränkungen die besten Chancen auf eine Inklusion in der Arbeitswelt haben, Menschen mit einer psychischen und/oder geistigen Behinderung dagegen die geringsten Chancen (vgl. Kardorff et al. 2013).

Auf diese Problematik reagiert das Angebot des FP SiSE mit der theoriereduzierten und pädagogisch betreuten Ausbildung. Damit Jugendliche mit Lernschwierigkeiten die Ausbildung dabei erfolgreich abschließen können, ist eine weitere Förderung der Jugendlichen während der Ausbildung und Unterstützung der Unternehmen notwendig. Trotz der Berücksichtigung individueller Einschränkungen ist die Ausbildung eine betriebliche Ausbildung und kein Schonraum. Unter Berücksichtigung der Anforderungen des regionalen Ausbildungs- und Arbeitsmarktes werden die Jugendlichen auf den Übergang in den ersten Arbeitsmarkt durch die Ausbildungsbetriebe vorbereitet. Diesen Unterstützungsbedarf der Jugendlichen in Ausbildung erfüllt IN VIA Köln. Während der Ausbildung werden die Jugendlichen sozialpädagogisch betreut. Das Jobcoaching erfolgt durch geschulte IN VIA-Mitarbeiter, welche in vielfältigen Bereichen und Situationen als Schnittstelle zwischen den Institutionen allen Beteiligten zur Seite stehen.

Zentraler Bestandteil des Jobcoachings ist das gemeinsame Arbeiten mit den Auszubildenden im Betrieb. Die Jobcoaches von IN VIA unterstützen Auszubildende und Betriebe bei der Vermittlung und Umsetzung von Ausbildungsinhalten. Außerdem erarbeiten sie in schwierigen Situationen Lösungswege mit und für die Auszubildenden. Wesentlichstes Ziel der Mitarbeit vor Ort ist, alle Tätigkeiten der Stellenbeschreibung einzuüben und nicht der Anwalt der Auszubildenden zu werden und Schonräume im Unternehmen zu erzeugen. Auch die Kommunikation mit direkten Vorgesetzten ermöglicht es den Sozialpädagogen von IN VIA, den Stand des Auszubildenden und die Anforderungen im Betrieb einzuschätzen und darauf adäquat, angepasst an die Betriebsbedarfe, zu reagieren und die verschiedenen Akteure zu unterstützen. Das Jobcoaching beinhaltet darüber hinaus Aktivitäten wie beispielsweise Elterngespräche, Reflexionsrunden in der Berufsschule, Begleitung bei Antragsstellungen und weitere Unterstützungen bei Arztbesuchen oder Behördengängen.

Somit ist eine optimale Förderung während der Ausbildung gewährleistet: Auf auftretende Herausforderungen, Schwierigkeiten oder Fragen kann adäquat reagiert werden und die Jobcoaches begleiten alle Akteure auf dem Weg zu einer erfolgreichen Lösung.

Ziel des Modells der theoriereduzierten, begleiteten Ausbildung zum FP SiSE ist, eine langfristige berufliche Perspektive für junge Menschen mit Lernschwierigkeiten zu schaffen und den Arbeitgebern das Potenzial dieser Jugendlichen zu eröffnen.

2 Fakten und Ergebnisse

Am Standort Köln ist 2014 die Ausbildung zum FP SiSE mit dreizehn Auszubildenden in zehn Kooperationsbetrieben erfolgreich gestartet. Von ihnen wurden 2016 elf zur Prüfung zugelassen, welche sie erfolgreich absolvierten. Zehn erhielten daraufhin befristete und unbefristete Verträge in ihren Ausbildungsbetrieben.

Aktuell sind aus den Ausbildungsjahren 2015 und 2016 über 50 Auszubildende an den Standorten Köln und Bonn in 40 Kooperationsbetrieben in Ausbildung. Die ausbildenden Kooperationsbetriebe sind neben Kranken- und Seniorenhäusern durch die Bereiche von Demenzwohngemeinschaften und ambulanten Pflegediensten erweitert worden.

Im Jahr 2017 werden an den Standorten Köln, Bonn, Düsseldorf und Koblenz voraussichtlich 50 Jugendliche mit Lernschwierigkeiten in die neue Ausbildung zum FP SiSE starten.

Der Ausbildungsgang wird im Folgenden anhand eines Praxisbeispiels verdeutlicht. Einer der Absolventen des ersten Ausbildungsganges in Köln ist Frederik[1]. Sein Werdegang zeigt sehr anschaulich, wie die gemeinsame Arbeit von verschiedenen Akteuren zu einem fruchtbaren Ergebnis führte.

2.1 Der Auszubildende Frederik

Im Sommer 2016 hat Frederik die Ausbildung zum FP SiSE in einem Seniorenzentrum der Katharina Kasper ViaSalus GmbH, dem Johannesstift in Brühl, nach 2 Jahren erfolgreich abgeschlossen – und damit endete ein erfolgreiches Kapitel auf dem Weg in den Beruf.

Frederik bewarb sich 2014 zum Start der Ausbildung bei IN VIA Köln. Daraufhin wurden Frederik und seine Familie zu einem Kennlerngespräch zu IN VIA Köln eingeladen. Er hat eine schwere Behinderung, einen *Hydrozephalus* (umgangssprachlich „Wasserkopf"). Seine Chancen auf dem allgemeinen Arbeitsmarkt sind dadurch grundsätzlich als sehr gering einzuschätzen. Innerhalb einer Werkstatt für Menschen mit Behinderung hätte er qualifiziert werden können, doch dies wollte er auf keinen Fall. Sein enormer Ehrgeiz und ein hoher Anspruch an sich selbst ließen ihn das Ziel verfolgen, sich auf dem ersten Arbeitsmarkt zu etablieren. Er zeigte sich im Gespräch freundlich und interessiert, jedoch noch etwas unschlüssig im Hinblick auf seine berufliche Zukunft. Im Vorfeld hatte er bereits eine Ausbildung nicht abschließen können, daher schien es ihm besonders wichtig zu sein, diese zweite Ausbildung in jedem Falle zu bestehen. Der IN VIA Köln vermittelte Frederik daraufhin an den Kooperationsbetrieb Johannesstift in Brühl, wo er im September 2014 in die Ausbildung zum FP SiSE startete.

Sowohl im Ausbildungsbetrieb als auch während des Stützunterrichtes und der Reflektionszeiten in der Berufsschule ging er meist außerordentlich kritisch mit sich und seinen Arbeitsergebnissen um. Der Druck, dem er sich damit aussetzte, beeinträchtige seine Leis-

---

[1] Name geändert.

tungen allerdings so sehr, dass die Jobcoaches und der Betrieb ernsthaft über Alternativen zur Ausbildung nachdenken mussten.

Die Überzeugung, dass die Ausbildung der richtige Weg für Frederik sei und sein persönlicher Einsatz und Ehrgeiz überzeugten allerdings, nach anderen Lösungswegen zu suchen. Die Entwicklung erforderte viel Einsatz von ihm, Frau Coban (Jobcoach, IN VIA Köln) und seiner Anleiterin im Betrieb, um gemeinsam einen Weg zu finden – und vor allem, ihn auf ebendiesem zu stärken und dauerhaft zu festigen.

Dies geschah unter anderem durch viele Reflexionsgespräche, die Erstellung von Ablaufplänen mit Fotos und ein insgesamt intensives Jobcoaching. Weiterhin beschritt Frederik diesen Weg durch harte Arbeit an sich selbst – unterstützt durch den Jobcoach – unter anderem mit der Auseinandersetzung „Akzeptanz der eigenen Behinderung" am Arbeitsplatz. Das Unternehmen hat ihn in verschiedenen Abteilungen erprobt, ist dabei oft verzweifelt und schließlich wurde eine Nische für Frederik in der Tagespflege gefunden. Dort ist er mit seiner einzigartigen Empathiefähigkeit für die Bewohner und auch das Kollegium eine große Bereicherung.

Im Herbst 2016, dem Jahr der Anschlussbeschäftigung, bot IN VIA Köln Frederik an, an der Qualifikation zur Betreuungskraft nach § 53c (ehemals § 87b) teilzunehmen. Diesem Angebot kam Frederik nach und erwarb die Zusatzqualifikation mit Erfolg. In diesen Wochen entwickelte sich Frederik weiter und zeigte ein höheres Selbstvertrauen, hohe Motivation und Zuversicht.

Er konnte von IN VIA Köln im Jahr der Anschlussbeschäftigung im Rahmen des Jobcoachings weiterbegleitet werden, um ihm bei den alltäglichen Fragen des (Arbeits-)Lebens weiterhin zur Seite stehen zu können.

Seinen Nischenarbeitsplatz erfüllt Frederik auch heute noch zur beidseitigen hohen Zufriedenheit. Er kann seine Stärken, z. B. seine Geduld und sein Engagement, gewinnbringend für das Unternehmen einbringen, aber auch die Akzeptanz der eigenen Grenzen führte hier zum Erfolg. Natürlich benötigt er noch Entwicklungszeit, um leistungsfähiger zu werden. Instrumente der Agentur für Arbeit und des Integrationsamtes werden hierfür bei vorhandenem Schwerbehindertenausweis zur Verfügung gestellt, um behinderungsbedingte Leistungsminderungen auszugleichen. Das Vorhandensein eines Schwerbehindertenausweises erhöht somit die Chancen der Inklusion in den allgemeinen Arbeitsmarkt.

Die Jobcoaches von IN VIA Köln beschreiten viele Wege aus der Sicht eines zukünftigen Arbeitgebers, doch ist es eines der wichtigsten Ziele, die Auszubildenden nach ihren ganz persönlichen Fähigkeiten und ihrer aktuellen Situation bestmöglich an die Strukturen der Betriebe anzupassen – um ihnen eine dauerhafte Perspektive in der Arbeitswelt zu eröffnen. Insgesamt ist Frederiks beruflicher Werdegang ein schönes Beispiel dafür, dass auch die gemeinsame Bewältigung von schwierigen Momenten dazu verhelfen kann, eine positive und konstruktive Arbeitsweise zu entwickeln und ein vertrauensvolles Miteinander zu erleben.

Da die Teilnehmerorientierung IN VIA Köln sehr am Herzen liegt, wurde anlässlich eines Ehemaligentreffs der Auszubildenden bei IN VIA in Köln ein Interview mit Frederik geführt. So wird auch seine rückblickende Meinung und Ansicht über die Ausbildung deutlich.

2.2   Interview mit Frederik

Wie bist Du überhaupt auf die Fachpraktikerausbildung von IN VIA aufmerksam geworden?

Meine Eltern und ich sind durch einen Zeitungsartikel auf die Ausbildung aufmerksam geworden und haben in einem Gespräch mit Hr. Dörner die Einsatzmöglichkeiten und die Aussichten im Anschluss abgeklärt. Ich habe mich für die Ausbildung entschieden, weil sie im sozialen Bereich ist und weil ich im Betrieb die Aussicht auf Weiterbeschäftigung hatte und mir nicht nach 2 Jahren einen neuen Betrieb suchen muss.

In welchem Bereich warst Du tätig und wo wurdest Du im Betrieb genau eingesetzt? Wie sah ein Arbeitsalltag bei Dir aus, oder war jeder Tag gleich?

Während der Ausbildung war ich in Brühl im Seniorenzentrum Johannesstift tätig, im Dechant Güttler-Haus und Pfarrer-Paul-Schiffrath-Haus. Im 1. Ausbildungsjahr zuerst im Service, danach in der Küche und in der Wäscherei. Bis zur Zwischenprüfung hatte ich einmal alle Bereiche durchlaufen. Im Service auf dem Wohnbereich habe ich z. B. morgens das Frühstück vorbereitet und im Anschluss im Pavillon (das ist der Speisesaal) die Mahlzeiten oder Obstteller. Während des Einsatzes in der Küche habe ich z. B. die Mahlzeiten portioniert und in die Wärmewagen sortiert oder das Geschirr auf die Wagen der einzelnen Wohnbereiche gestellt. Wir haben auch Boxen fertiggemacht, die auf Bestellung zu den Senioren nach Hause geliefert wurden. In der Wäscherei habe ich Wäsche gefaltet und in die Wagen mit den Fächern der Bewohner sortiert. Nach und nach konnte ich mehr Aufgaben erledigen, z. B. habe ich anfangs die Brote vorbereitet, später kam die „Wasserrunde" dazu (frische Gläser und volle Flaschen in die Zimmer stellen). Je nach Einsatzort waren die Tage schon sehr unterschiedlich, es gibt zwar in jedem Bereich feste Abläufe, sobald ich aber, z. B. im Service, in den Kontakt mit den Bewohnern kam, war kein Tag wie der andere.

Was war während der Ausbildung eine besondere Herausforderung für Dich?

Eine Struktur zu finden! Ein geregelter Ablauf war sehr wichtig für mich, weil ich so viel Neues gelernt habe. Und einen Weg zu finden, womit ich zuerst anfange. Eine weitere Herausforderung war für mich am Anfang auch der Kontakt mit den Bewohnern. Mich jeden Tag neu auf sie einzustellen und zu schauen, wie es ihnen geht, wie deren Stimmung ist und was sie brauchen.

Wenn Du auf die Zeit Deiner Ausbildung zurückblickst, was war Dein schönstes Erlebnis?

Mein schönstes Erlebnis war das Bestehen der Zwischenprüfung!

Worauf wurde, Deiner Meinung nach, in der Ausbildung besonders viel Wert gelegt?

Besonders viel Wert wurde auf das selbständige Arbeiten und die Selbstorganisation der Arbeit/Arbeitsschritte gelegt sowie auf Freundlichkeit im Umgang mit den Bewohnern. Und auf Zuverlässigkeit und Pünktlichkeit – auch in der Schule.

Wie sieht/sehen Deine berufliche/n Zukunft/Chancen aus?

Meine beruflichen Chancen sehen gut aus, da ich einen Zweijahresvertrag bekommen habe und dort in der Tagespflege „An der Ziegelei" tätig bin. Für einige Zeit bekomme ich noch eine weitere Unterstützung durch die Jobcoaches sowie der Betrieb durch den Landschaftsverband Rheinland (LVR).[2]

3   Nachhaltige Inklusion in den Arbeitsmarkt

Wie Frederiks Beispiel verdeutlicht, kann im Prozess und mit viel Einsatz die Inklusion von Jugendlichen mit Lernschwierigkeiten auf den ersten Arbeitsmarkt im Gesundheitswesen nach dem Konzept der Ausbildung zum FP SiSE gelingen.

Die Auszubildenden werden im Idealfall von den Ausbildungsbetrieben übernommen und als FP SiSE unbefristet oder befristet beschäftigt. Ein Teil der Auszubildenden schließt an die Ausbildung auch aufbauende Ausbildungen in der Pflege an. Zuletzt wurde im Rahmen der Ausbildung die Fortbildung zum Alltagsbegleiter nach § 53c SGB XI angeboten, die sich für einen Teil der Auszubildenden eignet. Für diese erschließt sich ein weiteres Lernfeld und eine andere Finanzierungsmöglichkeit. Somit erhöhen sich die Chancen auf eine dauerhafte Beschäftigung im allgemeinen Arbeitsmarkt.

Mit dem Abschluss zum FP SiSE geht der Erwerb des Hauptschulabschlusses Klasse 9 einher, womit Ausbildungen zum Altenpflegehelfer und die Altenpflegeausbildung mögliche Anschlussperspektiven für die FP SiSE darstellen. Das Projekt blickt diesbezüglich auf positive Erfahrungen zurück: Eine ehemalige FP SiSE-Auszubildende aus Köln hat im Anschluss eine Ausbildung zur Altenpflegehelferin absolviert. Daraufhin beschloss sie, noch die dreijährige Altenpflegeausbildung zu beginnen. Demensprechend bietet die Ausbildung zum FP SiSE in manchen Fällen eine Grundlage für die Altenpflegeausbildungen.

---

[2] Für weitere Impressionen zur Ausbildung finden sich unter: http://www.invia-koeln.de/de/unsere-arbeit/sozial-benachteiligte-menschen/fachpraktiker_in_service_in_sozialen_einrichtungen.php anschauliche Videos und Informationen.

Der Erfolg der Ausbildung ist nicht nur in der Win-win-Situation zwischen Arbeits-
marktbedarf und Kompetenzen der Auszubildenden begründet, sondern ist auch aus wirtschaftlichen Aspekten für Unternehmen des Gesundheitswesens durch verschiedene Förderstrukturen attraktiv. Die tarifliche Eingruppierung der Auszubildenden während der
Ausbildung ist vorwiegend im DeHoGa-Tarif angesiedelt. Im ersten und zweiten Jahr
der Ausbildung und im Anschluss an die Ausbildung werden unterschiedliche zusätzliche
Förderstrukturen herangezogen. Es bestehen Zuschüsse seitens der Agentur für Arbeit und
des Landschaftsverbandes Rheinland für, während und nach der Ausbildung. So zahlt die
Agentur für Arbeit beispielsweise einen Arbeitgeberzuschuss. Der Landschaftsverband
Rheinland (LVR) bietet unterschiedliche Förderstrukturen wie eine Ausbildungsprämie
zu Beginn der Ausbildung oder eine Einstellungsprämie bei Übernahme der Auszubil-
denden an. Der IN VIA unterstützt die Ausbildungsbetriebe und die Auszubildenden bei
Antragsstellungen und Formalien.

Die Entwicklungsverzögerungen der Auszubildenden bedürfen, wie Frederiks Beispiel
verdeutlicht, in nicht seltenen Fällen einer langfristigen Begleitung durch den Jobcoach,
um die erzielten Erfolge zu sichern und weitere Entwicklungsschritte zu ermöglichen. Die
Finanzierung einer solchen Nachbetreuung ist bei Auszubildenden, die einen Schwerbehindertenausweis besitzen, möglich und wird vom LVR im Bedarfsfall gewährleistet.

Außerdem ist das Förderinstrument Integrationsabteilung nach § 132 SGB IX eine
Möglichkeit, längerfristige Fördergelder zu erhalten. Indem Integrationsabteilungen in
den Unternehmen gegründet werden, wird ein rechtliches Konstrukt zur Hilfe genommen,
welches seitens des Landschaftsverbandes verlässliche Förderstrukturen für Menschen
mit Schwerbehinderung anbietet. Der große Vorteil dieses Konstrukts ist, bei vereinfach-
ter Verwaltungsabwicklung mehrere Menschen mit Behinderung beschäftigen zu können.
Ein positiver Nebeneffekt einer Integrationsabteilung sei darüber hinaus, so der Leiter des
Seniorenparks Carpe Diem in Bensberg Thomas Schlünkes: „Die Arbeitsatmosphäre hat
sich positiv verändert und die Fehlzeiten in den Abteilungen sind deutlich zurückgegan-
gen."

Dass die Ausbildung eine nachhaltige Perspektive für Menschen mit Lernschwierigkeiten bietet, verdeutlicht zum Beispiel auch, dass das Malteser Krankenhaus Sankt Hildegar-
dis in Köln seit 2014 jeweils zwei Auszubildende aufnimmt, ausbildet und anschließend
auch beschäftigt.

4 Aktuelle Entwicklungen und Perspektiven

Die Erfahrungen mit der Ausbildung zum FP SiSE zeigen, dass einige Bewerber zum
Zeitpunkt des Schulabschlusses noch nicht die Voraussetzungen mitbringen, die für einen
direkten Einstieg in die Ausbildung notwendig sind. Für diese geringqualifizierten, meist
noch sehr jungen Jugendlichen empfiehlt IN VIA, ein sogenanntes Einstiegsqualifizierungsjahr (EQJ) vor der Ausbildung zu absolvieren. Die Eignung für das EQJ ist mit der
Agentur für Arbeit jeweils individuell abzustimmen.

Ein EQJ ist eine berufsvorbereitende Maßnahme der Agentur für Arbeit. Das Angebot richtet sich an Jugendliche die keinen Ausbildungsplatz finden. Während eines EQJ arbeiten die Jugendlichen in einem Betrieb und sammeln während einem halben Jahr oder einem ganzen Jahr Praxiserfahrungen. Im Unterschied zu einem Praktikum ist beim Einstiegsqualifizierungsjahr eine Vergütung festgelegt: Pro Monat erhalten die Jugendlichen von der Agentur für Arbeit 216 € Gehalt. Der Betrieb zahlt lediglich 108 € Sozialversicherungsbeiträge, somit sind die wirtschaftlichen Auswendungen für diesen gering. Natürlich kann der Betrieb freiwillig ein höheres Einkommen zahlen.

Im besten Fall werden die Bewerber nach Abschluss der Einstiegsqualifizierung vom Betrieb in eine reguläre Berufsausbildung übernommen und erhalten einen Ausbildungsplatz. Die Chance für geringqualifizierte Jugendliche, nach einem halben Jahr oder einem Jahr Einstiegsqualifizierung einen Ausbildungsplatz zu erhalten, liegt durch die Anbindung an einen Betrieb deutlich höher. In der Einstiegsqualifizierung können die potenziellen Auszubildenden ihre Eignung für die Ausbildung beispielsweise durch Zuverlässigkeit, Pünktlichkeit und sorgfältiges Arbeiten im Betrieb unter Beweis stellen und Betriebe können vor Vertragsabschluss bereits einschätzen, wo die Stärken der potenziellen Auszubildenden liegen.

Durch das EQJ kann der Einstieg in die Ausbildung zum FP SiSE erleichtert werden und der Zugang, sowohl für die Betriebe als auch für die Bewerber, wird niedrigschwelliger.

Aufgrund der bisherigen Erfahrungen mit dem Auf- und Ausbau der Ausbildung in Köln und Bonn haben sich außerdem Fragestellungen ergeben, die einer wissenschaftlichen Analyse bedürfen. Ziel dabei ist, eine einheitliche Qualitätssicherung der Ausbildung langfristig zu gewährleisten. Auch in Anbetracht der Ausweitung auf weitere Regionen innerhalb von NRW und RLP ist dies von Bedeutung.

Ziel der wissenschaftlichen Analyse ist, ein nachhaltiges Instrument zur beruflichen Inklusion von Menschen mit Lernbehinderungen im Pflege-Service-Sektor zu erarbeiten. Dabei werden auch Einsetzfelder analysiert und eine Ausweitung des Modells auf mögliche weitere Sektoren angestrebt.

Der IN VIA Köln e. V. führt hierzu ab September 2017 eine dreijährige Untersuchung durch, die innerhalb der ersten beiden Jahre bestehende Strukturen in Kooperation mit der IHK, dem Berufskolleg und dem Ausbildungsbetrieb analysiert und beurteilt und daraus im dritten Jahr einen optimierten Handlungsplan zur Verstetigung des Ausbildungsganges zu entwickeln, der auf weitere Standorte übertragbar ist. Die dreijährige Projektarbeit wird dokumentiert und im Rahmen einer wissenschaftlichen Arbeit veröffentlicht. Allgemeines Ziel ist es, die bestehenden Strukturen der Ausbildung zu betrachten, zu optimieren und zu standardisieren. Eine gleichbleibende Qualität bei der Ausweitung und im Aufbau der Ausbildung an den IHK Bezirken Düsseldorf, Mittlerer Niederrhein, Köln und Bonn wird dadurch gesichert.

Hintergrundinformation

Der IN VIA Köln e. V. setzt sich gesellschaftspolitisch für gerechte Lebensbedingungen v. a. für Mädchen und junge Frauen ein. In zahlreichen Projekten, Maßnahmen und Einrichtungen bietet der Verband insbesondere benachteiligten jungen Menschen – auch mit Behinderungen – umfangreiche Hilfen beim Übergang von Schule und Beruf. Im Jahr 1898 gegründet, beschäftigt IN VIA Köln heute über 550 haupt- und ehrenamtliche Mitarbeiter. Als Fachverband im Deutschen Caritasverband ist IN VIA anerkannter Träger der Jugendhilfe. Im Jahr 2007 hat IN VIA Köln e. V. die IN VIA Köln gGmbH mit dem Ziel gegründet, Integrationsbetriebe zu betreiben.

Literatur

Aktion Mensch e. V. (2015) Inklusionsbarometer Arbeit, ein Instrument zur Messung von Fortschritten bei der Inklusion von Menschen mit Behinderung auf dem deutschen Arbeitsmarkt. 3. Jahrgang, Bonn. https://www.aktion-mensch.de/dam/jcr:70ae32f8-3fbe-47fa-ade3-9656339a2021/Inklusionsbarometer_Arbeit_2015.pdf. Zugegriffen: 13. Dez. 2017

Bundesagentur für Arbeit, Statistik/Arbeitsmarktberichterstattung (2016) Blickpunkt Arbeitsmarkt-Fachkräfteengpassanalyse, Nürnberg. https://statistik.arbeitsagentur.de/Statischer-Content/Arbeitsmarktberichte/Fachkraeftebedarf-Stellen/Fachkraefte/BA-FK-Engpassanalyse-2016-12.pdf. Zugegriffen: 19. Mai 2017

v. Kardorff E, Ohlbrecht H, Schmidt S (2013) Zugang zum allgemeinen Arbeitsmarkt für Menschen mit Behinderung, Expertise im Auftrag der Antidiskriminierungsstelle des Bundes. http://promi.uni-koeln.de/wp-content/uploads/2014/03/Expertise_Zugang_zum_Arbeitsmarkt.pdf. Zugegriffen: 13. Dez. 2017

Ministerium für Gesundheit, Emanzipation, Pflege und Alter des Landes Nordrhein-Westfalen (2016) Landesberichterstattung Gesundheitsberufe Nordrhein-Westfalen 2015, Situation der Ausbildung und Beschäftigung. https://broschueren.nordrheinwestfalendirekt.de/broschuerenservice/mgepa/landesberichterstattung-gesundheitsberufe-nrw-2015/2276. Zugegriffen: 19. Mai 2017

Roderich Dörner ist gelernter Koch, Hotelbetriebswirt und hat Soziale Arbeit an der Katholischen Hochschule in Köln studiert. Die Verbindung aus dienstleistungsorientiertem/wirtschaftlichem Denken und sozialem/christlichem Handeln stellen ihn immer wieder vor Herausforderungen.

Judith Vitek, M.A. Jobcoach in der Ausbildung zum Fachpraktiker Service in sozialen Einrichtungen und Koordinatorin der Ausbildung im Raum Koblenz. Sie ist staatlich anerkannte Heilpädagogin und hat an der Technischen Hochschule Köln ihren Masterstudiengang „Pädagogik und Management in der Sozialen Arbeit" studiert.

Projekt Arbeitsplatznahe Qualifizierung langjähriger Mitarbeiter in der Altenpflege ohne formalen Bildungsabschluss

Franz Lorenz und Bettina Mutz-Lorenz

Anschlussfähigkeit der Bildungsphilosophie der Berufsakademie für Gesundheits- und Sozialwesen Saarland gGmbH an Corporate-Social-Responsibility-Management

Einer Änderung unseres Denkens und Handelns … steht weniger der Mangel an geistigen und technischen Möglichkeiten entgegen als vielmehr ein ungeheurer Ballast an Traditionen und Tabus, an Lehrmeinungen und Dogmen. Obwohl keineswegs genetisch verankert, wurden sie doch von Generation zu Generation als unverrückbare „Wahrheiten" weitergegeben. Eine der wichtigsten Aufgaben in Richtung eines neuen Denkens wird es daher sein, die eigentliche Natur jener Normen zu analysieren. Es gilt, die Scheinkonstanten unter ihnen zu erkennen, die – abgesehen von der Tatsache, daß sie unsere festgefahrene Situation zum Teil mitverschuldet haben – mit unserer heutigen Realität nicht mehr das Geringste zu tun haben (Vester 1980, S. 456).

Ausgangslage:
Durch die demografischen und epidemiologischen Entwicklungen sowie durch strukturelle Weichenstellungen, z. B. die Ausdifferenzierung der Strukturen im Gesundheits- und Sozialwesen, verändern sich die Anforderungen an die pflegerische Versorgung der Bevölkerung. Daraus abgeleitet müssen sich auch die Anforderungen an die berufliche Qualifikation in der Pflege verändern.

Die Aufgabenbereiche von Pflegenden diversifizieren sich zum einen hin zur Übernahme heilkundlicher Tätigkeiten (SGB V § 63 Abs. 3a–c), zum anderen wird der Übergang

F. Lorenz (✉)
Berufsakademie für Gesundheit und Sozialwesen
Konrad-Zuse-Straße 3a, 66115 Saarland, Deutschland
E-Mail: f.lorenz@bagss.de

B. Mutz-Lorenz
Berufsakademie für Gesundheits- und Sozialwesen Saarland (BAGSS)
Konrad-Zuse-Str. 3a, 66115 Saarbrücken, Deutschland
E-Mail: be.mutz@bagss.de

© Springer-Verlag GmbH Deutschland, ein Teil von Springer Nature 2018
K. Keller und F. Lorenz (Hrsg.), *CSR im Gesundheitswesen*,
Management-Reihe Corporate Social Responsibility,
https://doi.org/10.1007/978-3-662-55937-6_23

von Betreuung zu pflegerischen Leistungen fluide. Dadurch erweitert sich das Spektrum pflegerischer Tätigkeiten in der stationären und ambulanten Versorgung älterer Menschen. Dynamisiert werden die beschrieben Prozesse dadurch, dass

- die Lebenserwartung der Bevölkerung in Deutschland steigt. Die absolute Zahl älterer Menschen nimmt zu. Zugleich steigt der relative Anteil älterer Menschen an der Gesamtbevölkerung erheblich (veränderter Altersindex).
- chronische Erkrankungen, die Überlagerung von verschiedenen Krankheitsbildern (Multimorbidität) und die Zahl demenziell erkrankter Menschen zunehmen.
- die Veränderungen soziofamiliärer Strukturen und die steigende Zahl Alleinlebender bei pflegebedürftigen jüngeren wie älteren Menschen zu einem zunehmenden Bedarf an professioneller Unterstützung führen.
- durch die verkürzten Liegezeiten in Krankenhäusern komplexere Pflegeleistungen in den ambulanten und den voll- und teilstationären Pflegebereich verlagert werden (vgl. Pflegeberufereformgesetz 2017).

Im Vordergrund stehen die Alterung der Gesellschaft und die zunehmende Hochaltrigkeit. Sie führen einerseits dazu, dass die kurative Akutmedizin relativ gesehen an Bedeutung verliert, weil nicht übertragbare Krankheiten, mentale Gesundheit sowie chronische und degenerative Veränderungen bedeutsamer werden. Andererseits verlangt die steigende Anzahl von Menschen mit Beeinträchtigungen, sozial Benachteiligten und Bildungsfernen neue Antworten und Kompetenzen für den Umgang mit Multimorbidität, Exklusion, Demenz, Vereinsamung (Lorenz und Grün 2016, S. 12).

Dieser Entwicklung steht ein Rückgang an potenziellen Berufszugängern gegenüber, was zu einer Versorgungslücke zwischen steigendem Pflegebedarf und der, an den steigenden Bedarf nicht angepasste Entwicklung der Zahl examinierter Fachpflegenden führt.

Wie die Szenarien zeigen, ergibt sich für 2030 in Szenario 1 bundesweit ein Anstieg des Anteils der vollstationär versorgten Pflegebedürftigen von 30,6 % auf 33,1 % und ebenfalls ein leichter Anstieg des Anteilswertes für ambulante Versorgung (von 23,7 % auf 24,8 %), während der Anteilswert für Angehörigenpflege rückläufig ist (45,6 % auf 42 %) (Bertelsmann Stiftung 2012, S. 11).

Dies führt bundesweit laut dieser Studie im Best Case zu einem Fehlbedarf von 430.000 Stellen in der Pflege.

Aus dieser Ausgangslage gilt es, Strategien zu entwickeln, die

- eine Versorgung der pflegebedürftigen Menschen sicherstellen;
- die vorhandene Ressourcen an Mitarbeitern im Handlungsfeld binden;
- bedarfsgerechte Qualifikationen von Menschen im Beruf ermöglichen, die durch fehlende Qualifikationen bisher in teilweise prekären Arbeitsverhältnissen ihr Erwerbsleben gestalten;

- Einrichtungen durch arbeitsplatznahe Qualifikationsangebote für Mitarbeiter eine konzeptuelle und fachliche Weiterentwicklung ermöglichen;
- der Politik ermöglichen, frauenpolitisch und sozialpolitisch zu intervenieren;
- Frauen, die den überwiegend Teil der Zielgruppe ausmachen, aus prekären Lebenslagen zu befreien.

Zusammenfassend lässt sich konstatieren:

Die Ausweitung pflegerischer Handlungsfelder, steigende Pflegebedürftigkeit bei Zunahme komplexer bis hochkomplexer Pflegesituationen und der Rückgang potenzieller Bewerber zwingt zum Überdenken tradierter Vorstellungen von Beruf, Qualifikationswegen und abgestuften Niveaus. Die bisherigen Qualifikationsniveaus von 1-jährigen Helfern und 3-jährigen Fachpflegekräften müssen erweitert werden, um die vorhandenen Ressourcen zu nutzen.

Die in 2017 erfolgte Änderung des Landesheimgesetzes des Saarlandes schafft daher die gesetzliche Grundlage für das Projekt „Arbeitsplatznahe Qualifizierung langjähriger Mitarbeiter in der Altenpflege ohne formalen Bildungsabschluss (DQR 3)" (vgl. LHeimGS 2017), um in diesem Pilotprojekt qualifizierte Mitarbeiter in der jeweils mitwirkenden Einrichtung anteilig auf die Fachkraftquote anrechnen zu können.

1 Das Projekt „Arbeitsplatznahe Qualifizierung langjähriger Mitarbeiter in der Altenpflege ohne formalen Bildungsabschluss (DQR 3)", Bildung für nachhaltige Entwicklung und die Berufsakademie für Gesundheits- und Sozialwesen Saarland gGmbH

Die Träger der Berufsakademie haben in Abstimmung mit dem Ministerium für Gesundheit, Soziales und Frauen des Saarlandes an den Rektor der Berufsakademie für Gesundheits- und Sozialwesen Saarland (BAGSS) die Bitte herangetragen, mit dem Know-how der Berufsakademie ein Bildungsformat zu entwickeln, das geeignet ist, langjährige Mitarbeiter in der Pflege ohne formalen Bildungsabschluss so zu qualifizieren, dass Berufsabschlüsse erworben werden können und damit Frauen aus zum Teil prekären Lebenssituationen eine sichere Einkommenssituation geschaffen wird. Das Projekt „Arbeitsplatznahe Qualifizierung für langjährige Mitarbeiter in der Altenpflege ohne formalen Abschluss" ist im Segment der sozialen Nachhaltigkeitsdebatte zu verorten, die sich zunehmend von der ökologischen Herkunft emanzipiert hat, da es sowohl in die Armutsdebatte (SDG Nr. 1) als auch in die soziale Benachteiligung von Frauen (SDG Nr. 5) durch partizipative Bildungsprozesse (SDG Nr. 4) Interventionspotenzial entfaltet (Bundesregierung 2015). Nach Sottas et al. (2013, S. 25) ist

Bildung ... Voraussetzung für Urteils- und Kritikfähigkeit, für Verantwortungsbewusstsein, Toleranz, Selbstbestimmung, Handlungsfähigkeit und soziale Teilhabe.

Das Unterziel 4.7 der Ziele für nachhaltige Entwicklung (SDGs) (Deutsche UNESCO-Kommission 2015) fasst dies so zusammen:

> Bis 2030 sicherstellen, dass alle Lernenden die notwendigen Kenntnisse und Qualifikationen zur Förderung nachhaltiger Entwicklung erwerben, unter anderem durch Bildung für nachhaltige Entwicklung und nachhaltige Lebensweisen, Menschenrechte, Geschlechtergleichstellung, eine Kultur des Friedens und der Gewaltlosigkeit, Weltbürgerschaft und die Wertschätzung kultureller Vielfalt und des Beitrags der Kultur zu nachhaltiger Entwicklung.

Insofern ist das Projekt anschlussfähig an das Corporate-Social-Responsibility-Management.

Aus all diesen Herleitungen wird deutlich, dass das Projekt „Arbeitsplatznahe Qualifizierung langjähriger Mitarbeiter in der Altenpflege ohne formalen Bildungsabschluss (DQR 3)" folgenden Zielen nachhaltiger Entwicklung unter der zentralen Ausrichtung „Bildung für nachhaltige Entwicklung" (BNE) zugerechnet werden kann:

SDG Nr. 3	Gute Gesundheitsversorgung
SDG Nr. 4	Hochwertige Bildung
SDG Nr. 5	Gleichberechtigung der Geschlechter
SDG Nr. 8	Gute Arbeitsplätze und wirtschaftliches Wachstum
SDG Nr. 10	Reduzierte Ungleichheiten
SDG Nr. 17	Partnerschaften, um die Ziele zu erreichen

Mit den akademischen Ausbildungsstudiengängen wurde im Handlungsfeld der Gesundheitsfachberufe, u. a. der Pflege, durch die Modellklauseln eine weitere Qualifikationsstufe zur Abdeckung der erweiterten Handlungskompetenzen eingeführt. Ebenso muss in Analogie zur Qualifizierung im tertiären Bereich eine Qualifizierung für die Personen möglich werden, die ohne formale Pflegequalifikation wertvolle Unterstützungsarbeit in der Pflege leisten und durch diese Arbeit die Pflegequalität in den Einrichtungen mit absichern. Ein Qualifizierungsangebot für diesen Personenkreis entspricht

- den Forderungen aus DQR/EQR (vgl. DQR 2011);
- macht die akademische Ausbildung im gesamten Personal- und Qualifikationsmix erst sinnvoll und schafft Bedingungen für die Anwendung von deren Kompetenzen in Teams, die durch Qualifikationsmix gekennzeichnet sind;
- ist im Kern eine sozialpolitische Intervention, um Frauen aus prekären Lebenssituationen zu führen, und schafft somit einen sozialen nachhaltigen Beitrag im Sinne sozialer Verantwortung.

1.1 DQR übertragen auf das Handlungsfeld Pflege

Anhand des Anforderungs- und Qualifikationsrahmens für den Beschäftigungsbereich der Pflege und persönlichen Assistenz älterer Menschen (Dip und FH Bielefeld 2013) wurden durch die beiden Projektleiterinnen Knigge-Demahl und Hundenborn die 8 DQR-Niveaus (vgl. BMBF und Deutsche UNESCO-Kommission 2017) auf das Handlungsfeld Pflege übertragen. Der horizontale Aufbau des Anforderungs- und Qualifikationsrahmens wird über die acht Qualifikationsniveaus strukturiert, wobei die jeweiligen Profile aus der nachfolgenden Auflistung verdeutlicht werden:

Qualifikationsniveau 1	Ist ausgerichtet auf Service im Lebensumfeld
Qualifikationsniveau 2	Ist ausgerichtet auf die persönliche Assistenz
Qualifikationsniveau 3	Ist ausgerichtet auf die Durchführung von Aufgaben im Rahmen des Pflegeprozesses
Qualifikationsniveau 4	Ist ausgerichtet auf die Steuerung und Gestaltung von komplexen Pflegeprozessen
Qualifikationsniveau 5	Ist ausgerichtet auf die Steuerung und Gestaltung von komplexen Pflegeprozessen für spezielle Klientengruppen
Qualifikationsniveau 6	Ist ausgerichtet auf die Steuerung und Gestaltung von hochkomplexen Pflegeprozessen und die Leitung von Teams
Qualifikationsniveau 7	Ist ausgerichtet auf die pflegerische Leitung in Einrichtungen
Qualifikationsniveau 8	Ist ausgerichtet auf die Steuerung und Gestaltung

Quelle: Dip und FH Bielefeld 2013

Die Ziele der Entwicklung der Qualifizierungsmaßnahme für langjährige Mitarbeiter in der Pflege ohne formalen Abschluss erfolgen unter den folgenden Maßgaben:

- Realisierung der geforderten Durchlässigkeit im deutschen Pflegebildungssystem nach EQR/DQR – Niveau 3.
- Arbeitsplatznahe Qualifizierung: bedeutet, hohe Anteile der Qualifizierung erfolgen arbeitsplatznah beim Arbeitgeber.
- Erwachsenengerechte Bildungsformen: bedeutet, die Befähigung der Maßnahmenteilnehmer zu selbstorganisiertem Lernen, individuelle Lerndiagnostik und Entwicklung eigener Lernpläne unter Lernberatung durch Lerncoaches.
- Nutzung der vorhandenen Kompetenzen: bedeutet, den Maßnahmenteilnehmern bewusst zu machen, welche personalen, sozialen und methodischen Kompetenzen sie bereits entwickelt haben und wie sie diese unter supervisorischer Reflexion weiterentwickeln können.
- Der Lerngewinn der Teilnehmer wird zu einem Benefit für die Einrichtungen: bedeutet, dass Lernerfahrungen der Teilnehmer organisational genutzt werden, z. B. durch Lerntandems (in Form des Versorgungsmodells Partnering in Care), didaktische Datenbanken, in denen Praxiserfahrung dokumentiert wird.
- An den Kompetenzen/Fähigkeiten der Teilnehmer orientiertes Bildungsprogramm: dies bedeutet, dass mit dem Teilnehmer, der Einrichtung und der BAGSS für jeden Teilnehmer individuell festgelegt wird, welche Lern-/Übungs-/Trainingsbedarfe er hat und wie diese zu bearbeiten sind.

Damit wird sichergestellt, dass einerseits die Kompetenzfeststellung und die damit verbundene prozentuale Anerkennung auf die Fachkraftquote für die Aufsichtsbehörde kein
unkalkulierbares Risiko darstellt, für die Einrichtungen keine unüberbrückbaren Ausfallzeiten der Mitarbeiter anfallen und für die Teilnehmer eine zielgerichtete Bearbeitung der
Lernbedarfe erfolgt. Die Bildungsphilosophie und bildungstheoretischen Überlegungen
der Berufsakademie sowie didaktischen Begründungen für die Qualifizierungsmaßnahme
werden in diesem Buch an anderer Stelle von Mutz-Lorenz (2018) im Artikel „Elemente einer Nachhaltigkeitsstrategie der Berufsakademie für Gesundheits- und Sozialwesen
Saarland gGmbH (BAGSS)" näher ausgeführt. Das ART-Modell (Analyse – Reflexion –
Transfer) nach Hülshoff (2001) als didaktisches Modell in der Agogik (Erwachsenenbildung) setzt voraus, dass Lernende Lehrbriefe zum eigenständigen Durcharbeiten bereitgestellt bekommen, mit denen sie dann in einem ersten Schritt Überlegungen anstellen,
welche Relevanz die Inhalte des Lehrbriefes in Bezug auf ihr berufliches Handeln besit-

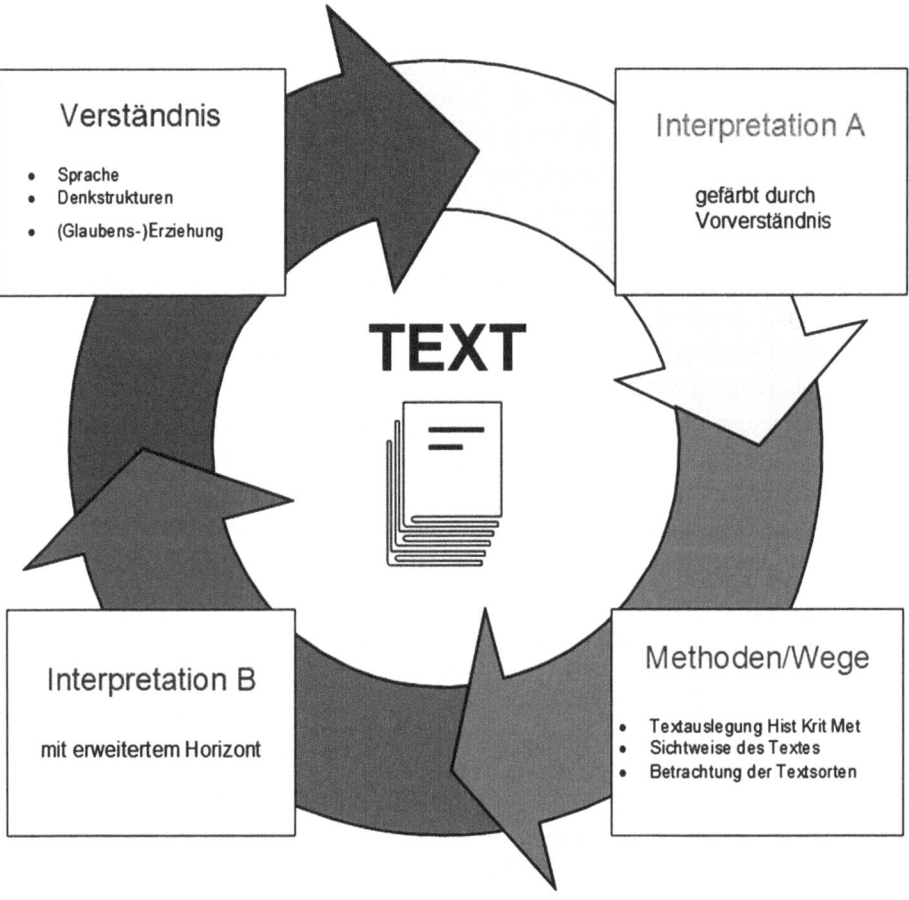

Abb. 1 Hermeneutischer Zirkel. (Quelle: Lorenz und Schwarz 2012)

zen. Dieses in der Pädagogik oft als *Abholen der Teilnehmer* verstandene Vorgehen stellt ein komplexes Geschehen dar, dass sich im hermeneutischen Verständnis (Abb. 1) als zirkuläres Geschehen von Vorerfahrung

- Auseinandersetzung mit Neuem,
- erweiterte Sicht,
- neue Vorerfahrung

zu verstehen ist.

Im Verständnis des kognitiven Konstruktivismus nach Piaget kann dies in Form von Assimilation (anpassen an bestehende Handlungs-, Denk- und Deutungsmuster) oder Akkommodation (Irritation, Dysfunktionalität und daraus resultierende neue Handlungs-, Denk- und Deutungsmuster) geschehen, im Bestätigen oder Verändern von Handlungsmustern zur Situationsbewältigung.

1.2 Kompetenzfeststellung und Durchführung des Qualifizierungsangebotes

Die Kompetenzfeststellung ist ein mehrstufiges Verfahren, an dem Teilnehmer, Einrichtung, BAGSS und Aufsichtsbehörde beteiligt sind. In einem ersten Schritt schlagen die beteiligten Einrichtungen potenzielle Teilnehmer vor und erklären sich dahingehend, dass sie logistische, arbeitsorganisatorische sowie arbeitsrechtliche Voraussetzungen zur Realisierung des Konzeptes bereitstellen. In einem zweiten Schritt sichten Verantwortliche des Bildungsträgers die Unterlagen und führen ein gemeinsames Gespräch mit dem potenziellen Teilnehmer und einem Verantwortlichen der entsendenden Einrichtung zur Feststellung der Motivation, der Leistungs-/Lernbereitschaft und den bisher erworbenen Fähigkeiten/Fertigkeiten. Im nächsten Schritt entwickelt der Bildungsträger im Einvernehmen mit der entsendenden Einrichtung und den Teilnehmern ein am individuellen Kenntnisstand ausgerichtetes Lernprogramm. Dieses Programm wird von der aufsichtführenden Behörde ratifiziert. Danach wird das Lernprogramm umgesetzt.

2 Design des Projektes:

2.1 Lernform: Module und Bausteine

Aus der Perspektive des Bildungsauftrages ergibt sich vordergründig das Spannungsfeld

- Persönlichkeitsentwicklung (im emanzipatorischen Sinne),
- betrieblicher Kontext (mit dem Anspruch auf [An-]Passung),
- berufliche Entwicklung (mit dem Anspruch situative Handlungskompetenz),

welches in die Handlungskompetenz Eingang findet. Zum ERWERB und EINÜBEN von Handlungskompetenz sind ca. 500 h zu veranschlagen, von denen ca. 260 h für die Bearbeitung der Lehrbriefe als selbstorganisierte Studienzeit berechnet werden und ca. 240 h für das Lernen in begleiteten Lerngruppen, in denen die Inhalte bedarfsorientiert geklärt, vertieft, reflektiert werden und in Praxistransferschritte übersetzt werden.

Für die Maßnahme sind vier modular organisierte Lernfelder zu bearbeiten, die jeweils vier Bausteine umfassen. Diesen modularen Lernfeldern sind eine Lerndiagnostik sowie eine Einführung in das Lernkonzept der Maßnahme vorgelagert, an den Lernbiografien ausgerichtet werden angeboten, ggf. Beratungseinheiten zu individuellen Problemstellungen (z. B. Prüfungsversagen etc.) sowie die Vermittlung von innovativen Lerntechniken und -formen.

Mindestumfang: 24 h Präsenz.

Die nachfolgend aufgeführten Module sind Vorschläge, aus denen für die Teilnehmer mit langjähriger Vorerfahrung ein – an ihrem Kenntnisstand ausgerichtetes – Lernprogramm entwickelt wird.

Fakultativ kann ein Bedarf von 3–12 Module festgelegt werden. Dies bedeutet einen Zeitraum von 60 bis max. 240 h Präsenzveranstaltungen.

Mögliche Themen der einzelnen Module, in denen jeweils drei Bausteine besucht werden müssen, um die erfolgreiche Teilnahme zu bescheinigen:

Mein pflegerisches Handeln neu verstehen lernen	B. S: Mein Verständnis von Gesundheit und Krankheit
	B. S: Pflegen zwischen Autonomie und Abhängigkeit
	B. S: Meine Position, Verantwortung und Grenzen
	B. S: Rechte und Pflichten im beruflichen Handeln
Bewohner neu verstehen lernen	B. S: Wahrnehmen, Beobachten, Interpretieren
	B. S: Biografiearbeit als Beziehungskompetenz
	B. S: Milieuspezifische und transkulturelle Pflege
	B. S: Der Bewohner als Klient
Mit Bewohnern neu in Kontakt gehen	B. S: Kommunikation an Modellen verstehen
	B. S: Konflikt und Konfliktlösung
	B. S: Umgang mit kommunikativ eingeschränkten Personen
	B. S: Mäeutik und Validation als Konzept
Mein Handeln mit Konzept neu begründen	B. S: Pflege als Prozess gestalten
	B. S: Aktivitas® als situatives Konzept
	B. S: Milieutherapeutisches Konzept als Orientierung
	B. S: Ethisches Handeln in Extremsituationen (Sterben)

Der nachfolgende Bereich ist ein Vorschlag für Mitarbeiter ohne Vorerfahrung:

Insgesamt 500 h davon 240 h Präsenz (12 Bausteine) und 260 h SOL (selbstorganisiertes Lernen).

Den Körper neu verstehen	B. S: Das Prinzip der Dynamik
	B. S: Das Prinzip der Äquilibration
	B. S: Das Prinzip der geschlossenen Kreisläufe
	B. S: Das Prinzip der strukturellen Kopplung
	B. S: Das Prinzip der Reproduktion
	B. S: Das Prinzip des Austausches
	B. S: Das Prinzip der Emergenz
Kranksein neu verstehen	B. S: Funktionsstörungen bei Dysregulation Ernährung
	B. S: Funktionsstörungen bei Dysregulation Sauerstoff
	B. S: Funktionsstörungen bei Dysregulation des Immunstatus
	B. S: Funktionsstörungen bei muskulärer Degeneration
	B. S: Funktionsstörungen bei neurologischer Degeneration
	B. S: Funktionsstörungen bei organischer Degeneration
	B. S: Funktionsstörungen bei Wahrnehmungsverarbeitung
	B. S: Funktionsstörungen bei Schmerz
Kompetent im Notfall	B. S: Mega-CODE-Training

Insgesamt 700 h = 16 Bausteine 320 h (Präsenz) und 350 h SOL sowie 30 h Lernberatung Repetitorien.

Insofern ergibt sich für die Maßnahme eine Abwesenheit von der Einrichtung während der Qualifizierung im Umfang von:

- 1–2 Tag Kompetenzfeststellung und Lerndiagnostik
- 60 bis 240 h (6–24 Tage) für die einzelnen Lernfelder
- 4 Teilnahmen an fachspezifischen Tagungen (Expertenforen)
- 8 × ½ Tage Supervision

Summation: Aufwand von 15 bis max. 34 Tage außerhalb der Einrichtung.

Alle anderen Bildungsinhalte werden in der Einrichtung mit Lerncoaches bzw. den einrichtungseigenen Tutoren umgesetzt.

2.2 Lernform: Praxisaufträge im Lerntandem in der Einrichtung

Die Transferschritte, die in Praxisaufträge umgesetzt werden, werden als E-Learning-Lernaufträge angeboten und sollen in der Praxis mit den Tutoren in strukturierten Praktika in Form von Lerntandems bearbeitet werden. Dazu sind von Seiten der Einrichtung Verpflichtungen gegenüber dem Maßnahmenträger abzugeben, dass die geleiteten Praktika in der Organisationsform des Lerntandems (Partnering in Care) unter dem weiterentwickelten Prinzip des Primary Nursing zu gewährleisten sind.

Ferner ist ein Zugang zur Lernplattform Stud.IP der Berufsakademie zu gewährleisten, auf der Praxisaufträge und leittextgestützte Lernsituationen eingestellt sind.

Die Leittextpraxisaufträge orientieren sich am Fachdidaktikmodell Pflege (FDMP) nach Schwarz-Govaers (2005 und 2009).

Umfang supervidierte Praxis und Bearbeitung der Praxisaufträge: 500 h in der Praxis in Form Lerntandems, 40 h individuelle Lernberatung.

2.2.1 Leittextbasierte Praxisanleitung

Folgende Prämissen des nachfolgend skizzierten Fachdidaktikmodells Pflege (FDMP) zeigen Leistungen und Grenzen des Modells aber auch seine Vorteile im Einsatz mit und zur Ergänzung von leittextbasierter Praxisanleitung auf:

1. Es eignet sich als Planungs- und Auswertungsinstrument vom Pflegeunterricht wie zur curricularen Gestaltung.
2. Es kann als Hilfsmittel zur Strukturierung von Inhalten für den Unterricht in Schule wie Praxisfeldern verschiedener Gesundheitsberufe benutzt werden.
3. Je nach Aufgabe und Problemstellung kann das Modell als Ganzes genutzt oder Teile davon zur Bearbeitung herangezogen werden.
4. Es ist kein Pflegemodell. Es eignet sich aber in beschränktem Maße zur Analyse von Pflegemodellen, indem es auf Positionen, Schwerpunkte und Auslassungen aufmerksam macht.
5. Das Modell hilft, Themen in ihrer Komplexität und ihren Verknüpfungen sichtbar zu machen und mögliche Bearbeitungszugänge zu finden. Im konkreten Vollzug zwingt es zu einer bewussten Auswahl und Reduktion, zeigt aber keine eindeutigen Lösungen auf.
6. Das Modell ist auf dem Hintergrund eines phänomenologisch orientierten Situationsansatzes zu verstehen, der den Bezug auf die Situationsbeteiligten in den Mittelpunkt stellt – die beteiligten Menschen beeinflussen sich wechselseitig. Daraus ergibt sich

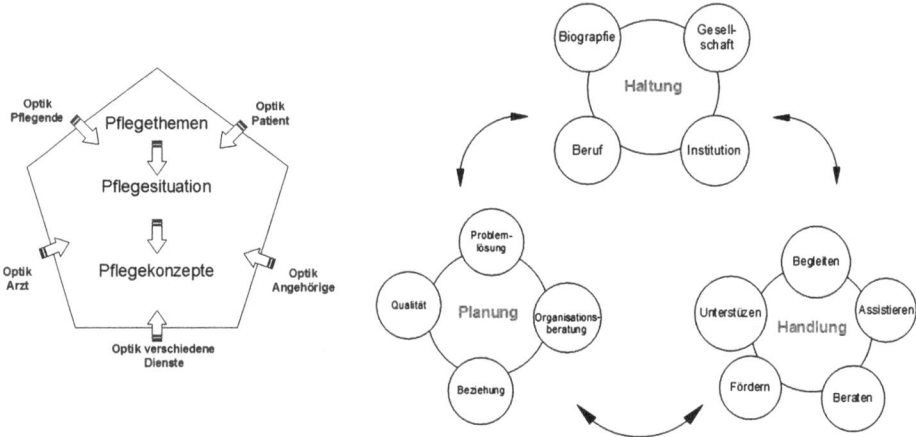

Abb. 2 Fachdidaktikmodell Pflege. (Quelle: Olbrich 2009, S. 95 f.)

zum einen die Sensibilisierung für die Mehrperspektivität und Lebensweltbezogenheit jeder Situation, der auf den Grund gegangen wird, und zum anderen gibt es Kriterien zur Auswahl von Inhalten vor, durch den Gegenwartsbezug einer Problemstellung für Lernende.

Das FDMP ist kompatibel mit den beschriebenen Lernprozessen des erkenntnis- und problembasierten Lernens. Ausgangslage ist immer die Konfrontation mit einer problemhaltigen Berufssituation, die, aus verschiedenen Perspektiven (Optiken) betrachtet, vielfältige Deutungsmöglichkeiten und Problemstellungen zulässt (Abb. 2). Die erste Ebene kann als Analyseinstrument dienen und gibt damit Hinweise zur methodischen Gestaltung auf der dritten Ebene des Modells.

2.2.2 Ebene 1 Multiperspektivität entdecken

Die fünf Optiken
Das FDMP geht von einem phänomenologisch-systemischen Ansatz aus. Die zum Pflegethema passende Pflegesituation wird aus der Sichtweise der beteiligten Akteure beurteilt. Die Perspektive der Patienten/Bewohner ist dabei sicher eine andere als die der Pflegenden oder der Medizin. Angehörige sind oft nicht weniger betroffen und auch die verschiedenen beteiligten Dienste im Gesundheitswesen mit ihren speziellen beruflichen Aufträgen haben eine andere Hinsicht auf die Situation. Diese Optiken gilt es zu bündeln, Diskrepanzen zu erkennen und als zentrale (Pflege-)Konzepte in den Blick zu nehmen. Sie werden nach ihrer Bedeutung bzw. Häufigkeit gewichtet und die wichtigsten Konzepte als Hauptproblemstellungen mit auf die 2. Ebene genommen.

Entscheiden sich die Lehrpersonen dazu, nicht mehr alles, was zu einem Thema in den (Pflege-)Lehrbüchern zu finden ist zu vermitteln, sondern anhand einer vorgestellten oder erfragten Pflegesituation eine Inhaltsanalyse unter der Perspektivenvielfalt vorzunehmen, kommen sie möglicherweise auf ganz neue Inhalte, unter denen eine exemplarische Auswahl getroffen werden muss. Obwohl das FDMP keine Unterrichtsmethode vorgibt, eignet sich gerade die erste Ebene zu einer persönlichen und reflektierten Auseinandersetzung der Lernenden mit einer beruflichen Situation. Das Wahrnehmen verschiedener Sichtweisen einer Situation trägt zu einem größeren Verständnis der Komplexität und Deutungsoffenheit bei und beugt einseitigem Regelhandeln vor. Die Lernenden fühlen sich erst einmal in die Gedankenwelt der Betroffenen in der beschriebenen Situation ein und notieren sich alle Phänomene, die sie damit assoziieren. Sie analysieren die Erwartungen und Diskrepanzen der verschiedenen Akteure und leiten daraus zentrale Problemstellungen ab, zu denen sie mögliche Lösungsansätze entwickeln können.

2.2.3 Ebene 2 Zielsetzung und Sollentwurf
Auf der 2. Ebene, der Zielsetzungen oder dem Sollentwurf, wird zu jeder Problemstellung überlegt, wie darauf pflegerisch reagiert werden sollte, und zwar unter den Gesichtspunkten Haltung, Planung und Handlung. Unter Haltungsaspekten können die eigenen Einstel-

lungen und Wertvorstellungen in Beziehung zum geplanten Handeln beleuchtet werden, wie z. B.: Was haben die eigene Biografie und das eigene Berufs- und Pflegeverständnis oder die institutionellen und gesellschaftlichen Bedingungen für einen Einfluss auf die Art der Unterstützung eines Patienten oder auf das Fördern einer sinnstiftenden Lebensgestaltung einer Heimbewohnerin? Unter Planungsaspekten verlangen die Problemstellungen Reflexion und Wissen zur Problemlösung, Beziehungsgestaltung, Qualitätssicherung und zu den Organisationsbedingungen. Die Handlungsziele können unter den Aspekten von Unterstützen, Begleiten, Assistieren, Beraten und Fördern näher beschrieben werden. Diese Zielsetzungen beeinflussen das pflegerische Handeln ebenso wie die Haltungsaspekte. Sie sind als grundsätzliche Ziele der Pflege zu verstehen, die erst auf der dritten Ebene ihre Konkretisierung für Unterricht oder Lehrplan erfahren.

Beispiel

Beispiel für einen Praxisauftrag im Rahmen der Pflegeausbildung/des Pflegestudiums:

Thema: Aufnahme eines Klienten

1. Einleitung
   Die Aufnahme eines Klienten in eine Institution stellt eine wesentliche Veränderung seiner Lebenssituation dar und ist für die Organisation ein Ausdrucksmerkmal der zu erwartenden Qualität seiner Dienstleistung. Insofern stellt diese Situation, die von hoher Unsicherheit geprägt ist, eine hohe Anforderung an die soziale Kompetenz von Pflegenden dar. Die Kunst besteht darin, den Beziehungsaufbau so zu gestalten, dass Vertrauen entsteht.
2. Bearbeiten Sie die nachfolgenden Aufgaben in gestellter Reihenfolge:
   - Bilden Sie gemeinsam mit anderen Teilnehmern Ihres Kurses Kleingruppen mit höchstens 4 Teilnehmern.
   - Erstellen Sie gemeinsam einen Arbeitsplan.
   - Bearbeiten Sie anschließend die gestellten Leitfragen. Halten Sie das Ergebnis Ihrer Arbeiten schriftlich fest.
   - Vereinbaren Sie mit Ihrer/Ihrem Praxisanleiter einen Termin zur Besprechung und anschließenden Durchführung einer Aufnahmesituation bei einem Klienten.
   - Kontrollieren und bewerten Sie selbst Ihr Arbeitsergebnis anhand des Kontrollbogens.
   - Anschließend reflektieren Sie gemeinsam mit der/dem begleitenden Praxisanleiter die gesamte Arbeitsaufgabe, der Kontrollbogen dient als Grundlage.
3. Bearbeiten Sie die folgenden Leitfragen in der vorgegebenen Reihenfolge:
   Selbstreflexion
   - Wie gehe ich selbst mit Unsicherheit um?
   - Kann ich mich in die Situation des Klienten einfühlen (Empathie)?
   - Wie verhalte ich mich in Situationen, die von hoher Unsicherheit geprägt sind?
   - Welche Verhaltensstrategien nutze ich bevorzugt, um Unsicherheit aufzulösen?

- Was bedeutet für mich Vertrauen?
- Wie achte ich auf Nähe und Distanz?
- Was bedeutet für mich „fremd" oder „bekannt" (im Sinne von Kultur, Milieu, Habitus)?

Pflegesetting

- Wo und in welchem Rahmen findet das Aufnahmegespräch statt?
- Hat das Aufnahmegespräch eher informationserhebenden oder informationsgebenden Charakter?
- Erfolgt das Aufnahmegespräch anhand eines standardisierten Aufnahmebogens oder werden die Daten in einem narrativen Interview erhoben?
- Wird das Aufnahmegespräch in einer Sitzung abgeschlossen oder erfolgen weitere Gespräche im Rahmen eines Aufnahmeassessments (z. B. Multimomentaufnahme)?
- Sind Aufnahmegespräche Gegenstand von Fallbesprechungen?

Pflegewissenschaft

- Wie kann das Phänomen Unsicherheit sprachlich bearbeitet werden?
- Welche Kompetenzen werden hinsichtlich der Anforderung eines Aufnahmegespräches benötigt?
- Können Auszubildende die situative Performanz entwickeln, um Vertrauen aufzubauen und die Unsicherheit zu reduzieren?
- Welche fachlichen, persönlichen, methodischen und sozialen Kompetenzen werden benötigt, um die komplexe Aufnahmesituation zu gestalten?
- Wie kann die Adherence der Klienten gefördert werden?
- Welche Assessmentinstrumente kommen zur Anwendung, und sind diese adäquat für die Versorgungssituation?
- Wie werden Assessmentinstrumente unter pflegewissenschaftlichen Aspekten ausgewertet?
- Pflegediagnosen: NANDA 2015–2017
- Relocation Stress Syndrom Domaine 9 00149
- Angst Domaine 9 00146
- Gefahr einer gestörten persönlichen Identität Domaine 6 00225

Organisation

- Wie werden die Assessmentinstrumente in den Organisationen eingesetzt?
- Wo werden Aufnahmegespräche geführt?
- Wie werden Sie als Auszubildender in der Organisation vorbereitet?

4. Nutzen Sie folgende Quellen zum Bearbeiten der gestellten Aufgaben:
   Standard-Literatur:
   - Lauster et al. (2014)
   - Luhmann (2000)
   - Bourdieu (1982)
   - Herdman und Kamitsuru (2016)

Quellen auf der Lernplattform:
- Unterrichtsmaterial

Weitere Informationsquellen:
- Mitarbeiter: Fachpflegende, Praxisanleiter

Unter Klienten sind Patienten, Bewohner, Familiensysteme (Mutter/Vater/Kind), Angehörige, gesetzliche Betreuer zu verstehen.

2.3   Lernform: Expertenforen

Als weitere didaktische Überlegung zur Strukturierung von komplexen Handlungszusammenhängen ist die Implementierung von Fachforen geplant, in der Tutoren und Maßnahmeteilnehmer zusammen eine Aktualisierung der Wissensstände erfahren zu ausgewählten Themen.

Den Maßnahmeteilnehmern wird in Vorbereitung auf die Expertenforen ein Repetitorium angeboten, in dem ausgewählte Themen der Anatomie/Physiologie und Krankheitslehre, die zuvor eigenständig erarbeitet wurden, wiederholt und in Zusammenhänge gebracht werden.

Mögliche Themen:

- Wundmanagement
- Ernährung und Diabetestherapie
- Demenz versus Depression
- Schmerz und Assessment
- MRSA und Infektionsschutz

120 h Expertenforen. Davon

40 h Vorbereitung

40 h Repetitorien

40 h Foren

Lernform Supervision: Umfang: 40 h

2.4   Grafische Darstellung des Verlaufs der Qualifizierung:

Abb. 3 zeigt eine Übersicht über die Bildungsmaßnahme mit den wesentlichen Elementen und Zeitumfängen.

Stunden	Monat	1	2	3	4	5	6	7	8
524 Gesamt	Modul	1	2	3	4	1	2	3	4
264 Präsenz	Baustein	1	2	3	4	1	2	3	4
540 Gesamt	Praxisaufträge	1. Phase				2. Phase			
40 Präsenz	Lernberatung	mit Tutor	5 St	5 St			5 St	5 St	
40 Präsenz	Supervision	frei planbar							
120 Gesamt									
40 e-learn					10				10
40 vorbereitet	Expertenforum				10				10
40 Fachtag					10				10

444 Präsenz	Monat	9	10	11	12	13	14	15	16
	Modul	3	3	3	3	4	4	4	4
	Baustein	1	2	3	4	1	2	3	4
	Praxisaufträge	3. Phase				4. Phase			
	Lernberatung	mit Tutor	5 St	5 ST			5 St	5 St	
40 Präsenz	Supervision	frei planbar							
					10				10
	Expertenforum				10				10
					10				10
1200 Gesamt									

Abb. 3 Übersicht Bildungsmaßnahme. (Quelle: Lorenz 2017)

3 Appell zur Wichtigkeit der Maßnahme und Anspruch der curricularen Entwickler

Interaktive Arbeit ist nach Martin Baethge vom Sozialforschungsinstitut (2012)

> eine Arbeit, die unmittelbar bedürfnisbezogen auf ein konkretes Gegenüber gerichtet ist, dessen Wille die Richtschnur für das Arbeitshandeln abgibt (bzw. abgeben sollte), selbst wenn der Wille oder das Bedürfnis nicht in präzisen Anweisungen artikuliert werden kann. Das Bedürfnis des Gegenübers – handele es sich um einen Kunden im Warenaustausch, um einen Klienten im Beratungs- oder Betreuungsgeschäft oder einen Patienten im Pflege- und Gesundheitswesen – zu präzisieren und gemeinsam Wege zu seiner Befriedigung zu erarbeiten, macht den Kern der Interaktivität von Dienstleistungsarbeit aus. Das Gegenüber ist nicht nur Adressat, sondern zugleich Mitproduzent der Tätigkeit; hierin liegt ein fundamentaler Unterschied zur Industriearbeit, in der Interaktion bzw. Kommunikation Mittel zum Zweck war, während sie hier wesentlicher Inhalt ist.

So definiert Baethge (2012) in einem Vortrag vor dem Forschungskolleg „Soziale Wandlungsprozesse" die Merkmale Interaktiver Dienstleistungen, wie sie insbesondere die Berufsinhaber von Gesundheitsfachberufen erbringen. Er stellt diese Qualität der Dienstleistung als einen Paradigmenwechsel dar, der die Arbeitswelt am Übergang zum postindustriellen Zeitalter prägt.

Deutlich wird an diesem paradigmatischen Wandel, dass sich Wissen, Wissensformen und Wissenserwerb deutlich verändert haben, verändern und verändern werden.

In der Berufsakademie für Gesundheits- und Sozialwesen Saarland wird Bildung als Transformationsprozess verstanden. In diesem prozesshaft angelegten Lehr- und Lernarrangement entstehen Zeit-Räume, in welchen Menschen lernen, ihre erworbenen Muster von Welterkennen und Weltverstehen zu erkennen, zu reflektieren. Durch Reflektion lernen sie, die ihnen innewohnenden Ligaturen (vgl. Beck 1986) zu überwinden und sich zu einer erweiterten, kontingenten Sicht (Konstruktion) von Mit- und Umwelt zu befähigen. Bildung ist somit ein Loslassen von Altem und Vertrautem und die Neugierde, sich auf alternative Sicht- und Verhaltensweisen einzulassen. Gerade dies ist in einer derart gestalteten Bildungsmaßnahme langjähriger Mitarbeiter in der Pflege ohne formalen Bildungsabschluss zentraler Ausgangspunkt.

> Je mehr dabei Menschen eine mehr und mehr spielerische Distanz zu ihren eingelebten Gewissheiten entwickeln können, desto stärker bilden sie Kompetenzen heraus, die auch und gerade für die Gestaltung von Ungewissheit grundlegend sind (Arnold in Oelke und Meyer 2013; S. 129).

Somit ist Bildung, und insbesondere berufliche Bildung, eine – wie Arnold und Siebert (2003) es nennt – eine Ausstattung zum selbstbestimmten Verhalten in der Welt und an das Merkmal der Reflexivität gebunden und weniger an deklaratives Faktenwissen, da wir immer weniger inhaltlich antizipieren können, was morgen gewusst und gekonnt werden muss, um Leben und Arbeit zu gestalten.

Das Projekt wurde zwischenzeitlich durch das Ministerium für Gesundheit, Soziales und Frauen genehmigt und zur Umsetzung in Modelleinrichtungen freigegeben.

Weiterführende Literatur ist folgendem Beitrag in diesem Buch zu entnehmen: Mutz-Lorenz B (2018) Elemente einer Nachhaltigkeitsstrategie der Berufsakademie für Gesundheits- und Sozialwesen Saarland gGmbH (BAGSS). In: Lorenz F, Keller K (Hrsg) CSR im Gesundheitswesen. Springer, Heidelberg

Literatur

Arnold R (2013) Konstruktivistische Didaktik. In: Oelke U, Meyer H (Hrsg) Didaktik und Methodik für Lehrende in Gesundheitsberufen. Cornelsen, Berlin
Arnold R, Siebert H (2003) Konstruktivistische Erwachsenenbildung. Von der Deutung zur Konstruktion von Wirklichkeit, 4. Aufl. Schneider Verlag Hohengehren, Baltmannsweiler

Baethge M (2012) Unveröffentlichter Vortrag vor dem Forschungskolleg „Soziale Wandlungsprozesse" an der Universität Halle

Beck U (1986) Risikogesellschaft. Die organisierte Unverantwortlichkeit. Aulavorträge. Hochschule St. Gallen für Wirtschafts-, Rechts- und Sozialwissenschaften, 47. Hochschule, St. Gallen

Bertelsmann Stiftung (2012) Themenreport „Pflege 2030" – was ist zu erwarten, was ist zu tun? https://www.bertelsmann-stiftung.de/fileadmin/files/BSt/Publikationen/GrauePublikationen/GP_Themenreport_Pflege_2030.pdf. Zugegriffen: 7. Febr. 2018

BMBF (Bundesministerium für Bildung und Forschung), Deutsche UNESCO-Kommission (2017) UNESCO-Weltaktionsprogramm für nachhaltige Entwicklung. www.bne-portal.de. Zugegriffen: 25. Juni 2017

Bourdieu P (1982) Die feinen Unterschiede. Kritik der gesellschaftlichen Urteilskraft. Suhrkamp, Frankfurt

Bundesregierung (2015) 17 globale Ziele für nachhaltige Entwicklung. https://www.bmub.bund.de/media/17-globale-ziele-fuer-nachhaltige-entwicklung/. Zugegriffen: 14. Dez. 2017

Deutsche UNESCO-Kommission (2013) Bildungsagenda 2013. https://www.unesco.de/bildung/bildung-2030.html. Zugegriffen: 14. Dez. 2017

Dip (Dt. Institut für angewandte Pflegeforschung)/FH Bielefeld (2013) Anforderungs- und Qualifikationsrahmen für den Beschäftigungsbereich der Pflege und persönlichen Assistenz älterer Menschen im Rahmen des Projektes „Erprobung des Entwurfs eines Qualifikationsrahmens für den Beschäftigungsbereich der Pflege, Unterstützung und Betreuung älterer Menschen". http://www.dip.de/fileadmin/data/pdf/projekte/01Anforderungs_und_Qualifikationsrahmen_09_2013.pdfZugriffsdatum. Zugegriffen: 7. Jan. 2018

DQR (2011) Deutscher Qualifikationsrahmen für lebenslanges Lernen, verabschiedet vom Arbeitskreis Deutscher Qualifikationsrahmen (AK DQR) am 22. März 2011. https://www.dqr.de/media/content/Der_Deutsche_Qualifikationsrahmen_fue_lebenslanges_Lernen.pdf. Zugegriffen: 7. Jan. 2018

Herdmann T, Kamitsuru S (2016) NANDA-I-Pflegediagnosen 2015–2017. Recom, Kassel

Hülshoff T (2001) Unveröffentlichtes Vorlesungsskript. Universität Koblenz-Landau

Lauster M et al (2014) Pflege Heute, 6. Aufl. Elsevier, München

LHeimGS (Landesheimgesetz Saarland) (2017) https://www.biva.de/dokumente/gesetze/SL-Landesheimgesetz-Saarland-LHeimGS.pdf. Zugegriffen: 7. Jan. 2018

Lorenz F (2017) Projekt Arbeitsplatznahe Qualifizierung für langjährige Mitarbeiter*innen in der Altenpflege ohne formalen Abschluss. Abschlussarbeit: Corporate Social Responsibility Manager. WEISS Wirtschaftsethikinstitut Stift St. Georgen In Zusammenarbeit Cologne Business School

Lorenz F, Grün T (2016) Bildungskonzept für ausbildungsintegrierte Studiengänge in Gesundheitsfachberufen – am Beispiel der Berufsakademie für Gesundheits- und Sozialwesen Saarland gGmbH (BAGSS). Eigenverlag BAGSS, Saarbrücken

Lorenz F, Schwarz M (2012) Führen als organisationales Erfordernis und personale Haltung. Kovac, Hamburg

Luhmann N (2000) Vertrauen, 4. Aufl. Lucius & Lucius, Stuttgart

Mutz-Lorenz B (2018) Elemente einer Nachhaltigkeitsstrategie der Berufsakademie für Gesundheits- und Sozialwesen Saarland gGmbH (BAGSS). In: Lorenz F, Keller K (Hrsg) CSR im Gesundheitswesen. Springer, Heidelberg

Oelke U, Meyer H (2013) Didaktik und Methodik für Lehrende in Gesundheitsberufen. Cornelsen, Berlin

Olbrich C (Hrsg) (2009) Modelle der Pflegedidaktik, 1. Aufl. Urban & Fischer, München

Pflegeberufereformgesetz (2017) Bundesgesetzblatt Nr. 49. Ausgegeben zu Bonn am 24. Juli 2017. https://www.bgbl.de/xaver/bgbl/text.xav?SID=&tf=xaver.component.Text_0&tocf=&qmf=&

hlf=xaver.component.Hitlist_0&bk=bgbl&start=%2F%2F*%5B%40node_id%3D%27263230
%27%5D&skin=pdf&tlevel=-2&nohist=1. Zugegriffen: 7. Jan. 2018
Schwarz-Govaers R (2005) Subjektive Theorien als Basis von Wissen und Handeln. Ansätze für ein
    handlungstheoretisch fundiertes Pflegedidaktikmodell. Huber, Bern
Schwarz-Govaers R (2009) Fachdidaktikmodell Pflege FDMP. In: Olbrich C (Hrsg) Modelle der
    Pflegedidaktik, 1. Aufl. Urban & Fischer, München
Sottas B et al (2013) Umrisse einer neuen Gesundheitsbildungspolitik. Zürich. Careum Working
    Paper 7
Vester F (1980) Neuland des Denkens. Vom technokratischen zum kybernetischen Zeitalter. DVA,
    Stuttgart

Prof. Dr. Franz Lorenz, Rektor der Berufsakademie für Gesundheits- und Sozialwesen Saarland gGmbH und Professor für Sozialwissenschaften und Führung, hat 2012 das Gründungsrektorat übernommen und die BAGSS zu einem hochschulischen Player weiterentwickelt. Im Rahmen des Aufbaus wurde mit den Gesellschaftern die Bildungskonzeption dahingehend (weiter-)entwickelt, das Nachhaltigkeit in allen fünf Studiengängen curricular verankert werden konnte. Durch die Kooperation mit dem Umweltcampus Birkenfeld (Prof. Helling) werden relevante Handlungsfelder für den Gesundheits- und Sozialbereich identifiziert. Dabei werden die unterschiedlichen Schwerpunkte Umwelt und Soziale Verantwortung (Society) aufrechterhalten und für wechselseitige Lernprozesse genutzt.

Durch die langjährige Erfahrung im Rahmen von Krankenhausberatung und Begleitung von Organisationsentwicklungsprozessen im Gesundheits- und Sozialbereich sind ihm die Bedeutung von mentalen Modellen und deren Wirkmächtigkeit auf Teams im Rahmen von organisationalen Lernprozessen bekannt. Durch systemtheoretische und diskursanalytische Überlegungen und Theoriereflexionen werden seine derzeitigen Modelle von Führung und Steuerung in postmodernen Gesellschaftsstrukturen geprägt.

Bettina Mutz-Lorenz, Pflegewissenschaftlerin MScN (Philosophisch-Theologische Hochschule Vallendar), Dipl. Pflegepädagogin (KH Freiburg), Gesundheits- und Krankenpflegerin.

Wissenschaftliche Mitarbeiterin Studiengang Pflege an der Berufsakademie für Gesundheits- und Sozialwesen Saarland gGmbH in Saarbrücken.

Leiterin der international ausgerichteten Europäischen Fachschule für Altenpflege in Quierschied (EFSA), Victor's Unternehmensgruppe.

10 Jahre Referentin in der Abteilung Gesundheits- und Altenhilfe des Caritasverbandes für die Erzdiözese Freiburg e. V.

Langjährige Pflegepraxis am Universitätsklinikum Freiburg.

The manufacturer's authorised representative in the EU is Springer
Nature Customer Service Centre GmbH, Europaplatz 3, 69115 Heidelberg,
Germany. If you have any concerns regarding our products, please
contact ProductSafety@springernature.com

Printed and bound by CPI Group (UK) Ltd, Croydon, CR0 4YY
27/04/2026
02097658-0013